HELP e.V. (Hrsg.)

Hilfsorganisation für die Opfer
politischer Gewalt in Europa

DAS GESTOHLENE LEBEN

Dokumentarerzählungen über politische Haft und Verfolgung in der DDR

HELP e.V.-
Hilfsorganisation für die Opfer politischer Gewalt in Europa
10365 Berlin, Ruschestr. 103, Haus 1
Tel./Fax: 030/5536767
http://www.help-e-v.de

Das gestohlene Leben
Dokumentarerzählungen
über politische Haft und Verfolgung in der DDR

2. Auflage 2003, überarbeitet

Redaktion: HELP-Geschäftsführer Peter Alexander Hussock (Träger des Bundesverdienstkreuzes)
Unter Mitarbeit von:
- Dr. Christian Wagner - Vorsitzender
- Wolfgang Kockrow - Stellvertr. Vorsitzender (Träger des Bundesverdienstkreuzes) und
- Dr. Manfred Diehl - HELP-Vorstandsmitglied

Satz: Simone Fischer, HELP e. V.
Kerstin Strohschein, Golßen

Design: Katrin Hussock, Berlin

Teillektorat: Wolfgang Paulick, Leipzig

Druck/Binden: difo Druck Bamberg

ISBN 3-00-010800-9

Inhalt

Danksagung

Der HELP-Vorstand dankt für die kostenlose Bereitstellung der literarischen Beiträge:

Den Autorinnen und Autoren sowie den Chefredakteuren von Bild, Spiegel, Stern, Focus, Frankfurter Allgemeine Zeitung, Frankfurter Rundschau, Augsburger Allgemeine, Lausitzer Rundschau, B. Z., Braunschweiger Zeitung, Tagesspiegel, Märkischer Zeitung, den freischaffenden Autorinnen und Autoren des In- und Auslandes

sowie

dem Linden-Verlag, Leipzig, dem Forum Verlag Leipzig und dem A. Hussock Verlag, Berlin

Geleitwort

In diesem Sammelband stellen deutsche und ausländische Autoren und Journalistinnen und Journalisten renommierter deutscher Zeitungen und Magazine mit ihren Beiträgen über Getötete und Inhaftierte, Verfolgte und Geschädigte sozialistischer/kommunistischer Gewaltherrschaft dem verlogenen Geschichtsbild der PDS/SED und den Nostalgiepredigern in Ost und West und Teilen der deutschen Linken sowie den links- und rechtsradikalen Geschichtsverharmlosern und -verweigerern ein Geschichtsbild der Wahrheit und Wirklichkeit gegenüber. So zeichnet sich vor dem Leser die grässliche Schattenseite des DDR-Staates, in welchem die SED und ihr "Schild und Schwert", das MfS, schier absolutistische Macht über Millionen Deutsche ausübten; eine Macht, die ein nicht unbeträchtlicher Teil dieser Millionen besonders brutal zu spüren bekam. Entscheidend gestützt bei der Ausübung dieser Diktatur wurde die SED und das MfS durch die kommunistische Siegermacht Sowjetunion.

Alle Beiträge fußen auf Zeitzeugenaussagen und auf Fakten - und Beweismaterial der SED-Archive, des HELP-Archivs, der Archive der Bundesbeauftragten für die Unterlagen der Staatssicherheit der ehemaligen DDR und der wissenschaftlichen Diktaturforschung. Jenen, die zwischen 1949 bis 1989 - also zu Friedenszeiten - in Hinrichtungsstätten, U-Haftanstalten, Zuchthäusern, Gefängnissen, Arbeitslagern, Jugendwerkhöfen, Psychiatrien, im Zivilleben, an Mauer, Grenze und in der Ostsee infolge politischer Gewalt ihr Leben verloren haben oder an den Gewaltfolgen verstarben, allen sei mit diesem Buch ein ehrendes Gedenken bereitet, verbunden mit dem Schwur, sie niemals zu vergessen. Allen, die Zehntausende Haftjahre, die Psychiatrie, Folter, Widerstand, Berufsverbot, Arbeitseinstellungsboykott, Zersetzung, Erpressung, Verfolgung und Eigentumsraub überstanden, seien mit diesem Buch ideell geehrt.

Gedacht sei an dieser Stelle natürlich auch der Millionen, die zwischen 1945 bis 1949 bei Verschleppung zur Zwangsarbeit, Flucht und Vertreibung aus der Heimat und in "Speziallagern", die der SPD-Vorstand richtig als Konzentrationslager mit Vernichtungscharakter einstufte, zu Tode gebracht oder seelisch und körperlich schwer geschädigt wurden.

Das Unfassbare ist und bleibt: all diese Verbrechen, Tötungen und Verfolgungen geschahen zu Friedenszeiten und größtenteils während der Existenz einer UNO!

Mögen nie mehr Menschen - vor allem junge - linksextremen und rechtsextremen Ideologen auf den Leim gehen! Nie mehr!

Der HELP-Vorstand

Zitate

"Unter Staatssicherheit verstand sich ein Monstrum, das sich nicht mit Worten beschreiben lässt. Schon ein Gattungsbegriff oder ein einfacher Vergleich wäre schwer zu finden. Ein Geheimdienst? So ein Dienst war noch nicht bekannt, dem ein überwiegender Teil der Bevölkerung irgendwie angehörte, nahestand oder von dem er im Alltag gebannt wurde. Westliche Geheimdienste sind engumrissene Einrichtungen, ihr Wesen ist das Diskrete, nicht demonstrative Dreistigkeit wie bei der Staatssicherheit und außerdem sind es, verglichen mit der Bevölkerungszahl, kleine Gruppen, allenfalls Monde neben dieser schwarzen Sonne. Das Ausmaß der Zuträger, Spitzel, Inoffiziellen Mitarbeiter, die Ausstrahlung auf jeden Bürger, das tägliche An-dieses-Ding-denken-müssen, nicht zuletzt die das ganze Volk lähmende Angst - ist dergleichen jemals vorgekommen? Ich habe mir, ehe ich diese Frage leichtfertig stelle, einen ungefähren Überblick über die Geheimdienste verschiedener Zeiten verschafft, über assyrisches, babylonisches, römisches Spitzelwesen, über die Umtriebe der Inquisition und der Jesuiten in ihren erfolgreichen Zeiten, über die Nachrichtendienste von Papst Alexander VI., Kardinal Mazarin, Zar Pawel Petrowitsch, Fouqué oder Bismarck zur Zeit der Sozialistengesetze, auch über das Ungeheuer KGB, 'Komitet Gosudarstwennowo Besobastnosti', für Liebhaber der russischen Sprache eine ähnliche Zumutung wie für mich das Wort 'Staatssicherheit', dürfte, auf mehr als zweihundert Millionen Menschen gerechnet, nicht diese Lückenlosigkeit zustande gebracht haben. Ich fürchte, dass der deutschen Nation hier wiederum etwas Einmaliges gelungen ist."

Chaim Noll
(in "Nachtgedanken über Deutschland" rororo-aktuell)

"Die Demokratie ist ein recht klägliches Paradies, wer aber in der Hölle geweilt hat, weiß, dass auch ein klägliches Paradies besser ist als die Hölle und dass die geringe Freiheit der Demokraten im Vergleich zu der absoluten Sklaverei des Sozialismus/Kommunismus (und des Nationalismus) dasselbe ist wie die Frische eines Frühlingsmorgens im Vergleich zu dem Eiskreise der Danteschen Hölle oder der Kälte des Weltraums."

Dimitri Mereschkowskij

"Auch die ständig wiederholte Formel, das MfS sei 'Schild und Schwert der Partei', ist keineswegs als leere Phrase aufzufassen, sondern charakterisierte deutlich die Beziehungen zwischen SED und MfS und brachte die bedingungslose Unterordnung des MfS unter die Parteiführung der SED zum Ausdruck. Alle wesentlichen Entscheidungen des MfS wurden nicht im Ministerium selber, sondern vorher im Politbüro bzw. im Sekretariat des Zentralkomitees der SED getroffen, denn auch für das MfS galt es - was für jede Institution in der DDR Gültigkeit hatte -, alles zu unternehmen, um die Linie der Partei durchzusetzen und dabei keinerlei Störung zuzulassen. Es war sogar so, dass gerade die Hauptabteilung XX, aufgrund ihres politischen Charakters, angehalten war, jede Maßnahme der Parteiführung zur Bestätigung zu unterbreiten."

Gill/Schröter
(in "Das Ministerium für Staatssicherheit" Rowohlt Berlin)

"Niemand weiß, unter welcher Regierung er lebt, solange er nicht in ihren Gefängnissen gesessen hat (oder von ihr verfolgt wurde)."

Lew Tolstoi

"Wie sehr die dargestellten Unrechtsgeschehnisse die Leserin, den Leser auch schockieren mögen, sie sind nur ein winziges Mosaik in einem riesigen Panorama der Gewalt von 1945 bis 1989. Ich maße mir nicht an, die Mehrzahl der Ex-DDR-Bürger als gewissermaßen "ungerührt zuschauende Mitläufer eines demokratiefeindlichen Regimes" zu verurteilen, da das System ihnen durch die historischen Fakten von 1945 gegen ihren Willen übergestülpt worden ist, und wissend, dass viele der dargestellten Unrechtsgeschehnisse ihnen gar nicht zu DDR-Zeiten bekannt geworden sind. Wie jeder Schriftsteller wünsche ich mir aber von meinen Leserinnen und Lesern: Nun, da die schrecklichen Tatsachen bekannt geworden sind, jeder Nostalgieanwandlung zu widerstehen und jeder links- und rechtsextremen Gruppe und Partei nicht nur in Deutschland, sondern überall in der Welt Abscheu und Widerstand entgegenzusetzen. Denn wer jetzt noch, nach all dem Wissen über die Verbrechen der SED, die sich heute in Deutschland PDS nennt, diese SED/PDS wählt oder die wählt, die mit ihr sympathisieren oder Regierungsbündnisse eingehen, der macht sich schuldig.
Anzumerken bliebe zuletzt noch: All die geschilderten Unrechts- und Unmenschlichkeitsakte waren nicht die Regel in der untergegangenen 'DDR', aber auch nicht die Ausnahme!"

Henry van Coevenhooven
(in "Das Bordell ...und andere DDR-Geheimnisse", A. Hussock Verlag)

"Wenn es auch bei weitem nicht jeden traf: Unrecht und Willkür waren Alltag in der DDR - das ist angesichts der Zahlen keine moralische Wertung, sondern eine statistisch untermauerte Tatsache."

Joachim Widmann
(in "Dich kriegen wir weich", Bouvier Verlag)

"Die gebrannten Kinder der unterschiedlichen Diktaturen, die Opfer und vor allen Dingen die Toten der unterschiedlichen Diktatoren verdienen es nicht, dass man die Schuld von terroristischen Staatsregimen auf offener Bühne relativiert und verhandelt, wer mehr oder weniger umgebracht oder wer schlimmer und weniger schlimm und ein bisschen besser ist. Jede Art von menschenverachtendem Unrecht verdient den Zorn der Menschen, verdient unser klares Nein. Dies nennen wir Urteilsfähigkeit. Und die erhalten Sie sich bitte."

Joachim Gauck
(10. 05. 2000 in der Schweriner Schlosskirche vor Opferverbänden)

"Es begreift wohl jeder, dass die Opfer des Kommunismus die Opfer des Nationalsozialismus in keiner Weise ins Abseits stellen. Andererseits wird jedoch klar, die Opfer des Nationalsozialismus, über die man seit fünfzig Jahren zu recht sehr viel spricht, sollen die Opfer des Kommunismus in den Hintergrund drängen und manch einer sähe es sicherlich gern, wenn man überhaupt nicht mehr über sie sprechen würde."

Stéphane Courtois
(in "Der rote Holocaust und die Deutschen" – Die Debatte um das "Schwarzbuch des Kommunismus", Piper Verlag)

"Die Aufarbeitung der Geschichte der zweiten deutschen Diktatur ist ein Problem, das keineswegs nur die Menschen in der ehemaligen DDR angeht. Das Problem ist ein gesamtdeutsches."

Karl Wilhelm Fricke
(in "Sehr geehrter Herr Bundeskanzler", Forum Verlag Leipzig)

Spiegel: *Lassen sich Gestapo, Hitlers Geheimpolizei, und Stasi vergleichen?*
Streim: *Die Gestapo forschte Gegner aus und bekämpfte sie. Diese Aufgabe hatte auch die Staatssicherheit. Beide lebten von Zuträgern. Die Gestapo nannte sie V-Leute, die Stasi Inoffizielle Mitarbeiter. Wenn ich nach den Prinzipien des Nürnberger Tribunals gehe, ist die Staatssicherheit für mich eine verbrecherische Organisation, genauso wie die Gestapo."*

Aus "Der Spiegel", 07/95

"Da sie wissen, dass sie uns täuschen können, ohne uns je zu ernüchtern, betrachten die Kommunisten Rückschläge oder Zurückweisungen niemals als endgültig. Sie treten unermüdlich wieder an, bringen die gleichen Vorschläge, sorgen für die gleichen Unterwanderungen, unternehmen die gleichen Eroberungsversuche, bis sie an ihr Ziel gelangt sind, oder setzen etwas Gleichwertiges an die Stelle, das sich leichter verwirklichen lässt. Diese Zähigkeit beweisen sie in der Weltpolitik und jeweils in der Innenpolitik."
"Ein Verkehrsmittel sich aneignen, das man nicht selber zu bauen brauchte, und zwar mitsamt der Besatzung, die man nicht auszubilden brauchte, den Fahrgästen, die durchaus ihr eigenes Reiseziel haben, dem Treibstoff, den man nicht zu bezahlen braucht, und dann zu einem ganz anderen als dem ursprünglich vorgesehenen Ziel reisen - das ist eine Piraterie, wie sie vom Kommunismus auf politischem Gebiet mit Vorliebe geübt wird. Die List ist dabei wichtiger als die Gewalt, besser gesagt, sie wird jeweils als erste eingesetzt. Erst nach Verführung und Überredung folgen Einschüchterung, Drohungen, schließlich Terror, und am Ende des Weges, auf dem es nur selten eine Umkehr gibt, steht das Machtmonopol. Politpiraten arbeiten ebenso wie die Luftpiraten mit Umdirigieren und parasitärem Ausnutzen des Vorhandenen. Sie erobern von innen her - wenn auch zu Beginn weniger brutal und

erkennbar später - Realitäten, die sie nicht geschaffen haben. Sie machen sich selbstlose Bestrebungen, existierende Institutionen und Gemeinschaften zunutze, die dem Kommunismus nichts verdanken, ziehen sie in ihren Kreis, übernehmen und nutzen ihre Parolen, setzen Kraft und guten Willen der Mitglieder für sich ein und führen sie unauffällig in den Pferch, wo die Tarnorganisationen beieinander sind."
"Wie könnten wir die Gegenwart richtig interpretieren und mit Erfolg in die Zukunft hineinwirken, wenn wir nicht erst einmal exaktes Wissen von der Vergangenheit erwerben? Oder ist es mit uns, den Demokratien, schon so weit gekommen, dass wir Angst davor haben, zur Kenntnis zu nehmen, was in der Vergangenheit wirklich geschehen ist, dass wir die gegenwärtige Lage lieber nicht so genau anschauen und längst darauf verzichtet haben, unsere Zukunft selber zu gestalten? Darauf habe nicht ich zu antworten, sondern die verantwortlichen Politiker und vor allem die Gesamtheit der Bürger - in den Ländern, wo das Wort "Bürger" noch eine Sinn hat."

Jean-François Revel
(in "So enden die Demokratien", Piper)

Die Kommunistische Partei

"ist in ihrer politischen Praxis und Theorie ebenso vollständig zusammengebrochen wie das Nazitum und der Militarismus. Unter dem Gesichtspunkt deutscher Politik besteht kein zwingender Grund für ihr Weiterbestehen. Ebenso wenig hat die Sozialdemokratie Veranlassung, für den geschwächten Parteikörper der KP den Blutspender abzugeben und auf irgendeinen Annäherungsversuch auch nur andeutungsweise einzugehen."

Kommunismus ist die Politik

"der Rückkehr zu Denkformen und Methoden, die unwürdig sind, von Menschen gelebt und gedacht zu werden. Weltkommunismus ist Weltreaktion."

Kurt Schumacher †
(legendärer SPD-Vorsitzender)

Peter Alexander Hussock *(HELP e.V.)*

Das gestohlene Leben
Der Fall Klaus Hentschel

Über das vielleicht tragischste Opfer des SED-Staates, über Klaus Hentschel, wissen wir viel und gleichzeitig wenig. Wenig wissen wir, was dieser bedauernswerte Mensch fühlte und dachte, wenig, wovon er träumte, worauf er hoffte. Viel hingegen wissen wir über den äußeren Rahmen seines schier unfassbaren Leidensweges, der fast noch im Kindesalter - mit 14 Jahren! - begann und 20 Jahre später mit dem Tod im Mannesalter endete!
Die wenigen, die ihn vor seinem mysteriösen Tod noch gesehen haben, sagen allerdings aus, dass Klaus Hentschel mit 34 Jahren einem alten Mann von 60 Jahren geglichen habe. Wie sah nun dieser äußere Rahmen aus, der für sich allein den Kaltschnäuzigsten schweigsam, den Herzlosesten fühlsam, die Täter reuevoll und die Gleichgültigen im menschlichen Sinne aktiv werden lassen müsste.
Am 1. April 1972 fütterte und tränkte Klaus Hentschel in der Frühe, wie jeden Morgen, wenn die Eltern zur Arbeit auf die LPG im Kreis Grevesmühlen gegangen waren, das Vieh im häuslichen Stalle in Palingen. Den zwei Katzen goss er Milch in eine Schale, dem alternden Schäferhund füllte er den Fressnapf. Den Hühnern und den Vögeln - letztere liebte er ob ihres freien und stets so blitzschnellen Fluges aus jeder Lage - streute er reichlich Körner hin. Darauf ging er in den Keller, entnahm dort den Stiegen winterfest gelagerte Birnen und Äpfel, stopfte sich diese in seine Hosentaschen und ging auf eine Ecke des Grundstücks zu, dem sich just in diesem Moment ein Mädchen in seinem Alter näherte.
Es war die blonde Helle, die noch die Sonderschule besuchte, der Klaus vorzeitig - und nicht unglücklich darüber - entfleucht war. Helle war spät wie immer dran. Doch dies schien das hübsche, nette Mädchen nicht zu beunruhigen. Mit leicht geröteten Wangen begrüßten sich die zwei und plauderten über einen Fernsehfilm, der gestern Abend gelaufen war. Schließlich holte Klaus die dem

Haushalt abgezweigten Birnen und Äpfel aus seinen tiefen Hosentaschen und steckte diese - eine gewisse Aufregung zu verbergen suchend - etwas täppisch, aber liebevoll, seiner Helle zu. Wie jeden Morgen empfing er danach einen volllippigen Schmatzkuss, dann setzte Helle, winkend, bis sie hinter einer Wegbiegung verschwand, ihren Schulweg fort. Beglückt, wie jedes Mal nach solch morgendlichem Rendezvous, machte Klaus sich weiter daran, die anstehenden Arbeiten auf dem Hof und im Haus zu erledigen. Er konnte nicht ahnen, dass er zum letzten Mal in seinem Leben Helle gesehen, dass zum letzten Mal in seinem Leben ihn ein Mädchenmund geküsst hatte!

Gegen Mittag fuhr plötzlich ein Militärauto auf den Hof, drei Grenzsoldaten sprangen heraus, packten Klaus Hentschel, zerrten ihn ins Auto und fuhren mit ihm zum nahe gelegenen Grenzstützpunkt. Dort wurde er in eine Zelle gesperrt. Als die Eltern gegen 16.00 Uhr nach Hause kamen, waren sie bestürzt und völlig ratlos, ihren Klaus nicht vorzufinden. Als dieser sich bis 17.00 Uhr nicht einfand, telefonierte die Mutter mit dem so genannten ABV, dem Abschnittsbevollmächtigten. Dieser teilte ihr mit, dass sie sich stehenden Fußes beim Kommandanten des Grenzkommandos einzufinden habe. Flatternden Herzens begab sich Meta Hentschel dorthin. Der Kommandant - ein ungehobelter Apparatschik - schnauzte sie an, sie hätte besser auf ihren "Rabauken", ihren "schwachsinnigen" Sohn, aufpassen müssen, dann knallte er der bestürzten und eingeschüchterten Frau ein Papier vor die Nase, dessen Sätze Meta Hentschel mit tränennassen Augen kaum zu lesen, geschweige denn dessen brutalen Inhalt zu erfassen vermochte.
Es war eine - vertraulich zu behandelnde - befristete ärztliche Einweisung ihres Sohnes in die Psychiatrie wegen "Pyromanie", "Brandgefahr an der Staatsgrenze, Gefährdung der öffentlichen Sicherheit", unterschrieben vom Kreisarzt MR Dr. Dehmel. Da weder Klaus Hentschel noch seinen Eltern das Einweisungspapier ausgehändigt wurde, konnten diese auch nicht wissen, dass sie

innerhalb einer Woche das Recht der Beschwerde hätten. Ein umarmender Abschied vom Sohn, als Meta Hentschel den Grenzstützpunkt verließ, wurde ihr verwehrt. Nur durch eine spaltweise geöffnete Tür sahen sich Mutter und Sohn beim Abschied. Beide konnten nicht wissen, dass sie sich ein letztes Mal in ihrem Leben gesehen hatten!

Viereinhalb Jahre lang wurde der Familie Hentschel nicht mitgeteilt, wo, in welcher Stadt, in welcher Psychiatrie sich ihr Sohn befand. Bis die Familie kurz vor Weihnachten ein erstes Lebenszeichen erhielt. Klaus - inzwischen 18½ Jahre alt - schrieb ein einziges Mal aus Waldheim. Dem Brief war zu entnehmen, dass er sich während der vergangenen 4½ Jahre nur unweit von Grevesmühlen, in Nervenheilanstalten von Schwerin, Kalkhorst und Stralsund befunden hatte.
Was Hentschels nicht wussten: Bereits im Juni 1973 - also reichlich ein Jahr nach seiner "befristeten" Einweisung - hatte Klaus - getrieben von Heimweh und Sehnsucht nach Helle - einen ersten Fluchtversuch unternommen. Weitere folgten.
Um sich zu ernähren, beging er auf jeder Flucht kleine Diebstähle. So stahl er - laut Urteilsbegründung vom 31. 12. 74 - in einem Konsumladen der Ortschaft Dalberg am 21. 6. 73 gegen 20.00 Uhr "fünf Bananen im Wert von 5 Mark, zwei Schachteln F6 im Wert von 6,40 Mark, zwei Schachteln Juwel im Wert von 5 Mark und ein Paket Streichhölzer im Wert von 1 Mark". Am 11. 4. 74 stahl er aus einem Kindergarten "eine Flasche Cola zu 0,35 Mark, eine Flasche Saft zu 1,40 Mark, zwei Tafeln Schokolade zu je 2,85 Mark und ein Glas Marmelade zu 1,60 Mark".

Am 16. Mai 1974 entwich Klaus Hentschel abermals und ritt - so Text der Urteilsbegründung - "auf einem entwendeten Mittelpony in Richtung Klein Madewege, brach abermals in einen Konsum ein und entwendete fünf Becher Eis zu 0,45 Mark, drei Beutel Waffelmischung zu 1,20 Mark, u. a.". Das irrwitzige Urteil schätzte ein, "dass der Angeklagte trotz eines leichten Schwachsinns prinzipiell fähig ist, das Unerlaubte seines Tuns zu erkennen. Es war daher der § 16 StGB anzuwenden!"

So wurde denn Klaus Hentschel am 19. Dezember 1974 von der Strafkammer des Kreisgerichtes Schwerin-Stadt unter der Anklage des Staatsanwaltes Schulz und unter dem Vorsitzenden Richter Oesterei und den Schöffen, dem stellvertretenden Direktor Spieß und dem Elektromechaniker Karow zu einem halben Jahr Gefängnis ohne Bewährung verurteilt. Und obwohl das Gericht einschätzte - so der Originaltext - "das weitere erzieherische Beeinflussung innerhalb der Bezirksnervenklinik schwer möglich sein bzw. keinen Erfolg bringen wird", setzte es sich in keiner Weise dafür ein, dass Klaus Hentschel nach Abbüßung der Gefängnishaft aus der Psychiatrie - in die er vor zwei Jahren ja nur "befristet" eingewiesen worden war - nach Hause zu entlassen sei.
Obendrein wurden dem Jugendlichen - der nur über ein geringes monatliches Taschengeld verfügte - Schadensersatzleistungen an volkseigene Institutionen und Privatpersonen und die Auslagen des Verfahrens sowie die Kosten für den Pflichtverteidiger auferlegt!
Klaus Hentschel kam in die verrufene und gefürchtete Jugendstrafanstalt Wriezen. Dort wurde er am 14. August 1975 "entlassen". "Entlassen" jedoch nicht nach Hause, sondern in das "Pflegeheim für Psychiatrie" Kalkhorst. Dort muss er abermals zu entweichen versucht haben, geriet in die U-Haft Wismar und wurde dort am 29. September "entlassen" in die psychiatrische Abteilung des Bezirkskrankenhauses Stralsund.

Am 4. November 1976 schoben sie von dort den inzwischen sicherlich immer schwieriger und rebellischer gewordenen Klaus Hentschel ab in die verbrecherischste Psychiatrie der Ex-DDR, in die Nervenklinik Hochweitzschen, Abt. Waldheim.
Viele politische Gefangene aus dem Zuchthaus Waldheim, anderen politischen Gefängnissen der DDR und viele kritische DDR-Bürger wurden dort unter Gewahrsam gesetzt und um ihre Gesundheit und nicht selten um ihr Leben gebracht.

Es wurde nicht geklärt, wie es Klaus Hentschel gerade dort gelang, einen Brief an die Mutter abzusetzen. Eine Genehmigung seitens der Anstaltsleitung kann nicht vorgelegen haben. Denn diese rabiate Leitung verbot Klaus Hentschel jeglichen Empfang von Post und damit Frau Hentschel sozusagen das Schreiben von Briefen. Als diese sich daran nicht hielt, drohte man ihr, sie würde rückwirkend alle Fahndungskosten bezahlen müssen, die ihr Sohn durch seine zahlreichen Ausbrüche verursacht hatte. Es erübrigt sich zu erwähnen, dass man ihr keinerlei Besuchsrecht einräumte.

Am 9. November wurde Klaus Hentschel wieder in die Psychiatrie von Stralsund gebracht, muss jedoch von dort zu einem uns unbekanntem Zeitpunkt abermals nach dem mörderischen Waldheim verlegt worden sein. Denn ein uns vorliegendes Urteil vom 21. Februar 1983 gibt kund, dass Klaus Hentschel - von erneutem Freiheitsdrang getrieben - am 30. Dezember 1982 mit zwei weiteren Patienten - man ist stets geneigt, von Eingesperrten zu sprechen - abermals der geschlossenen Nervenklinik Hochweitzschen entwichen ist. Er beging auch während dieser Flucht wiederum nur Bagatelldelikte! Dennoch verdonnerte das Kreisgericht Döbeln unter Kreisgerichtsdirektor Schöne und den beisitzenden Schöffen, dem Rentner Brückner und dem Invalidenrentner Wagner, ihn abermals zu einem halben Jahr Haft ohne Bewährung. Die "geschädigte" Deutsche Reichsbahn war sich nicht zu schade, eine Pfändungsanordnung über lächerliche 10 Mark gegen Klaus Hentschel auf den Weg zu bringen. Und die Bürgerin Lisbeth Seifert aus Waldheim stellte gar einen Antrag auf Verurteilung zum Schadensersatz wegen beschädigter vier Zaunlatten im "Wert" von 5 Mark! In ihren Spuren wandelte mit nur unerheblich höheren Forderungen ein Dutzend anderer Bürger, einschließlich eines Herrn Haßler, der seine drei Flaschen Pilsner ersetzt haben wollte. Die Legende, dass die so genannten Kleinen Leute zueinander besonders gut und solidarisch seien, scheint einmal mehr widerlegt.

Diesmal musste Klaus Hentschel seine Haft in der ungemein harten "Strafvollzugseinrichtung" Bitterfeld abbüßen. Danach wurde er, der Eltern und Geschwister hatte, in die Abteilung Inneres der Stadt Stralsund "entlassen"! Ein schier einmaliger und unglaublicher Vorgang selbst nach den Gesetzen der DDR! Einen Menschen wie eine Ware an eine politische Behörde weiterzureichen! Dieses Verbrechen geschah am 28. September 1983. In einem Jahr, da die meisten Staaten der Erde den DDR-Staat längst diplomatisch anerkannt hatten. Die Abteilung Inneres reichte - wohl recht lustlos angesichts der eingetroffenen "Ware" Hentschel - diesen an die Psychiatrie Stralsund weiter und diese gab ihn an das üble Waldheim zurück. Zu dieser Zeit war Klaus Hentschel, der zwar geistig leicht behinderte, aber körperlich kraftstrotzende muntere Junge von 1972, bereits ein invalider Mann von 25 Jahren. Uns liegt ein Dokument vor, unterschrieben von MR Chefarzt K.-H. Richter, das in trockenem Amtsdeutsch verkündete, "dass der Patient Klaus Hentschel wegen Invalidität keine Berufstätigkeit ausüben und deshalb nicht die Voraussetzungen zum Bezug einer Rente erwirken kann." Und die Invalidenrente, die damals 200,- Mark monatlich betrug, könne ihm deshalb nicht ausgezahlt werden, weil eine andere Bestimmung besage, dass der Anspruch zu ruhen habe, sobald diese Rente auf Grund eines "psychischen Schadens" gewährt werde.

Wir müssen also vermuten, dass Klaus Hentschel seine sämtlichen Schadensersatzleistungen von seinem kümmerlichen monatlichen 60,- Mark Taschengeld begleichen musste, dass er sich somit über Jahre keine Süßigkeit, kein Eis, keine Zigarette, kein Bier leisten konnte und ihn folglich auch der Drang nach diesen, für jeden Freien mühelos verfügbaren Kleinigkeiten des Lebens, zu seinen Ausbrüchen trieb. Für den Zeitraum 1984 bis 1989 existieren keine dokumentarischen Papiere über Verlegungen, Ausbrüche oder Verurteilungen. Die Vermutung liegt nahe, dass Klaus Hentschel teils gefesselt, teils nur in einem klinkenlosen Raum gefangengehalten wurde, also ihm sogar eine tägliche Freistunde auf dem Hof der Anstalt verweigert wurde.

Auch der Fall der Mauer, ja nicht einmal die deutsche Einheit brachten Klaus Hentschel die Freiheit. Kein Zufall, kein Glück, kein Gesetz, kein Mensch trat ihm helfend zur Seite. Es scheint, als habe eine konsequent negative Vorsehung, ein durchweg dunkles Schicksal die Lebensschale dieses bedauernswerten jungen Mannes bis zum letzten Atemzug mit Bitternis füllen wollen, um dann dieses "Leben" - doch kein Hund lebt so elendiglich - auf mysteriöse Weise zu beenden. Denn am 4. Mai 1991 um 17.30 Uhr wird Klaus Hentschel in Stralsund in einem Bungalow tot aufgefunden. Auf einem Dokument wird als Todesursache nüchtern angegeben: "Unnatürlicher Tod"!

Und nun auf einmal und zum ersten Mal seit 20 Jahren erinnert sich die Verwaltung, dass dieser Klaus Hentschel ein Zuhause, dass er eine Mutter hat. Und man findet sogar heraus, dass Meta Hentschel, die eine Tochter durch Verkehrsunfall und zwei Ehemänner durch Krankheit verlor, 1988 an einen Ort bei Berlin verzogen ist. Sie wird benachrichtigt und sie eilt erschüttert nach Stralsund. Als sei sie selbst fluchtwilliger Patient, wie es ihr Sohn gewesen, wird sie in einen Raum ohne Türklinken geführt. Dort eröffnet ihr ein junger Mann in dürren Worten, dass "ihr Sohn, nachdem er aus der Verwahrung getürmt sei, sich nach einem Einbruch im Keller eines Bungalows mit Gas vergiftet habe". Meta Hentschel ist zwar eine in technischen Dingen unkundige Frau, aber soviel weiß sie doch, dass in Bungalows Propangas Verwendung findet und dass Propangas zwar explodieren, aber keine Vergiftungen bewirken könne. Indes - sie wagt nicht, ihren Zweifeln verbalen Ausdruck zu verleihen. Ohne der gebrochenen Frau die Wahl der Erd- oder Feuerbestattung anzubieten, lässt man sie ein Schriftstück zur Einwilligung in eine Erdbestattung unterschreiben. Als die Mutter Klaus Hentschels das Psychiatriegelände verlässt und - wie schon beim Eintritt die hohen Mauern gewahrt, fragt sie sich zum ersten Mal, wie denn ihr Klaus aus solcher Zwingburg mit solchen Mauern habe fliehen können...

Beim Besuch ihrer Tochter Manuela, die im Raum Grevesmühlen wohnt, erfährt sie dann, dass ihrem Sohn kurz vor dessen mysteriösem Tod zum ersten Mal der Besuch von Geschwistern erlaubt worden sei. Mit Entsetzen hätten diese den fürchterlichen körperlichen Zustand ihres Bruders wahrgenommen und in einem Brief an HELP, der Hilfsorganisation für Opfer politischer Gewalt, schrieb die Schwester Ursula darüber: "Ich sah Klaus das erste Mal und war entsetzt über seine körperliche Verfassung und sein Aussehen, da ich ihn aus der Beschreibung meiner Mutter mir ganz anders vorgestellt habe. Er war sehr abgemagert und ungepflegt und seine Sachen waren verschmutzt und kaputt, er sah aus, als komme er von der Straße und nicht aus einem Heim. Mein Bruder sagte, dass die Zustände im Heim einem Gefängnis glichen, sie oft geschlagen und in einen dunklen Raum gesperrt wurden, manchmal über Tage! Klaus hatte auch sehr viele Narben am Körper, von denen er oft nicht wusste, woher sie waren und womit er sie sich gemacht haben sollte. Er hatte auch versucht, sich das Leben zu nehmen, indem er Bettfedern verschluckte. Aber als er erfuhr, dass er seine Geschwister besuchen darf, sah er keinen Grund mehr, sich das Leben zu nehmen..."

Und die Schwester Manuela schrieb: "Mein Bruder machte auf mich einen sehr verwahrlosten Eindruck. Er hatte sehr alte und schäbige Sachen an und körperlich war er noch schlechter dran. Er war übernervös und konnte nie fünf Minuten auf einem Fleck bleiben. Wenn er kurze Zeit allein in einem Zimmer war, fing er an, sich wie in einer Gefängniszelle zu bewegen, er ging andauernd auf und ab. Er hatte die Erscheinung eines 60-Jährigen!

An seinen Armen und Beinen hatte er mehrere blaue und harte Stellen, die eindeutig auf Einstichstellen von Spritzen hinwiesen.

Aus seinen Erzählungen heraus bestätigte er selbst, dass er in Waldheim des öfteren bestraft wurde. Über das Weshalb und Warum hat er nie was erzählt. Er gab sich auch sehr ängstlich und jeden Abend um die gleiche Zeit bettelte er regelrecht um seine Tabletten. Außerdem machte er nie den Eindruck eines Schwachsinnigen. Er konnte teilweise detailgetreu Begegnungen aus seiner Kindheit berichten. So viele Kleinigkeiten konnten viele mir bekannte, normale Menschen nicht aus ihrer Kindheit im Gedächtnis

behalten. Mir selbst ist es nicht möglich, so viele Erinnerungen aus meiner Kindheit zu speichern."
Wir betonten anfangs, dass wir über dieses vielleicht tragischste Opfer des SED-Staates verhältnismäßig viel und gleichzeitig sehr wenig wüssten. In der Tat wissen wir nichts über den inneren Leidensweg dieses Klaus Hentschel. Wir wissen nicht, wie schmerzhaft er die unendliche Länge einer 20-jährigen Gefangenschaft empfunden, wie sehr er unter Heimweh und unter der Sehnsucht nach Eltern und Geschwister gelitten hat, wir wissen nicht, wie oft er an Helle gedacht, ihr Lachen, ihre Stimme, ihre morgendlichen Küsse herbeigesehnt hat, wir wissen nicht, wie oft er geweint, wie oft er geträumt hat, wir wissen nicht, wie oft er geschlagen, gequält, in Arrest gesperrt und in den Gefängnissen von Kriminellen, in den Psychiatrien von verkommenen Wärtern sexuell missbraucht wurde. Wir wissen nur, dass ein Wärter Klaus Hentschel Gewalt androhte, falls dessen Mutter sich weigere, ihm die Adresse einer Verwandten in der Bundesrepublik preiszugeben. Wahrscheinlich hatte dieser Wärter geplant, sich in die Bundesrepublik Deutschland abzusetzen und benötigte dort eine Anlaufadresse. Frau Hentschel hatte diesen Erpresserbrief der Polizei übergeben. Wir wissen nicht, ob der korrupte Wärter aus der Psychiatrie Waldheim entfernt wurde.

Am 1. März 1992 stellte die Hilfsorganisation HELP bei der ZERV, der Zentralen Ermittlungsstelle für Regierungs- und Vereinigungskriminalität in Berlin, Strafanzeige gegen mehrere Personen wegen des Verdachts der Freiheitsberaubung, des Psychiatriemissbrauchs, der ungesetzlichen Medikamentenversuche, der Körperverletzung, der Rechtsbeugung, der Veranlassung der physischen und psychischen Folter und des Mordverdachts und am 4. März 1992 informierte HELP auf einer Pressekonferenz die deutsche Presse über dieses abscheuliche SED-Verbrechen.
Der Journalist Martin Ferber schrieb in der "Augsburger Allgemeinen" unter dem Titel "Was geschah mit Klaus?", die Journalistin Julia Gerlach unter dem Titel "Todesfall unter

mysteriösen Umständen" in der "TAZ", der Journalist Jan von Flocken in der "Berliner Morgenpost" unter dem Titel "So trieben die Mühlen der Justiz einen Unschuldigen in den Tod" und der Journalist Karl-Heinz Baum in der "Frankfurter Rundschau" unter dem Titel "Ein krasser Fall von DDR-Unrecht" eine bittere Anklage gegen das DDR-Regime. Frank Losensky schrieb unter dem Titel "HELP-Anzeige gegen Unbekannt. Schlimme Vermutung: Kinder nach der Einheit getötet. DDR-Folterpsychiatrie: Klaus starb! Mord?" in der "B. Z."; Hans-Georg Moek unter dem Titel "Der Leidensweg des SED-Opfers Klaus Hentschel und seiner Mutter - Hilfsorganisation "HELP" deckt unfassbares Unrecht auf" in der "Ostsee-Zeitung"; Peter Gärtner unter dem Titel "Bei Arzneiversuch getötet? Hilfsorganisation will Schicksal eines Behinderten klären" im "Weser Kurier".
SAT 1 brachte einen eindrucksvollen Fernsehbericht. Der Berliner Privatsender 100,6 behielt die Information über das Verbrechen drei Tage lang in seinem Programm. Der junge Journalist Karsten Zummack von einem Berliner Radiosender eilte zu Recherchen an die Ostsee und es gelang ihm, jenen Dr. Dehmel zu stellen, der Klaus Hentschel "befristet" eingewiesen hatte, um ihn danach 20 Jahre lang zu vergessen! Der "Arzt" verwickelte sich im Interview - was war anderes zu erwarten? - in viele Widersprüche, die ihn belasteten. Es soll auch nicht vergessen werden zu erwähnen: ein Leser der "Berliner Morgenpost", der anonym bleiben wollte, spendete Frau Hentschel die für sie nicht erschwinglichen Beerdigungskosten von 1.500 DM.
Eine nicht zu unterschätzende Geste des Menschlichen in einer Welt, der das Naheliegende leider oft so fern ist...

Alexander W. Bauersfeld *(Hannover)*

In der kleinsten Zelle der Gesellschaft

Rückblickend auf die Zeit politischer DDR-Haft fällt mir der Satz des bedeutenden Lyrikers Reiner Kunze ein: "Halte dich an die Musik, dann hält die Musik dich." Gerade der Mangel an kulturellen Einflüssen war für mich besonders bedrückend, vor allem in der Zeit der Einzelhaft, in der kleinsten Zelle der DDR-Gesellschaft, beim Ministerium für Staatssicherheit.
Die Abwesenheit von weiblicher Zärtlichkeit, klassischer Musik, Bildern, Farben, Fotos, Zeitschriften, Briefen, der Stress, nichts aufschreiben zu können, die Behinderung jeder freien Bewegung, der Selbstbestimmung, all das war zerstörend. Nicht sofort war die Deformation zu erkennen, mancher Schmerz nimmt erst heute, viele Jahre nach dem Freikauf, Gestalt an und bedroht die Träume der Nacht.
Sehr schnell spürte ich die Gefahr der Indoktrination, als ich in den ersten Wochen der Untersuchungshaft der Stasi, täglich die politischen Informationen über das Zentralorgan der SED "Neues Deutschland" bezog. In mir wuchs der Zweifel über die Richtigkeit meiner Anschauungen. Sollte ich als Einziger mehr wissen als die 2,3 Millionen SED-Mitglieder?
Wenn ich dann aber in der Bibel las, die Bücher von Goethe, Hesse, Mann, Fontane oder de Bruyn zur Hand nahm, bekam ich mein inneres Gleichgewicht wieder, dort fand ich das wirklich humanistische Weltbild. Nein, diese "einzig-wissenschaftliche Weltanschauung" des Marxismus-Leninismus, war so, wie wir es immer sagten: Marx war die Theorie - Murks war die Praxis. Menschenverachtend ging diese sozialistisch-kommunistische Diktatur mit ihren Gegnern um, doch selbst die folgsamen Bürger wurden innerhalb der DDR-Grenzen in Sippenhaft gehalten. Die Verschärfung dieser Einsperrung, hatte ich schon ganz bewusst als Dreizehnjähriger am 13. August 1961 am Radio in RIAS-Sendungen verfolgt. Tief saß in mir die Sehnsucht nach der Welt, die durch den

eisernen Vorhang unerreichbar wurde. Nachts saß ich am kleinen Weltempfänger und hörte auf Kurzwelle Sender der Länder, die ich so gern besucht hätte.
Traumatisch das Erlebnis der Mauer am Heiligabend 1976 am Brandenburger Tor. Wenige Wochen vorher war Wolf Biermann "ausgebürgert" worden, den ich noch in der Chausseestraße besucht hatte, nun stand ich ganz allein an den Sperren. Wenige Schritte weiter hätten mich die Soldaten der SED-Diktatur verhaftet oder sogar erschossen.
Meine Blicke gingen zur Siegessäule, zum Reichstag, zur Welt, die dort begann; und meine Welt begann in Wladiwostok und endete hier. Mein deutsches Herz war zerrissen, wie mein deutsches Vaterland. Es tat mit weh, wenn westdeutsche Besucher ohne Not "BRD" sagten, den Begriff "Deutschland" bewusst vermieden, wenn ich als Staatsangehörigkeit "DDR" und nicht "deutsch" schreiben musste.
Wenige Schritte vom Brandenburger Tor, Unter den Linden, gab es in der Staatsbibliothek auch das Grundgesetz der Bundesrepublik Deutschland zu lesen. Dort fand ich die Artikel 16 und 116, nach denen auch ich Deutscher war, im Sinne der einheitlichen deutschen Staatsangehörigkeit.
Später gab es eine Diskussion mit einem Stasi-Vernehmer, der mich fragte, was ich tun würde, wenn mich die "BRD" nicht nehmen würde. Mit Sicherheit konnte ich auf meine Kenntnisse des Grundgesetzes verweisen, was ihn sehr verblüffte. Natürlich kannte ich auch die in der Zeitung "Neues Deutschland" veröffentlichten KSZE-Texte, vor allem den humanitären Bereich Korb drei, dort war zum Ärger der SED die Freizügigkeit verankert. Dieses Privileg hatten die führenden DDR-Genossen, wie beispielsweise SED-Anwalt Gregor Gysi, der nach Paris reiste, natürlich mit dem Segen der Staatssicherheit, vielleicht sogar in deren Auftrag.
Wir "Normalbürger" wurden an den Grenzen "abgeknallt wie Hasen", so kommentierte es Lothar Loewe einmal, wenn wir auch in Richtung Westen reisen wollten. Doch auch nach Osten war es nicht immer möglich, die Grenzen zu überwinden.

Als ich bei einer "Wahl" die Kabine benutzte und eine Nein-Stimme produziert hatte, wurde eine Urlaubsreise nach Bulgarien nicht genehmigt. Auf den sonstigen Reisen war natürlich die Stasi immer dabei, wie ich nach Akteneinsicht 1993 feststellen konnte.
Der DDR-Reiseleiter hatte akribisch Buch geführt, wen ich 1981 im sowjetischen Leningrad traf. Die Übergabe einer Bibel an eine christliche Gemeinde bekam er allerdings nicht mit. Welche Angst hatten die Sozialisten doch vor diesem Buch.
Nach jeder Reise, vor allem wenn ich aus Ungarn oder Polen kam, wo ich die "Neue Züricher Zeitung" oder die "Frankfurter Allgemeine Zeitung" frei kaufen konnte, spürte ich mehr und mehr die ideologische Enge des "Ländchens DDR". In Wandlitz lebten die Kleinbürger des SED-Politbüros, sie zwangen den knapp siebzehn Millionen Untertanen ihre Weltsicht auf: Dächer dicht, Arbeit, Essen, Filzlatschen.
Mein Fluchtort war vor allem der kirchliche Bereich. Dort traf ich nicht nur offene Menschen, dort kamen auch Besucher aus dem Westen, aus den USA, aus Asien, die natürlich Impulse gaben, die so im deutschen Osten kaum spürbar waren.
Durch die relative Offenheit Ost-Berlins, vom Westteil der Stadt ohne Visum zu erreichen, gab es natürlich auch die Möglichkeit an Bücher oder Zeitschriften zu kommen, wenn die Besucher den Mut zum Schmuggel hatten. Ich habe es auch gewagt, Besucher illegal mit meinem VW-Käfer in die DDR zu bringen, obwohl sie nur eine Erlaubnis für einen Besuch der "Hauptstadt der DDR" hatten, die keine Hauptstadt sein durfte nach alliiertem Recht.
Unvergesslich ist für mich eine Veranstaltung im "Club der Kulturschaffenden Johannes R. Becher", moderiert vom Ost-CDU-Funktionär Günter Wirth, mit Klaus Gysi. Der smarte Vater des "Notar" Gysi war wegen einer Affäre mit Margot Honecker als Kulturminister abgelöst worden - später starb er im Schwachsinn - leitete das Staatssekretariat für Kirchenfragen. Er hielt ein "wegweisendes Referat", dann durften Fragen gestellt werden, was für DDR-Verhältnisse ungewöhnlich war.

Ich fragte nach den Festnahmen von Jugendlichen wegen des Tragens des Aufnähers "Schwerter zu Pflugscharen", nach Reisemöglichkeiten in Richtung Westen und nach einer Gedenktafel für die Synagoge in Lübben/Spreewald. Wirth war irritiert, doch Gysi antwortete eiskalt. Die angeblichen Verhaftungen gäbe es nicht, dies wäre ein "Schmarren", Reisen wären nicht möglich ("Wir würden alle gern reisen.") Wegen unserer Klassenkampfposition und wegen der Gedenktafel würde er sich bemühen. Was er übrigens nicht tat, wie ich später im Westen erfuhr, er log eben auch, wie es in der Familie üblich zu sein scheint.
Aufgeregt kam nach der Veranstaltung "IM Heiner", auch als Heinrich Fink bekannt, zu mir und fragte mich aus, wieso ich überhaupt zu dieser Veranstaltung Karten bekommen hätte.
Wenige Wochen später bekam ich noch Besuch von Abgesandten der Pastorin Be Ruys, die zur Niederländisch Ökumenischen Gemeinde Berlin gehörten, die mich überreden wollten, meine Verweigerung des NVA-Reservistenwehrdienstes zurückzunehmen. Fink und die linke Pastorin aus dem Westen waren beide der Meinung, der Dienst in der DDR-Armee wäre "Friedensdienst" und deshalb dürfte man ihn nicht verweigern. Durch Fink traf ich übrigens auch D. Sölle und auch Freya Eisner, die eine der Töchter des ehemaligen bayerischen Räte-Ministerpräsidenten war.
Durch meine Aktivitäten brachte ich die Stasi etwas durcheinander, wie ich später aus den Akten erfuhr.
Im Februar 1983 sollte eine "konspirative Wohnungsdurchsuchung" stattfinden, doch musste man mich wegen meiner öffentlichkeitswirksamen Auftritte schon am 13. Januar 1983 festnehmen. "Landesverräterische Nachrichtenübermittlung" warf man mir vor, ein Verbrechen nach § 99 des DDR-Strafgesetzbuches, der Strafrahmen reichte von zwei bis zwölf Jahren. Drei Wochen nach mir wurde meine Frau, die damals als Assistenzärztin für Gynäkologie tätig war, ebenfalls verhaftet. Als Reaktion darauf trat ich in einen zehntägigen Hungerstreik, sang auf dem Gefängnishof das Studentenlied: "Die Gedanken sind frei" und schrie ihr laut Mut zu. Doch die Stasi war stärker, nach massivem Druck, auch durch den

eigenen Vater, resignierte nach drei Monaten Haft meine Frau. Sie ließ sich scheiden und blieb in der DDR. Man hatte ihr die Zwangsadoption unseres kleinen Sohnes angedroht, wenn sie weiter bei mir bleiben würde.
Damals habe ich das Tal der Verzweiflung durchschritten und nur starke Beruhigungsmittel haben mich überleben lassen. Tief sind die Verletzungen in meine Seele gebrannt.
Unvergesslich die grinsenden Gesichter der beiden Stasi-Vernehmer, als sie mir ihren Sieg mitteilten: "Ihre Frau hat die Scheidung eingereicht." Sie hatten sich für diese Nachricht ganz bewusst den Pfingstmontag 1983 ausgesucht, den kirchlichen Feiertag zur Ausgießung des Heiligen Geistes, sie wussten genau, was mir dieses kirchliche Fest bedeutet. Wie Hammerschläge prasselten ihre Worte auf mich nieder, viel schlimmer als später im Prozess; ich brach fast zusammen. Was werden diese beiden heute machen? Sind sie führende PDS(ED)-Funktionäre mit Gregor Gysi? Gysi und Stasi Arm in Arm? Es tut schon weh, mit meinen Erfahrungen heute die Einbeziehung der PDS(ED) in die Machtausübung durch die SPD zu erleben.
Eineinhalb Jahre musste ich in politischer DDR-Haft zubringen, drei Jahre hatten mir Staatsanwältin und Richterin, beide sind heute unbehelligt als Rechtsanwältinnen im Lande des "IM Sekretärs" tätig..., als Strafe zudiktiert.
Dank der deutschen Bundesregierung - damals war Helmut Kohl Bundeskanzler, Heinrich Windelen Bundesminister für innerdeutsche Beziehungen - und des österreichischen Bundespräsidenten Rudolf Kirchschläger wurde ich am 14. Juni 1984 freigekauft. SED-Anwalt und "IM" Wolfgang Vogel sorgte in Verbindung mit MfS-Oibe Schalck-Golodkowski dafür, dass die DDR für den Staatsfeind noch 95.000,- DM bekam. Was für ein Gefühl, als der westdeutsche Omnibus über den weißen Strich rollte, der Deutschland noch teilte.
Doch die Genossen des MfS war ich trotzdem nicht los. Schon wenige Wochen später bemerkten sie, ich wäre aktiv bei politischen Seminaren gegen die DDR.

Es waren wohl nicht die "Kämpfer an der unsichtbaren Front" des Markus Wolf, die mich beobachteten, es waren westdeutsche "nützliche Idioten", die nicht nur mich bespitzelten, sondern alles eifrig an die Staatssicherheit der DDR meldeten, was ihnen auffällig schien. Nach einem Beschluss der Kulturministerkonferenz der Bundesländer zur deutschen Frage, wurden Fahrten in die DDR und nach Ost-Berlin gefördert. Zur Vor- und Nachbereitung dieser Fahrten gab es an der Zonengrenze Seminare, daran habe ich als Referent bis 1989 mitgewirkt. Sehr zum Ärger von westdeutschen Gymnasiallehrern, von denen ich oft als "kalter Krieger" bezeichnet wurde. Vor allem, wenn ich über politische Verfolgung und politisches Morden an den Grenzen der DDR berichtete, waren sie über die Beschädigung ihres sozialistischen "Heile-Welt-Bildes" ziemlich sauer.

Noch einmal holte mich die Brutalität des "real existierenden Sozialismus in den Farben der DDR" 1985 ein.

Mein Sohn, der bei meiner geschiedenen Frau in der DDR lebte, kam zur Schule. Er sollte nicht Pionier werden, doch der Druck auf Mutter und Kind wurde bald unerträglich. Eines Tages resignierten sie. Auf dem Rückweg vom Pioniernachmittag nach Hause verunglückte der siebenjährige Junge. Er trat hinter dem Bus hervor, ein "Trabant" kam und fuhr ihn an. Weil es vor der eigenen Wohnung war, wurde seine Mutter als Ärztin gerufen, sie erkannte zuerst ihr Kind nicht. Dann schlug der Junge die Augen auf, er sagte: "Mama", sie war fassungslos. Der Krankenwagen ließ auf sich warten, dann kam er viel zu spät, auf dem Operationstisch im Kreiskrankenhaus starb unser Kind, im Beisein seiner Mutter.

Als ich diese Nachricht erhielt, habe ich sofort die Einreise in die DDR bei der Ständigen Vertretung der DDR in Bonn beantragt und einen Eilbrief an das Büro Honecker geschickt.

Doch zynisch verweigerten mir die DDR-Behörden die Teilnahme an der Beerdigung meines Sohnes. Ich erhielt keine Einreisegenehmigung.

Erst nach dem Untergang der SED-Diktatur, nach der von den Menschen erzwungenen FRIEDLICHEN REVOLUTION, konnte

ich das Grab unseres kleinen Patrick besuchen. Auch er ist ein Opfer dieser Diktatur, dieser SED, die noch immer als PDS(ED) existiert und so tut, als wäre die DDR ein ganz normaler Staat gewesen.
Nicht Sarah Wagenknecht mit der Ulbricht- und Stalin-Verehrung ist am schlimmsten, sondern die Typen Gysi und Holter, die mit ihrer Nomenklatura-Vergangenheit, die sich den Schafspelz der Demokratie überstülpten und doch tief innen demagogisch-doktrinäre Apparatschiks geblieben sind und lieber heute als morgen solche Leute wie mich wieder in die "kleinste Zelle der Gesellschaft" sperren möchten. Bleiben wir wachsam und passen wir auf, damit solche Leute für immer von der Macht getrennt bleiben; dies sind wir uns und unseren Kindern schuldig.

Henry van Coevenhooven *(USA)*

Die Stimme

Als das Wunder geschah, als ich - an der Seele krank, ramponiert am Nervensystem und todessüchtig - die mich rettende und mich verzaubernde Stimme zum ersten Mal hörte, befand ich mich bereits seit einem halben Jahr in der STASI-Hölle von Pankow. Es war die Hölle im wörtlichen wie im inhaltlichen Sinne.

"Grüne Hölle" hieß bei den Eingekerkerten jener mit Türmen bestückte grau-rote Backstein-Altbau, den eine unbezwingbare Mauer umgab, deren Elektronikaugen jeden Vorbeigehenden ins Visier nahmen und an die Monitore der Wachstube meldeten. Und wehe, ein Passant wäre stehen geblieben und hätte etwa zuviel Interesse für diese sogenannte "Untersuchungshaftanstalt" der STASI bekundet; er hätte vielleicht bald den Gefangenen innerhalb dieser Zwingburg Gesellschaft leisten müssen! Mich hatten die STASI-Schergen in der Frühe aus der Wohnung wegverhaftet, ganz so, wie ich es immer in Filmen aus der NS-Zeit gesehen hatte. Und ebenso wie die Greifer in jenen Filmen, waren mir die mich festnehmenden zwei Stasi-Männer kalt und gefährlich und unberechenbar erschienen. Ich glaube, ein falsches Wort hätte genügt und Schläge wären mir sicher gewesen. Nach Stunden der Ungewissheit im Polizeipräsidium war man dann mit mir zur "Grünen Hölle" gefahren. Rechterseits, wenn man davor stand, befand sich eine schmale, sommers von einer Kastanie beschattete Eisentür, durch die man mich, nachdem ich dem Pkw entstiegen, mit Brutalität und Hast schubste, damit ich verschwunden sein sollte, ehe ein Passant zufällig des makabren Vorgangs hätte ansichtig werden können. Unbeschreiblich war das Gefühl, als diese unscheinbare und geschmacklose Eisentür hinter mir zuschlug und elf unvorstellbar lange Monate für mich verriegelt bleiben sollte. Dann ging es im Eiltempo düstere, durch Gittertüren getrennte Flure entlang. Man musste die Zivilkleidung gegen eine schäbige Sträflingsmontur tauschen, die einer Strafkolonie des 19. Jahrhunderts würdig gewesen wäre. Als dann jedoch die nächste volleiserne Tür, die Zellentür, hinter mir zuschlug und ich mit dem schockierenden Innen-"Leben" der Zelle konfrontiert wurde, hätte ich indes gewünscht, eher in einer Strafkolonie gelandet und gestrandet zu sein, als in diesem vergrößerten Sarg. 3,50 Meter lang, 2 Meter breit, rechter- und linkerseits je eine hochgeklappte Holzpritsche, davor je ein Holzhocker, ein Waschbecken, eine Toilette, ein kleines undurchsichtiges Doppelfenster und über der Zellentür, in die Wand eingelassen, eine trübe 40-Watt-Funzel - so war er beschaffen, dieser Sarg für einen Lebenden! Er wurde nicht länger, nicht breiter, nicht schöner, so oft und wie verzweifelt ich darin auch hin und her, kreuz und quer ging. Nirgendwo ein menschliches Zeichen? Doch! In der hinteren Ecke hatte einer mit etwas Spitzem in die Wand geritzt - gereimt in vier Zeilen -, dass hier ein Tag lang wie ein Jahr sei, als habe die Uhr der Zeit ihr Räderwerk verloren und dass man sich nur mit Hilfe der Phantasie und der Erinnerung über diese tötende, stumpfmachende Zeit-Unendlichkeit retten könne. Ich erschrak tief und war dennoch dankbar für den Rat.

Gegen 18.00 Uhr wurde durch die Klappe in der Eisentür ein mageres Abendbrot hereingereicht. Gegen 21.00 Uhr durfte ich die Pritsche herunterlassen und schlafen gehen. Schlafen? Ich sollte bald meines Irrtums gewahr werden. Die Funzel wurde zwar gelöscht, aber immer nur für 10 Minuten, dann wurde sie wieder angeknipst, weil der seine Runden schleichende Posten draußen sehen wollte, ob drinnen alles in Ordnung sei; denn ich wurde ja noch gebraucht!
Vom Vernehmer, vom Staatsanwalt, vom Richter, vom Gefängnisdirektor! "Republikflucht"! Welch ein Kapitalverbrechen in einem ideologisch wahnhaft überhitzten Staatswesen!
Das ständige Licht-An und Licht-Aus in dieser ersten Nacht und in 335 folgenden Nächten machte mir diese Nacht und unzählige folgende zu wahren Folternächten.

Doch dies war nur ein Mosaiksteinchen aus dem Psycho-Folter-Repertoire des Stasi-Molochs. Der Hunger folgte. Zwei trockene Scheiben Brot und zwei mit Margarine und Marmelade jeden Morgen, mittags Graupen, saftlose Eintöpfe, selten ein wenig Fleisch mit wässrigen Kartoffeln, abends wieder Brot mit sogenannter "Wurst". Fast nie Obst. Für einen 26-jährigen gesunden, kräftigen Mann natürlich allemal zu wenig Nahrung. Es war natürlich kein Hungern von der Art, von dem Menschen in Afrika, Asien und an vielen Orten der Welt heimgesucht werden, sondern es war eher ein beständiges Hungergefühl, das die Substanz keineswegs gefährdete, aber das dennoch wehtat. Und nicht minder schmerzte der völlige Entzug von seelischer und körperlicher Liebe, denn man durfte weder einen einzigen Brief schreiben noch empfangen, noch ließen sie die Freundin oder einen Lieben von daheim besuchsweise in die "Grüne Hölle" kommen.

Die nach vier Wochen beginnenden Vernehmungen stellten dann wieder eine andere Art der Folter dar.

Man wurde zu jeder Tages- und Nachtzeit aus der Zelle geholt, stundenlang aufs blödeste und intrigenreichste ausgefragt, angeschrien, bedroht, getreten, geschlagen, wenn sich ein Vernehmer völlig vergaß.

Der einen kontinuierlich einengende Raumdruck der Zelle wurde einem nicht ein einziges Mal innerhalb von 24 Stunden genommen; denn der 10-Minuten-"Rundgang" - außer samstags und sonntags - fand nicht etwa, wie die Welt es kennt, auf einem lichten Freihof statt, sondern wiederum in einer gemauerten Zelle, die auf dem Innenhof stand und lediglich statt von einer Betondecke von einem Gitter überspannt war, durch das man ein Stück Himmel sehen und ein wenig Frischluft aufnehmen konnte.

Nach 6 Wochen zermürbender Einzelhaft wurde ich eines Tages in eine Zelle der oberen Trakte zu einem nervösen, paffenden Berliner verlegt. Anfangs glaubte ich zu ersticken, so stickig und sauerstoffarm war es dort. Als noch unerträglicher stellten sich indes bald die Charakterlabilität, Rechthaberei, Launenhaftigkeit und die cholerischen Anfälle dieses Zeitgenossen heraus; vor allem, wenn

ihm der Vernehmer Rauchverbot erteilte. Dann stänkerte er unentwegt mit mir und wurde gar der reinste Giftzwerg, wenn er etwa beim improvisierten Schachspiel verlor, was ohnehin selten war, da ich dieses Spiel erst durch ihn erlernte. Langsam begannen wir einander zu hassen! Und daran, wie lange wir brauchten, ehe wir auseinander gelegt wurden, erkannte ich, dass auch solches Stasi-Methode war. Denn Hass - ohne dass die Hassenden voreinander ausweichen können - ist eine ganz spezielle Art der Folter, zumal - wenn man die Zellengegenstände abrechnete - jedem Häftling nur ca. 2 Quadratmeter "Bewegungsraum" in dieser Sarg-Zelle verblieben. Keinem Tier von der Größe eines Menschen wird weltweit ähnliches zugemutet! Jeder auf seine Weise den anderen hassend und total anschweigend, vergingen Wochen bei gewaltigster Nervenanspannung und ungemeinem Nervenverschleiß. Kurz bevor wir uns an die Kehle gingen, wurden wir auseinandergelegt.
In der neuen Zelle war ich allein. Nach der ungeheuren Stresssituation der letzten Wochen empfand ich das Alleinsein wie eine Wonne. In dieser seltsamen Wonnestimmung, der dennoch etwas Krankes innewohnte, wurde ich zum Rundgang geholt. Obwohl Winterzeit, war es merkwürdig milde an diesem Tag. Wie durstig, wie ein Rekonvaleszenter sog ich die milde Winterluft ein. Und da geschah es! Ich fühlte mich wie auf Wolken und auf Meereswogen getragen, alles in mir wurde leicht und ätherisch - und ich wünschte plötzlich nichts sehnlicher als zu sterben. Aber ohne jegliche Angst davor! Wenn so Selbstmörder empfinden, kann der Selbstmord nichts Grässliches, nichts Schmerzvolles sein. Wieder in der Zelle, hielt dieser todessüchtige Zustand an und ich sann schon nach, wie ich's tun könnte, heute, morgen oder übermorgen . . .
Da entdeckte ich einen winzigen Papierstreifen überm Linoleumrand. Gleichmütig zerrte ich diesen hervor und las: "Toilette auspumpen, dann kannst du telefonieren." Zu spät, dachte ich resigniert, vor Wochen noch hätte mein Herz vor größter Aufregung geschlagen. Dennoch pumpte ich abends die Toilette leer, nachdem ich sie zuvor penibel gesäubert hatte. Ich lauschte hinein. Und

tatsächlich: da wurde gesprochen! Zwei Männerstimmen und eine Frauenstimme tönten klar wie durchs Telefon zu mir herauf. Da ich nicht unerkannt wie ein Spanner lauschen mochte, gab ich mich zu erkennen und nannte meinen Tarnnamen "Hamlet". Sie begrüßten mich, fragten dies und jenes und unterhielten sich dann weiter. Plötzlich mengte sich eine zweite Frauenstimme ein, und zum zweiten Mal an diesem Tag geschah mit mir etwas Sonderbares, aber diesmal Wunderbares! Der extreme Zustand, indem ich seit dem Rundgang erstarrt und gefangen war, wich, wie Eisstarre unter Sonneneinstrahlung, einem anderen extremen, aber sehr glücklichmachenden Zustand. Das Leben, und die Lust zum Leben, und die Liebe zum Leben und . . . die Liebe zu einer Frau kehrten mit einem Schlage in mein Herz, in meinen gelähmten, todesmüden Körper zurück. Welch ein Wunder! Diese Stimme! Solch ein Wunder! Dachte ich aufgeregt und zitternd. Die schönste Stimme der Welt im Leitungssystem mehrerer Toiletten! Wann hat es das je gegeben? Aus meiner Todessüchtigkeit war Liebessüchtigkeit geworden und ich sprach die Stimme an, hinein und hindurch durch das Stimmengemisch der anderen, die für Augenblicke erstaunt und wie hinweggeschubst schwiegen, währendes die Stimme zurückfragte, lieb, süß, zärtlich, einschmeichelnd und ich antwortete etwas, noch traurigmüde wohl und spröde, in einem Klanggemisch, gefärbt vom Terror der letzten Monate, der Todessucht der letzten Stunden und dem Glücksempfinden dieses Augenblicks.

Und die drei mochten spüren, was zwischen uns geschah und sie mochten wohl nicht stören und verabschiedeten sich und nun waren wir allein, Fremde bis vor Sekunden noch, Liebende seit einem Schicksalsaugenblick, Gerettete aus tiefster Not. Mit jedem Pulsschlag, da Brigitte - so ihr Name - spürte, dass ich sie liebte, wurde ihre Stimme noch schöner, noch lieblicher, noch bezaubernder, aber auch froher, fester und noch vollklingender. Ich erfuhr von ihr: Nach einem tätlichen Streit mit ihrem rüden Ehemann im Ausland vom Schiff gegangen, in Westdeutschland gelandet, aber nach kurzer Zeit von den liebenden, aber naiven Eltern wieder in die DDR gelockt, drohten ihr jetzt 12 Jahre wegen angeblicher Spio-

nage; weil sie ein Modell, das man ihr drüben vorgelegt, als das Modell ihres Außenhandelsbetriebes bestätigt hatte.
12 Jahre Zuchthaus für eine unschuldige, junge Frau! Was wogen da schon zwei, drei Jahre, die mich wegen so genannter Republikflucht erwarteten! Ich tröstete sie und sprach ihr Mut zu. Sie dankte mit einem Anflug von Tränen in ihrer wunderschönen Stimme. Mir drückten selbst die Tränen herauf. Um nicht beim "Telefonieren" erwischt und mit Kellerarrest bestraft zu werden, beschlossen wir - auch wenn's uns unsagbar schwer fiel - unser Gespräch zu beenden. Ich hätte am liebsten die ganze Nacht hindurch ihrer Stimme gelauscht; denn ich war wohl bereits süchtig nach dieser Stimme! Und süchtig danach wurden vom nächsten Tag an alle Häftlinge. Und zwar von dem Augenblick, als ihre Stimme ungemein lieblich und sirenenhaft mir durch den Luftschlitz zwischen den Fensterreihen einen Gruß, ein 'Gute Nacht' und ein 'Ich liebe dich' über den Innenhof zurief. Ich und wohl fast alle in den Zellen hielten für Sekunden den Atem an vor dem einmaligen Klang ihrer Stimme, ein Klang, der die Hölle, in der wir alle schmorten, für Sekunden zum Paradies machte. Und von nun an Tag für Tag wiederholte sich das Spiel: Wenn Brigittes Stimme erklang, wurde es für Sekunden still im großen Kerkerhaus und ein jeder lauschte: Andächtig, ergriffen, verzaubert. Wie jene Schiffer, die in der Sage den Sirenen gelauscht hatten. Wie ich, mochten die Mitgefangenen in dieser Stimme alles vereinigt finden, wonach sie seit Monaten in ihrem Lebendig-Begraben-Sein innigste Sehnsucht hatten: Liebe, Zärtlichkeit, Wollust, Freundschaft, Hoffnung und Freiheit. Doch nur für einen erklang sie, für mich, diese wundervolle, einmalige, alle und alles verzaubernde Stimme!
Und als ich eines Tages beim "Telefonieren" erwischt und - obwohl ich stark erkältet war - in den ungeheizten Kellerarrest gesteckt wurde, überlebte ich, glaube ich, weil ich ununterbrochen Brigittes Stimme hörte, an ihre Stimme dachte, von ihrer Stimme träumte, mich an ihrem nachempfundenen Klang wärmte, wenn ich fror und mich darauf freute, ihre Stimme wieder zu hören, sobald der mörderische Arrest überstanden war.

Wieder in der Zelle, wartete ich fieberhaft auf den Abend, um endlich wieder Brigittes Stimme durchs "Telefon" zu hören. Es wurde der längste Tag von all den 335 Wartetagen meines Lebendig-Begraben-Seins. Doch unbeschreiblich war dann das Gefühl, als ich sie wieder hörte, die ersehnte Stimme, die mir längst das geworden war, was manch einem schönste Musik ist. Und es wunderte mich gar nicht, als Brigitte mir erzählte, dass während der ersten Tage meines Arrestes jeden Abend dutzendfach der bittend-fordernde Ruf über dem Innenhof zu hören war:

"Die Stimme! Die Stimme! Die Stimme!"

Werner H. Krause *(Märkische Zeitung)*

Wie zwei Bergleute unschuldig hingerichtet wurden

Staatspräsident Pieck kannte keine Gnade

Der vergilbte Brief enthält die letzten Lebenszeichen seines Vaters. Gerhard Muras, beheimatet in Obergebra nahe Nordhausen in Thüringen, fällt es auch nach über vier Jahrzehnten noch immer schwer zu lesen, was der todgeweihte Mann am 22. Juni 1952 Frau und Kindern schrieb:

"Durch einen schweren Schicksalsschlag sind wir alle seelisch sehr schwer getroffen. Was das Urteil angeht, so habe ich noch Hoffnung, dass unser ehrwürdiger Staatspräsident mich begnadigt, denn ich habe in keiner Weise gegen die DDR gehandelt, noch Kriegshetze betrieben. Die politischen Beschuldigungen gegen mich sind frei erfunden."

Am 5. September 1952 setzte das Fallbeil dem Leben des Bergmannes Johannes Muras ein Ende. Wenige Minute später erhielt der Henker erneut das Zeichen für eine Hinrichtung; sie löschte das Leben des Bergmannes Ernst Wilhelm aus.

Was hat sich in dem thüringischen Dorf Obergebra am 30. April 1952 zugetragen?

Wie schon in früheren Jahren feiern die Bergarbeiter der Schachtanlage Gebra den Vorabend des 1. Mai. In der Dorfwirtschaft Wichmann geht es hoch her. Alkohol heizt die Stimmung an, steigt den Männern schnell zu Kopf. Gegen 22 Uhr ist die Kneipe so voll, dass einige, die nicht mehr hineinkommen, draußen auf der Straße lärmen. Plötzlich sackt der Schachtwart Alfred Sobik in sich zusammen. Eine Herzattacke macht ihm zu schaffen. Einer, der zugegen ist, Paul Hoffmann, bemüht sich um den reglos Daliegenden. Irgendjemand holt die Gemeindeschwester herbei. Sie hofft, durch Herzmassage noch helfen zu können.

Nach etwa 15 Minuten gibt sie ihre Bemühungen auf, schüttelt mit dem Kopf. Ein tragischer Fall, der jedoch in den nächsten Augenblicken eine gänzlich andere Dimension annimmt. Plötzlich erschallen vor der Kneipe laute Rufe: "Mörder, Mörder", Schläge prasseln auf den Bergmann Ernst Wilhelm ein, der blutüberströmt davon taumelt. Was dann weiter geschieht, gleicht einem Shakespearedrama, wo oftmals das Böse triumphiert, weil es genial in Szene gesetzt ist.
Ein herbeigerufener Arzt stellt bei Alfred Sobik Tod durch Herzversagen fest. Am nächsten Morgen ist jedoch der Totenschein verschwunden. Nicht mehr aufzufinden ist auch die schriftliche Aussage des Zeugen Paul Hoffmann. Der hatte bei dem Toten keine Spur einer Gewaltanwendung bemerkt.
Gerhard Muras, Sohn des Bergmannes Johannes Muras, bricht noch heute die Stimme, wenn er das weiter erzählt. Sein Vater kehrte schon in der Nacht nicht mehr in den Schoß der Familie zurück. Er und Ernst Wilhelm wurden von der Stasi festgenommen. Die ungeheuerliche Anschuldigung lautete: Ermordung eines aufrechten Funktionärs der Arbeiterklasse. Bereits am nächsten Morgen existiert auf einmal ein neues Gutachten, ausgestellt von einem gerichtsmedizinischen Sachverständigen. Da steht es schwarz auf weiß zu lesen: Der Tod des Bergmannes Alfred Sobik ist auf erlittene Schläge zurückzuführen.

Ein perfides Spiel.

Das perfide eingefädelte Spiel nimmt seinen Fortgang. Plötzlich taucht ein neuer Zeuge auf, will gesehen haben, wie sich die Bergleute Muras und Sobik an der Theke einen heftigen Streit geliefert hätten. Muras habe dabei aus seiner feindlichen Einstellung gegen die SED kein Hehl gemacht. Bei diesem Zeugen handelt es sich um keinen anderen als den Parteisekretär der Schachtanlage. Ein Stück bestellter Arbeit, dies wird bereits Stunden später ersichtlich. Auf der Maidemonstration in Nordhausen ruft Erich Mückenberger, Mitglied des ZK der SED, mit Grabesstimme aus: "Ein infamer

Mord ist geschehen, ein treuer Sohn der Arbeiterklasse wurde das Opfer der Reaktion. Sie wütet noch immer in Thüringen."
Dies zielte in ganz besonderem Maße auf eine Gruppe von 40 CDU-Mitgliedern in Obergebra. Auch die beiden beschuldigten Bergleute gehörten ihr an. Dort spielte die SED zu jener Zeit so gut wie überhaupt keine Rolle. Während die Prozessmechanerie gegen die beiden unschuldigen Bergleute auf Hochtouren läuft, wird von Tag zu Tag deutlicher, was die SED mit diesem konstruierten Fall bezweckt. Es geht ihr um die Ausschaltung einer politischen Kraft, der CDU, die sich zu diesem Zeitpunkt noch längst nicht vor den Blockkarren hat spannen lassen. Genau eine Woche zuvor, am 24. April 1952, hatte Walter Ulbricht vor Berliner Parteifunktionären eine aufschlussreiche Andeutung gemacht: Es sei die Zeit gekommen, gegen politische Gegner in der DDR eine schärfere Gangart einzuschlagen.
Die Ereignisse überstürzen sich. In der Kreisgeschäftsstelle der CDU in Nordhausen taucht ein gewisser Simonajew auf, seines Zeichens sowjetischer Berater der Stasi. In einem mehrstündigen Gespräch schüchtert er die CDU-Funktionäre ein. Die fühlen sich genötigt, ihre Ortsgruppe in Obergebra aufzulösen. Jetzt rückt auch der CDU-Landesvorsitzende August Bach von seinen Parteifreunden ab, bezeichnet sie als feige Mörder.
Damit war das Schicksal der beiden Bergleute und CDU-Mitglieder besiegelt. In der Stadthalle von Nordhausen kommt es zu einem Schauprozess. Den Gerichtssaal füllen ausgesuchte SED-Funktionäre. Kein Familienmitglied der Angeklagten darf an der Verhandlung teilnehmen. Der damals 15-jährige Gerhard Muras steht mit verweintem Gesicht vor der Tür, voller Angst vor dem, was da drinnen mit seinem Vater geschieht. Vieles was damals passierte, steigt noch immer wie ein Alptraum in ihm hoch. Einige wenige Zeugen raffen ihren Mut zusammen und machen wahrheitsgemäße Aussagen. Staatsanwalt Piehl schreit sie nieder, zwingt sie zum Verlassen des Gerichtssaals. Nur wer im Sinne der konstruierten Anklage seine Aussage macht, erfreut sich des Wohlwollens der Staatsanwaltschaft und der Richter.

Am späten Nachmittag wird das Todesurteil verkündet. Bis zuletzt hofft die Familie Muras, dass dieses Gespinst von Lüge und Verleumdung noch zerreißen wird. Man setzt alle Hoffnung auf Staatspräsident Wilhelm Pieck. Der könne doch nicht zulassen, dass zwei Arbeitern ein solches Unrecht zugefügt wird. Doch die Präsidialkanzlei hüllt sich in Schweigen. Nichts vermag mehr die Hinrichtung aufzuhalten.

Am 6. September 1952 um 4.35 Uhr fällt im Untersuchungsgefängnis von Dresden das Haupt des Johannes Muras unter dem Fallbeil. Ein Volkspolizeiarzt stellt den Totenschein aus, trägt als Todesursache Herzkreislaufversagen ein.

14 Tage später geht bei der Familie Muras die Ablehnung des Gnadengesuches durch den Staatspräsidenten ein. Und einige Zeit darauf kommt ein weiterer Brief von seinem Amtssitz in Berlin-Niederschönhausen. In ihm wird der Witwe Hedwig Muras die Aushändigung der Urne ihres hingerichteten Mannes verweigert. Wörtlich heißt es in dem Schreiben: "Wir müssen Sie bitten einzusehen, dass diese Anordnung keine Schikane für die Angehörigen von Verurteilten darstellt, sondern seine bestimmten Gründe hat."
Die Gründe waren unschwer zu erkennen. In Obergebra veranstaltete die SED einen Massenaufmarsch anlässlich der Beisetzung von Alfred Sobik. Auf dem kleinen Ortsfriedhof wurde ein pompöses Denkmal aufgestellt. Es trug die Inschrift: "Ein Held der Arbeiterklasse wurde feige gemeuchelt." Einen Grabstein der Hingerichteten auf dem gleichen Friedhof duldete die SED nicht. In der Folgezeit erhielten Straßen in Obergebra und Nordhausen den Namen "Sobik". Ein Kulturhaus wurde nach ihm benannt. Arbeitsbrigaden kämpften im sozialistischen Wettbewerb um die Ehre, seinen Namen tragen zu dürfen.

In Obergebra breitete sich über Jahrzehnte Schweigen aus. Doch das furchtbare Geschehen geriet niemals in Vergessenheit. Nach der Wende wurde in dem Ort mit der Vergangenheit abgerechnet.

In einem Gottesdienst gedachte man der unschuldig hingerichteten Bergleute. Plötzlich kam die Wahrheit Stück für Stück ans Tageslicht. Viele Menschen schämten sich, über so lange Zeit das Verbrechen der SED widerspruchslos hingenommen zu haben. Das Heldendenkmal von Sobik verschwand vom Friedhof. Nun steht dort ein schlichter Gedenkstein für die beiden ermordeten Bergleute. Seine Inschrift lautet: Unschuldig hingerichtet.

Karl Wilhelm Fricke *(Köln)*

Meine Wege nach Bautzen II

Ankunft in Bautzen

Es geschah in der Nacht vom 8. zum 9. August 1956. In einem Konvoi von schätzungsweise zehn bis zwölf Gefangenentransportwagen, begleitet von zwei schweren Limousinen mit Funkgerät und mehreren Krad-Meldern, überführte ein Stasi-Kommando 80 bis 90 Strafgefangene aus Block IV des Zuchthauses Brandenburg-Görden in das frühere Gerichtsgefängnis Bautzen II. Einer von ihnen war ich. Nach mehrstündiger Fahrt hatte der gespenstische Nacht-und-Nebel-Transfer sein Ziel bei Morgengrauen erreicht. Einzeln wurden wir, blasse Gestalten in blauer Gefängniskleidung, im Gefängnishof von bewaffneten Posten und uniformierten Strafvollzugsbediensteten unter barschen Kommandos übernommen und provisorisch auf die Zellen des nach flüchtiger Renovierung leer stehenden Gefängnisses verteilt. Wir wussten zunächst nicht einmal, wohin wir eigentlich verlegt worden waren. Erst als wir in den folgenden Tagen registriert und "ordentlich" in Zellen eingewiesen wurden, erfuhren wir, dass man uns nach Bautzen verbracht hatte.

In West-Berlin und der damaligen Bundesrepublik wurde die Gefangenenverlegung erst elf Monate später bekannt. Eine Nachricht durchbrach die anonyme Isolation von Bautzen II und vermeldete erstmals die neue Zweckbestimmung diese alten Gemäuers. Ein Zeitungsartikel - er erschien am 16. Juli 1957 in der Frankfurter Allgemeinen - machte auch die ersten Namen von Häftlingen in Bautzen II öffentlich: Georg Dertinger, ehemals Außenminister, Helmut Brandt, früher Staatssekretär im Ministerium der Justiz, der westdeutsche Jurist Eberhard Plewe - so wusste das Blatt zu berichten, "ferner ein Neffe des früheren Admirals Dönitz, zahlreiche

Opfer großer Schauprozesse und der West-Berliner Journalist Karl Wilhelm Fricke". Bis dahin hatte sich mit dem Namen Bautzen stets nur die Vorstellung von jenem Gewahrsam verbunden, das im Volksmund Gelbes Elend hieß. Auch an ein Speziallager der sowjetischen Geheimpolizei erinnerte man sich, wenn in den frühen fünfziger Jahren die Rede auf Bautzen kam. Aber Bautzen II? - Nie gehört! Das sollte sich nun ändern. Fortan wurde Bautzen II zum Synonym einer Sonderstrafvollzugsanstalt für "besonders gefährliche Staatsfeinde" unter Kontrolle der Staatssicherheit.

Im Visier der Staatssicherheit

Alles hat seine Vorgeschichte, auch mein Dasein in Bautzen, aber sie ist von kaum glaublicher Abenteuerlichkeit. Ich lebte seit 1952 in West-Berlin, nachdem ich am 23. Februar 1949 - damals neunzehneinhalb Jahre alt - nach Westdeutschland hatte flüchten müssen. "Flüchten müssen" heißt, dass mir zur Flucht keine Alternative geblieben war, nachdem ich am Tage zuvor - wie es später in meinem Urteil hieß - "wegen hetzerischer Äußerungen im Lehrerkollektiv" in der Volksschule meiner Geburtsstadt Hoym, einer Kleinstadt bei Ballenstedt, festgenommen worden war; hier war ich seinerzeit als Hilfslehrer für Russisch tätig. Meine Flucht gelang aus einer Dienststelle der damaligen politischen Polizei "K5" in Ballenstedt, Otto-Kiep-Straße, wohin ich nach meiner Festnahme verbracht worden war.

Nach dreijährigem Aufenthalt in Westdeutschland - wo ich die Gründung der beiden deutschen Staaten im Flüchtlingslager erlebte - nahm ich nach sozialwissenschaftlichen Studien an der Hochschule für Arbeit, Politik und Wirtschaft in Wilhelmshaven meinen Wohnsitz in West-Berlin, um hier mein Studium an der Hochschule für Politik fortzusetzen und den Beruf des Journalisten auszuüben. 1952 wurde ich auf freiberuflicher Basis Mitarbeiter beim *Tagesspiegel*, einem bürgerlich-liberalen Blatt in West-Berlin, und ein

Jahr später freier Korrespondent der Wochenzeitung *Rheinischer Merkur*, ferner Mitarbeiter an der damals von Rudolf Pechel herausgegebenen Monatsschrift *Deutsche Rundschau*, schließlich auch beim *SBZ-Archiv* in Köln, einer Zeitschrift, aus der später das *Deutschland Archiv* hervorging. Thematisch hatte ich mich frühzeitig auf die DDR spezialisiert - mit den Schwerpunkten Staatssicherheit und Strafjustiz. Schon zu dieser Zeit war ich, ohne es zu ahnen, ins Visier der Staatssicherheit geraten. Akten belegen das.
Meine Spezialisierung auf diese Thematik hatte sich aus dem Schicksal meines Vaters ergeben. 1946 von den Russen interniert, gehörte er 1950 zu den Opfern der "Waldheimer Prozesse", in denen er, Volksschullehrer von Beruf, zu zwölf Jahren Zuchthaus verurteilt wurde, weil er den Nationalsozialismus propagiert und die Schulkinder im Nazi-Ungeist erzogen haben sollte. Eine individuelle Beweisaufnahme fand in der etwa halbstündigen Hauptverhandlung nicht statt. Zeugen waren nicht zugelassen. Nicht einmal einen Verteidiger durfte er haben. Er starb zwei Jahre später, 48-jährig, als Strafgefangener im Zuchthaus der sächsischen Kreisstadt. War sein Schicksal ein tragischer Zufall oder Ergebnis systembedingter Entscheidungen? Die Frage, ob und inwieweit das Justizunrecht der DDR systembedingt war, hat mich nicht mehr losgelassen. Sie hat mich mein ganzes berufliches Leben lang bewegt.

Die Entführung

Jede Geheimpolizei folgt ihrer eigenen fatalen Logik. Mir unterstellte die Staatssicherheit, dass meine Veröffentlichungen auf Informationen beruhten, die ich mir aus der DDR "illegal" beschafft hätte. Die Konsequenzen diese Verdachts bekam ich am 1. April 1955 zu spüren: Am Nachmittag jenes Tages wurde ich in einer – von mir als solche natürlich nicht erkannten - konspirativen Wohnung in West-Berlin von einem Mann namens Kurt Rittwagen und dessen Ehefrau Anne-Maria, die mir als Flüchtlingsehepaar aus Potsdam bekannt geworden waren, die aber in Wirklichkeit beide

Geheime Mitarbeiter der Staatssicherheit mit Einsatz in West-Berlin, durch gemeinschaftliches Handeln betäubt und der DDR-Staatssicherheit überantwortet.

Seit ein paar Jahren sind die einschlägigen MfS-Akten zugänglich. Sie dokumentieren die planmäßige, monatelange Vorbereitung meiner Entführung durch die Geheimen Mitarbeiter "Fritz" und "Peter" - das waren die Decknamen der Eheleute Rittwagen -, die von einem Führungsoffizier zunächst in der Bezirksverwaltung Potsdam, hernach in der Zentrale des MfS gesteuert wurden, einem Hauptmann namens Alfred Buchholz. Nach Aktenlage wurde ich seit 1954 "operativ bearbeitet". Nicht nur in der DDR war gegen mich legal ermittelt worden, zum Beispiel durch Recherchen in Aschersleben, wo ich bis 1948 das Stephaneum besucht hatte, eine Oberschule für Jungen, sondern verdeckt auch in West-Berlin.

In ihrem weiteren Vorgehen ließ sich die Staatssicherheit von der Spekulation leiten, dass sie - wenn sie meiner erst einmal habhaft geworden wäre und mich zu entsprechenden Aussagen genötigt hätte - auch meine Informanten festnehmen könnte, die sie in Ost-Berlin und der DDR vermutete. Das lässt sich sogar aus den Akten herauslesen. Am 28. März 1955, drei Tage vor meiner Verschleppung, legte Hauptmann Buchholz seinem Chef Oberst Erich Jamin, damals Leiter der zur Bekämpfung politischer Untergrundtätigkeit zuständigen Abteilung 1 in der Hauptabteilung V der Stasi-Zentrale, eine Aktennotiz vor, in der es hieß:
"Die feindliche Tätigkeit von Fricke besteht darin, dass er durch Personen aus der DDR Unterlagen und Material über führende Funktionäre der Partei, Wirtschaft und Verwaltung erhält. ... Durch die Festnahme des Fricke soll erreicht werden, die Methoden unserer Feinde erkennen [sic!] zu lernen."

So wurde am 1. April 1955 meine Verschleppung aus West-Berlin vollendete Tatsache. Wie ich in besinnungslosem Zustand in den Osten Berlins transportiert worden bin, kann ich aus eigener

Erfahrung nicht bezeugen, ich war ja bewusstlos. Nach Aktenlage wurde ich in einem Schlafsack verschnürt und bei Dunkelheit von einer sogenannten operativen Gruppe der Hauptabteilung VIII in einem Pkw über die Sektorengrenze geschafft - zur Einlieferung in das Zentrale Untersuchungsgefängnis Berlin-Hohenschönhausen, die "deutsche Lubjanka". In einer "Einlieferungsanzeige" vom 1. April 1955 - alles war bei der Staatssicherheit bürokratisch-formalistisch geregelt - wurde als Zeitpunkt der sogenannten Festnahme "gegen 23.00 Uhr" genannt.
Aus den Akten ist weiter zu ersehen, dass die Entführung keine aus der Spontanität des Zufalls geborene singuläre Operation, sondern Bestandteil einer stabsmäßig organisierten Großaktion war. Entsprechend einer Dienstanweisung Nr.54/54 vom 16. November 1954 hatte der damalige Oberst Bruno Beater als Chef der Hauptabteilung V in der Zentrale der Staatssicherheit die Grobplanung einer umfangreichen Operation mit dem Ziel niedergelegt, "einen konzentrierten Schlag gegen die Untergrundbewegung zu führen". Beater wiederum handelte auf ausdrückliche Weisung Erich Mielkes, des damals noch zweiten Mannes in der DDR-Staatssicherheit.

Zur Vorbereitung der Operation, die unter dem Codenamen "Aktion Blitz" lief, wurde in Beaters Hauptabteilung ein sechsköpfiger Einsatzstab gebildet, der die Operation planmäßig vorbereiten und das Zusammenwirken mit den zuständigen Diensteinheiten in den Bezirksverwaltungen der Staatssicherheit koordinieren sollte. Das Aktionsfeld der Operation war von vornherein nicht auf die DDR beschränkt, sondern umfasste ausdrücklich auch West-Berlin und Westdeutschland. Außer Festnahmen in Ost-Berlin und der DDR waren also Entführungen aus West-Berlin und dem Bundesgebiet vorgesehen. Die Diensteinheiten der Linie - so hieß das im Stasi-Jargon - wurden angewiesen, "Sachstandsberichte" solcher operativen Vorgänge vorzulegen, "die zur Liquidierung reif und als Festnahmeaktion von Bedeutung sind". Und weiter wörtlich:

"Besondere Bedeutung kommt hierbei den Vorgängen zu, deren Liquidierung in West-Berlin und Westdeutschland ihren Ausgang finden muss."
Der "konzentrierte Schlag" der Staatssicherheit sollte sich gegen Organisationen und Institutionen in West-Berlin richten, die oppositionelle und widerständige Kräfte in der DDR unterstützten, politisch und logistisch, wie die Ostbüros von SPD, FDP und CDU, die Kampfgruppe gegen Unmenschlichkeit und den Untersuchungsausschuss Freiheitlicher Juristen. Die Staatssicherheit sah sie als "Agentenzentralen" an. Tatsächlich verfügte sie auch über Informationsnetze in der DDR, ebenso wie westliche Geheimdienste, die durch die "Aktion Blitz" zerschlagen werden sollten. Schließlich wurden in einem "Plan zur Operation >Blitz<" die konkreten Aktionen benannt - darunter auch Verschleppungen, die natürlich nicht als solche, sondern als "Überführungen" bezeichnet wurden. Bestandteil dieses Operationsplanes war auch der an mir verübte Menschenraub:
"Die Überführung des Fricke ist nach folgender Variante geplant: In engen sachlichen Beziehungen mit Fricke stehen die beiden überprüften GM's des SfS* "Fritz" und dessen Ehefrau "Peter". Unsere GM's werden Fricke zu sich in die Wohnung einladen. Da der Fricke die genaue Adresse nicht kennt, wird er in eine konspirative Wohnung in West-Berlin geführt, deren Inhaber in die Operation nicht eingeweiht wird und sich in dieser Zeit auf Urlaub in der DDR befindet. Fricke erhält im Getränk ein Schlafmittel. Die GM's "Fritz" und "Peter" werden nach Erledigung dieser Phase in ihre richtige Wohnung fahren, währenddem Fricke von einer Gruppe in den demokratischen Sektor gebracht wird."
Kurt Rittwagen und seine Ehefrau Anne-Maria entledigten sich ihres Auftrages wie geplant und überließen mich nach meiner Be-

---

* GM = Geheimer Mitarbeiter, damals Bezeichnung für Inoffizielle Mitarbeiter im Westeinsatz. SfS = Staatssekretariat für Staatssicherheit. Als solches war das MfS zeitweilig, von Juni 1953 bis November 1955, dem Ministerium des Innern formell eingegliedert.

täubung in ihrer konspirativen Wohnung (immer nach Aktenlage) einer operativen Gruppe. Haupttäter bei meiner Verbringung war ein ehemaliger Lehrer - er hieß Kurt Schliep -, der nach seinem Ausschluss aus der SED zeitweilig nach West-Berlin gewechselt, aber nach Ost-Berlin zurückgekehrt war und sich hier als Geheimer Mitarbeiter "Steffe" durch Einsätze für die Staatssicherheit in West-Berlin "bewähren" wollte.

Jeder weitere Kommentar wäre überflüssig, wenn nicht zu wiederholen wäre, dass die Entführung keine Einzelaktion war. Sie entsprach ganz im Gegenteil einer langjährigen Praxis der Staatssicherheit. Insgesamt liegt die Zahl der von ihr in den fünfziger und sechziger Jahren getätigten Verschleppungen nach Ost-Berlin und in die DDR zwischen 600 und 700.

Ermittlungen gegen die Wahrheit

Was mich anbelangt, so befand ich mich - wie geschildert - seit dem 1. April 1955 im Stasi-Gefängnis Berlin-Hohenschönhausen, einem Kellergefängnis, wo ich rund fünfzehn Monate Untersuchungshaft in einer fensterlosen Kellerzelle in totaler Isolation zubringen sollte. Über der Tür war innen eine vergitterte Glühlampe in die Wand eingebaut, die Tag und Nacht brannte. "Hotel zur ewigen Lampe" nannte mein Vernehmer deshalb das Gefängnis. Es war seine Art Humor. Während der Untersuchungshaft hatte ich weder Kontakt zu einem Anwalt noch durfte ich während dieser Zeit schreiben, Post erhalten oder gar Besuch empfangen. Ein Haftbefehl wegen Verbrechens nach Kontrollratsdirektive Nr. 389 wurde auf Antrag des Generalstaatsanwalts vom Haftprüfungsrichter beim Stadtbezirksgericht Berlin-Mitte erlassen, allerdings erst am 4. April, vier Tage nach meiner "Festnahme". Juristisch war das zwar eine rigorose Missachtung der in Artikel 136 der ersten DDR-Verfassung niedergelegten Bestimmung, wonach ein zu Verhaftender "spätestens am Tage nach dem Ergreifen dem Richter vorzuführen" war. Immerhin aber wurde die Untersuchungshaft auf diesem Wege im Sinne der DDR-Gesetzlichkeit legalisiert.

Mit Ausnahme der ersten Wochen wurde über mich Einzelhaft verfügt. Zu Anfang der Untersuchungshaft teilte ich meine Zelle mit einem Mithäftling, den freilich die Staatssicherheit genötigt hatte, als "Zellen-Informator" tätig zu sein. Er spitzelte und schrieb, wenn er scheinbar zur Vernehmung geholt wurde, den Inhalt der Gespräche nieder, die er in der Zelle mit mir geführt hatte.
Der die "Strafsache Fricke" bearbeitende Vernehmungsoffizier, Stasi-Oberleutnant Horst Bauer aus der für Untersuchungen zuständigen Hauptabteilung IX, ein fanatischer, gut geschulter Genosse der SED, Kettenraucher, erstaunlich ungebildet, versuchte seinem Auftrag gemäß von Anfang an, mich zu einem "Geständnis" zu bewegen. Die zentrale Frage der Untersuchung, die in der ersten Woche durch Tag- und Nacht-Vernehmungen eingeleitet wurde, lautete schlicht und einfach: "Zu welchen Personen im Gebiet der Deutschen Demokratischen Republik und im demokratischen Sektor von Berlin haben Sie verbrecherische Verbindungen unterhalten?" - hier zitiert aus dem Vernehmungsprotokoll aus der Nacht vom 3. zum 4. April 1955. Die Frage wurde lautstark wiederholt, tage- und nächtelang, in seinen Verhören hämmerte sie mir der Vernehmer ins Bewusstsein, aber stereotyp wiederholte ich meine Antwort: "Ich verbleibe nach wie vor bei meinen bisherigen Aussagen, dass keinerlei Verbindungen verbrecherischen Charakters von mir zu Personen im Gebiet der Deutschen Demokratischen Republik und im demokratischen Sektor von Berlin unterhalten wurden." Auch dies ist ein Zitat aus dem erwähnten Vernehmungsprotokoll. Es weist wie alle Vernehmungsprotokolle die sprachliche Eigentümlichkeit auf, dass Aussagen vor dem "Untersuchungsorgan" in ein gleichsam stasi-offizielles Deutsch übersetzt wurden. Ich dürfte in meiner Aussage kaum statt Ost-Berlin vom "demokratischen Sektor von Berlin" gesprochen haben. Ich hatte in der Tat zu keiner Zeit Informationskontakte in Ost-Berlin oder der DDR unterhalten, aber das glaubte mir der Untersuchungsführer selbst-

verständlich nicht. Sein Vorurteil konnte ich nicht widerlegen. Im Grunde führte er Ermittlungen gegen die Wahrheit.

Anklage und Urteil

Freilich hätte es auch wenig genützt, wenn der Untersuchungsführer meinen Aussagen geglaubt hätte, denn meine Verurteilung wurde ohnehin politisch, nicht juristisch entschieden - was keine polemische Übertreibung ist. Vielmehr geht das aus einem Briefwechsel zwischen der Obersten Staatsanwaltschaft und der Abt. "Staatliche Verwaltung" im Zentralkomitee der SED hervor. In einem Schreiben vom 19. April 1956 an Josef Streit, später Generalstaatsanwalt der DDR, damals Leiter des Sektors Justiz in besagter ZK-Abteilung, übersandte Bruno Haid, damals Stellvertreter des Generalstaatsanwalts, eine Anklageschrift in der Strafsache Fricke wegen Verbrechens nach Artikel 6 Abs. 2 der DDR-Verfassung zu dem Zweck, sie politisch überprüfen und genehmigen zu lassen. Man vergegenwärtigte sich: Die oberste Anklagebehörde der DDR wandte sich an eine Dienststelle der Politbürokratie, um sich zu vergewissern, dass sie sich auf der richtigen politischen Linie bewegte. Der Kernsatz des Schreibens lautete: "Ich beabsichtige, gegen Fricke wegen Verbrechens nach Artikel 6 der Verfassung der Deutschen Demokratischen Republik 15 Jahre Zuchthaus zu beantragen. Die Hauptverhandlung wird unter Ausschluss der Öffentlichkeit geführt."

Das zweite Schreiben, unterzeichnet von Staatsanwalt Helmut Löser, ebenfalls von der Obersten Staatsanwaltschaft der DDR, datierte vom 26. Juni 1956, wurde also gut zwei Monate später zu Papier gebracht. Es betraf wiederum die "Strafsache Fricke", aber mit ihm wurde "eine neugefertigte Anklageschrift" vorgelegt und die zuvor übersandte Anklageschrift für "ungültig" erklärt. Unter Hinweis auf nicht näher definierte "veränderte Gesichtspunkte" wurde nun die Absicht bekundet, "eine Strafe von 4 Jahren Zuchthaus zu beantragen."

Fünfzehn Tage später wurde ich vom 1. Strafsenat des Obersten Gerichts nach Artikel 6 Absatz 2 der ersten DDR-Verfassung in der Tat zu vier Jahren Zuchthaus verurteilt.
Zu dieser juristischen Konstruktion muss man wissen, dass Artikel 6 Abs. 2 der DDR-Verfassung vom 7. Oktober 1949 den für die Strafjustiz der DDR folgenreichen Satz enthielt: "Boykotthetze gegen demokratische Einrichtungen, Bekundung von Glaubens-, Rassen-, Völkerhass, militärische Propaganda sowie Kriegshetze und alle sonstigen Handlungen, die sich gegen die Gleichberechtigung richten, sind Verbrechen im Sinne des Strafgesetzes." Die Strafjustiz der DDR missbrauchte ihn bis zum Inkrafttreten des Strafrechtsergänzungsgesetzes vom 11. Dezember 1957 als Generalklausel zur Ahndung vielfältiger politischer Delikte.
Wie in vielen anderen Strafverfahren hatte die höchstrichterliche Instanz der DDR auch in meiner Sache auf justizförmige Weise formalisiert, was zuvor von der zuständigen Abteilung im Apparat des ZK der SED der Sache nach bereits entschieden worden war. Wie aber funktionierte diese Manipulation?
Nach meinen späteren, nach Aktenöffnung durchgeführten Recherchen hatte der Untersuchungsführer seine Ermittlungen im Wesentlichen nach gut vier Monaten beendet. Seinen Schlussbericht legte er am 6. August 1955 vor. Obwohl es keinerlei Beweis dafür gab, wurde mir darin angelastet, "im Auftrage der Spionageorganisation 'Gehlen', des 'Ministeriums für gesamtdeutsche Fragen', der Terror- und Spionagezentrale 'Untersuchungsausschuss Freiheitlicher Juristen' ... umfangreiche Verbrechen gegen die Deutsche Demokratische Republik durchgeführt" sowie "fortgesetzt erlogene und verleumderische Artikel gegen die Deutsche Demokratische Republik geschrieben zu haben, und zwar "mit dem Ziel, die auf eine Entspannung der internationalen Lage gerichteten Bestrebungen des Friedenslagers und die Bemühungen um eine Verständigung über die Wiedervereinigung beider Teile Deutschlands zu verhindern."
Das war starker Tobak. Für die Staatssicherheit waren das laut Schlussbericht "Verbrechen gemäß Artikel 6 der Verfassung der

Deutschen Demokratischen Republik in Verbindung mit Kontrollratsdirektive 38 III A III". Wenn sich hernach die Anklageschrift nur auf Artikel 6 Abs. 2 der DDR-Verfassung stützte, so lag das daran, dass die Kontrollratsdirektive Nr. 38 inzwischen außer Kraft gesetzt worden war.
Zu dem Konglomerat der im Schlussbericht erhobenen Beschuldigungen kann ich hier aus räumlichen Gründen im Einzelnen nicht Stellung nehmen. Ich darf aber, da ich absolut nichts zu verschleiern oder zu verschweigen habe, insoweit auf mein Buch "Akten-Einsicht", Rekonstruktion einer politischen Verfolgung, verweisen, das 1995 erschien. Ich habe darin meinen Fall ausführlich dokumentiert und daraus auch die in dem vorliegenden Bericht verwendeten Zitate entnommen.

Stasi-Sippenhaft

Zu welcher Absurdität die Staatssicherheit fähig war, lässt sich im Übrigen nicht nur an meinem eignen Fall, sondern auch am Fall Edith Fricke ablesen - dem Fall meiner Mutter, die zur Zeit meiner Entführung in der DDR ansässig war, in Harzgerode. Sie wurde am 6. April 1955 unter der Beschuldigung festgenommen, für mich als Kurierin tätig gewesen zu sein. Natürlich hatte sie mich nach meiner Übersiedlung von Wilhelmshaven nach West-Berlin gelegentlich dort besucht, was bis zum 13. August 1961, dem Stichtag für den Bau der Berliner Mauer, ohne sonderliche Schwierigkeiten möglich gewesen war. Nur mit Kuriertätigkeit hatte sie rein gar nichts am Hut gehabt.
Das glaubte ihr derselbe Untersuchungsführer, der auch meinen Fall bearbeitete, mitnichten. So blieb sie in Untersuchungshaft und wurde nach gut zehn Monaten, am 14. Februar 1956, vom 1. Strafsenat des Bezirksgerichts Halle zu zwei Jahren Gefängnis verurteilt - allerdings nicht wegen Kuriertätigkeit, sondern wegen Staatsverleumdung und Devisenvergehen. Sie hatte laut Anklageschrift "in West-Berlin die gesellschaftlichen Verhältnisse in der

Deutschen Demokratischen Republik verleumdet ..., indem sie behauptete, die Bevölkerung der Deutschen Demokratischen Republik stehe unter einem ständigen Druck seitens der Regierung, die politischen Verhältnisse seien sehr gespannt." Ihr Devisenvergehen hatte im Umtausch von 370 DDR-Mark bestanden. Ostgeld gegen Westgeld, wie man damals sagte - und das hatte sie nicht einmal für sich, sondern auf Bitten einer Nachbarin getan.
Immerhin hatten sich die Hallenser Richter geweigert, wie von der Staatssicherheit beabsichtigt, Anklage wegen vermeintlicher Kuriertätigkeit zu erheben. Das hätte ein erheblich höheres Strafmaß ergeben. Und sie beschlossen, die Reststrafe für Edith Fricke "wegen guter Führung" mit Wirkung vom 1. November 1956 bedingt auszusetzen. Die Fehleinschätzung der Staatssicherheit als vermutliche Kurierin hatte meine Mutter, obwohl völlig unschuldig, achtzehn Monate ihres Lebens hinter Eisengitter gekostet.

"Kafkaeskes Theater"

Der Schlussbericht in meiner eigenen Strafsache ging im weiteren Verlauf des Verfahrens zusammen mit ausgesuchten Akten aus dem Untersuchungsvorgang von der Staatssicherheit an den Generalstaatsanwalt, der nun die Anklageschrift ausarbeitete. Im Regelfall bestand sie aus einer stilistisch überarbeiteten und juristisch präzisierten Variation auf den Schlussbericht. Statt nun danach, wie es nach den Bestimmungen der DDR-Strafprozessordnung seine Pflicht gewesen wäre, die Anklageschrift unverzüglich dem zuständigen Gericht - im vorliegenden Fall dem 1. Strafsenat des Obersten Gerichts - zuzuleiten, legte er sie der Abteilung "Staatliche Verwaltung" im ZK der SED vor. Hier wurde sie unter politischen Aspekten begutachtet - und hier wurde das beabsichtigte Urteil sanktioniert.
Beim ZK bestand damals in den fünfziger Jahren eine so genannte Justizkommission, der Klaus Sorgenicht, damals Leiter der Abt. "Staatliche Verwaltung", ferner Walter Ziegler, damals Vize-

präsident des Obersten Gerichts, Ernst Melsheimer, damals Generalstaatsanwalt, Hilde Benjamin, seit 1953 Justizministerin und Erich Mielke für die Staatssicherheit angehörten. Diese Justizkommission trat nach Bedarf zusammen, wenn es politisch relevante Strafsachen zu erörtern galt, und ihrem Votum gemäß fertigte Sorgenicht für die Abteilung "Staatliche Verwaltung" eine Beschlussvorlage aus, die nach Kenntnisnahme vom Politbüro oder auch nur durch Walter Ulbricht persönlich bestätigt, gelegentlich auch verändert wurde, zum Beispiel durch strafverschärfende Vorschläge. Im zeitlichen Kontext ging die Anklage zum Obersten Gericht, das nun in aller Form die Eröffnung des Hauptverfahrens beschloss und den Termin zur Hauptverhandlung anberaumen konnte.

In der "Strafsache Fricke" aber sollte sich die Entscheidungsfindung in Auswirkung des im Frühjahr 1956 nach dem XX. Parteitag der KPdSU und der 3. Parteikonferenz der SED aufziehenden "politischen Tauwetters" ungewöhnlich verzögern. Bekanntlich waren auf dem Moskauer Parteikongress die Verbrechen Stalins durch Nikita Chruschtschow gleichsam parteioffiziell verdammt und die "Wiederherstellung der sozialistischen Gesetzlichkeit" proklamiert worden, und die SED hatte in Ost-Berlin eine entsprechende Kursschwenkung vollzogen. Objektiv waren nun die in meiner Sache Verantwortlichen im Apparat des ZK und in der Staatssicherheit in ein für sie unvorhersehbares Dilemma geraten. Parteioffiziell war auch in der DDR "die strikte Wahrung der sozialistischen Gesetzlichkeit" beschworen worden, im Fall Fricke ein Strafurteil nach den alten stalinistischen Maximen - sprich: 15 Jahre Zuchthaus - herbeizuführen, ohne erneut die "Sozialistische Gesetzlichkeit" zu verletzen. Umgekehrt erschien meine Verurteilung unumgänglich, sollte nicht die Staatssicherheit desavouiert werden. Sollte sie in mir etwa einen Unschuldigen entführt haben? Das konnte nicht sein, weil es nicht sein durfte. So kam es zu einem Strafmass von vier Jahren Zuchthaus unter Anrechnung der Untersuchungshaft.

Auch dies war ein Unrechtsurteil, zweifellos, aber es war gleichwohl ein für mich relativ günstiges Urteil - verglichen mit den ursprünglichen Absichten des Generalstaatsanwalts. Glück im Unglück. Dennoch spiegelte sich auch in diesem Urteil die politische Instrumentalisierung der Justiz. Es kam überhastet, in eintägiger Hauptverhandlung, zustande. Am Vormittag fand vor dem 1. Strafsenat des Obersten Gerichts unter Vorsitz von Vizepräsident Ziegler die Beweisaufnahme statt, in deren Verlauf die in den vorliegenden Vernehmungsprotokollen enthaltenen Aussagen rekapituliert wurden. Be- oder Entlastungszeugen waren nicht geladen. Nach der Mittagspause plädierten der Vertreter des Generalstaatsanwalts, Oberstaatsanwalt Friedrich Jahnke, sowie der mir als Pflichtverteidiger beigeordnete Rechtsanwalt Friedrich Wolff, danach erhielt ich Gelegenheit zu einem letzten Wort, und gegen 16.30 Uhr wurde das Urteil verkündet: Es entsprach genau dem fünfzehn Tage zuvor dem ZK zugeleiteten Vorschlag.
Wie formalistisch das Gericht verfuhr, mag folgende Episode aus dem Gerichtssaal illustrieren: Die Staatssicherheit hatte im Schlussbericht darum "gebeten", die Hauptverhandlung "unter Ausschluss der Öffentlichkeit durchzuführen". Obwohl kein Publikum anwesend war, stellte der Vertreter des Generalstaatsanwalts einen diesbezüglichen Antrag nach Eröffnung der Hauptverhandlung. Das Gericht zog sich kurz zur Beratung zurück. Hernach verkündete der Vorsitzende mit todernster Miene, dass der Antrag abgelehnt wäre. Die nichtanwesende Öffentlichkeit war mithin nicht von der Verhandlung ausgeschlossen. Trotzdem war es natürlich ein Geheimprozess, der hier in Szene gesetzt worden war. Kafkaeskes Theater.
Wie geplant gründete sich das Urteil auf Artikel 6 Abs. 2 der ersten DDR-Verfassung, der nach rechtsstaatlicher Auffassung überhaupt nicht als Strafrechtsnorm gelten konnte, denn er enthielt weder eine Tatbestandsdefinition noch eine Strafandrohung und einen Strafrahmen. Dennoch bot er der Strafjustiz der DDR bis zum 1. Februar 1958, dem Inkrafttreten des Strafrechtsergänzungsgesetzes vom 11. Dezember 1957, eine Handhabe für Tausende von Zuchthausurteilen wegen politischer Delikte - und in etwa fünf Dutzend

Fällen sogar zu Todesurteilen, die auch vollstreckt wurden. Seine Anwendung durch Analogie fast ein Jahrzehnt lang kam einem fortwährenden Verstoß gegen den im Artikel 135 enthaltenen Verfassungsgrundsatz gleich, wonach in der DDR Strafen "nur verhängt werden" durften, "wenn sie zur Zeit der Tat gesetzlich angedroht" waren.

Verunsicherte Richter

Umgekehrt sollte die "Tauwetter"-Periode in der Justiz der DDR weithin Verunsicherung auslösen, gegen die selbst die höchstrichterliche Instanz nicht gefeit war. Walter Ziegler, als kommissarischer Vizepräsident des Obersten Gerichts immerhin am schweren Justizunrecht beteiligt, schien nun die "Wahrung der sozialistischen Gesetzlichkeit" ernst nehmen zu wollen. Beleg dafür ist unter anderem seine Kritik an der Untersuchungspraxis der Staatssicherheit, die er in einem Schreiben an den Generalstaatsanwalt vom 13. Juli 1956 artikulierte. Er rügt darin die Dauer meiner Untersuchungshaft und tadelte zugleich die Tag-und-Nacht-Vernehmungen der Staatssicherheit: "Es kann unmöglich geduldet werden, dass Häftlinge eine Woche lang jeweils die ganze Nacht und dabei an 3 Tagen Tag und Nacht vernommen werden. Wenn solche Häftlinge ihre in derartigen Vernehmungen gemachten Aussagen widerrufen, halte ich es für unmöglich, unter solchen Umständen gemachte Aussagen als beweiskräftig anzusehen", schrieb er wörtlich. "Obwohl ich überzeugt bin, dass nach dem XX. Parteitag der KPdSU und der 3. Parteikonferenz der SED schon ein Teil der vorstehenden Mängel beseitigt worden ist, halte ich es doch mindestens für erforderlich, die vorstehenden Tatsachen auszuwerten und zu prüfen, ob und welche Maßnahmen erforderlich sind, um eine Wiederholung solcher oder ähnlicher Gesetzwidrigkeiten auf jeden Fall zu vermeiden."
Ich zitiere Zieglers Kritik hier, weil mit ihr ein hoher Justizfunktionär selbst die unmittelbaren Auswirkungen des XX. Parteitages

der KPdSU und der 3. Parteikonferenz der SED auf die Justiz der DDR eingeräumt hat. Die von mir aufgezeigten politischen Zusammenhänge in meiner eigenen Sache habe ich also keineswegs konstruiert, sie waren real. Indes hatte Ziegler mit seiner Kritik den Bogen überspannt. Zwar hatte er sich als Vorsitzender des 1. Strafsenats in den Schauprozessen gegen Wolfgang Harich und andere sowie gegen Walter Janka und andere wieder als willfähriger Richter gezeigt, aber es half ihm nichts mehr. Hilde Benjamin machte ihn für "Liberalisierungstendenzen" unter einigen Richtern am Obersten Gericht verantwortlich, sprach von "Aufweichung" und zieh ihn sogar einer "gewissen Gegnerschaft gegen das MfS".
In Auswirkung dieser Kritik wurde Ziegler nicht, wie ursprünglich vorgesehen, 1957 zum Vizepräsidenten des Obersten Gerichts gewählt, sondern zur Bewährung an das Bezirksgericht Frankfurt/Oder strafversetzt, wo er sich durch gnadenlos harte Urteile gegen Regimegegner der Politbürokratie erneut als williger Helfer empfahl. 1962 durfte er als Vizepräsident des Obersten Gerichts nach Ost-Berlin zurückkehren. Ein Gedanke an Justizkritik ist ihm bis zu seinem Tode 1977 nie mehr in den Sinn gekommen.
Doch zurück zu meinem eigenen Verfahren. Da das Urteil unmittelbar Rechtskraft erlangt hatte, wurde ich zunächst in das Zuchthaus Brandenburg-Görden eingeliefert, wo schon in der Zeit der NS-Diktatur politische Häftlinge inhaftiert worden waren, u. a. übrigens auch Erich Honecker. Von Brandenburg-Görden kam ich dann in dem eingangs geschilderten Sammeltransport in der Nacht vom 8. zum 9. August 1957 nach Bautzen II. Hier verbüßte ich die mir auferlegte "Strafe" als Einzelhäftling bis auf den letzten Tag.

Strafvollzug in Bautzen II

Den Umstand, dass ich auch während des Strafvollzugs in Einzelhaft gehalten wurde, hatte ich, wie aus meinen Akten ersichtlich, dem MfS zuzuschreiben. Um meinen Wortschatz nicht verkümmern zu lassen, machte ich täglich für eine halbe Stunde

Leseübungen, das heißt, ich las aus den mir überlassenen Büchern halblaut Texte, sorgfältig artikuliert, oder lernte Gedichte auswendig. In der Gefängnisbibliothek existierte eine sechsbändige Auswahl der Werke von Heinrich Heine aus dem Aufbau-Verlag, die ich mir wiederholt auslieh. Herausgeber war, wie das Schicksal so spielt, Wolfgang Harich, seit 1957 politischer Häftling in Bautzen II. Mein Verlangen, gemeinsam mit anderen Häftlingen zu produktiver Arbeit eingesetzt zu werden, wurde von der Leitung des Gefängnisses zurückgewiesen. Umgekehrt weigerte ich mich, in Einzelhaft einer stumpfsinnig-monotonen Arbeit nachzugehen, wie sie etwa durch das Sortieren und Eindrücken von Druckknöpfen auf Dutzendkärtchen möglich gewesen wäre. Trotzdem hieß das für mich nicht Beschäftigungslosigkeit, denn mir war die Erlaubnis erteilt worden, neben der allen Gefangenen zugänglichen Belletristik zusätzlich "gesellschaftswissenschaftliche" Literatur zu lesen und, da mir sogar Papier und Bleistift zugestanden waren, auch zu konspektieren. So fertigte ich Auszüge und Analysen aus den Werken von Karl Marx, Friedrich Engels und Wladimir Iljitsch Lenin - Stalins Werke durften nicht mehr ausgeliehen werden -, auf dass ich die Zeit meiner Haft zum Selbststudium nutzen konnte.
Einen erzieherischen Effekt im Sinne eines politischen Wandels konnte der "sozialistische Strafvollzug" bei mir nicht erzielen - was sogar schriftlich festgehalten wurde. In meinen Akten findet sich unter dem Datum des 11. Juli 1958 eine Aktennotiz des "Stellvertreters Allgemein", Leutnant Lorenzkoeski, der in Bautzen II für den Vollzugsdienst zuständig war. Sein Fazit aus meiner Arbeitsverweigerung fasste er zu der Erkenntnis zusammen, "dass Fricke ein unversöhnlicher und eingefleischter Gegner der Deutschen Demokratischen Republik ist". Falsch war das gewiss nicht. Auch in einem "Führungsbericht" über den Strafgefangenen Fricke spiegelte sich diese Einschätzung wider.

Da mir im Urteil die Untersuchungshaft angerechnet worden war, wurde ich am 31. März 1959 termingerecht aus Bautzen II entlassen, legal nach West-Berlin, von wo ich illegal entführt worden war. Als mich der Kommandoleiter etwa zwei oder drei Monate vorher befragte, wohin ich entlassen werden wollte, musste er zur Kenntnis nehmen, dass ich selbstverständlich nach West-Berlin entlassen werden wollte, denn ein Leben in der DDR wäre für mich nur im Gefängnis denkbar. "Ihre Haltung ist mir unverständlich", meinte er. "Gehen Sie zurück in den Sumpf, aus dem Sie hergekommen sind. Sie werden sehen, was aus Ihnen wird." Mithin wurde mir ein Entlassungsschein nach Berlin-Steglitz ausgestellt. Auf der Rückseite trug er den Vermerk: "Der Inhaber dieses Entlassungsscheines wurde darüber belehrt, dass er auf der ihm vorgeschriebenen Fahrtstrecke in kürzester Zeit das Gebiet der Deutschen Demokratischen Republik zu verlassen hat." Es hätte dieser Belehrung nicht bedurft.

Informationen als politische Waffe

Was aber ist aus mir geworden? Ich begann nach ein paar Wochen Urlaub unverzüglich meine Erlebnisse zu schreiben. Es dauerte nicht lange, bis meine ersten Schilderungen im Druck erschienen: Eine Reportage in der *Illustrierten Berliner Zeitung*, einem im Verlag des *Tagesspiegel* damals erscheinenden Journal, sowie jeweils drei Folgen im *Rheinischen Merkur* und im *SBZ-Archiv*.
Mein Erlebnisbericht, der in der Schweiz, in den Niederlanden und in einer New Yorker Zeitung nachgedruckt wurde, war zugleich der Wiedereinstieg in den Beruf, den ich fortan freilich noch stärker als vor meiner Gefängniszeit politisch begriff. Informationen als politische Waffe in der Auseinandersetzung mit der SED, das war gleichsam die selbst auferlegte Verpflichtung, mit der ich aus dem realsozialistischen Knast heimgekehrt war. Ich habe sie nie vergessen.
Meine Enthüllungen über meine Entführung zeitigten zudem eine ungeahnte Konsequenz, von der ich allerdings erst dreißig Jahre später erfahren sollte, bei Akteneinsicht. Kurt Rittwagen und seine Frau waren, nachdem sie an meiner Verschleppung mitgewirkt

hatten, nach Ost-Berlin zurückgekehrt. In West-Berlin war ihnen der Boden unter den Füßen zu heiß geworden. Groteskerweise fühlte sich Rittwagen, inzwischen "legalisiert" und Offizier der Staatssicherheit, nach meiner Entlassung "bedroht" und betrieb seine dienstliche Versetzung an die Bezirksverwaltung Rostock des MfS. Er fühlte sich, wie die Akten belegen, nach meinen Veröffentlichungen über ihn allen Ernstes in Ost-Berlin nicht mehr sicher. Erst Jahre später wagte er sich zurück. 1993 ist er verstorben. Seine Schuld blieb ungesühnt.
Anne-Maria Rittwagen hingegen wurde von der 34. Strafkammer des Landgerichts Berlin am 29. September 1997 wegen ihrer Mitwirkung an meiner Entführung zu sieben Monaten Freiheitsstrafe verurteilt - auf Bewährung natürlich. Die Strafjustiz des Rechtsstaates lässt die Straftäter des Unrechtsstaates höchst glimpflich davonkommen. Der meinen Fall seinerzeit bearbeitende Vernehmungsoffizier blieb ungeschoren, da er sich nach dem Strafrecht der DDR nicht schuldig gemacht hatte.
Von den an meiner Sache beteiligten Staatsanwälten und Richtern überlebte nur einer die Zeit des Umbruchs - ein beisitzender Richter aus der Hauptverhandlung vor dem Obersten Gericht. Wegen mehrerer Fälle von Rechtsbeugung angeklagt, wurde er zu einer Freiheitsstrafe von drei Jahren und neun Monaten verurteilt, nicht allerdings wegen meiner Sache. Hier konnte das Gericht ihm ein Unrechtsbewusstsein nicht nachweisen. Er starb, bevor das gegen ihn ergangene Urteil rechtskräftig wurde.

Gast in Bautzen

"Meine Wege nach Bautzen II" habe ich diesen Bericht betitelt. Der Plural ist begründet. Das zweite Mal betrat ich das Gefängnis 1990 als freier Bürger. Diesmal war der Weg ein anderer als vierunddreißig Jahre zuvor. Ich flog mit der Lufthansa von Köln nach Dresden und fuhr von dort im Taxi nach Bautzen. Drei Tage lang, vom 8. bis 11. November 1990, wurde im Haus der Sorben referiert und diskutiert. Die Friedrich-Ebert-Stiftung hatte fünf Dutzend ehemalige politische Häftlinge zum Ersten Bautzen-Forum eingeladen. Das Generalthema "Stalinismus - Analyse und persönliche Betroffenheit" wurde in verschiedenen Vorträgen von Annemarie Renger, Joachim Gauck, Hermann Weber, Manfred Hertwig, Gustav Just, Dieter Rieke ausgeleuchtet. Ich selbst referierte einleitend über "Stalinismus in der DDR". Im Rahmen der Veranstaltung wurde eine Führung durch das alte Gefängnis arrangiert, obwohl Bautzen II zu dieser Zeit sogar noch als Justizvollzugsanstalt genutzt wurde. Es war für mich eine bewegende Stunde, als ich mich bei meinem Besuch so konkret mit meiner Zeit hinter Gittern konfrontiert fand, als ich mich in "meiner" Zelle wiedersah, Zelle 7 auf Station IV nach der damaligen, später geänderten Nummerierung. In ihr hatte ich die meisten meiner 965 Tage und Nächte in Bautzen II zubringen müssen.

Im Zeichen der historischen Aufarbeitung von DDR-Vergangenheit führten mich weitere Wege nach Bautzen II. Gelegentlich einer Informationsreise, die Roman Herzog am 21. März 1995 nach Bautzen unternahm, begleitet von Ministerpräsident Kurt Biedenkopf und Justizminister Steffen Heitmann, ließ es sich der Bundespräsident nicht nehmen, während seines Aufenthaltes in der Sorbenstadt auch das inzwischen zur Gedenkstätte umgestaltete Gefängnis zu besichtigen. Zehn ehemalige Häftlinge, darunter ich, hatten die ehrenvolle Aufgabe, ihm über die Jahre hinter Bautzener Mauern Rede und Antwort zu stehen - im Konferenzraum der Gedenkstätte.

Zuvor schon, am 17. Januar 1995, war ich in Bautzen II zu einer öffentlichen Lesung aus meinem Buch "Akten-Einsicht" gewesen. Es war die erste Lesung überhaupt, die ich aus diesem Buch hatte - und ich hatte gewollt, dass sie hier stattfand. Mancher mag das als politische Sentimentalität belächeln, aber ich bekenne mich dazu. Etwa fünfzig Bautzener Bürgerinnen und Bürger, darunter ein Dutzend ehemaliger politischer Häftlinge, waren in die Gedenkstätte gekommen, um zu hören und zu diskutieren. Begegnungen, die man nicht vergisst.

Karl-Heinz Baum *(Frankfurter Rundschau)*

Der seltene Gast auf den hinteren Kirchenbänken

Den jungen Mann, der sich da zu einem Sonntagsgottesdienst in eine der letzten Reihe der Kirche setzte, erkannte der Pfarrer sofort. Ihm fiel ein, dass dessen Eltern stramme SED-Funktionäre waren, dass der Mann selbst gar nicht zur Gemeinde gehörte. Ihm fiel auch ein, dass der junge Mann so vor drei oder vier Jahren zur DDR-Armee eingezogen worden war und seine Wehrpflicht bei den Grenztruppen abgeleistet hatte. Jetzt fragte er sich, warum der wohl in den Gottesdienst gekommen war. Doch eine Antwort erhielt er an diesem Sonntag nicht. Der Pfarrer verabschiedete wie jeden Sonntag die Gottesdienstbesucher an der Kirchentür, sagte auch jenem ein paar freundliche Worte, der verabschiedete sich ebenso freundlich und ging.

Es verstrich ein ganzes Jahr, bis der junge Mann erneut in den Gottesdienst kam. Wieder saß er ziemlich weit hinten, mitsingend und mitbetend. Doch auch diesmal erfuhr der Pfarrer nicht den Grund für den Kirchgang. Den freundlichen Worten an der Kirchentür antwortete jener wieder freundlich, und das war's zunächst.

Wieder war ein ganzes Jahr vorüber, bis der junge Mann erneut im Gottesdienst saß. In der Zwischenzeit hatte der Pfarrer ihn im DDR-Städtchen gelegentlich gesehen, man hatte sich von ferne schüchtern gegrüßt. Diesmal bat jener bei der Verabschiedung an der Kirchentür um ein persönliches Gespräch. Als er dann ein paar Tage später in die Pfarrerwohnung kam, berichtete er nur allgemein von seinem Dienst bei den DDR-Grenztruppen. "Es war ein sehr schwieriges Gespräch; ich habe weder beim ersten noch beim zweiten Treffen erfahren, worum es eigentlich ging", erinnert sich der ostdeutsche Pfarrer.

Bei den ersten beiden Treffen sprach der ehemalige Grenzsoldat davon, wie ihm und seinen Kollegen an der DDR-Grenze der Dienst "an der Scheidelinie zweier Welten" als "aufopferungsvolle Pflichterfüllung" dargestellt wurde, als angeblich "treue und gewissenhafte Erfüllung des Klassenauftrages". Zu jener Zeit erschien eine Jugendbroschüre über die DDR-Grenzsoldaten, in der es unter anderem heißt: "Im Dienst zum Schutze unserer Staatsgrenze werden nicht jeden Tag Heldentaten vollbracht, denn der Grenzsoldat hat seinen Alltag wie Millionen Bürger unserer Republik. Aber jeden Tag empfangen Grenzsoldaten ihre Waffen, nehmen den Kampfbefehl des Kommandeurs entgegen und stehen an vorderster Front des Klassenkampfes, Auge in Auge mit einem gefährlichen und hinterhältigen Feind."

Eine der zahlreichen Zwischenüberschriften hieß damals in der Broschüre des Militärverlages der DDR: "Den Feind sicher im Visier!"

"Mir wurde schnell klar, dass er mit dem Staat, in dem er großgeworden war, den seine Eltern als kleine Rädchen repräsentierten und am Laufen hielten, total gebrochen hatte", sagte der Pfarrer. "Warum das so war, das erfuhr ich erst nach mehreren Gesprächen." Irgendwann fragte der ehemalige Grenzsoldat unvermittelt seinen Seelsorger, ob ihm eigentlich aufgefallen sei, dass er in den vergangenen drei Jahren immer zur gleichen Zeit in die Kirche gekommen sei. Das sei die Zeit, zu der es während seiner Tätigkeit als Grenzsoldat einen "Vorfall" gegeben habe, der ihn schwer belaste, mit dem er nicht fertig werde. "Er hat nicht ein einziges Mal ganz konkret gesagt: 'Ich habe einen Menschen bei einem Fluchtversuch über die DDR-Grenze erschossen', das hat er nicht, und ich habe es auch nicht aus ihm herausgefragt. Aber Bemerkungen wie: 'Ich muss nun die Verantwortung dafür tragen, dass ein Menschenleben ausgelöscht ist', haben mir verdeutlicht, dass es nur so gewesen sein kann", berichtet der Pfarrer.

Der junge Mensch sei auch nicht damit fertiggeworden, dass sein Verhalten als rechtmäßig, als "Heldentat" hingestellt wurde, dass er von staatlicher Seite belobigt und ausgezeichnet wurde. 150 DDR-Mark als Prämie, dazu zwei Tage Sonderurlaub und das Ehrenzeichen der DDR-Grenztruppen, auf dem ein Kalaschnikow-Gewehr abgebildet ist, erhielten Soldaten, die einen "Grenzdurchbruch eines Grenzverletzers", wie das damals im DDR-Deutsch hieß, auch unter Anwendung der Schusswaffe vereitelten.
"Was wirklich in dem Menschen vorgegangen ist, darüber kann ich mir kein abschließendes Urteil bilden", sinniert der Pfarrer, wenn er an die damaligen Gespräche denkt, die sich über ein ganzes Jahr hinzogen. Dieser junge Mensch, soviel wird man sagen können, hatte schwere Gewissensqualen, hatte durchaus ein Unrechtsbewusstsein für ein Tun, von dem ihm seine Armee-Vorgesetzten und die DDR-Staatssicherheit eingeredet hatten, er habe rechtmäßig und pflichtbewusst gehandelt. Und damit unterscheidet er sich jedenfalls von manchen jungen Mauerschützen, die jetzt angeklagt sind oder gegen die Ermittlungen laufen und die sich heute darauf berufen, im guten Glauben angeblicher Rechtmäßigkeit gehandelt, das heißt: geschossen zu haben. Angesichts der furchtbaren Verstrickung, in die der SED-Staat einen seiner Bürger getrieben hatte - und er war ja nicht der einzige - war der Pfarrer zunächst "sprachlos".

Er erzählte dem ehemaligen Grenzsoldaten die Geschichte vom Jünger Petrus, der Gottes Sohn verleugnete ("ehe der Hahn dreimal kräht"), und dennoch später zum Felsen wurde, auf den Gott seine Kirche baute. Damit wollte er ihm verdeutlichen, dass der christliche Glaube trotz aller Gewissensqualen durchaus die Möglichkeit schafft, mit Schuld zu leben, dass man ein solches Handeln nicht verdrängen muss, dass man auch nicht unter einer solchen Last zusammenbrechen muss. Er habe sich sozusagen bereit erklärt, mit ihm gemeinsam diesen Weg zu gehen, gemeinsam die Last zu tragen, versucht der Pfarrer die damalige Lage zu erklären.

"Dass es so ausgehen würde, wie es dann ausgegangen ist, das war für mich damals nicht im geringsten erkennbar!"

Wie es ausgegangen ist? Eines Morgens fanden Einwohner des Städtchens den jungen Mann und ehemaligen Grenzsoldaten tot auf dem Kirchplatz liegen. Er war des Nachts auf den Kirchturm geklettert und hatte sich in den Tod gestürzt. Für ihn, der den Freitod gesucht hatte, war es kein gewöhnlicher Tag.

Es war ein Tag im Dezember, in der Vorweihnachtszeit, und der Tag, an dem er erstmals in die Kirche gekommen war, stand bevor. Beerdigt wurde der junge Mensch auf dem Gemeindefriedhof. Die Trauerrede in der Friedhofshalle hielt ein staatlicher Begräbnisredner. Er erklärte den Freitod mit "familiären Schwierigkeiten", die es damals - fast möchte man sagen: naturgemäß - auch gegeben hatte. Denn mit seiner Frau hatte der Mann wohl kaum über die Geschehnisse an der Grenze gesprochen. Üblicherweise vergatterte die Stasi Mauerschützen, mit keinem Wort und gegenüber niemandem einen solchen Grenzzwischenfall zu erwähnen und drohte Strafen für den Fall des Zuwiderhandelns an ("Verrat von Staatsgeheimnissen"; Mindeststrafe fünf Jahre). Die Herrschenden in der DDR waren sich der Unrechtmäßigkeit des Schießbefehls sehr wohl bewusst und scheuten davor zurück, dass zu viele von solchen Vollstreckungen erfuhren. So wie sie stets auch befahlen, einen Nebelvorhang zu legen, wenn an der Flucht Gehinderte allzu nahe an die Grenze zum Westen und von dort einsehbar schwer verletzt oder tot im Grenzgebiet liegengeblieben waren. Da lag das schlechte Gewissen der SED-Gewaltigen offen zutage.

Der Pfarrer hat damals geschwiegen; denn was ihm der ehemalige Grenzsoldat anvertraute, fällt unter das Beichtgeheimnis. Manchmal denkt er darüber nach, ob er nach so vielen Jahren den Angehörigen die Wahrheit über den Freitod ihres Verwandten sagen sollte. Das könnte für sie, die sich kaum erklären können, warum kleine familiäre Schwierigkeiten gleich mit Selbstmord endeten, auch befreiend wirken. Doch dann denkt er an den Mann, der für sich entschieden hat, sein Geheimnis mit in den Tod zu nehmen. Und diese Entscheidung, so sagt er, hat er über diesen Tod hinaus zu respektieren.

Das zu respektierende Beichtgeheimnis ist auch der Grund, warum in diesem Beitrag weder der Name des DDR-Grenzsoldaten noch der des Pfarrers genannt wird. Auf der anderen Seite aber sollte, so meint jedenfalls der zuständige Bischof, die Öffentlichkeit dennoch erfahren, in welche schweren Gewissenskonflikte die Herrschenden in der DDR manche Menschen stürzten, solche zudem, die in ihrem Geiste erzogen und großgeworden waren. Die Öffentlichkeit sollte auch erfahren, dass einer - oder waren es sogar mehr? - mit solchen Gewissensqualen nicht weiterleben mochte.

Martin Ferber *(Augsburger Allgemeine)*

Ein Frauenschicksal

DDR-Schicksal Carola Jacob, weil sie in die Bundesrepublik fliehen wollte, wurde ihr das Sorgerecht für ihren Sohn Michael entzogen – Opfer von Margot Honecker

Scheu und ein wenig ängstlich zeigt Carola Jacob alte Schwarz-Weiß-Fotos: Sohn Michael als Säugling, Michael seine ersten Schritte unternehmend, Michael auf einem Pony sitzend. Zeugnisse einer unbeschwerten Idylle, die gleichwohl lange zurückliegt. Denn seit dem 4. August 1980 ist die heute 35-jährige Carola Jacob nicht mehr die Mutter von Michael. An diesem Tag entzog das Gericht des Ost-Berliner Stadtbezirks Berlin-Pankow "im Namen des Volkes" der einst so glücklichen Mutter das Erziehungsrecht für das am 20. Juni 1975 geborene Kind Michael und gab es gegen den Willen der Mutter zur Adoption frei - die schließlich am 29. Juli 1982 erfolgte.

Carola Jacob hatte sich eines "Verbrechens" schuldig gemacht, das nach Ansicht der DDR-Behörden eine Erziehung ihres Kindes "im sozialistischen Sinne" ausschloss: Sie war ein "Republikflüchtling". Am 1. Juli 1979 wurde sie in Wismar festgenommen, als sie versuchte, als "blinder Passagier" an Bord eines Schiffes die DDR zu verlassen. Am 23. Oktober 1979 verurteilte sie deswegen das Stadtbezirksgericht Berlin-Pankow zu einer Freiheitsstrafe von einem Jahr und sechs Monaten, unter anderem wegen ungesetzlichen Grenzübertritts und wegen Beeinträchtigung der öffentlichen Ordnung und Sicherheit durch asoziales Verhalten. Obwohl sie auf Drängen der DDR-Behörden ihren Ausreiseantrag in die Bundesrepublik zurückzog, "um meinen Sohn nicht zu verlieren" (wie sie heute sagt), klagte das Referat Jugendhilfe des Rates des Stadtbezirkes Berlin-Pankow am 4. August 1980, also noch während der Haft, erfolgreich auf Entzug des Erziehungsrechtes für den Sohn Michael. Der Familienrechtssenat des Stadtgerichts Berlin bestätigte am 22. September 1980 in der Berufungsverhandlung das Urteil. Zwei Jahre später, am 29. Juli 1982, schließlich wurde Carola Jacob ohne Anrede per "Beschluss" mitgeteilt, "dass das Kind Michael an Kindesstatt angenommen wurde". Kein Hinweis auf die Adoptiveltern, nur der lapidare Satz: "Damit bestehen zwischen Ihnen und dem Kind keine familiären rechtlichen Beziehungen mehr".

Zehn Jahre sind inzwischen vergangen, doch Carola Jacob, inzwischen Mutter dreier Söhne und einer Tochter im Alter von zehn, acht, vier und zwei Jahren sowie Tagesmutter von fünf weiteren Kleinkindern, tut sich noch immer schwer, über die Geschehnisse von damals zu erzählen. Sie hat mit ihrer DDR-Vergangenheit längst gebrochen, einen Schlussstrich unter die Vergangenheit gezogen. Zwei Tage nach dem Fall der Mauer, am 11. November 1989, siedelte sie mit ihrer Familie in den Westteil Berlins über. Doch die Erinnerung an den Schrecken bleibt. Dass der sozialistische Staat ihr das Kind einfach weggenommen und zur Adoption freigegeben hat, ohne sie auch nur ein einziges Mal dazu zu befragen und ihr die Möglichkeit einer anwaltlichen Vertretung einzuräumen, schmerzt sie. "Ich war meinem Sohn eine gute Mutter", beteuert die zierliche Frau mehrmals.

Der Präsident der Hilfsorganisation für die Opfer politischer Gewalt "HELP" und auch Peter Alexander Hussock, der Vorsitzende von "HELP", glauben zu wissen, wer für diese politisch motivierte Zwangsadoption verantwortlich ist: Margot Honecker, die Frau des einstigen DDR-Staats- und Parteichefs Erich Honecker, die als Ex-Ministerin für Volksbildung auch für die Jugendhilfe zuständig war. Nach ihrer Ansicht hat die einstige "First Lady" der DDR gegen die Paragrafen 144 ("Entführung von Kindern oder Jugendlichen") sowie 244 ("Rechtsbeugung") des Strafgesetzbuches der DDR verstoßen. Darum haben sie nun auch bei der Staatsanwaltschaft beim Kammergericht Berlin gegen Frau Honecker und alle weiteren an diesem Fall Beteiligten Strafanzeige gestellt. "Die Verantwortung", so argumentieren sie, "hatten ihre staatlichen Organe, die der Kindsmutter im Widerspruch zu diversen internationalen Abkommen, die das Recht auf Freizügigkeit beinhalten, wegen so genannter Republikflucht rechtswidrig die Fürsorge für ihren Sohn entzogen". Und da in der früheren DDR "nichts ohne Weisung der sozialistischen Verantwortlichen" lief, wollen sie die zuständige Ministerin auf die Anklagebank zwingen.

Natürlich ist den Vertretern der Hilfsorganisation "HELP" klar, dass Margot Honecker an ihrem jetzigen Aufenthaltsort bei ihrer Tochter in der chilenischen Hauptstadt Santiago den Zugriff der deutschen Justiz nicht zu befürchten hat. "Man hätte sie gar nicht erst nach Chile ausreisen lassen dürfen", meint der Präsident von "HELP", der nun einen "ähnlichen Eiertanz wie bei Erich" befürchtet. Gleichwohl dürfe die Justiz nicht nachlassen, die "politisch wie disziplinarrechtliche Hauptverantwortliche" für die bislang rund 35 bekannt gewordenen Fälle von Zwangsadoptionen bei politisch unzuverlässigen Eltern" nicht ungeschoren davonkommen zu lassen. "Was politisch und menschlich verbrecherisch war, kann doch juristisch nicht in Ordnung sein", klagt er. "Wir wollen keine Rache", bekräftigt auch "HELP"-Vorsitzender Hussock, "sondern Aufklärung, um die Einschränkung aller elementaren Menschenrechte durch weitere Diktaturen in Zukunft zu verhindern". Darum wollen sie das Verfahren auch als Musterprozess "durch alle Instanzen" ziehen.

Carola Jacob, eine Schwester des am ersten Weihnachtsfeiertag 1983 an der Berliner Mauer erschossenen Silvio Proksch, hat sich derweil mit dem Schicksal abgefunden, ihren leiblichen Sohn für immer verloren zu haben. Nach dem Fall der Mauer gab es am 1. Juli 1991 eine einzige, auf eine Stunde beschränkte Begegnung mit Michael: "Er war sehr zugänglich", sagt sie zurückblickend. "Ich hatte ihm sehr viel zu erzählen". Dass dieses Wiedersehen auch für ihren heute 17-jährigen Jungen nicht ganz einfach war, verschweigt die zierliche Frau nicht. "Man hatte ihm gesagt, seine leibliche Mutter sei gestorben". Und dass er ihr keine "mütterlichen Gefühle" entgegenbringe, könne sie "verstehen". "Er ist in seinem neuen Elternhaus geborgen". Einen Antrag auf eine Zurücknahme der Adoption werde sie deshalb auch nicht stellen: "Ich will das nicht kaputtmachen". In einem Jahr sei Michael ohnehin volljährig. "Vielleicht steht er einmal vor der Tür", hat Carola Jacob die Hoffnung nicht ganz aufgegeben.

Doch danach sieht es im Moment nicht aus. Michaels Adoptiveltern, im DDR-System "politisch absolut zuverlässig" ("HELP"-Präsident), als Angehörige des diplomatischen Dienstes sogar im Auslandseinsatz tätig, haben Carola Jacob weitere Begegnungen mit ihrem leiblichen Kind untersagt. Das Vorhaben der Mutter, mit der Familie langsam und vorsichtig eine "neue Beziehung" aufzubauen, ist damit gescheitert. Um so wichtiger ist es ihr, dass Margot Honecker sich für die gewaltsame Zerstörung ihrer Familie verantworten muss.

"Nur wer selber Kinder hat", sagt die 35-Jährige leise, "weiß, was ich durchgemacht habe".

Renate Schmidt *(Berlin)*

In den Selbstmord getrieben

Werdegang meines Mannes Horst Schmidt: Aufgewachsen mit weiteren vier Brüdern in einer Arbeiterfamilie lernte er früh Entbehrungen und soziale Zurücksetzung kennen.

Hochbegabt, wissensdurstig und sensibel veranlagt, versuchte er sich durch vieles Lesen ein Bild von der Welt zu machen. Sein Vater, in der Arbeiterbewegung politisch engagiert, nahm aktiv am Widerstand gegen den Faschismus teil und wurde 1944 im Zusammenhang mit dem Stauffenberg-Attentat auf Hitler, ins KZ Buchenwald verschleppt, dem er nur auf Grund des nahen Kriegsende lebend, aber gesundheitlich angeschlagen, entkam. (Obwohl die Familie unter vielerlei politisch bedingten Belastungen zu leiden hatte, erhielt der Vater nach 1945 keine OdF-Rente, die entsprechenden Kriterien, oder waren es Beziehungen? dafür, sind mir bis heute nicht klar.)

Unter den Bedingungen der Nazizeit war für Horst an ein Studium, bzw. eine seinen Fähigkeiten entsprechende Ausbildung, nicht zu denken. Er erlernte den Beruf eines Buchdruckers.

Ähnlich war auch meine Entwicklung. Auch meine Eltern engagierten sich gegen den aufkommenden Faschismus, zunächst in der SPD, dann SAP. Zugleich mit meinem späteren Schwiegervater wurde mein Vater nach Buchenwald verschleppt, da auch er, trotz vieler Nachteile und ständiger Bedrohung, nie zu Kreuze kroch. So erzogen und auf Grund der Erfahrung mit dem Naziterror, waren wir 1945 sofort politisch engagiert. Das konsequent antifaschistische Programm der KPD entsprach unseren Ansichten. Wir wurden Mitglieder und wollten unsere humanistischen Visionen von einer freien, gerechten Gesellschaft verwirklichen helfen.

Wir lernten uns 1949 an der Parteischule Thüringen kennen und lieben. Dort war zu dieser Zeit, fernab von Berlin - bei paritätischer Besetzung der Parteivorstände aus SPD und KPD - und vieler ehrlicher, während der Nazi-Zeit verfolgter mutiger Menschen, der rigide Dogmatismus noch nicht vorherrschend.

Horst, der sich nicht nur mit Visionen zufrieden gab, sondern kritischer und scharfsinniger als ich die Entwicklung verfolgte und mit unstillbarem Wissensdrang die komplizierten gesellschaftlichen Prozesse analysierte, spürte früh die Gefahr der Entartung. Es war für ihn nicht nur eine verstandesmäßige, theoretische, sondern eine Herzensangelegenheit, solchen Erscheinungen entgegenzutreten.

1951, inzwischen Aspirant am Institut für Gesellschaftswissenschaften in Berlin, beschäftigte er sich nicht nur mit Marx, dessen Werk er sehr gut kannte, sondern lehnte sich gegen die Kneblung der Wissenschaft auf und forderte die Beschäftigung mit den neuesten Erkenntnissen der westlichen Soziologen. Ihm war bewusst, dass nur eine wissenschaftliche Erforschung der ablaufenden Prozesse, Entartungserscheinungen in der Politik aufdecken und verhindern konnte, forderte aus diesem Grunde ein soziologisches Forschungszentrum und freie wissenschaftliche Arbeitsmöglichkeiten. Damit geriet er erstmals ernsthaft in Kollision mit dem Wahrheits- und Machtmonopol der SED-Führungsbürokratie. Diese hatte Angst vor Offenheit, Wahrheit vor allem vor mehr Transparenz ihres Führungsstiles, die Soziologie als klassenfeindliche Pseudowissenschaft verdammt. Demzufolge wurden Horst Revisionismus, Liberalismus, bürgerliche Ideologie und dergleichen mehr vorgeworfen.

Von diesem Zeitpunkt an, bis zu seiner Maßregelung, seiner schließlich nervlichen, gesundheitlichen Zerrüttung, seiner letztendlichen Resignation und seinem daraus resultierenden Freitod, hat er immer versucht, gegen die unheilvolle Entwicklung anzukämpfen.

Alles weitere und einigen Einblick in mein und meiner Kinder Witwen- bzw. Waisendasein und die Reaktion der PDS-Oberen darauf, sind meiner Klageschrift zu entnehmen.

Ich war bis 1989 SED-Mitglied, obwohl meine Kinder kritisch dazu standen. Obwohl mein persönliches und politisches Leben verwüstet war, ich die ZK-Bonzen hasste und Horst's Schicksal ein Alarmsignal für mich war, ich auch erkannt hatte, dass das alles mit unseren Vorstellungen vom Sozialismus nichts mehr zu tun hatte und der Weg der DDR in den Abgrund führt, in dem unsere Familie bereits angekommen war, mir jede Parteiversammlung zur Qual wurde, warf ich mein Parteibuch nicht in den Müll, obwohl ich es gern getan hätte.

Ich blieb ein kleines unbedeutendes Mitglied - aus zunächst völliger Gelähmtheit, später aus Angst, meine Arbeit zu verlieren, die soziale Lage meiner Kinder weiter zu verschlechtern (hatte ich doch erlebt, wie hart sie zuschlagen konnten). Auch der Gedanke, eine Rehabilitierung meines Mannes erkämpfen zu können (ich versuchte es zweimal erfolglos) und Trotz spielten eine Rolle. Ich wusste, den Schuldigen am Tode meines Mannes war meine Zeugenschaft ein Dorn im Auge. Sie wären mich sicher gern losgeworden. Eine gewisse blauäugige Hoffnung, dass sich die Partei von Karrieristen und bornierten, machtgierigen Bonzen eines Tages trennen würde, dann Menschen da sein müssten, die die Karre aus dem Dreck ziehen, spielte bis zum Schluss eine Rolle, sicher auch weil dem bewusst verdummten Fußvolk der Partei schon lange kein Blick mehr hinter die Türen der Macht erlaubt war und das ganze Ausmaß der Fäulnis des Apparates erst nach der Wende aufbrach.
Deshalb machte ich 1989 im Zusammenhang mit der neuen Rehabilitierungsforderung meine weitere Mitgliedschaft abhängig von der Trennung von dem durch Privilegien verdorbenen Parteiapparat und der Überlassung des Vermögens an Geschädigte und für soziale Zwecke.

Ich erreichte zwar eine halbherzige Rehabilitierung meines Mannes, die mich verletzte und empörte, da von "Wiederherstellung der Parteiehre" die Rede war, nichts von den Leiden, dem Elend, was angerichtet worden war und das von Leuten, die bis zum bitteren Ende treue Nutznießer, also ehrlos waren.
Auf meine weiteren Vorschläge erhielt ich keine Reaktion, keine Antwort auf die Forderung, dass Denunzianten und Schuldige am Unglück anderer zur Rechenschaft und wenigstens zum finanziellen Schadenersatz herangezogen werden. Hier nannte ich konkret in meinem Fall die Denunzianten und späteren hochdotierten Funktionäre: die Professoren Roland Bauer und Eberhard Bartke, die die Lawine losgetreten hatten, die meinen Mann und die ganze Familie überrollte. Ebenso war neben anderen ZK-Funktionären, die Direktorin des IfG, Helene Berg, mit ihrer scharf-macherischen Aburteilung der "parteifeindlichen ideologischen Grundeinstellung" von Horst, maßgeblich beteiligt. Sie erhielt einen "Ehrenplatz" im Rat der Alten beim Parteivorstand der PDS!!

Vom Schadenersatz konnte keine Rede sein - auch Gysi versteckte sich hinter der Phrase, er habe sich beim Volk entschuldigt - und niemand hat je vor noch nach der Wende ein persönliches Bedauern seiner Beteiligung an der Vernichtung eines Menschenlebens und an der Zerstörung einer ganzen Familie empfunden. Fehlendes Unrechtsbewusstsein und das Abwälzen der eigenen Verantwortung auf die angebliche Befehlsgewalt höherer Stellen aber hatten diese Leute hinsichtlich der Beurteilung von Nazi-Bonzen immer angeprangert. Wodurch unterscheiden sie sich???

Meine naiven Hoffnungen sind zerplatzt wie Seifenblasen - es war viel schlimmer als ich befürchtet hatte. Alles weitere zur Einschätzung der Glaubwürdigkeit der Nachfolgepartei, die an den Fleischtöpfen des Parteivermögens hängen blieb und sich erneut der Möglichkeit eines ehrlichen Neuanfangs beraubt hat, ist auch meinen weiteren, nachfolgend dargelegten Erfahrungen zu entnehmen.

Martin Ferber *(Augsburger Allgemeine)*

Spitzels Opfer

Horst Dietrich:
Ein Opfer des Stasi-Spitzels Wolfgang Schnur erzählt – wie sich der IM "Thorsten" (später IM "Dr. Schirmer") die Immobilie eines Ausreisewilligen aneignete und nun daran verdient

Als Wolfgang Schnur im Jahr 1988 in das Leben des Ostberliners Horst Dietrich eintrat, erschien der Rostocker Rechtsanwalt dem heute 60-jährigen Invalidenrentner wie ein Retter in der Not. Alle Probleme, die dem Maurermeister und Bauingenieur damals wie zentnerschwere Bleigewichte vorkamen, lösten sich dank der Anwesenheit des findigen Juristen wie Seifenblasen auf. Nichts, was der Anwalt nicht bewerkstelligen konnte, kein Deal, den er nicht an den DDR-Behörden vorbei einfädelte. "Wolfgang Schnur erweckte den Eindruck eines Spitzenmannes", erinnert sich der heute in Konstanz am Bodensee lebende Horst Dietrich im Rückblick, "sein ruhiges und sachliches Auftreten wirkte so vertrauenerweckend, dass ich mich hundertprozentig anvertraut habe...".

Umso größer der Schock für den 60-Jährigen, als der Rechtsanwalt in Diensten der Evangelischen Kirche, der engagierte DDR-Bürgerrechtler und Mitbegründer der Oppositionspartei "Demokratischer Aufbruch" nach der Wende als Inoffizieller Mitarbeiter (IM) des allmächtigen Ministeriums für Staatssicherheit (MfS) enttarnt wurde. "Für mich brach eine Welt zusammen, ich fühlte mich verraten und verkauft", erzählt Dietrich. Erst recht, als er in der Gauck-Behörde Einblick in die Stasi-Akte Schnurs nehmen konnte.

Mielkes Männer wussten alles über den unbequemen Maurermeister, über seinen Ausreiseantrag und seinen Versuch, sein Grundstück und sein Haus in Berlin-Köpenick an den DDR-Behörden vorbei an die Evangelische Kirche zu verkaufen. "Wolfgang Schnur hat mich und meine Familie voll dem Staat

ausgeliefert", sagt Dietrich resigniert, "und nur der Fall der Mauer und das Ende des SED-Regimes haben mich gerettet".
Horst Dietrich blickt zurück, nicht ohne Verbitterung. Ein Lebenslauf wie der seine ist symptomatisch für das Leben in einem Staat, in dem der einzelne nichts und der Willen der Partei alles galt. Aus einer alten, traditionsreichen Maurerfamilie stammend, hatte er sich im Ostteil Berlins einen Betrieb mit zuletzt 1.200 Beschäftigten aufgebaut, der auf Restaurierungs- und Sanierungsarbeiten spezialisiert war. 1969 musste Dietrich nach massivem Druck der Behörden der Verstaatlichung seines Betriebes zustimmen, wofür er eine Entschädigung erhielt. Fünf Jahre später kam das endgültige Aus für den Unternehmer. Da er angeblich den Wert des Betriebes zu hoch angesetzt habe, wurde er 1974 vom berüchtigten Richter Watzenstein-Ollenschläger in einem kurzen Prozess wegen "Verbrecherischen Eigentumsdiebstahls" zu acht Jahren Zuchthaus verurteilt. Viereinhalb Jahre musste Dietrich davon absitzen.
Die Haftanstalt in Brandenburg verließ der kräftige, breitschultrige Mann 1978 als gesundheitlich ruinierter und schwer kranker Mann. Einige Wochen Dunkelhaft, harte körperliche Arbeit, schlechte Versorgung und keine medizinische Betreuung hatten ihre tiefen Spuren hinterlassen: Dietrich war links taub, rechts zu 40 Prozent hörgeschädigt, hatte einen schweren Bandscheibenschaden und hohen Zucker. 1985 wurde er von den DDR-Behörden als Vollinvalide anerkannt und in die Rente geschickt. Doch brechen konnten die Sozialisten den engagierten Unternehmer nicht. Er stellte sich und seinen Sachverstand der Evangelischen Kirche zur Verfügung und beriet sie bei Sanierungs- und Restaurierungsarbeiten. Und obwohl er zu seiner Invalidenrente von 600 Mark ("das reichte hinten und vorne nicht") nur 400 Mark im Monat hinzuverdienen durfte, übernahm er im Auftrag der Kirche die Restaurierung der Kirche in Rahnsdorf bei Berlin. Nach einer Denunziation, wie Dietrich heute vermutet, war die Staatsanwaltschaft erneut zur Stelle. Als "Wiederholungstäter" wurde dem Rentner eine "saftige Strafe" angedroht, sechs Jahre mindestens. "Ich glaube kaum, dass ich das überlebt hätte".

In seiner Not entschloss sich Horst Dietrich, formal bei den DDR-Behörden einen Ausreiseantrag zu stellen. Gleichzeitig wandte er sich an den Konsistorialpräsidenten der Evangelischen Kirche Berlin-Brandenburg, Manfred Stolpe, da er verhindern wollte, dass sein Grundstück und sein Haus in Berlin-Köpenick, das er verkaufen musste, an einen SED-Funktionär oder Stasi-Offizier fiel. Stolpe sicherte dem Bauingenieur, der intensiv mit der Kirche zusammengearbeitet hatte, seine Unterstützung zu. Und tatsächlich: Schon kurze Zeit später stellte sich Wolfgang Schnur als "Justitiar des Konsistoriums" bei Dietrich vor. Und mit Hilfe des 1944 in Stettin geborenen und damals noch in Rostock wohnenden Rechtsanwalts war schnell ein Deal gefunden: Schnur kaufte für 475.000 Mark (DDR) Haus und Grundstück. Dietrich überwies diese Summe unverzüglich auf ein Konto der Evangelischen Kirche und erhielt im Gegenzug vor und in mehreren Raten nach seiner Ausreise in die Bundesrepublik insgesamt 150.000 DM. Dietrich rückblickend: "Wir haben diese Vorgehensweise akzeptiert, weil es für uns die einzige Chance war, in den Westen auszureisen".
Das böse Erwachen kam für den 60-Jährigen, der in der Zwischenzeit in Konstanz am Bodensee eine neue Heimat gefunden hat, erst nach der Wende. Bei einem Einblick in die 35 Bände umfassende Stasi-Akte von Wolfgang Schnur musste Horst Dietrich "mit Entsetzen" feststellen, dass das Mielke-Ministerium über alle Einzelheiten des Verkaufs und der Finanz-Transaktion informiert war, "bis hinters Komma". Aber nicht nur das: Schnur trat nicht wie versprochen, nur als Anwalt der Kirche und Vermittler auf, er behielt Haus und Grundstück gleich für sich, zog mit seiner Lebensgefährtin ein und eröffnete dort seine Anwaltspraxis. Und er hatte gar die Unverfrorenheit, sich vom Bundesministerium für innerdeutsche Beziehungen eine Summe von 250.000 DM für diesen Fall erstatten zu lassen: 150.000 DM für Dietrich und weitere 100.000 DM für seinen Umzug und die Einrichtung des Anwaltsbüros. Was Dietrich unter allen Umständen hatte verhindern wollen, nämlich Haus und Grundstück einem Stasi-Spitzel zukommen zu lassen, war Wirklichkeit geworden.

Und nur der Fall der Mauer verhinderte womöglich, dass der Ausreisewillige wegen Devisenvergehens erneut vor Gericht gestellt wurde. "Mir ist heiß und kalt geworden, als ich das alles in den Akten gefunden habe", berichtet der Mann heute.
Schnur nach seiner Enttarnung als Stasi-Spitzel im März 1990 abgetaucht, lebt noch heute in dem Haus in Berlin-Köpenick, das er mit dem Segen des Mielke-Ministeriums einem Ausreisewilligen "für'nen Apfel und ein Ei" (Dietrich) abgekauft hat. Inzwischen soll er es sogar, wie der 60-Jährige verbittert berichtet, für ein Vielfaches weiterverkauft haben. "Uns hat er übers Ohr gehauen, und dabei hat er noch kräftig verdient", klagt der Rentner.

Ein erster Versuch, Schnur gerichtlich zur Rückgabe von Haus und Grundstück wegen Sittenwidrigkeit des Verkaufs zu erzwingen, scheiterte. Übrig bleibt Resignation. Und Hass? Horst Dietrich überlegt lange, wägt seine Worte vorsichtig ab: "Wenn es Hass ist, dass ich ihm wünsche, dass er für seine Unrechtstaten eine gerechte Strafe erhält, dann hasse ich ihn ..."

Peter Eisenfeld *(Berlin)*

Zwei Aufrechte "unterm Rad"

Überall und zu allen Zeiten sind Menschen aus den verschiedensten Gründen "unters Rad" privatmenschlicher oder gesellschaftlicher Repression geraten. Diesen leidvollen - nicht selten tödlichen - Malstrom des "Unters Rad Geraten" hat kein Geringerer als der unvergessliche deutsche Dichter und Nobelpreisträger Hermann Hesse in seiner gleichnamigen Erzählung eindrucksvoll gestaltet. Doch nirgendwo sind die Gründe, warum Menschen "unters Rad" geraten, so perfide und so sehr am wenigsten nachzuvollziehen wie in einer Diktatur.

Irmgard Sukow

Auszüge aus einer Stellungnahme für ein Verwaltungsverfahren

Dass Irmgard Sukow das begonnene Musik- und Germanistiklehrerstudium nach drei Jahren abbrach, hat in erster Linie objektive politisch-ideologische Gründe. Sie wurde zwar im Studienjahr 1959/60 als Agitator in die FDJ-Gruppenleitung gewählt, aber bereits Anfang 1961 von dieser Funktion entbunden. Dazu heißt es in der Charakteristik vom 21. 2. 1961: "An den Leitungssitzungen nahm Irmgard regelmäßig teil und sagte offen ihre Meinung zu den bestehenden politischen und fachlichen Problemen, während sie in den FDJ-Versammlungen nicht genügend als Leitungsmitglied in Erscheinung trat. Sie wurde deshalb ihrer Funktion entbunden." Nach Aussagen der Klägerin konnte sie die an der Bildungseinrichtung politisch-ideologisch geprägte Sprache nicht mehr ertragen. Außerdem sollte sie über Kommilitonen berichten, wozu sie nicht bereit war. Gleichzeitig sah sie sich ständig dem Erwartungsdruck ausgesetzt, dass sie ihre Verweigerungshaltung im Hinblick auf eine Mitgliedschaft in der SED ändern müsse. Mit dem Studiumsabbruch entzog sie sich diesen Bedrängnissen und den damit verbundenen existenziellen Unsicherheiten. Der Studiumsabbruch erfolgte demnach nicht aus freiem Willen, sondern unter dem Gesichtspunkt, dass sie nicht bereit war, die politisch-ideologischen Anforderungen des SED-Systems an Studierende und Absolventen im Bildungs- und Erziehungsbereich zu erfüllen. Sie nahm daraufhin Privatunterricht in der Gesangsausbildung, den sie 1968 abschloss. Da sie sich mehr für das Malen und Schreiben interessierte, begann sie 1970 ein zweijähriges Abendstudium im Fach Malerei an der Hochschule für bildende und angewandte Kunst in Berlin-Weißensee. Diesen ersehnten Studienwunsch hatte sie bis dahin zurückgestellt, um sich um ihre beiden 1965 und 1968 geborenen Kinder ausreichend zu kümmern und im pazifistischen und humanistischen Sinne erziehen zu können. Ihre Wahrhaftigkeit im künstlerischen Schaffen und die damit verbundene kritische kulturpolitische Haltung gegenüber der von der SED-Führung vertretenen Kulturpolitik führten dazu, dass ihr die Fortsetzung eines Direktstudiums an dieser Kunsthochschule versagt wurde. Auf Grund eines bis heute ungeklärten traumatischen Erlebnisses (1970 wurde sie von einer unbekannten Person wegen Mitwisserschaft von Machenschaften des KGB zusammengeschlagen) und zunehmender familiärer Probleme (1972 Scheidung und seither Alleinerziehende und -versorgende ihrer Söhne) ist sie aus Angst und in Sorge um das Wohl der Kinder der offenen politischen Konfrontation aus dem Weg gegangen. Zudem sah die Klägerin in der Kunst das ihr gemäße Mittel des politischen Widerstandes. Selbstredend hierfür stehen die künstlerischen Arbeiten der Klägerin als Schriftstellerin und Grafikerin/Malerin, die sich sowohl der Form als auch dem Inhalt nach mit der von der SED-Führung vertretenen Kunstauffassung des so genannten "Sozialistischen Realismus" nicht vereinbaren ließen.

Da ihr die staatliche Unterstützung in ihrem künstlerischen Schaffen versagt wurde, musste sie zur Absicherung des Lebensunterhaltes ihrer Familie zunächst im Kinderbuchverlag und danach beim Kulturbund nebenberuflich arbeiten. Bei ihrem letzten Arbeitgeber, dem Kulturbund, wo sie wegen ihrer kritischen Äußerungen zum Grenzregime der DDR vom Leiter der Pirckheimer Gesellschaft Prof. Kaiser, als "erzreaktionäre Anarchistin" verrufen und ihr "Erziehungsmaßnahmen" angedroht wurden, löste sie das Arbeitsverhältnis auf, um den sich zuspitzenden Konflikt und härtere Konsequenzen zu vermeiden. Mit Hilfe eines ehemaligen Arbeitskollegen aus dem Kinderbuchverlag entschied sie sich zur freiberuflichen Tätigkeit. Jedoch waren die Einkünfte aus dieser Tätigkeit so gering, dass sie wiederum auf eine Nebenbeschäftigung, dieses Mal als Leiterin eines Malzirkels, angewiesen war. Alle seit 1979 unternommenen Versuche, in den Verband der Bildenden Künste und dann auch in den Schriftstellerverband aufgenommen zu werden, scheiterten aus politisch-ideologischen und kulturpolitischen Gründen.

Kulturpolitik der SED-Führung in der zweiten Hälfte der 70er-Jahre

Nach dem Selbstverständnis der in der DDR Herrschenden war der "Sozialistische Realismus" eine künstlerische Schaffensmethode, deren Hauptprinzip darin bestand, "die Wirklichkeit wahrheitsgetreu, historisch konkret, in ihrer ganzen Vielgestaltigkeit und in ihrer revolutionären Entwicklung zu gestalten und widerzuspiegeln, mit dem Ziele, den Aufbau der sozialistischen und kommunistischen Gesellschaft und die sozialistische humanistische Bildung des Menschen zu fördern" (Kleines Lexikon, Dritter Band, Leipzig 1969, Seite 434). "Die unveräußerlichen Grundlagen sozialistisch-realistischen Kunstschaffens - fester sozialistischer Standpunkt, Parteilichkeit und Volksverbundenheit - bildeten dabei nach Kurt Hager, Chefideologe der SED-Führung und zuständiger Sekretär des ZK der SED für Kultur und Kunst, die Grenzen gegenüber moderner Kunstrichtungen der kapitalistischen Gesellschaft: Der Modernismus ist ein sozialer, weltanschaulicher und ästhetischer Ausdruck der krisenhaften Situation der herrschenden Kunst in der imperialistischen Gesellschaft."

(Kurt Hager: Zu Fragen der Kulturpolitik der SED, 6. Tagung des ZK der SED 6./7. Juli 1972, Berlin 1972, Seite 33/34).

Die mit der Biermann-Ausbürgerung 1976 verbundenen Protestaktionen oder Sympathiebekundungen wurden von der SED-Führung mit einer restriktiven Kulturpolitik beantwortet. Kurt Hager, der für Kunst und Kultur zuständige Sekretär der SED, weist nach der Ausbürgerung Wolf Biermanns in einer Rede auf den engen Zusammenhang zwischen Kunst und Politik im Sozialismus und Kapitalismus hin und stellte u. a. fest: "In dieser Hinsicht muss nicht nur in der Kulturwissenschaft ein anderer Ton, ein anderes Lied angestimmt werden, nämlich ein parteiliches, kämpferisches Lied, das dazu beiträgt, die Position des Sozialismus und des Friedens weiter zu festigen und die Feinde zu schlagen" (Kurt Hager: Der IX. Parteitag und die Gesellschaftswissenschaften, Rede auf der Konferenz der Gesellschaftswissenschaften der DDR am 25./26. November 1976 in Berlin, Berlin 1976, Seite 59). Die Maßnahmen der Partei- und Staatsführung gegen diejenigen Kunstschaffenden, die sich mit Biermann solidarisierten und gegen seine Ausbürgerung protestierten, wurden aus den Künstler- und Schriftstellerverbänden ausgeschlossen, was einem Berufsverbot gleichkam. Deshalb sahen sich viele von ihnen genötigt, die DDR zu verlassen. Dieses - wie Hager feststellte - "reinigende Gewitter" dauerte bis Ende der 70er-Jahre und zeigte die Bedeutung der Künstlerverbände im Hinblick auf die Berufsausübung.

Funktion des Verbandes bildender Künstler

Die Funktion des Verbandes bildender Künstler ist inzwischen durch amtliche Dokumente aus den Aktenbeständen des Ministeriums für Kultur, des Ministeriums für Staatssicherheit und von Künstlerverbänden zweifelsfrei belegt. Nachlesen kann man das z. B. in dem von Hannelore Offner und Klaus Schroeder herausgegebenen Buch "Eingegrenzt-Ausgegrenzt - Bildende Kunst und Parteiherrschaft in der DDR 1961-1989" (Berlin 2000), wo es u. a.

heißt: "Schon mit der Zulassung zum Studium begann für einen werdenden Künstler die mögliche Ausgrenzung, denn die SED bestimmte und kontrollierte die Zulassungskriterien der jeweiligen Bildungsstätten. **Hieran schloss sich die Aufnahme in den Verband Bildender Künstler an, die in der DDR Voraussetzung war, um überhaupt künstlerisch tätig zu werden.** Unliebsamen Künstlern konnte dies durch den Verband verwehrt werden. SED-Institutionen steuerten auch die Auftragsvergabe durch staatliche und Verbandsstellen und somit die Einkunftsmöglichkeiten der Künstler. (...) Bei Genehmigungen, beispielsweise der Hängung von Exponaten auf Kunstausstellungen, waren die Künstler von der Partei abhängig..." (Seite 69-70)
"Wenn der Künstlerberuf nicht durch seine Ausübung, sondern durch die Anerkennung politischer und ästhetischer Normen im Statut eines Berufsverbandes definiert wird, ist der Dissident in der Tat per Definition aus der Künstlerschaft ausgegrenzt" (Seite 91)
"Unter ihrer Führung (gemeint sind Sitte und Heisig - P. Eisenfeld) gelangt der Verband in Schlüsselpositionen für Aufträge, Ausstellungen, Stipendien, Reisemöglichkeiten, Material- und Altersversorgung ..." (Seite 112)
"Feststellung des Vizepräsidenten Axel Bertram, **...dass der VBK-DDR der einzige Verband ist, bei dem die Zugehörigkeit zur Organisation Voraussetzung für die Möglichkeit der Berufsausübung ist"** (Seite 113)
Mehrfach wird darauf hingewiesen, dass als Voraussetzung für die Berufsausübung das "Kriterium des Sozialistischen Realismus" galt (so z. B. Seite 112). Der Schriftstellerverband hatte eine ähnliche Funktion.

Sippenhaftartige rechtsstaatswidrige Maßnahmen

Da die Klägerin ihre Sympathie für Biermann und Kunze offen vertrat, war es klar, dass sie in ihrem künstlerischen Schaffen staatlicherseits keine Unterstützung fand und damit jeder Versuch der Aufnahme in den Verband Bildender Künstler bzw. Schrift-

stellerverband abgewiesen wurde. Diese berufliche Diskriminierung hielt auch nach der Repressionsphase in der Kulturpolitik (1976-1980) an, weil in den 80er-Jahren die pazifistische Haltung der Klägerin mit der Friedensdoktrin der SED zunehmend kollidierte.
Als die Klägerin 1981 auf Grund ihrer pazifistischen Haltung es ablehnte, eine Zustimmungserklärung zu unterschreiben, in der sich ihr Sohn als 16-jähriger zum 30-jährigen Dienst in der Nationalen Volkarmee der DDR verpflichtete, lieferte sie in den Augen der Machthabenden einen weiteren politischen Grund, um ihr die Aufnahme in den Verband zu versagen. Wie die SED-Führung eine solche Haltung bewertete, zeigte ihre Reaktion auf die Forderung nach Einführung eines "Sozialen Friedensdienstes" für Wehr- bzw. Waffendienstverweigerer in der DDR. So charakterisierte der 1. Sekretär der SED-Bezirksleitung Cottbus, Werner Walde, im November 1981 auf einer Tagung des ZK der SED diese Forderung als "friedens-, sozialismus- und verfassungsfeindlich" (Klaus Ehring/Martin Dallwitz: Schwerter zu Pflugscharen. Friedensbewegung in der DDR, Reinbeck 1982, Seite 200).
Und als auch noch der Sohn der Klägerin nach dem Abitur, das er mit Auszeichnung bestand, sechs Monate nach Studiumsbeginn an der Offiziershochschule seine mit 16 Jahren vor allem unter dem Einfluss seines Oberschul-Klassenleiters getroffene Entscheidung über seinen zukünftigen Lebensweg rückgängig machen wollte, waren sich die Funktionäre der Partei und des Staates schnell darin einig, dass dieser Wandel im Denken des inzwischen zum selbständig denkenden und moralisch-ethisch gereiften 18-jährigen Jugendlichen von der Mutter ausging. So heißt es in den Unterlagen des Staatssicherheitsdienstes der DDR zur Klägerin u. a.:
"Ihre politischen Positionen sind geprägt von folgenden gesellschaftskritischen Aspekten:

- Ablehnung der Existenz der Staatsgrenze
- pazifistische Positionen, u. a. Raketenstationierung
- ablehnende Haltung zur Umweltschutzpolitik der DDR
- Ablehnung der Kulturpolitik der DDR
- untere Leitungsebene im Staatsapparat wäre korrupt.

Sie besitzt wesentlichen Einfluss auf OS Sukow – ihre Positionen widerspiegeln sich in seinem Verhalten." (siehe Anlage 2 - Auszug aus OV "Poet")

An anderer Stelle heißt es:

"Seine Mutter, Sukow, Irmgard - wh. wie Alexander, ist freischaffende Künstlerin und ist stark pazifistisch eingestellt. Sie unterhält umfangreiche Verbindungen zu politisch indifferenten und pazifistischen Schriftstellern und anderen Personen, einschließlich Verbindungen in die BRD."

Der Sohn der Klägerin geriet durch sein offen bekundetes oppositionelles Denken immer mehr in die Fangarme der Stasi. Der gegen ihn eingeleitete operative Vorgang "OV Poet" und die damit verbundenen Maßnahmen zielten auch auf die Mutter ab.
Der Stasi schien klar geworden zu sein, dass der intelligente, schriftstellerisch und philosophisch begabte sowie kompromisslos systemkritisch agierende Sohn mit Rückendeckung der gesellschaftskritischen Mutter für die Herrschenden eine Art Biermann-Gefahr bedeute, die mit allen Mitteln zu bekämpfen war.
Im OV "Poet" heißt es dazu u. a.:
"Die bei OS Suckow festgestellten feindlich-negativen Denk- und Verhaltensweisen sind als Vorfelderscheinungen der politischen Untergrundarbeit einzuordnen, die eine Gefahr des Übergangs zur politischen Untergrundtätigkeit darstellen".
"Somit sind durch das feindlich-negative Wirken des OS Suckow und der sich daraus ergebenden Gesellschaftsgefährlichkeit, die objektiven Voraussetzungen des strafbaren Handelns gemäß § 220 (1) StGB gegeben."

Unter diesem Gesichtspunkt ist zumindest die Unterstellung erlaubt, dass dieses schnelle tragische Ende des OV "Poet" für die Stasi die beste Lösung des Falls bedeutete, zumal die fragwürdige Selbsttötung des Sohnes für die Mutter, die wohl härteste Bestrafung für zivilcouragiertes Verhalten bedeuten musste.

Manfred Kern

Auszüge aus einer Stellungnahme zu Rehabilitierungsanträgen

Er fiel schon während der Studentenzeit durch sein widerständiges Verhalten auf, als er 1958 zusammen mit noch einer Kommilitonin auf einer ca. 130 Studenten umfassenden Versammlung gegen eine Zustimmungserklärung zur Verhaftung von drei aus politischen Gründen verhafteten Kommilitonen im März 1958 stimmte. Diesem außergewöhnlich mutigen Schritt folgten viele so genannte "Kadergespräche", in denen von ihm gefordert wurde, sich von den "Agenten des Westens" zu distanzieren, was er jedoch ablehnte. Darauf verweisen die Briefe seines damals zu 3 Jahren aus politischen Gründen verurteilten Kommilitonen, der nach seiner Haftentlassung 1961 noch vor dem Mauerbau in den Westen flüchtete und dort Professor für Soziologie wurde.
In diesen Briefen charakterisiert er den Betroffenen als einen Menschen, der sich als "skeptischer Arbeiter-Student" ... "kein X für ein U vormachen, sich von keiner Ideologie den Kopf verdrehen ließ, aber wo die meisten anderen es vorzogen, sich abzuwenden - seinen Mitstreitern die Treue hielt, auch als sie geächtet wurden und Berührung mit ihnen gefährlich war" (Brief vom 9. 12. 89 siehe Anlage 1), und bescheinigt ihm noch 1990 "unsere tiefe Geistesverwandtschaft" (Brief vom 17. 6. 90 siehe Anlage 2).
Aus Rücksichtnahme gegenüber seiner Familie (psychisch schwerkranke Frau und zwei Kinder) hielt er sich während seiner Zugehörigkeit zum Institut für Marxismus-Leninismus in der offenen Kritik an den gesellschaftspolitischen Zuständen der DDR etwas zurück, verweigerte aber die ständig an ihn herangetragene Aufforderung, der SED beizutreten und vertrat zu allgemeinpolitischen Fragen auch weiterhin Auffassungen, die sich nach Aussagen von Mitarbeitern "mit der Zugehörigkeit (des Betroffenen) zum Institut für Marxismus-Leninismus nicht vereinbaren lassen" (siehe Anlage 3).
In einem Schreiben seiner Arbeitskollegen anlässlich seines Übertritts in den Ruhestand, heißt es bilanzierend: "Dein umfang-

reiches Wissen erschien uns unerschöpflich. Spontanität, Aufmützigkeit und Hilfsbereitschaft sind deine Markenzeichen." (siehe Anlage 3).
Seine damalige politische Haltung wird durch Erklärungen ehemaliger Genossen, die am Zentralinstitut für Hochschulbildung mit ihm zusammenarbeiteten, bestätigt. In entsprechenden Schreiben werden ihm "mangelnde Loyalität oder gar Querulantentum" und "kritische Gedanken über Institutsangelegenheiten und darüber hinaus über die politische Situation in der DDR" bescheinigt (siehe Anlage 4 und 5).
Die Folgen seiner zivilcouragierten Haltung waren: langjährige Stagnation des Gehaltes, kein berufliches Fortkommen, Ablehnung der Habilitationsarbeit durch die Direktorin Frau Prof. Dr. Irmscher, Aufgabe der Lehrtätigkeit auf dem Gebiet der marxistisch-leninistischen Philosophie, trotz im Selbststudium fast abgeschlossener Habilitationsarbeit, zusätzlichen zweijährigen Fernstudiums auf dem Gebiet des Informations- und Dokumentationswesens und allgemeiner Wertschätzung der fachspezifischen Arbeit, kein beruflicher Aufstieg aus der Nische eines wissenschaftlichen Assistenten und Ablehnung der Zugehörigkeit zur Altersversorgung der Intelligenz (siehe Anlagen 6 bis 15). Die Nichtaufnahme in die Altersversicherung der Intelligenz (vgl. Anlage 3 und 4) wirkt sich heute besonders krass auf den Rentenanspruch aus, zumal er seinen Protest gegen diese fachlich nicht gerechtfertigte Diskriminierung in der Ablehnung des Beitritts zur FZR kundtat. Seine gegenwärtige monatliche Bruttorente beträgt trotz 51-jähriger pflichtversicherter, rechtschaffener und hochqualifizierter Tätigkeit nur 1.690 DM. Das entspricht einer halb so hohen Rente wie ein vergleichbarer, aber politisch nicht verfolgter wissenschaftlicher Mitarbeiter bzw. der Rente eines hauptamtlichen Mitarbeiters mit 40-jähriger Tätigkeit für das MfS.
1989/1991 gehörte er zu den Personen, die sich für die Auflösung des MfS, die Aufarbeitung der Vergangenheit der Sektion Geschichte an der Humboldt-Uni und dem Einigungsprozess der Deutschen aus Ost und West aktiv einsetzten (Anlage 16).

Erich Loest *(Leipzig)*

Gemordete Zeit

Da sind wir nun beim 13. Kapitel, keine symbolhaftere Zahl wäre denkbar. Der Chronist hält auch andere Kapitelüberschriften parat: "Paragraf 13" oder "Das Schwein Tolbe".

Der Sommer 1958 blähte sich ohne Konturen. Er war heiß, trocken und wurde zur Qual hinter Glasziegeln. Unter den Betroffenen ist später fruchtlos gerätselt worden, warum es sich hinzog mit dem Prozess. Die Auffassung wurde erwogen, der Sturz des Sicherheitsministers Wollweber, der mit Schirdewan vergeblich an Ulbrichts Stuhl gesägt hatte, sei der Grund gewesen. Wollweber habe den Prozess glimpflich ausgehen lassen wollen mit Schreckschüssen, hieß es, ein paar Monate wegen Staatsverleumdung, Hetze. Oder auch dieses Erwägen: Ein neues Gesetz war nicht lange in Kraft, es bedurfte des Studiums durch Richter und Staatsanwälte und eines Kommentars. Sollte es auf dieses Aufrührerdutzend in Halle und Leipzig angewendet werden? Vielleicht mussten erst Weisungen erteilt, Anleitungen ausgetüftelt werden, bis alle wussten, wie zu hauen und zu stechen war. Die U-Häftlinge liefen ja nicht weg.

Nun tauchte endlich Dr. Tolbe auf, er war entgegen jeder Erwartung klein und fett, zeigte sich in erlesener Schale mit Schlipsnadel und Siegelring, verbreitete den Geruch edler Seife und redete ungehemmt sächsisch: Erst jetzt sei ihm Sprecherlaubnis erteilt worden, von Akteneinsicht sei nicht die Rede, nichts könne er mutmaßen über den Prozessbeginn. Ein schweres Zigarettenetui klappte er auf. "Hab grad noch zwee", bedauerte er, eine Zigarette für sich, eine für den Häftling. "Was wärfn Se Ihn denn vur?" L. schilderte es. "Nischt mitn Westn? Dann werds ooch nich schlimm." Was könne er tun für seinen Mandanten?

"Meine Frau hat nächste Woche Geburtstag, bitte gehen Sie hin mit dem größten Blumenstrauß, den es überhaupt gibt."

"Mach'sch gerne. Un Se hern von mir bei erschter Gelegenheid."

Eine Dreiviertelstunde dauerte der Besuch, Zuversicht strahlte er kaum aus. Mit diesem Verteidiger würde er streiten, mit keinem Berserker. Vielleicht steckte List in dem Männchen, sächsische Schläue. Immerhin hatte er von Rudorf das Schlimmste abgewendet.

Briefe sind erhalten aus diesen Monaten, sie sind geprägt von Rücksicht auf die Zensur und vom Bemühen, den anderen zu trösten. Halb- und Viertelwahrheiten werden ausgesprochen. Mir geht es gut, bin voller Hoffnung, mach dir nur keine Sorgen. Die Kinder entwickeln sich, du würdest staunen. Schwierigkeiten machte es, Annelies die Vollmacht über das Konto zu übertragen, das ging hin und her. Ein Brief verschwand, Missverständnisse. Einmal: "Nach 77 Tagen die erste Nachricht, ich war schon ganz verzweifelt. Die schönen Bilder von den Kindern, ich durfte sie mit nach oben nehmen und schaue sie jeden Tag stundenlang an. Im Oktober war vom Prozess leider kein Wort zu hören."
Dann der erste Jahrestag im Knast. Jetzt blieb es hinter den Glasziegeln so düster, dass er an manchen Tagen gar nicht, an anderen nur um die Mittagsstunde lesen konnte. Seit sieben Monaten war er nicht mehr vernommen worden. Wieder ein Magengeschwür, Rollkur, Diät. Die Hofzeit wurde von einigen Minuten auf eine halbe Stunde erweitert. Wenn er einen Brief erhielt, wenn er schreiben durfte - monatlich zwanzig Zeilen -, sah er den Hauptmann. Der gab ihm Tinte und Papier, las ihm ein paar Fußballergebnisse vor; über den Prozess wusste er selber nichts. Dann stieg L. wieder in seine Einsamkeit hinauf. Wenn der Chronist heute das Wort "Isolationsfolter" liest, möchte er kommentieren.
Ende November, an einem besonders trüben Tag, klappte er zusammen. Er musste heulen wie seit Kindertagen nicht mehr, Tränen, er konnte sie nicht halten. Der Posten schloss auf.
"Was denn los?"
"Ich kann nicht mehr."

Der Sani wurde geholt und sagte: "Denken Sie immer dran, Ihre Familie braucht Sie noch." Der Anstaltsleiter: "Wie lange sind Sie denn schon hier?" Der Häftling hob den Kopf nicht, schneuzte sich. Der Sani brachte Tabletten. "Legen Sie sich hin, schlafen sie mal."
L. begriff überdeutlich, was um ihn geschah, er hätte sich einen Nervenzusammenbruch anders vorgestellt. Das Gehirn registrierte: Bestimmte Nervenbereiche gehorchten nicht mehr. Er dämmerte ein, wurde wach, als das Essen gebracht wurde, aß und heulte wieder. Bei aller Schwäche spürte er keine Scham und sogar einen kleinen hämischen Triumph: so weit habt ihr's mit mir gebracht; nun seht zu, wie ihr mich wieder auf die Beine bringt!
Tabletten, Liegeerlaubnis. Nach einer Woche waren die Tränen versiegt, ein Zucken in der Oberlippe, ein Brennen über den Schläfen blieben. Er schlurfte wieder im Dreieck, las nicht. Um eine Erfahrung war er reicher, die Nerven hatten ihm seine Grenzen gezeigt.

In den ersten Dezembertagen wurde er in die Effektenkammer geführt, dort lag seine Kleidung, er zog sich um. Jetzt, da fühlte er sich absolut sicher, würde ein Staatsanwalt sagen: Wir haben noch einmal alles überprüft und sind zu dem Entschluss gekommen, dass kein Prozess nötig ist, Sie können nach Hause gehen. Wir hoffen, dass Ihnen die dreizehn Monate eine Lehre waren.
"Gehen Sie runter!"
Vor der Tür zum Hof wartete ein Posten mit Handschellen, L. bot ihm die Gelenke an. Auf dem Hof stand eine Grüne Minna mit offenem Heck, L. zwängte sich in ein Käfterchen. Posten überall. Husten hinter der Blechwand, Gebrüll: Lassen sie das Husten! Die Lehmann-Gruppe ging auf den Transport.
Nacheinander, keiner sah den anderen, stiegen sie nach einstündiger Fahrt aus. Sie waren in Halle, im Roten Ochsen. Der Bau war düster, dreckig. In der Zellenecke stand ein Kübel. Also auch das noch. Am nächsten Morgen saß ihm ein Vernehmer aus Leipzig gegenüber, den er nur einige Male gesehen hatte. "Da wollen wir mal Ihr Gedächtnis auffrischen."

An zwei Vormittagen stoppelten sie L.'s Aussagen durch. Am dritten Tag las der Vernehmer die Anklageschrift vor und reichte sie über den Tisch. L. las selbst: Lehmann und andere, fünf Namen, seiner stand an dritter Stelle. Für die Kinder des zweiten war gesammelt worden. Den fünften Namen hatte er nie gehört. Also waren Angeklagte aus Halle und Leipzig zu einem Prozess vereint worden. "Es gibt noch einen zweiten Prozess", sagte der Vernehmer, "für die übrigen." L. las die Liste der Zeugen und erlebte eine hirnlähmende Überraschung: Einer, den er mit absoluter Sicherheit unter den Angeklagten erwartet hatte, stand als Zeuge an erster Stelle. Wie das, dieser Mann, der immer dabeigewesen war, nicht in Haft? So edel ist keiner, dass nicht auch L. erbittert verglichen hätte: Der ist draußen, isst und trinkt und liebt, reist und arbeitet nach seinem Sinn, und ich schmore seit dreizehn Monaten. Und L. dachte - und regte sich da nicht eine kleine böse Befriedigung? -, den *muss* der Staatsanwalt ja aus dem Zeugenstand heraus verhaften! Vermutlich hatte die Prozessregie das so vorgesehen. L. las weiter: Er war angeklagt wegen Verbrechens gemäß Paragraf 13 des Strafrechtsergänzungsgesetzes.
"Was ist das?"
Und er hörte, am 11. Dezember 1957 sei dieses Gesetz verabschiedet worden, in dem alte Strafbestimmungen präzisiert und neuen Bedingungen angepasst worden seien. L.'s juristischer Verstand reichte so weit, dass er einwenden konnte: Wie war es denn aber möglich, ein Gesetz auf ihn anzuwenden, das *nach* seinen sogenannten Straftaten erlassen worden sei, zu einer Zeit, da er schon im Knast saß? Es sei eben *kein neues* Gesetz, erfuhr er, sondern die Ergänzung eines alten, daher der Name.
"Und was besagt der Paragraf 13?"
"Ich les es Ihnen beim nächsten Mal vor. Die Anklageschrift können Sie mit in die Zelle nehmen."
Der Prozessbeginn war auf den 19. Dezember gelegt, bis dahin blieben sechs Tage. "Wann kommt mein Verteidiger?"
"Er ist benachrichtigt. Ich weiß natürlich nicht, wann er Zeit hat."

Da bat L. darum, man möge ihm Papier und Bleistift und die Gelegenheit geben, in einem hellen Raum die Anklageschrift durchzusehen und sich Notizen zu machen; in der Zelle sei es zu dunkel zum Lesen. Das wurde ihm zugesichert. Und nicht gehalten.
Sechs Tage bis zum Prozess. Der erste Tag verging, der zweite. In den Mittagsstunden hielt L. die Anklageschrift an die Glasziegel und buchstabierte. Staatsfeindliche Gruppenbildung, mit dem Ziel... Der Staatsanwalt, der das verfasst hatte, hieß Mach.
Es war ein verkommener Knast, beschmiert alle Wände, gekehrt wurde nie. L. schob mit dem Fuß den Staub zu Flocken zusammen; wenn die Tür geöffnet wurde, trieb die Zugluft den Dreck hinaus. Nachmittags: Jeder Häftling trug seinen Kübel in die Spülzelle, kippte ihn in einen Trichter, spülte ihn aus, tat ein Löffelchen Chlor auf den Boden. Die Haltung beim Scheißen auf dem Kübel musste L. erst erlernen. Erfahrung gehörte dazu, nicht zu wenig Chlor zu nehmen, dann stank die Scheiße, und nicht zu viel, dann blubberte der Deckel und das Chlorgas biss in die Nase.
Der dritte Tag, nichts geschah. Aber die Verpflegung war reichlicher, der Ton lockerer als in Leipzig. Beim Aufschluss früh grüßte der Häftling mit einem Guten Morgen, der Gruß wurde erwidert. An einem Mittag: Salzkartoffeln, Spinat, fettiges, duftiges Rührei. L. hörte es von der Nebenzelle und tat es nach, abends bei der Brotausgabe fragte er: "Kann ich *bitte* noch einen Kanten haben?" Die Wärterin nickte huldvoll.
Ein Freitag, ein Sonnabend verging, am Dienstag sollte der Prozess beginnen, aber L. war in keinen Raum geführt worden, in dem Licht brannte, in dem er Bleistift und Papier vorfand. Keine Nachricht von Tolbe. Für L. gab es nur diese Erklärung: Der Prozess war verschoben worden. Also, noch ein Weihnachten in Ungewissheit.
Kübeln: Er kippte aus, ließ Wasser rauschen. Oben in der Wand war eine offene Klappe, er zog eine Kiste heran, sprang hinauf, erstarrte: Unter ihm lag ein Freistundenhof, dort bewegten sich Frauen in Kreisen, in Abständen, Frauen in grauen Kitteln, Gefangene, mehr als hundert. Im großen Kreis flott geschritten, im mittleren mit kürzeren Schritten geschlurft, im kleinen huschten

Alte gekrümmt, taumlig. Der Schnee war schmutzig, düsterer Himmel darüber, kein Laut. Ein gespenstisches Bild für zwanzig Sekunden, es prägte sich untilgbar ein.
Ein Wochenende – nichts. Am Montag Freistunde wie immer, nichts am Nachmittag. Gegen fünf: "Komm Se!" Kalte Flure, Gänge, Treppen. In einem Zimmer saß Dr. Tolbe. "Na, da gehd's morschn frie los!" Der Verteidiger klappte sein kostbares Zigarettenetui auf: "Hab grad noch zwee." Am Freitag früh, erfuhr L., hätte Tolbe in seinem Büro die Nachricht über den Prozessbeginn und die Erlaubnis zur Akteneinsicht vorgefunden. Am Freitag hätte er eine Verhandlung, am Sonnabend ein paar Termine in seinem Büro gehabt. An diesem Nachmittag wäre er nach Halle gefahren, hätte in die Akten geschaut und mit dem Oberrichter Kaulfersch, dem Leiter des Prozesses, gesprochen. "Der had gesacht: Dolbe, lassen Se mir scha nich mein Prozess blatzn."
"Könnten Sie denn das?"
"Eichendlich stehn mir vierzn Dache zu."
Und wenn wir platzen lassen?"
"Das dääd'ch Ihn nich radn. Da griechn die bloß Wud."
"Aber wenn Sie die Akten kaum kennen?"
"So schlimm is's nu ooch wieder nich." Und Tolbe ließ sich noch einmal erklären, weswegen L. angeklagt war. "Läßd sich scheen verdeidchen." Am dritten Tag wäre er nicht da, da hätte er einen anderen Termin, aber einer seiner Kollegen würde einspringen. Da wäre bloß eine Unterschrift... diese Unterschrift kostete Annelies später dreihundert Mark.
L.'s Hände zitterten, seine Beine zitterten, er wusste nicht, ob es von der Kälte war. Etwas schlug über ihm zusammen, wogegen sich zu stemmen er keine Kraft besaß. Den Prozess platzen lassen, Tolbe auf diesen Punkt hinweisen, auf jenen, ihn dazu bringen, dass er sich ernstlich in die Akten vertiefe... aber da war das Zucken in der Oberlippe, der Schmerz über den Schläfen, dieses Zittern, Schlagen der Glieder. "Ich bin gee Gämpfer", hörte er, "ich bin ä Dinnbredbohrer. Damit gommt mer wieder, glom Se's!"

Tolbe schlug ein Büchlein auf und las vor. Dies ist der Wortlaut dessen, was Tolbe am Vorabend des Prozesses kundtat, der Chronist hat später nachgeschlagen:

Wer

1. den Faschismus oder Militarismus verherrlicht oder propagiert oder gegen andere Völker und Rassen hetzt,
2. gegen die Arbeiter- und Bauernmacht hetzt, gegen ihre Organe, gegen gesellschaftliche Organisationen oder gegen einen Bürger wegen seiner staatlichen oder gesellschaftlichen Tätigkeit oder seiner Zugehörigkeit zu einer staatlichen Einrichtung oder gesellschaftlichen Organisation hetzt, Tätlichkeiten begeht oder sie mit Gewalttätigkeiten bedroht, wird mit Gefängnis nicht unter drei Monaten bestraft. Der Versuch ist strafbar.

L. lauschte in den Gesetzestext hinein. Der erste Punkt schied aus, zum zweiten vermochte der Staatsanwalt, meinte er, wohl leider allerlei Bezüge herzustellen.
"Mit drei Monadn gomm Se nadürlich nich weg."
"Was vermuten Sie?"
"Zwee Jahre, oder anderdhalb. ‚s meisde ham Se chedenfalls weg."

Diesen und jenen Anklagepunkt hoffte L. zu Fall zu bringen, Tolbe würde ihm beispringen. Noch waren die Zeugen der Verteidigung nicht benannt. Schlecht waren die Chancen keinesfalls; er würde sich wehren, auch wenn der Magen rebellierte, wenn die Schläfen brannten.
"Dasse so ziddern! So galt isses doch gar nich."
"Vielleicht hab ich Hunger."
"Griechn Se denn nich genuch zu essen?" Tolbes Miene drückte Staunen aus, baff war er: So was hatte er ja sein Lebtag nicht gehört, da hatte einer Hunger im Knast! "Na, da sehn mer uns morschn wieder, Ihre Frau brinsch glei mid."

Schlief er in dieser Nacht vor dem Prozessbeginn, dem Wiedersehen mit Annelies? Am nächsten Morgen fuhr er in Zivil, die Hose war zu weit, aber an den Seiten ließen sich Schnallen festziehen. Der Posten stand mit Handschellen an der Tür, das wirkte nun schon nicht so deprimierend mehr. Sie stiegen aus in einem Hof, da begegnete L. den beiden Angeklagten aus Halle zum erstenmal, sah Lehmann und den übrigen Angeklagten aus Leipzig, sie nickten sich zu, nicht freundlich. Im Gänsemarsch im Abstand die Treppen hinauf, hinein in einen Saal, sie wurden auf Bänke dirigiert. Der Prozess galt als öffentlich, aber die Kontrollen waren straff an der Tür. Die Ehefrauen wurden mit den Verteidigern eingelassen, da sah er Annelies zum erstenmal seit dreizehn Monaten, blass war sie vor Aufregung, aber lächelnd kam sie auf ihn zu und gab ihm die Hand und wünschte ihm Glück und Erfolg, und sofort mahnte der Posten: "Es darf nicht gesprochen werden!" Ein junger unbeholfener Bursche war das. "Wird schon alles gut werden", sagten L. und seine Frau wie aus einem Mund. Grüße von den Kindern richtete Annelies aus, "und wir halten alle fest zu dir." Da verwarnte der Posten wieder. "Ja, ja", sagte L. "schon gut."

Ein wenig Aufregung vor der Tür, jemand wollte hinein und durfte nicht, dann marschierte Besucherschaft auf, dieser und jener Vernehmer, Parteisekretäre der Universitäten Leipzig und Halle, der Vorsitzende des Schriftstellerverbandes in Leipzig, Männer, Frauen - "die genn'sch fast alle", murmelte Tolbe, "die sin alle von der Stasi." Mit ihnen war der Raum gefüllt, mehr passten nicht hinein, basta. Richter, Nebenrichter, Schöffen, Staatsanwalt und Verteidiger nahmen ihre Plätze ein, und los ging's - womit? Das gibt das Gedächtnis nicht her, sicherlich verlas Staatsanwalt Mach seine Anklageschrift, dabei wetterte er gegen einen gewissen Pasternak, der ein schädliches Buch geschrieben habe. "Dr. Schiwago".

L. kannte beide Namen nicht, da musste etwas vorgefallen sein im letzten Jahr - was wollte der Staatsanwalt damit? Parallelen zog Mach von Pasternak zu den Angeklagten, die ihrerseits Aufweichung betrieben hätten an der kulturellen Front. Auch in Halle, so hörte L., sei über den XX. Parteitag zersetzend debattiert worden, Leonhards Hetzbuch und Orwells "1984" seien ausgetauscht worden, die Angeklagten hätten Stalin einen Verbrecher genannt. L. blickte hinüber zu Annelies, halb im Profil sah er sie, die Nase, das Kinn, das Haar. Wie von fernher hörte er den Staatsanwalt, dessen Stimme erstarb fast: Ein Angeklagter hatte doch die Stirn gehabt zu äußern, falls in der DDR die Gesetzlichkeit verletzt worden sei, müssten die Verantwortlichen - Mach stockte der Atem - bestraft werden. Dabei hätten alle Angeklagten dem Staat der Arbeiter und Bauern dankbar zu sein, der sie hatte studieren lassen, und nun Aufweichung, Verräterei! Der Angeklagte L. habe sich Funktionen im Verband erschlichen, seine Bücher habe er nur geschrieben, um dahinter verbrecherische Absichten zu tarnen. Lehmann habe heimtückisch unter Missbrauch des Lehramtes die Ideen der Konterrevolution...

Da äugte L. zu seinem Verteidiger, ob der sich wohl Notizen machte, wo und wie er das Mach-Werk zu zerpflücken gedachte, aber Tolbe saß friedlich, behäbig. Aus Filmen kannte L., dass ein Verteidiger aufsprang: Einspruch, Euer Ehren! Hier war wohl derlei nicht vorgesehen. Die Anklage hatte Zeugen benannt, nicht die Verteidigung, da würde L. wohl noch gefragt werden müssen, wen er vorzuschlagen habe. Das war ja alles noch der Anfang: keine Besorgnis!

Eine Pause, Annelies hatte Hackepeterbrötchen und Zigaretten mitgebracht, ließ sie ihm durch den Verteidiger geben. L. schlang, rauchte. Mit der Vernehmung zur Person wurde fortgefahren, Lehmann war der Erste. Einen Mann aus Halle lernte L. kennen, am Nachmittag war er selbst an der Reihe. Er hatte gesehen, wie Lehmann vor Verlegenheit nicht wusste, wohin mit den Händen und sie einmal sogar in die Taschen gesteckt hatte. So hielt L. sie straff auf dem Rücken zusammen. Elternhaus, Schule, Hitlerjugend, der Krieg. Seine Wandlung, Arbeit bei der "LVZ", seine Bücher. Schon jetzt unterminierte der Richter mit Suggestivfragen: "Aber Sie haben doch die volle Förderung des Staates erfahren!"

"Ihrer Bücher wegen haben Sie doch nie Schwierigkeiten gehabt!"
"Aber Sie hatten doch für Ihr Alter ein blendendes Einkommen!"
"Aber Sie fanden doch Anerkennung durch die Kritik!"
"Aber Sie hatten doch gar keinen Grund, unzufrieden zu sein!"
"Aber Sie..." Kaulfersch schüttelte verständnislos den Kopf. Dann schimpfte ein Schöffe mit L., er war Bergarbeiter aus Mansfeld, ein Mann um die Sechzig, gewiss ein redlicher Antifaschist. Junge Genossen allesamt seien sie gewesen, hätten studieren dürfen, und nun hätten sie die Partei und den Sozialismus verraten! L. schwieg zu allen Vorwürfen, er fand, noch sei nicht der Zeitpunkt, sich zu wehren. Auch jetzt sprang Tolbe nicht auf: Einspruch, Euer Ehren! Nicht eine Suggestivfrage wies Tolbe zurück.

Da war es achtzehn Uhr, der Tag war erschöpfend lang gewesen, da verkündete Kaulfersch, nach einer kurzen Pause würde noch gegen den dritten Mann aus Leipzig zur Sache verhandelt. Murren im Zuschauerraum, die Genossen wollten nach Hause, aber ihre Pflicht war ja, alle Stühle besetzt zu halten. Wenn doch jetzt der Verteidiger diesem Angeklagten geraten hätte: Sagen Sie, dass Sie am Ende Ihrer Kraft sind! Dann hätte Kaulfersch diesen Punkt auf den nächsten Tag verschieben müssen. Aber so wurde Leipzigs dritter Mann innerhalb einer einzigen Stunde nach einem bitter langen Tag überrollt. Diese Äußerung nach Weitergabe jenes Buches, er habe den polnischen Journalisten während des Leipzig-Aufenthaltes zu betreuen gehabt, habe ihn zu L. gebracht und dieser habe sich heftig an der Debatte beteiligt. Gespräche mit Lehmann über Trotzki, Einschleusung von oppositioneller polnischer Literatur. Dieser Mann versuchte sich zu verteidigen: Man müsse die *subjektive* Seite betrachten, er hätte immer den Nutzen des Sozialismus im Sinn gehabt, hätte sich als Genosse gefühlt. Da biss er bei Mach und Kaulfersch auf Granit, ihre Stimmen wurden höhnisch: Die Konterrevolution vorbereiten und dann noch behaupten, er habe es im Sinne des Sozialismus getan? *Objektiv* sei alles *eindeutig*, was wolle er da noch mit einer subjektiven Seite? Ein paar Mal: "Das läuft doch auf dasselbe hinaus!" Verwunderung malte sich auf ihren Gesichtern, dass dieser Angeklagte *seine Beweggründe* gewertet haben wollte - was spielten denn die für eine Rolle? Ihr Staunen wirkte perfekt, kopfschüttelnd sahen sie sich an. Ob der Angeklagte nun *erwartet* und *gehofft* hatte, Ulbricht würde abgelöst, oder ob er ihn hatte stürzen wollen nach ungarischer Konterrevolutionäre Manier. "Das läuft doch auf dasselbe hinaus!" Dieser Angeklagte hatte sich Widerstand vorgenommen; innerhalb einer Stunde war er gebrochen. Kein Verteidiger sprang ihm bei. Noch ein paar Fragen am Rande, die Vernehmung war beendet, totenbleich ging der Mann auf seinen Platz zurück. Erschrocken blickte Annelies ihren Mann an. Ein Nicken: bis Morgen.

Am zweiten Tag wurde Lehmann vernommen. Gruppenbildung, konterrevolutionäre Absichten - Lehmann gab alles zu und kehrte nicht seine subjektiv positive Absicht heraus, sondern geißelte gelehrig die objektiv schlimme Wirkung. Zu einem mehr akademischen Disput kam es über die Rolle Trotzkis in einer bestimmten Phase; ohne Heftigkeit wurden Begriffe feiner definiert. Tief sei Lehmann in ideologischen Sümpfen versunken gewesen, gab er zu, andere habe er mit hinabgerissen, schwer seien seine Verbrechen. Er war ein Angeklagter wie aus dem Bilderbuch. Am Ende dankte er gar den Genossen der Staatssicherheit, die ihn in monatelangen geduldigen Gesprächen auf den rechten Weg zurückgeführt hätten. Da verschlossen sich die Gesichter der Gerichtsmannen ein wenig, sie fanden es wohl zu dick aufgetragen.

Dann wurden die Angeklagten aus Halle vernommen - L. war mit seinen Gedanken nicht dabei. Ein Karren rollt den Berg hinab, er schien nicht aufhaltbar. Sein Bestes wollte er dennoch tun, sich wehren, und womöglich war es so, dass die Verteidiger jetzt noch gar nicht eingriffen, sondern das später tun würden, bei den Plädoyers. Gewiss kamen sie noch zum Zuge, und dann mussten ja noch Zeugen der Verteidigung benannt werden.

Kaulfersch blätterte in seinen Akten, als L. vorging. Miene und Stimme des Richters waren so, als läge alles sonnenklar. Und so referierte Kaulfersch mehr, als dass er fragte: "Elfenbeinturm und Rote Fahne", das Parteiverfahren, die Parteistrafe. Ja, sagte L., nein, sagte er - er wusste nicht, dass Presseartikel nach einem Jahr als

verjährt galten, und kein Verteidiger wies ihn und den Richter darauf hin. Die nicht veröffentliche Geschichte über den Druckfehler "Sozialdemokratische Einheitspartei Deutschlands" - "die hab ich nach dem XX. Parteitag geschrieben", sagte L., "ich wollte probieren, ob und wie man solche Stoffe behandeln kann".
"Die Konterrevolution probieren! Außerdem waren diese Dinge damals längst geklärt!" Kaulfersch schüttelte wieder den Kopf über so viel Unverstand. Ob und warum derlei ein Verbrechen sei, erörterte er nicht, L. wollte dagegen anstreiten, aber der Richter war schon beim nächsten Komplex: Der XX. Parteitag, L.'s Auffassung, führende Personen müssten gestürzt werden.
"Ich wollte niemanden stürzen."
"Aber Sie haben überall herumerzählt, dass der Genosse Walter Ulbricht und andere führende Staatsmänner abgesetzt werden müssten, damit haben Sie andere Personen zu beeinflussen versucht – das läuft doch auf dasselbe hinaus!"
"Aber es ist nicht dasselbe!"
Da belferte der Hilfsrichter, mit solchen Debatten habe es in Ungarn auch angefangen, da vermeldete Mach, L. habe - wo er ging und stand - ins Horn der Feinde des Sozialismus geblasen. Ulbricht, Hager, Fröhlich und Wagner - untadlige Genossen, der Partei ergeben, sie hätten also beseitigt werden sollen -, Empörung über so viel Verblendung und Niedertracht erfasste das Gericht.
Der Abend mit dem Polen - L. habe ihn also organisiert. Das habe er nicht, wendete L. ein. Aber er habe seine Wohnung zur Verfügung gestellt, habe diesen und jenen dazugeladen, na also! Und wieder: Man sei sich dort einig gewesen über personelle Ablösungen, Veränderungen in der Kulturpolitik, eine *Plattform* habe man gebildet, schriftlich oder mündlich, das liefe auf dasselbe hinaus. "Aber", sagte L., "wir waren darin einig: Wenn es wie in Ungarn zum Kampf kommt, würden wir auf der Seite der Partei, also auch an der Seite Walter Ulbrichts kämpfen."
"Erst wollen Sie die Arbeiter aufhetzen und dann auf sie schießen!"
"Wir wollten keine Arbeiter aufhetzen."
"Was wollten Sie dann?"

Was blieb darauf zu antworten? "Wir wollten eine Diskussion über Demokratisierung..." L. merkte, wie sinnlos es war, zu erläutern, zu erklären, zu argumentieren. Eine Meinung war vorgefasst, er würde sie durch nichts erschüttern können. Also der Klub junger Künstler, was hatte er da vorgehabt? Schwarz auf weiß stand zu lesen, dass er die Diskussion der Werke von Kafka und Proust hatte propagieren wollen. Da kippte in L. etwas um, war das nun Sarkasmus, was ihn zum folgenden Satz führte, oder wollte er testen, was diesem Gerichtsgespann alles zuzumuten war? Er sagte: "Und die Werke von Joyce auch".
Der Richter wendete sich zur Protokollantin: "Die Werke von Joyce auch." Das fand sich prompt im Urteil wieder.
Die Verteidigung von Zwerenz, Beiträge für die "Pfeffermühle", in seinem Schrank seien zwei faschistische Bücher gefunden worden, staatsfeindliche Witze habe er erzählt - ja, sagte L., ja. Der Richter hatte sich sein Bild bestätigt, der Schöffe verlangte noch einmal, L. sollte sich schämen, der Staatsanwalt hatte keine Fragen mehr, der Verteidiger schon gar nicht. Der Angeklagte durfte sich setzen. Annelies drehte sich zu ihm, ihre Augen waren wie versteint.
L. fühlte sich wie im Glaskäfig, hinter den durchsichtigen Gittern lief das Geschehen ab, unbeeinflusst von ihm, unbeeinflussbar. Jetzt aufspringen und schreien: Aber es war doch alles ganz anders! Erstaunt würden Richter und Schöffen und Staatsanwalt die Köpfe schütteln: Zwei Tage lang hatten alle hier im Saal schlimme, bedauerliche Wahrheiten begriffen, nur einer wollte das alles nicht verstehen. Ein Saal mit hundert klugen, einsichtigen Menschen darin, in ihrer Mitte ein einziger Narr. Noch immer, noch immer gab er nicht zu und nicht nach? War das nun Dummheit oder Schlimmeres? Hinter den Glasstäben gab der Richter Anweisungen an die Protokollantin; hatte der Staatsanwalt noch Fragen? Die Verteidiger packten ihre Taschen, sie hatten einen Tag abgesessen, ihre Kohle stimmte. Eine Maschine tat ihr Werk, L. kannte keinen Hebel, sie anzuhalten. Annelies gab ihm die Hand, sie war zu keinem Wort fähig.

Am dritten Tag wurden Zeugen vernommen, die die Anklage benannt hatte. Der Richter hielt eine Überraschung parat: Der Zeuge Nr. 1 sei nicht geladen, seine Aussagen hätten sich erübrigt. L. war von der Stunde seiner Verhaftung an sicher gewesen, auch dieser Mann säße in U-Haft, die Vernehmer hatten ihn durchaus in diesem Glauben gelassen. Ein Brief von Annelies war nicht ausgehändigt worden, weil sie erwähnt hatte, dieser Mann habe sich ein wunderschönes Auto gekauft. L. hätte hoch gewettet, dass der Mann aus dem Zeugenstand heraus verhaftet werden müsste. Nun war er nicht geladen. Das alles zählt für den Chronisten zu den nie mehr aufzuhellenden Räumen.
Gegen L. sagten drei Zeugen aus. Der erste war ein Jugendfreund aus Mittweida, er brachte die - so meinte L. - wertarme Kunde, L. habe bei einem Besuch im Oktober 1956 von heftigen Debatten im Berliner Donnerstagskreis erzählt, von Harich, der dort das Wort führe. In der DDR werde sich allerlei tun, hätte L. vermutet, es könnte nicht alles beim Alten bleiben. Der Verleger Sachs wurde über seinen Autor befragt, über dessen Charakter. Manchmal sei L. schon ziemlich halsstarrig, sagte Sachs aus, aber wenn man geduldig und gründlich mit ihm rede, sei er Argumenten nach einiger Zeit nicht unzugänglich. Ob sich L. in eine Idee verrennen könne?
Das hielt Sachs für möglich. Der dritte Zeuge hatte eine weit sichtbarere Funktion. Als Freund L.'s hatte er in aufgeregten Tagen die Linie der Partei verfochten, manchmal hatten sie bis in die Nacht gestritten. Kurz vor der Verhaftung hatte er L. aufgesucht und ihm geraten, zur Bezirksleitung zu gehen, Kontakt anzubieten und sich von Zwerenz zu distanzieren. Er hatte ihm nicht geflüstert, dass er von der SED geschickt worden war - jahrelang litt der Mann darunter, ein zweifelhaftes Spiel getrieben zu haben, viele Male, wenn er getrunken hatte, kam er darauf zurück und klagte sich an. Gewiss hatte er Auskünfte über L. gegeben, über dessen Ansichten, ein Mann zwischen den Fronten. Jetzt bezeugte er, L. auf das Falsche und Verderbliche seiner politischen Ansichten hingewiesen zu haben. Er wollte aus der Klemme heraus, als er sagte: "Ich bin erschüttert, dass jemand, der solche Bücher geschrieben hat, auf der

Anklagebank sitzt." Im Urteil hieß es dann: "Obwohl ihn sein Freund XYZ auf das Verbrecherische seines Tuns hinwies und geduldig die klare Linie der Partei erläuterte, blieb der Angeklagte..." Dieser Zeuge war ein nützlicher Bauer bei diesem Schachmatt.
Tolbe nahm anderwärts einen lange anberaumten Termin wahr. Annelies war daheim geblieben, sie war dieser Tortur nicht täglich gewachsen. Am Nachmittag wagte die Verteidigerin des zweiten Hallensers die Bitte, einen Entlastungszeugen in einer bestimmten Frage zuzulassen, da antwortete Kaulfersch, dazu bliebe keine Zeit mehr: Ehe der Zeuge geladen sei, ehe er hierher käme - für den übernächsten Tag sei ja schon die Urteilsverkündung angesetzt. Da zog die Verteidigerin ihren Antrag eilfertig zurück. An die Zeugen hatten die Verteidiger keine Fragen.
Nach einem Tag Pause stellte der Staatsanwalt die Urteilsanträge: Wegen Verbrechens gemäß Paragraf 13 des Strafrechtsergänzungsgesetzes für Lehmann zehn, für den ersten Hallenser achteinhalb, für L. siebeneinhalb Jahre Zuchthaus und Entzug des Vermögens, für die beiden übrigen wegen Beihilfe zum Paragrafen 13 dreieinhalb und drei Jahre Zuchthaus. Keiner der Angeklagten, keine der Ehefrauen hatte diese Strafhöhe vorausgesehen. In der Pause danach standen sie unfähig zu einem Wort, fast unfähig, sich zu rühren. Die Verteidiger versuchten sich in Trost, man müsse ja die Strafen gewiss nicht absitzen, bei guter Führung... "Da isses schiefgegang", murmelte Tolbe. L. stand neben Annelies. Jetzt, da alles vorbei war, drängte sie kein Posten auseinander. Siebeneinhalb Jahre, eine nicht zu begreifende Zeit. Was noch? Die Verteidiger hielten ihre Plädoyers, sie rüttelten keineswegs am Gebäude der Anklage, versuchten noch nicht einmal, hier und da einen Sparren zu lockern; sie baten um etwas Milderung. Beratung des Gerichts, Urteilsverkündung. Das Gericht folgte den Anträgen des Staatsanwalts. Danach entstand Tumult: Die Anwältin des zweiten Hallensers hatte diesem geraten, sofort das Urteil anzunehmen, das mache einen reuebewussten Eindruck. Aber auch Lehmann wollte sich als botmäßig erweisen, und so drängelten, schubsten sie sich vor den Richtertisch.

Sie bekamen nacheinander Gelegenheit, sich demutsvoll zu äußern. Nur L. nahm das Urteil nicht an. Es war gesagt worden, dazu blieben vierzehn Tage Zeit. Die Chance einer Berufung wollte er sich nicht verbauen, wollte nachdenken und sich beraten lassen. Tolbe: "Die gehen nich een eenzchen Millimeter zurick." L. stand neben seiner Frau, jetzt fanden sie allmählich Worte. Schrecklich sagten sie, und: Noch sechseinhalb Jahre, ich kann es mir nicht vorstellen. Tolbe gab Ratschläge, wie dem Vermögensentzug vorzubeugen sei: Sofort Geld abheben, z. B. die Miete im Voraus bezahlen! Er verabredete mit Frau L., wann sie sich in der Sparkasse treffen wollten, er zeigte sich sehr interessiert, dass er schnell sein Honorar bekam. Für seine Anwesenheit und das Belügen seines Mandanten - darauf kommen wir noch - kassierte er etwas mehr als 2.500,- Mark.

Es war der 23. Dezember, ein Tag vor Heiligabend. Annelies würde nach Mittweida fahren, die Kinder waren schon dort. Wie ihnen und den Verwandten dieses Urteil beibringen? Sie umarmten sich, der Posten mahnte nachsichtig, das sei nicht gestattet. Diese jungen Sicherheitsmänner hatten den Prozess von Anfang an miterlebt – waren sie beeindruckt? Was begriffen, was ahnten sie? Ihre Stimmen waren leiser geworden. Aus Stein waren diese Arbeiterjungen nicht, und wenn ihnen hundertmal vorgesagt worden war, sie seien das scharfe Schwert der Partei, und diese da seien Konterrevolutionäre, Feinde.

Die Anklageschrift musste L. abgeben. Die Urteilsbegründung bekam er nie zu lesen, er hat sie nur einmal aus Kaulferschs Mund gehört. Anklageschrift und Urteilsbegründung verschwanden in den Schränken des Bezirksgerichts und wurden zur Geheimsache. Der Chronist möchte aus ihnen zitieren, es ist ihm unmöglich.

Noch ein Abschiedswort, ein Gruß. Jetzt nicht durchdrehen, sagten sie sich, versuchen, sich auf dieses Urteil einzustellen. Schließlich gab es Straferlasse, Amnestien. Die Frauen gingen hinaus auf die Straße, zu ihren Kindern, in ihre Wohnungen, in denen Kerzen brannten, in denen es trotzdem eiskalt war. Die Männer wurden in ihre Zellen zurückgebracht.

Zeit war zu morden, sechseinhalb Jahre mussten totgeschlagen werden, genauer sechs Jahre, vier Monate und zwanzig Tage. Er rechnete um in Monate, Wochen, Stunden. Bald würde er in den Vollzug gebracht werden, den hatten die Vernehmer gern mit dem Beiwort "human" belegt. Dort würde er arbeiten, sich Zigaretten und Wurst kaufen und Geld nach Hause schicken, würde unter Mithäftlingen sein und Zeitungen bestellen dürfen. "Wenn Sie erst im Vollzug sind", hatten die Vernehmer versichert, "sieht alles anders aus." Von der U-Haft aus betrachtet, erschien der Strafvollzug als gemäßigtes Paradies. Zwischen Weihnachten und Neujahr würde nichts geschehen, aber gleich im Januar... Jeden Abend bat er brav: "Kann ich bitte noch einen Kanten haben?" Er durfte. In der Freiviertelstunde absolvierte er ein scharfes Gymnastikprogramm, in der Zelle hielt er möglichst die Luftklappe offen. Dieser Knast wurde lässiger gehandhabt als der Leipziger. Kein Turm ragte über den Höfen, so schmissen die Häftlinge mit Schnee über die Mauern. Auch mit Kassibern. In einer Ritze hatte L. einen Bleistiftstummel entdeckt, wo fand er eine Kekspackung? Zwei Zellen weiter lag der dritte Leipziger, immerzu wurde geklopft, wurden von dazwischenliegenden Häftlingen Nachrichten weitervermittelt. Die eng beschriebene Kekspackung flog über drei Mauern. Stau auf den Treppen, Gelächter. An manchen Nachmittagen riefen sich die Häftlinge von Zelle zu Zelle zu, bis ein Posten von unten heraufbrüllte: "Mal Ruhe auf der Vierten! Ich komm gleich hoch!" Stille war für ein Weilchen.

Zwischen Weihnachten und Neujahr fand der zweite Prozess statt, angeklagt waren zwei Männer und drei Frauen aus Leipzig und Halle. Die Höchststrafe betrug drei Jahre, die anderen kamen mit zwei und anderthalb Jahren davon. L. erfuhr noch am selben Abend detailliert die Urteile.

Er wurde verlegt in eine Zelle, in der der Raum vor der Pritsche nur 1,5 Meter mal 0,5 Meter maß, dort war noch der Heizkörper, dort blubberte der Kübel. Der Putz ums Fenster war brüchig, Häftlinge

vor ihm hatten die Ritzen mit Brot verstopft. L. besserte aus. Neben dem Kübel dreht er sich stundenlang im Kreis, linksherum, rechtsherum. In diesem Loch verbrachte er länger als einen Monat. Aber auch das: Zweimal am späten Nachmittag schob sich leise der Schlüssel ins Schloss, und ein Posten, ein Mann um die Sechzig, gab ihm Stullen herein, gutes Brot, beschmiert mit Wurst und Butter. Der Posten äugte wachsam zur Seite, dass kein Genosse ihn sah. L. griff hastig zu, murmelte ein Dank; eine Minute später hatte er die Stullen verschlungen.
Wieder wurde er in eine normale Zelle verlegt, klopfte rechts, klopfte links. Grauer kalter Februar, düsterer Februar, ach, das Paradies Strafvollzug würde sich schon noch öffnen, und jeder Tag, der abgerissen war, kam nicht wieder. An seinem Geburtstag durfte Annelies ihn besuchen, da hatten sich beide in der Gewalt und gaben sich zuversichtlich, gesprächig, heiter gar. Ach, wir werden schon mit allem fertig werden, die Hauptsache, wir bleiben gesund. Dein Magen? Hatte sich nicht wieder gemeldet. Bilder der Kinder hatte Annelies mitgebracht, obendrein ein Paket, so schwer, wie sie nur schleppen konnte. Die Anstaltsleitung ließ Wurst und Butter, Schokolade und Keks, Äpfel und Zucker, Apfelsine und Milchpulver passieren. L. schwelgte, in der Freistunde schmiss er Äpfel nach rechts und links. Zwei Drittel, hieß es allgemein, musste einer absitzen, ehe ein Gesuch auf vorzeitige Entlassung Erfolg hatte, das wäre also in drei Jahren, acht Monaten und... Keine Panik, die Nerven in Zucht nehmen, wieder den Prozess nacherleben und damit hadern, in welchem Tempo Kaulfersch und Mach ihn durchgepeitscht hatten. Die Verteidiger, diese Flaschen, Feiglinge, sie waren ein Thema für sich. Und die verdammten Suggestivfragen – also Schluss mit diesem Thema! Oder wenigstens nicht jeden Tag alles wieder durchkauen, da konnte das nächste Magengeschwür ja gar nicht ausbleiben.
Am 4. März wurde er von der Freistunde weg ins Verwaltungsgebäude dirigiert. Sein Zivil lag auf einem Tisch. Umziehen! Dann stieg er, die Hände in Eisen, in eine Grüne Minna. Die Sonne schien, durch eine Ritze unter der hinteren Tür konnte er den Schat-

ten beobachten, den das Auto warf. Es fuhr im Allgemeinen nach Osten, drei bis vier Stunden lang. In einem Gefängnishof kletterte er steif heraus. "Da lang!" Ein Gang, eine Tür, hinter einem Schreibtisch saß ein Hauptmann der Volkspolizei.
"Wo denken Sie, dass Sie sind?"
"In Bautzen."
"Ihr Gefühl täuscht Sie nicht."
Der Hauptmann war klein, drahtig, er hatte eine Hakennase wie Friedrich II. von Preußen und eine scharfe Stimme. Sein Spitzname, L. sollte ihn noch erfahren: der Uhu. Es hieß, er habe bei den Nazis im KZ gesessen. Er verlas die Anstaltsordnung; Verbote, Verbote. Verboten war, an das Fenster heranzutreten und hinauszuschauen, mit anderen Häftlingen zu klopfen oder sonstige Nachrichten auszutauschen. Bei jeder Gelegenheit war dem Anstaltspersonal zu melden, zumindest war es durch Kopfwendung zu grüßen.
"Sie haben niemanden Ihren Namen zu nennen oder über eine Straftat zu sprechen. Sie haben von jetzt an die Nummer 23/59. Mit dieser Nummer melden Sie sich an und ab. Noch Fragen?"
"Kann ich hier arbeiten?"
"Bei guter Führung nach einiger Zeit."
"Kann ich rauchen?"
"Wenn Sie arbeiten, werden Sie Geld verdienen. Dann können Sie auch rauchen." Das klang nicht wie das von den Vernehmern verhießene Paradies. "Also, melden Sie sich ab!"
Und L. sagte zum ersten Mal und Tausend Mal sollte er es wiederholen: "Strafgefangener 23/59 meldet sich ab."
Eine Treppe wurde er hinaufgewiesen, leer lag das Haus, grabesstill. In eine Zelle wurde er geschlossen, zehn Minuten später kam der zweite Hallenser hinzu. Steine fielen beiden vom Herzen. Wenigstens keine Einzelhaft.
Der Vollzug begann abgeschieden, in äußerster Disziplin. Der Kalfaktor, der Frisör der Anstalt, wies sie in Riten ein, wie die Decken zu legen waren, wie zu grüßen war, er lehrte sie die Dienstgradabzeichen der Deutschen Volkspolizei. Auch die Spitznamen einzelner Wachtmeister flüsterte er: Trompeter, Blumenfreund. Na-

sehn-Se!. Und: Seht euch vor dem schwarzen Peter vor! Er brachte ihnen die Freiübungen in sechzehn Zeiten bei und informierte, dass sie nicht im Gelben Elend wären, dem bekannten Bautzener Großknast, sondern in der Strafvollzugsanstalt Bautzen II, einem sonderbaren, intimen Haus. Nicht auffallen, riet er, fallt bloß nicht auf!
Sie legten die Decken akkurat wie in Rekrutenzeiten, meldeten und wendeten die Köpfe, in der Freistunde hampelten sie die sechszehn Bewegungen durch. Sie erzählten sich, was sie in den letzten Monaten erlebt hatten, kamen dabei auf den § 13 zu sprechen, und L. erfuhr, er wollte nicht glauben und glaubte dann doch und wurde heiß vor Wut, als ihm sein Kumpel versicherte und wieder versicherte, wie dieser Paragraf wirklich lautete. Nicht auswendig kannte er ihn, doch dem Sinne nach. Viel später, wieder in Freiheit, in der Deutschen Bücherei zu Leipzig schlug L. nach und las dort: Wer es unternimmt:

1. die verfassungsmäßige Staats- oder Gesellschaftsordnung der DDR durch gewaltsamen Umsturz oder planmäßige Untergrabung zu beseitigen,
2. mit Gewalt oder durch Drohung mit Gewalt die verfassungsmäßige Tätigkeit des Präsidenten der Republik, der Volkskammer oder der Länderkammer oder des Ministerrates oder ihrer Präsidien oder eines ihrer Mitglieder unmöglich zu machen oder zu behindern,
3. das Gebiet der DDR einem anderen Staate einzuverleiben oder einen Teil desselben von ihr loszulösen,

wird wegen Staatsverrates mit Zuchthaus nicht unter fünf Jahren und Vermögensentzug bestraft.

Der Kumpel blieb fest dabei, er wisse es genau, seine Verteidigerin habe ihm den § 13 schwarz auf weiß gezeigt. Welcher Teil kam denn nun für sie in Frage, doch nur, dass sie versucht hatten, durch planmäßige Untergrabung die verfassungsmäßige Staats- und Gesellschaftsordnung der DDR zu beseitigen. Es war klar und dennoch nicht zu fassen, Tolbe hatte ihn betrogen, hatte ihm, auch dafür 2.500,- Mark kassierend, einen falschen Paragrafen verlesen,

nämlich den Paragrafen 19. Das bot Stoff für viele Tage des Grübelns und Erörterns und Wütens. Warum die Lüge? Um L. zu besänftigen, um ihn abzubringen, sich auf Teufel komm raus zu wehren, um sich zu schlagen? Natürlich war L. nicht gut zu sprechen auf Vernehmer, Staatsanwalt und Richter, aber er billigte ihnen Interessen zu, wenn sie auch den seinen entgegengesetzt waren. Aber der Verteidiger, von ihm bezahlt, schlug ihm die Beine weg.
"Dieses Schwein", er wiederholte grimmig: "Dieses Schwein."
Später erfuhr er, dass Tolbe selber in den Knast gegangen war, weil er Briefmarken nach West-Berlin verschoben hatte, da triumphierte er und malte sich aus, er begegnete ihm und kriegte ihn zwischen die Fäuste, den kleinen fetten Widerling - es waren keine Gedanken an christliche Vergebung, die ihn dabei durchzuckten.
"Noch was", sagte der Kumpel. "Dieser Paragraf bezeichnet ein Unternehmensdelikt, das heißt, schon der Versuch und sogar die Absicht sind strafbar. Nun haben sie mich aber zur Beihilfe verurteilt. Und Beihilfe zu einem Unternehmensdelikt, das gibt's gar nicht."
"Gehen wir in Berufung?"
Dafür war der Kumpel nicht zu haben, er hatte demnächst zwei Jahre abgesessen von dreieinhalb und hoffte auf vorzeitige Entlassung noch in diesem Jahr. "Wenigstens hat mir die Verteidigerin gesagt, der Richter habe durchblicken lassen, der Vermögensentzug würde nicht angewendet werden. Er treffe doch nur Frauen und Kinder. Wenn ihr Fabriken hättet, Häuser, Autos..." Er wurde nicht angewendet.

Das Gras wurde grün im Freistundenhof, die Kastanien hinter der Mauer blühten, 23/59 und 24/59 gingen eine halbe Stunde lang im Kreis, turnten die Freiübungen durch, dann hockten sie sich wieder gegenüber. Deine Frau, deine Kinder, was hast du im Krieg gemacht? Und wieder: Deine Vernehmung, meine Vernehmung. Jetzt in Kenntnis des § 13, dachte L. die Vernehmung, den Aufbau des Prozesses neu durch. Die Vernehmung des Jugendfreundes aus Mittweida war ihm bisher als absolut sinnlos erschienen. Nun be-

griff er sie in den Augen des Richters so: L. hatte erzählt, im Kreis um Harich rede man von personellen Veränderungen in der Führungsspitze und von Erneuerung der Politik. L. hatte derlei gutgeheißen und, indem er davon sprach, einen Bürger beeinflusst, infiziert. Auch das galt als Untergrabung, zumindest kam es, wie Kaulfersch gern formuliert hatte, auf dasselbe hinaus. Erinnerung an den Krieg wurde wach: Zersetzung der Wehrkraft. Ein defätistischer Witz, Zweifel am Endsieg, im Kreis der Kameraden geäußert, konnte den Kopf kosten. Und L. und seine Freunde hatten mit ihren Vorstellungen in den Augen des Gerichts die bestehende Ordnung, diese beste aller Ordnungen untergraben, hatten eine Entwicklung begonnen, an deren Ende der weiße Terror stand, an dem sich alle, Wagner und Fröhlich, Kaulfersch und Mach, an Laternenpfählen gehenkt sahen. Was bedeutete es da in den Augen des Gerichts schon, wenn ein Angeklagter seinen Paragrafen nicht erfuhr, wenn die Verteidigung keine Zeugen benennen durfte? Wehret den Anfängen!
Das Essen war miserabel und knapp. Morgens streckte jeder Häftling dem Kalfaktor zwei Schüsseln hin, eine für so genannten Kaffee, die andere für eine dünne, bittere Hafermehlsuppe. Mittags ein Schlag Eintopf oder ein Löffel Quark und vier, fünf Pellkartoffeln. Abends ein Pfund Brot, ein Kleckschen Margarine oder Schmalz und eine Scheibe Wurst, alle drei Tage einen Löffel Marmelade. Sie sehnten sich nach den Hallenser Brotkanten zurück, erzählten sich von den Gerichten, die ihre Mütter und Frauen kochten. Schweineschlachten, ein endloses Thema. Sie hungerten wieder wie nach dem Krieg. L. hatte sich anfänglich zu zwei mal zehn Liegestützen täglich gezwungen, die gab er bald auf.

Sie versuchten den Tag zu füllen. L. bot die Inhalte aller Romane von Thomas Mann, der Kumpel revanchierte sich, indem er versuchte, L. Russisch beizubringen. Das misslang ohne Papier, Bleistift und ein Lehrbuch. Der Kumpel beschrieb die Schriftzeichen, sie waren beide nicht mit sich zufrieden; L. erwies sich zu stark als visueller Typ. Dann wieder eine Einzelheit aus dem Prozess.

Als mein Junge drei war. Gulaschsuppe, Eisbein, Hackepeter, Bier. Kohlroulade, Schlackwurst.
Der Kalfaktor gab eine Bücherliste herein und Lesekarten, ein Fässchen Tinte und einen Federhalter. Sie stürzten sich auf die Liste und stellten fest, dass an die dreihundert Romane und Erzählungen angeboten wurden, aber kein wissenschaftliches Werk. Jetzt irgend etwas gründlich durcharbeiten von früh bis spät, und wenn sie Türkisch lernten - nichts damit. Viele Bücher waren Übersetzungen aus dem Russischen der letzten Jahre, "Fern von Moskau" fehlte nicht. Siehe da, "Jungen, die übrigblieben" war von wachsamen Augen übersehen worden, es verschwand erst nach einem knappen Jahr. L. und sein Kumpel mühten sich, die wenigen Perlen herauszufinden. Nach einigen Wochen erhielten sie die Bücher.
"Auf einen Tag freu ich mich wie verrückt", sagt L., "auf den dreizehnten August einundsechzig. Da hab ich die Hälfte meiner Strafe rum."

4

Was soll berichtet werden von diesen Jahren? Während der Chronist nachdenkt, sagt seine Tochter: "Eigentlich hast du immer bloß die lustigen Geschichten erzählt." Die gab's auch. "Frohes Lachen hinter Zuchthausmauern", kommentierte sie der Fischer, einer der vielen, neben denen er später arbeitete oder mit denen er die Zelle teilte. Die spaßigen, grotesken Begebenheiten aber füllten kein Promille der Zeit. Dumpfe Wut, Apathie, Streit um Läppisches, bis sich zwei an die Kehle gingen, das gab's öfter. Nach einem halben Jahr sah er zum ersten Mal einen Film. Im Dachgeschoss hatte ein großer Raum früher als Kirche gedient. Als L. eintrat, saßen an die fünfzig Häftlinge auf Bänken ohne Lehne, jeweils im Abstand von zwei Metern, unbeweglich. Keiner wendete den Kopf, keiner flüsterte ein Wort. Vorn stand wachsam der Uhu, von rechts und links beobachteten Wachtmeister. Wer einem anderen auch nur zugezwinkert hätte, wäre sofort auf Zelle geschickt worden.

L. wurde auf eine der hintersten Bänke verwiesen, dort saß er stumm und reglos wie die anderen. In der Dunkelheit wurden noch einige hereingeführt, und noch ehe das Licht angeschaltet wurde, dirigierten die Wachtmeister sie hinaus. Alle zwei Wochen war Kino für die, die sich nichts hatten zuschulden kommen lassen. Einige erstklassige Filme sah L. "Die Kraniche ziehen" und "Der stille Don" und sogar "Klarer Himmel". Der sowjetische Film erlebte eine rasante, kurze Blütezeit. Meist liefen Partisanenstreifen aus bulgarischer, jugoslawischer und polnischer Produktion, einer war wie der andere. Ein Pfarrer oder etwa eine Bibel tauchten in diesen Jahren in Bautzen II nicht auf.

Dann die erste Arbeit auf Zelle, sie war herbeigesehnt worden als die große Wende. Mit scharfen Messern mussten Kabelenden von Isolation befreit werden, kapiert war das in drei Minuten, Handfertigkeit war in drei Tagen erworben. Nach einer Woche arbeiteten die Hände von selbst, wieder konnten die Gedanken schweifen. Manchmal sprachen die beiden Zellengenossen stundenlang kein Wort.

Annelies besuchte ihren Mann einmal im Viertel Jahr auf eine halbe Stunde. Einen Tag war sie unterwegs, das Fahrgeld schlug hart zu Buche. Vorher musste L. sich umziehen, in saubere Klamotten schlüpfte er, sie waren ohne Taschen. Ein Wachtmeister stand dabei, es wäre unmöglich gewesen, einen Kassiber von einem Anzug in den anderen zu schmuggeln. "Nur Handschlag ist gestattet", verwarnte der Wachtmeister, "und sprechen Sie nur über persönliche Dinge, nichts, was mit Ihrer Straftat zusammenhängt, nichts über die Anstalt, nicht, mit wem Sie zusammen sind und so weiter."

Annelies saß schon in einer kahlen Zelle hinter einem Tisch, darunter war ein Gitter, damit die Füße sich nicht berühren konnten. Der Wachtmeister stellte sich bei der Begrüßung so, dass sie sich nur über den Tisch hinweg die Hand geben konnten, dann saß er natürlich dabei. L. hatte vor Jahren aus Ungarn den Handkuss importiert, der bewährte sich jetzt: Handkuss war im Verbotskatalog nicht aufgeführt. Wie geht's dir? Und dir? Und deinem Magen? Was machen die Kinder? Bilder durfte Annelies zeigen, so groß ist Robbi nun schon. Da schossen L. die Tränen in die Augen, Annelies nahm die Bilder schnell weg. Hast du Arbeit? Ja, wie schön. Annelies arbeitete jetzt auch, früh, vor fünf, stand sie auf, machte die Großen fertig zur Schule, brachte Robbi in den Kindergarten, dann saß sie am Band und lötete. Nicht immer schaffte sie die Norm. Was hast du gelesen? Ein Film, ja. Dieser Freund hatte sich sehen lassen, jener nicht. Manchmal lief nach ein paar Minuten ein richtiges Gespräch, es kam vor, dass sie lachten. Nach fünfundzwanzig Minuten sagte der Wachtmeister: "Komm Se allmählich zum Schluss." Manchmal durfte Annelies einen Beutel mit Obst dalassen, manchmal eine Wurst. Manchmal gaben sie sich zum Abschied einen Kuss, und der Wachtmeister sagte monoton: Nur Handschlag ist erlaubt.

Und dann dieses Husarenstück: Einen Besuch hatte Annelies auf den 10. Hochzeitstag legen lassen. Gleich nach der Begrüßung, diesmal saß der Uhu daneben, packte sie in Windeseile aus: Eine Decke breitete sie über den Tisch, stellte Tassen und Teller darauf, Kaffee goss sie aus einer Thermosflasche ein und legte Torte auf die Teller, sogar eine Vase mit Blumen hatte sie bereit. "So", sagte sie, "und nun feiern wir unseren Hochzeitstag!" Sprachlos war der Uhu ob dieser Hexerei, 23/59 trank Kaffee und löffelte Torte, es wurde ein fröhliches halbes Stündchen. Danach allerdings knöpfte sich der Uhu die flinke Besucherin vor: Wenn sie sich noch einmal etwas Derartiges leisten würde, könnte sie sicher sein, dass er ihr die Besuchserlaubnis entzöge! Und sie sagte, das werde nicht wieder vorkommen, so was machte sie nur an einem runden Hochzeitstag, und am 20. wäre ihr Mann ja zu Hause.

Was soll berichtet werden aus dieser Zeit? Fast zwei Jahre verstrichen, ehe er einer Brigade zugeteilt wurde, zwanzig Mann legten Drahtspulen in die Ständer von Elektromotoren ein. Er meinte, mit siebeneinhalb Jahren Zuchthaus Eindruck zu machen, hörte: lebenslänglich, fünf, fünfzehn, zwölf, dreizehn, lebenslänglich, drei, vier, acht - er lag gut in der Mitte, niemand zuckte hilflos die Schultern wie gegenüber einem Lebenslänglichen, was sollte man da schon sagen, und keiner riss einen Standardwitz:

Wenn du entlassen wirst und in die Effektenkammer kommst, da wackelt ja noch dein Mantel. Er war angenommen unter Spionen, Saboteuren und Mördern. Staatsverrat, das ließ sich hören, er war kein Hühnerdieb und kein Kinderschänder.
Als er merkte, in welcher Weise über welche Themen gesprochen wurde, ging er auf Distanz. Kein obszönes Wort, nahm er sich vor, keine schweinische Geschichte, wie schnell sackst du sonst ab. Allmählich verschaffte er sich Respekt. Als er in diese Brigade kam, tobte gerade die Zuckerdebatte, jeder wusste etwas und keiner alles, wütend schmissen sie Begriffe hin: Milchzucker, Rübenzucker, Blutzucker, Rohrzucker, Zuckerkrankheit. Kein Nachschlagewerk konnte konsultiert werden, es gab keinen Experten. Jeder hatte schon alles in den Streit geworfen, was er je gehört hatte, jetzt wurde auf Argumente zurückgegriffen wie: Mensch, mein Onkel hatte in Schlesien 'ne Zuckerfabrik! L. kannte noch von der Schule her die Formel für Zucker und wusste ein wenig über die Umwandlung in Alkohol. Na, und was ist Melasse?
Oder die Flunderdebatte. Wie war das nun, lag die Flunder immer flach auf dem Meeresgrund, oder schwamm sie als Kleinfisch munter wie jeder andere Fisch, verschob sich das Auge allmählich, wurde sie erst im Laufe ihrer Entwicklung platt? Da prallten die Meinungen aufeinander: Du Arschloch, ich hab drei Jahre in Rostock gewohnt, mir machste nischt vor!
Ein besonders guter Arbeiter war er nicht; zu gern unterhielt er sich ein bisschen nebenher. Wie schwer war der sowjetische Panzer T 34, wie stark seine Kanone? War Prien, der U-Boot-Kommandant, in einem KZ umgekommen? War Thomas Mann Jude?
Ein neues Magengeschwür, er wurde auf Diät gesetzt, Weißbrot. Ein Sommer, ein Herbst, kommt eine Amnestie, sind wir Weihnachten zu Hause?
Und wieder Einzelhaft. Er hatte in der Brigade ein Schachturnier organisieren wollen, war es der Anstaltsleitung hinterbracht worden, hatte sie etwas dahinter vermutet? Eines sagten ihm seine Kumpel: Ein richtiger Knastologe bist du erst in fünf Jahren, wart's in Ruhe ab.

Sein albanisches Wunder

1

Was soll berichtet werden aus diesen Jahren?
Er holperte in einem Jeep, oder hieß das hochbeinige Ding Landrover, auf einem Ziegenpfad an der Küste entlang. Staub wolkte und legte sich auf das Steppengras. Der Fahrer und der Parteisekretär des Distrikts trugen ihre knallschwarzen Locken militärisch kurz. Ehe sie lachten, spuckten sie den Zigarettenstummel in den Wind. Die Dolmetscherin stammte aus Jena. Er wusste nicht genau, ob sie seine Geliebte war. Wenn sie sich zu intensiv mit den beiden unterhielt, passte ihm dass freilich nicht. Er sagte: "Bring ihnen mal bei, Renate, dass die ersten Hotels hier stehen könnten." Im Rückspiegel sah er, dass er das kleine Hardy-Krüger-Schmollmündchen hatte, von dem keiner wusste, was von ihm zu halten war.
Ulbricht hatte ihn runtergeschickt. Vorher hatte es Krach gegeben mit Paul Fröhlich in Leipzig wegen billiger Provinzargumente, L. hatte gesagt: entweder ihr räumt mir Spielraum ein wie Ardenne, eurem Superphysiker auf dem Weißen Hirsch in Dresden, am Ende rechne ich ab, Nationalpreis oder Zuchthaus, aber vorher soll mir keiner reinquatschen, ich schreib nicht jeden Monat 'nen Zwischenbericht an irgendwelche kleinkarierten Buchhalter. Oder ihr sucht euch jemand anderen. Ulbricht hatte ihm erstaunt zugehört, und seine Lotte neben ihm musste wohl begriffen haben, was in L. steckte, sozialistisches Dynamit. Es ging um den Etat, L. sagte: "Im ersten Jahr zweihundert Millionen. Wenn's läuft fünfhundert, dann kann ich runtergehen, und im dritten Jahr klimpert das erste bescheidene Einkommen. In zehn Jahren bin ich rentabel." Das war der Augenblick, als Lotte sagte: "Genosse, wann werden Sie Frauenausschüsse auf breitester Basis entfalten?"
Das war Vergangenheit, er legte den Arm um Renate; wie war Renate, er hatte sich noch nicht entschieden. Aber so wichtig war das nicht, er musste sagen: "Bring den Jungen bei, wo das erste Hotel zu stehen hat, hierher, dieser Strand und die Berge dahinter,

wir müssen unseren Leuten ein Gefühl vermitteln; wie Usedom oder Rügen, bloß südlicher, du darfst meine Sachsen nicht erschrecken, die steigen aus der Maschine und brauchen ihre Bockwurst." Ein Strand, aufsteigend, Wolken wie nackte Lämmer.
Er stand am Fenster und schaute den Dohlen zu, die ihre Nester bauten. Jedes Frühjahr war das so, er sah sie in den Essenköpfen ihre struppigen Behausungen montieren, immer mit Geschrei und Gekrächz, manchmal konnten sie, einen Ast quer im Schnabel, kaum die Höhe gewinnen. Schwerlastdohlen. Oder Krähen. Da war dieses Pärchen, er erkannte es an der Körperhaltung, wenn die beiden ihre Zweige in eine Lücke stopften, manchmal dachte er: Junge, schaffst du das oder stürzt du ab? Da stand er und pendelte wieder seine sieben Schritte und drehte an derselben Stelle und sah die Dohlen und dachte: Renate oder Ulbricht, wo spinnst du deine Geschichte weiter, also wieder mal am Anfang, und den Anfang dachte er so:
Ministerrat. Oder Hauptausschuss Urlaubsbetreuung der Gewerkschaften. Oder am besten bei Ulbricht im Zentralkomitee. Macht besitzen wollte er auf keinen Fall, nicht einmal über die Arbeitsleistung von drei Knastkumpels hatte er herrschen wollen.
Nie wieder, wenn er erst draußen war, wollte er sich einen Teil der Gewalt zu Lehen geben lassen, auf dass er heraufgehoben wäre und fallengelassen werden könnte, gehorchte er denen über ihm nicht mehr. Aber in der Phantasie genoss er Entscheidungsglück dennoch, da beargwöhnte er sich als anfechtbar. Immerhin weiter in diesem Spiel:
Er schritt ans Pult. Absolut klar: Wenn er in dieser Stunde nur die kleine Variante angestrebt hätte, spähte er nicht die Küste hinauf, langte nicht in die Schachtel, die ihm der Distriktsekretär hinhielt. Unheimlich schwarzes Zeug rauchten sie dort unten. War ein Jammer, aber etwas, das einem natürlichen Hafen ähnlich sah, hatte er nicht gefunden, sie würden eine Mole schütten müssen, um das Zeugs aus Rostock anzulanden, Zement und Baustahl und Barackenteile zuerst. Die Mole konnten sie immer noch brauchen, wenn alles fertig war, hier legten die Urlaubsschiffe an. Eine Belegung

flog zurück nach Berlin, die andere stieg ein zur Kreuzfahrt durchs Mittelmeer, rund um Spanien, Biskaya, Kanal, Pendelverkehr von Rostock nach - da fiel ihm ein, dass er noch keinen Namen für sein Wunder hatte. Vielleicht nach dem nächsten Dorf benennen, aber er wusste außer Tirana und Durazzo keine albanischen Ortsnamen. Und fragen konnte er niemanden und nicht nachschlagen. Warum nicht Sonnenküste. Vorläufig so banal wie möglich "Projekt Sonnenküste". Er stand zwischen Ulbricht und Hager am Modell und zeigte auf die weißen Klötzchen: die Hotels. Die Mole. Weiter hinten das Dorf für die Albaner. "Hier werden ausschließlich Albaner wohnen. Die hole ich mir aus den Dörfern und schule sie in Rostock. Oder Leipzig, Dresden. Kleine Cafés, Hammelbratstuben im heimischen Stil. Da rede ich meinem albanischen Architekturberater überhaupt nicht rein."
Lotte sagte: "Genosse hast du an die kombinierten Kindereinrichtungen im Sinne Makarenkos gedacht?" Und Walter sagte: "Nu, ich denge, das is eine gude Sache, jo!"

Da wurde die Klappe vor dem Spion sachte beiseite geschoben, ein Wachtmeister äugte herein, und grinste sich eins, denn der da draußen konnte gucken, solange er wollte, und 23/59 stellte sich doch vor, wie Ulbricht seinen Lieblingssatz im fistelnden Sächsisch aufsagte, und keiner konnte ihm an den Arsch.

Also, die Mole. Die Armee hatte von den Bergen her eine Schmalspurbahn gebaut, auf ihr rollten Loren, vorn wurden die Brocken ins Meer gekippt. Er hatte an die zwanzig Mann runtergeholt, Bauingenieure, Landvermesser, er musste Druck machen, dass es mit dem Flugplatz Ernst wurde, was hieß Flugplatz, eine schlichte Piste brauchte er, mehr nicht. Ein Flughafengebäude baute er vielleicht überhaupt nicht oder zuletzt und ganz klein. Jeden Tag eine Maschine von und nach Berlin. Vielleicht die Hotels so anlegen, dass gerade eine Flugzeugladung hineinpasste, an die hundertfünfzig Betten. Das war rationell, er konnte...

Rumsrums im Schloss: "Freistunde!" Er trat auf den Gang, der Kumpel aus der Nebenzelle die Treppe hinunter, er hielt den vorgeschriebenen Abstand. Sah: ein Pappkärtchen mit einer schwarzen Zwei an Zelle 17, die war gestern noch leer gewesen. In der Freistunde waren sie sonst acht, an diesem Tag bloß sieben, der Pfarrer aus Magdeburg fehlte, krank oder was? Blickwendung zum Posten hinauf, manche ruckten den Schädel wie auf dem Kasernenhof, er guckte mal gerade hoch. Einer meldete: Herr Hauptwachtmeister, siem Straffangne zur Freistun antretern! Rechts üüm, im Gleichschritt.

Sie rechteckten in ihren dünnpfifffarbenen, dottergelbgebiesten Klamotten ums Volleyballfeld, dort würde er wieder spielen, wenn er aus der Einzelhaft raus war. Jetzt kein Gedanke an Albanien. Freiübungen. Und eins, und zwo. Kindergeschrei von der Schule nebenan. Das fehlte ihm in den Ferien. Einrücken! Meldung. Kopfwenden. Im Abstand die Treppe hoch, Einschluss. Eine halbe Stunde saß er auf der Bank, die Unterarme aufgestützt. Allmählich kam er wieder auf Albanien. Er wusste nicht, wie's angefangen hatten jetzt trieb er das jeden Tag stundenlang. Eine ungeheure Aufgabe. Eines war klar, Albanien musste Nutzen haben wie die DDR, sie waren keine Kolonialisten neuen Typs, sondern leisteten im gleichen Maße Entwicklungshilfe, wie sie ihren beengten Sonnensuchern ein südliches Paradies boten. Die erste Flugzeugladung mit Albanern hob in Tirana ab und setzte in Leipzig auf. Erst mal Deutsch lernen im Intensivkursus, nach Neigungen fragen: Er brauchte Köche, Serviererinnen, Sekretärinnen, Dolmetscher, Handwerker, was brauchte er denn nicht. Aus der Zeit vor dem Knast kannte er ein paar Leute aus dem Herderinstitut, mit denen saß er am Tisch. Eine enorme völkerverbindende Aufgabe, befand er, das ist Sozialismus, wie ich ihn mir vorstelle. Jetzt gähnt da unten ein leerer schöner Strand mit fünf Kilometern Hügelland, mickrige Hütten, Schafe, Sumpf. Dahinter die schwarzen Berge, und oben liegt Schnee. In zehn Jahren steht dort eine Hotelstadt mit einer Kapazität von... Er sah sich auf der Mole, das Wasser

klatschte an die Quader. Soldaten mit nackten Oberkörpern stampften die Kiesdecke fest. Er hatte dem Major gesagt: Wenn ihr's bis Donnerstag schafft, schenk ich eurer Einheit drei Radios.
Er wusste nicht, ob der Major erwartete, dass er ihn persönlich bestach. Balkan, grübelte er, wer weiß, wie das hier zugeht. Er sah sich an der Mole, braungebrannt, zäh, fünfunddreißig war er, im besten Alter für einen operativen Posten. Führende japanische Manager waren so alt. Das Schiff kroch pünktlich über die Kimm, die Adria plätscherte, die Sonne knallte, den Soldaten rann der Schweiß über die Rücken. Das Schiff machte fest, Kräne schwangen Kisten aus dem Bauch, Baumaschinen, Dumper, Moniereisen, Lastautos. Sein Dolmetscher hieß wahrscheinlich Iskander; hoffentlich war das ein albanischer Name.
Kurz vor dem Mittagessen fiel ihm ein, dass er überhaupt kein Kraftwerk hatte. Total vergessen. Verschlampt. Mensch, ärgerte er sich, was bist du für ein Spinner, bildest Kellner weitsichtig aus, und jetzt, da du Bier und Schweinehälften aus der Heimat kühlen willst, hast du keinen Strom, willst die Grube fürs erste Hotel ausschachten lassen, und womit drehst du die Mischer?

Gemüseeintopf. Er aß Brot dazu. Eintopf war nicht so schlecht, dass er ihn missmutig gemacht, und längst nicht so gut, dass er stundenlang über ihn gejauchzt hätte. Während er die Schüssel ausspülte, kam er auf Hemingway und fand, dass er eine derartige Geschichte am besten im Hemingwaystil erlebte. Er sagte sich alle Titel her, die ihm einfielen, die Romane und "Francis Macomber" und "Der Schnee auf dem Kilimandscharo" und "Der Kämpfer" und "Die Killer" und alle Nick-Geschichten, wo gewaltige Forellen geangelt wurden. Er sah sich wieder an der Mole, er hatte keineswegs ein Hardy-Krüger-Mündchen, als er die Kraftwerkspanne ausbügeln wollte, seine Lippen waren vielmehr messerschmal, er trug ein Khakihemd und kurze Hosen und seine ausgelatschten Sandalen von daheim und dachte Hemingway-artig, dass das Ganze eine Erzscheiße sei. Jetzt konnte nur einer helfen, der Major, und da er immer mehr reinrutschte in den harten Stil,

knurrte er zu Iskander: "Wenn du den Mehtscher nicht in zehn Minuten auftreibst, Junge, hast du morgen 'nen neuen Chef! Und ich schreib dir 'ne Karte aus Bautzen, siehste klar?" Iskander sah natürlich nicht klar, bellte aber: "Ei, Ei, Sör!"
Nun bestach er den Major doch, weil der andere bestechen musste. Die ganze Satansscheiße kostete ein Förderband, Glaswolle und eine komplette Toiletteneinrichtung für die Datsche des Majors. Sie alle waren Männer, die, die Welt kannten, am Ende stießen sie an mit Raki, diesem fürchterlichen Schnaps, den sie da unten aus Pflaumenkernen brennen, an den er sich gewöhnt hatte wie an Fassbrause. Fünf Aggregate, betrieben mit Dieselöl. Sein Kopf war aufs Erste aus der Schlinge raus.
Das Kraftwerk kaufte er in Österreich. Es war ein unglaublich aufreibendes Geschäft, und er hatte vollauf damit zu tun, bis er am Nachmittag die Zeitung kriegte. Erst wollte er einen Teil des Geldes damit kompensieren, dass er österreichische Urlauber anheuerte zu Vorzugspreisen, aber rechtzeitig fiel ihm ein, dass es ausgesprochen beschissen wäre, wenn es an seiner Sonnenküste Gäste aus zwei Währungsbereichen gäbe. Die Österreicher an gesonderten Tischen mit besserer Verpflegung, die konnten Westzeitungen kaufen und unsere nicht, ne". Wenn er erstmal damit anfing, war Neckermann nicht weit. Sein Sonnenstrand war sauber, politisch klar, ohne Doppelbödigkeit. Also bezahlte er zum Teil in bar, zum Teil mit Strümpfen aus dem Erzgebirge und mit Briketts. Mit Heinrich Rau handelte er das alles im Ministerrat aus. Rau blickte traurig, und am Ende mahnte er bloß: "Nächstes Mal denkste eher dran." Im Vorzimmer hockte Neptun, Raus Persönlicher Schutz, sein PS, der ihn nie aus den Augen lassen durfte. Neptun saß jetzt in Bautzen II, er hatte wohl geklaut. Aber in dieser großen Geschichte wachte er noch in Raus Vorzimmer, die Kanone im Schulterhalfter. L. nickte ihm im Hinausgehen zu: Noch mal Schwein gehabt! Und Neptun sagte wie stets im Knast: "Nischt zu roochn?"
Er wusste, als die Zeitung kam, dass er mit dem Kraftwerk längst nicht zu Rande war, damit hatte er sicherlich einen Abend und

einen Vormittag zu tun. Ölkraftwerk am Strand, die Tanker legten vor der Haustür an. Riesenschornstein, umweltfreundlich. Heizwerk dabei, auch für die Albanersiedlung. Mit so 'nem Kraftwerk krempelte er die ganze Landschaft um. Sozialismus plus Elektrifizierung ist Kommunismus. Oh'Gott, oh'Gott.

"Neues Deutschland", zusammengerollt, rutschte durch den Spion, der Kalfaktor schob, 23/59 zog sachte. Er blätterte auf und las. Im Eichmannprozess war nun endlich Globkes Name genannt worden, L. hatte seit Tagen den Eindruck, dass die DDR gierte, Adenauer eins auszuwischen, was musste sich der Idiot einen Staatssekretär wie den Globke leisten. "Der perfekte Polizeistaat", das war natürlich Westdeutschland. Eine 62-jährige war in die DDR gereist, bei der Rückkehr hatte die Polizei sie festgesetzt. "Man nahm ihr die Fingerabdrücke ab, und sie musste sich nackt ausziehen. Acht Stunden wurde sie in Kronach vernommen. Grund der hochnotpeinlichen Untersuchung: Die Frau hatte einzelne Druckschriften aus der DDR bei sich. Die arme, arme Frau, da kamen ihm ja die Tränen! West-Berlins Bürgermeister machte den Redakteuren des "ND" auch keine rechte Freude. "Willy Brandt steigerte die Revanchehetze und provokatorische Agententätigkeit. Als echter Ostlandreiter und Straußgefreiter protegierte er die Treffen revanchistischer Organisationen in der Frontstadt. Schon drei Tage nach den Wahlen lag er wieder mit der CDU und den Konzernen im gleichen Bett." Siehe da, Kennedy wollte sich mit Chruschtschow in Wien treffen. Sollten mal schnell machen, die beiden, Abrüstung und großer Weltfrieden lagen in der Luft, natürlich mit gewaltiger Amnestie als Folge. Er konnte sich denken, wie die Kumpel jetzt in den Brigaden redeten: Zu Weihnachten sind wir alle zu Hause!

In Albinshof bei Anklam waren die Bauern tüchtig, vergnügt, klug und fleißig, fütterten prima Schweine und waren rundum glücklich im Sozialismus. Das Urlauberschiff "Fritz Heckert" war nach 17.000 Seemeilen Jungfernfahrt wieder im Hafen von Wismar eingelaufen. Na bitte, folgerte 23/59, in zehn Jahren hat die DDR

zwanzig Urlauberschiffe, und fünf davon kreuzen ständig runter zu deinem albanischen Wunder.
Das Abendbrot, gespannt war er trotz alledem. Im Rhythmus Butter - Schmalz - Margarine war Margarine dran, im Rhythmus Leberwurst - Blutwurst - Jagdwurst musste Blutwurst kommen, die ihm die liebste war, weil sie stark mit Majoran gewürzt; wenn er nicht Wurst schmeckte, dann wenigstens Majoran. Er horchte hinaus, das Ausgeben dauerte länger als sonst, ein vorzügliches Zeichen, und siehe da, in der Schüssel neben dem Kleckschen Margarine und dem Scheibchen Blutwurst lag ein Bückling, ein mittelschwerer Kerl, der Duft schlug ihm in die Nase, er dachte: Dreimal Bückling hintereinander sei drückender Beweis für unmittelbar bevorstehender Amnestie. Nun brauchten bloß noch zwei zu folgen. Er verspeiste die Herrgottsgabe und dachte dabei an nichts als an sie, kein Gedanke flog etwa weg zu seinem Kraftwerk; er zerlegte sie achtsam vom Rücken her, darin war er Meister, kaum ein Grätchen blieb im Fleisch, die Haut schabte er, bis sie knisterte wie Stroh. Vierhundert Kalorien schätzte er, leichtverdauliches Eiweiß die Menge. Der Tag war gelaufen, ein guter Tag, wahrhaftig.

Er begann seinen Abendspaziergang in dem beruhigenden Gefühl; sein Projekt war moralisch, sozialistisch. Es gab keine Geleimten dabei, keine Ausgebeuteten, keine Bonzen. Kein Westtourist konnte auf einen Osttouristen herunterspuken, am Sonnenstrand gab es weder einen Regierungsbereich mit Zaun drum und Posten davor noch ein Gästehaus des ZK oder so was. Gleiche Preise, gleiche Bedingungen. Das beschloss er abermals, nachdem er nach der Postenablösung ein wenig auf dem Arsch lag. Na-sehn-Se! hatte Wache, der riss sich kein Bein aus und L. keins ab. Er machte Na-sehn-Se! keine Schwierigkeiten, dem doch nicht. Also Beteiligung der Albaner von Anfang an, die DDR mietete das Gelände auf 20 Jahre, dann fiel es an Albanien zurück. Die DDR bildete die Leute umsonst aus und zahlte anständige Gehälter, so viel wie hier in einem Monat verdienen sie sonst in zwei Jahren. Einen Spitznamen gaben sie ihm, welchen? Er hätte es gern gewusst, wie sie ihn

nannten, seine lieben Albis, ihren Wohltäter. Er war im Zelt, während das erste Hotel montiert wurde, war überall und nirgends, in kurzen Hosen und Sandalen. Abends stand er am Ziehbrunnen im Zentrum des Dorfes, die Sonne sank, ein paar Leute brachten ihre Wünsche vor, Beschwerden waren es kaum. Einen kannte er, der war in Leipzig als Kranführer ausgebildet worden. Sie redeten leise, albanisch natürlich, ein Missverständnis, sie lachten. Inzwischen hatte er sich an die teuflisch schwarzen Zigaretten gewöhnt. Ist ja ganz gut, was ihr da anbaut, sagte er, aber für meine sechstausend Urlauber brauche ich Gemüse jede Menge, nicht nur Frühkartoffeln und Tabak. Ein Gemüsekombinat musste her, das war's. Rumsrums im Schloss:
"Was denn mit Ihn los! Hamse Liegeerlaubnis?"
"Zelle fünfzehn belegt mit einem Strafgefang, es meldet..."
"Warum Se liegn!"
Ihm war ein wenig taumlig, vielleicht war er eingeschlafen.
"Nur mit Liegeerlaubnis! Wissen Se nich?"
"Doch, Herr Hauptwachtmeister."
"Na sehn Se!" rumsrums.

Da ging er wieder auf und ab, es war bestimmt gleich sieben, Einschluss und Nachtruhe, auch wenn die Sonne schien. Sein Dichterkollege Kuba fiel ihm ein, der nach dem 17. Juni 1953 gedichtet hatte, Berlins Bauarbeiter dürften nun wie gute Kinder schlafen gehen, während die Sowjetarmee wachte. Auch sie waren gute Kinder, die Volkspolizei befand über ihren Schlaf. Sie waren brave Kinder und quengelten nicht, noch ein Stündchen aufbleiben und etwa das Sandmännchen sehen zu dürfen, sie packten ihre Klamotten zu Blöcken auf den Schemel, Mütze und Schüssel obendrauf, stellten sie auf den Gang, meldeten ab in Hemd und Unterhose und machten sich auf den Strohsack. Dort konnte er noch ein bisschen spinnen.
Der Mond ging über Albaniens Bergen auf und warf sein Licht wie bei Caspar David Friedrich über die Hügel und die Baugrube und die Baracken und die Mole, der Wind war ablandig und hatte das

Wasser zurückgedrückt, es roch nach Tang und Muscheln. Draußen lagen Fischerboote, seine Leute hatten sich an Tintenfisch in Öl gewöhnt. Iskander fragte ihn, ob er am Sonntag mit dem Distriktssekretär zur Rebhuhnjagd gehen wollte. L. sagte, aus Jagd mache er sich nichts. Dann bummelten sie hinüber zur Küchenbaracke II, dort wurde albanisch gekocht, meist für die Armee, aber auch die deutschen Spezialisten gingen immer öfter hin. L. kriegte seinen ersten Raki gratis. Hinter dem Herd hingen Hammel- und Ziegenhälften, die dort trockneten und garten, er ließ sich ein Pfund abschneiden und aß dazu Maisbrei mit den Pfoten. Es war eine gute, fette Mahlzeit, die einem Mann Kraft gab. Wer so aß und so satt war konnte reden wie die Leute bei Hemingway.
Am nächsten Morgen kniete er sich mit aller Energie ins Kraftwerksprojekt. Er war sauer auf die Österreicher, die ihn hinhielten, um die Lieferfristen gab es Stunk. Eine Tafel, ein Dutzend Glatzköpfe dran, erst einmal ließ L. seinen Justitiar reden, während in ihm die Wut stieg. L. wurde *wirklich* wütend, die Dohlen lenkten ihn nicht ab, nicht das Näherkommen des Schließens, er dachte: Schmetterst ihnen diesen Brocken hin: Meine Herren, wenn Sie nicht liefern *können*, sagen Sie's gleich! Er hatte mit Siemens telefoniert, die waren teuerer, aber schneller, und im Grunde genommen blieb ihm keine Wahl.

Ein paar Zellen vor ihm hörte das Schließen auf, wer weiß, was wieder los war. Das hätte ihn an anderen Tagen in Brass gebracht, aber diesmal hatte er blödsinnige Wut auf die Österreicher, die Penner, vergaß die Freistunde, spielte Siemens gegen die Österreicher aus und die Österreicher gegen Siemens, aber es konnte natürlich auch sein, dass die beiden unter einer Decke steckten und sich gegenseitig hochschaukelten, unter den Kapitalisten war ja jede Sauerei möglich. Zwischendurch beschlich ihn die Idee, ob Gefahr bestehe oder in zwei, drei Jahren bestehen könnte, ihm rutschten die Dinge durcheinander, ein Gedankenspiel drängte sich vor, wurde übermächtig, Realität und Traum kippten um, er bildete sich dann wirklich ein, der große südliche Planer zu sein, und der

Knast wäre die Spinnerei. Schizophrenie. Mittlere Stufen gab es, vielleicht glitt er so ab: Die Siemensleute hatten ihn schwer übers Ohr gehauen, jemand hatte Dollarbündel in seinen Schreibtisch praktiziert: Siebeneinhalb Jahre Knast wegen Devisenvergehen, Betrug, Unterschlagung?
Also, weiter: Abends saß er in einem typischen Wiener Speiselokal - sein Plüschhotel in Budapest legte er nach Wien, der alte Stöckicht aus "Pfeifers Weinstuben" in Leipzig bediente ihn, und gegen Mittag, es war wirklich keine Freistunde gewesen, kam ihm die Idee, wie es wohl weiterginge an der Sonnenküste, wenn er in Wien ermordet würde. Der österreichische Konzern versuchte ihn zu erpressen. Ein Schuss im Bad, er rutschte an der Kachelwand zusammen. Überführung des Katafalks nach Berlin. Heinrich Rau am Grab, Neptun, die Pistole im Schulterhalfter, einen Schritt dahinter. Unersetzlicher Verlust. Immer in vorderster Front. Taufen wir sein Lebenswerk auf den Namen Erich-Loest-Strand.
Nudelsuppe, Mensch war die klebrig. Das Kraftwerk stellte er fünf Kilometer südlich an den Strand. Schornstein, eiserne Brücke ins Meer hinaus für die Tanker, die von Mittelost kamen, es war ein kurzer Weg für sie. Er formulierte: Blitzende Tanks, das war festgefrorener journalistischer Ausdruck. Er flog von Berlin runter, das wievielte Mal bloß, in seinem Team hatte er einen Abwasserspezialisten aus Leuna, einen holländischen Blumenkohlzüchter und drei ungarische Weinbauern. Sie sahen beim Eindrehen auf die blitzenden Tanks und den Kraftwerksblock, die Rollbahn zu den Hotels, die ersten vier standen nun schon. Ihn überkam ein Gefühl von Heimat, er hatte prima Freunde unter den Albis. Iskander studierte in Leipzig, mit dem hatte L. so seine Pläne. Die Sonne stand tief über dem Meer, draußen lagen Fischerboote malerisch mit spitzen Segeln. Wenn bei Capri - vielleicht war's nach Capri gar nicht weit.
An seinem albanischen Wunder bastelte er vier Monate. Es war eines der drei gigantischen Projekte, die er in Bautzen bewältigte, von dem Dutzend kleineren nicht zu reden. Nach zehn Jahren war alles fertig, Sonnenküste war *das* Urlaubsparadies für die DDR und

eine Quelle des Wohlstands und ein Kern der Industrialisierung für Albanien. Flugzeuge flogen, Schiffe kreuzten, zufriedene Urlauber bedeckten mit ihren Körpern die Strände, die zufriedenen Köche kochten albanisch und deutsch, Rebhänge grünten, zufriedene Kühe in sauberen Ställen lieferten Butter und Käse, sein Werk war rentabel, bloß wäre ihm lieber gewesen, er hätte nicht so viele Delegationen aus Japan, Bulgarien, Spanien und sonst woher führen müssen. Die wollten natürlich wissen, wie man so was macht.
Es waren vier erträgliche Monate, er dachte sich weit weg oder holte die Weite zu sich herein. Ein paar hundert Kilometer pendelte er zwischen Fenster und Tür, registrierte vierzigmal den Zyklus Butter - Schmalz - Margarine, der Frühling ging in den Sommer über; in dieser Zeit durchlebte er seine zehn Jahre Sonnenküste. Er war Generaldirektor bis zuletzt. Ein Hotel nach dem anderen gab er in die Hände der Albis, die meisten hatten von der Pieke auf gedient; eine Direktorin hatte im ersten Flugzeug gesessen, das Analphabeten aus den Dörfern ringsum nach Leipzig ans Herderinstitut gebracht hatte. Heute sprach sie sechs Sprachen perfekt.

Da wurde Herbert zu ihm in die Zelle gelegt, ein dünner Bursche knapp unter dreißig, er galt als aufsässig, übernervös. Nach fünf Monaten Einzelhaft freut sich jeder auf ein Gesicht und ein Wort. Sie redeten immerzu und nach dem Einschluss noch die halbe Nacht, so war es stets nach einer Verlegung. Reichlich wirr war seine Story: Acht Jahre wegen Grenzverletzung mit Waffenanwendung; in dem Wald, in dem er den Durchbruch versucht hatte, waren Schüsse gefallen, eine Pistole war gefunden worden. "Aber doch nicht von mir", sagte Herbert, und weil es dunkel war, konnte L. nicht sehen, ob er grinste.
"*Ich* weiß doch nicht, wer geschossen hat. *Ich* hab keine Pistole gehabt."
L. fragte: "Fingerabdrücke?"
"Bin doch nicht blöd."

Und wieder konnte L. nicht sehen, ob Herbert grinste.

Sie redeten drei Tage lang, L. erzählte ungefähr, warum er im Knast war. Kennste den? Den? Wo steckt der? In den ersten Gesprächspausen besann sich L., dass er ja mit seinem albanischen Wunder noch nicht zu Ende war. Immer quatschen kann man, wenn man zu zweit auf Zelle ist, nun auch nicht.

Nach zehn Jahren stand die Sonnenküste fertig mit allem Zubehör; kaum ein Bewohner der DDR, der dort noch nicht seine Ferien verbracht hätte. Nach und nach hatte L. immer mehr Funktionen in die Hände der Albis gelegt, der letzte Deutsche war er.
Eines Tages übergab er den Posten des Generaldirektors. Es war eine ergreifende, schlichte Feier auf dem Dachgarten eines Hotels, Reden wurden gehalten, Toasts ausgebracht. L. bekam einen albanischen Orden - nicht, dass er sich was draus gemacht hätte, aber ohne den Orden ging so was nicht ab. Enver Hodschas Stellvertreter steckte ihm den Brocken an. Zehn Jahre, ein enormes Stück Leben. Iskander war damals Schafhirt gewesen, jetzt übergab L. ihm die Schlüssel zum Tresor des Generaldirektors. Sie umarmten sich, zum Lachen war's keinem von beiden. L. trat an die Brüstung, ein Glas Sekt in den Händen, er stammte aus der Kelterei hinter den ersten Hügeln. Er schaute hinunter auf den dunklen Strand und das Meer, auf die Lichterkette der Promenade und die Hotels und die Bungalowsiedlung. Wind wehte Musik und Gesang herauf, Lichter gleißten, und über allem stand ein überwältigender südlicher Mond.
Es war ein Spiel mit Macht, so fühlten die Großen dieser Welt, sie begriffen sich als Glücksbringer für ihren Teil der Menschheit - ihre Satrapen und Journalisten halfen da kräftig nach - und glaubten sich den Göttern nicht fern. Aber, das wusste auch er, wirklich unabhängige Macht gab es nur im Wundertraum. In der Realität blieb ihm nur eines: Sobald die Macht die Arme öffnete, um ihn an die Brust zu drücken, musste er so schnell wie möglich fliehen.
Eine Woche später bekamen Herbert und L. Arbeit in einer Brigade, L. war wieder unter Kumpeln, und alles wurde ganz anders. Immerhin hatte er mit seinem albanischen Wunder vier Monate totgedacht. Einmal in dieser Zeit wurde er in der Grünen

Minna quer durch die Stadt transportiert, um geröntgt zu werden. Gegen Handschellen kam sein Wunder freilich nicht an, und er versuchte es auch nicht erst.

2

Den 13. August 1961, dieses Datum, das Schulkinder noch lange werden auswendig lernen müssen, hatte er herbeigesehnt: an diesem Tag würde die Hälfte seiner Strafe vorbei sein; dann konnte rückwärts gerechnet werden. Schon nach *einem* Tag war die zurückgelegte Strecke um *zwei* Tage länger als die zu bewältigende. Das nannte man die chinesische Knastrechnung.
Dieser 13. August war ein Sonntag. Mit wem lag er auf Zelle? Vielleicht mit einem guten Schachpartner, vielleicht hatte es mittags Wiegebraten gegeben und nicht Gulasch, bei dem die Kalfaktoren dem eigenen Bauch das Fleisch und den gewöhnlichen Häftlingen die Soße zumaßen. War es das Jahr 1961, als die Häftlinge zweimal ein Stück *richtiges* Fleisch zwischen die Zähne schoben, einmal an einem beliebigen Sonntag im Juli und dann am Republiktag, dem 7. Oktober?
Briefe sind aus dieser Zeit erhalten, Faltblätter. Ein Stempel: "Schreiben Sie bitte nicht mehr als 20 Zeilen DIN A4 und deutlich. Postkarten sind nicht gestattet. Bei Nichtbefolgung wird der Brief an den Str.-Gefangenen nicht ausgehändigt. Die Anstaltsleitung." Daneben der Zensurstempel VI/42.
"Liebling ich bin gesund und froh. Ich besitze 2 kg Äpfel; jeden Morgen esse ich einen, mache also eine Vitaminkur. Mein Gewicht: 72,5 kg. Sodann erwarb ich ein Stück feinste Seife, Sonntag wasche ich mich damit; zwischendurch wird bisweilen daran geschnuppert. Endlich habe ich auch ein eigenes Schach. Ansonsten Arbeit und Volleyball wie immer. Du fragst, wie wir uns N. usw. gegenüber verhalten wollen. Was hältst du davon, großmütig zu sein, natürlich nur bis zu einem gewissen Grad? Freundschaft wird's keine wieder, das ist klar (besonders nicht bei G. und B.), aber vollkommen schroff möchte ich auch nicht sein. Es ist eben nicht jedermanns

Sache, Freiheit, Familie, Beruf und Gesundheit aufs Spiel zu setzen."
Allerlei war geschehen zum Besseren hin: Auf dem Freistundenhof hatten Häftlinge in Sonderschichten einen maßgerechten Volleyballplatz gebaut - L. hatte da gerade in Einzelhaft gesessen, hatte vielleicht sein Projekt "Sonnenküste" bewältigt. Überhaupt: An Arbeit war kein Mangel mehr, in zwei Schichten wurden Elektromotoren gebaut, fast jeden Tag brummte ein Laster in den Hof, brachte Material, holte Ware ab. Einkauf: Durchschnittlich zwischen 16,- und 20,- Mark im Monat, damit ließ sich von einem Nichtraucher allerhand machen. "Neues Deutschland" musste bezahlt werden mit 3,20 Mark, Spielraum blieb sodann für Marmelade, Kunsthonig, Schmalz, Pflaumenkonserven, Kekse, Braunschweiger grob und fein, Blutwurst im Glas, Senf. Das Mittagessen taugte noch immer nicht viel, aber Brot war reichlich, und vielleicht enthielt alles zusammen sogar, was der Mensch braucht an Vitaminen, Eiweiß und Kohlehydraten. Übel waren natürlich die Raucher dran, fünf Zigaretten der Marke "Salem" durften sie täglich kaufen, das summierte sich im Monat auf zwölf Mark, "Neues Deutschland" dazu - manchem blieb nicht mehr als ein Glas Marmelade und ein Würfel Schmalz. L. war schon lange kein Raucher mehr, sein Magen hätte es nicht zugelassen. Mancher Kumpel bat ihn verstohlen, für ihn ein oder zwei Schachteln Zigaretten mit zu bestellen im Austausch gegen Wurst oder Margarine. Das schlug er den klapperdürren Kerlen ab: Ich will nicht mitschuldig sein, wenn du dir 'ne Tbc holst! Sei nicht blöd, Junge!
Dieser 13. August: Wahrscheinlich lag L. nach dem Mittagessen ein Stündchen auf dem Bett und schlief, las, redete mit dem Kumpel. Musik aus dem Lautsprecher draußen auf dem Gang: Schlager, klassische Musik, ein Opernkonzert gar; das hing vom Geschmack des Diensthabenden ab. "Dahamals, dahamals, damals war alles so schön", entsann sich Bärbel Wachholz. "Ich komme wieder in einem Jahr!" jauchzte Peter Beil. "Mensch", sagte L. zu seinem Kumpel, "die Hälfte hab ich rum, stell dir das vor!"

Hoffentlich wiederholte er es nicht, wenn er mit einem zusammen war, der noch zehn oder zwölf Jahre vor sich hatte.
Am nächsten Tag blieb es nach dem Aufschluss und der Ausgabe des Morgenkaffees still im Haus, niemand rief zur Arbeit ab. Eine technische Panne, Stromausfall? Nur wenige Wachtmeister waren im Haus, das war zu spüren. Wohin waren die anderen? Wiederholte sich so etwas wie am 17. Juni womöglich? Keine Freistunde, kein Lkw rollte in den Hof, kein Material wurde polternd abgesetzt. Fein sind die Ohren eines Häftlings, gewöhnt an alle Geräusche. Keine Zeitung wurde am Nachmittag ausgegeben.
Gegen Mittag des nächsten Tages erst kam das Leben wieder in Gang. Von Bemerkungen dieses oder jenes Wachtmeisters zu einem Kalfaktor sickerte es in die Brigaden durch: In Berlin war die Grenze dichtgemacht worden, keine Maus kam mehr hinüber. Das war wahrlich eine umwerfende Neuigkeit, und wie ein Blitz versuchte jeder Häftling - denn eines jeden Haut war so geschunden, dass sie ihm näher war als das Hemd, vom Rock ganz zu schweigen - auszurechnen, was diese Tatsache für sein Leben brachte. Der Nachteil lag auf der Hand für viele: Jetzt kann ich, wenn ich raus bin, nicht mehr abhauen. Die Westdeutschen oder die, deren Frauen inzwischen getürmt waren, hatten jetzt andere Probleme als die, die sowieso zu Frau und Kindern heimzukehren gedachten nach Mecklenburg oder ins Erzgebirge. Am nächsten Tag brachte endlich "Neues Deutschland" Klarheit; Kampfgruppen waren zu sehen Mann an Mann, und es war zu lesen, sie hätten den Frieden gerettet. Einem DDR-Journalisten gelang die Formulierung, nun könne die Bundeswehr nicht mehr mit klingendem Spiel durchs Brandenburger Tor in die DDR einmarschieren, und andere kupferten es ab durch die Jahre hindurch: nicht mehr mit klingendem Spiel. L. dachte und sagte: Ich will ja sowieso nicht fort. Nach und nach klamüserte er es sich so auseinander: Jetzt musste die DDR nicht mehr mit aufgerissener Breitseite kämpfen, sie blutete nicht mehr aus durch die Republikflucht, sie konnte sich wirtschaftlich stabilisieren und auch demokratisieren, nach Jahren der Pression konnte sie nun endlich zu sich selbst, nämlich zur sozialistischen

Demokratie, kommen. Jetzt würde sie im Inneren langsam Druck abbauen, würde Verantwortlichkeit nach unten delegieren, konnte dem einzelnen mehr Freiraum gestatten, also endlich dazu übergehen, die Diktatur des Proletariats, diese Übergangsform des Sozialismus, zugunsten des sich selbst befreienden Menschen abzuschwächen. Das hieß aus der Sicht eines Häftlings natürlich vor allem: Amnestie! Dazu passte Chruschtschows laute Initiative, einen Friedensvertrag mit Deutschland noch 1961 abzuschließen. So schrieb 23/59 im Septemberbrief nach Hause:
"Am 13. 8. war nun endlich der Punkt erreicht, auf den wir so lange gewartet haben und von dem aus es abwärts geht. Dass am gleichen Tag West-Berlin dichtgemacht wurde, verdoppelt den Glücksfall. Nun geht es dem Friedensvertrag entgegen, und danach wird für uns alles anders aussehen. Vielleicht solltest Du bis dahin alle Bemühungen einstellen, denn bis dahin wird nichts zu erreichen sein, und danach regelt sich womöglich alles von selbst. Ich bin sehr froh und ruhig. Trotzdem möchte ich die Antwort auf das Aprilgesuch und den Besuch bei Mach wissen, wenn sie auch überholt sind."

Jeder weiß, dass es nichts wurde mit dem Friedensvertrag, keine Amnestie kam. Aber ein neuer Winter, ein neues Magengeschwür, Weißbrot, Schmerzen, Schwäche. Wie lebte Annelies inzwischen mit den Kindern? Manches wusste er, manches erfuhr er später. Sie arbeitete an einem Montageband und schrieb Blindenschrift, bis eine Sehnenscheidenentzündung sie vertrieb, danach gab sie Bücher aus in einer Institutsbibliothek. Nie verdiente sie genug für sich und drei Kinder. Die Schwiegereltern halfen, der Vater half, Freunde brachten etwas mit. Später trafen Pakete aus Hamburg ein, eine unbekannte Frau schickte Kaffee, Waschpulver, Bonbons, Kekse, Fett, Apfelsinen, Feigen, sie fragte nach den Konfektionsgrößen der Kinder und verpackte Schuhe, Anoraks, Pullover; Annelies schickte sie einen hochfeinen Wintermantel, dass L. beim Besuch die Augen aufriss. Eine Organisation stand gewiss dahinter, nie erfuhren L.'s, welche es war, und wollten es nicht wissen.

Manchmal strahlte Annelies von Kopf bis Fuß westlich, aber sie hatte nicht mehr als eine heimische Mark in der Tasche. Einer, der es gewiss nicht nötig gehabt hätte, sich zu kümmern, denn so befreundet war er mit L. nicht gewesen, bat Frau L. zu sich und befragte sie nach ihrer Lage: Professor Hans Mayer. Als er gehört hatte, bot er an, Frau L. sollte sich jeden Monat bei ihm 500 Mark abholen. Seiner Reisen wegen wurde das bald umständlich, da bat er Frau L. um ihre Konto-nummer und überwies jeden Monat 500 Mark von seinem Konto. Es war eine offene, tapfere Tat: Ein Universitätsprofessor unterstützte die Familie eines Staatsfeinds. Darauf stand Zuchthaus. Diese Hilfe dauerte ein paar Monate, dann kehrte Hans Mayer von einer Reise nach Hamburg nicht zurück. Dank ihm.

Einmal drang Annelies zu einem der mächtigsten Männer des Staates vor, zu Otto Gotsche. Er war Sekretär des Staatsratsvorsitzenden Ulbricht und Nebenerwerbsschriftsteller. In seiner kargen Freizeit schrieb er schematische, kunstlose Romane über den proletarischen Kampf, den er im Mansfelder Bergbaurevier miterlebt hatte. Annelies hatte nach vielen Fürsprachen eine Besuchserlaubnis bei Gotsche erhalten, sie traf ihn in einem vergleichsweise riesigen Saal hinter einem riesigen Schreibtisch an. Gotsche monologisierte, dass er L. einfach nicht verstehen könne - alle Fürsorge des Staates hätte er genossen, habe Erfolg gehabt, warum dann diese unsinnigen Gedanken? Dennoch, er wolle sich für L. einsetzen, wolle dessen Lage überprüfen lassen. "Wenn mein Mann wenigstens schreiben dürfte", bat Annelies. Das sollte geschehen, versprach Gotsche und fügte hinzu, er könnte dies ja einfach so hinsagen und brauchte es nicht zu halten, aber nein, er werde es wirklich tun! Als er nochmal darauf zu sprechen kam, wie unverständlich und töricht sich L. verhalten habe, sagte Annelies: "Er stammt aus dem Kleinbürgertum, da hat er es viel schwerer. Sie und ich, wir sind Proletarier, uns könnten solche Irrtümer nicht passieren." Da wurde die Miene des mächtigen Mannes frostig, die Audienz war bald vorbei. Nie merkte L. an irgendeiner Reaktion, dass Gotsche zu seinem Wort gestanden hätte.

Ein Jahr bestand aus 365 Tagen, zwölf Briefen, vier Besuchen und zwei bis drei Magengeschwüren. Was soll einer schreiben über solch ein Jahr?

3

Die Fama des Löffel-Franz sprach sich zu L. durch, ehe er ihn sah: Franz hatte einen Löffelstiel verschluckt, er sei überhaupt, hieß es, ein wenig verrückt. Jeder, der ein Weilchen aus dem Blechnapf frisst, hört von der Eskalation des Protests, wenn einem Häftling ein Problem über den Kopf wächst und Gesuche nichts fruchten: Hungerstreik, Löffelstielschlucken, Aufschneiden der Pulsadern. Nur einen lernte L. kennen, der sich einen Aluminiumstiel durch die Kehle presste, wohlweislich nicht mit der Bruchstelle zuerst: Er war im Haftkrankenhaus mit Sauerkraut und Suppe gefüttert worden, bis der Stiel auf natürlichem Wege den Körper verließ. Franz wurde dem Anstaltsleiter vorgeführt, der solche Aufregung natürlich nicht mochte. Warum machen sie derartige Geschichten? Der Anstaltsleiter fügte hinzu, was ihm eher hätte einfallen sollen: Können wir Ihr Problem nicht vernünftig klären? Ein Kompromiss wurde geschlossen; zehn Tage nach seiner Tat, die ihn knastbekannt machte, arbeitete Franz wieder in seiner alten Brigade.
Auf dem Hof zeigte jemand L. einen großen blonden Dreißiger: Löffel-Franz. Er sah nicht aus wie verrückt und war es natürlich nicht, vielmehr haftbedingt nervös; vielleicht neigte er schon immer zum Jähzorn. Er stammte aus dem Saargebiet; was ihn nach Bautzen verschlagen hatte, wusste keiner. Sein Strafmaß: Acht Jahre. Von einer Stunde auf die andere saßen Franz und L. schließlich nebeneinander und legten Spulen in die Ständer von E-Motoren ein. Nie überfiel L. einen mit Fragen, weil er selbst nicht gerne damit eingedeckt werden wollte. Er fragte Franz auch am dritten Tag nicht, am vierten Tag hielt Franz es nicht länger aus und versicherte heftig, er habe einen triftigen Grund gehabt, der niemanden etwas anginge, vor allem habe er gegenüber der Anstaltsleitung sein Ziel erreicht. L. versicherte, er glaubte ihm durchaus,

dass er einen schwerwiegenden Grund gehabt habe, denn wer schlucke sonst einen Löffelstiel? Dann fragte er nach seinem Dorf, nach der Landschaft, dem Dialekt. Weinberge? Felder? Zechen?
Zwei Wochen lang arbeiteten sie nebeneinander. Sie verglichen die Methoden bäuerlicher Schlachtfeste in Sachsen und im Saargebiet. Also, der Fleischer kommt früh um sechs, der Fleischbeschauer um sieben - wer besorgt die Gewürze? Je gründlicher Franz erzählte, desto ruhiger wurde er. Zwei Drittel des Magens und ein Meter Darm waren ihm damals schon herausgeschnitten worden. L. hatte, wenn nicht alles trog, diese Operation noch vor sich, das schuf zusätzlichen Gesprächsstoff. Zöllner war Franz gewesen an der Grenze zwischen dem Saargebiet und Lothringen. Was tat ein Zöllner? Was wurde geschmuggelt? Gehaltsklassen, Pensionsberechtigung - L. hörte zu. Zwei Kinder hatte Franz, er zeigte Bilder, ein Junge von sechs, ein Mädchen von fünf. Das Bild seiner Frau - Donnerwetter, versicherte L., was hast du für eine hübsche Frau! Der Junge wäre ein Wildfang, die Oma hätte alle Mühe mit ihm; das Haus lag an einer verkehrsreichen Straße, da hieß es aufpassen. Seine Frau arbeitete in einem Lebensmittelgeschäft als Verkäuferin, den Eltern ging es wirtschaftlich ausgezeichnet, ach nein, Sorgen um das Auskommen seiner Leutchen brauchte er sich nicht zu machen. Daran, wie er von seiner Frau sprach, merkte L., dass er sich schmerzhaft nach ihr sehnte.
Nach ein paar Tagen entpuppte Franz sich als etwas, das in diesem Alter selten ist: er war Monarchist. Einen Kaiser brauche Deutschland wieder, verkündete er, eine Respektperson, an der sich alle ein Vorbild nehmen könnten. Halt hätte dann jeder, die Sitten würden nicht weiter verwildern. Er wäre durchaus bereit, jeden Monat ein paar Mark zu spenden, damit ein Kaiserhaus installiert werden könnte, und wie er dächten viele. Da wurde natürlich gefrotzelt, Franz stritt sich rötenden Kopfes, und für zwei Tage trug er diesen Spitznamen: Kaiser Franz.
Saarland, sagte L., wie war das eigentlich mit diesem Volksentscheid? Sachkundig erläuterte Franz die Grundzüge eines gewissen Saarstatuts, das das Saarland zu einem der reichsten

Gebiete der Welt gemacht hätte, aber die Bevölkerung hätte dagegen gestimmt, und so wäre sein Ländle zur Bundesrepublik geschlagen worden. L. entsann sich dunkel heftiger Polemiken in der DDR-Presse: "Adenauer verschachert die Saar." Die Saarbriefmarken aus der Zeit nach dem Krieg, berichtete Franz, seien nicht von Pappe, und sein Vater besäße sie komplett. L. sagte bescheiden: Mein Vater auch.

Da wurde nach der Anstaltsleitung unerforschlichem Ratschluss das Haus durcheinandergewirbelt, mit Sack und Pack zogen Häftlinge kreuz und quer und von einer Etage zur anderen, neue Zellengemeinschaften entstanden und veränderte Arbeitsgruppen, Gelegenheiten für frische Feindschaften und neues Sicheinpassen. Hin und wieder sahen sich Löffel-Franz und L. im Kino oder auf dem Korridor, sie nickten sich zu und sprachen ein paar Worte. Bis zum fünfzehnten Jahrestag der DDR war es noch ein gutes Jahr - Amnestie? Unbedingt, versicherte L., auch, um sich selbst Mut zu machen. Franz, die paar Monate schaffen wir noch, Franz, wir haben doch warten gelernt!

Da rannte eine Sensation durchs Haus, wieder war Löffel-Franz in aller Munde: Sein Junge sei tödlich verunglückt. Unter ein Auto geraten vor der Tür seines Hauses. L. ergänzte betroffen in betroffene Gesichter hinein, dass er das leider für möglich hielt, das Haus stünde an einer belebten Straße, der Junge sei temperamentvoll, ungezügelt. Den Franz erwischt's hart, sagten die Kumpel, die Magenoperation, die Sache mit dem Löffel, jetzt das. Als Franz den Stiel geschluckt hatte, war die Knastmeinung einhellig gewesen: dieser Idiot! Niemand hatte auch nur den Mut bewundert. Jetzt vereinigte er alles Mitgefühl auf sich. Der Junge umgekommen, und dann hier drin, obendrein durch eine Grenze getrennt, ohne Möglichkeit zu helfen. Was tat denn schon, was konnte die Anstaltsleitung schon tun, als einen Sonderbrief zu genehmigen? Abends lag L. auf seinem Strohsack und dachte an Franz, und wie es in der Natur des Menschen liegt, verglich er dessen Schicksal mit dem eigenen. Was und wie auch immer - in einem Jahr und so viel Monaten und so viel Tagen sah er seine Kinder wieder.

Da, zwei Tage später die Gegennachricht: Stimmt alles nicht, ein Missverständnis, der Junge lebt, ist gesund! Franz ginge wie im Traum herum, jetzt sei er erst recht fertig, eine Verwechslung, stellt euch das vor! Die Häftlinge schüttelten die Köpfe - war denn in diesem Hause irgendwas unmöglich? Noch so ein Hammer, sagten die Kumpel, und Franz schneidet sich die Pulsadern durch, der Mann ist fix und fertig.
Als L. ihn wiedersah, war ein Vierteljahr vergangen, mit seinem Deckenbündel stand Franz in der Tür der Viermannzelle, die Stahlberg-Fritz, irgendein vergessener Miesling aus Frankfurt am Main und L. bewohnten. L. kannte Stahlberg seit Jahren, von ihm war keine Überraschung zu befürchten, mit Franz würde ein Auskommen sein, das Arschloch aus Frankfurt hatte nun drei Mann gegen sich. Stahlberg und L. halfen Franz, sich einzurichten. Alter Junge, sagten sie, noch ein gutes Jahr bis zur Amnestie, das reißen wir auf einer Backe runter. Stahlberg, Spion aus West-Berlin, hatte neun von zehn Jahren hinter sich, was juckte den schon noch, sie waren drei bewährte Strafer gegen den Koofmich aus Ffm, der jeden Tag jammerte, seine Frau würde ihn um Haus und Firma betrügen, bettelarm käme er eines Tages heraus, er, der im Ost-West-Geschäft doch nur gewisse Spielräume genutzt hätte, vom Betrug könnte niemals die Rede sein. Halt die Schnauze, sagte Stahlberg, du mit deinen drei Jahren, denk ja nicht, dass du unter die Amnestie fällst, du Pfeife, Kriminelle sitzen bis zum letzten Tag!
Am ersten Abend erzählte Franz, wie das gewesen war vor einem Vierteljahr. Er war zum Anstaltsleiter bestellt worden, der hatte ihm mitgeteilt, aus Berlin wäre die telefonische Durchsage gekommen, sein Junge wäre tödlich verunglückt. Ein Telegramm dürfe er schicken. Der Sani hätte schon mit Beruhigungstabletten bereitgestanden; ein Kalfaktor wäre zu ihm in die Zelle gelegt worden, der die ganze Nacht kein Auge schloss, damit Franz sich nicht aufhängte. Am nächsten Tag die Nachricht: eine Verwechslung, der Junge lebt.
Unglaublich sagten seine Kumpel. Wie kann denn bloß so was passieren! Da müssen doch irgendwo Idioten sitzen! Hüben und

drüben. Oder drüben und hüben. So was geht doch ärger an die Nieren als ein Jahr Knast. Als drei Jahre Knast. Die wollen dich fertigmachen, behauptete Stahlberg. Das nun auch nicht, sagte L., so nicht. Der Miesling wollte sich einmischen, Fritz sagte: Wer hat dich denn gefragt, nun red nicht rein, wenn sich Politische unterhalten. Ich hab keinen Brief schreiben können, sagte Franz, ich hab vor dem Papier gesessen und gedacht: Wenn nun deine Frau auch tot ist, und wenn deine Tochter tot ist, und wenn du morgen selber tot bist. Stahlberg sagte: Wenn du durch so'ne Sache durch bist, Franz, kann dir überhaupt nichts mehr passieren. Was denn schon noch?

Sie machten eine läppische Arbeit, bogen Drähtchen und bestückten sie mit Schlauchstückchen. Und redeten. Amnestie, Einkauf, Post, Amnestie, was gibt's heute zu essen, Amnestie. Einmal, als der Miesling sonst wo war, vielleicht beim Arzt, oder er schiss sie gerade bei der Anstaltsleitung an, rückte Franz mit einem Teil seiner Story raus. Als östlicher Späher hatte Franz gearbeitet - hatte L. sich's doch gedacht! An seiner Grenze geschah allerlei an Militärischem, wofür weites Interesse bestand, bundesdeutsche und amerikanische Stützpunkte gab es in der Pfalz zuhauf, die Franzosen in der alten Festung Metz - keine Details, sagte Franz, ihr versteht, ich stecke tief genug in der Kacke drin. Irgendwie war er in eine Verbindung hineingeraten: Alle drei, vier Wochen flog er an einem dienstfreien Tag von Saarbrücken nach Tempelhof, rasch war er im Osten, lieferte seine Erkenntnisse ab, kassierte Lohn und Spesen, und husch, war er zurück und zog seine Zöllneruniform an und stand am Schlagbaum, als könne er kein Wässerchen trüben. So ging das ein Jahr, politische Überzeugung war nicht dabei, wohl aber Nervenkitzel, ein bisschen Geld, und dann flog die Geschichte natürlich auf. Eines Tages standen zwei Herren vor der Tür und zeigten ihre Ausweise und baten Franz mitzukommen, und in ihrem Dienstzimmer in Saarbrücken staunte Franz, was sie alles über ihn wussten. Das Gespräch begann abends um sieben, früh um vier war Franz ein Doppelagent.

Weiterhin stand er an der Grenze, in gewohnten Abständen flog er nach Berlin, und was er bei sich trug, war sorgsam abgesprochen mit den Herren aus Saarbrücken. Richtiges war dabei und ein bisschen Falsches, Belangloses und Wichtiges, das am nächsten Tag veraltet war, Geld bekam Franz von beiden Seiten, der Nervenkitzel war verdoppelt. Da vermutete L. scheinheilig: Franz, vielleicht wolltest du einen Schatz aufhäufen, denn die Erstausstattung für'ne Majestät kostet doch'ne Stange! Ach Mist, sagte Franz.
Wieder ging es ein Weilchen gut, und wieder kam, was kommen musste. Eines Tages baten in Ost-Berlin zwei Herren Franz in ein anderes Dienstzimmer; dort staunte er, was alles über ihn in ihren Akten stand. Sie befragten ihn so lange und so gründlich, bis sie annahmen, nun alles zu wissen, und schließlich wurde Franz zu acht Jahren Zuchthaus verurteilt. Stahlberg, der sich in dieser Branche auskannte, sagte: Franz, so doof wie du kann doch gar keiner sein!
Sie steckten Schläuchchen auf Drähtchen, L. fragte Franz nach den Weinen der Saar und hörte von Wiltlinger Rosenberg und Serringer Vogelsang; Döppelkooken wären Puffer aus Kartoffeln, Zwiebeln, Milch und etwa Rauchfleisch, leicht gepfeffert und goldig gebraten. Italiener in den Stahlhütten der Saar, der Vergaser des Opel Kapitän, die Aufstellung des 1. FC Kaiserslautern. Amnestie, Einkauf.
Eines Nachmittags war L. allein auf Zelle. Da wurde die Tür aufgeschlossen und Franz taumelte herein, stürzte herein und warf sich aufs Bett, er weinte, schrie, es brüllte aus ihm heraus, das war kein Weinen mehr, es war ein Schreien aus den Gründen der Seele, so müssen Männer auf der Folterbank geschrieen haben, wenn sich ihr Leib aufzulösen begann und die Seele bloßlag. L. sah den zuckenden Rücken und hörte das Schreien, krümmte sich mit wild aufschmerzendem Magen und drückte den Kopf auf die Knie, über sich das Brüllen, das ihn schlug, die Folter war geteilt. Nach einer Zeitspanne, die kein Maß hatte, wurde die Tür für Stahlberg aufgeschlossen, er fragte sofort, was los wäre, L. sagte, er wüsste es nicht, Stahlberg riss Franz hoch, der vielleicht sonst stundenlang weitergebrüllt hätte, hielt ihn an den Schultern und schüttelte ihn, da brach das Brüllen ab, Franz hing in Stahlbergs Fäusten und sagte

mit verwunderlich klarer Stimme: "Mein Junge ist tot. Er ist überfahren worden."
Sie setzten Franz an den Tisch und sich zu ihm. Sie würden jetzt ganz für ihn da sein, sagte L. nach einer Weile, jetzt müsste Franz versuchen sich vorzustellen, die nächste Woche ginge vorüber, der nächste Monat, es gäbe den Segen der Zeit. L. redete nicht zu leise und ahnte, dass der Tonfall wichtiger war als das Wort. Ein Wachtmeister schloss auf und fragte, ob der Strafgefangene fünfnullzwo, das war Franz, ein Telegramm aufgeben wollte. L. sagte: ja, das wolle Fünfnullzwo tun. L. schrieb: "In dieser schweren Stunde drücke ich Dir fest die Hand. Dein Franz." Den Text las er Franz vor, der nickte noch nicht einmal. In einem halben Jahr bist du raus, Franz, sagte Stahlberg, am ersten Abend gehst du mit deiner Frau ins Bett, da macht ihr einen neuen Jungen. Hör auf mit so was, sagte L., aber Stahlberg blieb dabei: Gleich am ersten Abend ins Bett und einen neuen Jungen machen, was denn sonst. Franz, einer wie du.
Sie schmierten Stullen für Franz. Vor dem Einschluss kam der Sani mit Tabletten. Sie sagten Franz, er sollte sich sofort hinlegen, nach Minuten war er eingeschlafen. Am Morgen zog Stahlberg ihn hoch. "Nun wasch dich mal richtig, heh, Franz!" Sie steckten Schläuchchen auf Drähtchen und redeten über Amnestie, Hausklatsch, Sport, Einkauf. Ein Kalfaktor schmuggelte Zigaretten aus einer Nebenzelle: für Franz. Sie spielten Franz intaktes Knastleben vor, und der Miesling war in diesen Tagen gar nicht so mies. Nach Tagen redete Franz brockenweise wieder mit. Eine Woche später wurden sie getrennt L. sah Franz noch auf dem Korridor und im Kino, gesprochen haben sie nicht wieder miteinander.
Im Herbst 1965 schrieb Franz von der Saar nach Leipzig: Ein halbes Jahr hätte er inzwischen in der Bundesrepublik hinter Gittern verbracht, auch der Bundesnachrichtendienst hatte seinen Part zu klären. Endlich sei er daheim, es ginge ihm gut, was sollte er schicken? L. schrieb, dass er sich freute für Franz, und auch ihm ginge es inzwischen gut. Vielleicht verschwand dieser Brief, vielleicht die Antwort darauf; die Verbindung riss ab.

1975 schrieb L. eine Geschichte, "Löffel-Franz". In der DDR fand er keinen Verleger dafür, so wurde sie 1979 in der Bundesrepublik gedruckt. Eine Zeitlang hoffte L., Franz würde sich melden. Dann erfuhr er von einem anderen ehemaligen Mithäftling, Franz sei einige Jahre zuvor gestorben. Im Brief stand die klassische Knastformulierung: "Franz hat den Löffel abgegeben."

Abschied von den Gittern

13. Mai 1964. Aus den Lautsprechern wie immer: "Strafgefangene, Nachtruhe beenden! Fertigmachen zum Aufschluss! Ich wiederhole..." Er schlug die Decken zurück, drüben auf das Dach des Gerichts knallte die Sonne, noch ein Jahr, Junge, dann können dich alle mal! Das Jahr kriegst du auch noch rum, dann spazierst du ins Maienlicht! Noch ein Jahr, dann haste die Scheiße hinter dir und bist nicht mehr 23/59, sondern wieder Loest, *Herr Loest*, wenn ich bitten darf! Wasserkanne rein, Kaffee rein, er wusch sich, schmierte Leberwurst und Senf aufs Brot, schnitzelte eine Knoblauchzehe darüber. Klappern im Bau, Zellen wurden aufgeschlossen, Knastalltag begann, oben auf der Zweiten nahmen sie die Arbeit rein, die ganz Verrückten fingen schon an, Tonkammern zu stecken, Drähte zu biegen, Schrauben mit Unterlegscheiben zu bestücken, Stößel zu entgraten. Alles das hatte er selbst irgendwann mal gefront. Haarscharf ein Jahr noch: Wirst dir kein Bein ausreißen! Rechts an die Wand donnerte er, links brüllte es aus dem Fenster: "Fritze, Felix! Ein Jahr noch!" Indianergeschrei von beiden Seiten. Allerhand nahm er sich vor für dieses Jahr: Keine Strümpfe mehr stopfen, die fünf Paar runterreißen. Keine einzige freiwillige Überstunde. Messerscharf die Norm erfüllen, kein Prozent darüber. Und Bambule bei jedem Dreck! Das Wort Bambule hatten die Hallenser eingeschleppt, es hieß Krach, Stunk und war vom Unterweltswort zum Allerweltswort geworden. Bambule!
Um sieben nahm er sein Material in die Zelle. Ständer, Drähte, Spulen, er kannte den Motortyp und die Norm, kalkulierte: Gegen

drei konnte er fertig sein, wenn er die Mittagspause nicht über anderthalb Stunden ausdehnte. Dann blieben zwei Stunden aufzuräumen, zu kehren, sich zu waschen. Vielleicht steckte der Kalfaktor schon gegen vier die Zeitung durch den Spion. Kein Wachtmeister würde ihn aufscheuchen, 23/59 machte der Polizei keinen Ärger, ein Verhältnis von gegenseitiger Nichteinmischung hatte sich eingespielt, denn auch ein Wachtmeister ist froh, wenn er seine Schicht ohne Krawall über die Runden bringt.
23/59 lag wieder mal seit vier Monaten in Einzelhaft, insgesamt hatte er nun zweieinhalb Jahre Soloknast hinter sich, kannte dessen Vorteile und Nachteile, und manchmal meinte er, dass er bald wieder unter Kumpels müsste, sonst drehte er durch. Immerhin: Hin und wieder quatschte er in der Freistunde oder beim Baden paar Worte, die richtige harte Einzelhaft war das auch nicht mehr. Vor fünf, vor vier Jahren, da war Knast noch was!
Er liebte einen flotten Start. Ein Motor fünfdreisechs stand auf dem Bock, sein Lieblingstyp, von dem er fünf schaffte, wenn er sich ins Zeug legte, von dem er heute drei bauen und damit die Norm erfüllen würde. Er begann sein Liederrepertoire herunterzupfeifen, die Wanderliederserie, Lieder aus der Kitschkiste, Schlager seiner Jugend, klassischen Jazz. Damit konnte er die zwei Stunden bis zum Frühstück rumbringen. Wieder wurde aufgeschlossen, der Kalfaktor pilgerte mit der Kaffeekanne von Tür zu Tür. Eine Viertelstunde leistete sich 23/59 zum zweiten Frühstück, schnipselte die zweite Knoblauchzehe des Tages aufs Brot, schwelgte wieder in Blutwurst und Senf. Dann schiffte er und stellte mit Behagen fest, wie prachtvoll der Urin nach Knoblauch stank; er erwog, die Tagesration von vier auf sechs Zehen zu steigern. Die Wäsche stank, Urin und Scheiße stanken, die Zelle stank, die Wachtmeister öffneten die Tür zur Meldung nur noch einen Spalt und zogen stöhnend ab. Wie wär's, wenn er einen Gestankrekord erzielte, von dem alle noch nach Jahren sangen und sagten? 23/59, der größte Knoblauchstinker aller Zeiten von Bautzen II. Knoblauchbambule!
Zehn Uhr ungefähr, da rasselte zu unplanmäßiger Zeit der Schlüssel, Oberleutnant Seele stand in der Tür, lächelte mild, nahm

mild die Meldung entgegen, sagte mit mildester Stimme: "Kommen Sie doch mal mit vor zu mir." 23/59 fuhr in die Schuhe, da sah Seele, dass in den Socken an den Fersen und unter den Ballen nichts mehr war, dass das Gebilde nur noch unter dem Spann von einem Steg zusammengehalten wurde, und mahnte väterlich: "Na, die Socken könnten sie ja mal stopfen!"
"Hat keinen Zweck mehr", sagte 23/59 über die Schulter, "die sind sowieso hin."
"Aber vielleicht könnten Sie sie tauschen."
"Das schon." Er kannte diesen Ton, der dem Oberleutnant allerlei zarte Spitznamen eingetragen hatte: der Pfarrer, Hochwürden – schließlich hatte sich "Oberleutnant Seele" durchgesetzt. Seele war ein Gelehrtentyp mit goldumrandeter Brille und teilnahmsvoller Stimme, er löste den Uhu ab, den sehnigen Hasser. Skeptiker warnten, dass beide der selben Firma dienten. Durch eine Gittertür geleitete der Anstaltsleiter seinen stinkenden Häftling, schloss die Tür zum Dienstzimmer auf, bot Platz so weit wie möglich vom Schreibtisch entfernt an; ehe er sich setzte, öffnete er vorsorglich das Fenster. Die übliche Spannung lag über 23/59, was Seele wohl von ihm wollte, aber in allem und jedem war dieser Gedanke drin: Ein Jahr noch, wer will denn jetzt noch was von dir, wer kann dir noch!
"Ich möchte mich ganz offen mit Ihnen unterhalten. Als Sie hierher kamen, hatten wir den Eindruck, Sie seien ein vorbildlicher Strafgefangener. Ihre Einstellung zur Arbeit, Ihre Disziplin – es gab nichts auszusetzen. Dann haben Sie erschreckend nachgelassen. Woran liegt das?"
Auf diesen Augenblick hatte sich 23/59 in unzähligen Stunden vorbereitet, hatte die große Lüge durchgespielt und eine Anzahl von Halbwahrheiten und Taktiken. Jetzt war alle Berechnung weg, er sah die Möglichkeit, wenigstens einmal in diesem Haus seine Überzeugung kundzutun. Und so entwickelte er, mit welcher Absicht er hierher gekommen war: Alle Verbitterung hatte er herunterschlucken wollen, hatte nur ein Ziel gekannt: Nicht anecken, alles tun, um so schnell wie möglich herauszukommen. "Aber dann",

sagte er, "spürte ich die unbilligen Härten, dann wurde ich krank." Einen Augenblick lang wurde er sich bewusst, was das hieß: Wir wollen ganz offen miteinander reden. Das hieß, er solle auspacken, das hieß nicht, dass auch Seele das Visier hob. Aber er war wie im Rausch, zu sagen: Dieses Fressen, schließlich war ich zu Zuchthaus verurteilt, nicht zu Kohldampf. Nach zweitausend Tagen zum erstenmal die Gelegenheit, ein winziger Martin Luther zu sein: Hier sitze ich im Knast, ich kann auch anders reden, aber ich will nicht anders, Sie haben Macht über mich, aber wenn Sie mich schon fragen: Das, was Sie wahrscheinlich meist hören, diesmal hören Sie es nicht. 23/59, in gestreiften Klamotten, hatte keine andere Freiheit außer dieser, zu sagen, was er dachte, und die kostete er aus. "Dann kam ich in Einzelhaft und wusste nicht warum, Entlassungsgesuche meiner Frau wurden abgelehnt, ich wurde mit den widerwärtigsten Schweinen zusammengesperrt, und dann", er musste auf den Kern kommen, "veranstaltete Chruschtschow seinen zweiundzwanzigsten Parteitag. Da las ich so wunderbare Sätze, dass niemand für von der Parteilinie abweichende Ansichten gerichtlich bestraft werden dürfe." Seele unterbrach nicht, seine Augen waren hinter der goldgefassten Brille nicht zu erkennen. Jetzt schrieb man das Jahr Vierundsechzig, entwickelte L., da lebte in Berlin ein Professor Havemann, der der Parteilinie widersprechende Meinungen nicht nur äußerte, sondern in westdeutschen Zeitungen publizierte. "Das alles geht meilenweit über das hinaus, was wir gedacht und geredet hatten. Aber ich sitze hier in dieser elenden Zelle da hinten, wo der Müllhaufen zum Fenster reinstinkt, mache meine Freiübungen allein in diesem Käfterchen da unten mit mehr Hundedreck als Gras. "Hochverrat", fiel ihm ein, "das war ja früher wohl das, was man heute als Staatsverrat bezeichnet. Ich habe bei Bebel gelesen, wie froh er war, als das Kaiserreich den Hochverratsparagrafen präzisierte: Hochverräter war, wer einen *gewaltsamen* Umsturz *versuchte*. Von Gewalt war bei uns nie die Rede, auch nicht von Umsturz. Und das wissen Sie ganz genau."

Zum ersten Mal, leise, schaltete Seele sich ein: man müsste die Umstände betrachten, in der diese Gedanken gefasst und geäußert worden wären, eine Zeit der Wirren, der Gefahr. Ungarn! Und man könnte, was die Sowjetunion tat, nicht mechanisch mit den Notwendigkeiten der Deutschen Demokratischen Republik gleichsetzen, die Sowjetunion sei ein riesiges stabiles Land, die DDR ränge vorgeschoben Aug' in Aug' mit dem Klassenfeind. Und was den Paragrafen 13 beträfe... Da saß 23/59 auf großem Pferd und unterbrach respektlos: Den Paragrafen 13 habe ihm bisher noch niemand vorgelesen. Die Vernehmer hätten ihn vertröstet: Der Rechtsanwalt würde ihn in Kenntnis setzen. Der Rechtsanwalt aber hätte ihm, so hätte er nach und nach erfahren, den Paragrafen 19 vorgelesen, ihn also böswillig getäuscht. Da verzog sich Seeles Gesicht ärgerlich, er stand auf, machte ein paar Schritte auf einen Schrank zu. Auf halbem Weg blieb er stehen, kehrte um, und 23/59 spielte seinen nächsten Trumpf aus: "Noch niemals in meiner Haft hat mir jemand den Paragrafen vorgelesen, nach dem ich verurteilt worden bin." Triumph aller Triumphe: "Und ich sehe, auch Sie tun's nicht." Atempause. Seele sortierte seine Argumente um, bedächtig begann er. Einsicht, wenn auch noch so späte Einsicht in das Staatsgefährdende der damaligen Ansichten und Absichten wäre natürlich Voraussetzung für vorfristige Haftentlassung. "Ich entscheide darüber nicht allein. Aber bei Ihrer jetzigen Einstellung kann ich es nicht verantworten, eine Entlassung zu befürworten. Außerdem: Mit derartigen Ansichten erschweren Sie sich auch Ihre eigene Entwicklung. Ich weiß nicht, ob Sie wieder als Schriftsteller tätig sein wollen."
"Ausschließlich."
"Sehen Sie!" Und Seele breitete aus, was er vom Bitterfelder Weg gehört hatte, vom Ingenieur der menschlichen Seele, von den aktuellen Anforderungen an den Schriftsteller: Auf gleicher Position mit dem Lenker und Leiter gesellschaftlicher Prozesse sollte er stehen. "Mit dem jetzigen Bewusstsein können Sie dem unmöglich gerecht werden!" Wieder beharrte L. auf seinem Standpunkt: Die Praxis im Fall Havemann vertrüge sich nicht mit der Praxis im Fall L.,

Havemann müsste ins Zuchthaus oder L. hinaus. Wenn 23/59 zu diesem Zeitpunkt gewusst hätte, dass seine Frau anderthalb Jahre vorher einen Brief des Staatsanwalts aus Halle erhalten hatte, in dem ein Gnadengesuch abgelehnt worden war, hätte er noch ganz anders aufgetrumpft. Am 3. 12. 1962 hatte Mach geschrieben:
"Die von uns vorgenommene Prüfung auf der Grundlage einer gewissenhaft im Kollektiv der Vollzugsanstalt beratenen Einschätzung des Entwicklungsstandes Ihres Mannes ergab jedoch, dass eine bedingte Strafaussetzung im gegenwärtigen Zeitpunkt nicht vertretbar ist. Die Arbeitsleistungen Ihres Mannes im Strafvollzug entsprechen den Anforderungen. Er erhielt dafür die entsprechende Anerkennung. Sie werden jedoch verstehen, dass wir bei der Art der strafbaren Handlung Ihres Mannes im Verlauf des Strafvollzugs besonderen Wert nicht allein nur auf Arbeitsleistung legen können. Im Verlauf der Haft soll vielmehr auch eine Einsicht in die Gesellschaftsgefährlichkeit seiner Verbrechen bei ihm erreicht werden. Anhand konkreter Fakten mussten wir feststellen, dass weder diese Tateinsicht bisher vorliegt, noch Ihr Mann das Vertrauen der Anstaltsleitung, in einem größeren Kollektiv zu arbeiten, rechtfertigte. Seine Äußerungen zeigen, dass die Schwankungen in seiner Führung nicht auf die Sorge um seine Familie zurückzuführen sind. Solche zeitweiligen Depressionen sind uns bekannt und würden einem Strafgefangenen nie zu seinen Ungunsten angerechnet werden, sondern die Vollzugsorgane sind bemüht, beim Erkennen derartiger Erscheinungen dem betreffenden Menschen zu helfen. Als Ursache des jetzigen Verhaltens Ihres Mannes muss dagegen seine bereits bei Begehung seiner Handlung zum Ausdruck gekommene feindliche Einstellung zur sozialistischen Gesellschaftsordnung in der DDR angesehen werden."
Diesen Brief sollte L. erst nach seiner Entlassung vorfinden. Im anderen Fall hätte er gestritten: Mit wem hat denn wohl diese kollektive Beratung stattgefunden, und was sind das für konkrete Fakten gewesen? Spitzelberichte! Aber auch so bereitete der Angriff Genuss. "Heute in einem Jahr hab ich alles hinter mir." Genuss, nicht bittend zu fragen wie fast jeder Häftling auf diesem

Stuhl: Bestand die Möglichkeit vorfristiger Entlassung? "Ein Jahr noch, und wenn Sie mich da hinten in diesem stinkigen Loch lassen, haben Sie in mir bald einen zweiten Essen-Willy, dann gibt's bei jeder Gelegenheit Krach!
Da hob Seele die Hände: Das wollte er auf keinen Fall! Essen-Willy, er wusste, wer gemeint war, Willy Kraft aus Essen, der, wenn die Zelle aufgeschlossen wurde, nicht die vorgeschriebenen Meldung schnurrte, sondern schrie: "Freiheit für Willy Kraft!" Der auf eine Mauer zwischen den Freistundenhöfen geklettert war und dem Wachtmeister zugerufen hatte: "Sheriff! Schieß doch!" Der demonstrativ den Kinosaal während des "Augenzeugen" verlassen und erklärt hatte, er nähme es nicht hin, dass sein Bundeskanzler beleidigt würde. "Das wollen wir auf keinen Fall!" wiederholte Seele und lächelte mild.
"Wie stellen Sie sich den Rest Ihrer Strafe vor?"
"Ooch, am liebsten wär mir, ich säß mit drei oder vier Mann an einem Tisch, wir hätten 'ne Montagearbeit und könnten uns in aller Ruhe unterhalten."
"Da hab ich was für Sie!" Klemmbretter für Motoren sollten künftig halbautomatisch hergestellt werden; wenn es so weit war, wollte er an 23/59 denken. Dann wieder: 23/59 sollte das Strafbare seiner Handlung *einsehen*, und L. wiederholte seine Argumente von der Gewalt und dem XXII. Parteitag, und Seele zeigte sich betrübt, dass seine gütigen Worte so gar nicht auf fruchtbaren Boden fielen. Schließlich endete das Gespräch mit einen Gentleman's Agreement: 23/59 versprach, darüber *nachdenken zu wollen*, ob seine Ansichten nicht womöglich doch strafbar gewesen wären, und Seele sicherte noch einmal zu, ihn, sobald die neue Klemmbrettproduktion anlief, dort einzusetzen.
Er wurde in seine Zelle zurückgebracht, pfiff ein Potpourri aus fröhlichen Melodien, trommelte mit Träufelstäben den Takt. Keine Sekunde bereute er, nicht taktisch geheuchelt zu haben. Keinen Kompromiss mehr! Nur zwei Motore träufelte er an diesem Tag, dehnte die Mittagspause aus, lag auf dem Bett und pennte ein Stündchen.

Maitage: Die Blutbuchen jenseits der Mauer standen in tiefem Rot, von der Schule herüber klang Kindergeschrei. Nachts wühlte vor dem Zellenfenster ein Wachhund im Müllhaufen, klapperte in seiner trostlosen Langeweile mit Blechbüchsen. 23/59 brüllte hinaus, der Köter stob davon. Windböen rissen in dem Schacht zwischen den Mauern Papier hoch und hielten es minutenlang in der Luft. Beim Baden trafen manchmal zwei, drei Häftlinge zusammen und unterhielten sich ungeniert. Einer, den sie "Ami" nannten, erzählte von ungeheuerlichen Protestbriefen, die er an den Generalstaatsanwalt geschrieben haben wollte. Die Nachrichten des "Neuen Deutschland" wurden ausgewertet; war die Zeit für eine Amnestie am 15. Jahrestag der DDR günstig? Der Ami: "Die DDR muss endlich was tun!" Fritze, Felix und L., die ihr Straf-Ende in greifbarer Nähe sahen, nickten, dachten: Lebenslängliche argumentieren immer so.

Drei Wochen lang rührte sich nichts von dem, was Seele zugesichert hatte. 23/59 merkte, wie die Einzelhaft an seinen Nerven zerrte. Einmal brach er mit einem Wachtmeister einen Krach vom Zaun, weil der ihm eine zusätzliche Kanne Wasser verweigerte. Das war sonst nicht L. sein Stil, hinterher pendelte er eine Stunde lang in seiner Zelle und zwang die Erregung nieder. Er erfüllte seine Norm nicht mehr, wartete darauf, dass jemand ihn deshalb zur Rede stellte. Dann wollte er ein Fass aufmachen, auf das miserable Licht an seinem Arbeitsplatz schimpfen, der auch sein Essplatz war, auf den Unterschied zur Arbeit im halbwegs modern eingerichteten Träufelraum und den Manufakturbedingungen in der Wohnzelle. Bambule! Einen Beschwerdebrief schrieb er an den Staatsanwalt über den Müllhaufen vor seinem Fenster, als er damit fertig war, dachte er: Drehst du allmählich durch? Ein paar Tage brüllte Essen-Willy bei jedem Aufschluss: "Freiheit für Willy Kraft!" Dann herrschte dort Ruhe, Neptun flüsterte durch den Spion, Essen-Willy hätte der Anstaltsleitung versprochen, vier Wochen lang keinen Lärm mehr zu schlagen, und hätte dafür seine Bücher wieder bekommen, auch sein Lehrbuch für Italienisch.

Mein Gott, dachte 23/59, wenn vor vier, fünf Jahren sich einer diese Zicken geleistet hätte, wäre er für einundzwanzig Tage in den Bau marschiert und so fix und fertig herausgekommen, dass ihm für das nächste halbe Jahr die Lust zu jedem Aufmucken vergangen wäre. Und er formulierte, was sie, die Alten, den Jungen hinrieben: Jetzt machte Knast beinahe Spaß. Baute die DDR wirklich ihr Justizwesen um, räumte sie Steine aus dem Weg zur völkerrechtlichen Anerkennung? Waren diese Änderungen Zeichen behutsamer, schrittweiser Entstalinisierung, sah so der Weg aus, den er und seine Freunde im Galopp hatten hinter sich bringen wollen?
Er las viel in dieser Zeit, er suchte im "Neuen Deutschland" nach Nachrichten, die auf eine Entspannung der Weltlage hinwiesen. Im Kopf bastelte er an einem Filmszenarium, und wie jedes Jahr im Sommer stellte er beim Generalstaatsanwalt den Antrag auf Schreibgenehmigung, wobei er nicht die geringste Hoffnung hatte. Aber er wollte nicht, dass irgendwann jemand sagen konnte: "Wir dachten, Sie *wollten* gar nicht mehr schreiben!"
In diesen Tagen erreichte die Versorgung einen traumhaften Höhepunkt. Im Keller wurde ein Raum als Laden eingerichtet, der Koch stand hinter einer Tafel und verkaufte Wurst und Obst, Kuchen und Brötchen, Konserven und Bonbons, Brühwürfel und Seife, Haarwasser und Bratheringe. Jeder Häftling erhielt eine Karte mit Wertabschnitten, die beim Einkauf gelocht wurden, an jedem Wochenende pilgerte der Häftling hinunter, wählte aus und trug in die heimische Zelle, was das Herz begehrte. Die Wachtmeister schauten nicht hin, wenn sich vor dem Laden ein Trüppchen bildete, und hörten nicht auf das Basargeschwätz: Wie geht's dir, Junge? Spion und Dieb, Faschist und Kommunist gaben sich die Hand, der Totschläger fragte den Grenzverletzer: In welcher Brigade biste? Was machen deine Hämorriden? Im Knast soll ein Chor gebildet werden, du kriegst die Tür nicht zu! Die da redeten, hatten elf, acht, sieben, fünf Jahre Knast hinter sich, manche kannten sich noch aus Brandenburg, Haus II, das im Herbst 1956 über Nacht geräumt worden war, als britische Abgeordnete angefragt hatten: Es soll da ein Schweigehaus geben, dessen Insassen mit Kapuzen über den

Hof geführt werden. In einer einzigen Nacht waren in konzentriertem Einsatz aller Grünen Minnas der DDR an die mehr als hundert Spitzenhäftlinge von Brandenburg hierher gekarrt worden, und die staunenden Labourleute hatten einen friedlichen Knast vorgefunden mit freundlichen grinsenden Ladendieben und Scheckfälschern. Die hier kauften und schwatzten, kannten sich aus hundert Situationen, sie konnten sich blind aufeinander verlassen. Jungstrafer standen im gebührenden Respekt dabei. Ist klar Jungs, zu Weihnachten sind wir alle zu Hause!
Fürwahr, es war eine gute Zeit. Gegen zwanzig Mark durfte er im Monat umsetzen und tat es mit Bedacht. Von den mittäglichen Pellkartoffeln hob er einige auf, schnipselte einen Salat zurecht mit Zwiebeln, Senf, Apfel, Gurke, er speicherte sechs Büchsen Fisch, sechs Gläser Wurst unter dem Bett, denn wie hätte er dem Frieden trauen sollen?

2

Dann hieß es wieder, zum zwanzigsten Mal: "Packen Se Ihre Sachn!" und 23/59 zog um und fand sich mit Klemmbrett-Ewald auf Zelle. Ewald war der Kleinste des Hauses, ein Berliner von hundertfünfzig Zentimeter Größe, eine Großschnauze, ein tapferer Mann am Ende seiner Nervenkraft, als Spion des amerikanischen Geheimdienstes zu lebenslangem Zuchthaus verurteilt, seit neun Jahren in Haft, davon acht allein. Ewald schleppte einen Wust von Zeug an, sieben Decken statt drei, kurze Unterhosen, Badeschuhe und als Clou ein Nachtmützchen. Ewald hatte es sich angewöhnt, jede Tätigkeit endlos auszudehnen, so tötete er mit dem abendlichen Waschen drei Stunden. Eng war der Raum, auf dem sich die beiden Knastindividualisten einrichten mussten, sie rieben sich, bauten Gewohnheiten ab, ein Vierteljahr aßen und schliefen und kackten sie auf engstem Raum und krachten sich nicht ein einziges Mal. Als die Polizei Ewald vier von seinen Decken wegnehmen wollte, schmiss er sein Gelumpe auf den Gang und schrie, sie sollten ihn doch gleich erschießen, dann sei alles gleich zu Ende, er

habe seine Ruhe und sie seien ihn los. Da redete der Schichtführer begütigend auf ihn ein, und am Ende behielt Ewald fünf Decken.
L. saß derweil auf seiner Pritsche und zitterte am ganzen Körper. Wenn er jetzt seine Klamotten hinterherschmiss, wäre das Meuterei. Abends erzählten sie sich Geschichten. Ewald war Elektriker in Karlshorst in der sowjetischen Kommandantur gewesen, er hatte ein winziges Mikrofon und einen winzigen Sender in den Kronleuchter eines Sitzungssaals eingebaut, über Monate hinweg war jedes Gespräch vom amerikanischen Geheimdienst mitgehört worden. Ein paar hundert Westmark kassiert und schließlich lebenslang Zuchthaus. Seine Frau hatte sich scheiden lassen und seinen Freund geheiratet, vier Kinder hatten wieder einen Vater, und Ewald war überzeugt, seine Frau hätte das so richtig gemacht. Und L. erzählte wieder einmal seine Geschichte, verknappt, auf einen Kern gebracht. Manchmal hatte er aus Bosheit oder Alberei seinen Report mit der Blödheit begonnen, die Staatsanwalt Mach an die Spitze seiner Anklage gesetzt hatte: "Ich wollte die Regierung stürzen." Da war es still geworden, da hatten sie aufgehorcht um ihn herum, hatten gefragt, welchen *Posten* L. denn hätte ergattern wollen, denn wozu stürzte man eine Regierung, wenn man nicht an die Krippe wollte? Da hatte L. gesponnen, Harich hätte Erster Sekretär der SED werden wollen und Janka Ministerpräsident, Just Außenminister und Lehmann Präsident der Akademie, und L. habe sich herzlich auf das Amt eines Sekretärs für Kirchenfragen gefreut. Da hatten die meisten gemerkt, dass L. sie auf den Arm nahm, und die Klügsten hatten geargwöhnt, dass er sich nicht über sie lustig machte, sondern über die, die ihn eingelocht hatten. Ganz gewiss war die muntere Story alsbald in die Ohren der Anstaltsleitung gesickert, und Oberleutnant Seele hatte sicherlich gefunden, dass der wenig botmäßig war, der solches ersann.
Seele hielt Wort: Fünf Mann montierten an einem Karusselltisch, das waren Ewald Hollek, Fritz Stahlberg, Achmed aus Damaskus, Essen-Willy und L. Achmed, syrischer Student in West-Berlin und Mitglied einer Organisation, die DDR-Bürger durch die Mauer geschleust hatte, genoss eine Sonderstellung: Sein Vater war

Generalstaatsanwalt von Syrien, seine Mutter schickte ungeheuerliche Pakete mit Fressalien, der Koch bereitete ihm eine Sonderverpflegung ohne Schweinefleisch: Steak und Bratkartoffeln in Öl. Bisher hatte Achmed noch jeden Brigadier zusammengeschlagen. Zu den vorgeschriebenen Zeiten kniete er auf einer Zeitung nieder, wendete sein Gesicht gen Osten und stimmte seine Gesänge an. Alle Schätze des Orients teilte er mit jedem. Willy Kraft, ein junger Bauingenieur, hatte sich gerade diesen Streich geleistet: Die Zeitung durfte nur einen Tag lang behalten werden, Willy aber hatte sich ein "Archiv" anlegen wollen, nach zwei Wochen wurde dies entdeckt, und Willy erhielt den Auftrag, am nächsten Morgen das Bündel abzuliefern. Da stopfte er alles ins Klo und rief zum Kalfaktor hinaus, der sollte spülen. Der Spülhahn war vor der Zelle, der Kalfaktor drehte auf, das Klo patschte über. Willy hockte sich aufs Bett und sah fröhlich der Überschwemmung zu. Das Wasser stieg, und erst als es durch die Ritze unter der Tür hinausdrang, wurde die Schweinerei bemerkt. Brüllerei von beiden Seiten - am nächsten Tag wurde Willy zu uns verlegt.
Diese fünf arbeiteten, wie sie wollten. L. als Linkshänder mit gewöhnter rechter Hand konnte beidhändig Drähte und Schrauben auflegen, so war er das As der Truppe. Trotzdem schafften sie nie die Norm dreihundertsechsundfünfzig Tage, noch dreihundertfünfzig. Er hütete sich, zu Ewald ein Wort in dieser Richtung fallen zu lassen, das wäre grausam gewesen einem Lebenslänglichen gegenüber. Da wussten sie beide nicht, dass auch Ewald noch in diesem Jahr freikommen würde. Er, der Ost-Berliner, ließ sich nach West-Berlin entlassen, wurde Angestellter beim Senat in der Wohnraumstatistik, heiratete eine junge Frau, kaufte ein Reitpferd, segelte und schwamm, im Urlaub tauchte er an spanischen und israelischen Küsten. Hin und wieder schickte er einen Reisebericht mit phantastischen Fotos, auch regelmäßig West-Berliner Briefmarken, und neun Jahre nach dem Knast telefonierten sie eines Nachts eine Viertelstunde lang zwischen West-Berlin und Leipzig, und L. seine Stimme war heiser vor Aufregung und Glück. Einmal fanden auf Umwegen zwei Recorderkassetten den Weg, drei

Stunden lang erzählte Ewald in einem bundesdeutschen Sanatoriumszimmer seinem alten Kumpel von Tauchabenteuern und einem siegreichen Karatekampf gegen vier räuberische Beduinen am Roten Meer.
Sie besaßen eine sonderbare Position in der Hierarchie der Strafanstalt Bautzen II, dieses intimen Knastchens, das vom großen Zuchthaus, genannt "Gelbes Elend", durch Strassen und Häuser und Gärten getrennt ist. L. fuhr die Strecke in der Grünen Minna zu ärztlichen Untersuchungen und einmal zu einem Krankenhausaufenthalt von vier Wochen seiner Magen- und Darmgeschwüre wegen, er spähte während der Fahrt durch die Schlitze auf Bäume und Menschen, von diesem Anblick zehrte er wochenlang. Die Strafanstalt Bautzen II gehörte zu einem Komplex, in dem auch Staatsanwaltschaft, Kreisgericht, Staatssicherheit und Kreispolizeiamt untergebracht waren; L. nannte dieses Ensemble das Gerechtigkeitskombinat. Dieser Knast war als Untersuchungshaftanstalt gebaut worden, bestand aus vielen Einmann- und wenigen Viermannzellen, er war in der Zeit, in der L. hier einsaß, wie es im Gerichtsdeutsch heißt, mit hundertzwanzig bis hundertsechzig Häftlingen belegt, meist waren zwei in einer Einzelzelle konserviert. Da waren Agenten westlicher Geheimdienste, die in öffentlichen Prozessen an den Pranger gestellt worden waren, der zum Tode verurteilte und begnadigte Max Held zum Beispiel, da hockte DDR-Prominenz mit dem abgestürzten Außenminister Dertinger und dem ZK-Landwirtschaftsexperten Viehweg, da schmorten ehemalige Angehörige des Ministeriums für Staatssicherheit, Verräter und Diebe, und einer hatte im Streit mit einem Handkantenschlag seine Braut umgebracht. Jetzt sahen sie sich alle gleich, aber ihre Stellung war verschieden. An der Spitze standen die Kalfaktoren, fast alle gewesene Staatssicherheitsoffiziere, sie wohnten auf einem Flügel für sich und hatten ein Aquarium auf dem Korridor, durften Uhren tragen und jeden Abend zum Fernsehen in den Saal hinaufsteigen, sie bewegten sich ungehindert im Haus und duschten, sooft sie wollten. Beim Essenausgeben sicherten sie sich die besten Brocken, sie verwalteten die Wäsche und

wischten und bohnerten, arbeiteten hart zehn Stunden lang am Tag und meldeten ihren Herren alles, was diese wissen wollten.
Nach Monaten der Demut und Angst in der U-Haft waren ihre Blicke wieder spähend und ihre Stimmen selbstsicher geworden, es gab wieder andere, die unter ihnen standen. Von ähnlichem Schrot und Schrott waren die Brigadiere. Die meisten Häftlinge wohnten zu zweit auf Zelle und rückten jeden Tag zur Arbeit ab, wo sie mit zehn oder zwanzig anderen zusammen waren, sie spielten zwei- bis dreimal in der Woche eine halbe Stunde Volleyball, kamen ein- bis zweimal wöchentlich in den Genuss des Fernsehens und sahen alle vierzehn Tage einen Film. Wenn sie besonders ranklotzten, zahlte paradoxerweise weder die Anstalt noch der Betrieb die Prämie, sondern die Ehefrau; sie durfte dem Fleißigen ein Paket schicken. Das war 1964 so, in den Jahren vorher hatte es bescheidener ausgesehen.
Jungs, haut ran! Manchmal fuhren die fünf unter Gebrüll eine Rekordschicht. Ob sie die Norm erfüllten, war ihnen schnuppe, und als Essen-Willy einen mit lebensnahen Beispielen gespickten Vortrag begann, dass der verrückt *wurde*, der verrückt spielte, stoppten sie ihr Karussell und debattierten den Fall gründlich zu Ende. Sie sahen sich als die Harten, denen keiner mehr konnte, und die Kalfaktoren behandelten sie mit kühlem Respekt.
Sommer war, in der Freistunde streckte L. im Hof sein Gesicht in die Sonne. Die Blutbuchen wechselten ins Grün hinüber, Düsenjäger krachten durch die lichte Mauer am Himmel. Zeitschriften durften abonniert werden, "Eulenspiegel" und "Fußballwoche". L. wechselte von Knoblauch zu Zwiebel über und stank nicht weniger als vorher, nur anders. Leider war Ewald kein Schachpartner.
Wenn sie friedlich zusammensaßen und Schläuche und Drähtchen steckten, fragte auch mal einer: "Erich, und Harich war *wirklich* euer Anführer, das Arschloch?" Da musste L. ausholen und erklären, er habe Harich vor dem Knast nie gesehen und hier nur im Kino, Harich habe als Schöpfer schillernder Ideen gegolten, aber vor Gericht habe er eine klägliche Rolle gespielt und alle Freunde, Walter Janka vor allem, hineingerissen, und dann wurden wieder

diese Geschichten erzählt, die im Hause umgingen: Harich hatte Vitaminpillen verschrieben bekommen, der Sani-Kalfaktor hatte ihm drei durch den Spion geschoben und laut gesagt: "Ich gebe Ihnen *eine* Pille", denn eine Pille täglich hatte Harich zugestanden. Und der Philosoph, der große Intellektuelle, hatte diesen Kalfaktor verpfiffen der guten Tat wegen: Er missbrauchte sein Amt. Der Kalfaktor war abgelöst worden. Auch das: Ein Kalfaktor hatte gehört, wie ein Wachtmeister, genannt Gartenzwerg, zu einem anderen gesagt hatte: "Ich kontrolliere dann die Wasserkannen, und bei wem sie dreckig sind, der geht nicht ins Kino." Da war der Kalfaktor von Spion zu Spion geflitzt und hatte geflüstert: "Wasserkannen saubermachen, Gartenzwerg kontrolliert!" Als sich der Wachtmeister die Kannen zeigen ließ, herrschte eitel Freude. Bis er zu Harich kam, denn der schiss den Kalfaktor an: "Dieser Mann hat überall gewarnt! Kalfaktor zu sein ist doch eine Vertrauensstellung, Herr Wachtmeister, und da..." Gartenzwerg hatte ohne ein Wort die Zellentür geschlossen und war davongegangen, diese Denunziation war ihm doch zu dreckig. "Und dieses Schwein", sagte Stahlberg-Fritze, "war euer Chef?"
Da grübelte L. nach, und schließlich fand er eine Antwort: Harich als *Theoretiker* dachte alles bis ans Ende durch, und da hatte er das *Prinzip Kalfaktor* gefunden; ein Kalfaktor hatte einen Auftrag und eine Funktion, und wenn er sie verletzte, tat ihm das im Innersten weh. Womöglich sank er nicht wegen kleinen Vorteils unter das Niveau eines Ganoven hinab - Biermann schrieb später, nicht einmal Diebe, Zuhälter und Schwiegermuttermörder würden Harich die Hand geben -, sondern um hehrer gedanklicher Klarheit willen. Da sagte Fritze mit der Logik eines klugen Bäckers: "Selbst wenn du recht haben solltest, Erich, - so ein *Spinner* war euer Chef?"
Neptun kam herein, der Kalfaktor, ehemals mit allzeit bereiter Kanone des Wirtschaftsfunktionärs Rau persönlicher Beschützer. Neptun tat und berichtete für eine Zigarette fast alles, diesmal hatte er eine brandneue Nachricht: Winfried Esch, Häftling seit elf Jahren mit fünfzehn Lenzen auf dem Buckel, hatte diesen Knast verlassen! Mensch, staunten die fünf, und schon streckte einer Neptun eine

Lulle hin, der grapschte zu und paffte gierig und wiederholte seine Meldung, jede Einzelheit wendend: Im Hemd und in den Socken stand Winnes Nummer, 1164/56, kein Zweifel. Also war Winne in Zivil fortgebracht worden, vielleicht, vielleicht zur Entlassung. Da blieb den fünf, die das hörten, gar keine Zeit, sich über Winnes mögliches Glück zu freuen, denn sofort schoss in ihnen der Gedanke hoch: Wenn Winne draußen ist, hab auch ich eine Chance, dann kommt wirklich zum 15. Gründungstag der DDR eine Amnestie, und Winne ist der Erste! Winfred Esch, Fotograf aus Ost-Berlin nach West-Berlin übergewechselt. Ein paar seiner Fotos waren um die Welt gegangen: Ein FDJ-Landsknechtstrommler vom Deutschlandtreffen, darunter die alten Gedichtzeilen vom Trommlerbuben, der die Trommel gut schlüge und nichts vom Lieben und Sterben wüsste. Nach des Generalissimus Tod hatte Winne in der Stalinallee den dicken Hintern einer Volkspolizistin abgelichtet, die, auf einer Leiter stehend, Trauerflor um ein Straßenschild wand. Und dann hatte er einen Abzug lanciert, der alte, kranke Stalin auf seinem letzten Parteitag, als Nahaufnahmen schon nicht mehr gestattet waren, das Foto hatte er von jemandem bekommen, der es wieder von einem bekommen hatte aus Karlshorst, dem sowjetischen Hauptquartier, darüber redete Winne auch jetzt nicht. Ein kalter Fotokrieger also, ins Garn gegangen, guter Kumpel, der was zu erzählen hatte. Und jetzt, jetzt war er vielleicht draußen, drüben.
Miserabel blieb die Arbeitsleistung an diesem Tag, abends lagen die fünf auf ihren Strohsäcken und dachten an sich und Winne und ihre Frauen und Kinder daheim. Eine Amnestie war am Tag ihrer Verkündung schon unter Dach und Fach, eine Amnestie brauchte Wochen und Tage, und vielleicht lief sie jetzt im Juli an.
Am nächsten Tag brach Krach auf zwischen Achmed und Ewald aus nichtigstem Grund, die Nerven rissen, Ewald stieß die Fäuste hoch und schwor, er würde Achmed zermalmen im nächsten Augenblick, er brüllte: "Ich will dir sagen, was du bist, ein kleines Halsschrei!" Da wälzten sich Fritze und L. vor Lachen, das Gewitter verzog sich, sie setzten ihr Karussell wieder in Gang und jagten mit dem Schrauber die Muttern fest. Besondere Farbmuster

für die Schläuche sollten sie wählen, aber dazu hatten sie keine Lust, heute rot und morgen blau. War Winne schon jetzt in West-Berlin? Mittags fassten sie die Suppe aus dem Gewächs der Saison, Spinat, vielleicht mit Spuren von gebratenem Speck; Achmed teilte sein Steak und seine öligen Bratkartoffeln diesmal mit Ewald. Unter Achmeds Bett standen Kartons mit arabischen Leckereien, übersüßen Früchtekuchen, Marzipan, Gläser mit Oliven, und Achmed hatte immer wieder gesagt: Was mir gehört, gehört euch allen. Aber L. konnte nicht zugreifen, sein Magen schmerzte schon, wenn er nur hinschaute. Der Arzt hatte ihm zugesichert: Wenn Sie operiert werden wollen, brauchen Sie's nur zu sagen. Aber L. hoffte, er könne sich in Freiheit aufschneiden lassen, mit Blumen von Annelies auf dem Nachtschrank. Wenn die Schmerzen zu stark waren, kniete er sich auf die Dielen und stützte die Ellbogen auf. Manchmal ließ dann der Krampf nach einer Viertelstunde nach.

Sie erzählten sich Geschichten - im Laufe ihrer Jahre waren ein paar hundert Schicksale an ihre Ohren gedrungen. Uraltstory: Der Mann, der beschuldigt worden war, den großen Sendesaal im Berliner Rundfunkgebäude in Brand gesteckt zu haben, er sei es gewesen, in allen Zeitungen hatte es gestanden, und dann hatte er das Gegenteil bewiesen. Sieben Jahre wegen Irreführung der Behörden. Uraltstory: Der Mann, der zu dreizehn Jahren verurteilt worden war und im Schlusswort um Minuten gebeten hatte, denn dann ginge er gerade in Rente, und warum sollte er sich lappiger zweier Jahre wegen erst wieder um Arbeit bemühen? Taufrisch: Tunnel-Dieter, der von West-Berlin aus einen Tunnel unter die Mauer gegraben hatte, um seine Braut zu holen, der in eine MP-Garbe hineingelaufen war, man sah es noch an einer Narbe an der Wange. Ein paar Jahre später hingen in Leipzig Plakate, die vor einem gefährlichen Rechtsbrecher warnten, äußeres Kennzeichen: Narbe an der Wange. Da hatte es Tunnel-Dieter fertig gebracht, sich durch Bautzens dicke Mauern zu graben, in einer Gartenlaube hatten sie ihn eine Woche später halbverhungert wieder geschnappt. Alte Geschichte: Hast du den Fischer gekannt, der Westagenten über Tiefen, Strömungen, Schilfgürtel und Gründe der Gewässer von Berlin detailliert unterrichtet hatte? Ein paar Westmark dafür und zwölf Jahre Knast. Zu ihm hatte sein Rechtsanwalt nach der Verhandlung gesagt: "Zugegeben, zwölf Jahre klingen unangenehm, aber es gibt ja Amnestien. Im übrigen darf ich mich wohl verabschieden. "Und dieser Jurist aus West-Berlin, der die heimliche Brücke zwischen Außenminister Dertinger und westlichen Diplomaten geschlagen hatte. Dreizehn Jahre. Ach, und Jack Volante, das gewaltigste Großmaul des Hauses, der Kommandant eines sowjetischen Kriegsgefangenenlagers ebenso gewesen sein wollte, wie Testflieger für V-Waffen, dessen Bruder Ritterkreuzträger der Nachtjäger gewesen sein sollte, dessen Braut selbstverständlich Fotomodell wäre, der drei Autos jetzt noch besäße und dessen Schäferhund eben wieder einen Preis gewonnen hätte. Der angebliche Brief seiner Mutter, in denen das und vieles mehr stand, an sich selbst schrieb und herumzeigte, aber leider machte die Mutter, eine verdiente Ärztin des Volkes, erstaunliche orthografische Fehler. Jack Volante, der sieben Onkels allein mütterlicherseits zu besitzen vorgab, einer wäre Farmer in Texas, einer Kapitän in Norwegen, ein anderer in der französischen Atomforschung, aber den dürfe Jack nicht sprechen. Er selbst säße im Knast, weil er als Hauptmann der Kasernierten Volkspolizei am 17. Juni 1953 seine Truppe auf eigene Verantwortung in den Kampf um den Potsdamer Platz geworfen hatte, ihm wäre die Rettung der DDR zu verdanken, aber er hätte einen Befehl missachtet, tja, so war das. Jack Volante, der Mann mit den fürchterlichsten Schweißfüßen. Und Benno, der Pole, der als Froschmann durch die Oder geschwommen war, lebenslänglich. Ein SS-General, lebenslänglich, der behauptete, die Kommunisten hätten den Kalender um drei Tage verschoben, aber ihn legten sie nicht aufs Kreuz!

Und das versicherten alle: Wenn wir entlassen werden, nischt wie auf den Bahnhof und in den Wartesaal rein und an die Theke und dann ein Bier, Junge, das erste Bier wird zischen. Und einer sagte:

Dann quasselt ihr los, und sie haben euch gleich wieder am Arsch. Erst mal hundert Kilometer fort.
Eines abends, trotz Amnestiehektik, sagte dann L. doch zum Sani-Kalfaktor: "Doktor, bitte wetzen Sie das Messer." Gut, er wolle es dem Häftlingsarzt mitteilen; vier, vielleicht sechs Wochen könnte es bis zur Operation dauern. Ein guter Entschluss, lobte Stahlberg, der es wissen musste, er war den Zwölffingerdarm und zwei Drittel des Magens längst los; ihm schmeckten Achmeds übersüße Spezereien.

3

Schlüssel im Schloss, ein Wachtmeister öffnete: "Komm Se!" Da war es Nachmittag gegen drei, das Klemmbrett-Karussell drehte sich mäßig. "Runter ans Gitter." Also, zur Anstaltsleitung.
Seele saß hinterm Schreibtisch. "Nehmen Sie Platz", und nachdem 23/59 das getan hatte: "Wie kommen Sie mit der Arbeit zurecht?"
"Ooch, geht ganz gut." L. redete von fehlenden Schrauben, weswegen sie in Verzug gekommen seien. "Aber allzu sehr interessiert mich das nicht, ich werde nämlich in der nächsten Zeit operiert."
"Wo?" fragte Seele scheinheilig.
"Im Haftkrankenhaus." Wo sonst?
"Das glaub ich nicht."
Darauf erwiderte L. nichts, er kannte solche Tastereien, Theatereien bis zum Speien. Das glaub ich nicht - was für ein Spielchen trieb Seele da?
"Dass Sie operiert werden, glaub ich ja schon, aber nicht im Haftkrankenhaus."
Und wieder schwieg der steinalte Häftling, auf schwankende Brückchen ging er nicht, er bereitete Seele nicht das Vergnügen, kopfüber ins Wasser zu purzeln, würzte ihm den grauen Anstaltsalltag keineswegs mit Verblüffung und Tolpatscherei. Und so musste Seele herausrücken:
"Sie werden nämlich noch diese Woche entlassen." Auch das nahm 23/59 ohne Wimpernzucken hin, ohne Ausruf oder Jauchzer. "Da

gibt es allerhand zu tun!" Nun war Seele ganz Geschäftigkeit. "Gehen Sie mal mit dem Wachtmeister mit, Sie müssen einiges unterschreiben."
"Komm gerade von der Arbeit, hab dreckige Hände."
"Da können Sie sich gleich hier waschen." Und 23/59 wusch sich mit der Seife des Anstaltsleiters und trocknete sich an dessen Handtuch ab.
Der Wachtmeister war jung, befangen. Daten fragte er ab: Name, geboren dann und dort, Beruf, Familienstand. Entlassungsort?
"Leipzig."
Wollte der freundliche Wachtmeister etwas andeuten, das er nicht formulieren durfte? "Ich möchte keine Dinge berühren, die mich nichts angehen, aber - nach sieben Jahren könnte es ja sein, dass Entfremdung zwischen Ihrer Familie und Ihnen - deshalb frage ich..."
"Nein, bei uns ist alles in Ordnung."
Ein Blick. "Also, ich schreib hin: Leipzig?"
"Ja." Später erfuhr L. aus Briefen von Mithäftlingen, dass er in dieser Sekunde auch hätte sagen können: West-Berlin, Hamburg, Köln, München, dann wäre er dorthin entlassen worden. Aber er war froh, dass er in diese Versuchung nicht geführt worden war, denn der Wachtmeister hätte ihm gewiss nicht garantieren können, dass seine Familie nachkommen dürfte. Zwiespalt blieb ihm erspart, er dachte in diesen Minuten überhaupt nur: In zwei Tagen bist du bei Annelies und den Kindern, in der Oststraße in Leipzig.
"Ihr Berufswunsch?"
"Schriftsteller."
Dann hopphopp hinauf in die Zelle, Sachen packen, denn gleich war Feierabend, und L. sollte keinem Kumpel mehr die frohe Botschaft vermelden können. Jetzt schnell Schüssel, Teller, Zahnbürste und Handtuch in die Decke geschlagen. Zwei Gläser mit Pflaumen, ein halbes Glas Senf und sieben Zwiebeln blieben für Ewald, Fischbüchsen und Wurstgläser nahm er mit, Bündel über die Schulter geworfen und hinunter in die Abgangszelle, in eine kleine Isolation noch. Jetzt war Dienstag, also würde wohl Don-

nerstag werden, ein Tag würde bestimmt für die Formalitäten gebraucht. Der Chefkalfaktor fragte milde, ob 23/59 warmes Wasser wünschte, eine ganze Kanne vielleicht. Stille war hier unten im Seitenflügel, leise schloss der Wachtmeister. Der Abschied von den Gittern begann.

Bislang hatte L. leidlich geschlafen in sieben Jahren, in dieser Nacht hörte er vom Schuldach jeden Viertelstundenschlag. Er lag wach und rechnete aus, wie viele Tage er hinter Gittern zugebracht hatte, es waren mehr als zweitausendfünfhundert. Er hätte gern gewusst, ob all das einen Sinn gehabt hatte, beginnend mit dem Grübeln und Debattieren nach dem XX. Parteitag, der Eifer und der Genuss des Engagements, Rechthaberei und Starrköpfigkeit, das Unvermögen, einzulenken. Die Haftzeit hatte seinen Kindern eine böse Jugend beschert und ihnen Kerben geschlagen, die sich vermutlich nicht glätten würden. Sieben Jahre fehlten im Leben und in der Arbeit - fehlten sie? Sein Magen war nur noch ein Dreck, und er wusste nicht, dass ein Jahr später der große Chirurg Uebermuth den Kopf schütteln würde: Sie haben Löcher drin, durch die man die Faust stecken kann! In dieser Nacht versuchte er herauszufinden, ob neben allem Leid und aller zerstörten Zeit auch etwas Positives war. Er war Dutzenden Menschen begegnet, die er sonst nie getroffen hätte, hatte unglaubliche Geschichten gehört, um die ihn Schriftstellerkollegen später beneiden sollten. Er kannte miese Deserteure und große Hasardspieler, rüde Burschen und Feiglinge, und maß die eigenen Grenzen genauer als vorher. Das wog nicht auf, aber was dann? In den Jahren danach hörte er manchmal, durch seine sieben Jahre seien ein paar Dutzend Funktionäre zum Nachdenken gezwungen worden, sie hätten begriffen, dass man so einen politischen Fall nicht lösen, so mit den eigenen Leuten nicht umgehen dürfe. Natürlich, seinen Roman "Schattenboxen" hätte er ohne Bautzener Erfahrung nie geschrieben. "Etappe Rom" und "Kein Mann für diese Welt" sind Knastgeschichten - ohne seinen Umweg über Bautzen hätte er natürlich andere Erlebnisse gehabt, sie hätten ihn zu freundlicheren Stoffen geführt. Wenn etwas auf der Plusseite notiert werden konnte, dann allenfalls, dass am Fall L.

so augenfällig demonstriert worden war, dass diese Methode irrsinnig, inhuman und unsozialistisch war und jedes Licht scheuen musste. Wenn es so war, dass einige von denen, die für diesen Prozess verantwortlich waren, argwöhnten, dass so ein Feind des Sozialismus nicht aussah, dann hatte der Fall L. ein Quäntchen Nutzen gebracht. Objektivität setzt sich aus Millionen von Subjektivitäten zusammen - ohne diese sieben Jahre, so dachte er, während er auf dem Strohsack lag und eine Kirchenuhr jede Viertelstunde schlagen hörte, wäre die objektive Entwicklung genauso verlaufen, vielleicht um eine Hundertstelsekunde langsamer. Unbändig freute er sich aufs Schreiben, und einen Tag später setzte er sich wirklich früh um fünf an die Tasten. Unauffällig wollte er leben, sich aus politischen Querelen heraushalten - das stand er im großen und ganzen fünfzehn Jahre lang durch, dann krachte es wieder. Die Memoiren des Waldemar Naß und den liegengebliebenen SS-Roman wollte er beenden, es gab Arbeit genug. Nicht an das Vergangene rühren - und er kam doch Jahre später zu der Ansicht und äußerte sie: Die Regierung der DDR habe seine Frau, seine Kinder, seine Schwiegereltern und seinen Vater und schließlich ihn selbst um Vergebung zu bitten. Natürlich tat sie das nie.

Am Morgen des 25. September 1964 rasselten zum letzten Mal die Schlüssel. "Komm Se!"
23/59 kam.

Henry van Coevenhooven *(USA)*

Das Peter Fechter - Schicksal

So jung und nun musst du sterben

Es ist der 17. August 1962. Mittags gegen 12.30 Uhr. Ein warmer Sommertag.

Der 18-jährige Peter Fechter und sein gleichaltriger Freund Helmut legen wie auf ein lautloses Kommando ihr Handwerkzeug beiseite und verlassen - von den anderen Kollegen, die ebenfalls zur Mittagspause rüsten, kaum beachtet - ihre Baustelle im ehemaligen Kaiser-Wilhelm-Palais in Berlin. Mit einem verschmitztem Lächeln schlendern sie gemächlich die Straße Unter den Linden entlang, betreten einen Konsumladen und bestellen sich jeder eine Bockwurst und eine Boulette. An einem Stehtisch beginnen sie den Verzehr.
Peter sagt zu Helmut: "Wenn unsere gestrengen Daddies" - gemeint sind die älteren Kollegen - wüssten, das sie uns soeben zum letzten Mal gesehen haben...
Schweigend gehen beide in Gedanken noch einmal jenen denkwürdigen 15. August durch, als sie gegen 16 Uhr in Richtung Zimmerstraße gelaufen waren, um zum x-ten Male diese schreckliche Mauer auf eine Fluchtmöglichkeit hin zu untersuchen. Da sie an der Charlotten-/Ecke Schützenstraße auf zwei Grenzposten gestoßen waren, hatten sie, um nicht aufzufallen, einen Schwenker in die Schützenstraße hinein gemacht. Der Ausweicher war zu ihrem scheinbaren Glück geworden. Denn sie hatten eine Art Fabrikgebäude entdeckt, das mit einem Vorderflügel bis an die für eine Flucht wichtige Zimmerstraße heranreichte. Nach dieser Entdeckung stand für sie fest, dass sie in wenigen Tagen die schon seit langem geplante Flucht wagen würden. Da in dem Gebäude gearbeitet wurde, konnten sie dieses, ohne Argwohn zu erregen, in Arbeitskleidung betreten.

Dutzende Male hatten sie während der letzten zwei Tage den Fluchtplan durchgesprochen. Mit der leider immer etwas zu waghalsigen Selbstsicherheit der Jugend hielten sie es nicht für nötig, ihn im Schutze der Nacht zu realisieren. Sie setzten auf den Überraschungseffekt, darauf, dass auch der misstrauischste Grenzer bei Tage keine Flucht vermuten würde...
Der letzte Bissen ist gegessen, noch einen Schluck Limo, dann gehen sie scheinbar ziellos, doch sehr wohl zielgerichtet, weiter. Ein letztes Mal vor dem Erreichen der Schützenstraße besprechen sie alle Details. In ihrer Arbeitskleidung fallen sie niemandem auf. Den Überinstinkt, das grenzenlose Misstrauen auf alles und jeden, der sich in der Nähe des "antifaschistischen Schutzwalles" auf der Ostseite bewegt, sollten die Machthaber ihren Lakaien erst später einbleuen.
Schweigend betreten die beiden jungen Männer das Gebäude und tasten sich zwischen Schutt und Gerümpel und allerlei Materialien und Gegenständen bis zur Vorderfront durch. Es ist 14.00 Uhr. Ihnen bleibt fast das Herz stehen, als sie feststellen müssen, dass anscheinend alle Fenster zugemauert sind.
"Diese Verbrecher!" entfährt es Helmut.
Doch als sie schon aufgeben wollen, entdecken sie das einzige Fenster, das nicht zugemauert worden ist. Aufgeregt und sehnsüchtig blicken sie auf das Niemandsland, über Stacheldrahtballen und Mauer hinüber zur Freiheit. Nirgendwo bemerken sie einen Grenzposten. Sie beraten sich kurz und beschließen, die schweren Arbeitsschuhe auszuziehen, um behender zu sein. Sie werfen ihr Schuhwerk auf einen Haufen Hobelspäne.
Immer noch ist, soweit sie ins Niemandsland hineinblicken können, kein Grepo zu erblicken. Sie sehen einander ein letztes Mal an, nicken einander zu, wünschen sich Glück. Es ist 14.09 Uhr.
Dann reißen sie das morsche Fenster aus der Halterung, und Peter Fechter springt als Erster hinunter in die Zimmerstraße. Helmut folgt ihm. Sie überwinden die erste Stacheldrahtbarriere und rennen auf die etwa 2 Meter hohe Mauer zu, die Peter Fechter als Erster erreicht.

Plötzlich zerreißen vier, fünf, sechs Schüsse die Nachmittagsstille. Zwei Schüsse so dicht an Peter Fechters Kopf vorbei, dass er an Wangen und Ohren einen schmerzähnlichen Zustand verspürt und teils erstaunt, teils verschreckt, stehen bleibt. Ihm ist, als habe er von einer Sekunde zur anderen dem Tod in die böse Visage gesehen, und er ist verstört und wie gelähmt und will sich ergeben. Wie durch einen Schleier sieht er den Freund an der Mauer und durch Stacheldraht sich hochhangeln, und wie als Echo hört er dessen Zurufe.

Doch während Helmut die Mauer überwindet und in die Freiheit springt hebt Peter seine Hände - wie er's in Filmen hundertmal gesehen - und dreht sich langsam um. Plötzlich - und näher als vorher - peitschen wieder Schüsse, und Peter fühlt einen Hammerschlag in Brust und Rücken, er stöhnt dumpf auf, der breite, hammerartige Schmerz wird ein spitzer, bohrender, schneidender - wie von einem Dolchstoß oder einem Schwertstich!

Peter Fechter stürzt zu Boden, während die Grepos - von Schießwut getrieben - weiterhin ihre Maschinenpistolen abdrücken und völlig sinnlos sieben Leuchtkugeln in die Luft jagen.

Hinter der Mauer - auf West-Berliner Gebiet sammeln sich neugierige und empörte Bürger. Rasch werden Standmöglichkeiten errichtet, und als kein Schuss mehr fällt, klettern die ersten hinauf und blicken über die Mauer, blicken entsetzt auf den zum Greifen nahe vor der Innenseite der Mauer liegenden zusammengeschossenen Peter Fechter.

Ein betäubender heißer Schmerz durchschneidet wie ein Schweißbrenner Peter Fechters gesamten inneren Körper. Er schreit laut vor Schmerzen, und er schreit um Hilfe und Rettung: "Helft mir, helft mir!"

Doch niemand kommt vom Fabrikgelände her, ihn zu holen - und keiner der hinter der Mauer Stehenden, so erschreckt und mitleidsvoll sie auch blicken mögen, wagt angesichts der von den Grepos und Vopos in Anschlag gebrachten Maschinenpistolen, zu ihm hinunterzuspringen und ihn über die Mauer zu heben, dorthin, wo

allein ihn Leben und Rettung erwarten, dorthin, wohin seit dem unseligen Mauerbau seine Gedanken stündlich gewandert waren.
So holt mich doch endlich, denkt Peter unter unvorstellbaren Schmerzen, springt doch einfach alle von der Mauer, sie schießen doch nicht auf alle, das wagen sie doch nicht... So springt doch und hört auf zu warten und zu glotzen!
Doch es scheint an diesem 17. August 1962 um 14.20 Uhr kein Held unter denen zu sein, die live diese Tragödie mitten im Frieden, mitten im 20. Jahrhundert, 17 Jahre nach dem Weltkrieg miterleben und miterleiden, keiner, der die vielen auf dem freien Teil Berlins zu einer großartigen Gemeinschaftshandlung anspornt und mitreißt, indem er als Erster zu dem verblutenden, dem sterbenden Peter Fechter hinunterspringt. Sie schluchzen, sie weinen, sie fluchen und drohen den feigen Vopos und Grepos in ihren Schlupflöchern, diesen Grepos, die mit jeder Minute, mit jeder Sekunde, da sie - aus welchen Gründen auch immer - den von ihnen Angeschossenen nicht bergen, sich mehr der unterlassenen Hilfeleistung schuldig machen und dem schrecklichen Status eines Mörders entgegengehen.

Die West-Berliner sind außer sich, aber sie wagen nicht das Letzte, um diesen jungen Menschen zu retten, der nichts mehr und nichts weniger wollte, als von Deutschland nach Deutschland, von Berlin nach Berlin zu gelangen - unbewaffnet, nicht aggressiv und am helllichten Tage.
Jede Minute, die so unter Schmerzen vergeht, ist für Peter Fechter von unvorstellbarer, bleierner Länge. Er altert in Sekunden. Weil niemand ihm hilft, schreit er vor Schmerzen, Verzweiflung und Hass: "Ihr Verbrecher!" Er meint die Kommunisten, doch auch die Vielen hinter der Mauer zucken zusammen!
Endlich erlöst ihn eine Ohnmacht von den unerträglichen Schmerzen. Aus dieser Ohnmacht erwacht er nie mehr richtig. Der Zustand, den wir Agonie nennen, trägt ihn wie auf Zauberschwingen in die Tage der Kindheit zurück.
Es ist wenige Sekunden vor 15.00 Uhr.

Peter Fechter scheint nur noch ganz schwach zu atmen. Viele der hinter der Mauer Stehenden gestikulieren, schreien und drohen zu den Grepos und Vopos hin. Zeitweise sieht es ganz so aus, als wollten einzelne Zornerfüllte die Mauer übersteigen. Eine Frau im Alter von Peters Mutter steht vor Trauer und Entsetzen wie gelähmt, wischt sich die Tränen aus dem Gesicht und sagt ganz leise: "So jung, und nun musst du sterben."
Bald haben alle den Eindruck, Peter Fechter sei tot. Ein Zorngebrüll hebt an: "Mörder! Mörder! Mörder!"
Da hastet endlich ein Grepo über das Niemandsland, hebt unter den Beschimpfungen der West-Berliner den toten Peter Fechter hoch und eilt zurück.
Die Bilder des am Boden liegenden sterbenden Peter Fechter und dieses mit dem Toten forthastenden Grenzers gehen noch am selben Tag um die ganze Welt.
Um diese unglaubliche Grausamkeit mitten im Frieden wenigstens etwas an Horrorwirkung zu nehmen, verbreiten die Machthaber die Lüge, Peter Fechter sei später im Krankenhaus gestorben. Niemand glaubt dies, niemand kann es bis heute glauben.
Peter Fechter wurde am 27. August 1962 um 12.00 Uhr auf dem Friedhof in Berlin-Weißensee unter strengster Observierung der Stasi beerdigt.

Simone Wendler *(Lausitzer Rundschau)*

Die Staatssicherheit als Zuhälter

Nach elf Jahren in Haft und Psychiatrie wurde eine Brandenburgerin als Spitzel in Nachtbars geschickt

Bärbel Vogt lebt mitten unter uns im Süden Brandenburgs – eine freundliche Frau um die 60, die aussieht, als habe sie nur wenig Aufregendes erlebt. Das täuscht gewaltig. Elf Jahre saß sie zu Unrecht in der DDR in Gefängnissen und in der Psychiatrie. Sie hat drei Jahre als Spitzel für die Staatssicherheit gearbeitet und war trotzdem bis vor wenigen Monaten im öffentlichen Dienst beschäftigt. Mit 57 IM-Berichten hat sie eine dicke Stasi-Täterakte, aber mit etwa einem Dutzend auch die vielleicht meisten Rehabilitationsverfahren. Ihr Leben spiegelt einige der dunkelsten Kapitel der DDR wider.

Zu ihrem Führungsoffizier Hans-Peter hat Bärbel Vogt noch immer ein schwer nachvollziehbares Verhältnis. Sie hasst ihn nicht, obwohl sie allen Grund hätte, nach dem, was sie inzwischen weiß. "Der hat sich um mich gekümmert, der hat mich beschützt", sagt sie. Er habe ihr aber auch gedroht: "Wenn du mit mir brichst, dann holen sie dich wieder." Sie holen, das bedeutete für Bärbel Vogt wieder eingesperrt sein, wie so oft im Jugendwerkhof, in Gefängnissen, in psychiatrischen Kliniken. Insgesamt elf Jahre ihres Lebens, einem Leben, mit dem sie nicht fertig wird und über das sie kaum sprechen kann.

"Ich möchte mich für einiges entschuldigen, aber ich kann doch niemandem offen sagen, dass mich die Stasi auf den Strich geschickt hat", sagt Bärbel Vogt. Sie fühle sich wie taubstumm, wie unter einer dicken Wachsschicht eingeschlossen. "Jede Nacht kommen die Bilder wieder, dann durchleide ich das noch mal", sagt sie. Keine Nacht schläft die Vorruheständlerin durch. Daran werden auch die etwa tausend Euro mehr Rente pro Jahr nichts ändern, die

sie nach einem vor vier Wochen gefällten Urteil des Bundesverwaltungsgerichtes bekommen wird.
Das höchste deutsche Verwaltungsgericht bestätigte damit eine mutige Entscheidung, die die Cottbuser Verwaltungsrichter vor zwei Jahren getroffen hatten. Sie hatten der Frau Recht gegeben, die gegen das Land Brandenburg auf berufliche Rehabilitierung geklagt hatte. Die Cottbuser Richter waren, nachdem sie die Stasi-Täterakte von Bärbel Vogt gelesen und sich ausführlich mit ihrer Biografie beschäftigt hatten, zu der Überzeugung gekommen, dass ihre etwa dreijährige Spitzeltätigkeit für die Staatssicherheit Ende der 70er-Jahre nicht freiwillig war. Das MfS habe ihre persönlichen Probleme und das ihr zuvor durch die DDR-Justiz angetane Unrecht schamlos ausgenutzt.

Missbrauch durch den Vater

Das Leben von Bärbel Vogt gerät aus den Fugen, als ihre Mutter kurz nach Kriegsende ins Krankenhaus kommt, später stirbt. Das Mädchen, damals fünf Jahre alt, kommt ins Heim. Mit vierzehn darf sie zu ihrem Vater zurück, doch der missbraucht sie. Bärbel will nur noch weg. Der einzige Mensch, den sie kennt und von dem sie Hilfe erwartet, ist ein Onkel. Doch der wohnt in Dortmund. "Ich wusste damals eigentlich gar nichts über den Westen und über die Grenze, nur so ungefähr die Himmelsrichtung in die ich fahren musste", sagt Bärbel Vogt.

Per Anhalter macht sich die Halbwüchsige im Sommer 1960 auf den Weg. Doch der Autofahrer, der sie mitnimmt, fragt sie aus und liefert sie bei der nächsten Polizeiwache ab. Bärbel Vogt wird für diesen angeblichen Fluchtversuch, der vielmehr ein lauter Hilfeschrei war, schwer bestraft. Für drei Jahre verschwindet sie in einem Jugendwerkhof. Körperlich schwere Arbeit, militärischer Drill, harte Strafen für kleinste Vergehen, so beschreibt sie die Zeit. Nach ihrer Entlassung fasst Bärbel Vogt in ihrem Leben nicht mehr Fuß. Sie hält sich nicht an die ihr vorgeschriebenen Aufenthaltsorte und Arbeitsplätze, sie beginnt zu trinken. Immer wieder wird sie deshalb wegen "asozialen Lebenswandels" eingesperrt, einmal auch wegen "Vorbereitung zur Republikflucht", denn die Idee in den Westen abzuhauen, lässt sie nicht mehr ganz los.

Erst kommt sie nur ins Gefängnis, irgendwann aber auch in die Psychiatrie, denn Bärbel Vogt versucht immer wieder, sich das Leben zu nehmen, meist mit Tabletten. Wie oft, das weiß sie heut' nicht mehr. Dass sie einmal auch versucht hat, sich im Frauengefängnis die Adern aufzuschneiden, davon zeugen heute noch Narben in ihren Armbeugen. In den psychiatrischen Kliniken wird sie mit Medikamenten vollgepumpt. An den dadurch ausgelösten gesundheitlichen Schäden leidet sie noch heute. Ein Kind das sie bekommt, wird gegen ihren Willen zur Adoption freigegeben, während sie im Gefängnis sitzt.
"Mich hat doch keiner mehr gewollt nach dem Jugendwerkhof", sagt sie. Überall, wo ihr Arbeit zugewiesen wurde, sei schon bekannt gewesen, wo sie herkam: "Da wollte sich doch keiner wirklich mit mir anfreunden".

Der erste Versuch sie als Spitzel anzuwerben, geschieht im Frauengefängnis. In einer Mischung aus Trotz und Naivität gibt sie das selbst kurz nach dem Appell bekannt. Für drei Tage wird sie dafür ohne Essen in einen Betonbunker gesperrt. Dann bringt die Frau, die sie angeworben hatte, ihr eine Schüssel dampfende Erbsensuppe als Belohnung, wenn Bärbel Vogt öffentlich erklärt, sie habe nur einen Haftkoller gehabt. Bärbel Vogt wirft die Suppe nach ihr und bekommt dafür Prügel.

Geeignetes Werkzeug

Das Schlimmste damals war, so sagt sie heute, dass sie nie jemand hatte, dem sie sich anvertrauen konnte, der ihr Wärme und Geborgenheit gab. Ihr Verhältnis zu Männern ist nach dem Missbrauch durch den Vater offensichtlich gestört. "Die wollten mir alle immer gleich an die Wäsche", erinnert sie sich. Sie geht mit ihnen mit, verachtet sie gleichzeitig. Es gibt keinen, bei dem sie länger bleibt.

1976 wird Bärbel Vogt von der politischen Abteilung der Volkspolizei K1 angeworben. Als "Vorteil" dabei notierten die K1-Polizisten damals ihre "Kontakte zu Vorbestraften, ihre Labilität, das Fehlen von Angehörigen und ihre Einsamkeit". Alles das, was DDR-Gefängnisse und Psychiatrie im Leben von Bärbel Vogt bis dahin angerichtet hatten, macht sie nun zum geeigneten Werkzeug der politischen Abteilung der Polizei.

Sie selbst kann sich nur noch an wenige Details dieser Zusammenarbeit erinnern. "Ich sollte da irgendwelche Sexualstraftäter aufspüren", sagt Bärbel Vogt. Einmal habe man sie durch einen Wald geschickt, in dem sich angeblich ein Frauenmörder aufhielt. "Die haben mir gesagt, da ist auch Polizei im Wald, die passen auf mich auf, ich soll den Kerl nur anlocken", erzählt sie. Mit angstschlotternden Knien sei sie losgelaufen. Als dann wirklich ein Mann vor ihr stand und sie nicht wusste, ist das ein Polizist oder der gesuchte Mörder, da sei sie ohnmächtig geworden.

Nach kurzer Zeit übernimmt die Staatssicherheit dann Bärbel Vogt von der K1-Polizei. Hans-Peter, der MfS-Offizier, der zu ihr geschickt wird, ist ganz anders als die Männer, mit denen sie bisher in ihrem Leben zu tun hatte. "Der hatte Manieren, sah gut aus und wollte nicht mit mir ins Bett", sagt Bärbel Vogt. Zum ersten Mal in ihrem Leben sei sie "total verknallt" gewesen. Für Hans-Peter, so sagt sie, hätte sie alles getan.

Dass ihr das MfS so einen "Traummann" schickt, um sie als IM "Gabriele Pille" in Berliner Nachtbars zu schicken, ist offensichtlich kein Zufall. Der Staatssicherheitsdienst kennt ihre Biografie bestens, ihre Haftstrafen, ihre Krankengeschichte, die ganze Zerrissenheit ihres bisherigen Lebens.

Auch Schuld auf sich geladen

"Hans-Peter hat mir gesagt, er sei mein Bewährungshelfer", erzählt Bärbel Vogt. Er besorgt ihr eine Wohnung in Berlin, eine Arbeit, Möbel, gibt ihr Geld. Das kann Bärbel Vogt dringend brauchen, denn sie hat gerade ihr zweites Kind zur Welt gebracht, das sie um jeden Preis behalten will. Gegen eine Zusammenarbeit mit dem MfS sträubt sie sich nicht, im Gegenteil. Die Angst, wieder im Gefängnis oder der Psychiatrie eingesperrt zu werden und dadurch auch ihr zweites Kind zu verlieren, treibt sie dem MfS-Offizier Hans-Peter regelrecht in die Arme. Denn von ihm erhofft sie sich Schutz. "Ich wusste aber, dass der nur so lange gut zu mir ist, wie ich die erwartete Leistung bringe", sagt Bärbel Vogt über ihre damalige Lage.

Interessant war sie für das MfS wegen ihres Kontaktes zu einem Mann aus West-Berlin geworden. Der, so wurde vermutet, sei ein Fluchthelfer. Bärbel Vogt soll ihn bei seinen Besuchen in Ost-Berlin ausforschen. Durch eine Postkarte, die sie einem Westdeutschen in einer Bar zugesteckt habe, habe sie den Anwalt jedoch gewarnt, versichert sie. In den Berliner Nachtbars ist sie damals schon gut bekannt. Die Staatssicherheit schickt sie nun zielgerichtet dorthin, um Männer kennen zu lernen und auszuforschen. Dazu soll sie mit ihnen auch ins Bett gehen. Bei den meisten hat sie wenig Skrupel, über sie zu berichten. "Die haben mir hinterher die Familienfotos mit ihren Frauen und Kindern gezeigt", erinnert sich Bärbel Vogt, "die haben sich überhaupt nicht geschämt." Nie habe sie, so versichert sie, über Freunde oder Kollegen berichtet. Doch sie liefert dem MfS Informationen, die für die Betroffenen durchaus gefährlich waren. An dieser Schuld, die ihr bewusst ist, trägt sie noch heute schwer.

Von der Staatssicherheit kommt Bärbel Vogt erst los, als sie einen Mann kennen lernt, der sie heiraten will. Sie willigt ein, die Akte von IM "Gabriele Pille" wird geschlossen. Sie führt von da an mit

Mann und Kind ein ganz normales, unauffälliges Leben, fast zehn Jahre lang. Dann fällt die Mauer und überall ist plötzlich von Stasispitzeln die Rede.

Bärbel Vogt bekommt Panik. "Ich wusste überhaupt nicht, wie das einzuordnen war, was ich damals für die Stasi gemacht habe, was nun mit mir passiert", erinnert sie sich. Vor lauter Angst und Schuldgefühlen geht sie im Spätherbst 1989 sogar zur Polizei und zeigt sich selbst an. Ohne professionelle Hilfe kann sie ihr Leben von da an nicht mehr meistern. Im Berliner Zentrum für Folteropfer wird sie ein Jahr lang betreut. Ihre Arbeit im öffentlichen Dienst kann sie behalten, nachdem sie sich dort ihren Vorgesetzten gegenüber offenbart und ihre Lebensgeschichte erzählt hat. Die Akten des Staatssicherheitsdienstes belegen dabei, das sie die Wahrheit sagt.

Der Kampf um die juristische und nun auch berufliche Rehabilitierung gibt Bärbel Vogt seit mehr als zehn Jahren Halt. Ihr Rechtsanwalt Wolfgang Ternick, der sie von Anfang an begleitet, wird ihr vielleicht wichtigster Gesprächspartner. Trotzdem versuchte sie vor wenigen Jahren erneut, sich das Leben zu nehmen.

Völlig zurückgezogen

Bärbel Vogt lebt heute mit ihrem Mann völlig zurückgezogen. Sie verlässt kaum noch das Haus. Wer sie besucht, bemerkt zunächst kaum, wie sehr sie unter der Vergangenheit leidet. Sie ist ruhig, freundlich, sorgfältig gekleidet und frisiert – eine nette, ältere Dame, deren Nachbarn nichts von der Tragik ihres Lebens ahnen. Sich zusammenreißen, das habe sie gelernt, sagt Bärbel Vogt. Wenn sie jedoch eine Weile von ihrer Zeit hinter Gefängnisgittern oder ihrem Leben als IM "Gabriele Pille" erzählt, beginnt sie lautlos zu weinen.

Wütend ist Bärbel Vogt vor allem auf die Ärzte, die sie in der Psychiatrie mit Medikamenten vollgestopft haben. Belangen konnte sie die Mediziner nicht mehr. Die strafrechtlich in Frage kommenden Taten waren nach 1989 verjährt. Hans-Peter, ihren Führungsoffizier, in den sie so verliebt war, hält sie inzwischen für "ein ärmliches Würstchen". Der hatte ja in seinem Leben eine Alternative", begründet sie das, "der hätte ja auch was anderes machen können, der musste ja nicht zur Stasi gehen."

Die früheren Führungsoffiziere der Staatssicherheit dürften sich heute nicht so aus der Verantwortung stehlen, fordert sie. Schließlich hätten sie die IM angeworben, ihnen Aufträge erteilt. "Das haben wir doch nicht selbst gemacht", sagt Bärbel Vogt, "bisher mussten aber nur wir den Kopf hinhalten."

Klaus Behling *(BILD)*

"Die Revolution entlässt ihre Kinder"
- Wie ein Buch Horst Winters Leben zerstörte -

"Was wollen die von mir? Ich habe doch nichts Unrechtes getan!" Horst Winter rutscht auf die Stuhlkante. Seit einer Ewigkeit sitzt er allein in dem leeren Raum. Vor sich ein abgestoßener Schreibtisch, eine Lampe steht darauf. An der Wand ein Bild von Walter Ulbricht, vor den Fenstern hängen schlaffe, grellbunte Vorhänge. Langsam graut der Morgen hinter den Scheiben.
Eine Stunde, zwei Stunden, Horst Winter weiß nicht, wie lange er schon in dieser Wohnung in Greifswald sitzt. Ob die Tür abgeschlossen ist? Seit die beiden Männer den Raum verlassen haben, hockt er fast reglos da. Wie ein Mühlrad rumpeln die Gedanken durch seinen Kopf.
Was wollen die Stasi-Männer von ihm? Er versucht, seine Gedanken zu ordnen. Die paar Besuche in West-Berlin, das macht doch jeder. Das kann es nicht sein. Und dass Tante Martha wieder in ihre alte Heimat nach Ostfriesland zurückgegangen ist, auch nicht. Nach dem Krieg ist sie in dem Städtchen nahe der Ostsee hängen geblieben. Mann und Sohn gefallen, Horst Winter hatte sie in seine junge Familie aufgenommen, doch das ist inzwischen 12 Jahre her. Da ist es doch ganz normal, irgendwann wieder nach Hause zurückzukehren.

Horst Winter fühlt Hitze in sich aufsteigen. "Zur Klärung eines Sachverhaltes" hatten die Männer gesagt, als sie ihn in aller Frühe mit dem dunklen EMW abholten. Was für einen Sachverhalt? Der Mann knetet die Hände. "Ich bin doch nicht gegen den Staat!" Horst Winter lehnt sich zurück. "Gut, ich habe meine Meinung gesagt, aber dass muss ich doch. Dazu bin ich in der Partei!"
Sozialismus muss menschlich sein, hatte er auf der letzten Versammlung gesagt und alle nickten dazu. Klar, die Geheimrede Nikita Chruschtschow zu den Verbrechen Stalins, die der

sowjetische Parteichef gerade ein Jahr zuvor gehalten hatte, stand nur im Westen in der Zeitung. Aber immerhin hatten die Genossen in Moskau alles auf den Tisch gelegt. Nun war der Weg frei, mit neuem Schwung die bessere Gesellschaft aufzubauen. Das will doch auch Horst Winter. Er gehört doch dazu! Die DDR, das ist doch sein Staat!

Wie war es denn damals, nach dem Krieg? Wie ein Film laufen die letzten Jahre vor seinen Augen ab.

Gerade 19 Jahre ist Horst Winter alt, als er aus russischer Kriegsgefangenschaft in seine Heimatstadt Stralsund zurückkehrt. Sein zerschossener Arm hat ihn vor längerer Gefangenschaft bewahrt. Er kann nicht arbeiten, ist deshalb für die Russen nur ein lästiger Fresser.

Die Familie ist ausgebombt, bei Bekannten findet er Unterschlupf. Der Arm eitert. Splitter von der Stalinorgel treten aus der Haut. Der Arzt will amputieren. Doch Horst Winter sagt nein. Lieber ein gefühlloser, kaum zu gebrauchender Arm am Körper, als ein leerer Ärmel. Die Zeiten, in dem man auf solche Verwundungen stolz war, sind vorbei. Nur sein Verwundetenabzeichen, das schwarze Oval mit dem Stahlhelm und dem Hakenkreuz, hebt er auf.

Das Hakenkreuz auf dem Verwundetenabzeichen! Heiß schießt es in Horst Winter hoch. "Sind sie Briefmarkensammler?", hatten die Männer gefragt. Als er verneinte, legten sie Omas Album mit den Marken vom Deutschen Reich auf den Tisch. Woher hatten sie das überhaupt, das lag doch immer in der Kiste auf dem Boden? Hausdurchsuchung, die müssen eine geheime Hausdurchsuchung gemacht haben. Horst Winter wird der Kragen eng. Er glaubt, sich nun die höhnischen Fragen des Dicken mit der Brille erklären zu können: "Wenn Sie schon keine Briefmarken sammeln, wollen Sie wohl wenigstens auf die Hakenkreuze darauf nicht verzichten?" "Sie waren doch in der HJ?" schoss der andere seine Frage nach. "Ja, nein, ich meine..." "Was Sie meinen interessiert uns nicht. Uns interessiert, weshalb es in Ihrer Wohnung Dutzende von Hakenkreuzen gibt!"

Horst Winter erinnert sich, wie die beiden Stasi-Vernehmer vielsagende Blicke wechselten. Ihm fällt ein Stein vom Herzen. Nein, mit Nazi-Vergangenheit hatte er nun wirklich nichts zu tun. Und das kann er auch beweisen. Mit seinem ganzen Leben nach dem Krieg.
Der entwurzelte, verwundete Soldat Winter ist nach dem vielen Leid fest davon überzeugt, dass nun endlich neue Zeiten anbrechen. Mehr Gerechtigkeit soll es geben. Und vor allem: Nie wieder Krieg. Dafür will Horst Winter kämpfen. Der Krieg. Der verfluchte Krieg. Wer dagegen ist, muss einfach nur Gutes für die Menschen wollen. Horst Winter tritt in die SPD ein. Bald darauf ist er in der SED. Er hatte gegen die Vereinigung gestimmt, doch angeblich war die Mehrheit dafür. Das muss man akzeptieren, so ist es nun mal bei demokratischen Abstimmungen.
Der junge Mann fügt sich, ohne sich viele Gedanken zu machen. Schließlich ist auch die SED gegen den Krieg. Und nur das zählt für ihn. "Wenn im Sozialismus keiner mehr am Krieg verdienen kann, weil die Fabriken dem Volk gehören, kann es auch keine Kriege mehr geben." Daran glaubt Horst Winter. Die einfachen und plausiblen Erklärungen in den Schulungsheftchen der Partei haben ihn überzeugt.
"Haben Sie es sich überlegt?"
Krachend, aber doch überraschend, war die Tür von draußen aufgestoßen worden. Horst Winter zuckt zusammen:
"Ich bin doch kein Nazi..."
"Das haben wir auch nie behauptet." Der dicke Vernehmer ist allein gekommen. Er lässt sich geräuschvoll auf den Stuhl fallen.
"Wir haben hier einen Sachverhalt zu klären und Sie haben uns dazu Auskünfte zu geben."
"Aber Genosse..."
"Genosse? Das wird sich noch klären, ob wir Genossen sind!"

Die Stimme klingt drohend. Barsch schiebt der Mann ein Stück Papier an den Schreibtischrand, legt einen Bleistift dazu. "Schreiben Sie ihren Lebenslauf auf!" Die Tür fällt wieder ins Schloss. Horst Winter versucht sich zu konzentrieren. Hinter dem Fenster kriecht

grauer Novembernebel über die Dächer. "Alles sagen, ich muss alles sagen", hämmert es in seinem Kopf. "Aber was? Weshalb halten die mich hier stundenlang fest?"
Horst Winter spürt Hunger. Ein Loch bohrt er in seinen Magen. Er traut sich nicht, an die Tür zu klopfen und nach einem Frühstück zu verlangen. Zögernd zieht er den Zettel näher heran. "Alles sagen, alles sagen..." Der Mann bemüht sich, mit seinem zerschossenen Arm leserlich zu schreiben. Ein Krampf schneidet durch den lädierten Muskel. Er beißt die Zähne zusammen, er hat doch vor den Genossen nichts zu verbergen!

Wie fing damals alles an? Horst Winter erinnert sich, immer schneller gleitet der Stift über das Papier. Ja, ganz vorn wird er anfangen, damals, Ende 1945...
Einen Beruf hatte er nicht. Nach dem Not-Abitur ging's direkt ins Feld. Dann die Verwundung, die Gefangenschaft und die Heimkehr. Mit seinen 19 Jahren fällt Horst Winter unter die Jugendamnestie für die Nazi-Mitläufer. Er wird Neulehrer, lernt selbst noch und steht gleichzeitig vor der Klasse.
Der Mann in dem kahlen Greifswalder Verhörzimmer, das von außen wie eine der vielen heruntergekommenen Wohnungen aussieht, gewinnt seine Sicherheit zurück. Ganz genau erinnert er sich an damals. Er hat der wenig später gegründeten DDR viel zu verdanken und das wird er jetzt aufschreiben. Dann werden die Genossen von der Staatssicherheit schon sehen, dass alles nur eigentlich ein Irrtum sein kann. Schließlich machen die Männer auch nur ihre Arbeit.
Horst Winter lächelt, als er sich an seine ersten Jahre erinnert. Die Schüler sind fast genauso alt wie er. Deshalb wird auch viel freie Zeit miteinander verbracht, Fußball gebolzt, gesungen und gewandert. Einmal bringt einer eine Trommel mit.
Am nächsten Tag wird Horst Winter zum Schulrat bestellt. Eine Trommel! Das ist militaristisch, das darf es an der neuen Schule nicht geben! Horst Winter wird streng verwarnt.

Er ist hochzufrieden. Die meinen es also tatsächlich ernst mit dem Frieden. Den Verweis empfindet er nur als gerecht. Jawohl, wer irgendetwas von dem ganzen Militärzeug in die Hand nimmt, dem soll der Arm abfallen. Die Genossen wollten ihm also helfen.
Horst Winter heiratet. Ein Jahr später kommt sein Sohn zur Welt. Ein paar Monate später wird die DDR gegründet. Der junge Lehrer ist stolz. Endlich wieder Ordnung, ein eigener Staat. Einer, der für den Frieden ist.
Mit Feuereifer stürzt sich Horst Winter in seine Prüfungen. Erste Lehrerprüfung, zweite Lehrerprüfung - er meistert beide mit Bravour. Sogar ein Fernstudium an der Pädagogischen Hochschule in Potsdam darf er beginnen.
"Sind Sie fertig?" Der Stasi-Mann hat ein Brötchen mit Marmelade und eine Tasse dünnen Kaffee mitgebracht, schiebt beides Horst Winter über den Tisch. Die Geste wirkt versöhnlich. "Zeigen Sie mal her!" Horst Winter reicht ihm die beschriebenen Blätter. Inzwischen muss es weit nach Mittag sein.
"Aber das wissen wir doch alles!" Der Vernehmer stößt die Seiten auf der Unterlage zu einem Stapel zusammen. "Wir wissen auch, dass Sie der jüngste Schuldirektor im Kreis waren und jetzt als Lektor an der Universität hier in Greifswald arbeiten."
Horst Winter stutzt. "Aber warum... ich meine, ich sollte doch meinen Lebenslauf aufschreiben..."
"Herr Winter, Sie sind doch ein vernünftiger Mensch." Der Stasi-Mann rückt näher an den Schreibtisch. "Und Sie haben bei der Erziehung der jungen Pädagogen eine große Verantwortung!" Horst Winter nickt. Worauf will der Mann hinaus? Wieder spürt er die Spannung steigen.
Der Vernehmer lehnt sich zurück, steckt sich eine "Orient" an. Bläulich kräuselt der Rauch über den Schreibtisch. "Unsere junge DDR hat viele Feinde." Der Rauch zerfasert sich langsam. "Die Konterrevolutionäre sitzen überall." Horst Winter nickt. "Und sie sind nicht leicht zu erkennen!"
Leise war derweil auch der zweite Mann ins Zimmer getreten. Er steht hinter dem Rücken von Horst Winter, der ihn kaum bemerkt

hat. "Aber dafür sind wir ja schließlich da, um den Aufbau des Sozialismus zu sichern." Horst Winter dreht sich überrascht um: "Ja, natürlich." "Sehen, Sie", kommt es nun wieder von der anderen Schreibtischseite, "und Sie können uns dabei helfen!"
"Ich, helfen?" "Ja, Sie! Sie kennen doch Doktor Kreis?" "Ja, natürlich. Herr Doktor Kreis ist unser Hausarzt." "Und wohl noch ein bisschen mehr!" Die Stimme des Mannes hinter dem Schreibtisch wird wieder schärfer.
In Horst Winters Kopf überschlagen sich die Gedanken. Der alte Doktor, Morphium soll er nehmen, weil er seine Kriegserinnerungen nicht vergessen kann, doch was habe ich damit zu tun? "Ich muss jetzt etwas sagen, etwas sagen..." Die Stille scheint zentnerschwer zu wiegen. "Wieso etwas mehr...? Ganz normal. Wenn der Junge krank ist, Sie wissen doch die Ernährung..."
"Die Ernährung! Nein, nein, ich meine..." Wieder knistert die Luft im Raum. Horst Winter schwitzt. Was ist bloß los, warum jetzt auf einmal wieder dieser scharfe Ton!
"Sie haben doch Bücher von Kreis gelesen!"
Wie einen Pfeil schießt der Mann hinter dem Schreibtisch die Frage ab. Trotzdem ist Horst Winter fast ein wenig erleichtert. Natürlich hat er Bücher gelesen. Der alte Doktor hat eine interessante Bibliothek. Viel Historisches dabei, die Sittengeschichte von Eduard Fuchs, die deutschen Philosophen, die Klassiker ... Horst Winter will sich kooperativ zeigen: "Ja, natürlich, die Erstausgabe vom 'Wilhelm Tell'..., wunderbar..."
"Wollen Sie uns auf den Arm nehmen?" Der Dicke wird laut. "Wir hatten Sie doch ausdrücklich auf Ihre Verantwortung bei der Erziehung sozialistischer Persönlichkeiten hingewiesen!" "Ja, deswegen lese ich..."
"Herr Winter, sie lesen Bücher des Klassenfeindes!" "Bücher des Klassenfeindes? Ich verstehe nicht!"
"Sie verstehen sehr gut. Hier!" Der Mann wirft ein paar maschinengeschriebene Blätter Papier auf den Schreibtisch. 'Die Revolution entlässt ihre Kinder' von dem Renegaten Wolfgang Leonhard, 'Kreml Berlin'.

"Das haben wir alles bei Kreis beschlagnahmt! Haben Sie das gelesen?" "Ja, ich meine, ich habe mir das angesehen, man muss doch wissen, wie der Klassenfeind..."
Horst Winter stottert fast. Natürlich hat er die Bücher gelesen. Und sie waren wichtig für ihn. Wie der Blick durchs Schlüsselloch in eine andere Welt. Eine Welt, in der Fragen nicht schon beantwortet sind, bevor sie überhaupt gestellt werden.
Den Glauben an den Sozialismus haben die Bücher bei Horst Winter nicht erschüttert. Im Gegenteil. Machten sie doch so richtig deutlich, wie schwer es die neue Gesellschaft hat, um sich durchzusetzen. Überall angefeindet, bedroht. Und es ist doch die bessere Welt, um die es geht. Davon ist Horst Winter überzeugt. Pflichtlektüre müssten solche Bücher für die Studenten sein.
Horst Winter strafft sich.
"Lesen ist doch nicht verboten!" "Lesen...?" Sein Gegenüber dehnt das Wort wie ein Gummiband: "Wir sprechen über die Verbreitung konterrevolutionärer Propaganda!" Er schreit fast: "Winter, begreifen Sie nicht, dass wir hier nur noch darüber zu reden haben, ob wir Ihnen fünf oder acht Jahre Zeit geben müssen, um sich aus den Fängen des Klassenfeindes zu befreien!"
Fünf oder acht Jahre? Horst Winter ist fassungslos. Was hat er denn getan? Er hat ein paar Bücher gelesen. Dafür kann man ihn doch nicht einsperren.
Krachend fällt die Tür wieder ins Schloss. Er ist allein, spürt plötzlich die verbrauchte Luft im Zimmer. Den Gestank des kalten Zigarettenrauchs, den Schweißgeruch. Fünf oder acht Jahre, fünf oder acht Jahre. Ihm wird schwarz vor Augen. Gefängnis, Lager - Horst Winter erinnert sich an die Zeit in der Gefangenschaft. Die Ruhr, die sie mit auf dem Kanonenofen schwarz gebranntem Brot behandelt haben, die toten Kameraden jeden Tag ... Gefängnis, warum, warum, warum...
Horst Winter zittert. Bleiern tropfen die Sekunden dahin. Draußen wird es langsam dunkel. Er denkt an die Familie, die Frau und den Jungen. Er kann doch nicht einfach eingesperrt werden. "Was wollen die von mir, wie komme ich hier wieder raus?" Ein dicker

Blutstropfen fällt aus seiner gefühllosen Hand auf den Boden, so krallt er mit den Fingernägeln ins eigene Fleisch.
Vor dem Fenster ist es längst dunkel, als sich die Tür endlich wieder öffnet.
Der dicke Stasi-Mann mit der Brille gibt sich freundlich. "Herr Winter, Sie können nach Hause gehen. Sie hören dann von uns."
Benommen wankt Horst Winter in die kalte Abendluft hinaus. "Sie hören dann von uns, was heißt das?" Sechszehn Stunden hat er nichts gegessen, trotzdem spürt er kaum den bohrenden Hunger. Nach Hause, er will nach Hause. Endlich nach Hause. Bevor sie ihn wieder abholen.
"Wie riechst du denn? Und wie du aussiehst!" Winters Frau schlägt die Hände vors Gesicht. "Wo warst du überhaupt... Hast du übrigens schon gehört: Doktor Kreis ist verhaftet. Die Sprechstundenhilfe hat's mir erzählt. Irgendwas Staatsfeindliches..." Helga Winter ist kaum zu bremsen. Ihre Sorge entlädt sich in Geplapper. Erschöpft lässt sich Horst Winter aufs Sofa sinken.
"Pack ein paar Sachen zusammen. Wir fahren nach Berlin."
"Berlin? Du meinst, wir gehen rüber?"
"Ja."
Horst Winter erzählt seiner Frau ausführlich von dem Stasi-Verhör. "Aber du hast doch nichts getan!" "Spielt das eine Rolle? Denk doch an Herbert. Drei Jahre hat er in Fünfeichen gesessen, weil die Russen seinen Namen verwechselt haben! Oder an Walter. Für den Witz von Ulbricht und der Erdbeere ist der anderthalb Jahre eingesperrt worden!"
Helga Winter geht zum Fenster. "Aber du bist doch immer für den Sozialismus gewesen!" "Das bin ich auch noch. Das, was hier geschieht, hat doch mit dem Sozialismus nichts zu tun. Das ist schon die bessere Gesellschaft, bloß hier geht's nur um die Macht. So wie bei Stalin!" Erschrocken hält sich die Frau die Hand vor den Mund: "Sei still, du redest dich noch um Kopf und Kragen ..." Vorsichtig zieht sie die Gardine beiseite. "Der Mann dort unten, der stand vor zwei Stunden schon da!" Horst Winter tritt ans Fenster. "Das kann doch nicht sein. Komm, lass uns packen."

Die beiden flüstern nur noch, schleichen immer wieder hinter die Gardine. Der Schatten auf der Straße bleibt.
"Wir schaffen es nicht. Und wenn sie uns dabei schnappen, sitzen wir erst recht drin. Das ist dann Republikflucht!" Helga Winter weint. "Wenn der Junge ins Heim kommt - ich überlebe das nicht!" Horst Winter legt den Arm um sie. "Lass uns nicht die Ruhe verlieren. Sie haben ja nur gesagt, ich höre von ihnen. Meist wird doch alles nicht so heiß gegessen, wie es gekocht wird."

Eng aneinandergekuschelt liegen die beiden wenig später im Bett. Das Licht der Straßenlaterne vor der Tür malt Kringel an die Decke. "Wir werden das schon schaffen!" Horst Winter drückt seine Frau an sich.
Noch nicht einmal 36 Stunden sind vergangen, als ihn die beiden Männer aufgefordert hatten, in den EMW zu steigen. Vor anderthalb Tagen war die Welt für Horst Winter noch völlig in Ordnung. Was ist bloß geschehen, was hatte er denn nun eigentlich verbrochen? "Nein, nein, das ist schon richtig, hier zu bleiben." Er spürt, wie die Frau in seinem Arm nickt. "Ich habe niemanden umgebracht, ich habe niemanden beklaut - was soll mir schon passieren ..." Die beiden schlafen ein.
Am nächsten Tag scheint der Spuk verflogen. Horst Winter geht zur Arbeit, seine Frau besorgt den Haushalt. Es ist eigentlich alles so wie immer. Die beiden sprechen nicht mehr über die Nacht bei der Stasi. Das Leben nimmt seinen gewohnten Lauf. Horst Winter hat seine alte Sicherheit zurückgewonnen.

Bis er eines Tages einen schmutzigblauen Brief mit grüner Ulbricht-Marke im Kasten findet. "Vorladung" steht darauf. Es geht um den Prozess gegen Doktor Kreis vor dem Bezirksgericht Rostock. Horst Winter ist als Zeuge geladen. Weil der Doktor unerwünschte Bücher aus dem Westen an Freunde und Bekannte verliehen hat, soll er nun wegen staatsfeindlicher Hetze verurteilt werden.

Aufgeregt berichtet Horst Winter seiner Frau von der Vorladung. Sie beruhigt ihn: "Wenn du die Wahrheit sagst, kann dir doch nicht viel passieren. Das ist vor allen Gerichten der Welt so." Der Mann nickt. Er will seiner Frau glauben, doch die Angst kriecht wieder in ihm hoch. Er denkt an die Nacht bei der Stasi, erinnert sich daran, wie ihm die beiden Männer das Wort im Munde verdreht haben. Doch dann beruhigt er sich. Hat er nicht letztlich doch den beiden seine Meinung gesagt? Und außerdem: Horst Winter hat schließlich seine Verdienste. Dreihundert Mark Gehaltszuschlag hat er gerade bekommen, weil er so gute Arbeit an der Uni leistet. Auch politische Arbeit, natürlich. Erziehungsarbeit am Lehrer-Nachwuchs. Nein, Horst Winter braucht nichts zu befürchten. Ruhig sieht er dem Termin entgegen.
Am Abend vorher erwartet ihn wieder der dunkle EMW vor seiner Arbeitsstelle. Horst Winter erschrickt. Was wollen die beiden Stasi-Leute noch von ihm? Der Dicke gibt sich jovial: "Wir bringen Sie morgen mit dem Auto nach Rostock. Ist ja doch ein bisschen kompliziert mit der Bahn." Horst Winter traut sich nicht, zu widersprechen.

Am nächsten Tag im Auto hockt er stumm auf der Rückbank. Die beiden Männer vorn unterhalten sich, tun so, als sei er gar nicht da. "Ich bin froh, dass bei Beihilfe zur Republikflucht jetzt endlich hart durchgegriffen wird", meint der eine. "Klar, da lebt jemand jahrelang in der Familie und geht in den Westen..." der Dicke hinter dem Steuer stockt. "Zum Beispiel nach Ostfriesland", ergänzt der andere. "Ja, zum Beispiel dahin, und dann will plötzlich keiner was gewusst haben..." Er steckt sich eine "Orient" an.
Horst Winter stutzt. Nach Ostfriesland? - Soll das eine Anspielung sein? Verkrampft sitzt er im Auto. Die beiden Männer vorn scheinen ihn nicht zu bemerken. "Aufräumen, wir müssen gründlich aufräumen", sagt der Dicke. "Klar, so einen faschistischen Putsch wie vor vier Jahren wird es nicht noch einmal geben. Dafür werden wir sorgen." Das Auto rollt gemächlich auf der 105. Stralsund ist bereits passiert. "Wehret den Anfängen, sagt der Volksmund." Der

Dicke steckt sich eine Zigarette nach der anderen an. "Das sagt auch die Partei", ergänzt der andere. "Die Konterrevolution kommt auf leisen Sohlen." "Ja, zum Beispiel über die Bücher von diesen reaktionären Schmierfinken." "Genau. Wenn es nach mir ginge..."
Horst Winter wird heiß. Natürlich, das geht gegen ihn. Die Männer wollen ihm drohen! Er zwingt sich zur Ruhe, zählt leise bis hundert, dann bis tausend. Das Auto fährt über die Recknitz hinter Dammgarten. Noch eine halbe Stunde...
Im Rostocker Bezirksgericht herrscht eine gespannte Atmosphäre. Zusammengesunken sitzt Doktor Kreis auf der Anklagebank. Sein zerknitterter Anzug scheint ihm zu groß zu sein. Er ist blass, als der Staatsanwalt die Anklage verliest. Oberstabsarzt bei der faschistischen Wehrmacht, in der Gefangenschaft nichts gelernt, bürgerliche Lebensformen gepflegt... Horst Winter merkt instinktiv, dass hier ein Drehbuch abläuft. Aber welche Rolle soll er darin spielen? Wenig später weiß er es. "Sie haben eine konterrevolutionäre Gruppe um sich geschart", donnert der Staatsanwalt. Er zeigt mit ausgestrecktem Arm auf Doktor Kreis. Der schüttelt fast unmerklich den Kopf. "Das werde ich beweisen!" Seine Stimme überschlägt sich.
Dann wird Horst Winter als Zeuge aufgerufen. Es geht um die verbotenen Bücher, 'Die Revolution entlässt ihre Kinder' und 'Kreml Berlin'.
"Hat Doktor Kreis Ihnen die Bücher angeboten oder haben Sie die Schundliteratur von ihm verlangt?"
Das ist es. Das ist die Falle. Horst Winter spürt stechenden Kopfschmerz aufsteigen. Was tun. Sagt er jetzt, der Doktor habe ihm die Bücher angeboten, muss er den väterlichen Freund belasten. Sagt er, er habe sie selbst verlangt, belastet er sich selbst!
Horst Winter schluckt: "Als ich im August als Schwerbeschädigter aus dem Krieg zurückkam..." Der Staatsanwalt fällt ihm scharf ins Wort: "Reden Sie nicht herum. Beantworten Sie meine Frage!"
Doktor Kreis schaut kurz zu Winter. Hilf mir, wenn du kannst, scheint sein Blick zu signalisieren. Aber wie? Horst Winter strafft sich, sagt dann mit fester Stimme: "Daran kann ich mich nicht mehr erinnern!"

"Waaas! Nicht erinnern?" Der Staatsanwalt läuft rot an. "Ist Ihnen eigentlich klar, dass ich Sie wegen Ihrer frechen Lügen hier im Gerichtssaal verhaften lassen kann?" Horst Winter zittert, zwingt sich zur Ruhe. "Ich vertraue auf die sozialistische Gesetzlichkeit." "Wir sind hier, um der sozialistischen Gerechtigkeit Genugtuung zu verschaffen! Beantworten Sie deshalb meine Frage! Haben Sie die Bücher verlangt oder wurden Sie ihnen angeboten?"
Der Staatsanwalt haut mit der Faust auf den Tisch. Freisler, denkt Horst Winter, das ist ja wie bei Nazi-Richter Freisler. Er erschrickt über seinen Gedanken, doch der brüllende Staatsanwalt lässt keinen anderen Vergleich zu. Verhaften, warum. Er hat doch nichts getan. Ein paar Bücher gelesen, das kann doch kein Verbrechen sein!
Einen Moment denkt Horst Winter daran, einfach zu sagen: Ja, Doktor Kreis hat mir die Bücher angeboten.
Ist die eigene Haut, die eigene Familie nicht wichtiger? Doch das wäre für den Doktor der Vorwurf einer aktiven Tat. Es würde ihm mindestens anderthalb Jahr mehr Gefängnis einbringen.
"Ich höre!" Die Stimme des Staatsanwaltes reißt ihn aus seinen Gedanken. Horst Winter nimmt seinen ganzen noch verbliebenen Mut zusammen: "Ich kann mich daran nicht erinnern!"
"Ich lasse Sie vereidigen!" Der Staatsanwalt kreischt. "Auf Meineid steht Zuchthaus!" Wütend blickt er in die Runde.
Horst Winter sieht die beiden grinsenden Stasi-Leute auf der Zuschauerbank. Er lässt sich nicht beeindrucken. Mit leiser, aber fester Stimme schwört er, die Wahrheit gesagt zu haben. "Sie haben einen Meineid geleistet!" Der Staatsanwalt ist wieder ruhig geworden und macht sich Notizen. Horst Winter zuckt die Schultern: "Nein, ich habe die Wahrheit gesagt. Tut mir leid. Ich kann mich nicht mehr daran erinnern."
Irgendwie fühlt er sich frei. Sollen sie ihn doch verhaften. Sollen sie doch machen, was sie wollen. Er hat den dankbaren Blick von Doktor Kreis gesehen. Den Bruchteil einer Sekunde nur, aber das ist ihm Entschädigung genug für all das, was noch kommen kann.
Horst Winter muss den Gerichtssaal verlassen. Später liest er in der "Ostsee-Zeitung", ein Doktor K. sei wegen staatsfeindlicher Hetze

zu dreieinhalb Jahren Zuchthaus verurteilt worden. Dreieinhalb Jahre also, nicht fünf. Sie haben ihm nichts beweisen können. Horst Winter ist zufrieden. Zurück nach Greifswald musste er damals allein fahren. Das dauerte zwei Stunden länger, aber er war froh, nicht noch einmal die Gesellschaft der Stasi-Leute ertragen zu müssen. Es ist vorbei, es ist vorbei - bei jedem Schienenstoß gingen Horst Winter die drei Worte durch den Kopf. Es ist vorbei...
Er hatte sich bitter getäuscht.

Gut zwei Wochen nach der Gerichtsverhandlung wird am Institut der Uni in Greifswald eine außerordentliche Parteiversammlung einberufen. Einziger Tagesordnungspunkt:

"Das politisch-ideologische Versagen des Genossen Horst Winter."
Bestellte Redner spulen ihre vorbereiteten Reden ab. Von den Bonner Ultras ist die Rede und von der revolutionären Wachsamkeit, von den aggressiven Imperialisten und ihren Handlangern. Die Genossen lassen es gelangweilt über sich ergehen. Dann kommt der Parteisekretär auf den "Fall Winter". Jetzt herrscht gespannte Aufmerksamkeit im Saal. Die Professoren und Dozenten wissen, dass seit einiger Zeit ein scharfer Wind gegen sie weht. Machtkämpfe erschüttern die SED-Zentrale in Berlin, Namen wie Karl Schirdewan oder Fred Oelßner werden nur noch geflüstert, gegen die Leute vom Aufbauverlag um Walter Janka wurden Prozesse geführt, Studenten an der Veterinärmedizinischen Fakultät der Humboldt-Universität sind geschlossen in den Westen gegangen - soll die "Säuberung" jetzt auch an der Uni in Greifswald beginnen?
Horst Winter gibt eine Stellungnahme ab, erklärt alles, genau so, wie es gewesen ist. Auch die Lektüre der verbotenen Bücher gibt er zu. Dann meldet sich ein Genosse, Nervenarzt an der Uni-Klinik: "Habe ich das richtig verstanden? Genosse Winter hat zwei Bücher gelesen und deshalb sollen wir ihn verurteilen?" Er hält kurz inne:

"Der Mann ist Historiker, der wäre zu verurteilen wenn er die Bücher nicht gelesen hätte!"

Gemurmel im Saal. Dann kippt die Stimmung. "Richtig." "Wir hätten auch nicht anders gehandelt." "Lesen darf doch nicht bestraft werden!"
Der Parteisekretär spürt, wie ihm die Fäden aus der Hand gleiten. "So geht das nicht... Genossen... die ideologische Wachsamkeit..." Er erntet nur noch höhnisches Gelächter.
Drei Wochen später wird die Parteiversammlung wiederholt. Diesmal ist sogar ein Instrukteur vom SED-Zentralkomitee in Berlin angereist.
Er lässt von Anfang an keinen Zweifel daran, dass sich die "Genossen in Berlin große Sorgen um den politisch-ideologischen Zustand" an der Uni Greifswald machen. Hat die letzte Parteiversammlung nicht gerade gezeigt, dass der Klassenstandpunkt noch nicht so richtig gefestigt ist. Bürgerliche Lebensformen werden angeprangert, Individualismus vermutet.
Im Raum herrscht Stille. Alle merken, dass sich hier ein Gewitter zusammenbraut, dessen Blitze jeden von ihnen treffen können. Und alles wegen der Solidarität mit Horst Winter? Schließlich hätte er wissen müssen, dass die Lektüre der verbotenen Bücher Probleme bereiten kann.
Ein Mann aus Berlin hat die Sache geschickt eingefädelt. Wer politisch-ideologisches Schwanken beim Nebenmann nicht anklagt, hat selbst keine akzeptable politische Haltung. Das ist Botschaft seiner Rede. So gelingt es ihm schließlich, jeden in existenzielle Ängste zu versetzen.
Die Genossen sind erschrocken. Sie spüren, hier geht es um sie. Wer jetzt auch nur ein falsches Wort sagt, ist selber dran.
Die ersten melden sich zu Wort, leiern ihre Ergebenheitserklärungen herunter. Dann folgt die Selbstkritik. "Jawohl, ich wollte mir privat einen F8 kaufen, weil ich noch nicht richtig erkannt habe, dass die Zukunft im Kollektiv liegt", verkündet einer, dass er seine Kinder vom Konfirmandenunterricht abgemeldet habe, ein anderer.
Wer bisher glaubte, mit Schweigen die makabre Versammlung absolvieren zu können, sieht sich getäuscht. Die Stimmung im Saal

ist aufgeheizt. Jeder kämpft für sich allein, will beweisen, dass er "zur Sache" steht. Wer jetzt schweigt, macht sich verdächtig.
Der Instrukteur blickt zufrieden in die Runde. "Ich sehe, hier hat ein Erkenntnisprozess eingesetzt. Sicher ist er noch lange nicht am Ende, aber er geht in die richtige Richtung."
Nun noch Horst Winter zum Sündenbock zu machen, ist für den Funktionär aus Berlin keine große Kunst mehr.
Und auch Horst Winter selbst ist nicht einmal mehr sonderlich erstaunt, als er plötzlich im Mittelpunkt der Diskussion steht. Stumm lässt er alles über sich ergehen. Wie von weit her hört er, als sein Ausschluss aus der SED beantragt wird. Alle gehen in die Luft. Später, nach der Versammlung auf dem Flur, suchen einige das Gespräch mit Winter. "Du, das ging doch nicht gegen dich, du weißt doch, der Scharfmacher aus Berlin..." Er winkt nur ab.
Gut, er ist aus der Partei geworfen worden. Damit kann man leben. Hat sich nicht Brecht in Berlin auch gerade als "parteiloser Kommunist" bezeichnet? Horst Winter lächelt. Ist vielleicht ganz gut so, damit ist die ganze Sache nun endgültig vom Tisch und er kann sich ganz in seine Arbeit stürzen. Ohne die lästigen, zusätzlichen Versammlungen an jedem Montag!
Zehn Tage später wird Horst Winter überraschend zum Dekan bestellt. Leider sei er aus fachlichen Gründen nicht mehr geeignet, bei der Ausbildung sozialistischer Lehrerpersönlichkeit mitzuwirken, teilt ihm der Chef lapidar mit.
Nein, mit den Querelen in der Partei hat das alles gar nichts zu tun, alles geht nach Recht und Gesetz zu. Winter sei ja noch jung und für die Arbeit an der Universität fehle ihm einfach die Qualifikation. Aber natürlich hat in unserem Staat jeder seine Chance. Horst Winter darf wieder als Lehrer arbeiten. Nicht am Wohnort, sondern 30 Kilometer entfernt. Das gibt ihm dann die Möglichkeit, sich voll auf den Beruf zu orientieren. Die Genossen meinen es nur gut mit ihm...
Horst Winter ist verzweifelt. Ein paar Monate ist es her, da galt er noch als einer der Besten an der Uni, bekam Aktivisten-Orden und Prämien. Und jetzt: "Aus fachlichen Gründen nicht geeignet". Der

Rektor der Universität hat den einen Satz "Begründung" für seinen Rauswurf unterschrieben. Er ist ein alter Mann, unterschreibt alles, was man ihm vorlegt.
"Gekündigt wegen fachlicher Unfähigkeit!" Horst Winter ist den Tränen nahe, als er seiner Frau Helga das Blatt zeigt. "Damit kann ich mich nirgends mehr sehen lassen! Und im Westen schon gar nicht! Unterschrieben vom Rektor einer der ältesten deutschen Universitäten!" Seine Frau versucht, ihn zu trösten. "Du kannst doch als Lehrer arbeiten. Du hast den Beruf doch immer gemocht." Horst Winter schüttelt sich. "Aber ich habe doch nichts getan. Ich habe doch niemandem etwas getan. Warum das alles... Ich habe doch nur zwei Bücher gelesen..." Horst Winter versteht die Welt nicht mehr.
Der Sozialismus, der Frieden, die großen Träume - Horst Winter ist doch kein Gegner der DDR. Er wollte doch immer für seinen Staat arbeiten, wollte doch nur das Gute. Er wird es ihnen beweisen, er wird es allen beweisen.
Mit Feuereifer stürzt er sich in seine neue Aufgabe. Gewiss, das tägliche Fahren ist lästig, aber die Arbeit macht ihm Spaß.
Ein Jahr vergeht, ein zweites und drittes.
Eines Tages im Herbst 1961 dann der Anruf: Horst Winter darf die Schule nicht mehr betreten. Er ist völlig überrascht. Es lief doch alles ohne Probleme. Sogar ein paar Prämien hat Horst Winter inzwischen bekommen. Und Praktikanten durfte er betreuen.
Der Mann ist mittlerweile Mitte dreißig und hat eine vierköpfige Familie zu versorgen. Der Rauswurf aus der Uni ist längst verkraftet und als Lehrer lebte es sich ja auch nicht schlecht. Die DDR war inzwischen eingemauert, aber Horst Winter dachte, das könne vielleicht gar nicht so schlecht sein. Er glaubt immer noch an den Sozialismus und meint, nun könne er ungestörter aufgebaut werden. Er würde seinen Beitrag dazu schon leisten, auch wenn es damals diesen Rauswurf gab. Wo gehobelt wird, fallen Späne.

Das es längst beschlossene Sache war, Horst Winter noch weiter ins Abseits zu drängen, erfährt er fast 30 Jahre später aus den Stasi-Akten.

Damals wurde ein Vorwand gesucht, ihm auch noch den Lehrerberuf zu nehmen. Er fand sich, weil einer von Horst Winters Praktikanten über die Mauer geschimpft hatte. Schuld daran konnte doch nur die mangelhafte "politisch-ideologische Erziehung" durch den Mentor Winter sein!

Seine fristlose Kündigung erfolgte mit fast den gleichen Worten, wie damals an der Uni: "Fachlich nicht geeignet..."

Mit Hilfe von Freunden fand Horst Winter ein paar Wochen später einen Job als Hilfsbuchhalter bei einer Genossenschaft.

Der Rest ist schnell erzählt.

Horst Winter arbeitete noch ein paar Jahre. Die Kriegsverletzung, zu hoher Blutdruck, dann Zucker - als schließlich alles zusammenkam flüchtete er sich in die Krankheit und wurde mit Mitte Vierzig Invalidenrentner. Nicht nur sein Traum vom Sozialismus, von der vermeintlich besseren Gesellschaft, sondern sein ganzes Leben war zerbrochen. Weil Horst Winter zwei Bücher gelesen hatte, die den Mächtigen nicht ins Konzept passten.

Epilog

Nach der deutschen Einheit erwacht Horst Winter aus seiner jahrzehntelangen Lethargie, wird für die SPD Stadtverordneter.
Dann liest er in der "Ostsee-Zeitung" einen Aufruf, dass sich Opfer des Stalinismus melden mögen, um ihre Schicksale nicht in Vergessenheit geraten zu lassen. Der Aufruf ist von jenem Mann unterzeichnet, der damals, 1957, an der Universität in Greifswald die Entlassung Winters durchgesetzt hat. Inzwischen frisch gewendet, hat sich der stalinistische Scharfmacher zum Anwalt der Opfer gemacht!

Horst Winter bemüht sich um seine Rehabilitierung. Er hat Glück. Noch leben die meisten jener ehemaligen Kollegen, die damals in der erzwungenen Parteiversammlung seinen Sturz eingeleitet haben. Sie sagen wahrheitsgetreu aus, was wirklich geschah. In der Universitätszeitung erscheint ein Artikel, in dem Horst Winter vom neuen Rektor bescheinigt wird, dass er vor über 30 Jahren die Universität nicht wegen fachlicher Unfähigkeit, sondern ausschließlich aus politischen Gründen verlassen musste.

Den Kampf gegen den Mann, der sich nun mit neuen Lügen wieder in den Vordergrund drängt und angeblich ja schon immer gegen politische Zwänge war, nimmt Horst Winter nicht mehr auf. Er hat keine Kraft mehr dafür. Einige Monate nachdem er schwarz auf weiß seine Rehabilitierung bekommen hat, stirbt Horst Winter, gerade einmal Mitte Sechzig.

Zwei Jahre später trifft sein Sohn Professor Wolfgang Leonhard bei einem Vortrag in Erfurt. Mit dessen Buch 'Die Revolution entlässt ihre Kinder' hatte schließlich alles angefangen. Die beiden verabreden sich und Winters Sohn übergibt dem Professor Kopien aller Akten zum Fall seines Vaters. Aufmerksam liest er sich die Unterlagen durch. Und dann sagt der Professor: "Es ist schlimm, aber ich habe schon Dutzende solcher Geschichten gehört. Endlich kann auch in der ehemaligen DDR darüber geredet werden. Wir müssen alle gemeinsam dafür sorgen, dass sie nicht vergessen werden."

Jan von Flocken *(FOCUS)*

Für immer verschwunden

Das rätselhafte Schicksal zweier sächsischer Jungen im Jahre 1966

Gut gelaunt verabschiedeten sich Karl-Heinz Engelmann und Siegfried Gammisch von ihren Angehörigen. Die beiden Jugendfreunde aus dem Erzgebirgsstädtchen Schwarzenberg hatten in diesem Frühling des Jahres 1966 ein großes Los gezogen. Ihnen war eine Touristenreise in das Sonnenparadies Volksrepublik Bulgarien genehmigt worden, was zu jener Zeit für DDR-Bürger noch keineswegs zu den Selbstverständlichkeiten zählte. Niemand ahnte damals, dass der 20-jährige Engelmann und der 19-jährige Gammisch nicht zum Vergnügen in das Balkanland reisen wollten. Vielmehr hatten die beiden geplant, über die griechische Grenze den Segnungen des realen Sozialismus zu entrinnen.

Wenige Tage nach ihrer Abreise, am 13. April, traf die Verwandten der Jungen ein entsetzlicher Schock. Lapidar wurde ihnen von der Bezirksstaatsanwaltschaft Karl-Marx-Stadt mitgeteilt, die beiden seien von bulgarischen Grenzpolizisten beim Fluchtversuch erschossen worden. Als sich die Familien Engelmann und Gammisch von ihrem ersten Schreck erholt hatten, begannen Fragen nach dem Verbleib der Leichen. Diese hätten laut Gesetz auf Staatskosten nach Schwarzenberg überführt werden müssen. Doch weder Särge oder Urnen, noch irgendwelche persönlichen Besitztümer der Toten kamen jemals in der DDR an. Staatliche Stellen ließen damals wissen, dass die bulgarischen Behörden eine Überstellung der Leichname aus "klimatischen Gründen" abgelehnt und sie statt dessen in der "Umgebung des Fluchtversuches" beigesetzt hätten.

Damit blieben sämtliche Fragen offen. Wenn eine Überführung aus klimatischen Gründen unmöglich war, hätte man die Toten einäschern und die Urnen in die DDR überstellen können. Und Beerdigungen hätten in Bulgarien, wie überall im christlichen Europa, auf Friedhöfen, nicht aber am Todesort stattfinden müssen.

Was geschah tatsächlich in dieser Nacht vom 11. zum 12. April 1966 im Gebiet von Smoljansk beim versuchten Grenzdurchbruch der jungen Schwarzenberger?

Diese Frage ließ Hilde und Herbert Engelmann, den Eltern des Getöteten, keine Ruhe. Zu DDR-Zeiten stießen sie auf eine undurchdringliche Mauer des Schweigens. Das Volkspolizeiamt, das Außenministerium gaben vor, nichts zu wissen. Die Botschaft Bulgariens in Ost-Berlin reagierte auf keine Anfrage. Bekannt war nur, dass Grenzposten der Ostblockländer die Anweisung hatten, flüchtige DDR-Bürger (und um solche handelte es sich in der überwältigenden Zahl der Fälle) nicht zu erschießen, sondern möglichst nur fluchtunfähig zu machen, festzunehmen und an das DDR-Ministerium für Staatssicherheit auszuliefern. Von Marianne Jupe, weiland Vorsitzende des Rates des Kreises, erfuhren die Angehörigen dass "es jedem Land in eigener Souveränität in der Regelung innerer Angelegenheiten überlassen sei, wie es mit Rechtsverletzern verfahre und dass in solchen Fällen keine Überführung erfolge".

Daneben kursierten wilde Gerüchte. Angeblich sollte im Sommer 1966 auf dem Johannis-Friedhof von Schwarzenberg die klammheimliche Beisetzung zweier männlicher Verstorbener stattgefunden haben. Wegen des unablässigen Drängens der Eltern und zahlreicher Mutmaßungen in der Bevölkerung wurde am 14. Dezember 1970 das verdächtige Grab durch die Staatsanwaltschaft geöffnet. Doch laut Protokoll des ärztlichen Direktors der Kreispoliklinik fand man darin nur "die stark veränderten Knochenreste einer weiblichen und einer männlichen Person, die 20 bis 25 Jahre zuvor beerdigt" worden seien. Zwei Tote in einem Grab? Das wäre allenfalls mit den Nachkriegswirren 1945 zu erklären.

Eine Einreise der Familien Engelmann und Gammisch nach Bulgarien, um dem mysteriösen Schicksal der Jugendlichen auf den Grund zu gehen, wurde von den dortigen Behörden strikt abgelehnt. Wie aus einer internen Niederschrift eines Stasi-Verbindungsmannes von 1969 hervorgeht, wollte Sofia "keinen Wallfahrtsort" für die verschwundenen Jugendlichen etablieren.

Die quälende Ungewissheit blieb. Alle Ausreiseanträge der Familie Engelmann wurden zurückgewiesen. Erst nach Untergang der DDR ergaben sich neue Spuren. Ein ehemals leitender Diplomat der Botschaft Bulgariens in Ost-Berlin eröffnete Renate Engelmann in einem Vier-Augen-Gespräch, dass ihr Bruder und dessen Freund 1966 nicht erschossen worden seien. Man habe sie vielmehr beim Grenzdurchbruch unverletzt festgenommen und wenig später auf dem üblichen Dienstweg mitsamt ihrem Gepäck dem Ministerium für Staatssicherheit übergeben. Was danach geschehen sei, entziehe sich der Kenntnis der bulgarischen Behörden.

Wenn das stimmt, dann kommen viele neue Fragen hinzu. Was hat das MfS mit den beiden Flüchtlingen vorgehabt? Sind sie bei Nacht und Nebel erschossen worden? Hat man sie unter Druck als Spione geworben und mit neuen Identitäten ausgestattet? Die Engelmanns erstatteten Strafanzeigen wegen Tötungsverbrechens gegen Unbekannt, fragten, intervenierten, beschwerten sich. Doch alle Spuren verlaufen bis heute im Sande. Rechtshilfe-Ersuchen an Bulgarien blieben ergebnislos. Für eine Beerdigung von Engelmann und Gammisch in Schwarzenberg gäbe es "keine fundierten oder Augenzeugenaussagen", so der Bürgermeister Klaus Knauer.

Den vorläufigen Schlusspunkt setzte die Staatsanwaltschaft Dresden im November 1996. Sie stellte ihr Ermittlungsverfahren ein, da es keine hinreichenden Anhaltspunkte für Straftaten im Zusammenhang mit dem Tod von Engelmann und Gammisch gäbe. Das deutsche Strafrecht, so heißt es weiter, "ermöglicht keine Ermittlungen gegen die verantwortlichen Grenzsicherungsorgane der ehemaligen Volksrepublik Bulgarien".

Die Eltern des verschollenen Karl-Heinz Engelmann sind mittlerweile verstorben. Für die heute 50-jährige Schwester Renate hat die Justiz einen sehr schwachen Trost parat. Die Einstellung der Ermittlungen, so die Dresdener Staatsanwältin Kahles, "bedeutet jedoch keineswegs eine Legalisierung der Maßnahmen des SED-Unrechtsstaates. Sie ist lediglich die Folge des Umstandes, dass eine lückenlose Bewältigung des SED-Unrechts mit Mitteln des Strafrechts nicht möglich ist".

Das Schicksal von Karl-Heinz Engelmann und Siegfried Gammisch wird wohl zu den zahlreichen ungelösten Rätseln einer unerbittlichen Vergangenheit gehören.

Wolfgang Kockrow *(HELP)*

Mein Freund Rudi Seidel, ein Sozialdemokrat

In Berlin-Reinickendorf wurde ich 1932 geboren. Mein Vater war seit 1922 Sozialdemokrat. In diesem Sinne wurde ich erzogen. Nach Kriegsende 1945 wurde dieser Berliner Bezirk für kurze Zeit Britischer Sektor, danach bis zum Ende der Berliner Mauer und dem Zusammenbruch des kommunistischen Regimes in der DDR war der Bezirk Reinickendorf Französischer Sektor. Ich war also immer ein West-Berliner Bürger.

Von meinem 15. Lebensjahr an war ich Mitglied der "Falken", der Jugendorganisation der SPD. Ab 1964 wurde ich Mitglied der SPD und der Gewerkschaft "Öffentliche Dienste Transport und Verkehr" (ÖTV).

In den Jahren 1955 bis 1958 organisierte ich im Namen des West-Berliner "Falken"-Landesvorstandes Reisen in das sozialistische Ausland. Auch in diesem Rahmen war es unumgänglich mit der Jugendorganisation der DDR, der FDJ, in Ost-Berlin zusammen zu arbeiten. Zu einigen Ländern des sozialistischen Auslands bekamen wir nur Kontakt, wenn uns die Vertreter der FDJ die Tür öffnen halfen, wie nach Polen, Bulgarien, der Tschechoslowakei und selbstverständlich zur Sowjetunion. Auf der anderen Seite mussten wir der FDJ helfen Kontakte nach Ungarn und Jugoslawien zu knüpfen.

Sehr schnell merkte ich, dass es der FDJ gar nicht darum ging, mit uns zusammen die Kontakte zu den Bruderländern der DDR zu pflegen und eine gemeinsame Jugendarbeit aufzubauen. Die FDJ war vielmehr daran interessiert, in die Organisation der "Falken" einzudringen und unsere Arbeit von innen heraus zu sabotieren. Mein Verdacht verdichtete sich, als ich bemerkte, dass immer mehr altbekannte FDJler gegen fremde Funktionäre ausgetauscht wurden. An Hand von einzelnen Erlebnissen gelangte ich zu der Gewissheit, dass diese Funktionäre Mitarbeiter der DDR-Staatssicherheit (MfS) waren.

In meinen Sitzungsprotokollen habe ich das mehrmals vermerkt und beim Landesvorstand der "Falken" darauf gedrungen, die Zusammenarbeit mit der FDJ einzustellen. Wir sollten uns nicht zu nützlichen Idioten machen lassen und die Infiltration der FDJ in West-Berlin unterstützen.
Diese Sitzungsprotokolle gelangten in die Hände des MfS und damit wurde ich zu einem Staatsfeind der DDR, der ausgeschaltet werden musste.
Am 2. Januar 1959, dem ersten Arbeitstag des neuen Jahres, wurde ich auf dem Weg zur Sowjetischen Botschaft in Ost-Berlin von Mitarbeitern des MfS, einer war ein mir bekannter "neuer" FDJ-Funktionär, verhaftet.
Nach einer unvorstellbaren unmenschlichen Prozedur, nach Verhaftung und MfS-Untersuchungszeit in Pankow, wurde ich wegen Nachrichtenübermittlung, § 15 StEG der DDR, zu dreieinhalb Jahren Zuchthaus verurteilt. Nach einer nochmaligen sechsmonatigen Untersuchungshaftzeit beim MfS-Leipzig wurde ich wenige Wochen vor meiner Entlassung im Mai 1962 erneut zu zwei Jahren Zuchthaus verurteilt, diesmal wegen Verbrechens der staatsgefährdenden Hetze, § 19 StEG der DDR.
Erst viele Jahre später bei Einsicht in meine Akte beim Bundesbeauftragten für die Unterlagen der DDR-Staatssicherheit erfuhr ich 1993 den wahren Grund meiner neuerlichen Verurteilung.
Ein dreiviertel Jahr vor meiner im Juli 1962 anstehenden Entlassung schrieb das MfS-Ost-Berlin an das MfS-Leipzig: "K. vermutet von einigen unseren Verbindungen eine Zusammenarbeit mit dem MfS. Er kann nach der Haftentlassung großen operativen Schaden anrichten. Die Voraussetzungen sind gegeben, ihn erneut zu zwei Jahren zu verurteilen. Entsprechende Vorkehrungen für die Sicherheit unserer Verbindungen in West-Berlin sind zu treffen. Wir bitten um verbindliche Rückantwort."
Das MfS-Leipzig befolgte den Befehl aus Ost-Berlin. So war meine Entlassung nun für den 2. Juli 1964 vorgesehen.
Es sollte auch mein tatsächlicher Entlassungstag werden. Über die Oberbaumbrücke erreichte ich wieder mein West-Berlin.

Es gab nur wenige Mitgefangene, denen ich in all den Zuchthausjahren vertrauen konnte. Ich hatte zu Recht unterstellt, dass ich immer dann von Spitzeln umgeben war, wenn für kurze Zeit meine totale Isolation unterbrochen und ich in eine Gemeinschaftszelle untergebracht wurde.
Im Zuchthaus Waldheim gewann ich einen Freund. Rudi Seidel, einen Sozialdemokraten, geboren am 4. 9. 1923 in Reichenbach/ Thüringen. So wie ich gehörte er schon in seiner Jugend den "Falken" an. Anfang der 50er-Jahre bekam Rudi Kontakt zum Ostbüro der SPD in West-Berlin. Er gehörte zu jenen Sozialdemokraten, die sich von der SED auch nach Jahren des Terrors und Zersetzung nicht vereinnahmen lassen wollten. Für seine Partei transportierte er regelmäßig Flugblätter und Werbematerial von der SPD-Zentrale in West-Berlin in die DDR. Für jeden Besuch in West-Berlin erhielt er fünf DM als Begrüßungsgeld, genau soviel wie alle DDR-Bürger bekamen, die West-Berlin besuchten.
Am 18. September 1957 wurde Rudi vom Ministerium für Staatssicherheit verhaftet und bereits am ersten Tag in der Untersuchungshaft schwer misshandelt.
Der erste Strafsenat des Bezirksgerichts Gera verurteilte ihn am 27. 11. 1957 wegen Boykotthetze zu sieben Jahren Zuchthaus. Seine beiden Töchter, Monika (neun Jahre) und Gabi (sechs Jahre), wurden auf Anordnung des Volksbildungsministeriums der DDR den Eltern fortgenommen und in eine sozialistische Erziehung gegeben.
Seine Frau konnte das alles nicht verkraften, insbesondere nicht, dass ihr die Kinder entrissen wurden. Sie erkrankte psychisch so schwer, dass sie in eine Heilanstalt eingewiesen werden musste.
Rudi Seidels Geschichte ist so fürchterlich, dass sie kaum zu schildern ist. Sie gab mir Kraft, alles durchzustehen, was auch immer noch auf mich in den Zuchthäusern der DDR zukommen sollte. Alles Furchtbare, alles Entsetzliche was ein Mensch erleben und was das kommunistische Regime einem Menschen antun konnte, hatte Rudi erleben, erdulden, erleiden müssen.

Als ich ihn kennen lernte, hatte er bereits eine zertrümmerte Hüfte. Das eine Bein war aus diesem Grunde erheblich kürzer als das andere. Beim Laufen schwankte er wie eine Nussschale auf hoher See. Sein rechter Unterarm musste nach einem Unfall an einer Blechwalze amputiert werden.
Mein Vertrauen gewann Rudi durch sein kompetentes Wissen über die Falkenbewegung vor 1933. Nach der Machtübernahme durch die Nationalsozialisten war sein Vater für die SPD noch mehrere Jahre tätig. Das blieb Rudi nicht verborgen, er konnte mir viele Details aus dieser Zeit schildern. Bewundert habe ich seine ruhige, feine Art sich zu geben und seine Bestimmtheit, mit der er den Wärtern gegenüber auftrat. Selbstverständlich stimmte auch die Chemie zwischen uns. Für eine kurze Zeit hatte ich einen Partner für sinnvolle, allgemeinbildende Gespräche gefunden. Wir konnten uns über unsere politische Tätigkeit für die SPD und die "Falken", ich im Westen, er im Osten, austauschen.
Das Leben im Zuchthaus ist grausam. Nicht nur seitens der Wärter gegenüber den Häftlingen, sondern auch zwischen einzelnen Gefangenen und Gefangenengruppen. Nicht immer hatten die politischen Häftlinge ein gewaltfreies Leben hinter Gittern. In den Zuchthäusern der DDR wurden die politischen Gefangenen unter den Kriminellen dergestalt aufgeteilt, dass die politischen Gefangenen nie die Überhand in einer Zellengemeinschaft gewinnen konnten. Es war ein Glücksfall, dass ich Rudi auf einer Gemeinschaftszelle in Waldheim traf. Er hatte zuvor eine schwere Zeit hinter sich. Seine Behinderungen waren oftmals nicht nur Gegenstand des Spottes. Sie hinderten Rudi daran, dass er bei der Aufteilung von Lebensmitteln, die für die Gefangenen abgezählt oder als Stück in die Zellen gegeben wurden, sich seinen gerechten Anteil sichern konnte. Mit einer Hand konnte er keine Pellkartoffel schälen, von keinem Salzhering die ungenießbare, verkrustete Salzhaut abziehen und als Letzter des Essenempfangs blieb von der an sich schon dünnen Suppe für ihn meistens nur das reine Wasser übrig. Für die kurze Zeit unseres Zusammenseins habe ich die ihm zustehenden Essensrationen gesichert und so weit es nötig war, sie essbar zubereitet.

Mit seinen Gebrechen ging er klaglos um. Diese nahmen bei seinem Schicksal einen unbedeutenden Rang ein. Zerbrochen ist er an den Verbrechen, die an seiner unschuldigen Familie begangen wurden, seiner jungen Frau und den zwei kleinen Töchtern. Die ganze Verkommenheit des DDR-Regimes findet sich im Schicksal dieser Familie vereint.
In seinem Prozess wurde der "Vorwärts", die SPD-Hauszeitung, zu einem kapitalistischen, sozialfaschistischem Hetzblatt. Die Weitergabe an andere Sozialdemokraten wurde zu staatsgefährdender Hetze, verbunden mit dem Ziel, die Grundlagen des Arbeiter- und Bauernstaates zu untergraben. Der Besuch in der SPD-Zentrale mutierte zum Kontakt mit einer feindlichen Agentenzentrale und somit nachgewiesener Spionage. Die fünf DM Begrüßungsgeld - das alle Besucher aus der DDR erhielten - wurden zum Agentenlohn. Sozialistische Logik: ohne Gegenleistung gibt keine kapitalistische Institution Geld.

Das Urteil: sieben Jahre Zuchthaus.

Die Zeit der Stasi-U-Haft ihres Mannes hatte seine Frau noch gesund überstanden. Sie war den Kindern Hilfe im Verstehen, dass sie den Vater nicht sehen dürfen und nun wohl ohne ihn aufwachsen müssen. Sie erklärte den Kindern auch, warum der Vati für viele Jahre nicht mehr nach Hause kommen kann, so gut man das sechs- und neunjährigen Kindern erklären kann.
Dann kam der Tag, der die totale Zerstörung einer ganzen Familie einleitete. Es war der Bescheid des Volksbildungsministeriums, in dem Margot Honecker seit 1955 tätig war und dessen Ministerin sie 1963 wurde. Diese Anordnung verfügte, dass die Kinder in einer sozialistisch gefestigten Umgebung aufwachsen sollen. Die Mutter, die Frau des Klassenfeindes, sollte nicht länger befähigt sein, die Kinder im Sinne des Sozialismus zu friedliebenden Menschen zu erziehen. In unvorstellbarer Panik verbrachte Rudis Frau die Zeit nach der Zustellung des Beschlusses über die Wegnahme der Töchter.

Sie konnte lesen, was in diesem Bescheid stand, sie konnte es aber nicht verstehen, nachvollziehen. Schneller als gedacht und in aller Brutalität schlug die DDR-Staatsmacht zu. Die grausame Wirklichkeit wurde ihr bewusst, als ihre Kinder eines Tages nach der Schule nicht mehr nach Hause kamen. Ohne Vorankündigung waren die Kinder einfach verschwunden. Die Volkspolizei schickte Rudis Frau unverrichteteter Dinge nach Hause mit dem Vermerk, dass dies keine Angelegenheit für die Volkspolizei sei. Im leeren Haus, ohne Kinderlachen hatte ihr Geist wohl beschlossen, nicht mehr auf dieser Welt sein zu wollen.
Mir fehlte einfach die Fantasie, diese Entscheidung der DDR-Behörden nachvollziehen zu können. Ich konnte anfangs kein Mitgefühl für Rudi empfinden. Ich hatte eine Sperre im Hirn, das Geschilderte übertraf alles, was ich mir nicht einmal in meiner kühnsten Fantasie vorstellen konnte. Seine Kinder, ihre Kinder wurden ihnen genommen. Nicht durch den Tod, denn dann gäbe es ein Grab, eine unauslöschliche Erinnerung zwar, aber auch ein langsames Überwinden des Schmerzes. Nein, weggenommen ohne Chance einer Schmerzbewältigung. Für Rudi und seine Frau sollten die Kinder auf immer fort sein, wie tot, nur wissend, dass die Kinder nur für sie beide tot zu sein hatten. Lebenslange Fragen würden sein. Wie geht es ihnen? Was wird aus ihnen? Haben sie uns vielleicht vergessen? Fragen, die nie beantwortet würden!
Dieser Bescheid der DDR-Behörde konnte nicht von dieser Welt gekommen sein, dachte ich. Menschen können diesen Entschluss nicht gefasst haben. Das müssen Unwesen gewesen sein. Kommunisten als Menschen zu bezeichnen, die sich so etwas unvorstellbar Grausames ausdenken, lässt mein Verstand nicht zu. So abgrundtief verkommen können Menschen nicht sein. Alles war so unfassbar, dass ich im tiefsten Herzen hoffte, dass alles nicht wahr wäre. Wiederum konnte ich nicht glauben, dass Rudi sich diese grauenvolle Geschichte ausgedacht hätte.
Ich hoffte, dass es sich um eine besonders grausame Art von Knastphobie handeln möge. Lange habe ich gebraucht, die Realität zur Kenntnis zu nehmen. Die verzweifelten Eingaben des Staatsver-

brechers aus dem Zuchthaus, Rudi Seidels, wurden überhaupt nicht gewürdigt. Rudis Frau beschloss, einfach nicht mehr auf dieser Welt sein zu wollen. Weltentrückt, und bar jedes menschlichen Gefühls, wurde sie in die psychiatrische Anstalt nach Stadtroda gebracht und die Kinder an einen für die Eltern unbekannten Ort.
Alle Anträge Rudi Seidels aus dem Zuchthaus heraus, seine Frau in der Anstalt besuchen zu dürfen, wurden abgelehnt. Erst nach seiner Haftentlassung 1962, also nach fünfeinhalb Jahren, konnte Rudi seine Frau erstmalig in der Anstalt besuchen. Er wusste nicht, ob seine Frau ihn erkenne. Aus den toten Augen seiner Frau liefen Tränen, als sie ihn sah. Sie hat ihn wohl dennoch nicht erkannt. Gesprochen hat sie kein Wort, keine Geste drückte ihre Verzweiflung aus. Sie war nur eine Hülle mit Tränen im Gesicht. Ihre langen Haare, die Rudi so liebte, hatte sie auch nicht mehr. Kurzgeschoren saß ihm seine Frau gegenüber. Wie verwirrt seine Frau war, zeigte, dass sie die mitgebrachte Tafel Schokolade unausgepackt verzehren wollte.
Nach seiner Entlassung war Rudi völlig auf sich gestellt. Seine Frau in der Psychiatrie konnte keine Hilfe sein und seine Töchter hatte er noch nicht gefunden. Kein viertel Jahr später informierte ein Volkspolizist ihn an seinem Arbeitsplatz, dass seine Frau verstorben sei. Jetzt hatte Rudi keine Frau und keine Töchter mehr. Zwei Ziele hatte sich Rudi nun gestellt, zuerst seine Kinder zu finden und dann gemeinsam die DDR zu verlassen.
Rudi wurde wieder einmal für die DDR eine äußerst lästige Person. Er war ein Zeuge von schweren DDR-Menschenrechtsverletzungen, wie die Entführung seiner minderjährigen Kinder. Und er suchte seine Kinder. Keine Behörde war vor seinen Nachforschungen sicher. Private Kontakte zu früheren Bewohnern seiner Heimatstadt wurden geknüpft, um mögliche Hinweise über den Verbleib der Kinder zu erhalten. Selbstverständlich wurden alle Schritte Rudi Seidels von der DDR-Staatssicherheit verfolgt. Die Antworten auf seine Fragen nach den Kindern wurden im Laufe der Zeit immer einsilbiger, ein Indiz, dass die Staatssicherheit Rudi erneut im Visier hatte. Ohne dass Rudi einen Antrag auf Ausreise

gestellt hatte, wurde ihm die Übersiedlung in die Bundesrepublik Deutschland angetragen. Statt als Preis für die Ausreise die Verpflichtung zu unterschreiben, über das Schicksal seiner Familie im Westen nichts verlauten zu lassen, nannte Rudi den DDR-Behörden seinen Preis: "Sagen Sie mir, wo meine Töchter sind."
Es wurden schwere Jahre des Lebens in der DDR. Die Lage spitzte sich so zu, dass Rudi mit seiner erneuten Inhaftierung rechnen musste. Die Drohungen und Repressalien seitens der DDR-Staatssicherheit bekam er nicht nur versteckt zu spüren. Das Ministerium für Staatssicherheit drohte persönlich und im Klartext, dass jede Nachforschung nach den Töchtern als ein Staatsverbrechen geahndet werden würde, was eine erneute Aburteilung zur Folge hätte.
Eines wurde von der DDR-Staatsmacht nicht bedacht: Rudi hatte nichts mehr zu verlieren. Alle Drohungen seitens des MfS blieben wirkungslos. Rudi suchte weiter nach seinen Töchtern.
Es war die Hartnäckigkeit Rudis und vielleicht auch die Erkenntnis beim MfS, dass mit der Ausreise das Problem nicht gelöst sei. Im Gegenteil, von der Bundesrepublik Deutschland aus würde die Angelegenheit eine internationale Dimension bekommen. Rudis entschlossenes, unfurchtsames Auftreten, seine Beharrlichkeit die Töchter finden zu wollen, führten letztendlich zum Erfolg.

Anfang der 70er-Jahre wurde ihm der Aufenthaltsort seiner Töchter genannt. Die Tochter Monika, nun 22 Jahre und die jüngere Gabi, 19 Jahre alt, hatte er vor dreizehn Jahren am Tag seiner Verhaftung, im September 1957, das letzte Mal gesehen. Vater und Töchter hatten sich unendlich viel zu erzählen. Die Töchter wurden 1957 in ein sozialistisches Kinderheim eingewiesen und verblieben dort bis zum Ende der Berufsausbildung bei Zeiss Jena. Rudi hatte seine Töchter wieder, besser gesagt, er wusste, dass sie leben. Die Töchter konnten anfangs keine familiäre Beziehung zu ihrem Vater aufbauen. Er wurde im Laufe der Jahre zu einem fremden Menschen mit streckenweise gemeinsamen Lebenslauf. Rudi war tief enttäuscht von der Begegnung und voller Hass und Ablehnung gegen die DDR, die das zu verantworten hatte. Das Verhältnis zu den

Töchtern blieb freundlich, aber distanziert. Die jahrelange indoktrinäre Erziehung war nicht wirkungslos geblieben. Die Töchter standen der DDR neutral gegenüber, der Vater hasste die DDR aus tiefstem Herzen.

Nun wollte Rudi nicht länger in der DDR bleiben. Sein gedachtes neues Familienleben mit den Töchtern konnte er nicht verwirklichen. Er war trotz der gefundenen Töchter doch wieder allein. Sein Antrag auf Ausreise wurde abgelehnt. Nun konnte das MfS es Rudi heimzahlen. Noch viele Anträge folgten. Dass Rudi hartnäckig seine Ziele verfolgen konnte, wusste das MfS. Nach jahrelangem, zermürbenden Kampfes konnte Rudi 1977 die DDR verlassen.
Seit seiner Entlassung aus dem Zuchthaus 1962 durfte er primitivste Hilfsarbeiten verrichten. Von einer Umschulung oder Entschädigung ganz zu schweigen.
Mit Rudi gemeinsam durfte seine neue Lebensgefährtin die DDR verlassen. Der Kontakt zu seinen Töchtern riss auch nicht ab, als sich der Vater in Bremerhaven im Rahmen seiner Möglichkeiten eine neue Existenz aufbauen konnte.

Aus der Distanz normalisierte sich das Verhältnis zwischen Vater und Töchtern. Mit dem Vater als Standbein im Westen, versuchten jetzt auch die Töchter die Ausreise in die Bundesrepublik Deutschland zu erlangen. Und wieder setzte ein jahrelanger Kampf mit den DDR-Behörden ein. Diesmal mussten ihn die Töchter führen. Nun konnten diese den Staat DDR von der anderen, der realen Seite kennen lernen mit Berufsverbot, gesellschaftlicher Ausgrenzung und allen anderen bekannten Zersetzungen der Persönlichkeit.
Zuerst durfte 1985 Monika und vier Jahre später 1989 auch die zweite Tochter Gabi ausreisen. Das von Rudi so lang ersehnte Familienleben konnte auch dann nicht aufgenommen werden. Die Entfremdung über 32 und 28 Jahre war einfach nicht zu überbrücken.

Über die Ausreise waren die Töchter glücklich, aber ein herzliches Verhältnis zwischen Vater und Töchtern ist nicht mehr zustande gekommen. Zu groß waren die Zeitabstände zwischen Wegnahme der Kinder und dem Wiedersehen, zu groß das Leid, das auch von den Töchtern nie richtig verkraftet werden konnte. Beide Töchter haben im Westen ihre beruflichen Ziele erreicht, die sie sich gesteckt hatten. Sie haben Familien gegründet und zum Vater einen guten, wenn auch nicht innigen Kontakt gehalten.

Nach zwanzig Jahren politischer Abstinenz nahm Rudi wieder seine Parteiarbeit für die SPD in Bremerhaven auf. Neben seiner Behindertenrente bezog Rudi ein angemessenes Gehalt in verantwortlicher Stelle im Zentrallager in einem großen Bremerhavener Kaufhaus.

Gleich nach der Wiedervereinigung nahm Rudi die Nachforschungen über den Tod seiner Frau auf. Seine erste Adresse war: Psychiatrische Anstalt in Stadtroda/Thüringen.
Zuerst wurde ihm mitgeteilt, dass die Akten seiner Frau nicht auffindbar seien, dann dass sie nach Fristablauf vernichtet worden waren. Erst die Bemühungen eines eingeschalteten Anwalts und nach dessen sehr bestimmenden Schriftverkehr, wurden die Akten nun doch gefunden. Aus diesen ging selbstverständlich nicht mit Sicherheit hervor, dass die geistige Umnachtung und der Tod der jungen Frau mit der Inhaftierung des Ehemannes und der Zwangswegnahme der Kinder in ursächlichem Zusammenhang standen.

Im Gegenteil, die DDR-Ärzte schrieben im Jahr 1963 auf den Totenschein: "Verstorben an der Syphilis".

Es ist nicht nachzuvollziehen, wofür sich selbst Ärzte in der DDR auf Weisung des MfS hergaben. Eine junge Mutter mit einem gesunden Ehemann und zwei gesunden Töchtern verstirbt in einer psychiatrischen Anstalt der DDR an der Syphilis!

Rudi stellte die Nachforschungen zu diesem Thema ein. Die DDR hatte sich mit dieser Diagnose selbst gerichtet.

Nach der Wiedervereinigung beantragte Rudi beim Bezirksgericht Gera die Aufhebung des gegen ihn unrechtmäßig erfolgten Urteils.

Er wurde im August 1993, vier Monate nach seinem Tod am 23. April 1993 rehabilitiert.

Drei Jahre nach der Wende starb Rudi – mein Freund!

Benno Kroll *(STERN)*

VERHAFTET–VERNICHTET – VERGESSEN

Die Geschichte der Jugend von Werder, die Widerstand leistete und dafür bitter büßte

Der frühere STERN-Reporter Benno Kroll, heute 67, ging dem tragischen Schicksal seiner Jugendfreunde nach. Sie hatten sich in der Havelstadt mit Wort und Tat gegen Ulbrichts neue Diktatur aufgelehnt. Acht mussten dafür sterben. Mehr als 30 verschwanden in Zuchthäusern der DDR oder in sowjetischen Strafarbeitslagern. Die Überlebenden quälen sich noch heute mit traumatischen Erinnerungen. Ihre Richter und Folterer blieben unbestraft.

Am frühen Morgen des 10. Juni 1951 verhaftete der Staatssicherheitsdienst der DDR in der kleinen märkischen Stadt Werder und den Nachbargemeinden Glindow und Phöben 21 Bürger. Die Polizeiaktion traf eine Bevölkerung, die in sandiger Erde Obst und Blumen zog und den SED-Staat verabscheute. Ulbrichts Greiftrupps brüllten ihre Opfer aus dem Schlaf, fesselten sie mit Handschellen, trieben die Familien zusammen und durchstöberten die Häuser nach Westzeitungen und verbotenen Büchern. Sie verhafteten ohne Haftbefehl. An jenem Tag, einem regnerischen Sonntag war die Deutsche Demokratische Republik 20 Monate und drei Tage alt.

Die Stasis kamen wieder, den ganzen Sommer lang. Im Herbst saßen 54 Bewohner der Region, die weder Nazis noch auf andere Art schuldig waren, im Stasigefängnis an der Potsdamer Bauhofstraße. Man hatte sie in Einzelzellen mit zweifach vergitterten Fenstern gesperrt, auch die Frauen. Die Festgenommenen waren fast alle blutjung: 15 die Jüngste, die einzig Ältere, meine Mutter, 50.

Die jungen Leute hatten ihre Aufsässigkeit gegen das Regime mit spitzer Zunge und trotzigem Gelächter wie einen Virus gestreut. Als sie weg waren, als auch die vielen weg waren, die sich einer

drohenden oder auch nur befürchteten Freiheitsberaubung durch die Flucht entzogen, hatte Ulbrichts Bolschewisierungspolitik in Werder gesiegt. Nun lag die Straße Unter den Linden in Werders Downtown, wo sie sich zusammengerottet, wo sie palavert und geflirtet hatten, wie ausgestorben. Die Zurückgebliebenen ergriff das Gefühl, dass alle Widerständigkeit vergebens war. Es bestimmte fortan das Klima der Stadt.
Den nächsten Sommer erlebten die Häftlinge als "Politische" in den Zuchthäusern der DDR oder den Straflagern der Sowjetunion. Sieben Männer und zwei Frauen wurden von den Sowjets zum Tode verurteilt. Bis auf den Malergesellen Siegfried Vierkant, der den Todeskeller vom Moskauer Burtyrka-Gefängnis überlebte und zu 20 Jahren begnadigt wurde, starben sie durch den Henker. Der Jüngste, Heinz Unger, einziges Kind eines Obstzüchters, war 18 Jahre, als er verhaftet wurde, und 19, als er starb. Am 2. April 1952 stand er mit einem Kugelfang im Genick vor seinem Scharfrichter. Der nahm ihm mit einem einzigen trockenen Pistolenschuss das Leben.
Wir wissen das heute. In jenen bleiernen Jahren jedoch, als Ungewissheit und Angst wie kalter Nebel den Ort durchdrangen, erfuhr niemand, wohin die jungen Leute gebracht worden waren, wie lange sie fort sein würden und weshalb man sie festgenommen hatte. Die Behörden schwiegen. Kein Polizist, kein Stasi-Mann, kein Staatsanwalt informierte die Eltern über den Verbleib ihrer Kinder. Und mancher unter den Zurückgebliebenen hoffte nach der Wende des Jahres 1989 noch auf ihre Heimkehr.
Inge N., 69, ältere Schwester meines Schulkameraden Günther N., den wir "Adam" nannten, erfuhr erst 1990, dass ihr Bruder am 13. August 1952 in der Sowjetunion liquidiert worden war.
Wo, teilte das russische Rote Kreuz nicht mit. Heute wissen wir, dass die Toten verbrannt und ihre Asche ohne Grabkennung verscharrt wurde. Wahrscheinlich endete das Leben des 22-jährigen im Moskauer Burtyrka-Gefängnis, wo ihn ein Mitgefangener im Juni noch gesehen hatte. Inge N. hatte sich all die Jahre an die Hoffnung geklammert, ihr Bruder sei in einem jener legendären

"Schweigelager", von denen gemunkelt wurde. Sie bewohnt noch heute das Häuschen auf der Havelinsel, in dem sie mit Adam und den anderen Geschwistern aufwuchs. Aber über ihren toten Bruder mag sie nicht sprechen: "Ich habe 40 Jahre gelitten und gehofft", sagt sie. "Nun weiß ich, dass er nicht mehr ist. Wenn ich jetzt drüber reden soll, dann sitz ich wieder im Bett und weine."

Werder ist eine liebliche Stadt. Sie liegt in der Nähe Potsdams zwischen grünen Kiefernwäldern und blauen Seen an den Schilfufern der Havel. Viele ihrer heute 11.500 Bürger leben vom Obstanbau. Wenn im Frühling die Kirschbäume blühen, feiern sie mit süßem Obstwein und lauten Lustbarkeiten ihr weithin bekanntes Blütenfest.

Aber Werder ist auch eine vergessliche Stadt. Kaum jemand, der heute jünger als 60 ist, hat von den Verschleppten gehört. Die Toten haben in Werder kein Grab. Und so erinnert nichts an sie, kein Mahnmal im Ort, keine Geschichtslektion in der Schule. Aus Angst vor der Stasi haben die Werderaner in all den Jahren der Diktatur über ihren Schmerz geschwiegen. Es ist, als hätte die Stadt in der Grabesstille des beharrlichen Nichtsagens ihr historisches Gedächtnis verloren.

Dabei dürfte sie mit Stolz erinnern. Denn ihre damals verhafteten Bürger haben sich tapfer gegen die Diktatur aufgelehnt, einige konspirativ, alle mit dem offenen Wort. Sie gehörten, 1928 bis 1932 geboren, jener ostdeutschen Generation an, die zwischen zwei Diktaturen politisch erwachte. Sie waren 13- bis 17-jährige Halbstarke, als der Krieg im Mai 1945 zu Ende ging. Hitler hatte sie bitter enttäuscht, aber die Ernüchterung verschloss sie nicht gegen die Wahrheit. Schuldloser, unbeschwerter als die Älteren - und einsichtiger als jene - begriffen sie das neue Wort: Demokratie.

Die wurde von Sowjets und Kommunisten zunächst geduldet. In der sowjetischen Zone waren die ersten Nachkriegsmonate vom

Klima einer neuen Freiheit erwärmt, das auf die jungen Leute fremd und erregend wirkte. Die Freiheit währte nur einen Sommer und einen Herbst. Doch die Werderaner, die in jenen lebensprallen Tagen erwachsen wurden, sagten ihre Meinung auch in den Frostzeiten der Erstarrung. Sie sagten sie in der Schule, im FDJ-Heim und Samstag nachts im Tanzlokal Gloth.

Ich bin mit ihnen in dieselbe Schule gegangen, bis ich 1946 in den Westen floh. Aber den Wimpernschlag der Demokratie erlebte ich in Werder. In der Oberschule unterrichteten Neulehrer, die keine Nazis, die aber auch keine Kommunisten waren. Sie lehrten uns Meinungsfreiheit - zum ersten Mal machte uns Schule Spaß. Wir wählten ein Schülerparlament frei und geheim. Es gab Zeitungen aus West-Berlin. Und Parteien, die noch Parteien waren. Die SED war noch nicht gegründet und die Werdersche FDJ noch ein unpolitischer Club. Das FDJ-Heim, ein altes Gemäuer mit Turm, war unser Szenetreff. Unten übten wir Tischtennis und im Turmzimmer die Liebe.

Aber dann kam der beklemmende Frühling 1946 und mit ihm die SED. Ein Stalinist wurde neuer Direktor der Oberschule. Er löste das Schülerparlament auf. Die FDJ wurde kommunistisch und Westzeitungen kamen nicht mehr nach Werder. Kritische Autoren wie Andre Gide, die wir gerade erst kennen gelernt hatten, wurden verboten. Meiner Mitschülerin Ines Geske, Tochter eines Zahnarztes, wurde wegen "bürgerlich-reaktionärer Gesinnung" die Zulassung zum Abitur verweigert. Dem mittellosen Arbeitersohn Werner Bork strichen sie, da er der FDJ nicht beitrat, das Stipendium. Der Geschichtslehrer Heiner Simon, bekennender Sozialdemokrat, hielt den Drahtseilakt zwischen Denkart und Diktatur nicht aus und floh in den Westen. Der junge Kunstlehrer Gerhard Fritze hielt ihn aus und gehörte dann, wie Ines Geske, wie Adam N., wie Siegfried Vierkant, zu den Verhafteten des Sommers 1951.
Anfangs verprügelten die jungen Werderaner nur den neuen FDJ-Führer. Aber dann formierte sich ihre Empörung zum Widerstand:

Im Sommer vor der Volkskammerwahl 1950 fanden die Werderaner in ihren Briefkästen die ersten Flugblätter: "Wer die Einheitsliste der Nationalen Front wählt, bekommt die SED!" Der Schüler Werner Bork, der Student Herbert Herrmann und ein paar Freunde hatten sie Stück für Stück auf der Schreibmaschine geschrieben. Hunderte. Jeder Werderaner, der einen dieser abgegriffenen Zettel zu fassen bekam, gab ihn weiter. Allein das konnte ihn ins Gefängnis bringen. Und mancher musste dafür sterben. Nur dafür.

Doch es blieb nicht bei selbstverfassten, nächtlich getippten Flugblättern. Damals, elf Jahre vor der Mauer, war die Grenze offen. Nach einer knappen Stunde Bahnfahrt waren die Werderaner in West-Berlin. Dort lasen sie die Zeitungen, die sie sonst nicht lesen durften. Und dort, am Kurfürstendamm 106, gab es das "Büro für kulturelle Hilfe". Es ließ den Regimegegnern im Osten alles zukommen, was sie in den Knast bringen konnte: Gazetten des Aufruhrs, subversive Klebezettel, Flugblätter. Und Flugblattraketen. Hinter dem Namen des "Büros" verbarg sich eine von der CIA finanzierte 50-Mann-Truppe intellektueller Idealisten, ehemalige Abwehrleute und Kriminalisten: die "Kampfgruppe gegen Unmenschlichkeit" (KgU). Ihr Frontmann war Dr. Rainer Hildebrandt, heute 82, ein Mann des Widerstands gegen Hitler. Doch das Sagen hatte nach kurzem Machtkampf ein blasser Intellektueller: Ernst Tillich, Dozent für Philosophie an der West-Berliner Hochschule für Politik. Der wollte das SED-Regime mit Gegenpropaganda in die Knie zwingen. Er wurde denen zum Verhängnis, die dafür ihren Hals riskierten.

Der 18-jährige Bork begann 1950 bei ihm zu studieren: Herrmann, 21, studierte Theaterwissenschaften an der Freien (West-Berliner) Universität. Sie ließen sich von Tillich anwerben. Und warben ihre Freunde an. Sie waren junge Rebellen, leidenschaftlich und naiv. Tillichs Kampfgruppe erschien ihnen als mächtiger Verbündeter. Und so schmuggelten sie die Pamphlete und Flugblattraketen der

KgU im Vorortzug durch die Bahnhofskontrollen der Vopo. Sie zündeten die Raketen über SED-Kundgebungen und sowjetischen Garnisonen. Und sie spähten sowjetische Manöver aus. Der Theaterfan Herrmann hatte in Werder eine Laienspielgruppe gegründet. Die probte Büchners "Leonce und Lena". Und nachts gab sie den Meetings der Widerständler unsichere Deckung.

Heute ist das alles verblasst. Die ergrauten Überlebenden der Stasi-Haft und des MGB, des sowjetischen Ministeriums für Staatssicherheit, reden ungern von jener Zeit, auch weil ihnen keiner zuhört. Und keiner spricht ungefragt vom Widerstand. Wenn ich nach den Gründen ihrer Festnahme frage, tritt ihnen die Blässe einer befremdlichen Angst ins Gesicht. Der Eisenbahner Günter Otto, 68, der seit seiner Entlassung in Braunschweig lebt, senkt den Blick, lächelt gequält, walkt die Hände im Schoß und sagt endlich: "Na ja, weil ich gegen die Kommunisten war." In solchen Augenblicken ist mir, als sähen sie keinen in mir, der fragt, sondern einen, der sie verhört.

Unbefangen antwortet nur Axel Purmal, 65, der heut' auf Teneriffa lebt. Der Diplom-Ingenieur gehörte zu den Verwegenen, denen Flugblätter zu harmlos waren. Er hat die Kennzeichen sowjetischer Militärfahrzeuge notiert und den V-Mann-Führern der KgU gemeldet. Dafür kam er nach Workuta am Polarkreis. Schacht 31/32. "Aber ich fühle mich nicht als Spion", sagt er. "Ich fühlte mich als Widerstandskämpfer. Ich war 19. Ich wollte die Russen vertreiben." Die meisten hatten weniger getan und wurden dennoch verurteilt. Einer von ihnen war mein Freund: Joachim Trübe. Er war von uns allen der kleinste, ein hübscher Junge mit Augen, die vor Gescheitheit funkelten. Er war das einzige Kind des Ortsvorsitzenden der LDPD. Biologie-Student in Potsdam. Trübe hatte keine Flugblätter gestreut und keine Autonummern notiert. Aber er hatte seinen Mund nicht gehalten, auch nicht vor seinem autoritären Vater. Als der Stadtsekretär Fritz Trübe bei den Kommunalwahlen 1946 die Wahlfälschungen der Kommunisten deckte, lehnte sich der Sohn gegen ihn auf. Es kam zu einem Disput, in dem der Vater von "Realisten" und der Sohn von der "Wahrheit" sprach. Das war Joachim Trübes Widerstand.

Nach der Verhaftung seines Sohnes im Jahre 1951 kümmerten die Realitäten auch den Vater nicht mehr. Empört schrieb er seinem Parteivorsitzenden, einem Minister Dr. Hamann, die Verhaftungen hätten "eine ungeheure Ähnlichkeit mit den Zuständen im Tausendjährigen Reich". Fritz Trübe fragte, wo sein Sohn abgeblieben sei und bat um eine "wirklich humane" Antwort. Der Blockpolitiker antwortete kühl: "Ich habe erfahren, dass die für die Sicherheit des Staates verantwortlichen Organe Grund zu den Verhaftungen hatten. Mit demokratischem Gruß."

Auch mein Klassenkamerad Ronald Rothe hatte sich nur verbal aufgelehnt. Der Sohn eines Postbeamten gehörte dem DDR-Olympiakader für Biathlon an. Sein Volkseigener Betrieb hatte ihn zum Studium an die Brandenburger Ingenieurschule für Bauwesen delegiert. Er war ein Privilegierter der Partei, verweigerte ihr jedoch den Beitritt. Er wusste, wer die Flugblätter streute. Aber weil er keinen denunzierte, wurde er nach neun Monaten Einzelhaft am 17. März 1952 von der Großen Strafkammer des Potsdamer Landgerichts zu sechs Jahren Zuchthaus verurteilt.

Vorsitzender Richter war Hermann Wohlgethan. Die SED hatte den Jura-Laien per Schnellkurs zum "Volksrichter" gemacht. Er schmähte Rothes Freundestreue im Urteilstext als "gemein und verwerflich, weil er in der DDR alle Förderungen erhalten hatte, die ein junger Mensch erhalten kann." Im Gedächtnis seiner Opfer lebt Wohlgethan als roter Freisler fort: Im Strafmaß blieb er selten unter dem Antrag des Staatsanwalts und er demütigte die Angeklagten mit beißendem Zynismus.

Heute ermitteln die Neuruppiner Staatsanwälte der Schwerpunktabteilung für DDR-Justizunrecht in über 160 Fällen von Rechtsbeugung gegen ihn. Doch in Neuruppin werden 7.000 ähnliche Fälle von gerade mal sechs Staatsanwälten verfolgt. Wohlgethan ist 90. Er wird verhandlungsunfähig sein, falls es gegen ihn noch zum Prozess kommt. Mit mir zu sprechen lehnte er ab.

Von den Verhafteten des Sommers 1951 haben ihn nur sechs kennen gelernt. Sechs Angeklagte. Sechs Racheurteile. Die meisten anderen lieferte die Stasi der sowjetischen Militärgerichtsbarkeit aus. Sie kamen nach ersten Verhören und wenigen Tagen im Potsdamer Stasi-Knast in das Sowjetgefängnis an der Lindenstraße. Der außen malerische Rohziegelbau aus dem 18. Jahrhundert, den der Potsdamer Volksmund "Lindenhotel" nannte, war innen ein bedrückender Kerker. Die Russen hatten ihn mit einem hohen Bretterzaun abgeschirmt. Und die Potsdamer, die daran vorbei mussten, wechselten die Straßenseite.

Hier hatten schon die Opfer der Gestapo auf ihre Unrechtsurteile gewartet. Nun waren es die Werderaner, unter ihnen Joachim Trübe und Ines Geske. Die jetzt 68-jährige Glindowerin hat den düsteren Ort nach der Wende besucht. Sie stand wie versteinert in dem Hof, in dem sie während ihrer siebenmonatigen Untersuchungshaft ein einziges Mal Freigang gehabt hatte, barfuss im Schnee. Sie musste an den jungen Mann denken, den sie damals in der Nachbarzelle weinen hörte. Sie hatte ihn trotz des Verbots durchs Gitter gefragt, wer er sei und seine vom Schluchzen fast erstickte Knabenstimme gehört: "Sie haben mich zum Tode verurteilt."

Am 8. Januar 1952 stand Ines Geske neben Joachim Trübe und den Werderanerinnen Ilse Graatz und Stefanie Brabetz in einem Saal des Lindenhotels vor den Richtern des sowjetischen Militärtribunals. Es waren drei Offiziere. Es gab keine Verteidiger, aber mit Maschinenpistolen bewaffnete Wachen. Und die Offiziere verhandelten nicht. Sie verkündeten.
Joachim Trübe hörte sein Urteil als erster: zehn Jahre Arbeitslager. Dann Ines Geske: 15 Jahre, Ilse Graatz: 25 Jahre. Stefanie Brabetz

hatte tatsächlich "spioniert". Sie arbeitete in der Marmeladenfabrik Lamparsky, die wir "Musbude" nannten. Dort hatte sie die Marmeladenmengen notiert, die der sowjetischen Garnison geliefert wurden. Dafür verurteilte die Troika sie zu dreimal 25 Jahren Arbeitslager.

Als Joachim Trübe dieses Urteil hörte, sprang er auf und schrie zum Richtertisch: "Ihr Schweine! Ihr seid gemeine, kommunistische Schweine!" Ines Geske, die neben ihm saß, stieß ihn an und flüsterte: "Mensch Achim, sei still." Doch Trübe tobte weiter. Der Vorsitzende Offizier unterbrach ihn wohlmeinend: "Angeklagter, das haben Sie so nicht gemeint!"

Doch mein kleiner Freund hatte es so gemeint und er blieb dabei. Er war ein Possenreißer. Vor Leuten, die er nicht leiden konnte, weil er sie für Heuchler hielt, hatte er oft den Blödmann gespielt und sie dann ausgelacht. Nun, vor der Willkür des Tribunals war er nicht mehr zu stoppen: "Jawohl! Ich habe das so gemeint! Ihr seid gemeine Verbrecher! Ihr seid..."

Die Richter berieten sich. Dann hoben sie ihren anfänglichen Spruch auf und verurteilten Trübe zum Tode.

Seit kurzem kenne ich das Datum seiner Hinrichtung. Er wurde, 22 Jahre alt, am 10. April 1952 erschossen, mutmaßlich in der Moskauer Lubjanka. Dort hatte er sich mit einer Mitgefangenen verlobt - Ines Geske traf sie im sibirischen Lager Tajschet. Die Verlobten haben sich nie gesehen. Sie haben ihre blinden Liebesworte mit den Fingerknöcheln an die Zellenwand geklopft und auf Begnadigung gehofft.

Trübes strenger Vater überlebte seinen Sohn um viele Jahre und hoffte bis zu seinem Tod auf ein Wiedersehen mit ihm.

Benno Kroll *(STERN)*

BENUTZT – VERLEUGNET – VERDRÄNGT

Teil 2

Anfangs tippten die Widerständler von Werder ihre Flugblätter selbst. Dann bekamen sie Pamphlete von der "Kampfgruppe gegen Unmenschlichkeit", einer von der CIA finanzierten Truppe Kalter Krieger. Sie stifteten die jungen Leute zur Spionage an – und verleugneten sie, als sie verhaftet wurden. Erst im Stasi-Knast oder im Gulag begriffen die Werderaner, dass sie benutzt worden waren.

An einem Oktobertag des Jahres 1950 reisten die Studenten Herbert Herrmann und Günther Beggerow mit dem Zug nach Dresden. Ihnen gehörten die Pakete, die wie herrenlos im Gepäcknetz nebenan lagen. Sie bargen Brisantes: 30 Zentimeter hohe Kartonzylinder mit Treibsätzen und Zündschnüren gefüllt mit je 500 Flugblattraketen der "Kampfgruppe gegen Unmenschlichkeit" (KgU). Die Widerständler wollten sie im Elbsandsteingebirge über Bad Schandau hochgehen und ihren Inhalt auf eine SED-Kundgebung regnen lassen. Die Partei bat zur "Volkswahl", bei der es außer einer Einheitsliste nichts zu wählen gab. "Nein zur Volkswahl! Wer für die Nationale Front stimmt, wählt die Diktatur!" stand auf den Handzetteln.

In jedem Bahnhof zitterten ihnen die Knie, wenn die Vopos durch den Zug polterten. Sie studierten in West-Berlin, wohnten aber in Werder und hatten für eine Reise nach Sachsen keinen plausiblen Grund. Hätte ein Regimewächter die Pakete geöffnet und die Stasi in Werder angerufen, dann hätte er in den beiden Verschwörern die Besitzer erkannt. Denn in Werder hatte die Stasi sie im Visier.
"Natürlich war es nicht nur unsere politische Empörung, die uns zu solchem Risiko bewog", sagt Herrmann heute. Der 67-jährige Hörspielautor ist 1991 heimgekehrt und lebt wieder in seinem väterlichen Haus, in dem sie einst "Leonce und Lena" spielten.

"Es war gewiss auch Abenteuerlust", fügt er hinzu. "Und das Bedürfnis, aus der geduckten Masse herauszuragen."
Er erinnert sich noch gut an den Tag, an dem er mit Beggerow auf dem Bastei-Felsen stand, unter sich Bad Schandau und die Menschen vor der Tribüne der SED, vor sich die Raketen. Sie sollten mit einer Verzögerung von drei Minuten hochgehen. Doch es dauerte nur wenige Sekunden: Ein Zischen, dann pfiffen sie in den Himmel und die Pamphlete des Kalten Krieges senkten sich ins Tal wie Buchenblätter im Herbst. Die Feuerwerker der KgU rannten los. Sie hechelten 20 Kilometer durchs Gebirge und bestiegen in einem abgelegenen Ort den Zug.
Als Herrmann tags darauf sein Haus betrat, in dem sein Vater todkrank im Bett lag, empfing ihn ein Fremder. Der richtete eine Waffe auf ihn. Stasi! Jetzt erlebte der Widerständler, was er sich in 100 Nächten ausgemalt hatte. Als das Telefon den Häscher ablenkte, sprang Herrmann durchs offene Fenster in den Garten und verschwand. Es war Freitag, der 13. Oktober 1950, für Herrmann ein Tag des Glücks.
Für den Kneipenwirt auf der Bastei, den der Raketenknall ebenso erschreckt hatte wie die Agitatoren des Regimes, war es ein schwarzer Freitag. Er wurde verhaftet und später enteignet. Als Herrmann und Beggerow davon erfuhren, erschien es ihnen als Menetekel: Zum erstenmal musste ein Unbeteiligter für ihre Tat büßen.
Herrmann und seinem Freund Werner Bork, die enttarnten Köpfe des Widerstands in Werder, mieteten möblierte Zimmer in West-Berlin unter einer Adresse, die in alle Vernehmungsprotokolle der Stasi einging: Wannsee, Wernerstraße 3. Dorthin kamen ihre Freunde aus Werder, einige nur, um zu plaudern, andere um sich Flugblätter zu holen. Denn der Widerstand ging weiter. Borks Berichte an die KgU (Berichtsblatt 200042) geben ihn in nüchternen Zahlen zu erkennen: Von November 1949 bis Februar 1951 wurden in Werder 18.999 Flugblätter, 12.000 KgU-Periodika "Tarantel" sowie 2.000 Broschüren verteilt und 19 Flugblattraketen geschossen, fünf davon mit russischen Texten. Sie waren aus dem

Haus Wernerstraße 3 gekommen, in dem ich neben Herrmann und Bork ein drittes Zimmer bewohnte. Mit einem angewidertem Blick auf die im Hausflur gestapelte Propaganda, sagte die Wirtin einmal zu mir "Mein Gott was mache ich nur, wenn die Russen kommen?" Sie ahnte so wenig wie wir, dass die Stasi draußen auf der Lauer lag und jeden Besucher fotografierte.

In der "Frontstadt West-Berlin" war die Stunde der Geheimen Dienste angebrochen. Die CIA, die Engländer, die Franzosen und der deutsche Spionagetrupp des Ex-Generals Reinhard Gehlen, ehemals Chef der Abteilung Fremde Heere Ost im Generalstab des Heeres, rekrutierten ihre V-Leute aus der DDR. Es waren meist junge Feuerköpfe, die sich von ihnen beschwatzen ließen. Auf der Suche nach Büchern oder Beistand kamen sie nicht nur zur KgU, sondern auch zum Ostbüro der SPD und dem "Ausschuss freiheitlicher Juristen", die alle von der CIA alimentiert und alle von der Stasi unterwandert waren.
Die KgU reichte ihre V-Leute an die CIA und die Organisation Gehlen (Org) weiter, der 1956 der Bundesnachrichtendienst entwuchs. Und während ihre V-Mann-Führer im sicheren West-Berlin saßen, kritzelten die Werderaner sowjetische Autonummern auf leicht verdauliches Klopapier, klaubten die weggeworfenen Briefe einsamer Rotarmisten aus dem Müll oder kauerten hinter einem Baum und zählten Panzer im Herbstmanöver. Sie trugen ihre Ideale in den Kalten Krieg und ahnten nicht, wie kalt er wirklich war. Denn ihren ehrgeizigen Antreibern, Deutschen wie Amerikanern, war ihr Schicksal gleichgültig.
Bork und Herrmann absolvierten bei der CIA einen Schnellkurs in Spionage. Sie lernten, wie man an der Spur des Panzers den Typ erkennt.
Oder welchen Dienstgrad die Rangabzeichen sowjetischer Militärs verraten. Sie lernten nicht, wie der Agent sich tarnt und wie er davonkommt. Werner Bork, heute 65 und Unternehmensberater in Hamburg: "Der Mann von der Org war ein Nazi und der Amerikaner von der CIA ein Deutschenhasser. Sie haben unseren Idealis-

mus bedenkenlos ausgebeutet. Sie haben uns mit laienhaft gefälschten DDR-Ausweisen ins Feuer geschickt. Wahrscheinlich wollten sie, dass wir draufgingen, damit die echten James Bonds freie Bahn hatten."
Und Herbert Herrmann bekennt, dass er sich schuldig fühlt: "Mir liegen die Toten auf dem Gewissen. Meine Freunde bekamen die Flugblätter der KgU, durch die sie ihre Freiheit oder ihr Leben verloren, von uns. Aber was tat die KgU, die uns belieferte? Sie hat ihre Tapfersten verleugnet."
Die KgU, sonst über jeden Unrechtsakt in der DDR öffentlich entrüstet, informierte die Presse nicht über die Verhaftungen in Werder. Aber ihr politischer Leiter Ernst Tillich, der wegen anderer Verhaftungen unter Beschuss geraten war, erklärte als Versammlungsredner der KgU im West-Berliner Kino "Delphi", die Kampfgruppe habe "nie, nicht ein einziges Mal" junge Menschen mit Flugblättern in die DDR geschickt.

Rainer Hildebrandt, Tillischs Mitregent in der KgU, ist heute 82 und Hausherr im Berliner Checkpoint-Charlie-Museum. Dort verkauft seine Tochter ein Buch über "gewaltfreien Kampf für Menschenrechte", das ihr Vater unter dem Titel "Von Ghandi bis Walesa" publizierte. Darin würdigt Hildebrandt prominente Widerständler: Ghandi und Lech Walesa, Andrej Sacharow und Robert Havemann.
Aber meine Werderaner Schulkameraden Heinz Unger, Adam N., Inge Wolf und die Geschwister Johanna und Heiner Kuhfuß und den aus Brandenburg nach Werder zugezogenen Willi Schwarz, die "gewaltfrei für Menschenrechte kämpften", indem sie für Hildebrandts KgU Flugblätter streuten sowie militärische Informationen sammelten und dafür sterben mussten - die erwähnt er nicht. Natürlich blieb mein Freund Joachim Trübe ebenfalls unerwähnt, der, klüger als die meisten, mit der KgU nie etwas zu tun haben wollte und dennoch in den Abgrund gerissen wurde.
Auch die anderen, jene, die überlebt haben, hatten das ehrende Wort verdient, das nie geschrieben wurde. Als Tillich sie im

"Delphi" verleugnete, hatten sie Monate im Stasi-Knast hinter sich. Sie hatten morgens und abends eine aufgeweichte Scheibe Brot, mittags eine Wassersuppe bekommen, hatten tagsüber nicht sitzen dürfen und waren nachts verhört worden. Ronald Rothe, 22, Gerda Krause, 19 und Helga Koebke, 17, waren geschlagen worden. Rothe mit der Faust und die Mädchen mit einem Lineal. Rosi Weiß, 15 wurde nur geohrfeigt, aber sie konnte tags darauf ihren Mund nicht schließen. Und alle hatten den "Bunker" kennen gelernt, die ungeheizte Arrestzelle ohne Pritsche und Stuhl, in der es nichts zu essen gab.

Ronald Rothe, heute 67, Diplom-Ingenieur in Berlin: "Sie schlossen meine Hände mit Handschellen an einen Stahlring, der in Augenhöhe in die Wand des Bunkers gemauert war. Ich konnte nicht sitzen, nicht liegen und machte mir in die Hose. Meine Hände starben ab. Wenn ich einschlief, wachte ich sofort wieder auf, weil mir die Beine wegknickten. Am dritten Tag kam einer und brachte mir Brot und Blümchenkaffee."

Sie kamen in den Bunker, weil sie "klopften". Sie trommelten ihre Not mit wunden Knöcheln an die Zellenwände. Nach dem Alphabet, das jeder Gefangene lernt - einmal klopfen: ein "A", fünfmal: ein "E". Als er wieder frei war, konnte Rothe nur stottern, weil er das Tocktocktock nicht los wurde, die Sprache der Gefangenen, die er nun besser sprach als ein Wort mit seiner Zunge. Sie hat manchem Dulder in der Verlassenheit seiner Zelle den Lebenswillen bewahrt. Gerda Krause, 64: "Meine Zelle lag neben Rothes. Er hatte mich weinen hören und klopfte mir einen ganzen Roman von Binding. Ohne ihn hätte ich die Einzelhaft nicht überlebt." Als sie die Freiheit wiedersah war Gerda Krause 21 und hatte weiße Haare. Es ist keine Regel zu erkennen, nach der verhandelt, verurteilt, vollstreckt wurde. Sechs strafte das deutsche Gericht, die meisten das sowjetische Tribunal. Die einen wurden gefoltert, andere nur beleidigt, die einen verurteilt, andere ohne Gerichtsverfahren auf Jahre festgehalten. Zwei lieferten die Sowjets in Bautzen ein, die meisten kamen nach Sibirien oder Workuta. Aktive Widerständler überlebten hinter Stacheldraht, passive starben durch den Henker.

Die Richter, Deutsche wie Sowjets, sprachen keinen frei, verhängten keine einzige Bewährungsstrafe, ließen keine Berufung zu.
Einer, der "nur" zehn Jahre bekam, ist Horst Wegner, heute Zahnarzt im Norden, in Ostfriedland, damals 23 Jahre alt. Er kam nach zwei Wochen Stasihaft zu den Sowjets. "Die nahmen mich täglich zehn Stunden ins Verhör, wochenlang", erinnert er sich. "Ich hatte ihnen nichts zu bekennen, außer, dass ich sie und das SED-Regime nicht liebte. Ich wurde brutal geschlagen, bei jedem Verhör."
Der einzige, der das Todesurteil bekam und heute erzählen kann, ist Siegfried Vierkant, damals 23. Er wurde nach 90 Tagen im Moskauer Burtyrka-Gefängnis zu 20 Jahren begnadigt. Als er in Potsdam verhört wurde, saß ihm eine russische Dolmetscherin gegenüber. "Sie war", sagt Vierkant mit einem Ausdruck widersinnigen Abscheus, "ein Rasseweib". Sie demütigte ihn mit ihrem Sex: " Deine Seele ist so schwarz wie meine Fotze."
Er war als Regimegegner von der Oberschule geflogen, hatte Anstreicher gelernt und auf dem Flugplatz in Werder Kasernen bemalt. Als ihm Günther N. einen Plan des Flughafens vorlegte und fragte, was die Russen geändert hätten, gab er ein paar Hinweise. Dafür stand er im April 1952 vor dem Tribunal. Die Richter stützten ihr Todesurteil auf den Paragrafen 58 des Strafgesetzbuches der Russischen Sowjetrepublik: Spionage!
In seiner Moskauer Zelle, auf der Eisenpritsche neben dem Abflussloch, wartete Vierkant auf den Henker. Oft holten ihn nachts Bewacher. Sie schubsten ihn durch den stockfinsteren Bau, rasierten ihm den rasierten Schädel und schlugen ihm etwas Kaltes ins Gesicht. Jedes Mal durchfuhr es ihn: "Jetzt!"
Doch sie brachten ihn zurück, feixend. Nach drei Monaten und zehnmal Sterben kam ein Offizier in seine Zelle. Der lachte: "Nix kaputt! Verstähn? Nix kaputt!" Das war Vierkants Begnadigung. Wenig später war er in Workuta, Schacht 7.
Von den Toten wissen wir wenig. Siegfried Scharf, heute 66, als Sträfling ohne Urteil 18 Monate im Stasi-Knast, irrte sich mal in der Tür eines Vernehmungszimmers und öffnete sie. Die Szene, die er sah, ehe ein Wachmann ihn zurückbrüllte, wurde der Berliner

Banker nie wieder los: "Hanni Kuhfuß lag auf dem Boden. Über ihr ein Stasimann. Der schlug sie mit einer kurzen Gliederpeitsche aus Metall. Und sie schrie. Unsere Hanni schrie."

Auch Hanni Kuhfuß hatte sowjetische Autonummern gesammelt. Die letzten Worte, die von ihr überliefert sind, drangen aus dem Bunker des Lindenhotels: "Ich bin mit der Acht ans Gitter gefesselt. Ich habe nur BH und Höschen an. Es ist so kalt." Heini Fritsche, heute 67, hat sie gehört. Er tröstete sie durchs Gitter, sie nannte ihm ihren Namen, Fritsche wusste, wie ihr zumute war: Er fror auch, sie hatten ihn nackt ausgezogen. Er konnte nicht helfen. Er konnte nur hoffen, dass es ein Russe tun würde.

Denn das gab es: barmherzige Russen. Ein Feldwebel kam zu ihm und drehte mit einem Vierkantschlüssel die Heizung auf. Dann brachte er einen Becher heiße Brühe: "Dawai! Schnell essen!" Während Fritsche aß, stand der Russe Schmiere. Diese Suppe, sagt Fritsche, habe ihm sein Weltvertrauen zurückgegeben.

Nahezu alle Sowjethäftlinge haben solches Mitgefühl erfahren, in Potsdam, auf dem Transport, in Sibirien. Die Stasi-Häftlinge nicht. "Bei der Stasi hatte keiner Mitleid", sagt Rosi Weiß, die heute in Heilbronn lebt. "Ich habe nie eine menschliche Geste erlebt. Sie hatten alle kein Herz." Rothe schränkt ein: "Die unter Hitler im KZ gewesen waren, haben uns wenigstens kein Bein gestellt. Barmherzig waren sie nicht. Aber korrekt."

Er war im KZ der Rüdersdorfer Kalkbergwerke bei Berlin. Dort mussten die Häftlinge täglich zehn Kubikmeter (13 Loren) fördern, wenn sie im Monat 20 Mark bekommen und nach Jahren der Entfremdung eine halbe Stunde Besuch haben wollten. Doch die barbarische Norm schafften nur wenige.

In Workuta Schacht 9/10 hatten die Männer keinen freien Tag. Sie waren zehn bis zwölf Stunden auf Außenkommando, nur jeder zweite schaffte die Norm. Da hockten sie mal zusammen, Axel Purmai aus Werder und andere. "25 Jahre halten wir so nicht durch", sagte jemand. Doch ein Älterer, einst SS-Offizier in einem Lager für sowjetische Kriegsgefangene, sagte: "Seid froh, dass sie uns nicht annähernd so behandeln, wie wir sie behandelt haben."

Die DDR-Häftlinge kamen frei, wenn sie zwei Drittel ihrer Strafe verbüßt hatten, die ins Gulag Verbannten, nachdem Adenauer 1955 ihre Freilassung erwirkt hatte. Mit einer Ausnahme gingen alle in den Westen. Eva Kirschstein aus Phöben, die aus dem Zuchthaus Cottbus heimkehrte, nahm sich das Leben.

Gerda Krauses Mutter bekam während des einzigen Besuches, der ihr in Cottbus genehmigt wurde, unter den Augen ihrer Tochter einen Schlaganfall und starb kurz darauf. Der Vater der hingerichteten Geschwister Kuhfuß erhängte sich, die Mutter wurde wahnsinnig. Auch Joachim Trübes Mutter endete im Wahnsinn. Der Stasi-Knast an der Bauhofstraße in Potsdam (heute Henning-von-Treskow-Straße) ist ein Bürogebäude*. Das Lindenhotel ist auch kein Knast mehr, aber baulich unverändert. Horst Wegner sah es nach der Wende wieder. Er schloss sich einer Besuchergruppe an, die den Bau besichtigte. Als er mit den anderen wieder auf die Straße trat, stand ein Mann vor ihm. Er schrie: "Die da drin waren, das waren alles Verbrecher!"
Der heute 68-jährige Zahnarzt "hatte das Gefühl, ich müsste mich auf ihn stürzen und ihn schlagen".
Doch er tat es nicht. Er weinte.

* Thomas Wernicke, wissenschaftlicher Mitarbeiter im Potsdam-Museum (Tel. 0331/2896803) führt Besucher durchs Haus.

Achim Beyer *(Erlangen)*

Der Prozess gegen die "Werdauer Oberschüler" 1951

Jugendwiderstand in der SBZ/DDR

Der Prozess gegen die "Werdauer Oberschüler" 1951 war einer der ersten großen politischen Prozesse gegen Jugendliche vor einem DDR-Gericht.* Am 3. Oktober 1951 wurden von der 1. Großen Strafkammer des Landgerichts Zwickau 19 überwiegend Jugendliche zu insgesamt 130 Jahren Zuchthaus verurteilt. Darunter waren 15 Schülerinnen und Schüler der Alexander-von-Humboldt-Oberschule Werdau; acht von ihnen kamen erst im Herbst 1956, nach fünfeinhalb Jahren Haft, wieder frei.

Ich bin einer dieser "Werdauer Oberschüler". Meine Ausführungen stützen sich auf umfängliche Dokumentenfunde in den verschiedenen ehemaligen DDR-/SED-/MfS-Archiven. Die zwischen 1991 und 1997 gefundenen etwa 4.000 Blatt Akten wurden von mir ausgewertet und werden ergänzt durch Aussagen von Zeitzeugen sowie anderen Quellen.

Die "Werdauer Oberschüler" sind kein Einzelfall und dennoch eine Besonderheit: In jenen Jahren gab es unter der Jugend und besonders an den Oberschulen häufig politischen Widerspruch und auch Widerstand; die Gründe und Motive dafür sind jeweils sehr ähnlich, ja nahezu identisch. Karl Wilhelm Fricke berichtet, dass allein in den fünfziger Jahren *mindestens 1.200 Oberschüler und Studenten*

*** Dieser Beitrag ist die leicht veränderte Fassung eines Vortrages, den der Autor am 9. Oktober 1997 in der Alexander-von-Humboldt-Schule, heute Gymnasium II, in Werdau/Sachsen anlässlich der Enthüllung einer Gedenktafel gehalten hat. Die Tafel trägt folgenden Text: "Zum Gedenken an die 19 Jugendlichen, die am 3. Oktober 1951 im Prozess gegen die Werdauer Oberschüler von der DDR-Justiz zu insgesamt 130 Jahren Zuchthaus verurteilt wurden. In selbstangefertigten Flugblättern traten sie für die Einheit Deutschlands ein und protestierten gegen stalinistischen Terror."**

verhaftet und in Zwangsarbeitslager oder Zuchthäuser verbracht wurden. In mindestens zweistelliger Zahl wurden Oberschüler und Studenten zum Tode verurteilt und hingerichtet."[1]

Politische Situation und Motive für den Widerstand

Unsere Altersgruppe hatte noch die Uniform des "Deutschen Jungvolk" getragen, war der nationalsozialistischen Erziehung und Propaganda ausgesetzt und mindestens zweimal wöchentlich zu Schulungsnachmittagen, zum Marschieren, zu "Geländespielen" oder sonst einem "Führerdienst" gezwungen. Von unmittelbaren Kriegszerstörungen blieb unsere Heimatstadt Werdau in Sachsen weitgehend verschont, aber die nächtlichen Bombenangriffe auf Leipzig, Chemnitz und Dresden jagten uns Schrecken ein. Die Todesanzeigen mit dem Eisernen Kreuz wurden immer zahlreicher und kleiner, weil der Platz in der Zeitung sonst nicht reichte. Zunehmend waren auch nur wenig ältere Schulkameraden darunter. Nach dem Ende des Krieges und des Nationalsozialismus erfuhren wir von den Verbrechen dieser Diktatur.

So war der Sommer 1945 für uns ein befreiender Neuanfang, zugleich voller Ungewissheiten, verbunden mit Neugier, Ablehnung, Verweigerung, Ängsten und Aufbruchstimmung. Es gab viele Gespräche mit Sozialdemokraten und Liberalen, mit Kommunisten und Bürgerlichen, welche die NS-Herrschaft in der inneren Emigration, im Widerstand oder gar im KZ überlebt hatten und einen Neuanfang wagten. Unter ihnen war auch der Bürgermeister unserer Stadt, der Sozialdemokrat Gerhard Weck.[2]

---

1 "Zur Botschaft des Widerstandes im Deutschland der Diktaturen" (Ehrendoktorwürde für Karl Wilhelm Fricke), dok. In DA 5/1996, Seite 833ff., hier: Seite 838.

2 Weck wurde von den Nationalsozialisten im KZ Buchenwald gefangengehalten; 1948 wurde er wegen "Sozialdemokratismus" und Kontakten zum Ostbüro der SPD verhaftet und in Bautzen inhaftiert. Vgl. dazu den Bericht von Herrmann Kreutzer in: Das Gelbe Elend, Bautzen-Häftlinge berichten. 1945-1956, München 1997, Seite 193ff.

Das Angebot zur Mitarbeit wurde von uns angenommen, als Aufforderung zur politischen Aktivität betrachtet. Zu unserem Demokratieverständnis gehörten: die Gewährung von Meinungsfreiheit, die Ablehnung jeglicher Diktatur, "Nie wieder Krieg", der Schwur, nie mehr eine Uniform oder eine Waffe zu tragen.
Wir glaubten anfangs den Versprechungen, dass in der SBZ eine demokratische Gesellschaft mit allen persönlichen Grundrechten etabliert werde. Wir setzten uns für diese neue "junge Demokratie" ein, damit es nie wieder eine Diktatur geben werde, die in unser Leben eingreifen kann.
Doch bereits kurz nach der Zwangsvereinigung von SPD und KPD zur SED im April 1946 und noch vor Gründung der DDR war jegliche Opposition weitgehend ausgeschaltet. Liberale Kräfte aus CDU und LDP wurden ebenso wie ehemalige SPD-Mitglieder[3] von der politischen Willensbildung ausgeschlossen. Die SED mutierte 1948 zur stalinistischen "Partei neuen Typus".
Es begann ein unerbittlicher "Kampf gegen den Sozialdemokratismus"; besonders in Werdau und Crimmitschau wurden "Hochburgen der Schumacher-Agenten" vermutet.
Inzwischen war die FDJ "eingekleidet", die so uniformierten Blauhemden bekamen feierlich Kleinkaliber-Gewehre überreicht, Lenins Lehre von den "gerechten" und den "ungerechten" Kriegen wurde in den Unterricht eingeführt. Einige der "Werdauer Oberschüler" wurden durch die "Junge Gemeinde" geprägt; dort wurde Toleranz vermittelt und das Wissen, dass es neben dem Marxismus-Leninismus-Stalinismus noch andere "Weltanschauungen" gab.[4] In der Schule wurde insbesondere vom Schulleiter und von der

---

3 Vgl. dazu die Beschlüsse des Parteivorstandes der SED zur Umwandlung der SED in eine "Partei neuen Typus" in: Thomas Friedrich/Christa Hübner u. a., (Hrsg.), Entscheidungen der SED 1948. Aus den stenografischen Niederschriften der 10. bis 15. Tagung der SED 1959, vgl. auch o. V.: Protokoll der Ersten Parteikonferenz der sozialistischen Einheitspartei Deutschlands, Berlin (Ost) 1949.

4 Bei der Überprüfung von 153 Oberschülern in der Sowjetischen Besatzungszone im Frühjahr 1949 fiel die Aktivität der "Jungen Gemeinde" an der Oberschule Werdau besonders auf. Ausführlich in: Stiftung Archiv der Parteien und Massenorganisationen der DDR im Bundesarchiv (SAPMO-Barch), ZPA IV 2/905/77, Bl. 201+123.

Mehrheit des Lehrerkollegiums jegliche politisch nicht linientreue Meinungsäußerung unterbunden mit der Androhung scharfer Schulstrafen (bis zur Relegierung). Gleichzeitig provozierte der Schulleiter unsere Opposition in gewisser Weise durch seine ständigen Hinweise auf den kommunistischen Widerstand während der Nazi-Zeit und dessen Verklärung.[5]

Gespräche mit Eltern, Pfarrern, liberalen Politikern, die Kenntnis überaus starke Indoktrination, der von uns beobachtete weitere "Aufbau des Sozialismus", die damit verbundene Ent-Demokratisierung, d. h. die "Stalinisierung" gaben Anlass zu Diskussionen im kleinen Kreis. Bei der Lektüre der Flugblätter der Geschwister Scholl ("Weiße Rose") aus dem Jahre 1943 wurde uns die Ähnlichkeit - besser: Analogie - zwischen dem NS-Regime und dem Stalinismus von 1950 besonders bewusst: ein Austausch der Begriffe NSDAP gegen SED, HJ gegen FDJ, Gestapo gegen Stasi bot sich an und charakterisierte unsere damalige politische Situation. Wir lasen unter der Schulbank den Roman *1948* von George Orwell (als Reclam-Heft mit dem Titel "1848" getarnt). Er gab uns eine aktuelle Zustandsbeschreibung des Jahres 1950. Von zahllosen Wänden blickte der "Große Bruder" in Gestalt Josef Stalins auf uns; andere Begriffe aus dem Roman waren schnell und problemlos "übersetzt": das "Zwiedenken" hatten wir längst gelernt, das Funktionärsdeutsch wurde uns als "Neusprache" oder "Neusprech" beigebracht, als "Gedankenpolizei" war das gerade gegründete Ministerium für Staatssicherheit aktiv.[6]

Wir erkannten, dass die "Volkskammerwahl 1950" eindeutig undemokratisch war: Sie verstieß nicht nur gegen die Bestimmungen der DDR-Verfassung vom 7. Oktober 1949, auch ihre Ausführung wird heute von eingefleischten SED-Vertretern scharf kritisiert.

---

5 In einem vertraulichen Bericht der SED-Landesleitung Sachsen über den Prozess und seine Auswirkungen heißt es, er habe "so berichtet, dass die Schüler daraus den Schluss ziehen konnten, dass eine solche Arbeit auch heute noch eine mutige Tat ist".
In: Sächsisches Hauptarchiv (SHA), SED-Landesleitung Sachsen A/970.

6 Von Siegfried Mampel als "Ideologiepolizei" bezeichnet. Vgl. Siegfried Mampel "Das Ministerium für Staatssicherheit der ehemaligen DDR als Ideologiepolizei", Berlin 1996

Damals war eine Diskussion darüber - ob in der Schule oder in der FDJ oder sonst in der Öffentlichkeit - nicht möglich.
Der Oberschüler Hermann Josef Flade verteilte selbstgefertigte Flugblätter gegen die sogenannte "Volkswahl" 1950.[7] Er wurde deshalb und weil er einen Polizisten leicht verletzte, im Januar 1951 zum Tode verurteilt. Weltweiter Protest zwang die SED-Justiz, dieses Terrorurteil auf 15 Jahre zu reduzieren. Das Todesurteil, aber auch die Zeitstrafe von 15 Jahren Zuchthaus sollten abschreckend wirken. Doch der politische Widerstand vor allem Jugendlicher nahm nicht ab. Weder Einzelkämpfer noch Gruppen zogen sich in dieser Situation verängstigt und verschreckt zurück. Sie solidarisierten sich vielmehr mit Flade und protestierten auf je eigene Weise.
Nach den Motiven seines Widerstandes gegen die SED-Herrschaft befragt, sagte Heinz Rasch, einer der verurteilten "Werdauer Oberschüler" gegenüber seinem Stasi-Vernehmer, der das etwas holprig protokollierte:
"Da ich erkannt habe, dass in der DDR die Ausübung der demokratischen Grundrechte nicht möglich ist, ich denke dabei an keine freie Meinungsäußerung, keine freien demokratischen Wahlen. Missachtung der herkömmlichen Begriffe von persönlicher Freiheit. (...) *Im Februar haben wir aufgrund des vom Volksgerichtshofes* [sic!] *gegen Flade ausgesprochenen Urteils den Entschluss gefasst, gegen dieses Urteil in der Öffentlichkeit* [sic!] *aufzutreten. Ich selbst habe den Text* [des Flugblattes, A. B.] *entworfen.* (...) *Mit meinen ganzen Handlungen habe ich versucht, die Volksmeinung*

7 Es war die erste Wahl zur Volkskammer der DDR am 15.10.1950, welche entgegen den vorherigen Vereinbarungen zwischen den Parteien in der jungen DDR um ein Jahr verschoben wurde und obendrein – später wurde dieses Verfahren beibehalten – mit einer Einheitsliste erfolgte. Es gab im Vorfeld politische Kampagnen, möglichst zahlreich zur Wahl zu gehen und mit "ja" zu stimmen. Die Benutzung der – häufig versteckten und auch verstellten – Wahlkabine wurde registriert. Zusätzlich wurde die Stimmabgabe mit einem politischen Bekenntnis verbunden, welches mit der Wahl weder formal noch inhaltlich zu tun hatte: Auf jeden Stimmzettel wurde gestempelt "Für Einheit und gerechten Frieden". Wer gegen die Kandidaten auf der Einheitsliste stimmte, konnte folglich als Gegner von Einheit und Frieden angesehen und unter Druck gesetzt werden.

zu beeinflussen, um auf Dinge hinzuweisen [über, A. B.] *die man nicht zu sprechen wagt."*[8]

Aktionen der Gruppe

Wir hatten eine wirkliche Demokratie erwartet; wir wurden getäuscht, waren enttäuscht, aber keineswegs mutlos. Wir waren nicht gewillt, die politische Entwicklung widerspruchslos hinzunehmen oder gar mit zu vollziehen, sondern bereit, etwas dagegen zu unternehmen. Dabei vermengten sich Idealismus, Widerspruchsgeist, politische demokratische Überzeugung mit Leichtsinn und Unerfahrenheit - bei jedem von uns in einer anderen Mischung.

Unsere Unerfahrenheit wollten wir durch Kontakte und Hilfeersuchen bei der Kampfgruppe gegen Unmenschlichkeit (KgU), West-Berlin, ausgleichen. Die Kontakte zur KgU hatten zweierlei Ziele: Einmal wollten wir geeignetes Material für unsere Aktionen erhalten, weil die Eigenherstellung technisch sehr schwierig war; wir hofften aber auch auf eine Art "Sicherheit" für den Fall einer möglichen Verhaftung. Die Öffentlichkeit sollte davon erfahren, auch wenn SED und MfS das verschweigen sollten - was sie dann nicht nur versuchten, sondern auch vollzogen. Bei der KgU wurden unsere "Kuriere" stets wegen der Gefährlichkeit unserer Aktionen gewarnt. Auf unser Drängen wurden uns doch Exemplare der "Tarantel" (eine in West-Berlin hergestellte politisch-satirische Monatsschrift), fertige Flugblätter und Stinkbomben ausgehändigt.

In einer seit Januar 1951 immer wieder durch Presse und Rundfunk verbreiteten "Warnung der KgU an die Jugend der Sowjetzone vor Beteiligung an Widerstandsorganisationen" hieß es u. a.:

"Bewahrt euch für den Zeitpunkt, an dem sich der Einsatz lohnen wird. Habt Vertrauen darin, dass andere Kräfte am Werk sind, die euch und der ganzen unterdrückten Bevölkerung der Sowjetzone zu

---

8 Der Bundesbeauftragte für die Stasi-Unterlagen (BStU), AstC 337/53 Ermittl. Verl., Bl. 107 + 108.

helfen gewillt sind."[9] Daraus wurde gegenüber der Werdauer Gruppe der Vorwurf konstruiert, sie hätten sich zur "Partisanentätigkeit" verpflichtet.[10] Unsere Aktionen waren weder kriminell noch "faschistisch" oder gar terroristisch. Wir haben keine Sabotageakte verübt. Wir haben Flugblätter selbst entworfen, hergestellt, verteilt und geklebt, insbesondere gegen die "Volkskammerwahl" 1950, haben gegen das Todesurteil im Fall des Oberschülers Hermann Josef Flade protestiert und zum Widerstand gegen das SED-Regime aufgerufen. Die selbstverfassten und mit primitiven Mitteln hergestellten Flugblätter dokumentieren die Intentionen der Gruppe. Dazu zwei Textbeispiele:

"Wir alle sehnen uns nach Frieden, nach der Einheit Deutschlands in Freiheit - Weg mit den Volksverrätern, wählt mit NEIN."
"Fluch den SED-Henkern, vorwärts der Freiheit entgegen."
In einem längeren Flugblatt zum Flade-Urteil heißt es u. a.: *"Das nicht gewählte Pankow-Regime greift zu den grausamsten Maßnahmen, um alle freiheitlich und demokratisch denkenden Menschen in der Ostzone zum Schweigen zu bringen. Sie will durch ein abscheuliches Urteil die Menschen der Ostzone einschüchtern.* (...) *Deutsche, protestiert gegen diesen Urteilsspruch und fordert die Aufhebung dieses Schandurteils!"*[11]
Die Zahl der hergestellten und verteilten Flugblätter lag jeweils zwischen 300 und 1.000 Exemplaren - abhängig vor allem vom Papiervorrat und anderen technischen Bedingungen. Bei einigen Aktionen wurden auch Texte wie "Freiheit für Flade" an Wände gemalt. Die Stasi nannte das *"Hetzparolenhandmalereien"*.[12]

---

9 Hefte der Kampfgruppe Nr. 1 vom November 1951, Seite 12

10 Vgl. die Anklageschrift vom 24. 9. 1951. In einem Verhörprotokoll sagte einer der Verhafteten, "dass ich in Berlin bei der KgU den Einwand machte, dass wir nicht bereit wären, jeden Auftrag auszuführen, vor allen Dingen, wenn es sich um Spionageaufträge für die amerikanische Besatzungsmacht handeln würde. Es wurde mir zugesichert, dass wir doch jederzeit die Möglichkeit hätten, die Aufträge abzulehnen." In: BStU, AstC 337/53 Ermittl. Verf., Bl. 008

11 BStU, AstC 337/53 Ermittl. Verf., Bl. 040 und BStU AstC I Js 123/51 HA, Bl. 270 ff.

12 BStU, AstC 337/53 Ermittl. Verf., Bl. 183

Außerdem störten wir mittels Stinkbomben mehrere politisch-propagandistische Veranstaltungen in den Kinos der Stadt.

Wir hielten die Sicherheitsorgane mehrere Monate in Aufregung. In der Stadt wurde heftig diskutiert. Es überwog die Zustimmung. Wir wurden beobachtet, es gab Verdächtigungen. Als wir bei einer unserer Aktionen im Dezember 1950 auch ein Stalin-Bild in der Oberschule beschädigten, wurden bei der polizeilichen Untersuchung allerdings Oberschüler als Täter ausgeschlossen,[13] ganz im Gegensatz zu einem ähnlichen Vorfall im Jahre 1947. Wir hatten uns durch äußerlich aktive Mitarbeit in der FDJ (teilweise als Funktionäre) getarnt; einer der Gruppe war zu dieser Zeit sogar SED-Mitglied.
Dieses "Zwiedenken" wurde uns während der Hauptverhandlung strafverschärfend vorgeworfen.

Verhaftung und Untersuchungshaft

In der Nacht vom 18. zum 19. Mai 1951 wurden während einer Flugblattaktion zwei unserer Freunde verhaftet. Am darauffolgenden Morgen gab es Absprachen, Diskussionen über Fluchtwege und -zeiten; alles dilettantisch, wenig oder nicht vorbereitet. Dazu kam, dass sich einige von uns mitten im Abitur befanden (die schriftliche Prüfung war bereits absolviert) und deshalb zögerten. Nur wenige Schüler konnten fliehen, meist waren dies Sympathisanten und/oder Mitwisser. Die Aktivisten wurden sämtlich verhaftet. Ich selbst hatte noch eine "Schonfrist", da ich mich in einer sehr abenteuerlichen Flucht bis nahe Sonneberg an der thüringisch-bayerischen Grenze der Verhaftung zunächst entziehen konnte.[14]

13 Vgl. Staatsarchiv Chemnitz (StAC) SED-BPA KMSt IV/4/19/184

14 Über diese Flucht wurde Ende 1951 im "Stern" berichtet: vgl. "130 Jahre Zuchthaus für neunzehn Schüler aus Werdau in der Sowjetzone", Der Stern Nr. 48 vom 2. 12. 1951. 1953 erzählte mir in einer Zelle im "Roten Ochsen" ein Student aus Halle nichtsahnend den Inhalt des von ihm gelesenen "Stern"-Artikels.

Die Verhöre bei der Staatssicherheit wurden keineswegs zimperlich geführt: häufig nachts, tagsüber war Schlafverbot. In Sonneberg wurde ich in einen total abgedunkelten Raum geführt, auf einen festgeschraubten Hocker gesetzt, von Scheinwerfern angestrahlt und einem Kreuzverhör unterzogen. Zusätzlich setzte man für einige Zeit einen scharfen Schäferhund in meine Zelle. In Dresden wurde psychischer Druck ausgeübt. Auf einem großen Tisch waren gezielt verschiedene Peitschen unterschiedlicher Größe drapiert, die "man ja auch anwenden könne".

Es wurde nicht einmal die Provokation zum Selbstmord gescheut: Die Wände im Umkleideraum zum Duschen und Rasieren bei der Stasi in Dresden waren voller roter Flecke (Blut oder Farbe?); der Aufseher bemerkte beiläufig, es hätten hier "schon viele ihrem Leben ein Ende gemacht", und ich solle das besser nicht tun.

Besonders belastend war die totale Isolierung: Einzelhaft (nur bei wenigen durch Zusammenlegung mit "Aushorchern" unterbrochen), keine Nachricht von draußen, kein Brief an die Angehörigen, die sich um uns sorgten. Wir alle hatten unseren Eltern gegenüber die Widerstandsarbeit verheimlicht. Eingaben der Eltern, unseren Aufenthaltsort zu erfahren, wurden abschlägig beschieden oder gar nicht beantwortet.
Die Vernehmungsprotokolle beweisen, wie jeder von uns mehr oder weniger geschickt versuchte, zumindest beim ersten Verhör jede konkrete Aussage zu vermeiden. Dennoch dauerte es nur einige Tage, bis die Stasi-Vernehmer genug Material hatten, um einen ersten Zwischenbericht an den Staatssekretär des MfS, Erich Mielke, zu verfassen.[15]

Nach Abschluss der Untersuchungen in Dresden ging es "auf Transport" nach Zwickau in die "gerichtliche Untersuchungshaft".

---

15 Vgl. BStU, AstC I Js 123/51 HA, Bl. 295-297

Das Warten auf die Anklage, die Verhandlung und das Urteil schien endlos. Aber es gab wenigstens erste Kontakte nach draußen: Briefe, Wäschewechsel, jedoch keine Besuche. In einem abgefangenen Kassiber ist festgehalten, wie schlecht das Essen war und wie wenig dazu![16]

Ende September 1951 wurden die Anklageschriften in die Zellen gereicht und durften dort gelesen werden. Schriftliche Aufzeichnungen oder Notizen waren nicht gestattet, die Einsicht in Gesetzestexte wurde verweigert. Wenig später wurden die Anklageschriften wieder eingesammelt. Es gelang mir, meine Anklageschrift aus der Haft zu schmuggeln; so gelangte sie nach West-Berlin und an die Öffentlichkeit. Sie enthielt bereits eine Vorverurteilung. Alle dort Genannten hätten *"klar zu erkennen gegeben, dass sie die Feinde des Friedenslagers der 800 Millionen friedliebender Menschen sind. Sie haben sich selbst durch ihre verbrecherischen Handlungen aus der Gemeinschaft der friedliebenden Menschheit ausgeschlossen. Wir werden es nicht zulassen, dass die Erfolge im Kampf um die Einheit Deutschlands und die Erhaltung des Friedens, sowie des friedlichen Aufbaus, durch solche Elemente* [Hervorhebung A. B.] *zunichte gemacht werden."*

Heute urteilen namhafte Strafrechtler der DDR über das politische Strafrecht völlig anders als zu Zeiten seiner Anwendung. So ist in einer Schriftenreihe der PDS zu lesen: *"Das Recht wurde zu einem willfährigen Machtinstrument denaturiert.* (...) *Immer dann, sobald wirkliche oder vermeintliche Staatsinteressen, sobald wirkliche oder vermeintliche Interessen führender Funktionäre in Partei und Staat berührt wurden, waren die jeweiligen Machthaber bereit, gegen das Recht zu verstoßen* (...)."[17]

---

16 Vgl. BStU, AstC I Js 123/51 HA, Bl. 104-105

17 Hermann Klenner: "Die Rechtskonzeption der SED und ihre Widerspieglung in der Rechtsordnung der DDR", in: Dietmar Keller/Hans Modrow/Herbert Wolf (Hrsg.)/ herausgegeben von PDS/Linke Liste im Deutschen Bundestag, Ansichten zur Geschichte der DDR, Band II, Bonn-Berlin 1994, Seite 153ff.

Die Verhandlung

Die "Verhandlung" begann am 3. Oktober 1951, 10 Uhr, im Landgericht Zwickau. Die Gesamtdauer der Hauptverhandlung betrug 14,5 Stunden für 19 Angeklagte, die Pausen eingeschlossen.[18] Die Urteile wurden am 4. Oktober 1951 gegen 0.30 Uhr verkündet. Es war mein 19. Geburtstag. Die Strafen lagen zwischen zwei und 15 Jahren Zuchthaus. Unter den Verurteilten befanden sich sechs Jugendliche unter 18 Jahren und drei Mädchen.

Folgende Urteile wurden gefällt:

Joachim Gäbler	17 Jahre alt,	15 Jahre Zuchthaus;
Karl-Heinz Eckardt	16 Jahre alt,	14 Jahre Zuchthaus;
Gerhard Schneider	19 Jahre alt,	13 Jahre Zuchthaus;
Sigrid Roth	17 Jahre alt,	12 Jahre Zuchthaus;
Theobald Körner	18 Jahre alt,	10 Jahre Zuchthaus;
Heinz Rasch	18 Jahre alt,	10 Jahre Zuchthaus;
Achim Beyer	19 Jahre alt,	8 Jahre Zuchthaus;
Günter Fritzsche	17 Jahre alt,	7 Jahre Zuchthaus;
Gerhard Büttner	16 Jahre alt,	6 Jahre Zuchthaus;
Hermann Krauß	18 Jahre alt,	6 Jahre Zuchthaus;
Gottfried Karg	19 Jahre alt,	5 Jahre Zuchthaus;
Siegfried Müller	19 Jahre alt,	5 Jahre Zuchthaus;
Walter Dassler	31 Jahre alt,	5 Jahre Zuchthaus;
Manfred Stets	24 Jahre alt,	3 Jahre Zuchthaus;
Günther Kahler	18 Jahre alt,	3 Jahre Zuchthaus;
Gudrun Pleier	17 Jahre alt,	2 Jahre Zuchthaus;
Edgar Göldner	17 Jahre alt,	2 Jahre Zuchthaus;
Wolfram Schürer	18 Jahre alt,	2 Jahre Zuchthaus;
Annelies Stets	16 Jahre alt;	2 Jahre Zuchthaus.[19]

18 Die Dauer der Pausen wurde auch im amtlichen Prozess-Bericht nicht genau protokolliert, häufig nur der Beginn der aber das Ende einer solchen.

19 In allen Veröffentlichungen und Dokumentationen über den Prozess wurde seit 1951 das Alter von Annelies Stets fälschlich mit 25 Jahren angegeben – so leider auch in dem Faltblatt über die Gedenktafel vom Oktober 1997.

Wenige Minuten vor der Verhandlung stellten sich uns einige Herren als unsere Verteidiger vor; für jeweils vier Angeklagte ein "Pflichtverteidiger". Doch was konnten und wollten sie in diesem Fall ausrichten? Einer der Rechtsanwälte beantragte Einsichtnahme in die Beweisstücke. Daraufhin sprang einer der Zuhörer - wohl der SED-Kreissekretär Kurt Benda - auf und schrie ihn an: *"Sie haben wohl die Absicht, heute Nacht diese Flugblätter zu kleben, was?"*.
Die Beweisstücke - darunter einige der von uns angefertigten und verteilten Flugblätter - befanden sich in einem von der Stasi versiegelten Umschlag mit der Aufschrift: *"Darf nur vom Anklagevertreter geöffnet werden."*[20] Ebenso abgelehnt wurde ein Antrag auf Zeugenvernehmung. Während der Verhandlung durfte niemand mitschreiben, auch nicht die Presse; die Akten belegen eine solche Anweisung. Dennoch wurde bekannt, was man uns vorwarf und wie sich jeder von uns den Anschuldigungen des Staatsanwaltes Piehl gegenüber verhielt.
Über die Verhandlung, ihren Ablauf und ihr Ergebnis, d. h. die Strafhöhe für jeden Angeklagten, war sehr schnell die Öffentlichkeit (vor allem über die West-Berliner Medien) informiert. Aus den Reihen der Zuhörer oder aber noch wahrscheinlicher der Justizangestellten dürfte jemand Unterlagen "weitergeleitet" haben. Seitens der Behörden wurden drei Protokolle angefertigt: 1. der "amtliche" Verhandlungsbericht, unterzeichnet vom Vorsitzenden Richter und dem Urkundsbeamten;[21] 2. ein Bericht des Staatsanwaltes[22] sowie 3. der interne Bericht des Stasi-Offiziers Weidauer über die Verhandlung.[23]
Letzterer vermerkt: *"Besonders zu erwähnen ist, dass während der Vernehmung der Angeklagten Gäbler, Roth, Fritzsche und Beyer, diese Angeklagten eine erneute offene Propaganda für ihre Taten hervorrufen wollten. Sie taten offen kund, einer gerechten Sache*

---

20 BStU, AstC I Js 123/51 HA, Bl. 187-196
21 Vgl. BStU, AstC 337/53 Ger. Akte Bd. 2, Bl. 092-110.
22 Vgl. BStU, AstC I Js 123/51 HA, Bl. 110-114.
23 BStU, AstC 337/53 Ermitt.Verf., Bl. 264-266.
Der Vernehmungsoffizier wurde nach seinen "erfolgreichen" Vernehmungen befördert.

gedient zu haben und ihre Meinung auch heute noch nicht geändert zu haben. Der Angeklagte Gäbler brachte zum Ausdruck, dass er für eine "freie Demokratie" gekämpft habe und jederzeit bereit wäre, dasselbe noch einmal zu tun. Alle Angeklagten legten während der Hauptverhandlung ein provokatorisches Benehmen an den Tag und zeigten in fast keinem Punkt irgendwelche Anzeichen von Reue. Von Seiten der Anklagevertretung wurde den Angeklagten für ihre Taten und für ihr Benehmen in der Hauptverhandlung eine harte Abfuhr erteilt."

Aus den SED-/MfS-Akten geht hervor, dass über die Öffentlichkeit bzw. Nichtöffentlichkeit der Verhandlung unterschiedliche Auffassungen bestanden und auch mehrfach Veränderungen beschlossen wurden (vom Plan eines abschreckenden Schauprozesses[24] bis zur geheimen Verhandlung *"wegen Gefährdung der Sicherheit des Staates"*[25]).

"Es wurden dann auf Anordnung der Landesstaatsanwaltschaft für die Verhandlung Eintrittskarten ausgegeben und nur fortschrittliche Lehrer der Oberschule Werdau und einige politisch zuverlässige Genossen als Zuhörer zugelassen. (...)
Den Eltern der Angeklagten wurde der Zutritt zum Verhandlungssaal verwehrt. Sie waren am Tag des Prozesses schon früh vor dem Gerichtsgebäude erschienen und auch bei der Urteilsverkündung um 0.30 noch dort."[26]

In der Mittagspause geschah etwas, was keiner von uns je vergessen kann. In einem Vorraum wurden wir streng getrennt voneinander aufgestellt; als plötzlich hinter uns, hinter einer mit Ölfarbe verschmierten Glaswand, unsere Eltern, die wir monatelang nicht sehen durften, unsere Namen riefen, sie mit den Fingernägeln die Farbe abkratzten, nur um uns wieder einmal sehen zu können.

24 Vgl. BStU, AstC 337/53 Beiakte, Bl. 018.
25 BStU, AstC I Js 123/51 HA, Bl. 068.
26 SAPMO-Barch, ZPA IV 2/13/433.

Ich werde auch nicht vergessen, wie ein Polizeikommando mit Gummiknüppeln unsere Eltern aus dem Gerichtsgebäude trieb; wir hörten sie laut dagegen protestieren und weinend unsere Namen rufen. Die Akten des SED-Archivs dokumentieren weiter: *"In der Nacht, also vom 3. zum 4. 10., als das Urteil verkündet wurde, sind in Werdau wieder Hetzzettel gegen die Deutsche Demokratische Republik an verschiedene Orte angeklebt worden."* Vermerkt wurde auch: *"Die Durchführung des Prozesses und insbesondere die ausgeworfenen Strafen sind der Gegenstand heftiger Diskussionen innerhalb der Bevölkerung."* Bemerkenswert ist, dass auch einige DDR-Staatsanwälte die Urteile als *"überspitzt"* einstuften.[27]

Reaktionen

In der DDR wurde eine totale Informationssperre angeordnet. Es gab keinerlei Presseberichte, geplante Informationsveranstaltungen in den Schulen fanden nicht statt. Es gab vielfältige Diskussionen und Gerüchte in Werdau und anderwärts in der DDR. Einigermaßen konkrete Informationen wurden über den RIAS in West-Berlin verbreitet, worauf die SED-Mächtigen bei angekündigten RIAS-Sendungen mit Stromabschaltungen in Werdau reagierten; doch im Umland konnten die Sendungen gehört werden. Es wurde viel darüber gesprochen. Gegen diese Diskussionen war die Stasi nicht nur machtlos, die Mitarbeiter der MfS-Dienststelle Zwickau wandten sich verunsichert und hilfesuchend an ihre vorgesetzte Behörde[28]. Zahlreiche Protokolle von Kreisleitungssitzungen der SED, diverse Schreiben der Justizorgane und andere Dokumente, wie der Bericht über einen *"Justizausspracheabend am 1 .9. 1953"* in Werdau[29], zeugen von Unsicherheiten und Hilflosigkeit, aber auch von Abscheu gegen die verhängten Urteile.

---

27 **Vgl. BStU, AstC 337/53 Beiakte, Bl. 117, und BStU, AstC 337/53 Beiakte, Bl. 154.**
28 **Vgl. BStU, AstC 337/53 Ermitt. Verf., Bl. 272 + 273.**
29 **BStU, AstC I Js 123/51 HA, Bl. 142-144.**

Im Westen gab es (verhaltene) Proteste bereits nach den Verhaftungen. In einer Akte des UFJ (Untersuchungsausschuss Freiheitlicher Juristen, West-Berlin) sind zahlreiche Presseausschnitte mit Berichten über den Prozess und den Protest dagegen gesammelt. Es fanden Protestveranstaltungen in Berlin (organisiert von der KgU gemeinsam mit der "Vereinigung der Verfolgten des Naziregimes") und in Bamberg mit jeweils 1.000 Teilnehmern statt. Es gab internationale Proteste (KgU-Schrift), darunter das Schreiben an die DDR-Regierung, unterzeichnet von Vertretern namhafter Organisationen. Die westdeutsche Illustrierte "Stern" berichtete im Dezember 1951 in einer Mischung von Dichtung und Wahrheit über unsere Aktionen und die weiteren Umstände.[30] Auch in Werdau wurden damals viele Exemplare nachts in die Briefkästen verteilt.

Die Haltung der SED-Führung zum Prozess

Der SED- und Staatsführung der DDR kam der Prozess aus politischen Gründen sehr ungelegen; so besagen es die SED-Protokolle aus dem Jahre 1951. Demnach sei *"Die Durchführung dieses Prozesses bei unserer Regierung und beim Politbüro auf starken Widerstand gestoßen"*.
Die politische Führung in der DDR war von der Staatssicherheit offenbar nicht in Kenntnis gesetzt und völlig überrascht worden.
In den SED-Akten liest sich das so: *"Am 2. 10. 1951 erfuhr Gen. Grotewohl durch eine Notiz in einer West-Berliner Zeitung, dass am 3. 10. 1951 vor dem Landgericht Zwickau ein politischer Strafprozess gegen 19 Oberschüler aus Werdau angesetzt war. In der Notiz hieß es, dass mit hohen Zuchthausstrafen zu rechnen sei und dass nur Mitglieder der kommunistischen Organisationen als Zuhörer zugelassen würden. Genosse Grotewohl setzte sich sofort mit Genossen Fechner in Verbindung und bat ihn, die Durchführung*

30 Siehe Anmerkung 14

des Prozesses zu verhindern bzw. die Aussetzung des Urteils zu veranlassen. Beim Justizministerium brachte man in Erfahrung, dass mit einer mehrtägigen Dauer des Prozesses zu rechnen sei. Deshalb beauftragte Gen. Fechner den zuständigen Abteilungsleiter, Genossen Böhme, am 4. 10. 51 nach Zwickau zu fahren, um die Verschiebung der Urteilsverkündung zu erreichen. Als Gen. Böhme am 4. 10. 51 vormittags in Zwickau ankam, war der Prozess schon zu Ende. Das Urteil war in der Nacht vom 3. zum 4. 10. 51 verkündet worden."[31]

Diese augenscheinliche Panne hatte Folgen: Im ZK fand *"mit Vertretern des Ministeriums für Staatssicherheit eine eingehende Besprechung aus Anlass dieses Prozesses"* statt. In den Dokumenten wird mehrfach auf eine *"Anweisung des Ministeriums für Staatssicherheit"* hingewiesen, wonach *"die Landesstaatsanwaltschaft in allen Strafsachen, bei denen die Voruntersuchung bei der Staatssicherheit liegt, weder einer Stelle der Staatsverwaltung einschließlich der HA Justiz, noch einer Stelle der Partei einschließlich der Landesleitung eine Mitteilung machen dürfe"*.
Mithin unterlag die Landesstaatsanwaltschaft den Weisungen der Stasi, und das MfS übte unmittelbaren Einfluss auf die Justiz aus. Die Stasi-Untersuchungsakten wurden direkt der Landesstaatsanwaltschaft übergeben und von dieser nach MfS-Regie umgesetzt: Eine Woche vor der Verhandlung kam *"der Leiter der Abt. I bei der Landesstaatsanwaltschaft, Gen. Wolf, nach Zwickau und übergab dem Vorsitzenden der Kammer, Gen. Hübsch, die Anklage. Man besprach die rechtlichen Fragen der Anklage.* (...) *Man wurde sich einig, dass das Jugendstrafrecht auf die Angeklagten keine Anwendung finden sollte. Auch die Strafhöhe wurde besprochen. Die Landesstaatsanwaltschaft erklärte sich ausdrücklich damit einverstanden."*

---

31 SAPMO-Barch, ZPA IV 2/13/433. In der offiziellen Sprachregelung jener Zeit gab es weder politische Gefangene, sondern nur die Ahndung krimineller Verbrechen; um so erstaunlicher die Formulierung "politischer Strafprozess".

Nach dem Prozess befasste sich das Politbüro der SED in zwei Sitzungen (16. 10. 51 und 8. 1. 52) mit dem Fall der "Werdauer Oberschüler". Die SED-Führung legte in diesem Zusammenhang fest:
"Es solle künftig gegen Jugendliche keine solche Urteile mehr geben, auch nicht in politischen Strafsachen. (...)
Um in Zukunft derartigen politisch schädlichen Auswirkungen, die, die Durchführung solcher Prozesse in einem falschen Zeitpunkt mit sich bringt, entgegen zu wirken, hat das Sekretariat des ZK beschlossen, dass alle Urteile, in denen mehr als 10 Jahre Freiheitsstrafe vorgesehen sind, einer Kommission zur Beschlussfassung vorzulegen sind. (...) Gen. Fechner gab folgende vertrauliche mündliche Anweisung: (...) Strafanträge über 10 Jahre Zuchthaus bedürfen künftig der Genehmigung der GStA Berlin."[32]

Reaktionen in der Schule

Die Verhaftungen der Schüler und Schülerinnen und noch mehr die Verurteilung zu hohen Haftstrafen sorgten in der ganzen Stadt und im Umland, besonders aber in der Oberschule Werdau für Aufregung und Erschrecken, für Sympathie und Unverständnis, für Solidarisierung und Ablehnung, für Anerkennung und Vorwurf - die Reaktionen waren unterschiedlich, je nach politischer Grundhaltung und persönlicher Beziehung zu den Betroffenen.
Die Folge der hektischen, autoritären Reaktionen der Schulleitung nach den Verhaftungen[33] war ein bis ins Extrem gesteigertes Misstrauen gegenüber den Lehrern, aber auch unter den Schülern selbst, eine allgemeine und zunehmende Unsicherheit, verbunden mit viel, sehr viel Angst.

---

32 Dass sich die SED-Machthaber und ihre Justizfunktionäre keineswegs daran hielten, beweisen u. a. die Urteile gegen Thomas Ammer und seine Freunde; vgl. dazu Patrik von zur Mühlen, Der "Eisenberger Kreis". Jugendwiderstand und Verfolgung in der DDR 1953-1958, Bonn 1995

33 Die meisten Maßnahmen nach den Verhaftungen sind in einer "Schulakte" (OSW-51) festgehalten. Die Paginierung wurde vom Autor anhand seiner 1996 gezogenen Kopie vorgenommen.

In einem anfänglichen Maßnahmekatalog wurden mehrere Schulveranstaltungen abgesagt, aber auch Klassenelternabende, *"um unnötige Diskussionen nicht aufkommen zu lassen"*. Der Schulleiter sprach mit FDJ-Funktionären. *"um die Namen der Schüler festzustellen, die zum reaktionären bzw. fortschrittlichen Teil der Schülerschaft gehören. Das Ergebnis der Unterredungen wurde in einer Liste festgehalten."*

"Er [der Schulleiter, A. B.] *forderte die anderen Schüler auf soweit sie irgendwelche Beobachtungen gemacht hätten bzw. irgendwelche Angaben machen könnten sich lieber freiwillig beim Schulleiter zu melden, bevor auch sie festgenommen würden. Nach dieser Aufforderung meldete sich kein Schüler."*

Dieser Maßnahmekatalog ist ein Zeichen von Hektik, Unsicherheit, Scheu vor Öffentlichkeit und öffentlicher Auseinandersetzung. Den Schülern wurde gedroht und sie wurden zur Denunziation aufgefordert. Die meisten Schüler verweigerten sich oder waren erst unter Druck zu Aussagen bereit. Bemerkenswert ist die Verschwiegenheit mehrerer Schüler, die mitunter seit längerer Zeit von der Existenz der Gruppe wussten. Es gab außerdem sehr mutige Reaktionen: in einem "Bericht (...)" notiert Heß: *"Der Vater der G. D. erklärte in einem Besuch beim Schulleiter, dass er stolz auf seine Tochter sei, die ihre Mitschüler nicht verraten habe ("denunziert") und beschwerte sich dabei, dass der Schulleiter seine Tochter als Kriegsverbrecherin bezeichnet habe, da sie durch ihr Schweigen mitgeholfen habe, die Vorbereitungen eines neuen Weltkrieges zu fördern."*[34]

Am 24. Mai 1951 forderte der Schulleiter von jedem Lehrer einen schriftlichen Bericht an, dessen Gliederung formularartig von ihm vorgegeben wurde.[35] Am 13. Juni 1951 fand eine für mehrere Schüler mit weitreichenden Folgen verbundene Konferenz des Lehrerkollegiums der Oberschule Werdau statt.[36]

---

34 OSW-51, Bl. 075
35 OSW-51, Bl. 016
36 OSW-51, Bl. 085

Dort wurde "einstimmig" beschlossen, die verhafteten und einige geflohene Schüler von der Schule auszuschließen, *"mit der Maßgabe, auch keine andere Oberschule der DDR weiter besuchen zu dürfen"*. Der Beschluss erfolgte mehrere Wochen vor der Hauptverhandlung, verbunden mit einer Vorverurteilung, die sich im Urteil vom 4. Oktober 1951 wiederfand (vgl. Dokument).

Dokument

Alexander-von-Humboldt-Schule
(Oberschule) Werdau

Werdau, am 13. 6. 1951

Herrn
Otto Beyer
<u>Werdau</u>
Str. d. Freundschaft 77

Ich teile ihnen mit, dass die Konferenz vom 13. 6. 1951 einstimmig beschlossen hat, dass Ihr Sohn Achim von der Oberschule Werdau ausgeschlossen wurde mit der Maßgabe, auch keine andere Oberschule der DDR weiter besuchen zu dürfen.

<u>Begründung:</u>

Er leistete aktive, organisierte, illegale Zersetzungsarbeit in Schule und Öffentlichkeit verbunden mit Kampf und Hetze gegen die Regierung der DDR und demokratischen Organisationen. Damit unterstützte er die imperialistischen Kriegstreiber und schädigte das Ansehen der Schule.
Ein Zeugnis wird ihm nicht erteilt, da der Verdacht des Fortzugs nach dem Westen besteht.

Hans Heß
(Schulleiter)

Quelle: Privatarchiv Beyer.

Der Strafvollzug

Die Haftbedingungen zu Beginn der fünfziger Jahre waren - im Vergleich zu späteren Zeiten - überaus hart, brutal, unmenschlich: ständig Hunger, keine medizinische Versorgung, acht Wochen kein Wäschewechsel (in Waldheim), entsetzliche hygienische Bedingungen, einheitlich totale Glatze. In einer Zelle mit 8 qm Grundfläche (an der Zellentür außen genau angegeben) mussten meist vier, gelegentlich noch mehr Häftlinge miteinander auskommen, es gab keine Literatur, keine Zeitungen, aber auch keine funktionierende Heizung, kaum "Freistunde", keine Toiletten, nur einen primitiven Eimer/Kübel, der zweimal täglich geleert wurde. In Waldheim waren Anfang 1952 alle inhaftierten "Werdauer Oberschüler" als "Kübler" eingesetzt. Jeder von uns kann über andere Erlebnisse und Lebenserfahrungen berichten: über das Leben mit Kriminellen in einer Zelle (Sittlichkeitsverbrecher und Mörder); über die Chance, nach monatelanger totaler Isolierung endlich Arbeit zu bekommen, aber auch über die Schikanen in den Arbeitskommandos. Die monatlichen Briefe nach draußen - auf vorgedruckten Formularen nur wenige Zeilen – wurden gedanklich Wort für Wort wochenlang, mitunter in schlaflosen Nächten formuliert. Die Antwortbriefe gaben Hoffnung, enthielten aber oft schreckliche Nachrichten. Bei "guter Führung und Arbeitsleistung" durfte jeder Strafgefangene monatlich ein Paket empfangen; Gewicht (3 kg) und Inhalt waren genau vorgeschrieben. Die von den Eltern liebevoll eingepackten Gaben wurden bei der "Kontrolle" meist zusammengeschüttet, regelrecht zerhackt (es könnte ja eine Eisensäge eingeschmuggelt werden) und erst dann dem Häftling übergeben. Die unter bestimmten Bedingungen gestatteten vierteljährlichen Besuche von genau 30 Minuten fanden unter diskriminierenden Bedingungen statt. Für uns Inhaftierte waren sie Hoffnung und Belastung zugleich: Wer danach in die trostlose Zelle zurückkam, vermochte in der folgenden Nacht kaum zu schlafen. Aber auch die Besucher waren meist schockiert; in den unfreundlichen Besucherräumen blickten sie in unsere blassen, häufig auch traurigen Gesichter.

Gnadengesuche und Entlassung

Unsere Eltern, unterstützt durch einige Rechtsanwälte, reichten laufend Gnadengesuche und Revisionsanträge bei den Justizbehörden und bei der Präsidialkanzlei von Wilhelm Pieck ein. Der Vertreter der Präsidialkanzlei (Staatssekretär Opitz) hatte am 8. April 1952 in Zwickau den Eltern augenscheinlich voreilig die Überprüfung der Urteile und deren Minderung zugesagt. Selbst die Staatsanwaltschaft Karl-Marx-Stadt plädierte seit 1953 alljährlich für eine Strafminderung und Strafherabsetzung. Bis Anfang 1956 wurden diese Eingaben durch die Justizministerin Hilde Benjamin strikt abgelehnt. Erst nach dem XX. Parteitag der KPdSU 1956 und der "Geheimrede" von Chruschtschow zu Stalins Verbrechen gab es bei der SED-Führung Ansätze für einen möglichen Gnadenerlass.
Seit Mitte September 1956 sind in den Akten Verfügungen über eine bedingte Strafaussetzung nachweisbar. Die Begnadigungen waren mit unterschiedlichen Bewährungsfristen verbunden.

Meine Entlassungsverfügung stammt vom 4. Oktober 1956. Wieder an meinem Geburtstag! Sie enthält die Bemerkung, dass ich *"inzwischen rund 4½ Jahre verbüßt"* hätte. In Wirklichkeit war ich bereits ein Jahr mehr inhaftiert. Die Dokumente weisen aus, dass meine Entlassung bereits Mitte 1955 möglich gewesen wäre. Ich war mithin ein Jahr länger in Haft, als selbst die Gesetze der DDR es vorgesehen hatten.

Wieder in Werdau

Die Aufnahme in Werdau war im Herbst 1956 nicht nur bei befreundeten Familien überaus herzlich. Es wurden vielfältige Solidaritätserweise erbracht, so z. B. Sachspenden von unbekannten Gebern. Völlig anders war dagegen die Verhaltensweise der Behörden.

So wurde dem 1953 entlassenen Gottfried Karg der Besuch der Berufsschule - obligatorisch für jeden Lehrling – verweigert[37]. Karg hatte nur dank eines uns bekannten Ingenieurs eine Lehrstelle erhalten. Der Besuch einer Oberschule wurde mit Rückgriff auf die Entscheidung der Schulleitung vom 13. Juni 1951 abgelehnt. Ähnlich erging es Siegfried Müller. Ihm wurde wahrheitswidrig erklärt, dass diese Entscheidung Bestandteil des Urteils gewesen sei.[38]

Noch gravierendere "Eingliederungsprobleme" gab es bei Heinz Rasch 1956. Trotz vielfältiger Bemühungen hatte er weder die Chance, eine Oberschule der DDR zu besuchen, noch bekam er überhaupt eine Arbeitsstelle. In einem (dokumentierten) Brief schrieb er an die DDR-Behörde: "Man hätte mir doch wenigstens eine Arbeit als Hilfsarbeiter geben können. Niedriger ging es doch nun wirklich nicht mehr."[39]

Flucht und Eingliederung

Von den insgesamt 19 Angeklagten und Inhaftierten wurden acht erst im Herbst 1956, mithin nach fünfeinhalb Jahren Haft entlassen. Nur vier der 19 blieben in der DDR; für alle anderen blieb aus politischen und beruflichen Gründen nur die Flucht in den Westen. In welcher Gefahr sich die Entlassenen unwissend in den wenigen Wochen Aufenthaltes in Werdau befanden, bevor sich die Mehrheit von ihnen zur Flucht entschloss, ist wohl den meisten auch heute noch nicht bekannt. Das Oberste Gericht der DDR hatte in einer Grundsatzentscheidung[40] das Abhören von Nachrichten im westdeutschen Rundfunk über den Volksaufstand in Ungarn 1956 und dessen brutale Zerschlagung durch sowjetische Panzer sowie die

---

37 BStU, AstC I Js 123/51 Zw., Bl. 092.

38 Privatarchiv Beyer.

39 BStU, AstC, I Js 123/51 HA, Bl. 409-415.

40 Das "Gesetz zur Ergänzung des Strafgesetzbuches (Strafergänzungsgesetz)" wurde am 11. 12. 57 von der Volkskammer verabschiedet; GBl, der DDR, Teil I, Seite 643.

Diskussion darüber als strafbare Handlung interpretiert.[41] Auch gegen uns hätten so erneut mehrjährige Zuchthausstrafen verhängt werden können.

Zwei der verurteilten "Werdauer Oberschüler", die sich im Westen mit der politischen Entwicklung in der DDR kritisch beschäftigten, wurden deshalb vom MfS nicht nur observiert, sondern sogar zur Fahndung ausgeschrieben. Gegen Heinz Rasch gab es Ende der sechziger Jahre Maßnahmepläne des MfS, *"Möglichkeiten festzustellen, den R. auf dem Gebiet der DDR zu inhaftieren"*. Er war aber klug genug, in dieser Zeit nicht in die DDR zu reisen.

Ich war Mitbegründer und über 30 Jahre Wissenschaftlicher Mitarbeiter eines Forschungsinstituts an der Universität Erlangen-Nürnberg; dessen Aktivitäten und Arbeitsergebnisse erschienen dem MfS so bedeutsam, dass sich Erich Mielke persönlich damit befasste.

Es bleibt mir eine traurige letzte Bemerkung: Vier unserer Freunde sind inzwischen verstorben.

---

41 Vgl. Karl Wilhelm Fricke, Politik und Justiz in der DDR, Zur Geschichte der politischen Verfolgung 1945-1968, Bericht und Dokumentation, Köln 1979, Seite 406.

ZUM GEDENKEN

AN DIE 19 JUGENDLICHEN,

DIE AM 3. OKTOBER 1951

IM PROZESS GEGEN DIE

WERDAUER OBERSCHÜLER

VON DER SED-JUSTIZ

ZU INSGESAMT 130 JAHREN

ZUCHTHAUS VERURTEILT

WURDEN.

IN SELBSTGEFERTIGTEN

FLUGBLÄTTERN TRATEN

SIE FÜR DIE EINHEIT

DEUTSCHLANDS EIN UND

PROTESTIERTEN GEGEN

STALINISTISCHEN TERROR.

Peter Alexander Hussock *(HELP e.V.)*

Der "Graf von Monte Christo" der Stasi

Wie die Bildungsveranstaltungen der Konrad-Adenauer-Stiftung, so sind auch die Bildungs-Foren der Friedrich-Ebert-Stiftung jedes Jahr wieder begrüßenswerte und informative Veranstaltungen, die das wiedervereinigte Deutschland so dringend benötigt, wie der Mensch die frische Luft zum Atmen. Doch leider, sowie eine Vielzahl von Menschen keinen besonderen Wert auf frische Luft legt - sonst würde mancher Zeitgenosse das Auto lieber einmal öfter stehen lassen als benutzen - so besucht eine Vielzahl derselben Zeitgenossen keine Bildungsveranstaltungen und verabsäumt es damit, wissender und klüger zu werden und dieses erworbene Wissen, diese Klugheit an die Kinder und Enkelkinder weiterzugeben. Für mich auch ein Fall nicht nur von Verantwortungslosigkeit, sondern auch von unterlassener Kinderliebe. Doch zur Sache.

Das 12. Bautzen-Forum der Friedrich-Ebert-Stiftung im Mai 2002 im architektonisch - in den letzten Jahren - so verschönten und von reizvoller Landschaft eingebetteten sächsischen Städtchen Bautzen bescherte selbst mir als regelmäßigem Forum-Besucher seit 1991 ein neues Erlebnis, einen neuen Zugewinn und damit der Leserin und dem Leser diese nachfolgende Schilderung, die keinerlei Anspruch auf umfassende Wissenschaftlichkeit erhebt und schriftstellerisch eher einem essayistischen Mosaik gleicht als einer Vollkommenheit beanspruchenden Erzählung.

Eberhard S., mittelgroß, Brillenträger, unruhiger Blick, war mir erst am Abend aufgefallen, während einer Veranstaltungspause in der MfS-Sonderhaftanstalt Bautzen II.

"Warst du auch hier?" fragte ich fast routinemäßig.
"Ja, 17 Jahre lang", kam die etwas eruptiv vorgestoßene Antwort.

Für einen kurzen Augenblick dachte ich: Der war doch nicht etwa Aufseher hier? Dann hakte ich nach:
"17 Jahre eingesperrt?"
"Ja". Pause.
Ich dachte wieder: Ein Aufschneider? Warum kenne ich ihn dann nicht aus der Literatur?
Ein Eberhard S. wurde weder in "Meine Wege nach Bautzen II" erwähnt, noch findet sich sein Schicksal in dem meisterlich geschriebenen Sachbuch "Bautzen II" von Karl Wilhelm Fricke und Silke Klewin?
"Aber du stehst in keinem der Bautzen-Bücher", sagte ich zu Eberhard S. Er sah mich an, als hätte ich chinesisch zu ihm gesprochen. Sein Blick war irgendwie gequält und voller Trauer und auf mein Nachfragen brach Mitteilung um Mitteilung, Bericht um Bericht aus ihm hervor, aber alles im Telegrammstil, wie Lavastücke, die ein überhitzter Vulkan ausspuckt. Dazwischen rannte er hinaus und hastete bald wieder herein, hielt mir Kopien seiner Stasi-Akten vor Augen, zitternd und aufgeregt.
Und ich dachte plötzlich: Selbst wenn ich diesen Mann jetzt kumpelhaft und freundschaftlich umarmen würde, was mir als Gefängniskamerad zugestanden hätte, die Seele oder das, was davon nach 17 langen Jahren "Lebendigbegrabenseins" übriggeblieben ist, dies zuckende, flackernde Etwas könnte auch durch diese Geste nicht beruhigt, nicht ruhig gestellt werden. Und ich dachte wieder: Siebzehn Jahre weggesperrt, begraben, der Vergessenheit anheim gegeben, das ist ja fast die irre Zeitspanne, das gigantische Zeitloch, in das die Justizintriganten Frankreichs den Edmond im "Grafen von Monte Christo" des Alexandré Dumas geworfen hatten. Und nicht mehr festhaltbar rutschte der Satz aus mir heraus: "Dann bist du der "Graf von Monte Christo" der Stasi, Eberhard."
Eberhard sah mich an wie einen, der bei einem Zielwettbewerb ins Schwarze getroffen hatte und mir schien, das zuckende, flackernde Stück Seele in seinen Augen sei für einen Augenblick zur Ruhe gekommen, ganz so, als sähe er durch meine Feststellung, durch diesen kurzen Satz "Du bist der Graf von Monte Christo - der

Stasi", sein Jahrhundertschicksal - ähnlich ein paar Tausend anderen so gewaltigen Schicksalen - begriffen.
Aber sind nicht die über 20 Millionen Toten der kurzen nationalsozialistischen Gewaltherrschaft 1933 bis 1945, die über 112 Millionen Toten der langen kommunistischen Gewaltherrschaft zwischen 1917 bis 1997 alle Jahrhundertschicksale? Doch was sind die, die 17 lange Jahre langsam getötet wurden und - als was? - am Leben blieben?

"Was hast du gemacht?", war meine nächste logische Frage.

Im schon erwähnten Telegramm-Stil sprudelte Eberhard S. los: Damals - ich war jung - frisch verliebt - meine Frau arbeitete in der Verwaltung des MfS Suhl, Schmalkalden - ich war Kraftfahrer, aber auch Kranfahrer - immer gebraucht, immer begehrt - besonders bei den privaten Bungalow- oder Hausbauten der Bonzen - ich hörte viel, sah viel, manches auch, was ich gar nicht hätte sehen dürfen - eines Tages bin ich mit einem Freund abgehauen - in den Westen - es hatte geklappt wie am Schnürchen - ich kannte ja auch jeden Winkel an der Grenze - ja, ja, jeden Winkel - dann wollte ich meine Frau nachholen - überwand wieder die Grenze - quasi eine spiegelverkehrte Republikflucht - nachts brachen wir auf - hatten nur noch ein Stück bis zur Grenze - nur noch ein Stück... - da fing meine Frau an Zicken zu machen - wollte und wollte partout nicht weiter - wie eine bockende Ziege am Strick, sie hatte nur noch Angst - hätte lieber davor Angst haben sollen, was danach kam... - also, ich gab nach - zurück in die Wohnung - dort beredete ich sie drei Tage lang vergeblich - am dritten Tag wurde ich verhaftet - das war 1963 - das Folgende kennst du ja: schlimme U-Haft, foltermäßig - ein gemeiner Prozess im Dezember 1965 - Verurteilung zu lebenslangem Zuchthaus !

Hastig schob mir Eberhard einen Bericht der Hauptabteilung II/5 vom 15. 11. 65 hin. Ich las das BStU-Blatt 000448:

"Zur weiteren Durchführung der Strafverfahren gegen den Beschuldigten... sowie gegen die Beschuldigten S., Eberhard und Elfriede sind zur Prozessvorbereitung folgende Maßnahmen getroffen worden:
Die Anklage gegen die genannten Personen erhebt der Leiter der Abteilung IA beim Militäroberstaatsanwalt, Genosse Major Richter, vor dem Militär-Senat beim Obersten Gericht der Deutschen Demokratischen Republik.
Als Verteidiger ist der Rechtsanwalt Cheim vorgesehen.
Bei der Vorbereitung dieser Maßnahmen wurde davon ausgegangen, den Personenkreis, der Einblick in dieses Verfahren erhält, so gering wie möglich zu halten und der Genosse Major Richter sowie Oberstleutnant Sarge verpflichteten sich gegenüber Major Pätzel von der Hauptabteilung IX/5, entsprechend ihrem Verantwortungsbereich alles zur Geheimhaltung dieser Verfahren zu unternehmen.
Es ist geplant, die Hauptverhandlung gegen den Beschuldigten ... am 18. und 19. November 1965 und gegen die Beschuldigten S., Eberhard und Elfriede im Zeitraum vom 20. bis 22. Dezember 1965 durchzuführen.
Aus taktischen Erwägungen findet zuerst die Hauptverhandlung gegen den Beschuldigten ... statt, da in derselben der Beschuldigte S., Eberhard als Zeuge auftreten soll.
Weitere Zeugen und Sachverständige werden zu den Hauptverhandlungen aus Gründen der Konspiration nicht geladen.
Es ist vorgesehen, die Beschuldigten ... und S., Eberhard zu einer lebenslänglichen Zuchthausstrafe gemäß §§ 14 und 24 StEG zu verurteilen.
Von einer Bestrafung mit der Todesstrafe soll abgesehen werden, da beide Beschuldigte später als Zeugen gegen die Agenten ... und ... benötigt werden.
Die Beschuldigte S., Elfriede soll eine Zuchthausstrafe von 5 bis 6 Jahren erhalten.

Leiter der Hauptabteilung IX/5
Pätzel, Major"

Besonders der vorletzte Satz hatte es in sich.
"Da bist du ja dem Tod buchstäblich von der Schippe gesprungen", sagte ich zu Eberhard.
Und HELP-Vorstandsmitglied Wolfgang Kockrow, der mitgelesen hatte, fügte treffend hinzu: "Da hat dir quasi die Stasi das Leben gerettet."
Eberhard nickte. "Um es mit 17 Jahren Kerkerhaft auf andere Weise kaputt zu machen", warf ich ein und fuhr fort, "aber, Eberhard, die werfen dir ja so schwere Spionage vor, als hättest du ein Staatsgeheimnis verraten, was man schon daraus ersieht, dass sie höchste Geheimhaltung in ihren eigenen Kreisen für nötig hielten, die so "Schweres" in diesem Fall offenbar auch nicht erfahren sollten. Hast du denn so "schwer" spioniert?"
Eberhard schüttelte heftig seinen Kopf. Nicht nur einmal, sondern mehrmals.
Ich hakte nach: "Die verzichteten auch deshalb auf die Todesstrafe, weil sie dich als Zeugen brauchten. Welche Zeugenaussagen musstest du dann später machen?"
Eberhard schüttelte abermals heftig seinen Kopf und stieß hervor: "Gar keine! Das war alles Quatsch, alles Erfindung!"
Das Stück Seele, das 17 lange Jahre Kerker- und Folterhaft überlebt hatte, flackerte wieder in seinen Augen. Ein Spiegelbild unendlichen Zornes, unsagbaren Leides, großen Nichtvergessenkönnens!
Denn was sich in 17 Jahren DDR-Haft an Schikanen und Quälereien summiert hat, ist, an den Geboten der erklärten UNO-Menschenrechte gemessen, allemal unter der Rubrik menschenunwürdige und foltermäßige Behandlung zu verbuchen. Jeder politische Gefangene des SED-Regime hatte Grund, sich unschuldig inhaftiert zu fühlen. Und deswegen bäumte ein jeder sich schon vom Prinzip her gegen die mittelalterlichen Haftbedingungen auf, gegen die täglichen Demütigungen und Erniedrigungen, gegen die Sträflingsmontur, gegen die wesenszerstörende Einzelhaft oder - als Gegensatz - der Aufenthalt in überbelegten Großzellen, gegen die fast unbezahlte Haftzwangsarbeit bei völlig unzureichender Ernährung, gegen barbarische Strafen, wie Kellerarrest in "Tigerkäfigen",

gegen Prügel und das Verweigern von Qualitätsmedikamenten bei körperlichen Krankheiten und Schmerzen, das Wegsperren auf schlimmen psychiatrischen Stationen, und, und, und ...

Und wie viel mehr erst zürnten, wüteten und empörten sich diejenigen, die drei, vier, fünf, sechs, sieben, acht, neun, zehn, elf, zwölf, dreizehn, vierzehn, fünfzehn, sechzehn - oder, wie Eberhard S. - siebzehn Jahre weggesperrt und um ihr Leben - ihr einmaliges Leben - bestohlen waren! Ohne Freigang, ohne Hafturlaub und andere hotelähnlichen Vergünstigungen, wie sie heutigentags Kriminellen zuteil werden und dies nicht selten auf Kosten der Bürger, die eigentlich ein prinzipielles und verfassungsmäßig garantiertes Recht hätten, wenigstens während der formalen Haftzeit vor kriminellen Straftätern geschützt zu sein, was sie nicht sind ...

Niemand, der es nicht selbst erlebt, kann jemals ermessen, was unter kommunistischen Haftbedingungen schon ein eingeschlossenes Jahr bedeutete. Zwei Jahre waren überhaupt die Schmerzgrenze.
Ich selbst habe aber Männer erlebt, die in Freiheit als das galten, was man im heutigen Sprachjargon "coole Typen" nennt, die im sozialistischen Zuchthaus schon nach anderthalb Jahren einen Nervenkollaps bekamen.
So fällt es selbst mir, der ich an der "Schmerzgrenze von zwei Jahren" entlassen wurde, schwer, nachzuvollziehen, wie die vielen anderen die Jahre darüber hinaus bewältigt haben ...
Dass Eberhard S. sich folglich so verhielt, wie es einem "Führungsbericht" vom 13. Mai 1969 zu entnehmen ist, mich verwundert es nicht:

"Seit dem 25. 10. 67 befindet sich der Stfg. S. in der StVA Bautzen II. Während dieser Zeit ist er absolut negativ in Erscheinung getreten. Die Einhaltung der Haus- und Zellenordnung wird von ihm nicht garantiert. Sein Auftreten gegenüber SV-Ange. und Stfg. ist flegelhaft und disziplinlos. Die Unterordnung zum Kollektiv ist sehr mangelhaft, Kontakt sucht er bei negativen Stfg. zu finden.

Auf Grund seines Verhaltens bei der Einweisung in die StVA Bautzen II wurde der Stfg. S. wegen Verstoßes gegen die Disziplin und Widerstandsleistungen mit 21 Tagen strengen Arrest bestraft. Diese Strafe zeigte keinerlei Verbesserung seines Verhaltens.
Am 22. 11. 67 wurde er erneut disziplinarisch zur Verantwortung gezogen. Er wurde mit 7 Tagen Freizeitarrest bestraft. Aber auch nach dieser Bestrafung zeigte S. keine Disziplinverbesserung. Der Stfg. S. hat sehr schwer zugängliche und stark egoistische Charakterzüge, er ist hinterhältig und sehr leicht negativ beeinflussbar. Diese Charakterzüge unterstreichen die Kontaktsuche bei negativen Stfg. In diesem Kreis ist er eifriger Verfechter der westlichen Ideologie und lässt dieselbe auf sich einwirken.
Arbeitsmäßig wurde der Stfg. S. zuerst als Zellenarbeiter und ab 15. 7. 68 als Bandarbeiter im VEB Schaltgerätebau Oppach eingesetzt. Seine Arbeitsleistungen liegen weit unter dem Durchschnitt des Kdos. Im Gegensatz dazu waren seine Arbeitsbedingungen als Zellenarbeiter wesentlicher höher. Als Grund war die fehlende westliche Beeinflussung durch negative Stfg. anzusehen."

Zwei der siebzehn Jahre wäre er im Arrest gewesen, Hass und Aufbegehren hätten sich abgewechselt mit Verzweiflung und Selbstmordverlangen.
Das Schicksal seiner Frau Elfriede, die Trennung von ihr und die Sehnsucht nach ihr, bildeten eine ständige zusätzliche und ums Vielfache gesteigerte psychische Qual und geistige Bedrückung als für jeden, der partnerschaftliche Probleme und Entbehrungen im Zivilleben bewältigen muss. Doch Eberhard S. konnte stolz auf seine Frau sein. Wie alle Pläne und alles Planen der, besonders im "Fall Eberhard S." von Chimären und Wahnvorstellungen getriebenen Stasi buchstäblich ins Wasser fielen, belegt anschaulich ein "Bericht der Abteilung XXI vom 16. Juni 1972":

"Im Zusammenhang mit der im Jahre 1965 erfolgten Aburteilung des ... wurde am 16. 12. 65 auch dessen Ehefrau und ehemalige Mitarbeiterin der Abteilung M der BV Suhl, S., Elfriede, geb. am

19. 12. 32 vom Militärgericht Berlin wegen Spionage zu 4 Jahren und 10 Monaten Strafhaft verurteilt. Auf Befürwortung der HA IX/5 erfolgte am 31. 3. 67 die vorzeitige Entlassung der S., Elfriede aus der STVA Bautzen II auf Bewährung, wobei das Ziel verfolgt wurde, durch entsprechende operative Maßnahmen und gleichzeitige Kontaktierung der S. auch ungeklärte Fakten im Zusammenhang mit der Spionagetätigkeit ihres Ehemannes sowie evtl. Hinweise über noch existierende Agenten des amerikanischen Geheimdienstes im Raum Suhl bzw., dem Gebiet der DDR zu erarbeiten.
Im Laufe der operativen Kontrolle der S., Elfriede sowie des Kontaktes zu ihr wurde festgestellt, dass sie keineswegs gewillt war und ist, unser Organ zu unterstützen. In ihrer politischen Einstellung entwickelt sie sich immer mehr zum Negativen, so dass geschlussfolgert werden muss, dass ihre während der Untersuchungs- und Strafhaft gezeigte Reue offensichtlich geheuchelt war.
Die eingeleiteten operativen Kontrollmaßnahmen wurden besonders dadurch erschwert, dass sie auf Grund ihrer früheren Tätigkeit im MfS mit bestimmten Methoden der operativen Arbeit vertraut ist und seit ihrer Haftentlassung eine operative Kontrolle ihrer Person einkalkuliert.
Obwohl sie bei der Haftentlassung darauf hingewiesen wurde und das Versprechen ihrerseits vorlag, jede Kontaktaufnahme des Gegners bzw. derartige Versuche dem MfS mitzuteilen, wurden Hinweise bearbeitet, wonach sie ohne Wissen der mit ihr in Verbindung stehenden Mitarbeiter der BV Erfurt nach ihrer Haftentlassung den Versuch unternahm, zu einem englischen Staatsbürger - vermutlich einem ehemaligen Mithäftling der S. ... namens - den Kontakt aufzunehmen."

Wie jeder Gefangene grübelte und sinnierte Eberhard S. viel nach und suchte nach Lösungen und Auswegen für seine schier ausweglose Situation. Mitgefangenen aus der Bundesrepublik, die vor ihm entlassen wurden, nahm er das Versprechen ab, sein Schicksal höchsten Ministerien bekannt zu geben, in der Hoffnung, dass es bald zu einem Freikauf oder Gefangenenaustausch käme.

Im März 1972 stellte Eberhard S. offiziell in Bautzen II beim Ministerium des Innern einen Antrag auf Entlassung in die Bundesrepublik Deutschland, im Stasi-Jargon (BStU-Blatt 000245) auf "Haftentlassung in die BRD".
Gleichzeitig informierte er den Verbindungsoffizier der HA IX in einem Schreiben vom 4. 3. 1972 dahingehend:

"... Hiermit teile ich Ihnen mit, dass ich heute, am 4. März 1972, einen Antrag an das Ministerium des Innern der Deutschen Demokratischen Republik gestellt habe auf Entlassung in die Bundesrepublik Deutschland.
Grund: Da mich meine Weltanschauung und meine zu lebenslangem Zuchthaus erhaltene Strafe für immer von der Deutschen Demokratischen Republik trennen. Ich bin persönlich mit der Bundesrepublik Deutschland liiert und bin ideologisch mit ihr aufgewachsen. Weiterhin möchte ich nicht, dass meine Frau und meine Kinder ständig unter meiner Strafe leiden müssen. Meine Frau billigt den von mir gestellten Antrag und tut ihrerseits draußen über den Rechtsanwalt einen Antrag stellen zur Übersiedlung in die Bundesrepublik mit meiner ganzen Familie. Es dürfte Ihnen bekannt sein, dass ich als Bundesbürger nur in die DDR kam, um meine Familie zu holen. Ich hatte mich damals nicht selbst gestellt. Mein Bundesausweis liegt in Berlin. Mein Vernehmer sagte selbst, es ist besser, wenn man mich in die Bundesrepublik ausweist zusammen mit meiner Familie ..."

Doch dieser Verbindungsoffizier leitete mit der wahrheitswidrigen Begründung "dass Eberhard S. als Strafgefangener keinen Antrag auf Übersiedlung in die BRD" stellen könne, diesen Antrag - den Strohhalm eines tief Hoffnungslosen - nicht an das MdI weiter.
Dennoch gab Eberhard S. nicht auf. Was blieb ihm auch anderes übrig in Anbetracht des "schwarzen Loches" von siebzehn unvorstellbar langen Haftjahren unter den schon andeutungsweise beschriebenen kommunistischen Haftbedingungen.

So formulierte die Stasi dann auch und man spürte ihre Unruhe zwischen den Zeilen, Originaltext BStU-Blatt 000240:

"In Gesprächen mit seiner Ehefrau bringt er seine Überzeugung zum Ausdruck, dass sich "bestimmte offizielle Stellen" in Westdeutschland für seine Freilassung in naher Zukunft verwenden.
In Gesprächen und Briefen wirkt S. intensiv auf seine Ehefrau ein, sich mit dem Rechtsanwalt V o g e l in der Hauptstadt der DDR in Verbindung zu setzen, über den - nach Informationen durch den genannten K o e d e r und auf dessen Veranlassung hin - seitens westlicher Stellen bereits Verhandlungen hinsichtlich seines "Austausches" angestrebt worden wären.
Obwohl unsererseits bisher nicht überprüft wurde, inwieweit tatsächlich über den genannten Rechtsanwalt derartige Schritte unternommen wurden, ist aus der gesamten Aktivität des betroffenen Personenkreises S., Elfriede, zu schlussfolgern, dass aktive Bestrebungen in dieser Hinsicht unternommen werden.
Auf Grund der Tatsache, dass im Zusammenhang mit der Spionagetätigkeit des S., Eberhard weiter operative Vorgänge und Materialien in Bearbeitung sind und S., Eberhard auf Grund seiner umfangreichen Kenntnisse sowie dessen Ehefrau als ehemalige Mitarbeiterin der BV Suhl als Geheimnisträger betrachtet werden müssen, ist nach Berücksichtigung aller Fakten ein evtl. beabsichtigter Austausch des S. bzw. die Übersiedlung seiner Familie in die BRD unbedingt zu verhindern."

Statt also Freikauf oder Austausch des "großen Spions" seitens der Stasi überhaupt zu erwägen, planten sie diesbezüglich ein teuflisches Täuschungsmanöver. Oder wie anders sollte man den "Vorschlag" der Abteilung XXI vom 21. Juni 1972 benennen?
Originaltext BStU-Blatt 000247:

"Wie aus dem Bericht vom 16. 6. 72 ersichtlich ist, unternehmen westliche Stellen gegenwärtig im Interesse des Strafgefangenen S., Eberhard intensive Bestrebungen, seine Haftentlassung und evtl.

"Austausch" nach Westdeutschland zu erwirken. S. selbst ist der festen Überzeugung, dass ein derartiger "Austausch" in absehbarer Zeit erfolgen wird, weil er sich offensichtlich des Wertes seiner Person für den amerikanischen Geheimdienst bewusst ist.
Unsererseits wird eingeschätzt, dass S. während der Untersuchung wesentlichste Fakten seiner verbrecherischen Tätigkeit dem Untersuchungsorgan verschwieg, so dass eine umfassende Aufklärung feindlicher Handlungen und Personen erschwert bzw. unmöglich wurde. Es ist zu prüfen, inwieweit unter Ausnutzung des gegenwärtigen Sachstandes hinsichtlich eines "Austausches" des S. eine operative Kombination, die noch im Detail ausgearbeitet werden müsste, realisiert werden kann. Vorerst bestehen hierzu folgende Vorstellungen:
Die Entlassung bzw. der "Austausch" des S. wird in entsprechender Form seitens der Anstaltsleitung des Strafvollzuges Bautzen vorbereitet und durchgeführt. Nachdem alle materiell-technischen und personellen Voraussetzungen geschaffen sind, wird S. zu einer entsprechend vorbereiteten "Grenzübergangsstelle" gebracht und an "Vertreter westdeutscher bzw. amerikanischer Behörden" übergeben. Nach Übernahme des S. durch den Mitarbeiter des MfS, die sich als "Vertreter westdeutscher bzw. amerikanischer Behörden" geben, erfolgt der Weitertransport zu einem Objekt, das in jeder Hinsicht als Dienststelle des amerikanischen Geheimdienstes eingerichtet werden müsste. In diesem Objekt wird S. entsprechend den bisher bekannten Gepflogenheiten amerikanischer Geheimdienststellen untergebracht und behandelt.
Um dem S. die Gewissheit zu geben, dass er sich tatsächlich in einer amerikanischen Geheimdienststelle befindet, müsste er umfassend über die Verhältnisse in der DDR, des Strafvollzugs und alle den amerikanischen Geheimdienst interessierenden Probleme abgeschöpft werden, wobei S. auch handschriftliche Aufzeichnungen zu fertigen hat.
In der Folgezeit wird durch den "amerikanischen Vernehmer" auf die Ursache und die Umstände seiner sowie des Agenten Festnahme eingegangen, wobei ihm der Vorwurf gemacht wird, dass

durch seine Hinweise gegenüber dem MfS der Agent festgenommen wurde. Zu seiner "Entlastung" wird dem S. die Möglichkeit gegeben, ausführlich darzulegen, welche Details seiner nachrichtdienstlichen Tätigkeit er vor dem Untersuchungsorgan des MfS preisgab bzw. verheimlichen konnte und welche Methoden zur Täuschung des Untersuchungsorgans des MfS er anwandte. Innerhalb dieses Komplexes sind dem S. immer wieder Vorhaltungen zu machen, dass er evtl. im Auftrag des MfS nach Westdeutschland gekommen sei, wodurch er veranlasst wird, durch umfassende und ausführliche Angaben seine "Ehrlichkeit" gegenüber dem amerikanischen Geheimdienst zu beweisen.
Mit Verwirklichung dieser Kombination, die einer gründlichen Ausarbeitung und Vorbereitung bedarf, könnten mit hoher Wahrscheinlichkeit die noch laufenden Vorgänge und operativen Materialien sowie noch nicht bekannte Verbrechen geklärt werden."

Edmond im "Graf von Monte Christo" von Alexandré Dumas war fast 18 Jahre lang in einem mittelalterlichen Kerker gesteckt worden, weil er konkretes gefährliches Wissen besaß; welchem Phantom aber jagte die Stasi im Fall des Eberhard S. nach?
Als "Tatwerkzeuge" für die vermutete "Spionage im schweren Fall" waren laut Urteilsspruch vom 23. 12. 1965 lediglich ein simpler Fotoapparat Marke "Beier-matic" und ein Fernglas Marke "Dekarem" 10x50 eingezogen worden.

Eberhard S. kann folglich mitnichten ein Atomspion Abel oder eine männliche Mata Hari gewesen sein. Die Indizien und seine Aussage - nunmehr, da keine Stasi ihm mehr gefährlich werden kann -, nie spioniert zu haben, sprechen dafür, dass er eines der extremsten Justiz-Opfer der partei- und staatshörigen und MfS-abhängigen DDR-Justiz ist; eben der "Graf von Monte Christo der Stasi", dessen Schicksal, wie dass seine, unter die Haut geht.

Konrad Schuller *(Frankfurter Allgemeine)*

Der Stones-Fan

Wie Stones-Fan Charlie die DDR überlebte und in sein Gefängnis zurückkehrte

BERLIN, im Oktober. Im Herbst des Jahres 1969 erreichte in Berlin, Hauptstadt der DDR, den angehenden Krankenpfleger Rau die Nachricht, dass an einem der nächsten Abende die Rolling Stones im umzäunten Teil der Stadt auftreten würden, wobei die Gelegenheit sich abzeichne, dem Konzert, wenn nicht beizuwohnen, so doch über die Sperren hin zuzuhören. Das Ereignis fiel auf den 7. Oktober, welcher damals als "Tag der Republik" den Darbietungen der Führung gewidmet war. Rau, der, im achtzehnten Lebensjahr stehend, dem Schlagzeuger der Rolling Stones zu Ehren soeben seinen bürgerlichen Vornamen zugunsten von "Charlie" abgelegt hatte, machte sich zum genannten Termin auf den Weg. Man hatte ihn zwar eigentlich, zu seinem eigenen Schutz und angesichts des drohenden Konzerts die Würde des Feiertags zu wahren, vorsorglich in Sicherung nehmen wollen; der Plan scheiterte jedoch zunächst, weil er tagsüber ohne Wissen der zuständigen Organe zu einer Braut gegangen war. Es gelang ihm deshalb am Abend, den beschriebenen Abschnitt der Staatsgrenze aufzusuchen, wo er eine Anzahl junger Leute vorfand, die seine musikalischen Erwartungen teilten und durch Niethosen, Haartracht und andere Merkmale konterrevolutionäre Neigungen zur Schau trugen. Unter anderen war ein Schulfreund zugegen, den die Organe im Schriftverkehr "Putzi" nannten. Weitere junge Leute waren in Uniformen erschienen.
Die Rolling Stones traten an jenem Abend nicht auf. Das Gerücht hatte getrogen. Das golden verkleidete Hochhaus des Springer-Verlags jenseits der Grenzanlagen, von dessen Höhe, der empfangenen Nachricht zufolge, Lautsprecher die Musik ostwärts tragen sollten und von dem die Arbeiter-und-Bauern-Macht ohnehin nichts anderes als Sabotage zu erfahren gewohnt war, stand zwar feindlich, aber still im Rauschen der Stadt. Rau aber lernte noch in der

selben Nacht sein erstes Gefängnis kennen - vermutlich, aber nicht mit letzter Sicherheit genau - jenes im Stadtbezirk Hohenschönhausen, das heute der Schauplatz seines Lebens ist.
Als er achtzehn Jahre danach das seinerzeit fehlgegangene Vorhaben wieder aufnahm und doch ein Konzert der Rolling Stones besuchte, trug er eine getönte Brille, weil er Helligkeit nicht mehr ertrug. Sein Haar, das er zwischenzeitlich hatte kürzen müssen, war wieder schulterlang, wie damals, doch lückenhafter. Er hatte allerdings einen Weg gefunden, die blanken Stellen seines Kopfes mit den verbliebenen Strähnen so zu bedecken, dass der Eindruck der Fülle entstand. Seine Stimme klang seit einem Stockschlag gegen die Lunge rau. Unter der Jeansjacke bedeckt eine Narbe seine Rippen, die ein Oberstleutnant der Medizin nicht hatte vermeiden können, als er mit einem Gerät, das an eine Fräse erinnerte, ein Stück Haut entfernte. Rau hatte diesen Eingriff notwendig gemacht, als er sich im Gefängnis Bautzen nach einem Fußballsieg Westdeutschlands einen Bundesadler auf die Brust tätowierte. Den verspäteten Konzertbesuch bezahlte er aus der Haftentschädigung, die er erhielt, nachdem die Bundesrepublik ihn 1987 von der DDR freigekauft hatte.

Heute ist Charlie Rau in jenes Gefängnis zurückgekehrt, in das ihn der fensterlose Gefangenenwagen am Tag der Republik vermutlich (genau weiß er es nicht) zuerst gebracht hat: in die Untersuchungshaftanstalt des Ministeriums für Staatssicherheit Berlin-Hohenschönhausen, die heute der Besichtigung offen steht. Er führt jetzt Schulklassen, Rekruten und Familien durch die Stahltüren und die Korridore. Dabei erläutert er die Stehzellen und die Gummi-Dunkelzellen zur Verwahrung Unruhiger, die Flutzellen mit dem variablen Wasserstand, die Reißlinien für schnellen Alarm, das Rotlicht als Signal für absolutes Redeverbot, die Monitore auf der Wachstube und die ärztliche Station für Abtreibungen. Bei seinem Bericht über die Vorschriften für Schlafende (Rückenlage, Hände auf der Decke) steht er in der Mitte des Gitterflurs statt, wie er es gelernt hat, am Rande, mit dem Blick zur Wand. Wenn er den

Schließmechanismus erläutert, wirft er mit jenem Schwung, den er so oft beobachtet hat, die Türen ins Schloss und schnellt noch in derselben Bewegung den Schlüssel um die Achse des Schlosses. In einem Büro der entlassenen Anstaltsverwaltung verfügt er über einen Stuhl sowie über einen Schreibtisch, in dessen Schublade ein Textbuch der Rolling Stones verwahrt ist.

Rau hatte, als es mit der DDR zu Ende ging, eigentlich andere Pläne gehabt; zuletzt aber führte der Weg ihn doch wieder in sein Gefängnis. Das Mädchen, bei dem er am Tag vor seiner Verhaftung gewesen war, fand er im Telefonbuch von West-Berlin wieder. Sie war ein Jahr nach seinem Verschwinden in den Westen gegangen und versah eine Stellung als Angestellte einer Sparkasse. Die Frau erkannte ihn, als er anrief, auch sofort wieder, obwohl seine Stimme seit jenem Hieb gegen die Lunge und einer anschließenden Operation im Haftkrankenhaus Leipzig nicht mehr klang wie früher. Doch sie brachten es nicht über sich, sich wiederzusehen, unter anderem, weil er fürchtete, die Begegnung würde ihn um den Verstand bringen. Einen Staatsanwalt, dem er geschworen hatte, ihn zur gegebenen Zeit aufzuhängen, machte er ebenfalls ausfindig und klingelte sogar am Eingang des Plattenbaus, den er als Adresse identifiziert hatte. Als jedoch der Mann über die Sprechanlage mitteilte, er solle sich fortscheren, folgte er der Anweisung.

So ist Charlie Rau also ins Gefängnis zurückgekehrt. Das unversehrt übernommene Büro hat er als Zeichen der Besitznahme mit dem Bild eines Mundes mit offenliegender Zunge geschmückt, dem Zeichen der Rolling Stones. Er führt Schulkinder und setzt ihnen auseinander, wie ihn, einmal in die Mühle der Besserung geraten, seine Besserungsunwilligkeit (die Organe sprachen knapp von "BU") tiefer und tiefer hinabzog. Seine Angaben belegt er dabei mit Dokumenten, die er zusammengefaltet in der Brusttasche trägt, unter anderem mit einer Fotografie aus den Dossiers, auf der er nackt erscheint, den noch unentfernten Bundesadler auf der Brust, in den Händen ein Schild mit der Nummer 28.

In solchen Berichten schildert Rau, wie er nach mehreren Entlassungen immer wieder nach kurzer Zeit zurück in Verwahrung kam, weil die Organe nach Rücksprache mit "Putzi" keinen anderen Weg sahen, ihn vor Verbrechen wie dem der Republikflucht zu bewahren. Er schien überdies nicht bereit zu sein, ein Hauptstadtverbot, das gegen ihn verhängt war, zu beachten. Ferner hatte er in den siebziger Jahren einen seiner Haftaufenthalte dazu missbraucht, in einer geschmuggelten Botschaft das Westfernsehen auf sich aufmerksam zu machen. In dieser Zeit entstand auch jener Adler, der später entfernt wurde. Rau mischte die Farbe dazu im Gefängnis Bautzen aus Marmelade, Urin und dem Ruß eines angesengten Gummiabsatzes. Zum Tätowieren benutzte er eine Nadel, die er an einem Stein geschliffen hatte. Im Laufe der Jahre büßte er Zähne ein. Einmal verlor er nach einem Schlag das Augenlicht, gewann es aber, von einer Lichtempfindlichkeit abgesehen, vollständig wieder. Beruhigungsmittel der medizinischen Abteilungen begrenzten seine Renitenz. Zuletzt näherte er sich der Vorstellung, dass er seine Freiheit, wenn überhaupt, dann nur in der Einsamkeit des Gefängnisses werde finden können. Damals war der Gedanke an jene Sparkassenangestellte besonders schmerzhaft. Sie war eine Braut gewesen, wie andere, wenn man siebzehn ist. Als er aber im Gang der Zeit erkannte, dass diese Frau wahrscheinlich seine letzte bleiben würde, sehnte er sich nach ihr. Den Organen, die ihm unter Hinweis auf seine BU weitere Jahre der Verwahrung vorhersagten, antwortete er damals, er habe Zeit.

Heute lebt Rau im Neubaubezirk Hohenschönhausen. "Putzi" wohnt in Sichtweite und fährt täglich mit dem Auto zur Stadt, während Rau die Straßenbahn nimmt. Auch Erich Mielke, der frühere Befehlshaber, hat sein Appartement in einem nahe gelegenen Block. Rau hat ihn einmal beim Einkaufen getroffen und weil ihm nichts anderes einfiel, den Satz gesprochen: "Erich, setz Wasser auf, ich bring' Kaffee mit." Mielke hob auf diese Anrede hin den Stock, schlug aber nicht zu.

Konrad Schuller *(Frankfurter Allgemeine)*

Mitten durchs Herz

Wie der 13. August 1961 eine Familie zerriss

BERLIN. "Mir ging die Mauer mitten durchs Herz." - Erst jetzt am Ende des Rundgangs, sagt Sigrid Paul den Satz, der ihre Geschichte zusammenfasst. Sie hat eine Gruppe von Reisenden durch die Gummizellen geführt. Zuvor war man beim "U-Boot" gewesen, dem lichtlosen Foltertrakt im Stasi-Gefängnis Berlin-Hohenschönhausen. Bei den Stehverliesen ist die Führerin in die Knie geknickt, als sie schilderte, wie es einem schwarz vor Augen wurde, wenn man über Tage nicht sitzen noch liegen durfte. Danach in ihrer alten Zelle 202, hat sie mit bang aufgerissenen Augen das Ohr an die Wand gepresst, wie damals, als sie in ihrer Not und Verlassenheit nach Klopfsignalen horchte. Sie klopft und scharrt am Verputz, als sei sie immer noch gefangen im Innern jenes bösen Traums, der mit dem Tag begonnen hatte, als in Berlin plötzlich die Mauer stand.

"Mitten durchs Herz" - Sigrid Paul spricht den Satz nicht zum ersten Mal. Auch andere Reisegruppen haben ihn gehört. Sie sagt ihn trocken, als knappes, sachliches Fazit. Sie weiß, dass jetzt erst, nachdem das stumme Zeugnis der Folterzellen und des Stacheldrahts seine Wirkung getan hat, das Fundament gehärtet ist für das Pathos, die große Formel, mit der sie beschreibt, was die Mauer ihr tat.

Das Drama, das eine Familie zerriss, die Gesundheit eines Kindes ruinierte, Mann und Frau ins Gefängnis brachte, begann mit dem Klingeln eines Telefons. Zwischen dem 7. und dem 12. August hatte die Familie zu Hause im Ost-Berliner Stadtteil Kaulsdorf, in der kleinen Straße, wo sie noch heute wohnt, eine Schwester aus dem Westen zu Gast gehabt. Man war unterwegs gewesen, die Verwandten hatten Sigrid Pauls knapp acht Monate alten Sohn Torsten näher kennen gelernt. Das Baby litt zwar nach einer komplizierten Geburt an den Folgen einer Zwerchfellhernie, doch mit spezieller Heilnahrung und Medikamenten aus West-Berlin konnte das Leiden leidlich unter Kontrolle gehalten werden.

Am Morgen nach der Abfahrt des Besuches, am Sonntag, dem 13. August, klingelte in Kaulsdorf das Telefon. Die Schwester war dran. Unterwegs nach Westen hatte sie im Radio jene Nachricht gehört, die diesen Tag zum Wendepunkt der deutschen Geschichte gemacht hat: Seit Mitternacht riegelten Polizei und Betriebskampfgruppen alle Zugänge von Ost- nach West-Berlin ab. Der Schwester war gleich klar, was das bedeutete: Es wird schwierig, wenn nicht gar unmöglich, die Spezialnahrung für das kranke Baby zu bekommen. Sigrid Paul hatte vor, tags darauf zur Apotheke in den West-Bezirk Charlottenburg zu fahren. Zwischen Charlottenburg und Kaulsdorf jedoch wuchs jetzt der Stacheldraht.

Der Wettlauf gegen die Zeit begann. Am Montag machte sich Sigrid Paul auf den Weg zum Ost-Berliner Gesundheitsministerium. Aber die Hoffnung, hier eine Reiseerlaubnis erwirken zu können, trog. Der stellvertretende Minister Friedeberger verwies zuerst auf die hervorragenden Qualitäten der DDR-Babynahrung. Als die Bittstellerin widersprach und auf die Notwendigkeit eines westlichen Spezialprodukts beharrte, schloss er die Unterredung mit einem Satz, den Sigrid Paul bis heute auswendig weiß: "Wissen Sie - wenn ihr Baby so krank ist, wäre es da nicht besser, wenn es sterben würde?"

Torstens Zustand verfiel. Er erbrach Blut, musste schließlich in die Charité gebracht werden, dem renommiertesten Krankenhaus der DDR. Aber auch dort fiel den Ärzten nichts anderes ein, als einen Polizeiwagen mit Blaulicht heim zu den Eltern zu schicken - in der irrigen Hoffnung, dort könne noch etwas von den dringend benötigten West-Präparaten übrig sein. Danach entschied die Charité kurzerhand, das kranke Kind an das Kaiserin-Auguste-Viktoria-Krankenhaus im Westen zu überweisen. Für Torsten war dies vermutlich die Rettung. Für seine Mutter aber begann der nächste Akt des Dramas: "Das", sagt sie heute, "war der Moment der Trennung."

Das Kind hatte die Sektorengrenze passieren können, für die Eltern blieb die Mauer geschlossen - auch als Torsten in den folgenden Monaten operiert wurde. Sigrid Paul lernte die Wartestuben der Deutschen Volkspolizei kennen. Woche für Woche stieß sie auf die selbe uniformierte, abweisende Diensthabende. Wenn die Zuständige nicht da war, setzte Sigrid Paul sich in den Flur und wartete. "Ich habe Zeit", sagte sie dann. Stullen und Tee hatte sie mitgebracht.

Doch Sigrid Paul hatte keine Zeit. Die erflehten Passierscheine kamen selten und wenn, dann galten sie nur für wenige Stunden. Zum ersten Mal wurde sie neun Wochen nach dem Mauerbau zu ihrem Sohn gelassen. Sie erwog, den Besuch zur Flucht zu nutzen, doch da ihr Mann nicht hatte mitfahren dürfen, kehrte sie zurück in den Osten. Die Zeit verstrich. Die Passierscheine kamen so selten, dass bald klar war: Torsten würde als Waise aufwachsen, wenn nichts geschah. Etwa ein halbes Jahr nach dem Bau der Mauer entschlossen sich daher Sigrid Paul und ihr Mann zu jenem Fluchtversuch, der sie schließlich ins Gefängnis brachte. Eigentlich hatte das Paar mit gefälschten Papieren über Skandinavien ausreisen wollen. Es kam nicht dazu, weil eine Warnung vor zusätzlichen Kontrollen eingegangen war. Doch die beiden hatten Studenten kennen gelernt, die sich ebenfalls mit Fluchtgedanken trugen. Dieser Kontakt war beobachtet worden. Prompt schlug die Staatsgewalt zu. Siegrid Paul wurde auf dem Weg von ihrem Haus zur Bushaltestelle überwältigt, in ein fensterloses Fahrzeug gezwungen und an einen unbekannten Ort gebracht - ins Stasi-Gefängnis Hohenschönhausen, wie sie heute weiß.

Was sie dort erlebte - sie sagt es, bezeugt es, spielt es nach auf ihren Führungen. Im Vernehmungsraum, wo ihr erstes Dauerverhör stattfand, setzt sie sich auf den Hocker in der Ecke, genau dort, wo sie damals zu sitzen hatte und schiebt beide Hände in einer Art zwangsweiser Selbstfesslung unter die Schenkel - so wie es Vorschrift war, und sei es für die 22 Stunden eines Verhörs ohne Unterbrechung. Im brunnenartigen engen Freigangshof legt sie den Kopf in den Nacken und streckt das Gesicht hoch, wie damals, wenn ein Flugzeug vorbeizog und die aberwitzige Hoffnung in ihr aufstieg, jemand könnte sie von dort erkennen und Hilfe holen. In den Gummizellen unter Tage hebt sie die Stimme, um den gellenden Ruf eines Verzweifelten zu hören geben, der nach unzähligen Tagen der Dunkelhaft nur noch den einen Satz heulte: "Hier kommen wir niiiiieee wieder raus!" Als der Mann schließlich fortgeschafft wurde, hat sie sein Blut und seinen Kot wegwaschen müssen.

Der Albtraum endete Mitte der sechziger Jahre. Im August 1964 wurden Sigrid Paul und ihr Mann aus dem Gefängnis entlassen. Im Jahr darauf war es dem Pflegepersonal in West-Berlin gelungen, Torstens Gesundheit so weit zu stabilisieren, dass auch er nach Hause konnte. Im Juli 1965 kam er zurück zu den fremden Menschen in Kaulsdorf, die seine Eltern waren: ein verschüchtertes, schmächtiges Kind mit auffallend großen, ängstlichen Augen. Seine Gesundheit ist, auch wegen der Komplikationen, die er erlitt, als die Mauer ihn von seinen Medikamenten abschnitt, ruiniert, er kämpft mit Lähmungen und Schäden an der Wirbelsäule.

Seine Mutter spricht in der Gefängnis-Gedenkstätte Hohenschönhausen gerade die letzten Sätze ihres Zeitzeugenvortrags. Sie steht aufrecht da, erstattet Bericht, frei und fließend, auch wenn die Anstrengung sie gezwungen hat, immer wieder Stirn und Schläfen mit einem Taschentuch zu trocknen. Zuletzt aber hat sie ihren großen Schlusssatz gesagt, den Satz von der Mauer, die durchs Herz ging, und die Besucher haben genickt, als hätten auch sie erkannt, dass Pathos manchmal der einzige Weg ist, sachlich zu bleiben.

Konrad Schuller *(Frankfurter Allgemeine)*

Die Verfolgten

oder

Das Warten der Diktatur-Opfer auf eine Ehrenpension

Perfide Methoden der DDR-Staatssicherheit: "Zersetzung" von Karrieren und Freundschaften/Fehlende Rentenansprüche

Wenn eine Diktatur ein Leben zertrümmert, kann sie offen zugreifen oder im Dunkeln. Günther Spielvogel hat beides erlebt. Der offene Zugriff begann 1961 - da war er 19 und seit einem Jahr bei der Volkspolizei der DDR. Als am 13. August jenen Jahres die SED den Bau der Mauer befahl, trat er vor seinen Vorgesetzten, Hauptmann Meusel, und gab seine Waffe ab. Kurz darauf versuchte er in den Westen zu fliehen, wurde gefasst, geprügelt, in Dunkelhaft gelegt und drei Jahre lang eingesperrt. Heute ist Spielvogel Rentner. Als Ausgleich für die Haft erhält er etwa 300 Mark im Monat nach dem Strafrechtlichen Rehabilitierungsgesetz.

Für den zweiten Zugriff in Spielvogels Leben, den verdeckten, aber ebenso verheerenden, hat dagegen bis heute niemand Entschädigung geleistet. Der Schlag kam Ende der siebziger Jahre. Spielvogel beschreibt den entscheidenden Moment mit jener Erinnerungsschärfe, die nur das Blitzlicht der Katastrophe dem Gedächtnis einprägt: Sein vier Jahre alter Sohn Ronny hat den Mund aufgerissen. Die Augen sind rot, "blutunterlaufen", wie der Vater heute sagt. "Die nehmen mich mit!" brüllt das Kind. Dann reißt jemand den Jungen fort, und die Erinnerung bricht ab.

Die Szene erschien damals zunächst nur wie das böse Ende eines Ehestreits. Spielvogel hatte sich von seiner Frau getrennt. Die Jugendhilfe des Kreises Schwarzenberg im Erzgebirge hatte zwar empfohlen, das Sorgerecht für das Kind dem Vater zuzusprechen. Das Gericht schien der Empfehlung zunächst auch folgen zu wollen; kurz vor dem Spruch jedoch wurde der Richter ausgewechselt. Ronny kam zur Mutter.

Erst 23 Jahre später, 1999, hat Spielvogel ihn wiedergesehen. Der Sohn, ein Fremder ohne freundliche Gefühle, trägt inzwischen einen anderen Namen und will vom Vater nichts wissen. Spielvogel jedoch weiß heute aus seiner Stasi-Akte, dass er damals, als der neue Richter kam, im Visier der Staatssicherheit stand.
Bis heute gibt es in Deutschland keinen Ausgleich für solches Unrecht. Nach den beiden SED-Unrechtsbereinigungsgesetzen werden Diktaturopfer nur entschädigt, wenn ihre Verfolgung bestimmten eng definierten Kriterien entsprach - wenn sie etwa in Haft waren oder erkennbar beruflich zurückgesetzt wurden.
Diese Kriterien verkennen allerdings, dass die DDR vor allem in ihrer Spätphase immer öfter auf Bedrückungsmethoden zurückgriff, die weniger auffielen als Gefängnis oder Degradierung. Den Rahmen für solche Maßnahmeprogramme bildete regelmäßig ein "Operativer Vorgang" (OV) der Staatssicherheit - Spielvogel etwa wurde als "OV Adler" geführt.
Die Methoden solcher OV waren vielfältig, ihr Ziel jedoch - in der trockenen Fachsprache der Staatssicherheit - immer wieder dasselbe: "Zersetzung". Eltern von ihren Kindern zu trennen gehörte zum Geschäft. Weitere Mittel sind in der Stasi-Richtlinie 1/76 beschrieben. Sie reichten von "systematischer Diskreditierung" über das "Erzeugen von Misstrauen" bis zur "Organisierung beruflicher und gesellschaftlicher Misserfolge". Manche Maßnahmepläne - etwa beim OV "Prediger" - gingen bis hin zur "Liquidierung", was in diesem Fall bedeutete, dass am Auto einer missliebigen Person die Bremsleitungen durchtrennt wurden.
In den Akten ist nachzulesen, wie es denen erging, die Opfer von Zersetzung wurden. Einer Oppositionellen aus dem Kreis Schwerin (OV "Bund") wurde "durch den gezielten und rechtzeitigen Einsatz von IM in Schlüsselpositionen" die Ausübung ihres Berufes unmöglich gemacht. In Gera betrieb die Stasi in einem anderen Fall die "Verhinderung der Aufnahme des Studiums", und im Rahmen des OV "Pfleger" wurde ein Schweriner Bürgerrechtler bei seinen Freunden als Spitzel denunziert. Heute erinnerte er sich, wie damals mit einem Mal die Gespräche verstummten, wenn er hinzutrat.

Er kannte den Grund nicht, doch wenn er um sich sah, merkte er: Für diese Leute war er plötzlich tot. Die Staatssicherheit aber registrierte aufmerksam ihren Erfolg: "Er meidet den Kontakt, speziell zu seinem besten Freund", heißt es in den Akten.

Die Opfer solcher Maßnahmen fallen heute durch die Raster der Gesetze. Wer etwa schon als Schüler in das Visier der Staatsgewalt geraten ist und deshalb nie eine Chance auf Bildung oder Einkommen hatte, lebt in der Regel bis heute in Armut. Im Alter stellen Oppositionelle oft fest, dass sie nie Gelegenheit hatten, Rentenansprüche zu erwerben, und deshalb auf Sozialhilfe angewiesen sind. Sie werden jedoch nicht entschädigt, da der Staat nur bei "Abstiegsschäden" eingreift - wenn jemand eine schon erreichte Position durch Repression verloren hat. Bei "Aufstiegsschäden" aber, wo von vornherein keine Karriere möglich war, bleibt jede Hilfe aus.

In der Politik beginnt man sich dieser Missstände langsam bewusst zu werden. Die Unionsfraktion im Bundestag verlangt jetzt für alle Diktaturopfer, einschließlich derer, die durch operative Vorgänge "zersetzt" wurden, eine Ehrenpension von 1000 Mark monatlich. FDP und PDS signalisieren, dass sie den Vorstoß unterstützen wollen. Die Koalition allerdings, die die Finanzierung eines solchen "Dritten SED-Unrechtsbereinigungsgesetzes" sichern müsste, zögert noch.

Die Zersetzten und Verfolgten der DDR könnten jedoch bald ein zusätzliches Argument in die Hände bekommen. Am Donnerstag hat der Bundestag in erster Lesung einen Gesetzentwurf behandelt, welcher (einer Forderung des Bundesverfassungsgerichts entsprechend) den Leistungseliten der DDR zusätzliche Sonderrenten zubilligt. Vermutlich wird der Entwurf noch in diesem Frühjahr beschlossen. Bleiben jedoch gleichzeitig die meisten früheren Oppositionellen von Anerkennung und Entschädigung weiterhin ausgeschlossen, droht zehn Jahre nach der Wiedervereinigung ein bitterer Schluss: Abermals hat Widerstand in Deutschland sich nicht gelohnt. Abermals hat es sich ausgezahlt, der Macht zu dienen.

Antonia Bokun *(Berlin)*

Erzogen oder Eine harmlose Geschichte

Robert Hauck ist ein vorsichtiger Mann. Wenn er die breite, vielbefahrene Straße in seinem Wohngebiet überquert, schaut er auch bei Grün erst mehrmals nach links und rechts, bevor er hinüberhuscht. Seine unauffällige Gestalt verschwindet im Strom eiliger Passanten. Ihn wahrzunehmen erfordert Mühe, selbst wenn er vor einem steht.
Als früher Rentner mit 62 Jahren tut er noch dies und das. Manchmal ist es ein technisches Gutachten, häufig sind es alte Wappen und historische Eisenbahnen, mit denen er sich beschäftigt. Einen kleinen Garten hat er auch.
Einige Dinge in seinem Leben kann Robert Hauck nicht richtig einordnen, wie er sagt. An Zeit zum Grübeln fehlt es nicht, aber die Gedanken bewegen sich im Kreis.

*

Der Junge stand schwer keuchend vor dem hohen Tor. Nur ein gewaltiger Adrenalinstoß hatte ihn gerettet, als er versuchte, dem Hund von Baskerville in letzter Sekunde zu entkommen. Er hörte ihn auf der anderen Seite knurrend die Krallen ins Holz schlagen. Nicht einmal der verlorengegangene Wurstring konnte die Angriffslust des riesigen Tieres bremsen. Das war's dann also. Robert hatte wertvolle Kraft vergeudet, um schließlich doch mit leerem Magen die letzten Stunden der Nacht marschieren zu müssen.
Gegen Morgen lag Bad Hersfeld schon viele Kilometer hinter ihm, und noch immer fand er sich mühelos in der dunklen Landschaft zurecht. Sein außergewöhnlicher Orientierungssinn ließ ihn nie im Stich. Ohne ihn wäre er viele Male während der wochenlangen Touren verloren gewesen. Die begann er schon 1952, mit knapp

zwölf Jahren. Jetzt war er 14 und kam zurück von einer dieser Auszeiten, die er sich gelegentlich nahm - vom ärmlich-bäuerlichen Hof der Eltern, von den nicht endenden Verpflichtungen gegenüber den fünf jüngeren Geschwistern und vom ständigen Druck der Schule. Hinter den letzten Bäumen des Waldes ahnte Robert, mehr als dass er ihn sah, den gründlich gepflügten Grenzstreifen. Hier begann vertrautes Terrain. Schon bei seiner letzten Rückkehr aus dem westlichen in das östliche Deutschland war er an dieser Stelle unbemerkt hinübergelangt. Damals kam er von der Großmutter im Ruhrgebiet, dort war er ein halbes Jahr zur Schule gegangen. Er sollte später im Bergbau lernen, doch sein Berufsziel sah anders aus: Er wollte Förster werden. Im Umgang mit Tieren fehlte es ihm nicht an Erfahrung, und die freie Natur erschien ihm schon immer als sein eigentliches Zuhause.
Es war nicht nur nagender Hunger, der ihn nun schneller vorwärts trieb, sondern auch das bisher unterdrückte Heimweh, dem nachzugeben er sich jetzt erlaubte. Fast mit Freude dachte er an das ungeliebte Ziegenhüten, dass in Kürze unvermeidlich auf ihn zukommen würde, als er die Umrisse seines kleinen thüringischen Heimatortes vor sich erblickte. In diesem Moment ertönte hinter ihm ein barscher Ruf. Kein Zweifel: Grenzpolizisten. Und Robert, der hunderte Kilometer gelaufen war, wusste plötzlich, dass all seine Energie verbraucht war.

Er wurde zu einer Station der Grenztruppen geführt, man gab ihm zu essen, hinderte ihn jedoch am Einschlafen. Robert war als Grenzgänger bekannt und schnell identifiziert. Ein Junge, der zwischen den Welten wanderte, steckte vielleicht voller Geheimnisse, von denen er selbst nichts ahnte. Wieder und wieder ließen sich die Grenzer erzählen, wie er im Lager Gießen angekommen war, welche Fragen die Bundesdeutschen und welche die Amerikaner stellten. Robert hatte keinen Sinn für weltpolitische Brisanz. Das mussten schon die Männer in Gießen hinnehmen. Doch die Vernehmer im Osten gaben sich damit nicht zufrieden. Am nächsten Tag überstellten sie ihn der Volkspolizei. Man eröffnete ihm,

dass er sich des Verrats an seinem sozialistischen Vaterland schuldig gemacht habe und als derart Krimineller mit einer schnellen, höchst ausführlichen Aussage nun beginnen könne, diese schwere Schuld abzutragen. Vielleicht waren die Worte ja ungeschickt gewählt - Robert fiel beim besten Willen nichts mehr ein.
Einige Tage später nahmen ihn seine Eltern in Empfang. Es war Ende April - und bis zum Schuljahresende 1954/55 fehlten noch zwei Monate. Robert lernte wieder in der 7. Klasse, schon das zweite Mal. In einem Gespräch mit dem Direktor ließ er gute Vorsätze erkennen, und weil seine Leistungen zwar durchschnittlich kaum befriedigend, in den Fächern Physik, Chemie und Deutsch jedoch gut bis sehr gut waren, sollte er ab September die 8. Klasse besuchen.
Für Robert lag so etwas wie Hoffnung in der Luft, denn eine Ausbildung zum Förster würde mit dem Abgangszeugnis der 8. Klasse möglich sein. Die Sommerferien begannen unbeschwert, doch dann wurde er abermals zum Direktor zitiert. Er musste sein Zeugnis der 7. Klasse abgeben, dass nachträglich die Anmerkung erhielt, es gelte als Abgangszeugnis. Damit war er aus der Schule entlassen.
Nach dem ersten Schock tröstete sich Robert mit dem Gedanken, einer lästigen Pflicht entronnen zu sein. Seine Noten reichten für eine Bergmannslehre, und wechseln würde er sowieso. Im September begann er die Metallausbildung als Junghauerlehrling. Sein 15. Geburtstag fiel in diese Zeit, und selten war er so zuversichtlich gewesen.
Später erinnerte er sich wie an einen Traum: Es war unlogisch, es passte nicht in die Realität, unzusammenhängende Szenen, durch scharfe Schnitte getrennt.
Robert stand vor Gericht und konnte sich nicht bewegen. Die Lähmung hatte auch seine Stimmbänder erfasst. Eine Richterin, ein Staatsanwalt, ehemalige Lehrer auf der Zeugenbank. *Nicht unter Kontrolle zu halten, schwer erziehbar, ein wertvolles Mitglied der sozialistischen Gesellschaft werden, in Gewahrsam nehmen, in Gewahrsam nehmen...*

Das Kreisgericht Bad Salzungen verurteilte den 15-jährigen Robert Hauck bis zur Vollendung seines 18. Lebensjahres zu drei Jahren *Jugendwerkhof.*
"Na dann, alles Gute", sagte der Fürsorger und verließ das Zimmer des Heimleiters. Der diensthabende Erzieher stand schon ungeduldig wartend an der Tür, er sollte den Neuzugang *einweisen.* Robert trottete mit seinem Rucksack hinter ihm her durch das verzweigte, herrschaftliche Treppenhaus, die Jugendlichen auf den Fluren nahmen kaum Notiz von ihm. Das war also der Speiseraum, dort die Küche, da entlang ging es zu den Waschräumen, vier Treppen nach oben, unterm Dach sein Zimmer. Sechs Jungen saßen oder lagen in Schlafanzügen auf ihren Betten und sprangen auf, als sie den Erzieher bemerkten. "Zimmerältester meldet, Zimmer 22 mit sechs Mann - vollzählig!"
Der Erwachsene nahm das Ritual nicht unfreundlich zur Kenntnis und wies Robert das einzig noch leere Bett und einen Spind zu. Die paar privaten Kleidungsstücke, die er mitgenommen hatte, waren schnell verstaut. "Ich heiße Robert Hauck", sagte er vorsichtig in die Runde. Undeutliches Murmeln antwortete ihm. "Gleich um zehn, Nachtruhe", stellte ein untersetzter, aber muskulöser Halbwüchsiger mit Nachdruck fest. Dann wurde das Licht gelöscht.
Die Nacht war um 5 Uhr zu Ende. Verschlafene Gestalten schlurften durch den Raum, klapperten lautstark mit Gegenständen, husteten und fluchten. Sechs Junghauer machten sich bereit für ihre Lehrschicht im Schacht. Alle lernten den gleichen Beruf, der Bezirk Halle brauchte Bergleute. Schnell zog auch Robert sich an und folgte ihnen in den Speisesaal. Es mussten an die Hundert sein, die dort bereits in dunkelblauen Arbeitsanzügen saßen und ihr Essen einschaufelten. Brot und Butter, Brötchen, Marmelade und Sirup standen auf den Tischen. An der Küchentheke wurde kräftige Hafersuppe ausgeteilt, beeindruckende Brotpakete lagen zum Mitnehmen für die jungen Bergmänner bereit. Robert registrierte erstaunt, dass hier jeder so viel Butter - echte Butter - nehmen durfte, wie er mochte. Das war ungewöhnlich für Ostdeutschland im Jahre 1955. Als die letzten Gruppen den Saal verließen, setzte sich Robert

zum Frühstück. Er aß langsam, denn heute durfte er sich *eingewöhnen.* Das Stampfen im Gleichschritt marschierender Arbeitsstiefel verklang in der Ferne.
Später meldete er sich beim diensthabenden Erzieher ab und verließ das Haus. Wie immer trieb ihn sein Instinkt, zunächst die Umgebung zu erkunden. Bei Licht besehen erwies sich das Gebäude von außen tatsächlich als ein gutherrschaftliches Schloss. Es hatte verschiedene Flügel und war von einem weitläufigen Park mit hohen alten Bäumen umgeben. Es dauerte nicht lange, bis Robert herausfand, dass ein hoher schmiedeeiserner Zaun, an manchen Stellen durch dichte Hecken verstärkt, die Anlage umgab. Ein fest verschlossenes Tor führte zum benachbarten volkseigenen landwirtschaftlichen Gut, das andere, ebenfalls versperrt, zur Einfahrt. Durch das Fenster eines leeren Torhäuschens konnte er die Dächer der Kleinstadt sehen. Statt bewaffneter Posten drehten nur schlüsselbundschwingende Erzieher ihre Runden. Wenn die Zeit gekommen war, würde er sicher einen Weg hinaus finden. In der Stille des Hauses erforschte er dann Aufgänge, Flure und Treppen, prägte sich ihre Lage zueinander ein und las in aller Ruhe die reichlich aushängenden Pläne und Mitteilungen: Die Insassen des Jugendwerkhofs schienen zwischen 15 und 18 Jahre alt zu sein und waren in Gruppen von 15 bis 20 Mann mit je einem Gruppenerzieher eingeteilt. Sie standen im Wettbewerb um Bettenbau, Stubenordnung, Arbeitsleistung und Mensch-ärger-dich-nicht-Punkte. Nach der Schicht war für 16 Uhr Vesper vermerkt, 18.30 Uhr gab es Abendbrot, dann Freizeit. Eine Wandzeitung rief eindringlich zur Landesverteidigung auf, an einer anderen prangte über leerem blauem Tuch die Überschrift "Heimrat".
Das Abendessen war fast vorüber, als der Heimleiter hinter Roberts Stuhl trat und ihn leise aufforderte mitzukommen. Er schob ihn die Tischreihen entlang und stellte ihn gut sichtbar für alle nach vorn.

"Damit sich jeder Neuankömmling möglichst schnell in unser Heimkollektiv eingewöhnt, ist es üblich, dass er sich am ersten Abend den Freunden hier vorstellt. Er soll ganz genau und ehrlich berichten, welche Delikte er begangen hat und wie er heute dazu steht. "Robert war wie vom Donner gerührt. Das hatte ihm niemand vorher gesagt. Über hundert Augenpaare starrten ihn neugierig an, in einigen Gesichtern glaubte er Schadenfreude zu erkennen. Mit krächzender Stimme und dürren Worten begann er seine Untaten aufzuzählen. Keine Hausaufgaben gemacht, auf Tour gegangen, Schule geschwänzt, Eltern geängstigt, Polizei bemüht... Kaum war er verstummt, berichtigte sein Gruppenerzieher volltönend aus dem Hintergrund, die "Touren" hätten ihn regelmäßig nach *Westdeutschland* geführt, er sei mehrfach *illegal über die Grenze* geflohen! Robert nickte stumm. Mehrere Arme reckten sich im interessierten Publikum, selbstgerechte Fragen wurden gestellt. Aber er hielt es für klüger, sich nicht vor dieser Gesellschaft zu verteidigen, und senkte nur den Kopf.

Irgendwann war es vorbei. Erleichterung ließ ihn schließlich einschlafen, und ein Gefühl warmer Nässe weckte ihn wieder. Er hörte Flüstern in der Dunkelheit, sechs Schatten standen um sein Bett. Plötzlich zischte es dicht an seinem Ohr: "Du bist der Bettnässer!", und ein kräftiger Strahl widerlicher Flüssigkeit traf Körper und Laken. Sie pinkelten in sein Bett! Sie pinkelten ihn an! Robert sprang auf, riss das durchweichte Tuch von der Matratze und rannte zu den Waschräumen. Nach einer Stunde überwand er Ekel und Scham, schlich zurück ins Zimmer und rollte sich auf einer trockenen Stelle am Fußende des Bettes zusammen.

Als die ersten Weckgeräusche erklangen, stellte er sich schlafend. Angstvoll harrte er neuer Überraschungen, doch nichts geschah. Allein zurückgeblieben, zog er Kissen und Decke ab und ging mit der stinkenden Wäsche zum nächsten Erwachsenen, der ihm über den Weg lief. Er musste unbedingt jemandem von diesem nächtlichen Vorkommnis erzählen, damit man ihn nicht tatsächlich für einen Bettnässer hielt. Der Erzieher sah ihn nur nachdenklich an.

Mit einiger Verspätung erreichte Robert den Hof, um seinen ersten Arbeitstag zu beginnen. Man hatte ihn zunächst zum Heizen und für die Hofkolonne eingeteilt.

Die letzten Septembertage waren bereits kühl, und der Heizer brauchte Verstärkung beim Kohlenschippen und Holzhacken. Langsam verdrängte die körperliche Arbeit seine ohnmächtige Wut. An Rache zu denken, war lächerlich. Es stand sechs zu eins gegen ihn, aber auch jeder einzelne dieser kraftstrotzenden Junghauer steckte ihn, wenn es darauf ankam, mühelos in die Tasche. Nachmittags harkte er im Park das Laub, für dessen Nachschub die großen Bäume unverzüglich sorgten, so dass man kaum ein Ergebnis sah. Aber die Arbeit war nicht schwer, und er konnte abgesondert von der Masse der Zöglinge bleiben. Während er weiter mit den trockenen Blättern kämpfte, beobachtete er gegen Abend einzelne Jugendliche, die am Haupttor klingelten, sich in ein Buch eintrugen und die Anlage verließen. Von kollektiven Kinobesuchen hatte er schon gehört, aber offenbar gab es auch Ausgang ohne die Gruppe.

Erst kurz vor der Nachtruhe ging Robert erschöpft zu Bett, ängstlich darauf bedacht, nicht vor den anderen einzuschlafen. Das Licht war längst gelöscht, und langsam siegte die Müdigkeit, als ihm jäh seine Decke ins Gesicht gedrückt wurde. Im selben Moment hagelte es auch schon von allen Seiten Fausthiebe und Tritte. "Der Bettnässer ist ein Kameradenschwein! Der Bettnässer scheißt seine Kumpels an! Der Bettnässer hat hier einiges zu lernen!"

Robert schrie und wimmerte und strampelte vergeblich, um den Schlägen auszuweichen. Das ging eine Weile und hörte ebenso schlagartig auf, wie es begonnen hatte.

Noch halb betäubt hinkte er am anderen Morgen zu seinem Spind, um Unterwäsche und Arbeitsanzug herauszunehmen. Als er die Tür öffnete, schlug ihm penetranter Uringestank von den noch feuchten Sachen entgegen. Sie hatten in seinen Spind gepinkelt...

Es war nicht das letzte Mal. Robert wusch jeden Morgen seine Wäsche, hörte die "Bettnässer"-Rufe mit zusammengebissenen Zähnen, sprach wenig, schippte Kohlen und schmiedete Pläne. Eine Flucht war schwieriger als es zunächst schien. Er bekam keinen Einzelausgang, und irgendwer war immer da, der ihn innerhalb von 20 Minuten vermissen und Alarm schlagen würde.

Inzwischen hatte er einmal erlebt, wie ein Fluchtversuch ausging. Einer der Jungen war heimlich aus der Kinovorstellung verschwunden. Kaum bemerkte der Rest der Gruppe sein Fehlen, wurde der Erzieher benachrichtigt, der ohne Aufregung eine Abordnung des *Heimbeirats* losschickte, um den Abtrünnigen einzufangen. Verblüfft entdeckte Robert zwei der bösartigsten Schläger aus seinem Zimmer in diesem Suchtrupp. Anderthalb Stunden später meldeten sie Erfolg. Der Flüchtige wurde zur Heimleitung gebracht und erhielt einige moderate Strafen ausgesprochen: Ausgangssperre, Zimmerarrest, Taschengeldkürzung u. ä. Nie sah Robert einen Erzieher auch nur die Hand gegen Jugendliche erheben. Deutliche Spuren von Misshandlung zeigte der unglückliche Flüchtling erst am nächsten Morgen. Ganz ungehemmt sprachen die Jungen beim Frühstück darüber, dass der Heimbeirat ihn *gemaßregelt* hatte. Die Züchtigung fand allgemeine Zustimmung.

Robert musste also noch warten, bis sich der Heimbeirat nicht mehr für ihn interessierte. Er kannte inzwischen alle Mitglieder, darunter einige Mädchen, denn zum Werkhof - in einem Seitenflügel untergebracht - gehörten auch weibliche Jugendliche. Wenn ein Mädchen des Heimbeirats maßregelte, gab es Schikanen oder Prügel in Auftrag. Die Jungen halfen gern, viele unter ihnen betrieben in der Freizeit Boxsport oder Ringkampf. Einem dieser Boxer war Robert schon ausgesetzt gewesen, er hatte eine abfällige Bemerkung über den Heimbeirat gemacht. Dafür handelte er sich nur wenige Schwinger ein, doch sein Kopf schien sich vom Hals lösen zu wollen und in eine andere Richtung als der Rest des Körpers zu streben. Ein Annäherungsversuch an das falsche Mädchen war da schon teurer bezahlt. Die Abdrücke des Koppelschlosses auf seiner Haut verblassten erst nach Wochen. Wie er mit der Zeit herausfand, waren die Schläger des Heimbeirats und ihre Helfer bereits *draußen* brutal gewesen und wegen körperlicher Gewalt in den Werkhof gewandert. Hier hatte ein selbstregulierendes System sie diszipliniert, und nun schlugen sie im Interesse der Gemeinschaft zu. Schwerer hatte es eine andere Gruppe

Zöglinge - die Diebe. Erfahrung, Instinkt und gefällige Denunzianten ließen den Heimbeirat mit fast unfehlbarer Sicherheit den Übeltäter herausgreifen, der spätestens unter der Bettdecke, wenn ihm die Luft ausging, sein Vergehen gestand. Diebstähle kamen deshalb nur selten vor, und auch sonst war es ein sicheres Haus.
Robert wartete weiter. Einige Mitglieder des Heimbeirats nahmen Anstoß daran, dass er am Rande der Gruppe blieb und auswich, anstatt sich zu unterwerfen. Eines abends schubsten und boxten ihn zwei vor sich her, so dass er rückwärts über einen Stuhl fiel und sich die Hand brach. Aber er war einsichtig: Das hatte niemand gewollt. Der Arzt richtete den Knochen und legte einen Gipsverband an. Es würde eine Weile dauern, bis die Hand wieder zu gebrauchen war, und es tat höllisch weh.
Robert beschloss, der Form halber auf die Rudelhierarchie einzugehen. Er bot von nun an dem Ersten seiner Gruppe kleine Gefälligkeiten an, holte hier etwas, putzte da ein paar Schuhe. Langsam ging dem Heimbeirat das körperliche Interesse an ihm aus, wenn er auch weiter unter ständiger Beobachtung stand. Er hielt sich abseits und bedeutete keine Gefahr für den Anführer. Inzwischen hatte er gelernt, unter keinen Umständen mit einem Problem zum Erzieher zu gehen, denn der Heimbeirat erfuhr schneller davon, als die nächste Nachtruhe eintrat. Ein Problem trug man in die offizielle Sprechstunde des Heimbeirats. Dort wurde über das weitere Vorgehen entschieden. Die Kompetenz der Beiratsmitglieder stellte selbst Robert nicht mehr in Frage. Sie genossen nicht nur Macht, sondern auch gewisse Privilegien, so dass es ihr innerstes Anliegen war, das System zu erhalten und *Vorkommnisse* möglichst schnell und nachdrücklich aus der Welt zu schaffen. Es hatte sogar schon Fälle gegeben, in denen Heimbeiratsmitglieder von der Leitung des Jugendwerkhofes zum Studium delegiert wurden und Jahre später als ausgebildete Erzieher zurückkehrten. Wer sich besonders positiv entwickelte, durfte hoffen, bereits während des Gewahrsams einen FDJ-Schullehrgang zu absolvieren, was dem Ritterschlag für den neuen Heimbeiratsvorsitzenden gleichkam.

Während Robert darauf wartete, dass seine Verletzung ausheilte, arbeitete er in der Hofkolonne. Auch mit einer Hand und etwas Geschicklichkeit ließ sich noch eine Menge bewältigen. Der Hausmeister, ein alter zittriger Mann, blieb nach dem Einsetzen der Novemberkälte immer häufiger im windgeschützten Geräteschuppen und übertrug seine Aufgaben den Jungen. Als die Hofkolonne schließlich für alle anfallenden Arbeiten zuständig wurde, stieg genügend Groll in Robert auf, um wider besseres Wissen aufzumucken und zur Heimleitung zu gehen. In der Nacht schlug man ihn wieder schwer zusammen. Er schleppte sich die nächsten Tage wie in Trance dahin, unfähig, außer den körperlichen Schmerzen etwas zu empfinden.
Langsam kehrten seine Lebensgeister zurück, er war um zwei Zähne ärmer und die Erkenntnis reicher geworden, dass er die Folgen von Konfrontation nicht ertrug. Es galt sich abzuducken, einzufügen, auszurichten und niemals aufzufallen. Warum war er nicht schon eher darauf gekommen? Diese Zeit würde vorübergehen, und dann...

Seine freien Stunden verbrachte er nun in der "Arbeitsgemeinschaft junger Flugmodellbauer". Dort war es nicht einmal uninteressant. Er bekam einen neuen Gruppenerzieher - jung, sportlich, zu Späßen aufgelegt und früher selbst Insasse eines Jugendwerkhofes. Zur Förderung des Mannschaftssportes hatte die Heimleitung ihn als Sportverantwortlichen eingestellt. Das machte sich schnell bemerkbar. Mensch-ärger-dich-nicht und Kartenspiele wurden bald von Handball, Volleyball und Fußball abgelöst. Die Mannschaften kämpften um Punkte für die Wettbewerbsliste, und die Besten durften sogar gegen andere Jugendwerkhöfe antreten. Robert gehörte nicht zu den Besten, seine Stärke bestand mehr im Ausdauerwandern. Aber er handelte sich keinen Ärger mehr ein und las viel - Abenteuerbücher, Heldengeschichten, populärwissenschaftliche Darstellungen. Normalität zog ein. Was ihn nicht bedrohte, war in Ordnung.

Der arbeitsfreie Sonntag bot einige Höhepunkte. Er begann mit einer akribischen Zimmerkontrolle und dem Zimmerappell. Dann zogen alle die FDJ-Hemden über, um auf dem Hof zum Appell anzutreten. Die Gruppen standen exakt ausgerichtet im Viereck, während der Heimratsvorsitzende die Fahne hisste. Nach den unvermeidlichen Verlautbarungen politischer Art wurden Wettkampfergebnisse bekannt gegeben, organisatorische Fragen beantwortet und vor allem - das war interessant - die offizielle Interpretation von Heim-Neuigkeiten geliefert, die inoffiziell als Gerüchte längst die Runde machten. Häufig ließen sich gerade aus dieser Variante im Umkehrschluss die tatsächlichen Ereignisse rekonstruieren. Nach dem Mittagessen besuchte Robert regelmäßig die *Buchbesprechung*. Ein Literaturkundiger von außerhalb sprach über Romane. Jeden Sonntag stand ein anderes Werk auf dem Programm, aber immer hieß der Autor Arnold Zweig. Vom Inhalt verstand Robert nicht alles, doch er hörte gern zu, und einmal lieh er sich das besprochene Buch anschließend aus.

Gelegentlich schrieb er an seine Eltern. Es war nichts Weltbewegendes, wie auch ihre Briefe keine Sensationen enthielten: Die Pflaumen sind geerntet, die Äpfel werden reif, wir haben viel zu tun und hoffen, dass es Dir gut geht... Bekam Robert Post, musste er sie wie alle Zöglinge ungeöffnet abgeben, ein Erzieher las und unterzeichnete sie. Ebenso wurden seine Briefe gelesen, bevor er sie abschicken durfte. Wenn er an zu Hause dachte, konnte er sich manchmal nicht mehr erklären, weshalb er den Eltern davongelaufen war. Damals trennten ihn weder Tore noch Wächter von der Freiheit. Inzwischen tat es ihm leid, seine Familie so oft in Sorge gestürzt und Belästigungen ausgesetzt zu haben. Während seiner Abwesenheit kamen regelmäßig Staatsvertreter ins Haus und stellten vorwurfsvolle Fragen, hatte die Mutter ihm erzählt. Früher machte er sich einfach keine Gedanken - bedeutete diese Einsicht, dass er langsam erwachsen wurde? Immer häufiger überlegte er jetzt, wie er die Zeit im Werkhof für seine Zukunft nutzen sollte.

Der Vater vertrat die unumstößliche Ansicht, ein Berufsabschluss sei die solideste Grundlage, die sich ein Mann für's Leben schaffen könne.

Mitte Dezember fuhr Robert mit den Junghauern probeweise in den Schacht ein. Trotz aller Gutwilligkeit ertrug er die Vorstellung nicht, in dieser Umgebung täglich viele Stunden zu verbringen. Niemand nötigte ihn, denn kurz zuvor war ein Jugendlicher im Schacht durch Fahrlässigkeit der anderen Lehrlinge umgekommen. Das Thema galt als sensibel.

Das volkseigene Gut neben dem Werkhof bildete ebenfalls aus. Robert durfte sich umsehen und geriet an den Schmiedemeister. Der war bereit, den Jungen zu nehmen, im Januar 1956 sollte er anfangen. Schmied war nicht Förster, aber hier gab es eine Lehrstelle, und für ein Stück *normales Leben* schien der Preis nicht zu hoch. Unerwartet erhielt er über die Weihnachtsfeiertage Urlaub. Er durfte nach Hause fahren. Der Hausmeister verbürgte sich bei der Heimleitung für ihn und zeigte deutlich, wie sicher er war, nicht von ihm enttäuscht zu werden. Das beeindruckte Robert, und am 27. Dezember stand er zur festgesetzten Zeit wieder vor dem Tor.
Pünktlichkeit gehörte weder zu Roberts hervorstechenden Eigenschaften noch schien sie ihm erstrebenswert. Regelmäßigkeit des kollektiven Erwachens und ein festgesetzter Tagesablauf sorgten langsam für Gewohnheit, das Lob seines Meisters aber für den Ehrgeiz, die Regeln - und eben auch die Zeitregeln - einzuhalten. Er genoss das Gefühl, morgens schon vor dem Schmied in der Werkstatt zu stehen und das große Feuer zu entfachen. Anfangs fiel ihm das Handwerk nicht leicht. Riesige Pflugschare und Teile so genannter Dampflokomobile, die aus den 20er-Jahren stammten, mussten bearbeitet werden. Wenn ihm nach mehreren Fehlschlägen endlich ein Stück gelungen war, nickte der Meister anerkennend, und Robert gierte nach dieser Anerkennung. Er träumte von einem wahren Kunstwerk, das er schmieden und das seinen Lehrherrn in Erstaunen versetzen, ja mit Bewunderung erfüllen würde.

An seiner Sehnsucht nach Freiheit hielt er fest, ohne zu merken, wie sie sich allmählich in eine Abstraktion verwandelte, die nicht schmerzte. Brachte man wieder einmal einen jugendlichen Ausbrecher zurück, belächelte er den Delinquenten, der naiv genug war, den sinnlosen Versuch zu wagen.

Ein kalter Wind fuhr durchs Zimmer. Robert lugte verschlafen unter der Bettdecke hervor. Zwei Fenster standen offen, und das im Februar. Einige Stubenkameraden lehnten sich hinaus und riefen etwas über den Hof. Im Flur ertönten hektische Schritte, dann Rufe, mehrere Personen eilten hin und her. Das war kein Ausbruch, dabei wäre es diskreter zugegangen. Ein Wort drang an sein Ohr: Selbstmordversuch. Er hatte von Fällen gehört, vor seiner Zeit. Den spektakulärsten verursachte ein Zögling, der sich im Treppenhaus erhängte. Jetzt war es also wieder passiert, aber wie war es passiert? Robert bemühte sich, ohne das warme Bett verlassen zu müssen, ein paar Hinweise aufzuschnappen. Ein Erzieher kam herein und drängte die Jungen energisch von den Fenstern zurück. "Kein Grund zur Unruhe", sagte er, "die Nacht ist kurz, geht schlafen."

Beim Frühstück verbreitete sich die Kunde: ein Neuling hatte sich die Pulsadern aufgeschnitten und war im letzten Moment entdeckt worden. Der Heimleiter erschien persönlich im Speisesaal und hielt eine kleine Ansprache. Wie dringend erforderlich es wäre, Vertrauen zu haben und auf die Freunde neben sich zu achten. In ihrer Gemeinschaft sei es die Pflicht eines jeden, dem anderen bei seinen Problemen zu helfen. Diese Einrichtung genieße einen hervorragenden Ruf im Republiksmaßstab. Sie müssten nun selbst entscheiden, ob sie diesen Ruf mutwillig und zum Schaden des Kollektivs zerstören wollten, indem sie das Vorkommnis nach *draußen* trügen.

Der Heimleiter hatte recht. Robert wusste inzwischen, wie gut er es mit diesem Jugendwerkhof getroffen hatte. Gelegentlich drangen Nachrichten über die Zustände in anderen Einrichtungen zu ihnen - verglichen damit lebten sie in einer ausgesprochen liberalen Musteranstalt und genossen Freiheiten, von denen andere Jugendliche in Gewahrsam nur träumten. Kurz vor Weihnachten war der

Heimleiter dafür ausgezeichnet worden, dass er das Prinzip von Eigenverantwortlichkeit und Selbstverwaltung nach dem Vorbild des großen sowjetischen Pädagogen Makarenko so erfolgreich durchsetzte.

Einige Tage nach der Wahl des neuen Heimbeirats - alle Regeln und Rechte entsprachen dabei exakt jenen der Kommunalwahl *draußen* - geriet Robert noch einmal ins Wanken. Sollte er wirklich Schmied werden? Zwei junge Männer in Uniform waren zu Besuch gekommen, von den älteren Zöglingen stürmisch begrüßt, von den jüngeren neidisch begutachtet. Die beiden lebten in diesem Werkhof, bis sie sich im Alter von 16½ für die KVP, die Kasernierte Volkspolizei, bewarben und mit 17 Jahren - von der Heimleitung mit vorbildlichen Führungszeugnissen versehen - aufgenommen wurden. Sie gehörten einst dem Heimbeirat an und kamen zurück als Gefreiter und Unteroffizier. Ihre Ausstrahlung war umwerfend, sie rochen förmlich nach Erfolg. Die KVP warb auch jetzt noch in regelmäßigen Abständen Jugendliche der Werkhöfe an. Robert entschied sich am Ende für die Schmiede - so ein Erfolgsmensch war er nicht.
Im Sommer 1957, ein Jahr vorfristig, durfte Robert den Jugendwerkhof verlassen und die Lehre in seinem Heimatort beenden. Ihm wurden große Zuverlässigkeit, ein gefestigter Charakter und gewachsene Einsicht in die Notwendigkeit attestiert. Sechs Monate schmiedete er glücklich und ungestört. Dann kamen zwei freundliche Herrn, die viel Gutes über ihn gehört hatten. Sie baten um seine Hilfe. Nicht alle Menschen wären bereit, ihre ganze Kraft zum Wohl der Gesellschaft einzusetzen. Er aber sei auserwählt, die vom Volk geschaffenen Werte zu schützen.

Robert wunderte sich ein wenig und unterschrieb.

*

Die Bilder sind deutlich und scharf: Als er schon die Meisterprüfung, ein Auto und eine Frau besaß, fuhr er zum Jugendwerkhof. Die Erzieher begrüßten ihn freudig und führten ihn herum. Wenig hatte sich verändert. Er erzählte den Zöglingen von seiner Entwicklung, seinen beruflichen Erfolgen. In ihren Augen sah er Bewunderung, Neid und Sehnsucht. Er machte ihnen Mut, dass auch sie es schaffen würden. Beim Abschied winkten ihm alle nach. Robert Hauck versucht es immer wieder, aber er kann sich nicht erinnern, ob dieser Besuch in Wirklichkeit stattfand oder im Traum, dabei hat er sonst ein gutes Gedächtnis. Er verdrängt nicht seinen Misserfolg bei der Staatssicherheit und nicht all die anderen kleinen Misserfolge, die zu seinem Leben gehören. Im entscheidenden Moment fehlte ihm immer die richtige *Aura*. Ein Aufstieg in FDJ und Partei blieb ihm versagt.

Noch heute bewundert er Menschen mit Führungskraft. Das muss eine angeborene Eigenschaft sein.

Spiegel-Team

Chinesischer Kuli

Erstmals verlangt ein Opfer der DDR-Justiz, jahrelang unschuldig in Bautzen inhaftiert, vor dem Zivilgericht Wiedergutmachung in Millionenhöhe - von der PDS.

Es war ein eiskalter Januartag, der Ostwind fegte den Schnee über die nachtdunkle Straße.

Xing-Hu Kuo, Dolmetscher bei der chinesischen Botschaft in Ost-Berlin, steuerte seinen schwarzen Mercedes 180 durch das menschenleere Viertel in der Nähe der Grenzmauer. Nur noch 50 Meter trennten ihn von dem grell erleuchteten Checkpoint Charlie, über den Kuo dank seines Ausländerpasses regelmäßig in den Westteil der Stadt gelangte.
Plötzlich rasten von rechts und links zwei russische Wolga-Limousinen auf den Mercedes zu, ein dritter Wagen versperrte Kuo den Weg. Schwerbewaffnete Männer stürzten heran und rissen den verblüfften Chinesen aus seinem Auto: "Ministerium für Staatssicherheit", stellte sich einer aus dem Trupp vor, "Sie sind verhaftet."

Der nächtliche Überfall im Januar 1965 war der Auftakt zu einem siebenjährigen Martyrium. Nach monatelangen Verhören ("Ich wurde geschlagen, getreten, geschüttelt") verurteilte das Ost-Berliner Stadtgericht Kuo wegen angeblicher Fluchthilfe und Spionage zu siebeneinhalb Jahren im berüchtigten Stasi-Gefängnis Bautzen II.

Jetzt fordert Kuo, 54 Jahre, inzwischen voll rehabilitiert, Wiedergutmachung von seinen Peinigern. Vor dem Landgericht Berlin erhob er Klage gegen die PDS, Nachfolgerin der DDR-Staatspartei SED. Von ihr fordert der Chinese, der inzwischen Bundesbürger geworden ist, 1,13 Millionen DM Schadenersatz.

Erstmalig zieht ein Opfer des DDR-Regimes vor das Zivilgericht. Das Besondere: Nicht die Bundesrepublik als Rechtsnachfolger der DDR soll für das Unrecht gerade stehen, sondern die PDS, deren Vermögen auf mehrere Milliarden Mark geschätzt wird. "Ich will, dass die Verantwortlichen zur Rechenschaft gezogen werden und nicht die Steuerzahler", sagt Kuo.
Das Geld verlangt der Polithäftling für entgangene Verdienste und für erlittene Schmerzen. In Bautzen lebte der geschmähte Ausländer (Stasi-Beschimpfung: "Gelber Affe") meist in Isolation. Der Gefangenenarzt enthielt dem Zuckerkranken Medikamente vor, statt Diätnahrung musste er Gesüßtes essen. Zwangsarbeit für das nahe Schaltgerätewerk schwächte Kuo zusehends. Tag für Tag musste er unter ohrenbetäubendem Lärm Stecker zusammenschrauben. Die Qualen in dem Stasi-Kerker hatten erst ein Ende, als die Bundesregierung Kuo im Mai 1972 freikaufte.
Ganze 300 DM (ab 2000:600 DM) pro Monat will die Bonner Regierung jetzt politischen Gefangenen aus der DDR als Entschädigung zahlen - so sieht es ein geplantes Gesetz vor. Das ist halb soviel, wie ein unschuldig Gefangengenommener in Westdeutschland erhält - Kuo bekäme gerade 26.000 DM.
Der Chinese, der mittlerweile in Sindelfingen Bücher verlegt, will sich damit nicht zufrieden geben. Bereits unmittelbar nach der Wende hatten ostdeutsche Bürgergruppen gefordert, mit dem SED-Vermögen politisch Verfolgte zu entschädigen - ohne Erfolg.

Nun versuchen die Opfer, mit Hilfe der Gerichte doch noch an das Geld heranzukommen. Der Regensburger Straf- und Ostrechtler Friedrich-Christian Schroeder, Mitglied der Bonner Enquete-Kommission zur Aufarbeitung des DDR-Unrechts, gibt Kuo's Musterprozess "gute Chancen". Und auch Erwin Deutsch, Haftungsrechtsspezialist an der Uni Göttingen, glaubt, dass "die Ansprüche durchgreifen können".
Allerdings muss der Kläger einige juristische Hürden nehmen. Die PDS wäre nur dann zum Schadenersatz verpflichtet, wenn SED-

Parteiorgane für die Polit-Verurteilung verantwortlich sind. Beispiele dafür gibt es reichlich.
So führte in den berüchtigten Waldheimer Prozessen von April bis Ende Juni 1950 nicht etwa die Justiz der DDR die Regie, sondern die SED-Abteilung Staatliche Verwaltung. Auf deren Anweisung verurteilten Sonderstrafkammern in stalinistischer Manier 3.308 Personen wegen angeblicher Kriegs- und NS-Verbrechen, davon 32 zum Tode.

SED-Chef Walter Ulbricht verhängte im Juni 1955 per Hausmitteilung die Todesstrafe für zwei angebliche West-Agenten. Und sein Nachfolger Erich Honecker ordnete 1981 persönlich die Erschießung des Stasi-Hauptmannes Werner Teske an.

Kuo hat noch keine Belege für ähnliche Eingriffe in seinen Fall. Die diplomatischen Verwicklungen, die seine Verhaftung auslösten, sprechen jedoch dafür, dass das Verfahren von höchster Parteistelle beobachtet wurde. Vorsichtshalber will Kuo noch auf anderem Weg sein Recht durchsetzen. Vom Schaltgerätewerk Oppach, für das er während seiner Haftzeit als Zwangsarbeiter schuftete, fordert er 72.000 DM "plus Zinsen" an entgangenem Lohn. Kuo: "Das dürfte für einen chinesischen Kuli in der DDR nur billig sein."
Ähnliche Prozesse gab es nach dem Ende der Nazi-Gewaltherrschaft. In den fünfziger Jahren verklagten Zwangsarbeiter ihre ehemaligen Fronherren. In einer spektakulären Entscheidung verurteilte das Landgericht Frankfurt im Juni 1953 die IG Farben, 10.000 DM an den jüdischen Auschwitz-Häftling Norbert Wollheim zu zahlen. In der zweiten Instanz kam es zu einem Vergleich. Der Konzern zahlte darauf 30 Millionen DM Entschädigung an ehemalige KZ-Häftlinge. Später verpflichteten sich auch Krupp, Siemens, AEG und Rheinmetall zu ähnlichen Leistungen. Der Haken im Fall Kuo: Der Betrieb hat tatsächlich Lohn gezahlt – allerdings an die Haftanstalt. Kuo muss also das Geld vom Freistaat Sachsen einklagen, der die Verwaltung des Bautzen-Knasts übernommen hat.

Der sächsische Justizminister Steffen Heitmann (CDU) hat seine Beamten vorsorglich schon einmal die Rechtslage begutachten lassen - und weist alle Ansprüche zurück. Für ihn sind die Zahlungen an Gefangene im neuen Unrechtsbereinigungsgesetz abschließend geregelt.

Eine wacklige Argumentation: Das Bonner Gesetz will keinen Schadenersatz gewähren, sondern lediglich einen "angemessenen" Ausgleich für erlittenes Unrecht leisten. Die Zwangsarbeit, zu der in DDR-Zeiten Zehntausende zu Unrecht verurteilt wurden, kommt in dem neuen Gesetz überhaupt nicht vor.

Haftungsspezialist Deutsch: "Da drohen den Ländern Millionenzahlungen."

Peter Alexander Hussock (*HELP e.V.*)

Das verhaftete Dorf

Der 17. Juni 1953 und das sächsische Dorf Zodel

Der Tag, der so hoffnungsvoll begann ...

Der Mann, der mir in der "Sozialen Kontakt- und Beratungsstelle" von HELP gegenüber sitzt und über die Ereignisse des 17. Juni 1953 in seinem sächsischen Heimatdorf Zodel berichtet, spricht stockend, sein Blick geht in die Ferne und mir scheint, er durchlebt aufgeregt in der Erinnerung noch einmal das dramatische Geschehen, dessen Zeitzeuge er vor 50 Jahren als neunjähriger Knirps wurde. Schon nach dem Wecken und Aufstehen in der Frühe war es nicht wie sonst gewesen. Der ältere Bruder Kurt, der nicht mehr im Hause wohnte, war anwesend und diskutierte aufgeregt mit den Eltern. Das Radio spielte lauter als sonst und überhaupt keine Musik. Oder nur sehr selten. Dann kamen andere Dorfbewohner. Der Neunjährige hörte die Worte "Berlin", "Streik" und "Aufstand". Heute schütteln wir die Diktatur ab! Auch Zodel darf nicht abseits stehen, nicht untätig bleiben. Aus der Scheune wurde eine lange breite Tafel auf den Hof getragen. Mit weißer Farbe wurde darauf geschrieben: "Ulbricht, Pieck und Grotewohl, wir haben die Schnauze voll." Aus einem Nachbargehöft wurde ein Stoffband mit dem bissigen Text "Nieder mit Grunzewohl und der sibirischen Ziege" gebracht. Immer mehr aufgeregte Bauern - und auch einige Bäuerinnen - fanden sich auf und vor dem Hof ein. Der große Bruder sagte zum kleinen: "Heute ist schulfrei! Heute ist Revolution!" Dann nahm er Dieter bei der Hand und marschierte mit der Gruppe zum Dorfplatz. Dort standen schon laut redend und gestikulierend andere Gruppen von Dorfbewohnern. Ein Radio war auf dem Platz auf eine Kiste gestellt worden. Jeder Bericht des RIAS über die turbulenten Ereignisse in Berlin und anderen Großstädten der DDR wurde mit lautem Beifall bedacht und kommentiert. Da diese Meldungen bis zur Mittagszeit sehr positiv und erfolgversprechend klangen, hielten die Zodler den Volksaufstand im Grunde für gelungen... deshalb schlugen einige vor, nunmehr zur Bestrafung der zwei kommunistischen Fanatiker im Dorfe zu schreiten; das waren der Bürgermeister Schneider und der Schuldirektor Laubsch. Doch niemand forderte Einsperren oder Schlimmeres. Aber einen Denkzettel sollten sie bekommen. Auf jeden Fall. Einige kräftige Burschen liefen zu den Wohnhäusern der zwei Kommunisten, schrien sie heraus und brachten sie zum Dorfplatz. "Rote Strolche", "Lumpenpack" riefen einige Bauern ihnen feindselig zu. "Fesselt sie aneinander an ihren so heiß geliebten roten Fahnenstoff", schlug plötzlich einer vor. So geschah es. Dann setzten sich etwa hundert Bauern, Bäuerinnen und Kinder in Bewegung. Vor sich her stießen sie die Aneinandergefesselten. Doch geschlagen wurden sie nicht. Kurt Jäger mahnte beständig Besonnenheit an. Dieter Jäger, den der große Bruder an der Hand hielt, war stolz auf seinen Bruder. Dann wurden feurige Reden gehalten und den zwei Kommunisten all die Schandtaten und Menschenrechtsverletzungen vorgehalten, welche die rote Clique insgesamt unterm Schutz der Sowjets seit 1945 an Millionen SBZ-, späteren "DDR"-Bewohnern, begangen hatte. Die zwei immer noch aneinander Gefesselten hatten bleiche Gesichter und zitterten. Sicher befürchteten sie noch Schlimmeres. Dann aber - so gegen 17.30 Uhr - trat eine Frau an Kurt Jäger heran und flüsterte ihm etwas ins Ohr. Es war die Mitteilung, dass russische Panzer in Berlin dabei waren, den Volksaufstand niederzuwalzen, dass regelrechte Massaker mit Schusswaffen stattgefunden hätten... mit vielen Toten und Verletzten. Gegen 18.00 Uhr löste sich der Aufstand in dem rebellischen Dorf Zodel auf. Vier Stunden später sollte es ein verhaftetes sein.

Die Rache

Der Schuldirektor und der Bürgermeister wurden freigelassen. Sie schlichen wie geprügelte Hunde nach Hause, wo sie von ihren Frauen mit der "guten Nachricht" der Niederschlagung des "faschis-

tischen Putsches" empfangen wurden. Sofort stürzten sie ans Telefon und schilderten den SED-Behörden in Dresden, was sich in Zodel ereignet, vor allem, was ihnen "Grauenvolles widerfahren sei..."
Kurt Jäger und die anderen Aktiven versammelten sich in der Dorfgaststätte und besprachen die neue Situation. Nur einer riet, "das Bündel zu schnüren und nach dem Westen abzuhaun". Die große Mehrheit war jedoch für's Dableiben. In Unkenntnis des rachsüchtigen Charakters von Kommunisten und der ihrer Ideologie innewohnenden absoluten Toleranzlosigkeit und Brutalität gegen jede Form der Demonstrationen. Die Gruppe löste sich allmählich auf. Ein jeder der Männer bzw. einzelne Ehepaare gingen, von schweren Gedanken und Empfindungen niedergedrückt, nach Hause. Das Abendessen wollte keinem so richtig schmecken. Die Radionachrichten taten ein Übriges. Sie waren niederschmetternd, desillusionierend. Gegen 11.40 Uhr und 11.55 Uhr waren in der Leipziger und der Wilhelm Straße in Berlin die ersten sowjetischen Kampfpanzer T34 gesichtet worden. 20 Panzer fuhren vor dem Haus der Ministerien auf. Schüsse wurden gehört. In den folgenden Stunden hatten die Panzer und sowjetische Infanterie es zu Wege gebracht, den Bereich der Ministerien demonstrantenfrei zu bekommen und abzusperren. Unterm Schutz des sowjetischen Militärs waren auch VP und KVP aggressiver geworden und hatten auf andrängende Menschenmengen scharf geschossen. Gegen 13.00 Uhr war der Ausnahmezustand verkündet worden. Auf dem Potsdamer Platz war langanhaltend mit Maschinengewehren in die Menschenmenge geschossen worden. Ein Massaker. Gegen 16.30 Uhr war das Columbus-Hochhaus, das dicht an der Sektorengrenze stand, in Flammen aufgegangen. Beim Hören all dieser Nachrichten wurden die Zodler immer bleicher, mutloser, hoffnungsloser... Als ahnten sie zumindest, was kommen werde; keiner mochte zu Bett gehen. Gegen 21.00 Uhr waren dann im Dorfe laute Motorengeräusche vernehmbar. Bremsen quietschen, schwer bewaffnete VP- und KVP-Leute sprangen von den Lkw's, schossen Salven in die Luft und stürmten in einzelne Häuser. Unterm Geschrei der

Kinder trieben sie Männer und Frauen mit Kolbenhieben auf den Dorfplatz. Dort standen bereits, mit triumphalem Gesichtsausdruck, die noch vor Stunden so ängstlichen und kleinlauten Kommunisten, der Bürgermeister und der Schuldirektor. Entsprechend ihren Hinweisen wurden die Aufständischen auf die Lkw's geprügelt, nachdem ihnen zuvor Handschellen angelegt worden waren. Bald passte keine Maus mehr auf einen der Lkw's, so dicht waren dort die vor Stunden noch so Mutigen und Stolzen zusammengepresst worden. Doch der Schuldirektor hatte noch Walter Jurke als Aufrührer ausgemacht. Wohin mit ihm? "In den Knast muss der Lump, so oder so!", schrie ein gehässiger VP-Leutnant. So wurde Walter Jurke, ein kräftiger Mann, in einen kleinen Werkzeuganhänger gepresst und der Deckel über ihm geschlossen. Ein Vopo schwang sich auf das dazugehörige Moped und fuhr den Lkw's nach bis Dresden.
Als sie Walter Jurke im Innenhof des Dresdener MfS-Traktes herauslassen wollten, fanden sie einen Toten vor. Mutmaßlich war Walter Jurke erstickt. Die anderen wurden, so wie sie auf die Lkw's geprügelt worden waren, wieder heruntergeprügelt, über den Hof und hinunter in den Kellertrakt, wo sich je zwei, drei Schläger einen wehrlosen Einzelnen vornahmen und nicht wenige besinnungslos schlugen.

Und so wie in Dresden, ging es zeitgleich in vielen Städten der DDR zu:
In Berlin wurden die massenhaft Verhafteten zum Beispiel in zwei große Hallen des Schlachthofes gepfercht: während der ersten 24 Stunden hatten sie weder Nahrung noch Wasser. Drang der Lärm der Angstschreie und Klagen der etwa 1.200 Inhaftierten nach draußen, schossen von dorther die Vopos mit Maschinenpistolen durch die Fenster. In Halle hörten die in der Nähe der Reil-Kaserne Wohnenden nachts die Schreie der Geprügelten.

Hatten die Aufständischen des 17. Juni allerorten überwiegend ihren angestauten gerechten Zorn an Transparenten, Monumenten, Kiosken usw. ausgelassen, hatten sie sich im stundenlangen Marschieren, Schimpfen, Schreien, Redenhalten erschöpft, statt zügig die schuldigen Funktionäre zu verhaften und in sicheren Gewahrsam zu stecken; so tobten die Verschonten ihre Rachegelüste ohne Verzug an den Aufrechten, Gerechten brutal aus und verhafteten diese noch Wochen nach dem 17. Juni.

Und die Zodler? Bereuten sie, mit ihren Denunzianten, dem Schuldirektor und dem Bürgermeister, nicht härter umgegangen zu sein? Blieb ihnen, blieb ihren Lieben daheim noch eine Hoffnung? Theoretisch ja. Denn der damalige DDR-Justizminister Fechner, ein ehemaliger Sozialdemokrat, teilte im Rahmen eines Interviews mit dem SED-Zentralorgan "Neues Deutschland" am 30. Juni 1953 der Bevölkerung mit: "dass alle Inhaftierten vor ein ordentliches Gericht kämen, dass es rechtsstaatlich zuginge und dass unterschieden würde zwischen wirklichen Tätern und bloßen Mitläufern." Damit untermauerte Fechner einen Grundsatzbeschluss des SED-Zentralkomitees vom 21. Juni, durch den die Justiz ermahnt worden war: "... *mit größter Sorgfalt zu unterscheiden zwischen den ehrlichen, um ihre Interessen besorgten Werktätigen, die zeitweise den Provokateuren Gehör schenkten - und den Provokateuren selbst. Ehrliche Arbeiter, die zeitweise irre gingen, haben deswegen nicht aufgehört, ehrliche Arbeiter zu sein, und sind als solche zu achten."*

Am 2. Juli legte Fechner noch einmal im "ND" nach:

"... Es dürfen nur solche Personen bestraft werden, die sich eines schweren Verbrechens schuldig machten. Andere Personen werden nicht bestraft. Dies trifft auch für die Angehörigen der Streikleitung zu. Das Streikrecht ist verfassungsmäßig garantiert. Die Angehörigen der Streikleitung werden für ihre Tätigkeit als Mitglieder der Streikleitung nicht bestraft. Dabei weise ich noch auf folgendes hin: Selbst Rädelsführer dürfen nicht auf bloßen Verdacht oder schweren Verdacht hin bestraft werden. Kann ihnen ein Verbrechen nicht nachgewiesen werden, sind keine Beweise vorhanden, erfolgt

keine Bestrafung. Es werden also... nur diejenigen der Bestrafung zugeführt, die Brände anlegten, die raubten, mordeten oder andere gefährliche Verbrechen begangen haben. Es wird also nicht etwa gegenüber denen, die gestreikt oder demonstriert haben, eine Rachepolitik betrieben."

Zwei Wochen später wurde Fechner verhaftet.

Gegen eine kleine Anzahl von Zodlern wurden während der Schnellverfahren die Verfahren eingestellt und sie kamen frei, aber eine nicht unbeträchtliche Anzahl wurde verurteilt. Dieter Jägers Bruder, Kurt Jäger, als Rädelsführer zu 15 Jahren, August Rönsch zu 12 Jahren und Altmann zu 10 Jahren. Und viele, viele wurden zu einstelligen Strafen verurteilt. Man ist deshalb geneigt, nicht nur vom "verhafteten Dorf", sondern vom "eingesperrten Dorf" zu sprechen. Gegen den jüngeren Bruder von Kurt Jäger praktizierte das Regime in den Folgejahren noch Sippenhaft; er wurde auch eingesperrt und seine Freundin in den Selbstmord getrieben.

Die Vorgeschichte

Was war diesem 17. Juni 1953 seit 1945, dem Kriegsende und der Kapitulation Deutschlands vorausgegangen? Von 1944/45 an waren aus Ostdeutschland (Ostpreußen, Ostpommern, Ostbrandenburg, Schlesien und Danzig) und aus Osteuropa nach offiziellen Angaben über 14 Millionen Deutsche, unter Beraubung ihres gesamten mobilen und immobilen Eigentums vertrieben und bei diesen grausamen und im Übrigen völkerrechtswidrigen Aktionen 2.110.000 Menschen zu Tode gebracht worden, unter ihnen Kinder und Säuglinge. Bis Ende 1955 sollten es insgesamt 4,4 Millionen Deutsche werden (bei Einbeziehung von 600.000 Bombenopfern und 400.000 Russland-Deutschen). 1,4 Millionen Tote hatte zwischen 1945 bis 1948 allein die "Volksrepublik" Polen zu verantworten. Zu Friedenszeiten, wohlgemerkt. Unter den über zwei Millionen toten

Deutschen 1945/46 befanden sich etwa 240.000 fast ausschließlich von den Sowjet-Russen zu Tode vergewaltigte oder nach der Vergewaltigung ermordete Frauen. Insgesamt wurden beim Einmarsch der Sowjets in Ost- und Mitteldeutschland sowie Berlin etwa zwei Millionen Frauen vergewaltigt; darunter gerade aus Vernichtungs- und Konzentrationslagern "befreite" Jüdinnen und Ausländerinnen. Natürlich standen über all diesen Großverbrechen die Überverbrechen der Nationalsozialisten mit über 20 Millionen zu verantwortender Toten, die von der europäischen Rechten stets nur kleinlaut wahrgenommen und von den deutschen Rechtsradikalen geleugnet werden. Diese über 20 Millionen Toten erklären den Rachefeldzug dort, wo Rache waltete, können ihn aber nicht entschuldigen, wie es die europäische Linke und die deutschen Linksradikalen seit jeher versuchen. Zudem lässt sich das Gros der Verbrechen an Deutschen nicht allein auf "Rache" reduzieren. Zu Recht schreibt Prof. Dr. Dr. Gunnar Heinsohn in seinem beeindruckenden "Lexikon der Völkermorde", dem die meisten dieser Zahlen entnommen sind: *"Die Welt weiß nach 1945 sehr genau, was völkerrechtlich verboten ist. Die Aktivitäten gegen die Deutschen sind mithin Menschheitsverbrechen ganz eigenen Zuschnitts. Gleichwohl gibt es keinen Grund, die Verbrechen an Deutschen zu verheimlichen. Gerade die Verdrängung jener Taten ist es, die immer wieder dumpfe Aufrechnerei befördert und eine schonungslose Durchdringung unterbindet. Auch gab es kein Recht, die Verbrechen an Deutschen ungeahndet zu lassen."*
Und der ehemalige Bundespräsident Prof. Dr. Roman Herzog schrieb der europäischen Linken und den deutschen Linksradikalen deutlich ins Stammbuch: *"Kein Unrecht, und mag es noch so groß gewesen sein, rechtfertigt anderes Unrecht. Verbrechen sind auch dann Verbrechen, wenn ihm andere Verbrechen vorausgegangen sind."*

Nach der Kapitulation waren die ostdeutschen Gebiete jenseits der Oder samt allem beweglichen Eigentum den Polen zugeschlagen worden; Häuser- und Grundbesitz im Werte von vielen tausend Milliarden Dollar. Als "Reparation" deklariert, da nach dem

geltenden Völkerrecht die Wegnahme und Abtrennung dieser Gebiete - etwa ein Viertel Deutschlands - nicht statthaft gewesen wäre, worauf der renommierte Jurist und Verfassungsrechtler Prof. Dr. Karl Doehring in seinem Beitrag in dem jüngst erschienenen Sachbuch "Jahrhundertschuld, Jahrhundertsühne" ausdrücklich aufmerksam macht. Gleichzeitig mit dieser Landverschiebung zu Gunsten Polens blieben die Sowjets im Besitz der polnischen Gebiete, die sie im Osten okkupiert hatten. Welch hinreichende massive Reparation, mag mancher Nachgeborene denken. Doch die Sieger bemächtigten sich leider auch der deutschen Zivilisten, vertrieben sie oder ließen sie in Polen und in der Tschechoslowakei unter Prügel, Hunger und fehlender medizinischer Versorgung Zwangsarbeit verrichten. Viele verschleppten sie zur Zwangsarbeit in die sibirischen Gulags. Zehntausende Kinder, Hunderttausende Jugendliche darunter. Zumeist Mädchen. Eine Viertelmillion Deutsche seien aus Osteuropa und von diesseits und jenseits der Oder, dem ehemaligen Reichsgebiet, zur Zwangsarbeit verschleppt worden, räumen die heutigen Regierenden in Russland, zumeist Postkommunisten, ein. Ein Drittel davon sei zu Tode gekommen. Die unabhängige deutsche Forschung hingegen nennt 1.140.000 zur Zwangsarbeit verschleppte deutsche Zivilisten, wovon 370.000 zu Tode gekommen seien. Wir haben Anlass, der deutschen und im Übrigen auch der amerikanischen Forschung zu glauben.
Räumt Russland doch auch nur 31 Millionen Todesopfer des Sowjetkommunismus von 1917 bis 1989 ein, während Prof. Dr. Dr. Gunnar Heinsohn in seinem bei Rowohlt erschienenen "Lexikon der Völkermorde" die Zahl 61.911.000 nennt. Der Reparationswert in Rubel, den diese 1.140.000 deutschen verschleppten Zivilisten in der Zwangsarbeit erwirtschaftet haben, kann nur geschätzt werden, während wir den von den deutschen Kriegsgefangenen erarbeiteten kennen: Es sind 50 Milliarden Rubel, von russischer Seite bestätigt. Die Verschleppung deutscher Zivilisten als quasi "lebende Kriegsreparationen" hatte Stalin auf den Konferenzen von Jalta und der Krim Roosevelt und Churchill abgerungen:

"Das streng geheime Dokument mit dem Befehl Nr. 7161 berechtigt die Rote Armee alle arbeitsfähigen deutschen Männer im Alter von 17 bis 45 Jahren und alle arbeitsfähigen deutschen Frauen im Alter von 18 bis 30 Jahren, die sich auf den von der Roten Armee befreiten Territorien befinden, zu rekrutieren und zu internieren."

Auf dem Gebiet der Sowjetischen Besatzungszone (SBZ) beschlagnahmten die Sowjets wichtige Großbetriebe, vor allem aus Konzerneigentum. Zusammengefasst in "Sowjetische Aktiengesellschaften" (SAG), mussten diese Betriebe weitere Reparationen erarbeiten und für den Bedarf der Besatzungstruppen tätig sein. Demontiert wurden 1.224 Werke und Teile des Schienennetzes der Deutschen Reichsbahn und alles in die Sowjetunion verbracht. Sämtliche zweiten Gleise auf sämtlichen Strecken der SBZ wurden demontiert. Über 200 große Industriebetriebe der Papierindustrie, der chemischen Industrie, Textilwerke, Schuhfabriken, die Zeiss-Werke in Jena, die Jenaer Glaswerke Schott & Gen., die Verladekräne im Berliner Osthafen usw. wurden demontiert. Bis Ende November 1946 war auch die Demontage der größten Raffinerie Europas, der Zuckerraffinerie Tangermünde, beendet. Desgleichen die Demontage der Junkers-Flugzeugwerke Dessau. Und obwohl der Sowjetmarschall Sokolowski bereits am 21. Mai 1946 die Demontagepolitik in der SBZ für beendet erklärt hatte, wurden noch 1947 die Brabag-Werke (Braunkohle-Benzin-AG) in Magdeburg und die Zinkhütte Gieschzuerben demontiert. Aber auch die Beuteaktionen des Jahres 1945 hatten "Reparationen" von beachtlicher Größenordnung erbracht. Es waren Sach- und Kunstwerke sowohl aus privatem wie öffentlichem Besitz beschlagnahmt und durch eine sogenannte Trophäenkommission abtransportiert worden. Zusätzlich waren 5 Milliarden Reichsmark erbeutet worden. Insgesamt mussten die Deutschen in der SBZ bis 1953 82,5 Milliarden Reparationsleistungen erbringen, wobei in dieser ungeheuren und überhöhten Summe - denn Stalin hatte etwa 10 Milliarden avisiert - nicht enthalten waren der Nutzen der Zwangsarbeit der in die Sowjetunion verschleppten Zivilisten, der in die

Sowjetunion verbrachten deutschen Spezialisten und der erwähnte Nutzen von 50 Milliarden Rubel aus der Arbeit der deutschen Kriegsgefangenen. Fernerhin nicht die riesigen Gewinne aus dem Uranbergbau, aus der Tätigkeit der erwähnten Kapitalgesellschaften sowie aus der Nutzung der deutschen Patente. Dies alles und mehr mag den ehemaligen KZ-Häftling und SPD-Vorsitzenden nach 1945, Kurt Schumacher, veranlasst haben, auf einer SPD-Vorstandssitzung in München am 12. Januar 1947 auszurufen: *"Die deutsche Geschichte ist seit dem Kriegsende 1945 nur als ein Dauerzustand von Unehre, Hunger und geistiger Sklaverei zu bezeichnen."* Unabhängig von alledem überzogen die Sowjetkommunisten die Sowjetische Besatzungszone von 1945 an mit Terror und Repression ohnegleichen, obgleich kein Kriegszustand, sondern ein defacto - Friedenszustand herrschte. Der angesehene Dr. Klaus-Dieter Müller von der Stiftung Sächsische Gedenkstätten zählt in seinem Vorwort zu "Erschossen im Morgengrauen" von Benno Prieß die Terror- und Repressionsmaßnahmen auf, von welchen - nach sowjetischen Quellen - die Deutschen in der SBZ seitens des NKWD betroffen waren:

- mehr als 140.000 Deutsche, die kurzfristig verhaftet waren oder als Häftlinge in die "Speziallager" kamen (wovon ca. 1/3 an den Haftbedingungen verstarb)
- etwa 30.000 von sowjetischen Militärtribunalen (SMT) zumeist wegen angeblicher oder tatsächlicher Kriegsverbrechen verurteilte deutsche Kriegsgefangene (aus der Kriegsgefangenschaft heraus verurteilt),
- insgesamt bis zu 50.000 durch SMT verurteilte deutsche Zivilisten. Der größte Teil verbüßte seine Strafe in der SBZ/DDR, ein kleinerer Teil wurde zur Strafverbüßung und Zwangsarbeit in die Sowjetunion verbracht.

Das "Lexikon der Völkermorde" sowie der "HELP-Report - Fakten über drei Diktaturen" nennen hingegen die Zahl von etwa 85.000, die in den "Speziallagern" zu Tode gebracht wurden.

Wobei die Recherchen von Dr. Klaus-Dieter Müller ergaben, dass der Anteil von NS-Verbrechern in diesen mitteldeutschen Konzentrationslagern höchstens 1 % betrug. Handlager bei all den NKWD-Maßnahmen in der SBZ waren damals bereits die SED-Büttel. Die SED war 1946 aus dem von Moskau betriebenen Zusammenschluss von KPD und SPD hervorgegangen. Wobei die SPD-Mitglieder, die sich dem widersetzt hatten, zu Tausenden in den Lagern verschwanden.

Die gesamte Schulbildung wurde sowjetisiert. Statt Englisch wurde z. B. als erste Pflichtsprache Russisch an den Oberschulen eingeführt. Wegen rein nomineller Zugehörigkeit zur NSDAP waren vordem schon über eine halbe Million Lehrer, Richter und Verwaltungsbeamte aus dem öffentlichen Dienst entlassen worden. Mit der "Bodenreform", also der Wegnahme von Land zu Gunsten Mittelloser, fand die zweite große Diebstahlaktion der Nachkriegszeit statt. Eine "deutsche Regierung für die SBZ" unter sowjetischer Regie wurde bereits 1947 geschaffen, als sich die "Deutsche Wirtschaftskommission", bestehend aus 11 "Zentralverwaltungen" etablierte, der bekannte Kommunisten wie Heinrich Rau, Fritz Selbmann und Bruno Leuschner vorstanden, respektive angehörten. Im Oktober 1949 - als Reaktion auf die Gründung der Bundesrepublik - erfolgte die Gründung der DDR. Ein davor schon existierender "Volksrat" erklärte sich ohne Wahlen zu einer "Volkskammer".
1950 bereits war der überwiegende Teil der Volkswirtschaft in VEB überführt, verstaatlicht.
Ein Ministerium für Staatssicherheit wurde ebenfalls gegründet. Neben der führenden Staatspartei, der SED, deren "Schild und Schwert" das MfS wurde, fungierten noch einige angepasste und unterworfene Blockparteien, wie LDPD und CDU. Was nicht heißt, dass sich alle Mitglieder dieser Blockparteien angepasst verhielten. So zahlte die Block-CDU im Laufe der Jahre einen hohen Blutzoll, wie vordem schon die SPD.
1950 beschloss die DDR-Regierung die Verwirklichung des ersten Fünfjahresplans. Ebenfalls nach sowjetischem Vorbild. Die Vor-

stufe einer eigenen Armee hieß zuerst Volkspolizei-Bereitschaft, später Kasernierte Volkspolizei mit beachtlicher Kriegsausrüstung. Die KVP wurde von sowjetischen "Beratern" kontrolliert. Das so genannte Ministerium für Staatssicherheit übernahm nicht nur Terroreinrichtungen, die jahrelang den Sowjets zur Geständniserpressung gedient hatten, wie den Kellertrakt von Berlin-Hohenschönhausen, Genslerstraße, "U-Boot" genannt, dieses MfS setzte den Terror fort und weitete ihn aus. So wurden fortlaufend Menschen, die wegen ihrer Kritik am Sozialismus/Kommunismus auffielen, in West-Berlin und im Bundesgebiet erst betäubt oder zusammengeschlagen und anschließend nach Ost-Berlin verschleppt, dort gefoltert und anschließend zu hohen Haftstrafen verurteilt oder den Sowjets übergeben, die sie nach Moskau verbrachten, dort hinrichteten oder in den Gulag verschleppten. Nicht minder grausam wurde zunehmend mit den eigenen kritischen Bürgern verfahren. Auch dies heizte die Stimmung unter großen Teilen der DDR-Bevölkerung auf. Die Mehrheit natürlich, da der Mensch zuforderst ein materiell empfindendes Wesen ist, litt unter der zunehmenden materiellen Not, die vor allem geschaffen worden war durch die auf den Vorseiten andeutungsweise dargelegte rigorose Reparationspolitik der Sowjets. Weitere Geldmittel fraß die von Moskau seit 1952 geforderte Aufrüstung der "Nationalen Streitkräfte der DDR". Dieses Vorhaben verschlang 1,5 Milliarden Mark. Eine Riesensumme, die im Wirtschaftsplan der DDR-Regierung gar nicht vorgesehen war. So verlangte die Kreml-Führung, dass diese Aufrüstung finanziert werde durch Einsparungen bei der Sozialversicherung und -fürsorge in Höhe von 420 Millionen Mark, durch erhöhte Besitz- und Einkommenssteuern sowie die Reduzierung des Konsums der Bevölkerung in Höhe von 350 bzw. 300 Millionen Mark. Gleichzeitig wurde im Rahmen einer neuen Repressions- und Enteignungswelle der Rest des Wirtschaftsbürgertums in der DDR plattgemacht. Überfallartig wurden Besitzer von Privatpensionen in den Ostseebädern, im Erzgebirge, in Thüringen und anderswo enteignet. Dies und anderes ließ die Fluchtwelle in den Westen ansteigen.

So verlor die Wirtschaft zusätzlich Zehntausende bäuerliche Hofbesitzer, Ärzte, Lehrer, Techniker, Handwerker und Wissenschaftler. Im Winter 1952/53 kam es zu einer zusätzlichen Krise. Es kam zu enormen Mängeln in der Brennstoffversorgung. Die Rationierung von Lebensmitteln wurde noch rigoroser, indes die Bevölkerung auf eine Lockerung gehofft hatte. Es gab kaum noch frisches Gemüse und Fett. Statt des gewissen Rechtsanspruchs auf Fleisch und Fett per Lebensmittelkarte gab es an vielen Orten nur Fisch und Zucker als Ersatz. Sogar die Kartoffelversorgung stockte und es gab ein Stocken bei der Versorgung mit Brot. Doch je mehr die sozialistische Planwirtschaft versagte, desto intensiver wurde die Bevölkerung mit sozialistischen und prosowjetischen Phrasen überschüttet. Dieser überflüssige Nonsens, der allerdings für linke Regime unabdingbar scheint, forcierte noch den Unmut und Zorn der Bevölkerung. Die Mängel und Fehler des sozialistischen Systems wurden zunehmend und bei jeder Gelegenheit als Folge von "Sabotage" kaschiert und dem "Klassenfeind" in die Schuhe geschoben. Innerhalb der Partei kam es zu den bekannten und berüchtigten "Säuberungen", die oft mit Verhaftungen endeten. Hauptziel bei dieser Form der Aufspürung von "fachlich Schuldigen" waren die Blockparteien.

So wurde im Dezember 1952 der Minister für Handel und Versorgung, Karl Hamann (LDPD), und am 15. 1. 1953 sogar der DDR-Außenminister Georg Dertinger (CDUD) abgesetzt und verhaftet. Der Polit- und Justizterror nahm extreme Formen an. So wurden im April 1953 zwei Arbeiter wegen "Verächtlichmachung" des verstorbenen Stalin zu vier bzw. sechs Jahren Zuchthaus verurteilt, wegen Sachdelikten wurde die Todesstrafe ausgesprochen und vollstreckt und der "Spionage"-Deliktbegriff wurde willkürlich ausgedehnt wie ein Gummiband. Betrug die Gesamtzahl der Häftlinge im Juli 1952 noch 30.000 in 150 Haftanstalten, so waren es bereits 61.377 in 200 Haftanstalten im Mai 1953. Beliebig und willkürlich wurde eine immer größere Zahl von DDR-Bewohnern zu Wirtschafts-"Verbrechern" erklärt und hart abgeurteilt. So war der Verkauf etwa einer Porzellanfigur in West-Berlin oder auch nur die Mitnahme der Figur anlässlich einer Geburtstagsfeier ein Verbrechen und konnte schon mal mit sieben, acht Jahren Zuchthaus bestraft werden. Ablieferungs- und Steuerrückstände, Formfehler in der Buchhaltung galten ebenfalls als Wirtschafts- "Verbrechen".

So opportun es die deutschen Linken auch immer finden mögen, vom Sozialismus und neuerdings vom "demokratischen" Sozialismus zu schwärmen, sie wären, bei all ihrer Laxheit und Nichtbefolgung von gesetzlichen Vorschriften, die ihnen nicht behagen, sie wären die Ersten, die hinter Gittern säßen, hätten sie ihren "sozialistischen Vorbildern" erst einmal zur Macht verholfen. Angst und Zorn wurden in der Bevölkerung noch dadurch gesteigert, dass sowohl SED und MfS auch vor der perfiden Methode der Sippenhaft nicht Halt machten.

Im April 1953 griff die SED-Clique um Ulbricht/Grotewohl zu noch einem ärgeren Repressionsmittel: sie entzog den wenigen verbliebenen Selbständigen, den Freiberuflern, den Kaufleuten und Hausbesitzern die Lebensmittelkarten und zwang sie damit, die teureren freien Waren in den HO-Läden zu kaufen. Hingegen traf die Rücknahme von Fahrpreisermäßigungen vor allem einkommensschwache Bevölkerungsgruppen. Doch auch die (noch) selbständigen Bauern blieben nicht verschont. Gegen sie wuchs der Druck, statt sie zu Produktionssteigerungen zu animieren. Am schlimmsten traf es die bäuerlichen Familien entlang der Zonengrenze. Sie wurden in Nacht- und Nebel-Aktionen aus ihren Dörfern, von ihren Höfen vertrieben und oft mit Viehwaggons ins Innere der DDR verbracht. Sie galten den SED-Machthabern als Unsicherheitsfaktor an der innerdeutschen Grenze zum "imperialistischen" Westen. Doch was war das, was SED und MfS selbst praktizierten?
Von der nunmehr verschärften Bewachung der Grenzen, blieb lediglich die Sektorengrenze durch Berlin ausgespart. So erreichte der Flüchtlingsstrom durch dieses Nadelöhr Ende des Winters

1952/53 extreme Ausmaße. 10.000 wurden noch im Dezember 1952 registriert. Über 50.000 waren es bereits im März 1953. Da warf das Zentralkomitee der SED am 14. Mai 1953 quasi die "Zündlunte ins Pulverfass", indem sie beschloss, per Dekret die Arbeitsnormen zu erhöhen. Deren verspätete Rücknahme und all die aufgezählten Repressionsmaßnahmen plus einer Fülle hier nicht aufgezählter, führte dann am 16. und 17. Juni 1953 zum Volksaufstand in Berlin und anderen Städten der DDR, sowie zu den Ereignissen in dem sächsischen Dorf Zodel.

Wertung und Bewertung

Für mich persönlich - und ich bin kein Unbedarfter in der Kenntnis deutscher Geschichte - rangiert der Volksaufstand des 17. Juni 1953 aus dem Grunde noch vor dem Großen Deutschen Bauernkrieg, und vor der März-Revolution 1848 sowieso, da sich im Juni 1953 große Bevölkerungsteile der DDR, also Mitteldeutschlands, mit unfassbarem Mut gegen eine Doppeldiktatur erhoben haben: gegen die sowjetische Sieger- und Besatzungsmacht, eine Weltmacht und zugleich ein Massenmordregime, und gegen die teils als Statthalter der Sowjets, teils selbständig zum eigenen Machterhalt Diktatur ausübende SED-Stasi-Clique. Somit ist der 17. Juni 1953 ein heroisches und kein an Sieg oder Niederlage zu messendes Ereignis! Und zudem ein zündendes heroisches Ereignis, wie drei Jahre später der nicht minder heroische Volksaufstand in Ungarn bewies. Der 17. Juni 1953 war die erste Erhebung auch gegen das sowjetische Imperium, gegen einen Giganten, der, nachdem er die osteuropäischen Staaten 1945 vom Nationalsozialismus befreite, sie bereits während der Befreiung und noch heftiger danach mit dem Terror, den Massenverbrechen und der Unfreiheit des Sozialismus/ Kommunismus überzog, um im Verlaufe der Jahre bis 1953 in der DDR und bis 1956 in Ungarn sowie in allen Satellitenstaaten Stellvertretermacht ausschließlich in die Hände der jämmerlichsten und korruptesten Elemente unter den Moskau-Emigranten und -Agenten zu geben. Es war dies das gleichsam komprimierte Szenario, dass seit der Oktoberrevolution 1917 bis zum Kriegsende 1945 in der Sowjetunion die totalste Diktatur geschaffen hatte. Und beiden Szenarien lag, mit Ausnahme der Anfangsjahre nach 1917, durchaus bewusste, menschen- und zivilisationsverachtende Planung zugrunde.

Wobei manche Historiker meinen, wegen der Nähe zur Bundesrepublik Deutschland, wegen des Schlupflochs Ost-Berlin-West-Berlin, wegen der besseren Ökonomie usw. sei weder die Sowjetische Besatzungszone noch die spätere DDR ein Satellitenstaat der Sowjets geworden, sondern eher ein "Staat mit Quisling-Regierung" geblieben. Vielleicht verhält es sich so - wenngleich die Angehörigen der vielen Kinder und Jugendlichen, die im Gebiet der gesamten Sowjetischen Besatzungszone nach 1945 "im Morgengrauen erschossen" wurden, wie der gleichnamige Buchtitel von Benno Prieß lautet und die Angehörigen der etwa 85.000 Deutschen, die zwischen 1945-1949/50 in den "Speziallagern" und Folterkellern im Machtbereich der Sowjetischen Besatzungszone verhungerten und an unbehandelten Krankheiten starben, oder die Angehörigen der von diesseits und jenseits der Oder in den Gulag verschleppten Deutschen, die nie mehr wiederkehrten, oder die bei den Massakern des 17. Juni 1953 von sowjetischen Waffen Niedergemähten anders darüber urteilen mögen; für diese war das Gebilde, dass sich DDR nannte, zumindest für den Zeitraum 1945 bis 1955, nicht nur Satelliten-, sondern Sklavenstaat der Sowjets.

Alternativen

Hätte es sie gegeben? Zumindest insofern, als trotz misslungenem Volksaufstand der rachsüchtigen Ulbricht-Clique die Macht hätte entwunden werden können? Und Tausenden Opfern über eine dadurch bedingte Generalamnestie die harten Jahre der Haft erspart geblieben wären? Haftjahre in mittelalterlichen Zuchthäusern, in denen ihre Lebenszeit gestohlen, ihre Gesundheit geschädigt und oft genug ihr Familienleben außerhalb der Mauern zerstört wurde!

All diese grauenhaften Schicksale vor Augen, ist mir eine Passage aus dem im Piper-Verlag erschienenen Buch "So enden die Demokratien" des renommierten Historikers und Politologen Prof. Revel nicht aus dem Kopf gegangen.

Und so lautet die betreffende Passage:

"... 1953, beim Arbeiteraufstand gegen den Kommunismus am 17. Juni in Ost-Berlin, wäre es für die westlichen Alliierten möglich gewesen, Moskau zu veranlassen, das Regime des unbeliebten Ulbricht fallen zu lassen und die Deutschlandfrage zu regeln. Darauf waren die Sowjets durchaus gefasst. Die Frage stand auf der Tagesordnung des Politbüros im Kreml, und Berija selber sprach sich für ein dem Westen günstiges Arrangement aus, sosehr erschien das Behalten Ostdeutschlands Stalins Nachfolgern damals als ein unannehmbares Wagnis. Leider findet man in den Annalen des Weißen Hauses keine Spur von einer entsprechenden Sitzung zum gleichen nur umgekehrten Thema: Wie kann man die günstige Konstellation nützen, um aus der Sackgasse heraus und zu einem Friedensvertrag zu gelangen? Im Klartext: Moskau war bereit, Washington entgegenzukommen, doch Washington hat das nicht gemerkt und ist gar nicht darauf gekommen, so etwas zu verlangen. Dabei wurde das State Department damals von dem angeblichen "Superfalken" John Foster Dulles geleitet, dem rücksichtslosen Verfechter des "Kalten Krieges". Nach Stalins Tod hielt die neue sowjetische Führung zwei Satelliten für gefährdet: Albanien, das sich durch keinerlei "Freundschafts"-Vertrag an die UdSSR gebunden hatte, und die Deutsche Demokratische Republik, die von Stalin ebenfalls nicht zu einem solchen Vertrag gezwungen worden war, was schon deutlich zeigt, wie fest Stalin und seine Nachfolger mit einer deutschlandpolitischen Initiative des Westens rechneten. Die Sowjetunion hatte ja so bald wie möglich, gleich nach

Kriegsende, solche die "Freundschaft" besiegelnde Verträge mit allen anderen Ostblockstaaten geschlossen, mit der Tschechoslowakei, Jugoslawien, Polen, Rumänien, Ungarn und Bulgarien. Und 1947 hatte Stalin die eben erst entstandene SED nicht einmal in das Kominform aufgenommen. Er rechnete also erkennbar damit, dass die Westmächte eine definitive Einverleibung des Ostteils von Deutschland in die sowjetische Sphäre nicht zulassen würden, und er war darauf gefasst, in der Deutschlandfrage Entgegenkommen zeigen zu müssen. Stalin hatte noch nicht gemerkt, dass der Westen keine echten Unterhändler mehr hatte, sondern nur noch "Experten".

Diese Selbstlähmung des Westens geht auf ein Missverständnis aus der Zeit des Zweiten Weltkriegs zurück, das die Demokratien zu einem Grundfehler veranlasste. Die Fehldiagnose der westlichen Alliierten hinsichtlich Grund, Art und echter Zielsetzung des sowjetischen Engagements in diesem Krieg führte in der ersten Nachkriegszeit zu einer weltweiten Minderung ihres politischen Sehvermögens und tauchte sie in einen Zustand der Betäubung, in dem sich Denkfaulheit mit Leichtgläubigkeit so vermischt, dass die Betroffenen weder verstehen noch überhaupt zur Kenntnis nehmen können."

Katrin Teschner *(Braunschweiger Zeitung)*

Ich war jung und verliebt...

Die Geschichte hat kein Ende. Sie wird weitergeschrieben - Kapitel für Kapitel. Jeden Tag - seit 30 Jahren.

Christina-Ricarda Lange sitzt im Wohnzimmer ihres Hauses und lässt den Blick in die Ferne schweifen. Die beiden Jack-Russel-Terrier Lotti und Higgins haben es sich auf ihrem Schoß bequem gemacht. Es ist still im Raum, ein trügerischer Frieden. Neben ihr liegt ein riesiger Karton gefüllt mit Stasi-Akten. Noch immer sind etliche Seiten ungelesen. Die Vergangenheit schmerzt zu sehr.

Seit 30 Jahren ist Christina-Ricarda Lange dabei, ihre Sprache wiederzufinden. Zu oft hat die 50-Jährige geschwiegen, ihre Erinnerungen verdrängt, sich selbst verleugnet. Jetzt sollen alle wissen, was die DDR den Menschen antat - aber dieser Kloß im Hals, der ist immer noch groß und eigentlich weiß sie auch gar nicht so genau, wo sie anfangen soll. Sie überlegt und erzählt dann doch mit schwankender Stimme ihre Geschichte, die im Ost-Berlin des Jahres 1972 begann und die noch immer kein Ende hat.

"Ich war jung und verliebt - in einen Spanier aus West-Berlin", sagt sie. "Wir wollten rüber, uns ein neues Leben im Westen aufbauen." Ein Bekannter, ebenfalls Spanier, hatte alles eingefädelt, die Flucht auf die Sekunde genau geplant. Ihr Freund sollte sie und ihre dreijährige Tochter aus erster Ehe im Kofferraum über den Grenzübergang Marienborn schmuggeln. An einem kalten Oktoberabend stiegen die beiden auf der Raststätte Magdeburger Börde um in ihr enges Versteck. Sie hatte nur eine kleine Handtasche mitgenommen - Papiere, Zeugnisse, eine Flasche Nagellack und Ohrringe - sonst nichts. In Helmstedt sollten sie Ärzte in Empfang nehmen und weiterbringen, wohin, weiß sie nicht mehr. Jedenfalls lag sie da in der Dunkelheit mit ihrer kleinen Tochter im Arm und ihr Herz schlug so laut, dass sie dachte, es könnte sie an der Grenze verraten. Wer sie dann wirklich verraten hatte, wusste sie damals noch nicht.

DDR-Beamte erwarteten sie schon in Marienborn. Als sie den Kofferraum öffneten und das zusammengekrümmte Elend entdeckten, stand der Wagen neben einem Kontrollhäuschen. Für die Anklage hatten die Grenzer noch schnell Beweisfotos gemacht. Eines zeigt die beiden, wie sie dicht aneinander gedrängt auf einer Wolldecke kauern. Das Bild hat etwas eigenartig Voyeuristisches. "Weibliche Person mit Kind im Versteck liegend", steht in trockenem Beamtendeutsch darunter. Für Christina-Ricarda Lange war es ein Schock, als sie es vor vier Jahren erstmals in ihren Stasi-Akten entdeckte. Und obwohl sie es inzwischen zigmal in den Händen gehalten hat, muss sie jedes Mal wieder gegen die Tränen ankämpfen, wenn sie es sieht. Nur wenige Minuten nach der Aufnahme hatten sie ihr die Tochter weggenommen, ohne einen Ton zu sagen. "Das war wohl die schlimmste Grausamkeit", sagt sie.

Mit Republikflüchtlingen ging die Staatssicherheit nicht zimperlich um. Sie waren Verbrecher, Staatsfeinde in einem System, das auf Konformität und Einschüchterung setzte und als solche "der letzte Dreck", wie es Christina-Ricarda Lange beschreibt.

Und so begann auch für die damals 20-Jährige zunächst im Stasi-Gefängnis in Berlin-Pankow eine unbeschreibliche Tortur. "Grüne Hölle", wurde es im Volksmund genannt.

Sie kam in eine Zelle ohne Decke, Hocker und Toilette, unbeheizt und stockfinster. Sie wurde tage- und manchmal auch nächtelang verhört, durfte sich zwischen den Verhören weder hinsetzen noch legen. Nicht ausruhen. Als sie nicht mehr konnte und sich in die Hose machte, lachten die Wärter sie aus. "Pissnelke", schimpften sie.

Es folgten Monate in Isolationshaft, Nächte, in denen sie nur in vorgeschriebenen Schlafpositionen liegen durfte. Ständig ging das Licht an und wieder aus, alle fünf Minuten wurde sie geweckt.

Und dann gab es jeden Tag das gleiche dürftige Essen: morgens eine Scheibe Brot mit wässriger Erdbeermarmelade, dazu eine Tasse Muckefuck. Mittags Suppe.

Irgendwann wurde die Haut dünn und brüchig, fielen ihr die langen blonden Haare büschelweise aus. Als sie unerträgliche Kopfschmerzen und Zwischenblutungen bekam, wurde ihr ärztliche Hilfe verweigert. Sie solle sich nicht so anstellen, hieß es. "Ich war weniger wert als ein Stück Putzlappen." Und es wurde immer schlimmer.

Mehrfach brachten sie die 20-Jährige in ein anderes Gefängnis. In der Haftanstalt Berlin/Magdalenenstraße musste sie sexuelle Übergriffe durch Wärter über sich ergehen lassen, Vergewaltigungen durch Mithäftlinge. Im Gefängnis in Hohenschönhausen wurde sie in eine Zelle gesteckt, in der es die ganze Zeit taghell war, kochend heiß und stickig. Sie konnte nicht aufrecht stehen, nichts hören. Sie verlor jegliches Zeitgefühl, hörte Uhren ticken oder ihre Tochter sprechen und sah Pferde auf sich zugaloppieren. Wie lange sie dort war, weiß sie nicht. "Ich wünschte mir nichts sehnlicher, als tot zu sein", sagte sie.

Zu der Gehirnwäsche, der seelischen Zerstörung und den ständigen Demütigungen kam die quälende Ungewissheit. Wie lange muss sie in Haft bleiben? Sie glaubte fest, dass es mindestens zehn Jahre sein würden. Wohin hatten sie ihre kleine Tochter, ihren Freund gebracht? Niemand sagte es ihr. Sie war nicht mehr wert als eine Nummer, die sie bei der Einlieferung bekommen hatte. Ihren Namen hatte sie an der Gefängnistür abgeben müssen. "Was bleibt, sind die Gefühle", sagt sie. Und sie fühlte sich vor allem schuldig, weil sie die Flucht veranlasst, andere Menschen dadurch mit in den Abgrund gerissen hatte. Erst Ende der Haft merkte sie, dass sie von ihrem Freund die ganze Zeit schwanger gewesen war.

Auch heute kommt die Erinnerung nur in Bruchstücken zurück. Es gibt immer noch Situationen, von denen die 50-Jährige nicht erzählen, die sie nicht einordnen kann in eine zeitliche Reihenfolge; auch wenn die Gefühle da sind, der Schmerz authentisch ist. Manche Bilder hingegen sind jederzeit abrufbar, sehr scharf, ganz nah - scheinbare Nebensächlichkeiten, die sich für immer in ihr Gehirn eingebrannt haben - wie die Zweige der Kastanie im Freigangkäfig Berlin/Magdalenenstraße oder die Bodenwelle auf dem Gefängnisflur.

Als Christina-Ricarda Lange nach sechs Monaten Haft entlassen wurde, war sie von 55 auf 44 Kilogramm abgemagert. Den Grund für ihre plötzliche Entlassung kennt sie bis heute nicht - eigentlich war sie zu zwei Jahren Haft verurteilt worden. Vielleicht war es die Schwangerschaft, vielleicht hatte sie auch der Westen freigekauft. "Vielleicht hatte man auch etwas anderes mit mir vor", sagt sie. Am 4. Dezember 1973 wurde sie ausgebürgert. Sie fuhr nach West-Berlin und kam in der Wohnung ihres Freundes unter. Ihn sollte sie nach seiner Entlassung wenige Monate später nur noch kurze Zeit wiedersehen. Er kam in die Psychiatrie und starb wenig später.
Christina-Ricarda Lange stürzte sich in die Arbeit. Sie lernte ihren jetzigen Mann kennen, ließ sich als Religionslehrerin ausbilden, unterrichtete Sonderschulklassen - und glaubte vergessen zu haben. Bis sie vor fünf Jahren nach der Schule von zwei Jugendlichen überfallen wurde. "Von da an bin ich nur noch abgestürzt." Erst verlor sie das Gehör, dann konnte sie nur noch eingeschränkt sehen, es kamen unerträgliche Schmerzen hinzu. Als sie in eine Klinik kam, war es endgültig vorbei. "Das Zimmer war eng und steril - wie eine Gefängniszelle. Ich wollte nur raus, raus, raus." Die alten Bilder, die Haft war plötzlich wieder da. "Es ist wie ein Brocken, an dem man erstickt", sagt sie.
Aber dann begann die Aufarbeitung. Der Weisse Ring, HELP, der Verein für Opfer politischer Gewalt in Europa, das Behandlungszentrum für Folteropfer in Berlin und Therapeuten halfen ihr dabei. Mittlerweile weiß sie zum Teil, woher ihre Depressionen, Schmerzen, Ängste, ihre Panik vor Hotelräumen und engen Behördenfluren kommen. Warum sie gefühlsmäßig an einem anderen Ort ist, ihr Verstand aber im Hier und Jetzt. Warum sie sich so viele Jahre lang selbst belogen, versteckt und sich eine andere Biografie geschrieben hatte. Und auch, warum sie das Vertrauen in die Menschen verlor.
Noch hat sie nicht alle 1.000 Seiten ihrer Stasi-Akte mit dem Operativvorlauf gelesen. Aber genug, um zu wissen, dass es ausgerechnet Freunde waren, die sie eiskalt ausgeliefert und verraten hatten. Der Schock saß tief, als sie aus den Unterlagen erfuhr,

dass ihr guter Bekannter, der Spanier, nicht nur an ihrer Flucht, sondern auch an ihrem Scheitern mitgewirkt hatte. Von Anfang an war sie von Stasi-Spitzeln beobachtet, verfolgt und gelenkt worden. Namen von Nachbarn tauchen auf, kuriose Protokolle, Planskizzen. Auch im Westen wurde sie noch beschattet. Erst 1987 endet ihre Akte. Und "IM Burgos", mit dem sie nach ihrer Entlassung noch zusammen in einer Wohngemeinschaft gewohnt und am Küchentisch geplaudert hatte, hielt alle Fäden in der Hand.

Warum das Ganze? Christina-Ricarda Lange zuckt müde die Schulter. Sie kann nur rätseln. Ihr Vater hatte als Physiker an der Humboldt-Universität in Ost-Berlin auch für das Militär gearbeitet und war ebenfalls von der Stasi beschattet worden. Doch mehr ist aus seiner Akte nicht zu entnehmen. Ihre Mutter? "Die spricht nicht darüber", sagt sie. Dass die Stasi sie die ganze Zeit über das Schicksal ihrer Tochter im Unklaren gelassen hatte, hatte auch bei ihr tiefe Narben hinterlassen.

Die Hunde sind aufgesprungen und kratzen an der Tür. Christina-Ricarda Lange steht auf und lässt sie hinaus. Ihr Leben ist anders geworden. Sie hat sich die Idylle nicht freiwillig gewählt, ist erwerbsunfähig. Jetzt arbeitet sie viel im Garten, kümmert sich um ihre Familie, hilft im örtlichen Sozialverband. Und doch kann sie ihren Frieden nicht finden. Manchmal steht sie am Herd oder geht durch das Haus und plötzlich spürt sie diesen Schmerz, eine unbändige Wut. Dann ist es, als müsse sie noch einmal von vorne anfangen. "Plötzlich bin ich wieder drin, dort und hier, glaube verrückt zu sein", erklärt sie - und hält es nicht aus, weil es gegen den Verstand wirkt.

Sie weiß, dass das ihr Schicksal ist. Dass das ewig so weitergehen wird.

Peter Hellström *(Neudietendorf)*

...waren sie doch erbärmliche Kreaturen

Schwedt, 29. 8. 68

Lieber Siegfried!

Zunächst möchte ich mich entschuldigen, dass ich unter anderem Absender schreibe. Selbst mein Vater, mit dem ich nun wieder ab und zu einen Brief wechsele, bestätigte mir, dass meine Briefe geöffnet werden. Ein falsches Wort zur gegenwärtigen Zeit kann einen gut und gerne hinter Stacheldraht bringen. Du weißt ja: wenn die Partei innen oder außen in Schwierigkeiten ist, verstärkt sie sofort ihren Druck nach innen. Und zur Zeit ist sie bestimmt in keiner beneidenswerten Lage

4. 9. 68

Ich übrigens auch nicht, was meine Arbeit betrifft, aber das steht auf einem anderen Blatt.
Der Schlag am 21. 8. frühmorgens traf uns alle unerwartet, hatte sich doch die Lage in den Tagen davor fühlbar entspannt und beruhigt. Und nun das. Du glaubst gar nicht, wie oft ich mich seit diesem Tage geschämt habe, Deutscher zu sein. Gewiss, es gab schon genug Anlässe und Ereignisse, wo wir machtlos und beschämt zusehen mussten. Ich erinnere nur an den 13. August 1961, an die weiteren folgenden Repressalien gegen West-Berlin. Man fragt sich dabei immer unwillkürlich, inwieweit fühlt sich Ulbricht noch als Deutscher oder hat er in seinem blinden Streben nach Macht derartige Gefühle nie gekannt. Auf der anderen Seite vergleicht man dann diese armseligen Kreaturen mit solchen Männern wie Dubček oder Smrkowsky oder Svoboda, die buchstäblich bereit waren für ihr Volk zu sterben, die noch ein Teil ihres Volkes waren. Ich glaube, das ist auch ein wesentlicher Punkt. Unsere Partei-

führungsspitze hat einen besseren Kontakt zum ZK der KPdSU als zu seinem eigenen Volk, denn die Zeiten sind längst vorbei, in denen sich diese Leute wenigstens pro forma unter das Volk mischten. Es gibt heute Regierungs-Erholungsreservate, Eisenbahnstrecken und Autostraßen werden stundenlang(!) gesperrt, wenn Ulbricht durchfährt, usw. usf.

Andererseits frage ich mich, wie lange noch die alte, reaktionäre Dogmatikerclique die Führung behaupten kann. Die Jugend, auch bei uns ist doch schon lange nicht mehr bereit, die alten Phrasen anzuhören, geschweige denn noch, für die alten Militaristen (ganz gleich ob Faschisten oder sog. Kommunisten, deren Interessen sich wieder einmal berühren) in den Krieg zu ziehen. Das ganze System des Sozialismus, oder sagen wir besser des Stalinismus, wird doch bloß noch durch die blanke Waffengewalt künstlich am Leben gehalten. Wir waren uns darüber einig, dass der deutsche Untertan heute noch weitestgehend tonangebend ist, es kann ja auch nicht anders sein. Ich halte es aber durchaus für möglich, dass es einmal eine Entwicklung wie in der Tschechoslowakei geben könnte. Seit einiger Zeit lese ich oft den "Morgen", deine einstige Leib- und Magenzeitung. Die Leute vom "Morgen" haben ihre Kollegen in Prag wegen der errungenen Pressefreiheit ganz schön beneidet. Wenn ihnen doch nur ein Teil dessen zustände .... Eine Reaktion der Bevölkerung, wie sie in der ČSSR nach dem Einmarsch der Okkupationstruppen zu spüren war (Generalstreik, Demonstrationen, usw.), halte ich allerdings nicht für möglich. Überhaupt das tschechische Volk! An sich war es ja nie so recht beliebt bei seinen Nachbarvölkern. Seine Haltung in diesen schweren Tagen aber, sein Mut, seine Entschlossenheit und sein Nationalstolz, hat ihm überall Bewunderung und Sympathie eingebracht.

Lieber Siegfried, ich habe eigentlich nie viel vom Sozialismus gehalten, weil er den Zwang anstelle der Freiheit setzte. Das war natürlich nichts! Zum ersten Male wurde ich hellhörig, als ich so etwas wie Presse- und Reisefreiheit aus Prag hörte. Ein ganz neues Bild entstand. So etwas wie eine Hoffnung keimte hier unter den Leuten auf, die wieder - nun zum dritten Male - von sowjetischen

Panzern zerstört wurden. Man wendet sich wieder der Arbeit zu, denn man ist Deutscher. Resignation.
Jetzt aber wirklich zu Deinem Brief. Über die Ziele des Sozialistischen Deutschen Studentenbundes bin ich tatsächlich ungenügend informiert. Ich bilde mir ein, dass diese Leute die verkalkte "Wir-sind-wieder-was-Gesellschaft" der Bundesrepublik reformieren möchten, dass sie die Macht des Geldes zugunsten sittlicher Elemente zurückdrängen wollen. So weit, so gut. Aber die Mittel, mit denen dies Ziel erreicht werden soll, sind nicht gutzuheißen. Sie gleichen nämlich denen des Sozialismus: Intoleranz, Gewalt und Zwang. Man lässt seinen Gegner nicht zu Wort kommen und versucht, seine Meinung nicht mit Argumenten, sondern mit der lauteren Stimme durchzusetzen. Auch erscheint es mir nicht sinnvoll, Berlin als Experimentierfeld der Auseinandersetzung zwischen progressiv und reaktionär zu wählen. Die Stadt befindet sich nicht in einer Lage, dass sie sich das erlauben könnte. Es ist doch durchaus denkbar, dass die NVA dann mal einrücken könnte (im Verein mit den sowjetischen Befreiern natürlich!), um den patriotischen Kräften beizustehen, Ruhe und Ordnung auf dem Territorium der DDR wieder herzustellen, dass die Geduld der Werktätigen nun zu Ende sei usw. Irgendein Grund ließe sich doch dann unschwer finden. Es zeigt sich doch immer wieder, und das erschreckt mich, dass im Laufe der vieltausendjährigen Geschichte der Menschheit das Recht des Stärkeren über den Schwächeren immer noch dominiert. Es ist doch praktisch noch niemand ohne ausreichende Militärmacht in der Lage, seinen Weg so zu gehen, wie er es für gut und richtig hält. Ob sich das mal ändert?
Ich lasse bald wieder von mir hören. Der Brief muss nun weg, denn inzwischen ist der 6. 9. !

Herzliche Grüße
Dein Peter

Der 26. März 1969

Der 26. März 1969 war einer jener Tage, der den Menschen spüren ließ, dass der Winter vorbei ist. Der tagelange Regen hatte aufgehört und wärmere Luftströmungen bahnten sich den Weg durch die feuchten Dresdener Straßenschluchten. Die Briketts auf dem Kohlenlagerplatz des Nachbargrundstückes, eines kleinen Betriebes, der Dichtungen und Kupplungsbelege produzierte, dampften in der Nachmittagssonne.

Ich hatte meine Diplomarbeit fertig geschrieben und vor wenigen Tagen im Verfahrenstechnik-Institut der TU abgegeben. Sie bestand aus einem mathematischen Modell für die Benzolvordestillation des Erdölverarbeitungswerkes Schwedt. Für die Ausarbeitung hatte ich nahezu ein halbes Jahr in Schwedt zugebracht. Ab 6. April besaß ich einen Vorvertrag als Schichtingenieur im EVW. Die Zukunft schien also gesichert. Ich freute mich auf Schwedt, es war ein modernes Werk, ich liebte die Mark Brandenburg und ihre freundlichen Menschen.

Bevor ich nach Schwedt verschwinden konnte, musste ich noch meine Studentenwohnung in der Eibenstocker Str. 27 auflösen. Normalerweise kein Problem, denn wir Studenten hatten nur ein möbliertes Zimmer bei Frau Wirtin. In meinem Fall lagen die Dinge aber etwas komplizierter, denn Frau Dittrich, eine Beamtenwitwe, war im Februar plötzlich verstorben und hatte ihren "Herrn Studenten", wie sie mich immer nannte, zum Erben eingesetzt, und ich musste somit die gesamte Wohnung räumen.

Am Nachmittag des 26. März stand die Beräumung des Kohlenkellers auf dem Plan. Ich hatte die Wohnung zum 1. April bei der Wohnraumlenkung der Stadt Dresden frei gemeldet. Viel Zeit blieb also nicht mehr. Einige Möbel waren verkauft, Haushaltsgegenstände in einer großen Kiste verstaut und als Frachtgut bei der DR nach Ilfeld abgefertigt worden. Der An- und Verkauf hatte einige Bekleidungsstücke übernommen. Auf dem Neustädter Bahnhof lagerten noch vier leere Koffer, die den Rest des Studentenhaushaltes aufnehmen sollten, hauptsächlich Bücher und Schallplatten.

Das alles ging mir im Keller durch den Kopf, als ich Kohlen in eine Kiste schaufelte, die eine Hausbewohnerin erhalten sollte. Plötzlich erschienen zwei Männer, ca. 20 - 30 Jahre alt, in der Kellertür und fragten, ob ich P. H. sei. Zwecks Klärung einer Angelegenheit sollte ich sie begleiten. In den letzten Wochen hatte ich mit allerlei Behörden zu tun und dachte mir nichts dabei. Als sie mich aber gleich mit meiner Keller-Jeans und meinem dunkelblauen Pullover mitnehmen wollten und nur widerstrebend zuließen, dass ich mir oben in der Wohnung saubere Sachen anzog, erschien mir die Sache doch etwas merkwürdig, und ich fragte sie, woher sie kämen. "Ministerium für Staatssicherheit" lautete die kurze Antwort und mir wurde ein Ausweis mit lauter bunten Stempeln ohne Passbild vor die Nase gehalten. Na, ja.
Vor der Wohnungstür gesellte sich noch ein dritter Genosse hinzu. Waschen und Umziehen durfte ich mich nur noch unter Aufsicht. Es erschien mir dann doch ratsam, ein weißes Hemd und einen schwarzen Anzug und ein paar Manschettenknöpfe(!) in eine Reisetasche zu packen. Auf die Frage, worum es eigentlich geht, wurde mir keine Antwort zuteil. Ich sollte es aber bald erfahren. Die Genossen drängten. Ich schloss die Wohnung ab und wurde durch das menschenleere Treppenhaus, ein Mann vor mir, zwei hinter mir, auf die Straße geführt. Vor dem Hauseingang stand ein Wolga M21 mit Frankfurter Kennzeichen, der hintere Straßenteil der Eibenstocker Straße wurde durch einen Wartburg mit Dresdener Kennzeichen gesichert. Aha, es geht also um Schwedt, und der Aufwand ist beträchtlich, dachte ich mir.
Ich musste auf der hinteren Sitzbank zwischen zwei MfS-Leuten Platz nehmen und wurde als erstes gefragt, ob ich Widerstand leisten wolle. Eingezwängt zwischen die beiden Greifer, verzichtete ich darauf und ersparte mir so Handschellen, Fußfesseln und vielleicht noch Schlimmeres. Ich musste meinen Haus- und Wohnungsschlüssel abgeben und der links neben mir sitzende Genosse verschwand damit zur Wohnungsdurchsuchung. Ich fragte nun, ob ich verhaftet sei. Das wurde bestätigt. Auf meine Frage nach einem Haftbefehl stieg der Mann, der vorn neben dem Fahrer des Wolgas

saß und der Leiter der Zuführung zu sein schien, aus und ging an den Kofferraum. Zurückgekehrt, hielt er mir stolz ein geknicktes, rotes Blatt vor. Es sollte nur Name und Anschrift preisgeben, war aber nicht sorgfältig genug gefaltet, so dass ich auch den Haftgrund lesen konnte: Hetzbriefe nach West-Berlin.
Danke. Na, das kann ja wohl nicht so schlimm werden. Die haben ja das Postgeheimnis verletzt - und das sollen sie mir erst einmal erklären! Dermaßen beruhigt, machte ich es mir auf dem Rücksitz bequem. Das Postgeheimnis, als vermeintlich verbliebener Rest bürgerlicher Freiheiten in der DDR, hatte mich schon immer interessiert. Ich war Briefmarkensammler, der auch manchmal versuchte, unerlaubterweise Briefmarken dem Brief an die Tauschpartner beizulegen. Dann hatte ich einen umfangreichen Briefwechsel mit dem sozialistischen und nicht sozialistischen Ausland. In welchem Umfang wird der kontrolliert? Sollte ich alles erfahren!
Im Frühjahr 1968 gab es eine Volksabstimmung über die neue Verfassung, die das Briefgeheimnis bei kriminellen Machenschaften einschränkte. Das machte mich sofort misstrauisch, und ich stimmte mit "Nein". Die Wahlen/Volksabstimmungen waren ja in der DDR öffentlich, jeder durfte sein Kreuz auf dem Zettel öffentlich auf dem Tisch vor der Urne machen. Ein Kommilitone, der neben mir stand, lächelte hinterhältig, als er seinen Zettel faltete. Hatte er mein Kreuz im falschen Kasten gesehen, oder hatte er etwa auch ...?
Es konnte also nicht viel passieren, war ich mir sicher. Außerdem war ja da auch noch diese studentische Vision, die ich mit meinem Freund Andreas in der Dresdener Heide gesponnen hatte. Man müsste mal mit ganz großem "Verdachtsmoment" (das war "unser" Ausdruck!) verhaftet werden, sehen wie das alles funktioniert - dann aber wieder freigelassen, weil sich der Verdacht in Luft aufgelöst hat. Ich könnte Andreas berichten. Und allen anderen aus der Seminargruppe auch, deren ungeteilten Interesses ich mir auch sicher war.
Der Zuführungsleiter stieg wieder aus, verstaute das rote Papier im Kofferraum, kam zurück ins Auto, der Fahrer des Wolga gab aus

dem geöffneten Fenster ein Handzeichen an den Dresdener Wartburg und der setzte sich vor den Wolga. Durch den Dresdener Berufsverkehr ging es nur langsam voran. Ich sah keine Bekannten, denen ich durch Zeichen verständlich machen konnte: "Ich bin verhaftet!", was sicherlich die Genossen auch nicht ohne weiteres durchgehen ließen. Wir fuhren auch nicht in die Bautzener Straße, die Dresdener Stasi-Zentrale, sondern in Richtung Autobahn. Kurz vor der Autobahnauffahrt Dresden-Nord, ein bei den Studenten beliebter Ausgangspunkt für Tramp-Fahrten nach Berlin, setzte sich das Dresdener Führungsfahrzeug nach rechts an den Straßenrand ab und der Wolga fuhr auf die Autobahn in Richtung Berlin. Im Wagen wurde auf der ganzen Fahrt kein Wort gesprochen. Ich versuchte zu schlafen.
An der Abfahrt Duben verließ das Fahrzeug die Autobahn und fuhr über Lübben-Beeskow-Müllrose nach Frankfurt/Oder. Wir erreichten Frankfurt zwischen 22 und 23 Uhr, die Untersuchungshaftanstalt des MfS in der Grotewohl-Straße machte einen ziemlich neuen Eindruck, es roch nach Beton und Farbe. Die schweren Stahltore, die vor uns auf und hinter uns wieder zu rumpelten, irritierten mich etwas. Die Spätschicht der MfS-Leute war etwas müde, aber routiniert. Ich wurde ihnen übergeben, das Greifkommando verschwand. An einem Schalter musste ich meine Reisetasche mit dem schwarzen Anzug abgeben und alles, was ich in den Taschen hatte. Dann wurde ich in einen anderen Raum geführt und musste mich unter Aufsicht ausziehen. Meine Mutter hatte mich am Strand von Ahrenshoop, wo wir mehrmals in den Ferien weilten, zum FKK-Anhänger erzogen. Aber das hier war doch etwas anderes. Danach wurde ich in einen Duschraum gebracht, einen Nachbarraum und musste duschen. Wiederum unter Aufsicht. Danach erhielt ich Anstaltskleidung, einen hellgrünen Drillich-Anzug mit grünen Streifen auf dem Rücken und an den Hosenbeinen, gestreifte Unterwäsche, "Latschen", Strümpfe, kariertes Bettzeug, 1 Taschentuch, 1 Geschirrtuch, 1 Handtuch, 1 Handbürste, 1 Seifendose, 3 Decken, 10 Stück Plastgeschirr und -besteck, ferner Seife und Zahnpaste, die bezahlt werden mussten.

Na, dachte ich mir, es scheint ja doch etwas länger zu dauern. Aber es ist ja alles nur ein Irrtum, der sich schnell aufklären wird. Du hast ja nichts Schlimmes getan, nur deine Meinung geschrieben! Dachte ich.
Ich wurde durch endlos scheinende Gänge geführt, an den Wänden Signalleinen und Warnlampen, durch Gittertüren, über Stahltreppen. Kein Mensch begegnete uns, kein menschlicher Laut war zu hören. Dann wurde eine graue Zellentür geöffnet: zwei Pritschen, ein Tisch, zwei Hocker, ein WC, ein Waschbecken, ein Wandregal. Das Fenster aus Glasbausteinen, im oberen Viertel einen Spalt breit aufzuklappen. Ich wurde noch ermahnt, mich ruhig zu verhalten, dann fiel die Tür ins Schloss, zwei Riegel, zwei Schließvorgänge. Ich war allein, bezog meine Pritsche und legte mich darauf. Die Hände hatten über der Decke zu sein. Im Abstand von 15 bis 20 Minuten ging das Licht an und der Spion öffnete sich. Kontrollgang. Mein Verlangen nach Erfüllung der studentischen Vision aus der Dresdener Heide bröckelte langsam ab....
Gegen Morgen schlief ich erschöpft ein.

Untersuchungshaft

Meine Vernehmerin, Frau Unterleutnant Kruft, war eine junge Frau, wenig älter als ich. Vermutlich hatte sie die MfS-Schule Potsdam-Eiche gerade absolviert. Ihr Vorgesetzter, Oberleutnant Grabow, war dagegen ein bulliger, gewalttätiger Mensch mit rot unterlaufenen Augäpfeln. Als ich ihn das erste Mal sah, drängte sich mir sofort die Frage auf, ob er sich bei seiner Ausbildung zum Tschekisten in der UdSSR die Malaria geholt haben könnte. Er war zu Beginn der ersten Vernehmung zugegen. Zuerst fragte er drohend, ob ich denn wüsste, wo ich mich befände. Nachdem ich das bejaht hatte, fügte er hinzu, "dass hier nicht gegen Karnickeldiebe ermittelt wird, sondern gegen Staatsverbrecher!" Damit war ich in die Kategorie des Verbrechens gerutscht.

Nach Aufnahme der Personalien usw. - der Oberleutnant war gottseidank wieder gegangen -, kam die Vernehmerin schnell zur Sache. Ich wurde nach meinen Freunden und meinem Briefwechsel befragt. Da ich durch den Haftbefehl wusste, worum es ging, konnte ich mich auf die Verhöre einstellen. Der Brief an Siegfried nach West-Berlin wurde mir vorgehalten, ich bestritt meine Urheberschaft nicht. In einer späteren Vernehmung wurde noch ein grafologisches Gutachten der Ermittlungsstelle des MfS vorgelegt.
Sofort erfolgte die sich durch fast alle Verhöre hinziehende Beschuldigung, noch weitere derartige Briefe geschrieben zu haben, um die DDR im Ausland bewusst zu schädigen. Dafür gab es keine Beweise, das stritt ich ab.
Die seit September 1968 laufenden Ermittlungen hatten zwar bei der Bezirksverwaltung Dresden des MfS noch zwei weitere Briefe von mir zutage gefördert, die ihren Adressaten nie erreichten, ihr Inhalt reichte aber wohl nicht als gerichtsverwertbarer Beweis.
Interessant war für mich auch noch das Verfahren, mit dem der Verfassungsbruch - die Verletzung des Postgeheimnisses - und die Enttarnung des Wirkens der Abt. M -Postkontrolle- des MfS umgangen werden sollte. Hierzu hatte sich der Ermittlungsführer, Hauptmann Sachse von der Kreisverwaltung Schwedt/Angermünde, eine sogenannte operative Kombination einfallen lassen, die er mit Hilfe des IMS Klaus im Postamt Schwedt ablaufen ließ.
Und das ging so:
Der Brief wird beschädigt und am 28. 2. 69, 21.30 Uhr, nachdem Ruhe im Postamt eingekehrt ist, unter den Verteilerschrank gelegt. Am nächsten Morgen, um 6 Uhr ist der IMS zufällig als erster im PA und findet ihn, weil er mit Möbelrücken beginnt, um die längst fällige Reinigung des Amtszimmers einzuleiten. Der hetzerische Inhalt des Briefes wird sichtbar, der Brief an das MfS übergeben.
Diese grandiose Kombination wurde vom Leiter der KD, Major Israel, abgezeichnet.
Das postamtliche Prozedere nach dem Auffinden des Briefes, so wie es der operative Vorgang des Hauptmann Sachse vorsah, war leider mit den Postvorschriften absolut nicht vereinbar, wurde aber

genau so in Szene gesetzt. Es war aber nicht der einzige Fehler, der dem eifrigen Hauptmann unterlief. Als die Vernehmerin Frau Kruft mir die Legende "vorhielt", konnte ich mich eines mitleidigen Lächelns nicht erwehren, was sie zum ersten Mal verunsicherte.
Ich hatte in meinen Schulferien wiederholt beim Postamt Ilfeld gearbeitet und mich zuletzt bis zum Landpostzusteller mit Motorrad (MZ 125) emporgearbeitet. Auch während meiner Studienzeit blieb ich, als es meine Zeit nach dem 6. Semester zuließ, dem Postbetrieb treu und arbeitete als Paketzusteller im Wochenendbetrieb beim Dresdener Bahnpostamt 7. Ich konnte nun Frau Unterleutnant über die Postvorschriften aufklären:
Ein Brief, bei dem nur die 2. Ziffer der Hausnummer (war mit einer Rasierklinge heraus gekratzt) fehlt, wird vom Zusteller klaglos zugestellt. Bei größeren Beschädigungen der Anschrift wird der Brief morgens, wenn die Zusteller sortieren, "ausgerufen". Ein beschädigter Brief, aus welchem Grund auch immer, wird nicht von der Beförderung ausgeschlossen, sondern vom PA in einen separaten Umschlag gesteckt, postamtlich versiegelt und zugestellt.
Frau Kruft hörte mit unbewegtem Gesicht zu. Ihr war ja der Patzer nicht passiert, sondern einer anderen Diensteinheit! Der Brief wurde dann aber stärker beschädigt, vor dem Staatsanwalt wollte man sich schließlich nicht blamieren.
Die erste Vernehmung am 27. 3. 69 dauerte von 7.15 bis 17.00 Uhr, unterbrochen durch eine Mittagspause. Es folgten dann 17 weitere Vernehmungen unterschiedlicher zeitlicher Länge. Ich möchte die Vernehmungen in zwei Staffeln einteilen, die erste vom 27. 3. bis etwa 6. 5. 69. Sie liefen auch zur Aufklärung der "Straftatbestände"

- staatsfeindliche Gruppenbildung
- staatsfeindliche Verbindungsaufnahme mit dem kapitalistischen und sozialistischen Ausland
- Beihilfe zur Republikflucht von Siegfried.

Bewiesen werden konnte nichts. Ich hatte ja auch nur *einmal* meine Meinung gesagt! Als meine Geduld in einer Vernehmung einmal zu Ende war, und ich dem MfS Gesinnungsschnüffelei vorwarf,

versuchte der bullige Oberleutnant einen gefährlichen Spagat: "Wir bestrafen keine Meinungen, sondern Staatsverbrechen!"
Wahrscheinlich war es dieser Vorgang, der in der Abschlussbeurteilung als "aggressives Verhalten" gewertet wurde. Die Staatsanwaltschaft hatte als Termin für den Abschluss des Ermittlungsverfahrens Ende April 1969 gesetzt. Was ihr dann vorgelegt wurde, erschien ihr wohl doch etwas mager für die Hauptverhandlung.
Es begann eine zweite Vernehmungsstaffel. Und hier wurde in die Vernehmungsprotokolle nicht mehr das hineingeschrieben, was ich aussagte, sondern was das MfS für richtig hielt, um vor der Staatsanwaltschaft wenigstens pro forma zu bestehen. Ein zähes Gefeilsche um Formulierungen und Interpretationen begann zu Beginn jeder neuen Vernehmung, wenn das Protokoll des letzten Verhörs zur Unterschrift vorgelegt wurde.
Ich wurde insgesamt 83 Stunden verhört, über 73¾ Stunden existieren Vernehmungsprotokolle. Der zeitliche Aufwand der Vernehmungen gliedert sich wie folgt:

• Brief	31¾	Stunden
• Vorbereitung der Anklage	14	Stunden
• Informationsbeschaffung	9	Stunden
• Eigener Lebenslauf	8	Stunden
• Lebenslauf Siegfried	7½	Stunden
• Sonstiges	6¾	Stunden

Wenn man sich diese Zahlen ansieht, kommt man unschwer darauf, dass es dem MfS gar nicht um Aufklärung in der Sache ging. Der Brief lag vor und wurde von mir nicht bestritten. Ein Schnellgericht am nächsten Tag hätte genügt... Nein, es ging dem Staatssicherheitsdienst um die Bestrafung oder Vernichtung politisch Andersdenkender.
Zweites Hauptziel war es, Informationen zum Ermittlungsverfahren "ungesetzlicher Grenzübertritt" Siegfrieds zu bekommen. Hier konnte und wollte ich aber nichts sagen.
Wichtig war für die Stasi auch die Informationsbeschaffung politisch Interessierter in der DDR. Die Parteimeinung, in Rund-

funk, Fernsehen und Zeitung verbreitet, reichte vielen nicht aus. Da ich 1968 sehr oft den Deutschlandfunk für die Berichterstattung aus Prag bevorzugte, stellte das *MfS* ein *Gutachten* über den Sender zusammen! Das galt dann als gerichtsverwertbar.
Bei der Wohnungsdurchsuchung in Dresden wurde eine Spiegel-Zeitschrift gefunden, die ich 1966 für viel Geld am Balaton erstanden hatte. Hier musste die verstorbene Wirtin als Besitzerin herhalten, was mir aber nicht viel nutzte; sie landete trotzdem als Belastungsmaterial auf dem Richtertisch.
In Ilfeld wurde bei der Wohnungsdurchsuchung ein Flugblatt gefunden. Ilfeld lag nicht weit von der "Staatsgrenze West", und so fand man des Öfteren im Wald "Hetzflugblätter", die ein Ballon herüber getragen hatte. Sie waren interessant und manchmal zu schade zum Wegwerfen. Meine Mutter nahm sofort das Auffinden der "Arbeiterzeitung" auf sich. Was mir aber auch nicht viel nutzte, denn sie landete ebenfalls auf dem Richtertisch.
Meine Schulfreundin Christel Scherer war Krankenschwester geworden und überließ mir anlässlich eines Besuches in Dresden eine Kanüle. Entweder klärte sie mich nicht vollständig über den Hintersinn dieses medizinischen Gebrauchsgegenstandes auf, oder ich hörte nicht richtig zu. Ich hielt es jedenfalls für ein Erkennungszeichen der Medizinstudenten, das mir als angehendem Techniker gar nicht zustand. Das MfS wusste indessen besser Bescheid. In der Vernehmung brauchte ich nicht den Ahnungslosen zu spielen und Erinnerungslücken zu präsentieren ("...ich weiß nicht, wie das in meine Sachen kommt...", "...ich kann mich nicht erinnern, woher die Kanüle stammt, sicher von Tante Hilde, die Krankenschwester war..." usw.); ich *war* ahnungslos. Was mir aber auch nicht viel nutzte, sie landete auch bei Frau Korsing. Da Christel inzwischen aus Liebe die "Seiten" gewechselt hatte und dabei war, mit ihrem Kind zu dessen Vater, einem DKP-Funktionär, nach Hamburg auszureisen (sein zugkräftiges Argument: "Entweder sie kommt zu mir, oder ich komme in die DDR!", wurde sofort zu seinen Gunsten entschieden), konnte ich auch angeben, dass die "Kanüle vermutlich von der Krankenschwester Christel Scherer stamme". Das MfS

ermittelte sofort, stellte aber ebenso schnell die Ermittlungen in dieser Richtung wieder ein.
Erst im Lager X erfuhr ich den wahren Zweck des symbolischen Kanülengeschenks, das heißen sollte: Wir lassen uns den Kommunismus nicht einimpfen! "Biste wirklich so naiv, oder stellste dir so?" Udo Walsleben schüttelte ungläubig seine blonde Mähne.
Sicherlich war ich manchmal zu naiv und optimistisch. Aber gerade das waren auch Schutzfunktionen, um alles durchzustehen.
Mitte Mai passierte es plötzlich in einer Vernehmung, dass mir ein weißes Blatt Papier und ein Bleistift hingelegt wurde und Oberleutnant Grabow sagte: "Nun schreiben Sie mal alles auf, was Sie über ihre Mitstudenten und Professoren wissen!"
Das überschritt bei weitem meine Vernehmungsstrategie, die darauf hinauslief, nur über solche Dinge zu sprechen, die mit der "Straftat" zusammen hingen und dann auch nur in dem Umfang, wie es allgemein bekannt war oder beweisbar. Das war immer eine Gratwanderung, weil man sich blitzschnell entscheiden musste. Es funktionierte aber, wie es die Beurteilung der Frau Kruft vom 2. 6. 69 belegt: "In der Untersuchung versuchte er seine Tat zu bagatellisieren und bestimmte Tatbeiträge abzuleugnen. Er trat unehrlich auf und gab vorwiegend nur das zu, was ihm anhand von schriftlichen Unterlagen nachgewiesen werden konnte. In den Vernehmungen trat er teilweise aggressiv auf." Ich war nicht erpressbar, da ich keine eigene Familie hatte.
Ich nehme an, der Oberleutnant war federführend bei dieser Beurteilung. Seine im drohenden Ton vorgetragene Forderung musste ich ihm mit den Worten abschlagen, dass er sich schon selbst bemühen müsse, um mit den Studenten und Professoren zu sprechen.
Der Verhaltenslehrsatz meines Vaters wirkte: "Lieber ein Ende mit Schrecken, als ein Schrecken ohne Ende!" Mir wurde etwas ärmlich, denn der Oberleutnant war ein Schlägertyp, aber ich blieb dabei. Er wurde dann aber noch deutlicher: "Sie bestimmen hier in diesem Zimmer, hier an diesem Tisch ihr Strafmaß und ihr weiteres Leben!" Wie wahr.

Aber ich blieb dabei. Unbelehrbar, verstockt, feindlich.
Das Ende mit Schrecken erfolgte sofort. Nach meiner Einlieferung in Frankfurt/Oder wurde mir nach drei Tagen ein Klempnerlehrling aus der näheren Umgebung Frankfurts auf die Zelle gelegt. Er hatte in der Kneipe über seine Fluchtpläne berichtet. Mit ihm hatte ich ein gutes Verhältnis, wir richteten uns in schweren Tagen gegenseitig auf. Er war intelligent, man konnte mit ihm über Vieles reden. Außerdem brachte er mir das Schachspiel bei.
Diese "Idylle" war abrupt zu Ende. Ich durfte meine Sachen packen und wanderte in Einzelhaft. Es brach eine sehr schwere Zeit für mich an. Einzelhaft wurde von der Staatssicherheit bewusst eingesetzt, um Menschen psychisch zu zerbrechen. Mir wurde klar, dass es kein Recht und Gesetz mehr gibt, wenn man der Staatssicherheit ausgeliefert ist. Diese Erkenntnis war sehr schmerzlich. Hafthalluzinationen stellten sich nach einigen Tagen ein, die Zellenwände lösten sich plötzlich auf, die Zelle wurde unnatürlich groß, Suizidgedanken* kamen.
Ich beschwerte mich beim Anstaltsleiter, einem Major Gudlowski. Ein altes, eisgraues Männchen saß hinter einem Schreibtisch. Seine Begründung, dass man nicht für jeden U-Häftling einen passenden Zellennachbarn habe, klang wenig überzeugend. Frau Kruft, die natürlich von dieser erneuten Auflehnung sofort informiert wurde, lächelte hinterhältig. Jedem Gefangenen in der DDR stand wohl nach 1968 das Recht zu, einmal im Monat einen Brief an seine Angehörigen zu schreiben und zu empfangen. In der U-Haft war das die einzige Brücke nach außen, wenn man vom Verteidiger einmal absieht. Dementsprechend wurde diese Möglichkeit auch vom Staatssicherheitsdienst in großem Umfang missbraucht, die Häftlinge unter Druck gesetzt. Meinen ersten Brief durfte ich nach etwa drei Wochen schreiben, ohne genaues Datum. Der Inhalt sollte sich im Prinzip auf folgendes beschränken: "Mir geht es gut. Wie geht es Euch? Was macht der Dackel?"... usw.

*** In den Haftanstalten der Sowjetischen Besatzungszone und der DDR verstarben 30.000 Menschen, 6.000 setzten ihrem Leben selbst ein Ende.**

In meiner Akte bei der Gauck-Behörde fand ich vier Briefe von mir, die zurückgewiesen wurden, weil Frau Kruft irgendetwas nicht gefiel. Die Erlaubnis wurde mir deshalb entzogen, was natürlich ungesetzlich war. Andererseits kamen von meiner Mutter immer wieder Belehrungen und Vorhaltungen, doch endlich Selbstkritik zu üben und auf die "Organe" zu hören, die ja nur mein Bestes wollten. Das rief natürlich sofort den Oberleutnant auf den Plan. Er herrschte mich an, ich solle doch endlich einsichtig sein und auf meine Mutter hören. Eine psychologisch schwierige Situation. Ich bekam dann in der zweiten Junihälfte die Schreiberlaubnis zurück und schrieb einen Brief, der aus zwei Zeilen bestand. Daraufhin setzte Nachdenken ein, insbesondere jenseits der Zuchthausmauern. Mein Vater kam der Sache am nächsten: "Das könnte Strategie sein."
Nach 6 Wochen Einzelhaft wurde ein grauhaariger Mann, etwa 60 Jahre alt, in meine Zelle geführt. Auf meine Frage, was man ihm zur Last legte, sagte er tonlos: "Waffenhandel." Ich musste mich auf meinen Schemel setzen. Die Erklärung war ganz einfach. Mein neuer Zellennachbar war Antiquitätensammler, nicht unvermögend. Zu seiner Sammlung gehörten auch alte Waffen. Beim letzten Ankauf muss ihm wohl eine Waffe verkauft worden sein, die man wieder schussfertig machen konnte. Das MfS griff zu. Ob es nun ein vorgetäuschter Verkauf war und das MfS für seinen Bereich Kommerzielle Koordinierung eine Antiquitätensammlung requirieren wollte, konnte ich damals noch nicht einschätzen. Heute wissen wir, dass es durchaus üblich war.
Antiquitätenhändler und -sammler lebten in der DDR gefährlich. Im Lager X traf ich einen weiteren Fall.
Es wird in diesem Zusammenhang von Opfern politischer oder politisch-krimineller Gewalt oft die Forderung erhoben, das Ministerium für Staatssicherheit als "kriminelle Vereinigung" zu erklären. Das MfS arbeitete zweifelsohne weitgehend mit kriminellen Mitteln, Recht und Gesetz wurden gebrochen oder manipuliert. Historiker und Bürgerrechtler, die sich heute speziell mit der Geschichte des MfS befassen, stimmen dieser Auffassung zu,

dass man 1989 das MfS zur "kriminellen Vereinigung" hätte erklären müssen. Andererseits gab es aber z. B. die Sachbearbeiterin im Bereich KoKo, die Fachdienstgrade im Lager X oder die Abhörspezialisten der HVA, die zwar hauptsächlich wegen materieller Vorteile für diesen riesigen Unterdrückungsapparat arbeiteten, denen man kriminelle Straftaten aber nicht nachweisen konnte. Solange der Nachweis derartiger Ausnahmen geführt werden kann, sieht sich eine unabhängige, demokratische Rechtssprechung außerstande, den Tatbestand einer "kriminellen Vereinigung" festzustellen.
Auch außerhalb der Zuchthausmauern veränderte sich das Leben in der Familie nach meiner Verhaftung. Meine Eltern lebten seit 1944 getrennt und waren seit 1946 geschieden. Zum Zeitpunkt meiner Verhaftung war ich bei meiner Mutter in Ilfeld/Südharz, Kreis Nordhausen, polizeilich gemeldet. Nachdem am 26. 3. 69 meine Wohnung in Dresden durch eine Wohnungsdurchsuchung auf den Kopf gestellt worden war, wurde meine Mutter in den Morgenstunden des 27. 3. durch eine Wohnungsdurchsuchung des MfS überrascht. Die Durchsuchungen fanden in Gegenwart von Zeugen (ein oder zwei Hausbewohner) statt. Es wurden insgesamt 116 Positionen unterschiedlichen Umfangs beschlagnahmt, darunter 151 Briefe. Die Durchsuchungsanordnungen waren, ebenso wie der Haftbefehl, von StA Rau, Frankfurt/Oder unterschrieben. Die Wohnungsdurchsuchung in Dresden fand, laut Protokoll, von 17.00 bis 21.00 Uhr, in Ilfeld am 27. 3. von 9.00 bis 11.00 Uhr statt. Den Durchsuchern in Ilfeld fielen der Konzertflügel meiner Mutter, sowie ihre vielen Zimmerpflanzen auf. Sie vermerkten es im Protokoll. Sie glaubten außerdem, fündig geworden zu sein, als sie auf ein Dr. Oetker-Backtütchen mit der Aufschrift "Sprengstoff" stießen. Die Zeuginnen, berufserfahrene Schwestern aus dem benachbarten Krankenhaus, nahmen den Fund wohl nicht so ernst und mahnten die durchsuchenden Genossen zur "Vorsicht, damit wir nicht alle in die Luft fliegen!" Das Tütchen wurde natürlich Gegenstand einer Vernehmung in Frankfurt. Es handelte sich um den Inhalt eines nicht gezündeten Harzer Blitzknallers.

Durch die Wohnungsdurchsuchung erhielt meine Mutter Kenntnis von meiner Verhaftung. Auf der Einlieferungsanzeige der U-Haftanstalt Frankfurt/Oder war durch das MfS festgelegt:
"Sofortige Benachrichtigung der Angehörigen kann nicht vorgenommen werden."
Meine Mutter schickte um 12.10 Uhr ein Telegramm an meinen Vater: "Peter verhaftet. SD. Schalte Dich bitte ein. Fahre heute nach Cottbus-Dresden. Lotte." In Cottbus wohnte die Familie meiner Schwester, in Dresden musste die Wohnung geräumt werden. Die Haftgründe waren unbekannt. Da ich in Frankfurt/Oder inhaftiert war, brachte das mein Vater mit meinem Aufenthalt im Werk Schwedt in Verbindung. Meine Mutter war völlig ratlos und nach ihren eigenen Worten "mit den Nerven völlig fertig" (Brief vom 1. 4. 69). Am 28. 3. trafen sich mein Vater, meine Mutter und meine Schwester mit ihrem Mann in Dresden. Eine Nachbarin, die bei der Durchsuchung als Zeugin zugegen war, hatte den Wohnungsschlüssel. Es bot sich ihnen ein völliges Chaos. Was in die beiden Pkw's und einige Koffer passte, wurde abtransportiert. Alles andere blieb zurück und wurde wahrscheinlich unter den Hausbewohnern aufgeteilt.
Am 31. 3. 69 suchte meine Mutter einen Bekannten auf, der bei der Stasi in Nordhausen angestellt ist. "Dort weiß man nichts von der ganzen Sache. Auch die Nachfrage von dem komischen Studienfreund von Peter zwei Tage vorher war nicht von Nordhausen, also scheinbar von Frankfurt. Mir sagte der Bekannte, dass solche Fälle ganz allein von der zuständigen Stelle bearbeitet würden. Aber er meinte, wenn schon Haussuchungen durchgeführt würden und wie das Ganze aufgezogen war, müsste ein schwerwiegender Grund vorliegen." Brief vom 1. 4. 69. Geheimdienste sind nun einmal nicht sehr auskunftsfreudig. Die KD Nordhausen hatte am 4. 12. 68 einen Bericht auf Anforderung der KD Schwedt/Angermünde, der aber außer einigen Personalien und "Einreisen von Verwandten aus WD" nichts Wesentliches enthielt. Die Quellen, angefangen vom Bürgermeister, der Kadersachbearbeiterin des Krankenhauses über den Inhaber der Gaststätte "Poppenberg" bis hin zu den IM "Ellen

Rothe" und "Jawa" sprudelten nicht. Allerdings: "Postüberwachung wurde unsererseits eingeleitet."
Der Spitzelbericht eines IME aus Dresden umfasst 2½ Seiten, berichtet aber hauptsächlich über meine verstorbene Wirtin, die "schwatzhaft" wäre, gerne "andere Menschen ausnutzt und in dieser Hinsicht aufdringlich ist, ihre Krankheiten vorschiebt und sich bedienen lässt, in Wirklichkeit ist sie zu faul und bequem, einen Handgriff selbst zu machen." Von diesen Eigenschaften meiner Wirtin wusste ich bis zum Auskunftsbericht des Inoffiziellen Mitarbeiters im Besonderen Einsatz nichts. Weiter heißt es da: "Sie verkörpert den Typ einer älteren "Dame" der früheren "besseren" Gesellschaft und ist nicht mit unserer Entwicklung mitgegangen. Sie ist parteilos, über ihre evtl. Parteizugehörigkeit von 1933 bis 1945 ist nichts bekannt, sie wohnte damals in einem anderen Stadtviertel Dresdens und wurde ausgebombt. Am gesellschaftlichen Leben des Wohngebietes nimmt sie keinen Anteil und zeigt auch für unsere Politik nicht das geringste Interesse. Jedoch nimmt sie alljährlich regelmäßig an den Rentner-Weihnachtsfeiern der Volkssolidarität im Wohngebiet teil, wo es Kaffee, Kuchen und Bockwürste kostenlos gibt." Wahrscheinlich musste man derartig "qualifizierte" Berichte schreiben, um in die höhere Kategorie eines IME aufzusteigen. Doch was hatte der Konsum meiner Wirtin bei der Volkssolidarität von "Kaffee, Kuchen und Bockwürsten" mit meinen "Verbrechen" zu tun?

Meine Schwester schrieb Ostern 1969 eine Karte an meinen Vater, weil "eine telefonische Verbindung nicht zustande kam"(!). Sie hatte sich bei einer Freundin in Berlin erkundigt, die ein Strafverfahren wegen Republikflucht hinter sich hatte. Sie empfahl meinem Vater, "den RA Dr. Vogel, Berlin-Friedrichsfelde, Reilerstraße mit der Verteidigung zu beauftragen, der nur mit solchen Fällen zu tun" habe. Welcher Art der Fall war, wusste außerhalb des MfS niemand. Mein Vater brachte meine U-Haft in Frankfurt/Oder mit meiner Diplomarbeit in Schwedt in Verbindung, die natürlich einen Geheimhaltungsgrad hatte. Also Spionage oder Sabotage?

Meine Mutter vermutete (haltlose) Beschuldigungen im Zusammenhang mit der Erbschaft von Frau Dittrich. So beauftragte mein Vater zunächst den RA Dr. Schulz in Frankfurt/Oder mit der Verteidigung. Der Rechtsanwalt erhielt von Staatsanwalt Rau für den 29. 4. 69 eine Sprechgenehmigung für Verteidiger. Zu diesem Zeitpunkt sollte die Ermittlung ursprünglich abgeschlossen sein. Da das MfS aber eine Fristverlängerung beantragt hatte, wurde die Erlaubnis unter folgenden Auflagen erteilt:

1. Bei dem Besuch muss ein Angehöriger der Haftanstalt zugegen sein (also der Stasi)
2. Der Besuch ist nur auf die Rücksprache auszudehnen, die die Persönlichkeit des Beschuldigten betrifft.

Daran hielt sich der Rechtsanwalt pflichtschuldigst, ja mehr noch, auch im zweiten Sprechtermin bezog er sich nur auf das "zerrüttete Elternhaus" und selbst seine Verteidigung in der Hauptverhandlung kannte kein anderes Thema. Eine Verteidigung zur Strafsache, vielleicht sogar eigene Recherchen zum mysteriösen Auffinden des Briefes, zu Postbestimmungen usw. kamen für ihn nicht in Betracht. Dafür erhielt er ein ausdrückliches Lob des Genossen Staatsanwaltes, der ja selbst nur Akteur im vom MfS inszenierten Spiel war. Das Einschalten des RA Dr. Schulz hatte dennoch zwei greifbare Ergebnisse:

- Es war für mich psychologisch gut, mit jemandem zu sprechen, der sich "Verteidiger" nannte.
- Nach der Sprechgenehmigung vom 29. 4. 69 konnte der RA meinem Vater mitteilen, dass ich eines Verbrechens gem. § 106 Abs. 1 und 3 StGB beschuldigt wurde. Nach der Sprechgenehmigung vom 29. 5. 69 wurde er darüber informiert, dass es sich um einen Brief an einen Schulfreund nach West-Berlin handelte.

Es soll in diesem Zusammenhang nicht unerwähnt bleiben, dass Verteidiger in politischen Verfahren in Diktaturen wenig Spielraum haben und mitunter sogar gefährlich leben, wenn sie sich engagieren. Diese Gefahr bestand für RA Dr. Schulz natürlich nicht!

Ende Mai 1969 hatte ich eine einzige Vernehmung durch Staatsanwalt Lindemann, der die Anklage schrieb. Er fragte mich, ob alles stimme, was in den Stasi-Protokollen stände. Ich sagte: "Im Prinzip ja, nur dass mir immer Hass vorgeworfen wird, auf die DDR, das sozialistische Gesellschaftssystem, die führenden Repräsentanten der DDR usw., das stimmt nicht. Da ich im christlich-humanistischen Sinne erzogen bin, kenne ich keinen Hass. Ich habe nur meine Meinung gesagt." Darüber wurde ein Protokoll (handschriftlich) verfasst. Irgendwie akzeptierte er die Aussage und ersetzte mutig das Wort "Hass" durch "feindliche Haltung".

Verurteilung

In einer der letzten Vernehmungen, vermutlich am 6. 7. 69, wurde mir mitgeteilt, dass die Verhandlung vor dem Bezirksgericht Frankfurt/Oder am 10. 7. 69 stattfindet. Frau Kruft teilte mir mit, dass ich an der Knebelkette vorgeführt würde und fragte mich, ob ich "Theater" machen wolle. Eine ähnliche Frage, wie bei der Verhaftung. Ich habe also bei dem Theaterstück mitgespielt, die Akteure waren der Staatsanwalt Rau und die Richterin Korsing, die Regisseure saßen in der Bezirksverwaltung Frankfurt/Oder des MfS und hatten für einen sicheren Ausgang des Stückes vorgesorgt.

Die Anklageschrift eines Staatsanwaltes Lindemann hatte ich einige Tage vorher auf die Zelle bekommen. Sie begann mit den Worten:
Der Berufslose Peter Hellström ...

Dann wurde auf 11 Seiten im Stile des Freislerschen Volksgerichtshofes dargelegt, dass ich eine Hetzschrift hergestellt und auf dem Postwege an einen in West-Berlin lebenden Bürger unter Benutzung eines falschen Absenders versandt hatte, mit der Zielsetzung, die staatlichen und politischen Verhältnisse sowie Repräsentanten der Partei der Arbeiterklasse und der Regierung der Deutschen Demokratischen Republik zu diskriminieren. Damit hatte ich die ideologischen Grundlagen der sozialistischen Staats- und Gesellschaftsordnung in der Deutschen Demokratischen Republik angegriffen.

In der Einzelhaft hatte ich ja genug Zeit, mich auf die Vorstellung vorzubereiten und besorgte mir - des Wohlwollens der Anstaltsleitung sicher - Bücher über Marxismus-Leninismus und Politische Ökonomie aus der Anstaltsbibliothek. Da ich mich für philosophisches Denken und politische Zusammenhänge interessiert hatte, fiel mir die Arbeit mit den Büchern nicht schwer. Kernpunkt meiner Verteidigung war die Marxsche These, dass die Lösung der Widersprüche die Quelle der Entwicklung sei.

Die Richterin Frau Korsing, die später auch Robert Havemann in Fürstenwalde verurteilte, war freundlich und funktionierte. Zuerst fragte sie die einzige Zuschauerin im Saal, wer sie denn sei. Die Frau antwortete: "Ich bin die Mutter!", und wurde daraufhin sofort des Gerichtssaales verwiesen. Der Staatsanwalt war wütend, hatte er doch an der Gerichtssaaltür vor Beginn der Verhandlung das Schild "Verhandlung öffentlich", das RA Schulz so drehte, um meiner Mutter den Zutritt zu ermöglichen, in "Verhandlung nicht öffentlich" herum geschleudert. Also was wollte die Frau? Er hielt sein Plädoyer, das Standardcharakter hatte und ebenso zur Verurteilung eines Republikflüchtigen dienen konnte. Eine gewisse Steigerung in seinen Ausführungen war jedoch unverkennbar. Ich bekam dann auch das Wort, bekannte mich zu meinem Brief, wies aber dann darauf hin, dass nach Marx die Lösung der Widersprüche die Quelle der Entwicklung sei. Wer die Widersprüche negiert und die Leute, die auf diese Widersprüche aufmerksam machen, ins Gefängnis steckt, kann mit keiner Entwicklung mehr rechnen. Jetzt wurde Herr Rau sehr wütend. Er schrie, das sei konfuses Zeug, unausgegoren und missverstanden. Der Verteidiger verwies darauf, dass ich aus einem zerrütteten Elternhaus stamme, die Beisitzer blieben wortlos und Frau Korsing - sie notierte handschriftlich in ihrem Protokoll: "... dass so etwas an unseren Hochschulen studiert hat ..." - verurteilte mich vereinbarungsgemäß zu 1 Jahr und 8 Monaten Freiheitsentzug. Außerdem habe ich die Kosten des Verfahrens zu tragen, was mich damals merkwürdigerweise am meisten ärgerte! Es waren aber nur 70,- Mark der Deutschen Notenbank.

Das Verhandlungsprotokoll wurde von der Richterin handschriftlich ausgefertigt, bis auf die letzte Seite mit dem Urteil, die lag schon maschinenschriftlich vor. Was zu beweisen war, sagte unser Mathematiklehrer triumphierend, wenn seine Rechnung aufging!

Meine Mutter saß draußen auf der Wartebank und erhielt "unbürokratisch" vom Staatsanwalt eine Sondersprecherlaubnis für den gleichen Tag. Sie sagte, dass nun alles gut werde, was sie aber selbst nicht glaubte. Mein Vater ließ sich von RA Dr. Schulz von der Verhandlung und deren Ergebnis berichten. Er kam zu der Erkenntnis, dass ich "wohl doch kein rechter Sozialist mehr werde" (Brief vom 22. 7. 69 an meine Schwester) und beauftragte RA Vogel, Berlin, Reilerstraße mit der Abwicklung der weiteren Geschehnisse, zumal er auch von der Leistung Dr. Schulz als Verteidiger nicht allzu sehr begeistert war. Mit meiner Mutter war über eine Ausbürgerung nicht zu sprechen.

Lager X

Nach meiner Verurteilung wurde ich sofort in eine andere Zelle verlegt. Sie hatte bereits einen Bewohner, einen etwa 50-jährigen Gastwirt aus Werneuchen. Er war wegen "Verherrlichung des Faschismus" zu etwa dem gleichen Strafmaß wie ich verurteilt worden. Man warf ihm vor, das "Horst-Wessel-Lied" gesungen zu haben, woran er sich nicht erinnern konnte. Interessant für mich war, dass ihm auch Briefe vorgelegt wurden, die er bereits Ende der 40er-Jahre geschrieben hatte.

Wir warteten nun gemeinsam darauf, zum Strafvollzug abtransportiert zu werden. Ich hatte versucht, von Frau Kruft den Strafvollzugsort zu erfahren. Sie sagte aber nur: "Nach Bautzen kommen Sie nicht."
Am Morgen des 14. 7. 69 war es soweit, wir gingen auf "Transport wegen Arbeitseinsatz", wie es die "Übergabe/Übernahme-Bescheinigung bei Verlegungen" auswies, von der "UHA des MfS Frankfurt/Oder" nach "Berlin Abteilung XVI". Transportfahrzeug war ein Bus Barkas B1000, also kein spezielles Gefangenen- Überführungsfahrzeug. Wir fuhren in nordwestlicher Richtung auf der Fernverkehrsstrasse 5. Links und rechts der Straße wogende Kornfelder. Wie sehr hatte ich die Natur in den letzten Monaten vermisst! An der Stadtgrenze Berlins wurden die Vorhänge zugezogen. Dann fuhren wir durch eine Schleuse (zwei Blechtore) in einen Gebäudekomplex ein und durften aussteigen.
Wir befanden uns auf einer Lagerstraße, links zwei vierstöckige Gebäude, rechts ein gemauertes Bassin und massive Baracken, den Hintergrund bildete wieder ein graues Blechtor - der Abschluss der Lagerstraße. Wir wurden von MfS-Dienstgraden entgegengenommen und zur Effektenkammer gebracht. Dort gaben wir unsere "Effektenbeutel" ab, wurden registriert und eingekleidet. Die "Kammerbullen", langjährig verurteilte Kriminelle, fragten nach unserem Strafmaß, wir sagten es und erhielten postwendend die Feststellung, dass sie "das auf einer Arschbacke absitzen würden." Ich war in Berlin, meiner Geburtsstadt, angekommen und fühlte mich irgendwie geborgen. Der Umgang der Berliner miteinander hatte mich schon immer fasziniert, ihre legere Art, ihre Großzügigkeit. Wir erhielten dann, unserem "kurzen" Strafmaß angemessen, nicht die "modernsten Klamotten" (Drillich-Anzüge), sondern alte Eisenbahner-Uniformen mit roten Streifen. Alles war mit "Kdo.X" gekennzeichnet. Ich wurde von dem Werneuchener Gastwirt getrennt und von einem Soldaten auf meine Stube gebracht. Es war ein mittelgroßer Raum mit 21 Metallbetten (dreistöckig), Spinden, Tischen, Stühlen. Auf einem der mittleren Betten lag ein Strafgefangener und las. Er hatte die 2. Schicht in der

Wäscherei und stammte aus dem südlichen Berliner Randgebiet. Ich fragte erst einmal, wo ich mich denn befände. "Na, weesste det nich? Lager X, Berlin-Hohenschönhausen, Genslerstraße", erhielt ich als Antwort. "Grütze" weihte mich sofort in das Lager X und seine Gepflogenheiten ein. Auch eine angenehme Urberliner Eigenschaft!
Auf der Stube lagen drei Lebenslängliche (Mord), ansonsten alles, was die Gerichte an kriminellen Delikten verurteilten. Eindeutig politische Delikte waren nicht vorhanden, wohl aber Häftlinge, die sowohl politisch, als auch kriminell verurteilt waren. Das Strafrecht der DDR unterschied nicht nach politischen und kriminellen Straftaten. Politische Häftlinge gab es deswegen auch nicht.
Ich meldete mich bei der Lagerleitung an. Es war die Lagerselbstverwaltung durch Häftlinge, wie sie auch in den Konzentrationslagern der Nazis üblich war. Die Lagerverwaltung befand sich am östlichen Ende des Feuerlöschbassins in einer kleinen Baracke und wurde auch von langjährig verurteilten Kriminellen geführt. Überhaupt das Feuerlöschbassin! Das Highlight des Strafvollzugs der DDR. Er war etwa 50 m lang und 20 m breit. Strafgefangene konnten sich in ihrer Freizeit, insbesondere am Wochenende, dort sonnen und baden. Es wurden auch Wettkämpfe und Wasserballturniere ausgetragen. Die Benutzung war lediglich verboten, wenn Transporte, hauptsächlich der Betonfertigteile, durchgeführt wurden. Ich hatte bei einer unklaren Situation dieses Verbot nicht beachtet und musste dafür nahezu zwei Stunden bei leichtem Nieselregen mit dem Gesicht zur Wand stehen. Scharfmachern des Strafvollzuges war das Feuerlöschbassin, eine derartige Vergünstigung, natürlich ein Dorn im Auge, und sie verlangten den Abriss des Beckens. Es scheiterte jedoch stets an der ursprünglichen Bestimmung des Beckens als Feuerlöschreserve für die unmittelbar angrenzende Tischlerei des Lagers X. Östlich der Tischlerei begann, abgetrennt durch Mauer und Stacheldraht, die berüchtigte Untersuchungshaftanstalt Berlin-Hohenschönhausen des MfS. Die vergitterten Glasbaustein-Fenster der oberen Etagen waren drohend allgegenwärtig.

Gegen 16 Uhr kamen die Strafgefangenen von der Arbeit. Ich saß am Tisch und wurde als "Neuer" befragt. Stubenältester war Gustav Kärgel, der schon über 20 Jahre wegen eines Mehrfach-Mordes bei einem Banküberfall im Strafvollzug war. Über Delikte wurde im Allgemeinen nicht gesprochen. Gustav war ein ausgezeichneter Techniker. Er arbeitete im Auto-Reparaturwerk, dem größten Arbeitgeber im Lager. Da er ausgezeichnete Kenntnisse von den verschiedensten Bauarten von Safes und Stahlschränken hatte, nutzte das MfS gern seine Kenntnisse, wenn die eigenen Leute nicht mehr weiter wussten. Dabei stellte er den Genossen nur eine Bedingung: "Ich will allein arbeiten." Das wurde ihm anstandslos gewährt. Ließ sich der Stahlschrank nicht in einen separaten Raum abtransportieren, wurde Gustavs "Arbeitsstätte" mit Decken zugehangen. Er hätte auch mehrere Patente laufen, wurde mir berichtet. Was nun Wahrheit oder Legende war, ließ sich schwer feststellen. Ansonsten war Gustav Kärgel ein ruhiger, umgänglicher Mensch, mit dem ich mich gern unterhielt. Bedenken hatte ich allerdings bei der Vorstellung, wie er sich nach so langer Haftzeit in Freiheit zurechtfinden wollte.
Der zweite Lebenslängliche war "Kinderwagen-Müller" aus Dresden. Er hatte im Alkoholrausch ein fremdes Kind aus dem Kinderwagen gerissen und umgebracht. Im Lager war er Chef des Hobbyraumes, in dem Strafgefangene auf Antrag bei der Anstaltsleitung ihren künstlerischen Fähigkeiten nachgehen konnten (meistens Malerei und Zeichnen).
Der dritte Lebenslängliche auf dieser Stube war ein leicht aufbrausender, gefährlicher Mensch. Er hatte seine Frau zu Weihnachten mit der Axt erschlagen. Ich sollte mich möglichst mit ihm nicht anlegen und besonders um die Weihnachtszeit herum, ihm aus dem Wege gehen.
Zwei meiner Mitgefangenen interessierten sich besonders für mich: Udo Walsleben aus Rathenow und Gerhard Peglau, auch aus dem nördlichen Brandenburg. Udo war etwa Mitte 30, blond, mittelgroß und kräftig. Er hatte einige Jahre in der Französischen Fremdenlegion gedient, was es den Strafverfolgungsbehörden der DDR

besonders leicht machte, ihn wegen Autoknackerei unter Alkoholeinfluss wegzuschließen. Udo arbeitete in der Bauschlosserei des Lagers, die gerade Bunkerabdeckungen für Raketenstellungen zusammenschweißte.
Gerhard war etwa Ende 30, groß, schlank. Er war wohl wegen eines Branddeliktes verurteilt worden und arbeitete in der Buchhaltung des Autoreparaturwerkes.
Beide waren "Spanner" und boten mir an, mich in ihre "Spannerschaft" aufzunehmen. "Spannerschaften" sind im Strafvollzug Notgemeinschaften, die sich gegenseitig unterstützen. Eine besondere Rolle spielte in diesen Gemeinschaften die gegenseitige Unterstützung bei der Versorgung. Udo war permanent hungrig, was bei seiner schweren Arbeit und den unzureichenden Verpflegungsportionen kein Wunder war. Seine Suche in meinem Spind nach Essbarem ist eines der Bilder aus dem Lager X, die sich eingeprägt haben. Da er beruflicherseits mit der Schweißflamme hantierte, gab es auch schon mal in der Frühstückspause Schaschlik auf dem Schweißdraht und zum Abendbrot ausgelassenes Schmalz in Blechbüchsen. Die Verwandten wurden permanent aufgefordert, zu den "Sprechern" (Sprechtage, in der Regel einmal in zwei Monaten) Zwiebeln mitzubringen, worauf sie sich meistens keinen Reim machen konnten.
Woher Fleisch und Speck für Schaschlik kamen, war ein anderes Geheimnis. Unter der Hand gab es im Lager fast alles, etwas schwieriger war es bei Alkohol, der von "Spezialisten" aus Brot vergoren wurde. Aber dafür hatte ich kein Interesse, Rauschgifte waren kein Thema.
Ich wurde von Udo und Gerhard in die Besonderheiten des Lagerlebens eingeführt. Ihnen ist es im Wesentlichen zu verdanken, dass ich X ohne größere Probleme überstand.
Was war das eigentlich, dieses "Kommando X"? Nach den DDR-Gesetzen durfte es das Lager gar nicht geben, denn der Strafvollzug war Aufgabe des Ministeriums des Inneren. Offiziell war es eine Außenstelle der Haftvollzugsanstalt Berlin-Rummelsburg des MdI. Es war aber auch als Abt. XVI dem Ministerium für Staatssicher-

heit angegliedert. Die Stasi hatte es vom sowjetischen NKWD übernommen, mitsamt Kriegsverbrechern, SS-Leuten, NSDAP-Parteibonzen, Mitläufern, Unschuldigen, Bürgerlichen, SPD-Genossen usw. Heinrich George sei in dem Lager verstorben, sagte man mir. Was aber nicht stimmte, denn der Schauspieler verstarb im KZ Sachsenhausen. Im Nordostteil des Lagers lagen noch die Gleisanschlüsse, auf denen das NKWD die Elendstransporte nach Workuta und Sibirien zusammenstellte.

Den Kern des Lagers bildete das Autoreparaturwerk des MfS, in denen die Fahrbereitschaften für ihre Pkw's die Durchsichten und Reparaturen durchführen ließen und natürlich auch Spezialanfertigungen. Mitunter wurden auch Autobusse und Spezial-Lkw's des MfS repariert.

Neben dem Auto-Reparaturwerk, in dem noch vereinzelt von Sowjetischen Militärtribunalen verurteilte Kriegsverbrecher arbeiteten, gab es einen größeren Spezialbau-Bereich. Er bestand aus Eisenbiegerei, Betonteile-Fertigung, Bauschlosserei und Tischlerei. In eine dieser Abteilungen sollte ich nun eingegliedert werden. Die Stasi-Leitung tat sich schwer, den Studenten zu beschäftigen. Es war mir fast schon peinlich, morgens, wenn nach dem Zählappell sich das große, graue Stahltor zu den Arbeitsbereichen geöffnet hatte und alle zur Arbeit gegangen waren, bei der Lager-Selbstverwaltung nachzufragen. "Mach dir mal keenen Kopp, die ham noch nischt für dich. Setz dir ans Bad." Ich muss wohl auch noch etwas blass von der U-Haft ausgesehen haben. Der Gastwirt aus Werneuchen war schon längst in schwarzen Gummistiefeln in der Schälküche tätig.

Nach einigen Tagen wurde ich zum Fachdienstgrad für Technologie des Reparaturwerkes geführt. Er fragte mich nach dem Haftgrund. Ich sagte es ihm, er hörte mit unbewegtem Gesicht zu. Aus dem Einsatz in seinem Bereich wurde nichts.

Nach zwei weiteren Tagen brachte man mich zu einem Leutnant, zuständig für das Rechnungswesen, ein Mecklenburger mit leicht gewelltem Haar, an den Schläfen schon etwas ergraut. Wieder die Frage nach dem Grund der Verurteilung. "Ich habe einen Brief an

einen Freund nach West-Berlin geschrieben und Kritik am Einmarsch der Truppen des Warschauer Pakts geübt." "Weiter nichts?" Eine für einen Stasi-Offizier bemerkenswerte Frage, war es doch in den Augen seiner Genossen ein Verbrechen.
Leutnant Winter, sagte man mir später, hatte seinen Vater im KZ verloren. Damit Deutschland nie wieder in einer Diktatur versinke, sei er zum Staatssicherheitsdienst gegangen. Ob er inzwischen selbst Zweifel an seinem Entschluss bekommen hatte? Er übernahm mich ins Rechnungswesen, und ich wurde Betriebsrechner. Es gab nie Probleme mit ihm, er war stets korrekt. Sein Verhalten war der Grund, dass ich im Oktober 1989, als Christa Wolf in der "Wochenpost" die "stille Revolution" bei den Intellektuellen des Landes einläutete, vor einer pauschalen Verurteilung des MfS warnte, denn mindestens einer in diesem menschenverachtenden Apparat war anders... (Christa Wolf, Angepasst oder mündig, Volk und Wissen Verlag Berlin, 1990).
Meine Aufgabe im Rechnungswesen war es, die Kommissionen aus dem Autoreparaturwerk, die aus Materialentnahme- und Lohnscheinen bestanden, zusammenzufassen und für die entsprechende Fahrbereitschaft zu berechnen.
Das Ministerium hatte sechs Fahrbereitschaften, die größten waren die Fahrbereitschaften A und B. Leiter des Rechnungswesens auf der Häftlingsseite war der Zahnarzt aus Frankfurt, der auch eine lebenslange Haftstrafe wegen Mordes verbüßte. Ich kam gut mit ihm aus. Ferner gehörte ein älterer Eisenbahner dazu, der die Belege aus der Werkstatt holte. Meine Arbeitsgeräte waren Rechen- und Schreibmaschine. Später erhielt ich den Auftrag, Preise für aufgearbeitete Kfz-Ersatzteile zu bilden und in einem Katalog für die Bezirksverwaltungen der Staatssicherheit zusammen zu fassen. Es erstaunte mich, dass der chronische Ersatzteilmangel der DDR bis auf den allmächtigen Staatsicherheitsapparat durchschlug.
Die Arbeit machte mir Freude, lenkte mich ab und ließ das Lagerleben erträglicher werden. Trotzdem war es mir immer gegenwärtig, dass mit diesen Autos Jagd auf Menschen, auf Andersdenkende gemacht wurde.

Der Sommer ging vorbei, ich spielte oft mit anderen auf der Lagerstraße Volleyball, saß am Bad und las Fontane, de Saint- Exupéry und kam mit anderen Häftlingen ins Gespräch. Der Anteil politischer Häftlinge im Lager X war gering, vermutlich unter zehn Prozent. Es gab aber interessante Fälle, z. B. Bernd Wildgrube, ein junger Ingenieur, der für den BND gearbeitet hatte und mit dem ich mich anfreundete; der Mathematiker aus der Staatlichen Zentralverwaltung für Statistik, der die neusten Zahlen aus dem Wirtschaftschaos der DDR an den BND weiter reichte; der Professor von der TU Dresden, der die Luftbild-Vermessung entwickelt und an den CIA verkauft hatte (er arbeitete jetzt allein in einem streng abgeschirmten Büro, das zu manchen Spekulationen Anlass gab); Eisenbahner, die den Verfassungsschutz über Truppentransporte informierten und Peter Zielke aus meinem Semester, der in Dresden Flugblätter verteilt hatte - alle warteten sie auf eine "Aktion", also ihre Abschiebung in den Westen. Das Lager lag unweit der nördlichen Einflugschneise des Flughafens Tegel. "Dort werden wir eines Tages drin sitzen", sagten sie und zeigten auf die abfliegenden Großraumflugzeuge.
Diese Perspektive war mir fremd. Ich konnte die DDR nicht verlassen. Meine Mutter mit 60 Jahren hatte gerade ihren Hausbau begonnen. Sie zählte auf mich. Karriere konnte ich in der DDR nicht machen, aber inzwischen kamen mir Zweifel, ob wenigstens ein einigermaßen auskömmliches Berufsleben möglich sein würde. Mein Vater kümmerte sich intensiv um meinen Studienabschluss. Er verhandelte im September 1969 mit dem Prorektorat für Erziehung und Ausbildung der TU Dresden. Dort teilte ihm Prof. Arnold mit, dass die Inhaftierung eines Studenten früher seine sofortige Exmatrikulation nach sich gezogen hätte. Nach den 68-er Gesetzen wäre man aber dazu übergegangen, einen Erziehungsprozess anzustreben. Das bedeute im konkreten Fall, dass sich der Student nach Studienabschluss in der sozialistischen Produktion bewähren müsse. Nach einem Zeitraum von ein bis zwei Jahren entschiede die Betriebsleitung, ob das Diplom ausgehändigt werden könne oder nicht. Allererste Voraussetzung sei aber zunächst gute

Führung im Strafvollzug. Kompliziert wurde die Angelegenheit dadurch, dass an der Diplomarbeit eine Änderung im Rechenmodell vorgenommen werden musste. Innerhalb von drei Jahren nach den Diplomhauptprüfungen 1968 musste das Studium mit Diplomvergabe abgeschlossen sein, sonst verfielen die Prüfungsergebnisse. Das Verhandlungsergebnis war immerhin ein Teilerfolg. Mein Vater versuchte deshalb Anfang 1970, eine Haftunterbrechung beim Strafvollzug zu erreichen, eine Möglichkeit, die im Rahmen der Gesetze lag. Die Anstaltsleitung war sich unschlüssig und bemühte den MfS-Juristen. Der hielt die Berichtigung und Verteidigung der Diplomarbeit nicht für unaufschiebbar und lehnte die Haftunterbrechung ab.
Vorher, im Dezember 1969, waren bereits die Bemühungen meines Vaters gescheitert, Herrn RA Vogel zu konkreten Schritten in meinem Fall zu bewegen. Er hatte ihn am 10. 8. 69 beauftragt, RA Vogel teilte ihm am 13. 8. 69 mit, "dass er bemüht sein werde." Festlegen wollte er sich aber erst zu einem späteren Zeitpunkt und erbat einen Gebührenvorschuss von 200,- M (Az. Vo./rs 195/69). Nachdem seitens des Rechtsanwaltes bis zum November 1969 keine Aktivitäten zu spüren waren, bat er um eine Unterredung Anfang Dezember. Als Termin wurde von Herrn Vogel der 1. oder 2. 12. 69 nachmittags 16 bis 18 Uhr vorgeschlagen. Mein Vater bestätigte den 2. 12. zwischen 16 bis 18 Uhr. Nachdem er am vereinbarten Termin anderthalb Stunden vergeblich im Vorzimmer gewartet hatte und der Rechtsanwalt nicht erschien, entzog er ihm am 7. 12. 69 wegen Untätigkeit das Mandat. Die 200,- M Gebührenvorschuss wurden zurücküberwiesen.
Im Frühjahr 1970 wurde sowohl von mir, als auch von meinem Vater, der Antrag gestellt, die Reststrafe auf Bewährung auszusetzen. Leutnant Winter teilte mir mit, dass die Leitung des Strafvollzuges eine Strafaussetzung auf Bewährung befürwortet habe. Das stimmte rein formal auch. Der Leutnant hatte eine gute fachliche Arbeit bescheinigt, das "Überwachungssystem" hatte allerdings festgestellt, dass ich zwar meine "Straftat bereue", aber "keinen klaren sozialistischen Standpunkt" beziehe. Hier war bereits in der

U-Haft der "kleinste gemeinsame Nenner" gefunden worden. Ich würde den Brief nicht noch einmal schreiben (denn ich war kein Selbstmörder!). "Wir befürworten deshalb eine vorzeitige Haftentlassung für H. im III. Quartal 1970", schrieb Major Mühlner, Leiter des Haftarbeitskommandos. Dem Staatsanwalt Rau fiel nun wiederum die undankbare Aufgabe zu, die ganze Wahrheit zu verkünden: "Ich werde im III. Quartal erneut entscheiden." Damit zog er sich natürlich den Zorn der Gegenseite zu: "Dann kann er es auch ganz sein lassen, denn dann bringt eine Bewährung größere Nachteile als ein abgeschlossener Strafvollzug!" Ich wurde von meinem Vater in einem Brief vom 1. 5. 70 ermahnt, "nicht zu meutern". Meine ursprüngliche Neugier auf den sozialistischen Strafvollzug und mein Zweckoptimismus, ihn als 13. Semester "Staatsbürgerliche Erziehung" zu betrachten, war längst der Überzeugung gewichen, dass jeder Tag in Unfreiheit ein verlorener Tag im Leben sei.
Unklar ist mir bis heute, woher die politische Einschätzung in der Beurteilung kam. Wenn man schon nicht über Delikte im Lager X sprach, so mit noch größerer Vorsicht über politische Dinge. Das Überwachungssystem war zu perfekt. Die einzige Chance der Lebenslänglichen zu einer Zeitstrafe begnadigt zu werden, lag darin, sich in das System integrieren zu lassen und Informationen zu liefern. Das galt natürlich auch für andere Kriminelle, die einen Straferlass haben wollten. Hatte man keine identischen Informationen, wurden welche erfunden, die stimmen könnten. Das galt übrigens für alle IM, auch außerhalb der Zuchthausmauern im "großen Knast", wie wir die DDR mitunter scherzhaft nannten.
Auf formlosen Schreiben vom 31. 7. 1969 teilte die StVA Berlin I, Haftarbeitskommando, Postfach 11 A, jeweils meinem Vater und meiner Mutter mit, "dass Sie Ihrem Sohn im Monat einen Brief und eine Ansichtskarte schreiben können. Besuch kann Ihr Sohn jeden zweiten Monat empfangen. Wer zum Besuch erscheinen soll, entscheidet Ihr Sohn. Sie müssten sich dann brieflich mit ihm absprechen, wann Sie ihn besuchen möchten. Geldliche Zuwendungen sind für Strafgefangene nicht gestattet. Pakete sind nur gestattet, wenn Sie im Besitz eines Paketerlaubnisscheines von der

Anstalt sind. Diese werden zum Geburtstag oder wenn besonders gute Führung bzw. Arbeitsleistungen vorliegen, gewährt." Unterschrift, Unterleutnant.

Probleme mit den Briefen, wie sie in der U-Haft auftraten, gab es nicht mehr. Leutnant Winter las die abgehenden und ankommenden Briefe, versah die ankommenden mit seinem Dienstgradstempel IV/4 und gab sie zur Post bzw. händigte sie mir aus. Mitunter wurden sie auch beim abendlichen Zählappell verteilt. Jeder hatte eine "Post-Nummer", die gleichzeitig auch die Häftlingsnummer war. Ich hatte die Nr. 526.

Innerhalb des Brieflimits schrieb mir auch meine Freundin Cleopatra, die aber zunächst zur "Braut" erklärt werden musste. Wir kannten uns 5 Jahre. Ich hatte sie 1964 in Welzow kennen gelernt. Sie war 1961 nach Schülerprotesten wegen des Mauerbaus von der EOS Anklam verwiesen worden, obwohl sie nicht aktiv teilgenommen hatte. Es reichte die Duldung der Proteste. Ihr Schwager ließ sie als Bedienung in der HO-Gaststätte "Ratsburg" arbeiten, da sie weder eine Lehrstelle, noch eine andere Arbeitsstelle erhielt. Später erlernte sie in der "Erwachsenenqualifizierung" den Beruf eine Drogeriefachverkäuferin. 1969 arbeitete sie in Hoyerswerda, 1970 zog sie nach Dresden, heute wohnt sie in Bamberg.

Im Juli 1969 durfte ich ihr das erste Mal schreiben. Ich teilte ihr mit, dass ich in Berlin sei und für sie am 27. August eine Sprecherlaubnis beantragt hätte. Ich stellte ihr es frei, auf mich zu warten oder sich anders zu entscheiden.

Ich konnte damals schon ahnen, dass mein Leben anders verlaufen würde, als es geplant war. In einem Brief an meine Mutter schrieb ich: "...die wahren Schwierigkeiten beginnen erst nach meiner Haftentlassung." Das wollte sie auf keinen Fall wahrhaben, es gäbe ein Wiedereingliederungsgesetz und nach verbüßter Strafe wäre "alles vergeben und vergessen". Es war der Mut einer verzweifelten Mutter. Ich hatte mich deshalb auch in einem Brief aus Frankfurt an der Oder an sie festgelegt, dass ich "in ihrem Alter an ihrer Seite sein werde."

In einem Brief im August 1969 musste ich sie erneut bitten, ihre fortwährenden Führungsappelle zu unterlassen, denn "... ich weiß selbst, was von guter Führung abhängt und habe und werde mich stets so verhalten. Allerdings zählen hier noch andere Faktoren." Ich hatte mich in Frankfurt/Oder vor Oberleutnant Grabow und dem leeren Blatt Papier entschieden. Bis Ende 1989 galt ich als "feindlich negativ".
Mein Vater hatte nach dem Terrorurteil von Frau Korsing alle Illusionen verloren. Sein Kampf galt meinem Studienabschluss, anfangs auch meiner Arbeit in Schwedt. Das gab er aber bald auf, musste er doch erkennen, dass ich als Sicherheitsrisiko im Petrolchemischen Kombinat gelten würde. Als letzter Versuch, dem geltenden Recht Durchbruch zu verschaffen, schrieb er zwei Eingaben, jeweils an den Generalstaatsanwalt der DDR und den Verfassungs- und Rechtsausschuss der Volkskammer. Ich bat ihn in einem Brief vom Mai 1970 darum. Während der Generalstaatsanwalt die Beantwortung bis Ende Juli 1970 hinauszögerte und dann erklärte, dass die Angelegenheit erledigt sei, antwortete die Volkskammer überhaupt nicht. Dafür kam ein Brief von der Rechtsabteilung des Staatsrates, in dem der Abt.-Ltr. Bluhm erklärte, die Volkskammer sei nur für die Verabschiedung neuer Gesetze zuständig. Und im Übrigen sei die Arbeit der Staatsanwaltschaft Frankfurt/Oder nicht zu beanstanden. Das hatte auch niemand behauptet; es sollte über die im Gesetz verankerte Möglichkeit der Haftunterbrechung entschieden werden. Gegen die Allmacht der Staatssicherheit wagte keiner einen Einspruch. Unter der Devise "Schild und Schwert" der Partei zu sein, hatte das MfS ein schwer zu durchschauendes Eigenleben entwickelt, das weder durch Gesetze geregelt, noch durch ein demokratisches Gremium kontrolliert wurde.
So reihte sich im Lagerleben ein Tag an den anderen. Die Weltgeschichte nahm außerhalb der Zuchthausmauern ihren Lauf. Kurz nach meiner Einlieferung betrat am 16. 7. 1969 der erste Mensch den Mond, am 28. 9. fanden in der Bundesrepublik die Wahlen zum 6. Deutschen Bundestag statt, die aber keine klaren Mehrheits-

verhältnisse brachten. CDU/CSU erklärten sich zum Wahlsieger, da sie die stärkste Partei waren, rein rechnerisch konnte aber auch eine SPD/FDP-Koalition die Regierung und den Bundeskanzler stellen. Zur gleichen Zeit wurden die Reformer des Prager Frühlings in der ČSSR aus dem ZK ausgeschlossen. Meine Idole Alexander Dubček, Josef Smrkowsky, Jiří Hájek, Ludvík Svoboda verloren ihre Ämter. Ich war deprimiert.

Der 21. August 1968 war der vierte Bruch in meinem Leben, er ließ mich mit erschreckender Deutlichkeit erkennen, dass dieser Sozialismus nicht reformfähig war. Die ersten Brüche gab es 1953, 1956 und 1961. Bis 1968 gab es hin und wieder Retuschen am System (z. B. das Neue Ökonomische System), letztendlich dienten sie aber nur dazu, die Diktatur zu stabilisieren. Im Lager X verlor ich meine letzte Achtung vor diesem System, denn hier zeigte es sein wahres Gesicht. Ich verlor meine "politische Unschuld", wie ich es damals bezeichnete. Da ich die Perspektive der meisten politischen Gefangenen (Abschiebung) nicht hatte, musste ich den in Frankfurt/Oder gefundenen Status quo - keine Aktivitäten gegen das Regime - einhalten. Die kommenden Jahre bis 1989 sollten zeigen, wie schwer es war, aber im Wesentlichen funktionierte es. In begrenztem Umfang äußerte ich meine Meinung zu politischen Ereignissen. Sie wurde akzeptiert, ich war ehemaliger politischer Häftling, feindlich-negativ. Die Grenzen zur "Staatsfeindlichen Hetze" waren aber immer eng gezogen.

Im Oktober 1969 wurde Willy Brandt von der SPD/FDP-Koalition zum Bundeskanzler gewählt, Walter Scheel wurde Außenminister. Einen Monat später begannen in den USA machtvolle Proteste wegen des Krieges gegen Vietnam, das Massaker von My Lai war bekannt geworden. Wir Gefangenen konnten uns im "Neuen Deutschland" und der "Berliner Zeitung" - beides SED-Zeitungen - informieren. DDR-Fernsehen am Wochenende und nach Feierabend gab es als besondere Vergünstigung auf Erlaubnisschein der Fachdienstgrade. Die Aufsicht über das Fernsehzimmer hatte u. a. der Zahnarzt aus Frankfurt/Oder, mit dem ich im Rechnungswesen zusammenarbeitete.

Das Weihnachtsfest 1969 und der Jahreswechsel 1969/70 verliefen ziemlich trist. Die Anstaltsleitung versuchte durch zusätzliche Kinoveranstaltungen die Stimmung der Gefangenen nicht unter ein bestimmtes Niveau absinken zu lassen.
Am 19. März 1970 kam es in Erfurt zum ersten Treffen zwischen Stoph und Brandt. Zwischen den Zeilen der sozialistischen Presse konnte man erahnen, dass es "konterrevolutionäre Ausschreitungen" gegeben hatte. "Dann können wir hier bald mit Nachschub rechnen", war die einhellige Meinung erfahrener Häftlinge. Das Lager als politischer Gradmesser! Und richtig: Im Juni 1970 kamen die ersten Erfurter, gezeichnet von der U-Haft.
Ein weiteres Treffen fand zwischen dem DDR-Ministerpräsidenten und dem Bundeskanzler im Mai 1970 in Kassel statt. Stoph machte die volle Anerkennung der DDR zur Vorbedingung für weitere Verhandlungen. Das konnte er allerdings von Willy Brandt nicht erwarten. Er war der Meinung, dass dieses Staatengebilde, das sich DDR nannte, "weder deutsch, noch demokratisch, noch eine Republik ist."
Eine Abwechslung im Leben der Strafgefangenen war die Sprecherlaubnis, die in der Regel alle zwei Monate erteilt werden konnte. Diese "Sprecher" waren nicht unproblematisch. Man konnte nicht frei miteinander sprechen, da die Staatssicherheit immer dabei war. Dann nahmen natürlich die Strafgefangenen eine andere Entwicklung als ihre Angehörigen in relativer Freiheit. Konflikte waren also vorprogrammiert. Das Verständnis füreinander nahm ab. In den Augen der Gefangenen unternahmen die Angehörigen zu wenig für die Abschiebung oder Freilassung, oder ihre Aktivitäten waren falsch und konnten nicht zum Ziel führen.
Meine erste Sprecherlaubnis erhielt ich zum 27. 8. 69, Sprechtage waren immer mittwochs. Wir brauchten morgens nicht zur Arbeit und erhielten von der Kammer "Sprecherkleidung". Dann wurden wir nach Rummelsburg gefahren. Eigentlich hatte mein Vater vom Bezirksgericht am 14. 7. 69 für den 16. 7. 69 eine Sprecherlaubnis erhalten, also am gleichen Tag, als ich nach Berlin abtransportiert wurde. Als er am 16. 7. nach Frankfurt/Oder kam, konnte er sie

nicht mehr in Anspruch nehmen. Ein typisches Beispiel für die "reibungslose Zusammenarbeit" zwischen Gericht und Staatssicherheit, aber auch dafür, wer in dem Verfahren tonangebend war. Empört hatte er dann für Cleopatra und sich selbst für den 27. 8. Sprecherlaubnis beantragt und erhalten. Das Wiedersehen war sehr harmonisch, obwohl es immer von Unsicherheitsfaktoren überschattet war. Es gab genaue Vorschriften, was als Geschenk beim "Sprecher" übergeben werden durfte: 3 kg Frischobst, 500 g Zucker, 500 g Wurst, eine Tafel Schokolade, ein kleiner Kuchen, Tabakwaren im Werte von 10,- M. Die letzte Position galt für Nichtraucher als Zahlungsmittel.
Die nächste Sprecherlaubnis am 1. 10. 69 erhielten meine Mutter und meine Schwester. Das Treffen mit meiner Mutter war für beide Seiten belastend. Erträglich wurde es durch die Gegenwart meiner Schwester Ingrid, die eigentlich im ganzen Verfahren ausgleichend wirkte und immer das Richtige tat. Weitere Besuche erhielt ich am 2. 12. 69 durch meinen Vater und Cleopatra, sowie im Laufe des ersten Halbjahres alle zwei Monate.
Im März 1970 schrieb mir Cleopatra ihren letzten Brief und wünschte mir für die Zukunft alles Gute. Leutnant Winter brachte mir den Brief persönlich ins Büro. Wenig später erschien er erneut und ließ seinen Blick einen kurzen Augenblick prüfend-teilnahmsvoll auf mir ruhen. Im Strafvollzug der DDR gingen viele Ehen auseinander, insbesondere bei Kriminellen. Das war für den betroffenen Strafgefangenen eine große Belastung, denn er konnte dem nichts entgegensetzen.
Im Mai 1970 gab es eine weitere böse Überraschung. Nach dem morgendlichen Zählappell durften wir nicht zur Arbeit abrücken, sondern mussten in Formation auf der Lagerstraße stehen bleiben. "Filzung", sagten die Erfahrenen. Die Stuben wurden von den Wachmannschaften durchsucht, die Gemeinschaften auseinander gerissen. Einzelne Häftlinge wurden aufgerufen und mussten auf den Stuben zu bestimmten, für das MfS unklaren Gegenständen Stellung nehmen. Ich hatte z. B. als einer der wenigen Häftlinge einen elektrischen Trockenrasierer. Ich musste in Gegenwart von

Offizieren die Funktion des Apparates vorführen. Der Grund: Der Trockenrasierer enthielt Magnetspulen, die unter den geschickten Händen einzelner Häftlinge schnell zu einem Einkreis-Rundfunk-Empfänger umgebaut werden konnten. Insbesondere politische Häftlinge hatten ein großes Informationsbedürfnis. Mit den kleinen Empfängern konnte man zumindest den Sender Freies Berlin hören.
Mein Freund Bernd Wildgrube wurde bei einer Routinekontrolle, ich nehme aber an, er wurde verraten (oder "angezinkt", wie es im Lager-Jargon hieß), mit einem derartigen Gerät erwischt und erhielt sofort eine Woche Arrest. Da die Arrestzellen im Lager X gerade belegt waren, verlegte man ihn in die Arrestzellen der benachbarten U-Haftanstalt Hohenschönhausen. Als ich ihn nach einer Woche sprach, war er abgemagert. Er berichtete von den Quälereien im Keller des Stasi-Gefängnisses, in dem sich auch das berüchtigte "U-Boot" befand. Durch die Kellergänge verliefen an der Decke mangelhaft isolierte Heizungsrohre. Die Häftlinge litten unter der Hitze und dem damit verbundenen Flüssigkeitsverlust in ihrem Körper. Zusätzliche Getränke oder Wasser erhielten sie nicht. Selbst beim Zähneputzen achteten die MfS-Wachmannschaften darauf, dass das Wasser nicht getrunken wurde.
Der Ausspruch: "Die wirksamste Form des Widerstandes ist die Spionage" stammte auch von Bernd. Unmittelbar nach meiner Haftentlassung besuchte ich seine Familie in Berlin-Weißensee, nur wenige Kilometer vom Lager X.
Neben meinem Trockenrasierer interessierten sich die Durchsucher auch für meine Briefmappe. In meiner Häftlingsakte fand ich später Kopien von leeren Blättern, auf denen nur durchgedrückte Linien zu sehen waren, die aber den Genossen verdächtig erschienen. Außerdem hatten sie ein Blatt kopiert, das fünf Namen von ehemaligen Nazis enthielt, die damals im Partei- und Staatsapparat der DDR aktiv waren.
Die eigentliche Katastrophe bei der Filzung für mich war aber, dass ich auf eine andere Stube verlegt wurde. Damit war die Schutzfunktion unserer Spannerschaft nicht mehr existent. Auf der neuen Stube gaben zwei ehemalige Fleischer vom Zentralviehhof Berlin

den Ton an. Sie hatten schon langjährige Haftstrafen verbüßt und psychisch unter den Haftbedingungen gelitten. Die ruhige Atmosphäre der ehemaligen Stube erschien mir rückblickend wie eine Oase. Einer der Zimmerinsassen war ein jugendlicher Gefangener, fast noch ein Kind. Es stellte sich heraus, dass er der Sohn eines Angehörigen der Kriminalpolizei war, die gegen einen der Fleischer ermittelt und ihn verhört hatten. Die Schikanen der Fleischer richteten sich jetzt natürlich gegen den Jungen, der mir sowieso schon psychisch labil erschien. Er brachte z. B. Gras mit auf die Pritsche. Ich hatte den Eindruck, dass er nicht hafttauglich war, sondern in psychiatrische Behandlung gehörte.
Über sexuelle Übergriffe zwischen Häftlingen, wie sie z. B. Kessler in seinem Buch "Stasi-Knast" im Zuchthaus Cottbus beschrieb, ist mir nichts bekannt geworden.
Das Lager X brachte für seine Insassen einige Vergünstigungen, wie das Feuerlöschbassin oder eine bessere Verpflegung als in anderen Haftanstalten. Den Nachteil bildete das perfide Überwachungssystem.

Freikauf

Am 1. Juli 1970, es war ein Mittwoch, wurde ich kurz nach der Mittagspause von der Arbeit geholt. Ich durfte mit keinem mehr sprechen, musste in der Stube meine persönlichen Sachen einpacken und wurde zur Effektenkammer gebracht. Die Lagerstraße war wie leer gefegt, auf der Stube war niemand, ich begegnete keinem meiner Mitgefangenen. Auf der Kammer gab ich meine Häftlingssachen ab und erhielt meine Privatsachen ausgehändigt. Ich wusste überhaupt nicht, wie mir geschah. Dass es andere ahnten, kann ich mir heute vorstellen. Zuerst im Rechnungswesen, später auf der Stube, dann meine Freunde Udo, Gerhard, Bernd: Peter ist auf Aktion! Ich hatte aber nie in die Bundesrepublik gewollt!
Am 18. 6. 70 hatte die BV Frankfurt/Oder, Abt. IX dem MfS HA IX/4, Gen. Enke -persönlich- meine Unterlagen übersandt.

"Unsererseits bestehen gegen eine Strafaussetzung auf Bewährung des Hellström keine Einwände." Unterschrift Gudlowski, Major. Das kleine, eisgraue Männchen aus Frankfurt/Oder, das mir als Anstaltsleiter bei meiner Einzelhaft-Beschwerde präsentiert worden war! Der Gen. Enke in Berlin hingegen war zusammen mit der Abt. XVI/4, der Abt. HKH (später als KoKo bekannt), und der Abt. XIV der BV Karl-Marx-Stadt für den Menschenhandel verantwortlich. Partner in diesem als "Sondergeschäft B" bezeichneten Vorgang war die Diakonie der Evangelischen Kirche (West-)Deutschlands. Dieser Prozess verlief so geheim, dass in meinen Akten kaum etwas zu finden ist. Offiziell wurden alle freigekauften Häftlinge auf Bewährung gem. § 349 StPO entlassen. Bei meiner ersten Akteneinsicht 1992 fand ich nur den Hinweis "Z-Entlassung". Später, als meine Gefangenenakte aufgetaucht war, gab es eine Lochkarte mit dem Hinweis: Abgang 1. 7. 70, Aktion, in der DDR geblieben.
Ich wurde im Barkas nach der "Magdalene" gebracht, der Haftanstalt Magdalenenstraße des MfS in Berlin-Lichtenberg. Die Dienstgrade in der Magdalenenstraße waren freundlich, das fiel mir sofort auf. Am nächsten Tag, so sagte man mir, würde ich nach Karl-Marx-Stadt überführt. Es gab ein reichliches Abendbrot, durch die Lüftungsklappe im Zellenfenster sah ich den Kirchturm der Magdalenenkirche, deren Turmuhr regelmäßig schlug.
Am nächsten Morgen bat man mich, in den Häftlings-Barkas einzusteigen, der sehr kleine Zellen hatte. Ich konnte kaum aufrecht sitzen. Nach 2 bis 3 Stunden Fahrt hielt der B1000 in Cottbus und weitere Häftlinge stiegen zu. Nach weiteren 3 bis 4 Stunden kamen wir am späten Nachmittag in Karl-Marx-Stadt auf dem Kaßberg an. Ich wurde mit zwei weiteren Häftlingen aus dem Zuchthaus Cottbus auf eine Zelle gelegt. Sie wussten über ihre Rechtsanwälte, dass sie ausgewiesen werden.
Der Häftlingsfreikauf durch das Gesamtdeutsche Ministerium der Bundesregierung begann 1963. 1970 wurden 780 Personen freigekauft, davon durchliefen 769 Personen die Haftanstalt Karl-Marx-Stadt, 11 Personen wurden direkt von Ost- nach West-Berlin abgeschoben. Das sollte auch immer die Ausnahme bleiben, da "West-

Berlin nicht Bestandteil der BRD ist". Die KoKo erzielte 1970 ein Ergebnis von 50,6 Mio. DM, ein Häftling kostete also etwa 65.000,- DM. Im Zeitraum von 1964 bis 1985 erzielte der Bereich 'Kommerzielle Koordinierung' nach Angaben von Alexander Schalck-Golodkowski einen Gewinn von 2.511,9 Mio. DM. Die DDR erhielt für die freigekauften Häftlinge Warenlieferungen.
Am nächsten Morgen, dem 3. 7. 70, wurden wir einem älteren Stasi-Offizier vorgeführt. Er fragte mich nach den Personalien von mir und meinen Eltern. Danach wollte er wissen, was ich nach meiner Haftentlassung tun wolle. Ich sagte: "Ich will mein Studium beenden und in der Industrie arbeiten." Das vermerkte er in Sütterlin-Schrift auf der Rückseite des Beurteilungsblattes und fügte noch hinzu: "Guter Eindruck." Danach kam ich sofort mit anderen Häftlingen, die auch in der DDR blieben, auf eine Zelle. Im Juli 1970 wurden 27 Häftlinge in die DDR entlassen, im Jahr 1970 insgesamt 98 Personen. Das sind 12,6 % der in diesem Zeitraum freigekauften Häftlinge. Die Transporte erfolgten überwiegend im II. Halbjahr 1970. Während im I. Halbjahr nur drei Transporte (z. T. mit nur einer Person) abgefertigt wurden, waren es im II. Halbjahr 19 Transporte mit 639 Häftlingen.
Die Behandlung in Karl-Marx-Stadt war ebenfalls sehr zuvorkommend. Häftlinge sangen abends von der bevorstehenden Freiheit, Ehepartner, die sich teilweise jahrelang nicht gesehen hatten, verständigten sich durch Zellentüren, Sprechchöre "Gießen, Gießen" ertönten - ein Hauch von Freiheit wehte durch den alten Kerker. Der Chor der Gefangenen aus "Fidelio" drängte sich unwillkürlich auf, ein Thema, das sich durch mehrere Briefe vom April 69 bis Juni 69 zog und das auch von Frau Kruft nicht beanstandet wurde, da sie wohl mit dem kulturellen Erbe nicht so vertraut war.
Bis zu meiner Entlassung dauerte es dennoch über 2 Wochen. In der "Analyse 1970" beschwerte sich das MfS über die schlampige Arbeit der Justiz: Beschlüsse fehlten, Personalien ebenso oder sie waren falsch. Der Gen. Enke wurde aufgefordert, das Verfahren rechtzeitig einzuleiten...

Am Morgen des 21. 7. 1970 durfte ich den Kaßberg verlassen. Ich fuhr mit der DR nach Dresden - und genoss diese Fahrt in die Freiheit.
Ich meldete mich an der TU im Verfahrenstechnischen Institut bei Prof. Schubert. Er wiederholte mir noch einmal die mit meinem Vater getroffenen Vereinbarungen:

- Berichtigung des mathematischen Modells, Verteidigung
- Bewährung in der sozialistischen Praxis, danach Entscheidung über die Verleihung des Diploms

Zum Abschied sagte er noch mit öliger Stimme: "... und wenn Sie wieder mal politische Fragen haben, kommen Sie zu mir und laufen nicht gleich zum Feind."
Ich gab danach ein Telegramm an meinen Vater auf: "Bin frei. Rufe heute abend nach 22 Uhr an. Gruß Peter." Dann rief ich im Krankenhaus Nordhausen an und ließ meiner Mutter ausrichten, dass ich abends gegen 20 Uhr in Nordhausen ankomme. Ein Mitarbeiter des Kaliforschungsinstitutes nahm mich in seinem "Wartburg" mit nach Sondershausen. Dann fuhr ich mit dem Zug nach Nordhausen. Meine Mutter und meine Schwester erwarteten mich auf dem Bahnsteig.

Ein Leben nach der Haft in der DDR

Der Kaderleiter, Genosse Graniewski ließ gar nicht erst Zweifel aufkommen, an wen ich geraten sei. "Ich", so erklärte er mir bei meiner Bewerbung im VEB Kältetechnik Niedersachswerfen, "war lange Zeit im operativen Einsatz des Ministeriums für Staatssicherheit, auch in Westdeutschland, tätig." Na fein, es war für mich ein nahtloser Übergang von einer zur nächsten Diensteinheit des MfS geschaffen worden! "Und", fügte er gönnerhaft hinzu, "wir hätten Sie hier auch als Hofarbeiter einsetzen können, aber wir wollen mal eine Ausnahme machen, Sie kommen in die Fertigungstechnologie." Ganz so frei, wie er es darstellte, war er aber in seinen Ent-

scheidungen nicht. Es gab ja auch noch den Betriebsdirektor Fritz Sonntag, der in der Folgezeit immer bestrebt war, das Schlimmste zu verhindern.
Der VEB Kältetechnik stellte hauptsächlich Eisfreezer, also Softeis-Maschinen, her. Sie gingen überwiegend in den Export. Ich wurde als Bereichstechnologe für die Eisfreezer-Montage eingestellt. Da ich kein Diplom hatte, wurde ich nach einer Techniker-Gehaltsgruppe entlohnt. Arbeitsbeginn war der 3. 8. 70.
In den Juli-Tagen, nach meiner Freilassung, versuchte ich, meinen breit verstreuten "Hausrat" einzusammeln. Allein bei meinem Vater lagerten rund 400 kg, über die er Buch geführt hatte. Mein Fahrrad stand in Dresden im Keller der Eibenstocker Straße 27, mein Motorroller glücklicherweise in Ilfeld.
Von meiner Seminargruppe war niemand mehr in Dresden. Bekannte aus anderen Semestern wussten nichts über mein spurloses Verschwinden, ich wurde aber überall herzlich aufgenommen.
Der Aufbau des kleinen Hauses meiner Mutter ging unter Schwierigkeiten voran.
Ich meldete mich in der Heimatkirche, dem Konsistorialrat Ullrich erzählte ich als einem der wenigen Menschen vom Freikauf. Er war bestürzt. Mit Erlebnisberichten musste ich äußerst vorsichtig sein, hatte ich doch erfahren, wie weit der Begriff "Staatsfeindliche Hetze" im Bedarfsfall ausgelegt werden kann. Einzelheiten des Freikaufs blieben lange Jahre auch noch nach der Wende unbekannt. Außer den beteiligten Abteilungen des MfS, des Gesamtdeutschen Ministeriums und der beteiligten Diakonie-Abteilung der EKD wusste niemand Genaueres über den Menschenhandel. Für viele der Freigekauften war das Verfahren lebensrettend.
Wer hatte mich freigekauft? Unter welchen Bedingungen? Wer hatte das Verfahren eingeleitet? Das waren alles Fragen, die erst jetzt in den letzten Wochen ansatzweise geklärt werden konnten. Im Bundesarchiv fand sich der Brief eines Bad Harzburger Bekannten meiner Mutter, der 1969 in einem Schreiben an den "Untersuchungsausschuss Freiheitlicher Juristen" meinen Fall schilderte und um Hilfe bat.

Meine Aufnahme in Ilfeld war sehr herzlich, obwohl das Gerücht ausgestreut worden war, ich hätte einen Mord auf dem Gewissen. Viele Leute grüßten mich oder drückten mir wortlos die Hand. Junge Schwestern des Krankenhauses luden mich zu FDJ-Veranstaltungen ein, interessanter waren aber die großen Jugendgottesdienste, die Ilfeld 1970/71 prägten. Organisatoren waren neben Pastor Knuth, Alexander Bauersfeld, Michael Richter, Norbert Heber und Angelika Richter. Ich ließ mich von diesem Kreis auffangen, und es begann eine Freundschaft, die bis heute anhält. Norbert kam leider unter merkwürdigen Umständen 1992 bei einem Verkehrsunfall ums Leben.
Die Jugendgottesdienste waren Anfang der 70er-Jahre die größte jugendliche Oppositionsbewegung im Südharzgebiet. Wir kamen auch außerhalb der Gottesdienste zusammen, feierten viel, wozu sich das gerade fertiggestellte Haus meiner Mutter hervorragend eignete; wanderten, fuhren gemeinsam an die Kelbraer Talsperre zelten. Wir wollten einfach nur anders sein, ein anderes Leben führen, als das staatlich verordnete. Das musste zwangsläufig die Aufmerksamkeit der "Organe" erregen. Aber Ilfeld "hielt dicht", wie schon 1968. Der ABV meldete, es würden bei den Feiern nur Volkslieder gesungen, "mit sehr schönen Stimmen".
Nicht so problemlos lief das Arbeitsleben unter der Regie des Genossen Graniewski ab.
Die Diplomarbeit hatte ich mit maßgeblicher Hilfe Professor Adolphis berichtigt und verteidigt. Im Januar 1971 gaben meine Betreuer an der TU eine positive Stellungnahme über mich ab. Daraufhin bescheinigte Professor Schubert den Abschluss des Studiums und der Betriebsdirektor ließ mich in eine Ingenieurgehaltsgruppe einstufen. Die Genossen des Betriebes bescheinigten mangelhaftes gesellschaftliches Engagement und empfahlen, das Diplom noch nicht auszuhändigen. In den Stasi-Berichten standen noch ganz andere Dinge.
Im August 1971, ein Jahr nach der Arbeitsaufnahme in der sozialistischen Produktion erhielt ich das Diplom. Ich war jetzt politisch vorbestrafter Diplomingenieur. Und ganz so verlief auch mein

Berufsleben. Ich bemühte mich um eine Stelle im neu gegründeten Organisations- und Rechenzentrum des Betriebes. Das wurde mir ebenso verwehrt wie eine Beschäftigung im F/E-Bereich, mit dem ich sowieso eng zusammenarbeitete. Auf Anfrage ließ mir Staatsanwalt Rau von der Staatsanwaltschaft Frankfurt/Oder mitteilen, das läge alles im Ermessen des Betriebes. Damit hatte er recht, Kaderleiter Graniewski bestimmte mein Berufsleben. Graniewski berichtete dem MfS, KD Nordhausen, dass ich meine Verurteilung als ungerecht empfinden und in mir weiter ein Hass auf die DDR und ihre sozialistischen Errungenschaften schwelen würde. Er kam in seinem zweiseitigen Bericht vom 7. 8. 72 zu der Schlussfolgerung: "Isolierung".

Ich musste weg aus dem Südharzgebiet. Schnell.

Prof. Adolphi half mit Empfehlungsschreiben an alle führenden Verfahrenstechniker, die er kannte. Ich schrieb 14 Bewerbungen, alle bedauerten... Einmal schrieb ich auf eine Annonce der Ingenieurhochschule Köthen, die dringend Verfahrenstechniker für Lehre und Forschung suchten. Als sie meinen Kader-Fragebogen gelesen hatten, schickten sie alles zurück. Begründung: kein Wohnraum.

Im August 1972 übernahmen Prof. Adolphi und sein Freund Erwin Techler die persönliche Bürgschaft für mich. Sie kannten sich vom Aufbau des Werkes Schwedt. Erwin Techler war Betriebsdirektor im Ingenieurtechnischen Zentralbüro Böhlen, Betriebsteil Schwedt. Er stellte mich für das Vorhaben "Radialreifenfertigung Fürstenwalde" als Montageingenieur ein. Die MfS-KD Nordhausen schickte meine Unterlagen an die KD Böhlen, und ich hatte erst einmal Ruhe. Das Montageleben in Fürstenwalde machte Spaß, die Arbeit auch. Ich war verantwortlich für den Bau des Umspannwerkes Fürstenwalde-Süd und für das Anfahren von Anlagen im Reifenwerk. Ende 1972 lernte ich meine Frau kennen, 1973 heirateten wir und 1974/75 wurden Kai und Kirsten in die Montageunterkunft hineingeboren. Die Staatssicherheit (jetzt war wieder Major Gudlowski aus Frankfurt/Oder mit seinen Genossen für mich zuständig) bekam ich erst zu spüren, als es Auseinandersetzungen wegen einer versprochenen Wohnung in Fürstenwalde gab. Unser Kraftfahrer hatte beim MfS Berlin gearbeitet und "einmal MfS - immer MfS", wie er freimütig bekannte, durchsuchte er unsere Montageunterkunft. Einige Briefe und Aufzeichnungen aus dieser Zeit fand ich in meiner Akte bei der Gauck-Behörde.

1975 wurde meine Strafe getilgt. 1976 ging ich nach Berlin zum VEB Elektrokohle. Dieser Betrieb stand fest auf sozialistischem Boden, kleinliche Schnüffelei wurde nicht benötigt. Berlin eben. Es lag übrigens nur wenige 100 m Luftlinie vom Lager X entfernt, aber ich musste jetzt vorsichtig sein. Durch die Familie war ich erpressbar.

1977 wurde ich zum Reservistenwehrdienst in das Pionier-Baubataillon 13 in Prenzlau einberufen. Das MfS erfuhr davon durch einen Brief an meinen Briefmarken-Tauschpartner Dietrich G. in West-Berlin, für den die HVA einen operativen Vorlauf angelegt hatte. Das MfS empfahl der NVA, mich nicht einzuziehen. Die NVA bestand aber, wahrscheinlich aus Personalmangel-Gründen, auf der Einberufung. In der Grundausbildung in Prenzlau spürte ich den eisernen Griff des MfS. Danach in Leuna beruhigte sich die Lage spürbar.

Nach Berlin-Lichtenberg, in die Nähe der Normannenstraße, wollte ich mit meiner Familie nicht ziehen, also nutzten wir die Gelegenheit und zogen 1979 nach Neudietendorf bei Erfurt. Mein Vater war kurz nach meiner Haftentlassung verstorben und sein Haus war frei geworden.

Bis 1988 gab es nur vereinzelte Vorgänge in meiner Akte, meistens Karteikarten. Einmal machte mich die Spionageabwehr im Raum Kranichfeld aus. Von 1984 gab es einen dreiseitigen Ermittlungsbericht der Kriminalpolizei, weil ich Siegfried mit seiner Familie nach Neudietendorf eingeladen hatte, 1987 eine Entscheidung zur VSÜ (Westreise). Das MfS lehnte ab.

Kritisch wurde es erst wieder 1988. Meine Frau wollte sich plötzlich scheiden lassen. Es lief wieder wie eine "Operative Kombination" ab. Im "Spiegel" 3/92 Seite 30 wird der Scheidungsablauf des Ehepaars Poppe aus Berlin beschrieben. Parallelen sind unverkennbar. Schuld an dieser ganzen, sehr nervenaufreibenden Angelegenheit war der Wunsch von zwei Arbeitskollegen und mir, dem unerfreulichen Arbeitsklima der Erfurter Ölmühle zu entgehen und in einem anderen Betrieb anzufangen. Der Betriebsdirektor der Erfurter Ölmühle war IMB und wohl hauptsächlich - als Präses der Erfurter Christen - im kirchlichen Bereich tätig. Er ließ, aus verletztem Stolz, seine Verbindungen spielen und gab einen Spitzelbericht ab (Begründung: Bau einer Antennenanlage in Neudietendorf). Ich landete wieder in der Vorfeldablage des MfS. Aber die Massen rüsteten schon zum Aufbruch, wenig später brach der ganze Unterdrückungsapparat zusammen.

Francis Milwoky *(USA)*

Drehbuch für eine zersetzte Liebe

Im März 2002 bat der Forum Verlag Leipzig meinen deutschen Verleger Alexander Hussock, der im Revolutionsjahr '89 frühes Mitglied des NEUEN FORUM war und wenig später Mitbegründer der Hilfsorganisation HELP e.V., einen Essay für diesen Sammelband beizusteuern. Mein Verleger, der meine Vorliebe für die Gestaltung der privatesten Geschehnisse im Leben von Menschen kennt, gab diese Bitte samt Kopien aus dem Horror-Fundus der so genannten Gauck-Behörde nach New York an mich weiter. Er bemerkte dazu Folgendes: "Der Mann, dem Sie in den Akten begegnen werden, ist zwar kein Bundeskanzler, hat aber durchaus etwas mit unserem Bundeskanzler gemeinsam. So wie Letzterer in vorgerückten Jahren noch einmal die große Liebe und das große Glück fand und beides mit dem Ehebund besiegeln konnte, so plante der Mann aus den Akten es 1985. Auch er war schon 44 Jahre alt und wollte große Liebe und großes Glück mit einer Ehe krönen. Was jedoch unserem Kanzler in einer freien Gesellschaft mühelos gelang, das misslang diesem Mann unter der SED-Diktatur. Ihm standen zur Bekämpfung der in der Stasi personifizierten Niederträchtigkeit keine Mittel zur Verfügung. Denn dass die Eheschließung "misslang", ist nur die Wahrheit unter der Wahrheit. Die Wahrheit ist: Seine Liebe wurde zersetzt, wie die Stasi das nannte, das Glück zerstört. Ein großes Stück Leben wurde ihm gestohlen, denn auch zerstörte Liebe und zerstörtes Glück sind gestohlenes Leben."

Allein schon der kurze Monolog hätte mich neugierig gemacht, aber noch neugieriger war ich, weil ich wusste, dass der Mann aus den Akten Alexander Hussock war. Also vertiefte ich mich alsbald in das Drehbuch der zerstörten Liebe, das beweiskräftig dokumentiert ist durch Stasi-eigene Niederschriften, die - Gott sei's gedankt - nicht vernichtet werden konnten und als ewige Mahnung und Warnung für alle künftigen Generationen zugänglich bleiben müssen.

Alexander Hussock, ein gut aussehender Berliner, hatte ein bewegtes Junggesellenleben hinter sich, als er im Mai 1983 der schönen Karl-Marx-Städterin Inge Mai begegnete. (Der Name ist hier geändert.) Die Sächsin lebte in Scheidung. In der DDR konnte sie als privilegiert gelten, weil sie einen Kosmetiksalon besaß. Dieser Salon machte sie zwar nicht reich, da der sozialistische Staat die wenigen Gewerbebetriebe, die er zuließ, noch erbarmungslos knebelte. Jedoch war Inge Mai unabhängig und verdiente mehr als etwa eine Verkäuferin oder Krankenschwester. Aus dem, was Alexander Hussock zunächst für einen Urlaubsflirt gehalten hatte, wurde bald eine leidenschaftliche feste Verbindung, die an fast jedem Wochenende die Hürde der großen Entfernung zu überwinden hatte. Vier Stunden benötigte man mit dem Zug, um im technisch unterentwickelten sozialistischen Staat von Berlin nach Karl-Marx-Stadt zu gelangen. Eine Autofahrt dauerte ebenso lange. Doch der Honeymoon der Liebe wurde bald nicht nur durch die Entfernung getrübt. Nach Wochen der Turtelei hatte Inge Mai natürlich herausgefunden, dass ihr geliebter Mann nicht nur kein sozialistischer Karrierist war, sondern, schlimmer, ein ausgesprochener Gegner des kommunistischen Systems. Er trug sich ständig mit Ausreisegedanken, schrieb an Büchern, die er im Westen verlegen wollte und deckte SED und Behörden mit Eingaben oder Klagen ein. Inge Mai hingegen, obschon keineswegs mit dem DDR-System einverstanden, hatte sich wie Millionen schweigend ins ihrer Meinung nach Unvermeidliche gefügt, wie Millionen hatte sie ihre leidliche Ruhe und ihr leidliches Ein- und Auskommen. Und wenn Alexander Hussock argumentierte, dass Schweigen und Ruhe, leidliches Ein- und Auskommen jeden Menschen zum Gelähmten machen, was eines aufrechten Menschen unwürdig sei, dann brach Streit aus. Inge Mai entgegnete wütend, was er denn verlange von all den Menschen, die nur ein einziges Leben hätten. Die kommunistische Diktatur sei schließlich 1945 nach dem Ende der national-sozialistischen allen ungefragt übergestülpt worden.

Ob nun Männer und Frauen, die Familie und Kinder haben, opponieren sollten? Nur, um sich ins Gefängnis stecken zu lassen?

Ob das ihren Kindern nütze? - Sicher nicht, erwiderte Alexander Hussock dann meist, sie nützen aber ihren Kindern auch nicht, wenn sie stumm und geduckt bleiben. Denn dann frisst die Diktatur Geist, Herz und Seele ihrer Kinder auf, macht sie zu lebenden Krüppeln. Kann das denn das Ziel eines einzigen Lebens sein?
In solchen Momenten flogen die Argumente hin und her und mit der ganz großen Liebe war's vorbei. Große Liebe blieb es dennoch. Alexander Hussock wollte heiraten und Inge Mai schien es auch noch einmal wagen zu wollen. Konnte es da etwas geben, das die Heirat gefährden, die Liebe zum erlöschen bringen würde?
Eines Tages im Frühjahr 1985 kam Inge Mai in ihrem Salon zitternd und blass Alexander Hussock entgegen. In der Mittagspause war ein Mann aufgetaucht, hatte sich als Kriminalbeamter aus Limbach-Oberfrohna vorgestellt und sie in ein konfuses Gespräch verwickelt. Danach hatte sie sich per Unterschrift zum Stillschweigen verpflichten müssen. Alexander Hussock erfasste die Situation sofort und rief aus: "Das ist die Stasi! Jetzt haben wir diese Verbrecher am Hals!" und er verlangte kategorisch: "Du sagst gar nichts mehr und unterschreibst nichts. Wenn die etwas wollen, sollen sie dich vorladen. Reichst du diesen Verbrechern auch nur den kleinen Finger, verschlingen sie dich mit Haut und Haaren!" Nur zu gut hatte er die gemeinen und verlogenen Methoden des MfS während seiner Untersuchungshaft als "Republikflüchtling" kennen gelernt. Doch weder Alexander Hussock noch Inge Mai ahnten, was nun auf sie zukommen würde ...
Von dem Ziel getrieben, Inge Mai als "Inoffizielle Mitarbeiterin" (IM) zu gewinnen, empfand das MfS Karl-Marx-Stadt das Liebesverhältnis zu Alexander Hussock als höchst störend. Hauptmann Georgi schlug deshalb am 8. Juni 1985 ein teuflisches und frei erfundenes Szenario vor, das ihm von Stasi-Oberstleutnant Böhm bestätigt wurde. Georgi schrieb: " ... wird eine fiktive Straftat, in welche der Hussock, A. einbezogen werden soll, vorbereitet. Dies betrifft folgenden Sachverhalt: Durch die Zollorgane der DDR wurden im grenzüberschreitenden Verkehr (Eisenbahn...) versteckte Hetzschriften und eine Mitteilung gesichert. Aus dieser Mitteilung

geht hervor, dass die Täter beabsichtigen, ihre Methode zu ändern und die Schleusung der Hetzschriften per Lkw/Bus vornehmen wollen. Damit ist ein gewisser H. zur Schaffung eines Stützpunktes beauftragt. Er wird einen "Salon" an der F96 einrichten. Weiterhin wurde ein zerrissenes Foto aufgefunden, auf welchem das Haus, wo sich der Salon der Mai, Inge befindet, erkennbar ist... Entsprechend der rechtlichen Grundlagen wird die Mai zum Sachverhalt befragt. ...Termin: 18. 6. 85." Weiter schrieb Georgi: "Hussock, A. unterhält ein widersprüchliches Liebesverhältnis zu der Mai. ... Zu Hussock liegen auf der Grundlage einer abgeschlossenen Operativen Personen-Kontrolle der HA II folgende operativ interessante Fakten vor: Nichtwähler, Verbindung zu BRD-Journalisten und BRD-Verlagen, Verbindung zu konterrevolutionären Elementen aus der VR Polen, welche z. Z. in der BRD leben. Gleichzeitig sollen die Kontakte genutzt werden, um schrittweise die Verbindung zu dem Hussock zu zersetzen. Die bisher bearbeiteten Widersprüche, Streit und Auseinandersetzungen bilden dafür die Grundlage. Die IM "Hubert Mann" und "Walter Nitsche" sind so instruiert, dass sie ebenfalls Ansatzpunkte für die mögliche Identität des H. setzen, ohne dafür Beweise zu liefern. Zur Unterlegung der Echtheit des Anliegens wird ein fiktives Protokoll gefertigt mit Anlageteil einer Hetzschrift (Fotokopien R. Bahros, Die Alternative, Mitteilung über H., Teil eines Fotos vom Haus der Mai. T: 15. 6. 85), welches durch die Zollverwaltung an das MfS übergeben wurde. Die Überprüfung der Entwicklung des Kontaktes und der Ehrlichkeit der Mai erfolgt durch die Maßnahme 26A und den Einsatz der IM 'Hubert Mann' u. 'W. Nitsche'." Das gefälschte Protokoll war schon fertig: "Durch den Zollfahndungsdienst wurde am 3. 5. 85 bei Kontrollhandlungen im D 77 ein im Abfallbehälter des 6. Waggons vorn verstecktes Paket mit folgendem Inhalt gesichert: 1 R. Bahro Rowohlt Verlag BRD 'Die Alternative'. 1 Teilstück eines Fotos, 1 Mitteilung, Fotodokumentation der gesicherten Gegenstände, Täter: unbekannt."

Inge Mai wurden die gefälschten Dokumente und das Foto ihres Hauses vorgelegt, verbunden mit der heuchlerischen Frage, ob sie denn einen gewissen "H." kenne, der offenbar vorhabe, Tausende Exemplare des "Hetzwerkes" von Rudolf Bahro im Abstellraum ihres Salons zu lagern. In Anbetracht der Haftvergangenheit und der politischen Einstellung ihres Freundes fiel die Manipulation bei Inge Mai auf fruchtbaren Boden. Und, schlimmer, ihre Liebe begann zu sterben, schlug manchmal sogar in Hass um. Sie wollte Alexander Hussock vorerst nicht mehr in Karl-Marx-Stadt sehen. Und wenn er - liebend, eifersüchtig, voller Hass auf die Stasi - doch kam, verhielt sie sich kühl und abweisend, oft sogar aggressiv. Dennoch bewahrte sie sich einen Rest von Misstrauen gegenüber dem MfS, wie ein Bericht des Hauptmanns Georgi vom 27. Juni 1985 belegt: "Der IM-Kandidat führte aus, dass er noch immer nicht richtig glauben kann, dass seine Person für ein subversives Verbrechen missbraucht werden soll. Ihm wurde deutlich gemacht und er wurde beauftragt, seinen Kontaktkreis - Personen mit Vor- oder Nachnamen H. beginnend - aufzuklären und ... zu benennen. Hierzu war zu erkennen, dass der IM-Kandidat noch Vorbehalte hat, ehrlich und offen über diese Personen zu sprechen. Er führte aus, dass er in der Vergangenheit eine schlechte Auffassung über das Ministerium für Staatssicherheit hatte und diesem Organ zwielichtige Handlungen zutraut. ...Der Kandidat wurde aufgefordert zu prüfen, inwieweit von seinem Kontaktkreis Handschriftenmaterial zu beschaffen ist, um eine Schriftidentifizierung der möglichen Täter vorzunehmen. Dazu sieht der Kandidat gegenwärtig keine Möglichkeit." So verschärfte der Hauptmann seinen Ton. Ob Inge Mai deshalb nachgab oder ob sie hoffte, sie und ihr Sohn könnten von einer Zusammenarbeit profitieren - plötzlich ging sie auf manche Wünsche des Hauptmanns ein, wie ein "Ausspracheberich" vom 19. 9. 1985 und ein "Aktenvermerk" vom 1. 10. 1985 belegen. Alexander Hussock spürte, wie die Frau, die er immer noch liebte, mehr und mehr in die Fänge der Stasi geriet, ohne dass deren unsichtbare Polypenarme zu orten oder gar zu fassen gewesen wären. Er entschloss sich zu einem Schritt nach vorn, wobei er, um das MfS mit eigenen Waffen zu schlagen, zu einem Trick griff.

Er habe eines der konspirativen Gespräche zwischen Inge Mai und dem Hauptmann Georgi belauscht, was dessen Inkompetenz beweise, schrieb er in einem Brief an den Stasi-Minister Mielke und den SED-Diktator Honecker: "In der 2. Juliwoche 1985 fragte mich Frau Inge M. aus Karl-Marx-Stadt, mit der ich seit Jahren befreundet bin, ob ich Verbindung mit der zur Zeit in der VR Polen verbotenen Solidarność hätte. Als ich ihr auf den Kopf zusagte, woher dieser Unsinn komme, musste sie zugeben, was ich schon wusste, dass sie im Juni in ihrem Salon während der Arbeitszeit den Besuch eines einzelnen Mitgliedes der Staatssicherheit Karl-Marx-Stadt hatte und sich danach noch zweimal mit diesem Beamten in der Stadt treffen musste. Den Besuch im Salon hatte ich - da ich mich für 2 Wochen in Karl-Marx-Stadt aufhielt - am 19. Juni um die Mittagszeit sogar durch Zufall registriert. Bei dem Stadttreffen teilte der Beamte Frau M. mit, dass er von meinen Besuchen wisse und er fügte an diese Mitteilung eine Bemerkung über Solidarność an. Da der Hintersinn dieser Bemerkung unüberhörbar war, stellte Frau M. mich zur Rede. Und ich erwiderte, was ich an dieser Stelle auch dem Ministerium für Staatssicherheit in Berlin zur Kenntnis bringen möchte: mein letzter Besuch in Warschau bei meinen Verwandten und Freunden war zu einer Zeit, da es Solidarność noch nicht gab. Es entzieht sich daher völlig meiner Kenntnis, ob jemand darin Mitglied ist. Ich muss daher das Ministerium für Staatssicherheit in Berlin bitten, solche Unterstellungen aus der Akte über mich zu streichen. Und ich frage mich, welches Recht ein Mitglied der Staatssicherheit in Karl-Marx-Stadt hat, mit solcher Aktennotiz bei meiner Freundin Stimmung gegen mich zu entfachen. Bekanntermaßen ist die Diffamierung des Freundes einer Frau das geeignetste Mittel, wenn man eventuell selbst persönliche Ziele bei dieser Frau im Auge hat ...

Doch nun einige Bemerkungen zu der von Frau M. unerwünschten und als nervliche Belastung empfundenen Annäherung eines einzelnen Mitgliedes der Staatssicherheit Karl-Marx-Stadt. Frau M. macht seitdem einen gequälten Eindruck. Auf meine Frage, ob man ihr etwas Konkretes vorgeworfen habe, antwortet sie mit Nein. Was

will dieser einzelne Herr dann von Frau M.? Warum lässt er sie nicht in Ruhe? Frau M. arbeitet selbständig und ohne Angestellte und hat täglich einen anstrengenden Arbeitstag zu absolvieren, oft ohne richtige Mittagpause. Zudem ist sie eine geschiedene, alleinstehende Frau mit einem 14-jährigen Sohn, der sie ebenfalls voll beansprucht. Nach der Verfassung unseres Staates wird eben solchen alleinstehenden Müttern mit Kind der besondere Schutz zugesichert, im Artikel 38, Abs. 3 und in Abs. 2 die Fürsorge und Unterstützung durch besondere Maßnahmen. Dass aber von Schutz, Fürsorge und Unterstützung keine Rede sein kann, wenn Frau M., ohne dass man ihr Konkretes vorzuwerfen hat, nervlich und psychisch belastet wird, das ist doch wohl klar. Und wenn durch diese nervliche und psychische Belastung auch noch die Arbeitsleistung gemindert wird, Arbeitsleistung, die ansonsten täglich Bedürfnisse der Bevölkerung befriedigt, dann frage ich mich, ob hier noch Staatssicherheit oder nicht etwa das Gegenteil betrieben wird? Es dürfte doch wohl auch für die Staatssicherheit Karl-Marx-Stadts dringlichere Aufgaben zu lösen geben ...
Frau M. hat von dieser meiner Eingabe keine Kenntnis. Ich bitte darum, dass ihr weder jetzt noch künftig Nachteile daraus erwachsen, wobei ich nicht an Fehlverhalten der Staatssicherheit im Allgemeinen denke, sondern an ein denkbares Fehlverhalten aus Verärgerung und Wut dieses einzelnen Mitglieds des Staatssicherheitsdienstes in Karl-Marx-Stadt, der nun ein dienstliches oder privates Ziel - vielleicht auch beides - als nicht erreicht betrachten muss. ... Desgleichen bitte ich um Schutz vor eventuellen Repressalien wegen dieser Eingabe und das Unterbleiben künftiger Beobachtung! Wenn ich schon nicht so frei bin, dass ich meine im anderen Teil Deutschlands lebende Mutter, die ich seit 36 Jahren nicht gesehen habe, besuchen darf, so möchte ich wenigstens in der DDR unbespitzelt und unbeobachtet meine Privatreisen machen dürfen! ... Ich hoffe, dass sich das Büro des Ministers nicht der lapidaren Praxis vieler unserer Institutionen bedient und diese Eingabe an die Person weiterleitet, über die ich mich beschwere oder an die Person, mit welchem diese Person eventuell befreundet

ist und ähnliches mehr, sondern diese peinliche Angelegenheit von Berlin aus untersucht und geraderückt und eine schriftliche Entschuldigung des Ministeriums für dieses entgleiste Verhalten eines seiner Mitarbeiter wäre wohl keine zu anspruchsvolle Forderung!"
Alexander Hussock wurde in einem Schreiben ohne Kopf, aber unterzeichnet "mit sozialistischem Gruß, Hagen" am 11. November 1985 ins Zimmer 6024 des Polizeipräsidiums M, Alexanderplatz geladen. Der Schlipsträger, der ihn dort hinter verschlossenen Türen empfing, warnte ihn davor, seinen Mielke-Honecker-Brief im Westen zu verbreiten. Dann meinte er kaltschnäuzig, "dass man die Bevölkerung immer wieder zur Mitarbeit heranziehen" werde und "es doch menschlich sei, wenn einem MfS-Angehörigen eine Frau gefalle". Er, Alexander Hussock, könne aber mit der Zusage nach Hause gehen, "dass man nunmehr die Frau Mai in Ruhe lassen" werde. Dies konnte Alexander Hussock, solange die DDR existierte, nicht mehr überprüfen. Denn die Stasi hatte ihr perfides Ziel, die Zersetzung von Liebe und Partnerschaft, erreicht. Bald nach diesem mutigen Brief kam es zur Trennung. Erst nach 1990 erfuhr Alexander Hussock die ganze Wahrheit, als ihm die Behörde des Bundesbeauftragten für die Unterlagen des Staatssicherheitsdienstes einen Teil aus dem Vorgang "IM-Kandidat Mazda" schickte. Am 14. Februar 1986 hatte die Stasi Karl-Marx-Stadt - wahrscheinlich auf Weisung der Berliner Zentrale - den IM-Vorlauf "Mazda" geschlossen. Zwei Gründe wurden genannt: Der "Kandidat" habe sich gegenüber Alexander Hussock dekonspiriert, zudem habe Hussock "die inoffizielle Zusammenarbeit durch eine offizielle Eingabe an das MfS unterlaufen, gestört".
Hätten nur mehr DDR-Bürger so unterlaufen, so gestört, dachte ich, als ich das letzte Blatt der Akte in den Händen hielt. Und auch dies dachte ich noch: Wären der deutsche Bundeskanzler und seine Gattin Doris an der Stelle von Alexander Hussock und Inge Mai gewesen, würde Herr Schröder dann auch noch Akten des Stasi-Polypen, diese einzigen Beweismittel der Zerstörung ihrer Liebe und Partnerschaft, verschließen und diese verbrecherische Stasi damit vor der Wahrheit, die Entlarvung heißt, schützen wollen?

Francis Milwoky *(USA)*

Im Würgegriff von Schreibtischtätern

Natürlich war Alexander Hussock, als am 31. 9. 1985 sein - in der Wertung der Stasi - ungemein provokanter Brief im Mielke-Ministerium in der Normannenstraße eintraf, kein der Stasi Unbekannter. Ein Griff in die Archive wird genügt haben, um das Wissen über dieses "Subjekt" aufzufrischen.
Denn bereits 1976 war ein Observierungsvorgang - eine OPK - über Hussock von Major Heinert und Leutnant Seidler mit den Sätzen eröffnet worden:

"H. erzählte dem IM "Margret" bei diesem Gespräch, dass er sich zur Aufgabe gestellt hat, DDR-Bürgern, die ausreisen wollen, Unterstützung zu geben. Dazu sammelt er entsprechende Materialien, zum Beispiel die Verfassung der DDR, UNO-Beschlüsse und die Schlussakte von Helsinki, wertet diese aus und stellt sie Interessenten zur Verfügung. Der IM wurde beauftragt, den Kontakt zu halten und zunächst Angaben zu seinem konkreten Verhalten zur Ausweisung des Biermann sowie zu seinem Bekanntenkreis zu erarbeiten. Aus der Aufklärung des H. wurde bisher bekannt, dass er von 1967 bis 1969 eine zweijährige Haftstrafe wegen versuchter Republikflucht abbüßen musste. Während dieser Zeit trat er mit Äußerungen auf, die zumindest nahe an die Erreichung des Straftatbestandes - staatsfeindliche Hetze - heranreichten. Es wird vorgeschlagen, die weitere Bearbeitung des H. in einer OPK vorzunehmen: 1. Einsatz des IM "Giesela", 2. Alibiüberprüfung, 3. Schriftüberprüfung Abt. XX, 4. Duftkonserve und Fingerabdrücke.
H. sollte auch im Zusammenhang mit der Aktion "Schmierer" aufgeklärt werden und die entsprechende Überprüfung durchgeführt werden."

In diesem Spitzelaktenvorgang werden sie auch auf Verse gestoßen sein, die Hussock während seiner elfmonatigen Stasi-U-Haft in

Pankow/Kissingenstraße und während seiner anschließenden Gefängnishaft in Cottbus und auf dem Kaßberg in Karl-Marx-Stadt heimlich niedergeschrieben hatte, ohne zu ahnen, dass kaum etwas der Stasi in der eingemauerten DDR verborgen blieb.

So hatte Hussock hinter die Verse von Schiller:

"Groll und Rache sei vergessen,
unserm Todfeind sei verziehn,
keine Träne soll ihn pressen,
keine Reue nage ihn.
Unser Schuldbuch sei vernichtet,
ausgesöhnt die ganze Welt"

gedichtet:

"Ach, es leben seine Werke,
doch sein Geist ...?
Oh, es ehrt der Staat die Dichter,
nennt sie Dichter der Nation,
wäre er doch in ihrem Sinne Richter,
das wär' den Dichtern bess'rer Lohn.
Denn sie haben nicht gedichtet,
damit das Wort geschrieben steht,
sondern dass der Geist des Wortes
tätig über'n Erdball geht."

Werden Major Heinert und Leutnant Seidler, welche diese Verse in ihrem Spitzelvorgang aufnahmen, sie auch begriffen haben? Es darf bezweifelt werden. Denn hätten sich geistig wohlproportionierte Menschen sonst dazu entschlossen, einen simplen Klatsch- und Tratschbericht vom 11. Oktober 1967 - da war Hussock noch ein Protestjugendlicher - in die OPK aufzunehmen, wobei er, was die langen Haare anging, mit einem Freund verwechselt wurde:

"*Der Leumund des Ermittelten lässt allgemein einiges zu wünschen übrig. Sein Verhalten war während seiner 3-jährigen Wohnzeit im*

Haus wenig vertrauenserweckend, da er den Eindruck eines Nichtstuers machte, ständig die gleiche Kleidung (Niethose und Pullover) trug und einen ziemlich langen Haarschnitt hatte. Er sympathisierte offensichtlich mit dem Gammlertum und hielt sich auch mit solchen Freunden im Wohngebiet auf. Außerdem wurde er laufend von wechselnden Frauen und Mädchen in seiner Wohnung besucht oder von ihnen abgeholt. Feiern veranstaltete er aber in seiner Wohnung, die er mit ... teilte, nur selten und verhielt sich im Hause allgemein ruhig. Er entschuldigte sich auch bei dem unter ihm wohnenden Mieter, wenn es bei ihm mal etwas lauter zuging. Direkte Klagen über ihn wurden daher nicht gehört und er wurde auch nicht betrunken gesehen. Seine Umgangsform war aber sonst einfach und ziemlich phlegmatisch. Seine Aufrichtigkeit und Ehrlichkeit wurde auch sehr bezweifelt. Bei Gesprächen zeigte er sich aber sonst sehr redegewandt und geistig rege. Für ein häusliches Leben zeigte er allerdings keinen Sinn. In den Sommermonaten kam er eigentlich nur zum Schlafen nach Hause und soll mit seinen jeweiligen Freundinnen sehr oft irgendwo ins Grüne gefahren sein. Zur Person der Freundinnen wurde aber nichts bekannt. Außerdem wurde er oft von seinen Freunden abgeholt."

Auch folgender Nonsens aus einem "Ermittlungsbericht" vom 29. 12. 76 schien den geistigen Tieffliegern der Stasi festhaltens- und erhaltenswert:

"H. strich eine Zimmertür vollkommen schwarz. (Blendfreier Hintergrund für Fotoaufnahmen?). H., nicht unintelligent (hat Abi), asketisch-sportlicher Typ ("guter Hahn wird selten fett"), sonore (nachklingende) Stimme, großer Charmeur, ist ein Frauentyp."

Unter dem Datum 25. 1. 77 gelangte nachfolgende Eintragung der Bezirksverwaltung MfS, Groß-Berlin, Abt. XX/EG, in die OPK:

Durchführung einer legendierten Tauglichkeitsuntersuchung im Januar 1977

Folgende Personen, die durch Ihre Diensteinheit als mögliche Tatverdächtige zu feindlichen Handlungen im Zusammenhang mit der Regierungsmaßnahme vom 16. 11. 76 zu Wolf Biermann für diese Aktion eingereicht wurden, konnten mit folgenden Ergebnissen einbezogen werden:
1. Konspirative Sicherung von Geruchskonserven, Vergleichsfingerabdrücken und Fotos zu:

Die Vergleichsfingerabdrücke wurden der Abt. 32/OTS zum Vergleich mit den Tatspuren übergeben. Sie werden dort eingespeichert und bleiben ständig abrufbereit.
Die Geruchskonserven werden im Differenzierungsstützpunkt des PdVP mit den Tatspuren verglichen. Sie sind dort z. Z. unter Schlüsselnummern eingespeichert. Auskunft zu diesen Schlüsselnummern ist bei Bedarf über Gen. Horbank, App. 659, Abt. XX, BV Groß-Berlin möglich.
4. Hussock, Peter Alexander, geb. 8. 2. 1941
Bei Auftreten von Übereinstimmungen zu Tatspuren erhalten Sie eine entsprechende Information.
Die Fotos zu den Personen werden nach Fertigstellung nachgereicht.

So emsig waren die Schreibtischtäter am Werke, ins Lautlose, ins Verborgene gehüllt, wie Diebe, wie all das Geschmeiß mit schlechtem Gewissen auf dieser Welt. Dass der avisierte Delinquent den Würgegriff dieser Schreibtischtäter noch kaum spürte - vielleicht ahnte? - sollte man dies "Glück im Unglück" nennen? Wird nicht von Verfolgungsangst, die sich rasch zum Wahn steigern kann, aufgefressen, wie von Säure zernagt, wer mit dem Wissen solcher infamen Be- und Ausspähung täglich leben müsste?
Doch selbst wenn Hussock von der über ihn angelegten OPK und Folgemaßnahmen Wissen erlangt hätte, hätte er wohl lange und ergebnislos über die Gründe, die zur OPK geführt hatten, gegrübelt. Der schlichte Grund war: Er hatte 1977 eine Café-Begegnung mit dem in der DDR akkreditierten Journalisten der "Süddeutschen

Zeitung", Peter Pragall, gehabt. Den er danach nie wieder sah, nie wieder sprach. Aber zwei Jahre lang hatte die Stasi "Schlimmstes" vermutet ..., was typisch war für diese Clique, die offenbar vom Anfang ihrer Gründung "eine neurotische Angst vorm eigenen Spiegelbild" entwickelte.

Mit Tätigkeitsbeendigung des "BRD"-Journalisten war dann auch die "Bearbeitung" des Hussock eingestellt worden. Doch just in diesem Jahr 1979 hatte ein Vorgang auf seiner Arbeitsstelle, dem Kinder- und Jugendwohnheim in der Eberswalder Str. 10, Hussock's Gerechtigkeitsempfinden arg verletzt.

Der langjährige Heimleiter Hubert H., war von seiner Stellvertreterin, Ingeborg N. und dem Parteisekretär des Heimes mit Intrigen ausgebootet worden und hatte infolgedessen seinen Leiterposten quasi verloren. Das Heim war, als Hussock nach der Haft dort 1970 als Haushandwerker Anstellung gefunden, Kinderheim für Kinder aus "asozialen Familien" gewesen, die zudem noch das Pech hatten, die "Hilfsschule", milder die "Sonderschule", in der nahegelegenen Kastanienallee zu besuchen.

1970 hatte das Heim unter ausschließlicher Frauenleitung gestanden und es war dort zwar sehr menschlich zugegangen, aber das Wirtschaftswesen und die Ziele moderner Pädagogik waren dabei mehr als geringfügig auf der Strecke geblieben.

Erst Hubert H., der in den fünfziger Jahren aus der Bundesrepublik in die DDR übergesiedelt war, hatte, als er 1973 Leiter wurde, das Heim auf Vordermann gebracht. Als sein besonderes Verdienst war von allen die Tatsache gewertet worden, dass er das Klima zwischen pädagogischem und technischem Personal aufs Wärmste und Freundschaftlichste zu gestalten und obendrein die finanzielle Lage des Heimes enorm zu verbessern wusste. Erfolge scheinen immer Neider zu produzieren und höchstwahrscheinlich waren dem Stadtbezirksschulrat vom Prenzlauer Berg, Egon Bethge und dem Referatsleiter Jugendhilfe Schmidtchen, auch das günstige und etwas sehr unpolitische Heimklima ein Dorn im Auge.

Als jedenfalls die vorgenannten zwei Intriganten mit dem "Argument" jonglierten, "Hubert H. ignoriere seit Jahren die hohen

wissenschaftlichen Erkenntnisse der Sowjetpädagogik", da waren Grund und Anlass gefunden, dem erfolgreichen und vielgeliebten Heimleiter Hubert H. den Garaus zu machen. Alexander Hussock war über die Maßen empört und er beschloss, es der Ingeborg N., die Heimleiterin wurde, heimzuzahlen; und zwar mit der Phrasenkeule ihres eigenen Sozialismus. Und eine beliebte Phrase des Sozialismus war: Jede Mark, jedes Gramm, jede Minute einsparen!
Doch kaum nach dem Rauswurf des Hubert H. hatte Ingeborg N. eine funkelnagelneue Industriewaschmaschine verschrotten lassen, die von Hubert H. und Alexander Hussock in einem Kellerraum installiert worden war. Angeblich benötigte Ingeborg N. just diesen Keller als "Zivilschutzraum". Mit der Waschmaschine landeten auch die gesamte neu verlegte Elektrik und die sanitären Anlagen auf dem Schrotthaufen. In diesen skandalösen Vorgang verbiss sich Hussock.
Zuerst mit einer Beschwerde an den Stadtbezirksschulrat Bethge und seine Stellvertreterin Döhrmann. Diese zwei SED-Genossen und Volkbildungsfunktionäre vollführten - was war auch anderes zu erwarten - einen "verbalen Eiertanz". Legten Hussock sogar die Kündigung nahe. Dieser jedoch kletterte die formal mögliche Beschwerdenleiter eine weitere Sprosse hinauf. Beschwerde an die so genannte Arbeiter- und Bauerninspektion des Stadtbezirkes Berlin-Prenzlauer Berg.
Doch auch diese Kommission erwies sich als Papiertiger. Hussock ließ sich nicht entmutigen. Leitete seine Beschwerde gegen die unzureichende Bearbeitung seiner Erstbeschwerde nunmehr an die Zentral-ABI und die Stadtschulrätin Hertha Otto weiter.
Langsam schienen die Funktionäre nervös zu werden. So wurde Hussock an einem Sommertag des Jahres 1980 zu einer "Besprechung mit der Stadtschulrätin" ins Rote Rathaus bestellt. Dort erwartete ihn dann eine Runde von neunzehn Männern und Frauen, die ihn ganz offenbar erst einmal mit massiver Präsenz einschüchtern wollten. Sodann baten, beschworen und beschimpften sie ihn, "doch Ruhe zu geben". Ein Funktionär entblödete sich nicht, dabei mit der Faust auf den Tisch schlagend, vor aller Augen

und Ohren auszurufen: "Wenn ihr beide im Bett nicht miteinander klarkommt, dann macht's doch endlich richtig, aber hört auf, uns zu belästigen." Hussock verbat sich diese Unterstellung, wurde die hochgewachsene Ingeborg N. hinter vorgehaltener Hand doch nur "Drahtbein" genannt, wenngleich sie nicht schlecht aussah. Allerdings war es für Hussock kein leichtes Unterfangen, gegen neunzehn wütende und teils hasserfüllte SED-Funktionäre anzukommen. Aber er zog es mit Mut und Würde durch.
Nunmehr begannen Bethge, Döhrmann, und Schmidtchen, seine Entlassung zu betreiben. 1980 war es so weit. Ihm wurde fristlos gekündigt. Hussock beschritt sofort den Rechtsweg. Das waren in der DDR: Die Konfliktkommission, das Arbeitsgericht. Um nicht zu riskieren, wegen "Asozialität" nach § 249 ZVG StGB/DDR ins Gefängnis und Arbeitslager gesteckt zu werden, nahm er Arbeit in einem Altersheim, auch "Feierabendheim" genannt, auf. Auch dort begegnete er auf Leitungsebene einer desolaten Funktionärsweiberwirtschaft, die vordergründig von Intrigen beherrscht wurde und nicht gerade zum Vorteil der meisten Heimbewohner war. Doch da er nicht an zwei Fronten kämpfen mochte, hielt er sich mit Kritik zurück. An manchem Wochenende reiste Hussock nach Halle zu seiner damaligen Freundin Inge L. Mit dieser und ihrer Tochter Jana unternahm er oft ausgedehnte Spaziergänge über Halles Stadtrand hinaus. An einem Sonntag kamen sie an einem stattlichen Haus vorbei. Neben der Klingel stand der Name: Erik Neutsch. Dieser DDR-Schriftsteller war natürlich auch Hussock kein Unbekannter. Er war der Verfasser des leicht systemkritischen Buches "Spur der Steine", das von der DEFA mit Manfred Krug in der Hauptrolle verfilmt worden ist. Doch von der SED war der Film wenige Wochen nach seiner Uraufführung wieder verboten worden. Hussock klingelte kurzentschlossen. Die Ehefrau trat aus dem Haus und kam zu ihm an die Gartentür, fragte nach seinen Wünschen, da ihr Mann nicht daheim sei. Nachdem Hussock geschildert hatte, warum er den Kontakt zu ihrem Mann wünsche, versprach Frau Neutsch, dass ihr Mann sich melden werde. Nach wenigen Wochen erreichte Hussock eine Postkarte des Schriftstellers. Es sei ihm

anheim gestellt, ihn zu besuchen oder sein Anliegen schriftlich zu präzisieren. Hussock war froh, einen ersten Kontakt zu einem DDR-Prominenten geknüpft zu haben. Es sollten im Verlaufe der folgenden Jahre noch viele Kontakte zu anderen Prominenten zustande kommen, allerdings mit unterschiedlichen Resultaten ...
Nachdem die so genannte Konfliktkommission Hussock's Beschwerde gegen seine Entlassung abgeschmettert und die Instanz des Arbeitsgerichtes ihn in die Verliererposition gedrängt hatte, ging er mit zweifelnden Hoffnungen in die höhere Instanz. Am Verhandlungstag saß auch der Referatsleiter Jugendhilfe, Schmidtchen, feixend im Saal, seines Sieges gewiss ...
Hatte er doch in einem Schreiben an die Bezirksverwaltung für Staatssicherheit mitgeteilt, dort selbst dem Oberstleutnant Horn zur Kenntnis, *"dass Hussock sehr viele Ausländerkontakte unterhalte, vor allem zu Bürgern der VR Polen. Und dass über den H. "eine dicke Akte" geführt würde ..."*
Letzteres war grundsätzlich illegal. Auch und besonders für die Volksbildung.
Doch wider Erwarten gab ein offenbar unbestechlicher Richter Hussock recht. Zum Entsetzen des Genossen Schmidtchen. Außerdem hatte die Volksbildung zwischenzeitlich zwei Haushandwerker im Jugendwohnheim eingestellt. So sicher war man sich unter den SED-Genossen eines Gerichtssieges gewesen. Doch nun ließ wohl der Stadtbezirksschulrat seine guten Beziehungen zum MfS spielen. Und so wurde gegen Hussock die OPK "Liste" eingeleitet. Die Volksbildung hatte das MfS darauf aufmerksam gemacht, dass Hussock oft in die VR Polen reise, dort vermutlich Kontakt mit Solidarność-Angehörigen unterhalte und zudem verbotene Literatur am Zoll vorbei in die DDR einschleuse. Dies alles tat Hussock tatsächlich und ohne Gewissensbisse.
1981 fand Hussock zudem übers DRK seine im Schwarzwald lebende hochbetagte Mutter wieder, von der er während der Nachkriegswirren getrennt worden war. Von nun an stellte er Antrag um Antrag, um eine Besuchsreise in die Bundesrepublik zu erhalten. Verantwortlich für die OPK "Liste" waren ein Major

Oswald und ein Oberfeldwebel Sinnig. Somit stand Hussock nach seinem überraschenden Gerichtssieg zwei feindlichen Fronten gegenüber - der ihn hassenden Volksbildung Berlin-Prenzlauer Berg und der erbarmungslosen unsichtbaren Stasi. Stand er quasi mit dem Rücken zur Wand. Aber zu welcher Wand?, möchte man mit einigem Erschrecken fragen. Keinen Freund, keinen Verwandten, keinen DDR-Bürger hatte er zu diesem Zeitpunkt als Mitkämpfer zur Seite. Natürlich glaubte er zwei gute Freunde zu besitzen. Doch was er nicht wissen konnte: Der eine "Freund", Ulrich K., spitzelte unter dem Tarnnamen "IMV Reinhold" und der andere, Rainer S., unter "IMS Peter Panther" für die Stasi. Doch dazu an anderer Stelle mehr.
Zuerst wurden die IM "Margret" und "Giesela" auf Hussock angesetzt. Denn das Junggesellenleben hatte eben auch in der DDR seine Nachteile ...

In einer Stasi-Nachricht hieß es:

"Der IMV "Reinhold" (so der Originaltext in der OPK "Liste") wird durch den Leiter der KD Lübben, Genossen Schuster, selbst gesteuert."

Gesteuert? Manipuliert? Am Band geführt wie ein Affe? Ärzte, Ingenieure, Professoren, Künstler, usw. - alle durch primitive Dunkelmänner Gesteuerte?

Man fragt sich als immer stolz und bewusst in der Freiheit lebender Ausländer, ob auch alle die in Deutschland noch lebenden und kaum juristisch belangten Spitzel und Verräter, wenn sie schon den Verrat nicht bereuen, ob sie jedoch nicht innerlich von Scham und Schande ganz spezieller Art zernagt werden? Die Scham, sich von geistig tief unter ihnen Stehenden zum Popanz gemacht zu haben. Die Stasi muss sich indes ihrer Befähigung zur Geheimhaltung nicht immer sicher gewesen sein. Wie anders ist es sonst zu erklären, dass ein Oberst Otto anwies:

"Es wird gebeten, Ermittlungen, die im Zusammenhang des Hussock stehen, unter strengster Wahrung der Konspiration zu führen."

Diese Bitte dürfte als verkleideter Befehl anzusehen gewesen sein. Und es war nicht wenig, was Oberst Ott von der Hauptabteilung VI, Bereich Auslandtourismus, in einer Order an den KD-Leiter Lübben, diesem abverlangte:

"Informationsbedarf zum Bürger der DDR Hussock, Alexander 8. 4. 1941, erfasst für HA VI/B.AT/3

Es wird gebeten, zum vorstehend genannten Bürger der DDR bei der Beauftragung des IMV "Reinhold" folgenden Informationsbedarf zugrunde zu legen bzw. die Möglichkeit der Realisierung angeführter op. Maßnahmen abzuklären:

1. *Prüfung der Reaktion des Hussock auf die Kündigung seines Arbeitsrechtsverhältnisses durch die vorgesetzte Dienststelle hinsichtlich*
   - *Absichten der Beschwerdeführung gegen die Kündigung,*
   - *Verdacht auf Kurzschlussreaktionen des Hussock (Demonstrativhandlungen, Antragstellung auf Übersiedlung, ungesetzliches Verlassen)*
   - *Pläne und Absichten des Hussock für eine Arbeitsaufnahme*
2. *Aufklärung der Pläne und Absichten für einen in Kürze geplanten Urlaub bzw. Aufenthalt in der VR Polen*
   - *Reisetermin/Reiseziel*
   - *mitreisende Personen*
   - *Möglichkeiten der Teilnahme des IM an dieser Reise*
3. *Unterstützung durch den IM bei der Vorbereitung einer konspirativen Durchsuchung des Wochenendgrundstückes in Goyatz*
   - *Überprüfung des Verdachts der Einlagerung von Manuskripten und Aufzeichnungen*

- *was, mit welchem Inhalt und Umfang wird wo gelagert*
- *Anfertigung von Fotos, Skizzen und Beschreibung des Grundstückes*
- *Aufklärung der umliegenden Grundstücke (Besitzer, Lage und Möglichkeit der Einsichtnahme)*
- *Möglichkeiten der Beschaffung eines Schlüsselabdruckes.*

4. Unterstützung durch den IM bei der Vorbereitung einer konspirativen Durchsuchung der Wohnung des Hussock in Berlin

- *Besteht die Möglichkeit der Übernachtung des IM in der Wohnung des Hussock bei dessen Abwesenheit*
- *Realisierung der Maßnahmen analog der Unterpunkte Pkt. 3.*

Mit der Realisierung damit zusammenhängender organisatorischer Fragen wurde der zuständige Leiter des Referates - Major Oswald, Tel. 23779 - beauftragt.

Leiter des Bereiches
Ott
Oberst

Spürte Hussock wenigstens den Luftzug des Damoklesschwertes, das über seinem Haupte pendelte? Ich fragte Anfang 2002 nach und erhielt, nach einem langen Schweigen, die Antwort: "Höchstens 5 Prozent davon". Kleiner Fehler der Stasi: Hussock wurde nicht am 8. 4. 1941, sondern am 8. 2. 1941 geboren.

Am 16. Oktober 1980 wusste ein Oberstleutnant Horn zu verkünden, dass Hussock eine Biografie über irgendeine wichtige Persönlichkeit geschrieben hätte, die er - wahrscheinlich im Westen - veröffentlichen wolle. Dabei hatte Hussock nur geblufft. Und damit befasste sich ein Oberstleutnant? Hatten diese höheren Ränge in der Ex-DDR keine wichtigeren Aufgaben oder gab's zu viele davon?
In einem 6-seitigen Tonbandbericht für Major Schuster wurde IM "Reinhold", Hussock's "Freund" und ein beliebter Arzt in Lübben, fast zum Romancier, so vieles und so vieles Weitschweifiges berichtete er dem Tschekisten. Für mich ergibt sich wiederum die

Frage: Waren auch die Ärzte in der Ex-DDR beruflich nicht ausgelastet? Ein großer Denker schien dieser Allgemeinmediziner auch nicht gewesen zu sein. Denn in diesem Bericht räumte er einerseits ein: "dass Hussock einen ausgeprägten Gerechtigkeitssinn zu haben scheint" und andererseits hielt er ihn für "geeignet mit dem MfS zusammenzuarbeiten". Als ob das Erstere nicht das Letztere kategorisch ausgeschlossen hätte.
Einen ganzen Kübel Schmutz und Verleumdung schüttete der Heimpädagoge Reinhard B., der 1979/80 für Monate zum Heimleiter avanciert war, in einem Bericht an die Stasi über Hussock aus. Dieser Spitzelbericht war so haarsträubend lügenhaft, dass wohl die Stasi selbst, nachdem sie ihn mit den positiven Berichten anderer früherer Heimleiter verglichen, den Kopf geschüttelt haben müsste.
Die Spitzelberichte von manchen Damen in dieser OPK "Liste" klingen indes vielfach so, als hätten sie Alexander Hussock zwar einerseits sehr, sehr gemocht, sich andererseits und quasi unter Stasi-Hypnose zum geschwätzigen Berichten verpflichtet gefühlt. Und das klang dann auszugsweise so:

"Alexander hat ein sehr selbstsicheres und nettes Auftreten. Frauen gegenüber ist er sehr höflich. Als Gesprächspartner ist er angenehm, er bewegt sich ruhig und ausgeglichen. Anderen Menschen gegenüber ist er zuvorkommend, er ist nicht aggressiv.
Er hat zu mir großes Vertrauen, d. h., er legt den Schlüssel unter die Matte und lässt mich auch allein in der Wohnung."

Na ja, Frauen blind zu vertrauen, hat schon manch einen in die Klemme gebracht ...
Hussock's anderer "Freund", beschäftigt beim Adlershofer Fernsehen, Bereich Post und jahrelang sein Wohnungsnachbar, dabei ein permanent untreuer Ehemann und genusssüchtiger Egoist, durch den Hussock erst ins Berliner Café- und Restaurantleben eingeführt wurde, verdreht in einem Bericht an seinen "Herrn und Meister" Stasi glattweg die Tatsachen, indem er schrieb:

"Der IM schätzte ein, dass er durch den Verdächtigen (Hussock) das "leichte Leben" in Berlin kennen gelernt hat und in dieser Beziehung viele Erfahrungen sammelte."

Wahrscheinlich hielt der IMS "Peter Panther" es für notwendig, vor seinen Auftraggebern den "Saubermann" herauszukehren. Eine ausgesprochene "Stasi-Spitzel-Sklavenmentalität" und "traurige Größe im Verrat" bewies in den Jahren 1980/81 der "Freund" aus Lübben, der beliebte Arzt, der IMV "Reinhold". Zum einen animierte er Hussock und dessen Hallenser Freundin zu einer gemeinsamen Autoreise nach Warschau, Gdansk und Sopot, wo er, während bei Hussock's Freunden übernachtet wurde, nachts die Schränke der wirklichen und der vermeintlichen Solidarność-Mitglieder durchwühlte und Schriftstücke abfotografierte, zum zweiten durchstöberte er Hussock's gepachtetes Wassergrundstück in Goyatz am Schwielochsee nach versteckten Büchern und Aufzeichnungen und zum dritten stieg er mit einem heimlich gefertigten Nachschlüssel ebenso heimlich in Hussock's Berliner Wohnung ein, während Hussock in Goyatz weilte, und abfotografierte diverse Aufzeichnungen, die Hussock unter dem Teppichboden versteckt hielt. "Reinhold" persönlich schätzte gegenüber der Stasi dieses Material als "Hetzschriftenmaterial" ein. Damit war Alexander Hussock, ohne es zu ahnen, ein zweites Mal Gefängniskandidat. Dennoch hielt sich die Stasi - aus mir unerfindlichen Gründen - mit einer erneuten Verhaftung zurück. Nicht so der IMV "Reinhold". Wenn es nichts Brisantes abzufotografieren und der Stasi zuzuleiten gab, verlegte er sich - der studierte Mediziner - auf Banales und übermittelte seinem "Herrn und Meister" in Lübben, dem Genossen Schuster, am 11. 2. 1981 - 3 Tage nach Hussock's Geburtstag: *"dass zwei Frauen Hussock das Essen zubereitet haben. Namen nicht bekannt"* und in einem zweiten Bericht: *"dass er auf der Geburtstagsfeier bei A. Hussock in Erfahrung gebracht habe, dass in der Dimitroffstraße so etwas wie eine Spielbank existiere, die auch schon gesprengt wurde (über 20.000,- M)."*

Wie werden dem Genossen Schuster in dem zu DDR-Zeiten ereignisarmen Spreewaldstädtchen Lübben die Augen geglänzt haben über all das, was doch da im entfernten "verrückten" Berlin möglich schien ...
Noch mehr hätten ihm allerdings die Augen geglänzt, wenn ihm sein Spitzel wahrheitsgemäß berichtet hätte, was er selbst in dieser Geburtstagsnacht in Berlin erotisch-abenteuernd getrieben, zumal es ihm als Verheirateten moralisch verboten gewesen wäre ... Doch darüber schwieg Spitzel "Reinhold" wohlweislich.
Die Solidarność-Bewegung in Polen muss der Stasi und ihrem Auftraggeber, der SED, die Ruhe geraubt haben wie ein drohendes Gespenst. Intuitiv richtig witterten sie Gefahr für ihre eigene schäbige, aber privilegierte Existenz. Und wer in solcher existenzbedrohlichen Situation als Bürger mit mannigfachen Kontakten nach Polen auffiel, wie Hussock, der mag für diese Sozialisten/ Kommunisten nicht minder gefährlich gewesen sein als ein Solidarność-Mitglied, das jederzeit wie weiland "Ziethen aus dem Busch hätte springen können...".
So realisierten sie 1980 folgenden Vorschlag, der bestätigt wurde durch den Leiter der Abteilung 3 des Bereiches Ausland:

Vorschlag

Zur Durchführung operativer Maßnahmen zum Heranführen des IM-V
"Angela Bluhm", Reg.-Nr.: XV 2677/73 an den in der OPK "Liste" bearbeiteten Verdächtigen:
Zur zielstrebigen Bearbeitung der OPK "Liste" - entsprechend der Bearbeitungsrichtung sowie zur Aufklärung neu herausgearbeiteter Verdachtsmomente, macht sich die Einführung des IM-V "Angela Bluhm" in die Bearbeitung der OPK "Liste" erforderlich.
Es ist vorgesehen, den IM durch die Aufnahme eines Arbeitsverhältnisse im Kinderheim Eberswalder Str. 10, in das Blickfeld des Verdächtigen, zur Herstellung des Kontaktes und zum Ausbau einer festen Verbindung zu bringen.

Die Aufnahme einer Tätigkeit des IM-V "A. Bluhm" im Kinderheim wird wie folgt vorbereitet und realisiert:
In Abstimmung mit der KD Prenzl. Berg wird durch Gen. Major Babelscheck am 20. 2. 1980 eine Absprache mit ... geführt. Dabei kommt folgende Legende zur Anwendung:

- *Dem MfS liegen Erkenntnisse vor, nach denen sich eine negativ angefallene Bürgerin der DDR für eine Tätigkeit in einem Jugendhilfeobjekt im Stadtbezirk Prenzl. Berg, das in Grenznähe liegen soll, bewerben will.*
- *Aus diesem Grund sollen alle dafür in Frage kommenden Objekte und die dort freien Planstellen ermittelt werden.*
- *... wird nach Abnahme einer mündl. Schweigeverpflichtung gebeten, uns sofort zu informieren, wenn sich diese Person meldet und um welches Objekt es sich handelt.*
- *Unsererseits würde dann nach entsprechender Prüfung eine Zustimmung bzw. Ablehnung erfolgen.*

Entsprechend der Möglichkeiten, die für eine Arbeitsaufnahme im Kinderheim Eberswalder Str. 10 bestehen, wird danach durch den IM eine Bewerbung für die vorgesehene Tätigkeit erfolgen. Nach Information durch ... wird einer Einstellung zugestimmt.
Durch die Aufnahme eines Arbeitsverhältnisses des IM im Kinderheim durch den IM wird gewährleistet, dass der IM ständig im Blickfeld des Verdächtigen ist und dass unter Einhaltung der dem IM vorgegebenen Legende die Möglichkeit geschaffen wird, dass der Verdächtige den vorgesehenen Kontakt von sich aus aufnimmt. Darüber hinaus bietet diese Maßnahme günstige Voraussetzungen, durch den IM die Verbindung zum Verdächtigen auszubauen und auf die Entwicklung entsprechend Einfluss zu nehmen.
Nach erfolgreicher Realisierung vorstehend genannter Maßnahmen erhält der IM einen schriftlichen Auftrag und wird auf der Grundlage einer erfolgversprechenden Legende konkret eingewiesen und instruiert, um die operative Personenkontrolle mit folgender Zielstellung zu realisieren:

- *Herstellung und Festigung eines Vertrauensverhältnisses zum Verdächtigen*
- *Aufklärung des Umgangs- und Verbindungskreises des Verdächtigen*
- *Erarbeitung op. bedeutsamer Informationen zum Verdächtigen hinsichtlich der Bearbeitungsrichtung der OPK "Liste"*
- *Aufklärung von neu erarbeiteten Verdachtsmomenten*
- *Erarbeitung von beweiskräftigen, belastendem Material gegen den Verdächtigen.*

Verantw. für die Einleitung der op. Maßnahmen: Major Babelscheck; Verantw. für die Kontrolle: Major Oswald

Leiter des Ref.1
Oswald *Sinnig*
Major *Unterleutnant*

Doch die so hinterhältig eingestellte IMV "Angela Bluhm" erwies sich für die Stasi als "Rohrkrepierer". Sie war strohdumm und stinkfaul und belastete vor allem erst einmal das pädagogische Personal durch Faulheit gepaart mit Geschwätzigkeit. Da sie zu faul war, sich auch nur ein einziges Mal zu Hussock in die Werkstatt hinunterzubegeben, konnte sie ihn nur im Erzieherzimmer in Gespräche verwickeln. Doch dort waren sie immer nur für Minuten allein. Dort gingen die anderen Erzieher ein und aus.
So wurde dann 1983 durch einen Oberst Brückner die OPK "Liste" geschlossen. Und irgendwie glaubt man im "Abschlußbericht" das "Zähneknirschen" der Stasi zu hören. Einer Organisation, die so gern allmächtig gewesen wäre. Und es manchmal auch war ...
Das bekam Hussock, wie Tausende seinesgleichen, nach der Aktion "Drehbuch für eine zersetzte Liebe" und seinem harschen Brief an den Stasi-Boß Mielke - einem Doppelmörder - und an den SED-Boß Honecker bitter und fast das Leben dabei verlierend, zu spüren.
Doch so weit sind wir noch nicht. Die Volksbildung hatte sich zwischen 1980 und 1984 noch etwas einfallen lassen, um Hussock abermals hinaus zu mobben. Mit der fristlosen Entlassung und der Einstellung von zwei Alkoholikern war es bekanntlich misslungen.

So stellten sie Horst F. ein. Der war zwar nach einigen Jahren Dienst beim MfS herausgeflogen, aber sein Vater, seine Mutter und sein Bruder waren noch dabei. Ihm versprach die Volksbildung "ein besonders hohes Gehalt", sofern es ihm gelänge, Hussock hinaus zu mobben. Doch Horst F. outete sich gegenüber Hussock in dem Moment, da er zum ersten Mal die Werkstatt betrat. Und von diesem Tag an war er bei allen Aktionen Hussock's gegen die Volksbildung mit von der Partie. Bethge, Döhrmann, Schmidtchen, Ingeborg N. und der Parteisekretär des Heimes schäumten vor Wut. Horst F. stand - zum Leidwesen seiner Angehörigen - der Stasi, der SED, den meisten Blockparteien, ja, dem ganzen heruntergewirtschafteten und gegen Andersdenkende toleranzlos agierenden sozialistischen System ebenso kritisch gegenüber wie Hussock. Dass dieses machtbesessene korrupte und verlogene System etwa fähig sein könnte, sich von innen heraus zu reformieren, daran glaubten beide, im Gegensatz zu denen, die da vereinzelt als Bürgerrechtler gehandelt wurden und im Gegensatz zu kirchlichen Strömungen, längst nicht mehr. Nicht einmal innerhalb der SED und der Stasi glaubten alle daran. Später, als die Mutter von Horst F. schon berentet war, hörte Hussock sie einmal sagen: "Ich bin nicht einmal stolz darauf, dass ich beim MfS in der Verwaltung gearbeitet habe". Und der Bruder, der manchmal in die Werkstatt kam und paradoxerweise Hussock beschwor, auf Horst F. und dessen Anrennerei gegen den ganzen Staat mildernd einzuwirken, dieser Bruder schien auch nicht gerade begeistert von seiner Arbeit und den meisten seiner Arbeitskollegen zu sein. Lediglich der Vater war ein unbelehrbarer roter Apparatschik und beinah jede Familienfeier endete, nach begonnener Diskussion, für Horst F. und dessen auch im Staatsdienst tätige Frau meist nach einer halben oder höchstens einer Stunde Anwesenheit. Zornesrot, Vater und Sohn sich anbrüllend, war die gängige Abgangsfloskel: "Kommt, Winni und Trissi, der Alte kapiert nichts." Trissi war ein bissiger Terrier, der besonders die jeweilige Heimleiterin nicht mochte. Denn Ingeborg N. wurde eines Tages abgelöst. An ihre Stelle trat eine recht gutmütige Mecklenburgerin, mit welcher der Heimfrieden wieder einkehrte. Nicht jedoch der Frieden mit der Volksbildungsbehörde. Diese Behörde entzog sich aber urplötzlich insofern allen Affären und aller Kritik, als dass sie zum 1. 1. 1985 das Heim schloss und an die Volkspolizei übergab. Die Schließung erfolgte allerdings unter eklatanter Verletzung der Arbeitsrechtsbestimmungen. Doch während das gesamte technische und pädagogische Personal - über 30 Leute - Entlassungen und Umsetzungen widerspruchslos hinnahmen, beschritten Hussock und Horst F. den Klageweg. Doch diesmal hatten sie, obwohl im Recht, die Rechnung ohne die Stasi und die beeinflusste Partei-Justiz gemacht. Denn wenn sie gewonnen hätten, wäre dies ja zum Präzedenzfall für das gesamte rechtswidrig entlassene Heimpersonal geworden. Und dies durfte natürlich nicht sein.

Hussock besaß seit einigen Jahren einen B1000, einen Kleinbus, Barkas genannt. Dieses Fahrzeug durften in der DDR neben der VP und Armee und der Stasi nur einige Gewerbetreibende, Kinderreiche und Künstler besitzen. So besaß Hussock formal einen Nutzungsvertrag der in der DDR akkreditierten schwedischen Firma ABV. In Wirklichkeit war er Eigentümer dieses begehrten Fahrzeuges. Da Horst F. den Kleinbus armeegrün angestrichen hatte, wurden sie während ihrer Transportfahrten durch die gesamte DDR kaum kontrolliert. Natürlich besaßen sie kein Gewerbe und erhielten auch keines, so sehr sie sich auch darum bemühten.

Die Schreibtischtäter feixten nur und hatten ihre boshafte Freude daran, den beiden Schuftenden einen Bürokratenknüppel nach dem anderen zwischen die Beine zu werfen. Das war auch die DDR, in der eine Familie, die umziehen wollte, oft monatelang auf einen Speditionstermin warten musste.

Hussock und Horst F., realisierten dergleichen in wenigen Tagen, oft von einem Tag zum andern. Doch was galten Initiative und Fleiß, wenn man "persona non grata" war.

Die DDR und das Niveau ihrer Bewohner lernten sie auf ihren Transportfahrten in vielen Facetten kennen. Da trafen sie auf die extrem unordentliche und verschmutze Wohnung einer Lehrerin, wie auf die blitzsaubere einer Arbeiterin und umgekehrt. Während

in der Wohnung einer Kindergärtnerin der Kamm sprichwörtlich neben der Butter lag, ließ ein zu Hause infolge Scheidung ausziehender Angestellter sie mehrere Koffer so behutsam tragen, als enthielten sie Glas und Porzellan; tatsächlich waren sie mit Büchern vollgepfropft. Hussock und Horst F., die selbst ein Bad in der Wohnung besaßen, staunten, wie viele Wohnungen es noch mit Außentoilette und in Hinterhäusern gab. Männer, die sie waren, interessierten sie sich natürlich vor allem für ihre Kundinnen. Da waren traurige, wortkarge Geschiedene wie schwatzsüchtige Singles, Schöne, Attraktive neben weniger großzügig von der Natur Bedachten, anzügliche neben mütterlichen Typen.
Während Horst F., kräftig wie Robert Mitchum, sehr männlich aussehend, aber meist schlechter Laune und lockere, nicht selten unterschwellig verletzende Reden führend, sich höchstens einmal zu einem oberflächlichen Flirt herabließ, sah Alexander Hussock, der schöne, schlanke, sehnige, stets freundliche Typ mit dem braunen Teint und den blauen Augen, mancher Schönen tief in die Augen. Wohl beeindruckt von seiner Erscheinung wie von diesem tiefen Blick, rief eines Tages eine neue Kundin euphorisch aus: "Was, und Sie schleppen Möbel statt die Nr. 1 bei der DEFA zu sein?"
Horst F. bemerkte dazu lakonisch: "Issa ja, is ja Richard Kimble auf der Flucht." Und fügte bissig hinzu: "Wir sind halt nicht "roter Armleuchter" genug, um bei der DEFA oder beim Adlershofer Fernsehen zu sein, wären wir wiederum drüben, müssten wir erst Opis werden, um beim "Öffentlich-Rechtlichen als Moderatoren unterzukommen." Da er sich in Rage geredet hatte, wie so oft, schlug er am Ende seiner Rede auf ein Möbelstück, dass es nur so knallte und der erstaunt-erschreckten Kundin fast die großen, kugelrunden Augen aus dem Gesicht sprangen.
So kamen sie im Jahre 1985 ohne feste Arbeitsstelle, ohne Gehalt, ohne Arbeitslosengeld, ohne Sozialhilfe leidlich über die Runden.
Jede freie Gesellschaft wäre über dergleichen finanziell pflegeleichte und arbeitsaktive Bürger hoch zufrieden gewesen. Nicht so dieser "Arbeiter- und Bauernstaat", in dem Arbeiter und Bauern für

eine korrupte und parasitäre Politclique doch im Grunde nur ausbeutbare Kulis waren. Nein, nach Hussock's harschem Brief an Mielke und Honecker wurden ihm und Horst F, auch jegliche Grundlage für ein Selfmademantum zerstört. Und zwar massiv und peu à peu ihr Leben bedrohend.

Die Stasi - bösartig und rachsüchtig - sorgte für noch kältere Zeiten. Was von nun an folgte, angesichts dessen ist man geneigt zu meinen, die Bespitzelungsvorgänge zuvor seien lediglich theoretische Repressionsübungen von leichter bis mittelschwerer Gefahrenlage gewesen. Hussock erhielt Drohanrufe und Morddrohungen am Telefon. Pkw's versuchten ihn zu überfahren oder simulierten dies. Eines Tages standen zwei Volkspolizisten vor seiner Wohnungstür und erklärten ihm kurz und bündig, die Autotür seines Barkas sei unverschlossen gewesen - was eine Lüge war - und sie hätten die Papiere, die im Wagen herumlagen - was auch eine Lüge war - an sich genommen. Der Kleinbus durfte fortan nicht mehr gefahren werden. Hussock erhielt nur noch einmal die Erlaubnis, den Kleinbus auf einem Parkplatz in Grünau abzustellen, wo eine in der Nähe wohnende Bekannte hin und wieder nach dem Rechten sah. Dort begann der Barkas, eines der begehrtesten Fahrzeuge in der DDR, das unter der Hand mit bis zu 40.000 Mark gehandelt wurde, zu verrotten.

Diese letzte Verdienstmöglichkeit war damit zunichte gemacht. Da sie von Anfang an wussten, dass ihre Transportfahrten den SED-Behörden missfielen, hatten sie sich immer wieder um Arbeit in einem Staatsbetrieb bemüht. So auch bereits im Februar 1985. Zwei Monate nach der ungesetzlichen Betriebsschließung. Da hatten sie in der Arbeiterwohnheimverwaltung Berlin-Lichtenberg vorgesprochen. Sie waren freundlich angehört worden und hatten erfahren, das mehrere Haushandwerkerstellen vakant seien und im Prinzip einer Einstellung nichts im Wege stehe ... Doch bereits am 20. 2. 1985 erreichte sie Post mit der knappen Mitteilung: *"dass man von ihrer Bewerbung Abstand nehme".* Sie wussten sehr wohl, wer hinter den Kulissen dazwischengefunkt, sein Veto eingelegt hatte: Die Stasi! Wo immer sie sich von nun an bewarben, nach oftmals

mündlicher Zusage erfolgte stets die schriftliche Absage. Als Hussock, der keine verdienende Ehefrau zur Seite hatte, wie Horst F. beim Rat des Stadtbezirkes nachfragte, ob er in Anbetracht dieser "erfolglosen Arbeitssuche" - so die Umschreibung für den politisch motivierten Arbeitseinstellungsboykott - ob er in Anbetracht dessen nicht das Recht auf ein monatliches Arbeitslosengeld oder einer Sozialhilfe hätte, da tippte man sich dort nur an die Stirn.
Hussock musste folglich, um seinen finanziellen Verpflichtungen nachzukommen, wie Miet-, Gas- und Lichtkosten, den Alimenten für seinen Sohn Sascha, Nahrungs- und Kleidungsbeschaffung, Reparatur- und Fahrkosten usw. zuerst sein Erspartes aufbrauchen, sodann peu à peu liebgewordene Antiquitäten, Bücher und Möbel verkaufen, ein Motorboot im Spreewald annoncieren und zum Schluss Schulden aufnehmen. Der Würgegriff von SED- und Stasi-Schreibtischtätern wurde immer enger, immer bedrohlicher. Hinzu kam ein verlorener Prozess zum andern in der Arbeitsrechtssache und keine Korrektur der verleumderischen Behauptung von Volksbildungsfunktionären, sie, Alexander Hussock und Horst F. hätten überhöhte Prämiengelder bezogen, obwohl diesbezüglich eine anfängliche Klage gegen die letzte Heimleiterin zurückgezogen worden war.
In dieser verzweifelten Situation schrieben Hussock und Horst F. an die bekannte Schriftstellerin Christa Wolf. Der Brief, den sie bald darauf von der Autorin erhielten, hatte den Textinhalt:

"Sehr geehrter Herr Hussock,
Sehr geehrter Herr F.,
es nötigt mir Achtung ab, wie beharrlich Sie um die Wiederherstellung Ihrer Unbescholtenheit und Ihres guten Rufes kämpfen. Soweit ich Ihren Fall von außen beurteilen kann, wäre das Gericht verpflichtet, sich noch einmal mit ihm zu beschäftigen und die Rechtslage erneut zu überprüfen, um festzustellen, ob die Anschuldigung gegen Sie, dass Sie unbegründet über einen längeren Zeitraum Prämienzeitlohn eingestrichen hätten, zu Recht besteht. Ich kann Ihnen aus Erfahrung sagen, dass ich keine Möglichkeit habe,

irgendeine Justizstelle in diesem Sinne zu beeinflussen - ganz besonders nicht in einem Rechtsfall, über den ich mir selbst wegen Unkenntnis der Fakten kein Urteil bilden kann. Übrigens hätten sie mich nicht durch Texte sowjetischer Autoren auf die Notwendigkeit hinweisen müssen, dass man als Staatsbürger nach bestem Wissen und Gewissen zu handeln und Unwahrheit und Unrecht nicht zu dulden hat: Ich versuche das sowieso zu tun, muss aber abwägen, wo ich mir eine Spur von Erfolg verspreche und wo nicht. Sie können, wenn Sie wollen und dazu Gelegenheit haben, meinen Brief als eine Meinungsäußerung zu Ihrem Fall bei Gericht verwenden. Ich wünsche Ihnen aufrichtig, dass Sie zu Ihrem Recht kommen - wenn ich Sie richtig verstehe, hängt davon ja auch eine neue Arbeitsstelle für Sie ab. Ich würde Ihnen raten, denjenigen Kaderabteilungen, die Sie als "Manipulanten und Betrüger" einstufen, Ihre Eingaben zur Revision des Urteils gegen Sie vorzulegen, als Beweis dessen, wie ernst es Ihnen damit ist, Ihre Ehre wiederzubekommen.

Mit guten Wünschen und freundlichem Gruß
Ihre Christa Wolf

Diesen mutigen und mutmachenden Brief einer bedeutenden Schriftstellerin empfanden die zwei Widerständler und politisch Verfolgten als einen Akt vorbildlicher Zivilcourage. Denn wer waren schon Alexander Hussock und Horst F.? Eher stille, unbekannte "Helden" und jedenfalls keine, die unterm Schutzschild westdeutscher Medien, etwa von ARD und ZDF sowie großer Zeitungen standen, wie Eppelmann, Heym, Bohley, Klier, Krawtczyk, usw. Es existierte für sie und ihresgleichen - durchaus einige tausend DDR-Bürger - ja auch bei keinem Bundesministerium der BR Deutschland ein geheimer Finanztopf, aus welchem solche stillen, beharrlichen, tapferen Kämpfer und vom Politterror in ihrer physischen und psychischen Existenz bedrohten Deutschen materiell vom Westen aus über Wasser gehalten worden wären. Wohl nicht nur für mich ein großes moralisches Versäumnis.

Als nächstes riefen Hussock und Horst F. bei dem weltberühmten Schriftsteller, dem Autor von "Kreuzfahrer von heute", Stefan Heym, an. Sie erhielten einen Besuchstermin. Und die Stasi mochte diesen Besuch zähneknirschend registriert haben. In der Diele seines Hauses in Berlin-Grünau mussten sie noch etwas warten, nachdem seine Haushälterin hinaufgerufen hatte: "Herr Heym, die zwei Herren sind da." Dann kam der berühmte Schriftsteller, in Jeans und Hemd und ziemlich gebeugt, aus den oberen Zimmern die Treppe heruntergeschlürft. Ein knappes "Tag" murmelnd, keinen Stuhl den erwartungsvollen Gästen anbietend, sagte er unruhig: "Was is'n Jungs?"
Alexander Hussock begann: "Herr Heym, wir werden, weil wir etwas oppositionell sind, wie Freiwild behandelt. Bekommen nirgendwo Arbeit, kein Arbeitslosengeld, keine Sozialhilfe. Und haben kaum noch etwas, was wir zu Geld machen können, ich erhalte keine Reisegenehmigung zur Mutter, die ich als Kind das letzte Mal gesehen, wir ..."
Stefan Heym unterbrach: "Jungs, ich kann euch doch auch nicht helfen. Selbst wenn ich jetzt Honecker anrufen würde ... Ich bin doch selbst eine Un-Person."
Sprach's, kritzelte die Straße des Schriftstellerkollegen Hermann Kant auf einen Zettel, sagte: "Geht mal zu Kant, der wird euch sicher helfen..." und verabschiedete die zwei Verdutzten, ohne einen Blick in die mitgebrachten Mappen voller Schriftstücke und Beweismaterialien geworfen zu haben. Hussock und Horst F. waren enttäuscht.
Doch Alexander Hussock versuchte Horst F. zu trösten und sich selbst zu beruhigen, indem er sagte: "Du, der Heym wirkt sehr gebrechlich, ich glaub', der stirbt in den nächsten Wochen ..."
Doch wie erstaunt waren sie, als sie Tage später in einem Nachrichtenmagazin der westdeutschen "Öffentlich-Rechtlichen" mit einem kraftstrotzenden, munteren und gesprächigen Stefan Heym konfrontiert wurden. Der Moderator wollte Heym eine insgesamt kritische Stellungnahme zu kritikwürdigen DDR-Zuständen entlocken. Hussock wartete wie hypnotisiert, spricht er's endlich aus,

spricht er's aus: "Reiseverbot für Verwandte 1. Grades, Arbeitseinstellungsboykott ohne Arbeitslosengeld oder Sozialhilfe für Systemkritiker." Er sprach's nicht aus.
Enttäuschung, oh welche Enttäuschung.
Dennoch waren sie dem Dichter dankbar, dass er sie empfangen hatte. In der Leipziger Straße, wo der Vorzeigeschriftsteller der Republik, Hermann Kant, wohnte, öffnete ihnen eine hübsche, schwarzhaarige Frau und nahm lächelnd und bereitwillig ihre Unterlagen entgegen, aber mit einem Lächeln derart, als wollte sie andeuten, sie hätten ihre Unterlagen auch gleich im Stasi-Ministerium in der Normannenstraße in Lichtenberg abgeben können ...

Denn Kant war, wie sich späterhin erweisen sollte, Stasi-Informant und Spitzel. "IM". Inoffizieller Mitarbeiter. Bei dem nicht minder bekannten DDR-Dramatiker Heiner Müller hatten sie mehrmals schriftlich um einen Besuchstermin gebeten. Doch Müller antwortete nie. Da fuhren sie zu seiner Wohnung und als niemand öffnete, obwohl sich jemand darin befand, belagerten sie die Wohnung. Öfter und manchmal bis zu einer Stunde. Irgendwann gaben sie auf, hakten sie den im Westen so euphorisch als Vorkämpfer für Demokratie gefeierten Heiner Müller als eventuellen Mitstreiter in ihrer Sache ab.

Es gab Tage, da bestand das gesamte "Barvermögen" Hussock's nur noch aus wenigen Pfennigen. Er war quasi ärmer als jeder Bettler in der Bundesrepublik, der, selbst dann, wenn niemand einen Obolus in seine Büchse warf, als sicheren Posten den täglichen Sozialhilfesatz auf seiner Seite wusste. Welch eine Schande für einen "Arbeiter-und-Bauern-Staat", einen lediglich wahrheits- und gerechtigkeitsliebenden Menschen seiner eigenen plebejischen Klasse in den physischen Abgrund treiben zu wollen.
Denn wäre ein labilerer Charakter nicht an solcher Situation zerbrochen und sind nicht Zehntausende Sensible, Hilflose mit solchen infamen Methoden in den Selbstmord getrieben worden?

Welche Alternativen blieben denn Alexander Hussock - und vielen seinesgleichen - noch? Da er - wenn auch unverschuldet - nicht arbeitete, drohte ihm täglich die Festnahme und Verurteilung wegen "Asozialität". (§ 249 StGB/DDR)
Diese zehntausendfach gegen andere erprobte Methode schwebte zwischen 1985 bis 1990 wie ein Damoklesschwert auch über Hussock und Horst F. Das beweisen die Stasi-Akten aus dieser Zeit. Was hätte er tun können? Sich inhaftieren lassen? In der Haft wäre er wenigstens nicht verhungert. Flüchten, mit dem Risiko erschossen zu werden? So risikobereit war er dennoch nicht. In der Haft auf Freikauf durch die Bundesrepublik drängen?
Was für manche allerdings eine trügerische Hoffnung war, da SED und Stasi vielen Freikaufwünschen der Bundesrepublik niemals nachgaben. Auch der An- und Verkauf am Rosenthaler Platz - beliebt in ganz Ost-Berlin - jonglierte wie eine Börse und bescherte Hussock und Horst F. manch herbe Enttäuschung.
So kauften sie eine Zeit lang Bauernschränke der Jahrhundertwende in dem großflächigen Spreewalddorf Burg preiswert auf und erhielten dafür beim A/V am Rosenthaler Platz bis zu 800 Mark. Wenige Wochen später wurden ihnen für fast die gleichen Schränke nur höchstens 150 Mark geboten.
Die Chance, endlich eine Besuchsreise zur Mutter im Schwarzwald zu erhalten, war für Hussock gleich Null geblieben. Hatte diese Reise 1982 noch ein Herr Schürkamp vom Ministerium des Innern kaltschnäuzig abgelehnt, so war es 1983 ein Herr Lubinetz und 1985 ein Herr Wittke vom Staatsrat. So sah sich Hussock sowohl wegen des permanenten Arbeitseinstellungsboykotts wie wegen der nicht minder permanenten Besuchsreiseverweigerung gezwungen, am 1. 3. 1986 einen offiziellen Ausreiseantrag zu stellen. Um Engagement gegen den lebensbedrohenden Arbeitseinstellungsboykott und für eine Besuchsreisegenehmigung wandten sie sich schriftlich an nachfolgend genannte DDR-Prominente und Organisationen: die Dichter beziehungsweise Schriftsteller Stefan Hermlin und Erwin Strittmatter, die Wissenschaftler Prof. Manfred von Ardenne und Prof. Kuszynski, die Tänzerin Gret Palucca, den SED-

Politiker Hans Modrow, den Rechtsanwalt Prof. Vogel, das "Komitee für Menschenrechte", den "DDR-Schriftstellerverband", den Vorsitzenden des "Kollegiums der Rechtsanwälte in Berlin" Dr. Gregor Gysi sowie an die Rechtsanwälte aller Rechtsanwaltskollegien in Ost-Berlin.
Der Dichter Hermlin redete in seiner Antwort um den "heißen Brei", ohne zu helfen, der in Ost wie in West hochgespielte Strittmatter zog es vor, sich in Schweigen zu hüllen, was ebenfalls einer Hilfeverweigerung gleichkam, Prof. von Ardenne und Palucca schlossen sich ihm im Schweigen an, Prof. Kuczynski ließ schriftlich wissen "... dass er ihm fremden Menschen generell nicht helfe", von Modrow blieb eine Antwort aus, Prof. Wolfgang Vogel eierte herum, als ob er das humanitäre Anliegen nicht verstünde, ihm gleich tat's der heute so vollmundige und klagefreudige PDS-Politiker Gysi, der gleichfalls auf die Bitte der zwei politisch Verfolgten, ihren auf grob rechtswidrige Weise verlorengegangenen Arbeitsrechtsstreit dem Europäischen Gerichtshof für Menschenrechte vorzulegen, überhaupt nicht reagierte. Ehrenhaft verhielt sich wiederum nur die Schriftstellerin Christa Wolf. Sie appellierte direkt an den SED-Chef und Staatsratsvorsitzenden, er möge höchstpersönlich Hussock eine Besuchsreise zu seiner fast 80-jährigen Mutter bewilligen. Aber auch dieser mutige Appell der prominenten DDR-Schriftstellerin bewirkte keine Besuchsreisegenehmigung.
Wer mit dem Rücken zur Wand steht, wagt oftmals das Äußerste. So entschlossen sich Alexander Hussock und Horst F., offiziell fünf Strafanzeigen gegen Verantwortliche der Volksbildung Berlin-Prenzlauer Berg zu erstatten. Sie schickten diese an den Oberrichter Dr. Beyer mit der Bitte um Weiterleitung an die Staatsanwaltschaft. Dies war am 28. 1. 87. Am 14. 12. 88 schoben sie beim Präsidium der Volkspolizei Berlin, Abt. Kriminalpolizei, wegen Verleumdung (Verstoß gegen § 138 StGB) eine Anzeige nach gegen folgende Personen: Frau Döhrmann von der Abt. Volksbildung, Richterin Schomburg und Schöffen Bothe und Gerlach vom Stadtbezirksgericht Berlin-Prenzlauer Berg, Richter Dr. Rosenfeld und Schöffen

Papstein und Reiß vom Stadtgericht Berlin und Richter Kaiser vom Obersten Gericht der DDR.
Die Stasi, welche selbst diese Briefe an höchste Staatsorgane innerhalb der eingemauerten, eingegrenzten DDR illegal abgefangen hatte, reagierte - Originaltext - darauf folgendermaßen:

Abt. Büro der Leitung an KD Prenzlauer Berg, Leiter

Beiliegend erhalten Sie die Kopie einer umfangreichen Zuschrift der Personen F., Horst und Hussock, Alexander, die sie im Original an den Direktor des Stadtgerichtes von Berlin sandten. Weitere Kopien wurden durch die Einsender u. a. an das Büro Honecker, den Rechtsausschuss der Volkskammer, den Vorsitzenden der CDU sowie an namhafte Schriftsteller verschickt.
In Absprache mit der Abt. Kader und Schulung, Referat Ehemalige Mitarbeiter, musste entschieden werden, ob, und wenn ja, durch wen, eine Reaktion auf das Schreiben erfolgen sollte.
Gen. Matern, Telefon 3 37 69, wurde vom Sachverhalt telefonisch informiert. Es wird um eine kurze schriftliche Rückinformation gebeten.

Leiter der Abteilung
Hiecke
Oberstleutnant

Es hat zumindest den Anschein, als ob die Stasi in der Endphase der DDR doch ein "Staat im Staate" war und von einer "Unabhängigkeit der Justiz" kann hier wohl auch keine Rede sein.

1988 heiratete Alexander Hussock seine geliebte Martina aus Magdeburg. Sie war damit einverstanden, in den Ausreiseantrag einbezogen zu werden. Damit handelte auch sie sich eine Stasi-OPK ein. Doch damit hatte es längst nicht sein Bewenden. Da sie in schönster Wohnlage, auf dem Harsdorfer Berg, ein schmuckes Einfamilienhaus besaß, lautete von nun an die Stasidirektive: Genehmigung des gemeinsamen Ausreiseantrages nur nach erfolgtem

Hausverkauf. Das war glatte Nötigung und Erpressung. Um diesen erzwungenen Hausverkauf zu realisieren, musste selbstredend das Haus taxiert werden. Diese "Taxierung" wurde vorgenommen, als sei das Haus von staatlichen Firmen auf der Grundlage staatlicher Preise erbaut worden. Da hätte z. B. eine Maurerstunde 5 Mark gekostet. Reine Theorie. Denn nur Begünstigte gelangten an eine staatliche Firma heran. Das Gros der DDR-Hausbauer musste "Unter-der-Hand-Preise" bezahlen. Da kostete eine Maurerstunde dann schon 20, nicht selten 25 Mark. So hatte auch das Haus der Frau Hussock während der gesamten und für die DDR-Mangelwirtschaft typischen unsäglich mühevollen Aufbauphase etwa 200.000 Mark verschlungen. "Getaxt" wurde jedoch nur auf 50.000 Mark.

Nunmehr war das Haus zwangsweise und um den Preis der vermeintlichen Ausreise, die ohnehin Menschen- und UNO-Recht gewesen wäre, verkauft, aber die Ausreisegenehmigung der Erpresser ließ perfiderweise auf sich warten ...
Sicher gehörte auch dies zu den gängigen Zersetzungsmethoden des Regimes. Denn die Stasi wusste sehr wohl, dass diese lächerlichen und ganz und gar unrealistischen 50.000 Mark für ein erst 1981 erbautes Einfamilienhaus und die während des Arbeitseinstellungs-boykotts gegen Alexander Hussock und die bald schon einsetzende berufliche Verfolgung gegen Martina Hussock nicht nur auf den Raum Berlin beschränkt blieben.
Der "Volkseigene Einzelhandelsbetrieb - Waren Täglicher Bedarf Magdeburg", das "Versorgungsdepot Medizintechnik Magdeburg", das Hauptpostamt Magdeburg und der "VEB Edelweiß Magdeburg" lehnten alle eine Einstellung ab, obwohl manche zuvor wegen vakanter Stellen annonciert hatten. So wurde auch die existenzielle Situation für die Familie Hussock immer prekärer. Denn nun waren zwei Erwachsene und eine Tochter finanziell über Wasser zu halten und nach wie vor die Alimente für Hussock's Sohn Sascha zu entrichten.

Ein Arbeitslosengeld oder eine Sozialhilfe wurde auch für die Familie ohne Arbeit und Einkommen nicht gezahlt. Natürlich existierte auch in Magdeburg ein An- und Verkauf und dieser wurde nicht selten zum Rettungsanker in höchster Not. Aber nicht alles ließ sich verkaufen und nicht unendlich war etwas zum Verkaufen vorhanden ... Und die Ausreisegenehmigung ließ auf sich warten ...

Ohne Zweifel war da am 9. November 1989 der Fall der Mauer die Rettung. Hussock's bestanden auf der legalen Ausreisegenehmigung, für deren Inaussichtstellung sie schließlich ihr Haus zum Dumpingpreis hatten aufgeben müssen. Doch während sie einerseits bis zum 28. April 1990 - also über die erste freie Wahl hinaus - durch die Stasi - die offiziell gar nicht mehr existierte - "bearbeitet" wurden, erhielten sie andererseits und zynischerweise die Ausreisegenehmigung nie. - Dies war wohl eine letzte Gemeinheit der abgetauchten SED und Stasi.
Nach der ersten freien Wahl im März 1990 war diese Genehmigung ohnehin überflüssig.
Doch das Haus, diese Existenzgrundlage Nr. 1 neben Arbeit und Einkommen und Gesundheit jedes Menschen weltweit, dieses Haus war unwiederbringlich dahin und der jahrelange Arbeitseinstellungsboykott gegen Alexander Hussock und die berufliche Verfolgung gegen Martina Hussock in der Endphase der DDR hatten die Familie zusätzlich finanziell ruiniert.
Doch Hoffnung auf Hausrückgabe, die real ja als Rückkauf praktiziert worden wäre und auf Entschädigung für den Boykott, gaben der Familie Hussock die Einführung des Vermögensgesetzes 1990 und des Beruflichen Rehabilitierungsgesetzes 1994. Hoffnung? Hoffnung ade!
Unter völliger und willkürlicher Ignorierung des massiven politischen Verfolgungshintergrundes der Familie Hussock sowie Nichtbewertung der Gesetzesverstöße beim Erwerbsvorgang der "Nutznießerfamilie", die das Haus zum Dumpingpreis bekam, lehnte das Amt zur Regelung offener Vermögensfragen, Dezernat I,

Magdeburg nicht nur Rückgabe/Rückkauf ab, sondern verweigerte auch die ohnehin bescheidene Entschädigungszahlung.
Obwohl in einem Schreiben wörtlich eingeräumt wurde: *"dass nicht bestritten wird, dass der Antragstellerin (Martina Hussock) mehrfach dargelegt wurde, dass auf jeden Fall die Ausreise genehmigt würde, wenn das Einfamilienhaus verkauft wird."*

Dies ist zwar eine sehr pflaumenweiche Umschreibung von Nötigung und Erpressung, aber immerhin wird damit indirekt der politische Zwang eingeräumt. Um so verwunderlicher, dass dann nicht die Konsequenz - Hausrückgabe/Hausrückkauf - daraus gezogen wurde! Oder doch nicht so verwunderlich, wenn man sich vor Augen führt, dass im Rahmen des Widerspruchs gegen die negative Entscheidung des Vermögensamtes Magdeburg eine Frau Dr. Kolb und weitere Entscheider namens Immendorff und Wind vom Landesamt zur Regelung offener Vermögensfragen Halle im Text ihrer Ablehnung der Hausrückgabe am 14. 2. 1997 sich gegenüber der extrem politisch verfolgten Familie Hussock zu dem zynischen Vorwurf erfrechten:
"Mit dem Ausreiseantrag aber wollte die Widerspruchsführerin (M. Hussock) ihre Bindung zur DDR aufgeben!"

Dieser Zynismus in Anbetracht der beweisbaren Fakten, dass es das SED-Regime seinerseits war, dass mit hartnäckiger Besuchsreiseverweigerung zur Mutter, mit existenzzerstörendem, gesetzwidrigem und amoralischem Arbeitseinstellungsboykott, diversen Bespitzelungsvorgängen und Repressionen der Hausabpressung als Vorbedingung für eine (mögliche) Ausreise in den Westen, dass es hier das SED-Regime nebst seinem "Schild und Schwert", der Stasi, selbst war, dass jede "Bindung zur DDR" der Familie Hussock zerstört hat.
Und nicht minder verwunderlich, dass der Einzelrichter vom Verwaltungsgericht Magdeburg, namens Voigt ebenfalls den extremen politischen Verfolgungshintergrund, der zum Hausverlust geführt hatte, ignorierte und der Frau/Familie Hussock die Hausrückgabe,

den Hausrückkauf verweigerte und mit merkwürdigen juristischen Klimmzügen auch die bescheidene Entschädigung ablehnte und damit, wie schon zuvor das Vermögensamt Magdeburg und das Landesvermögensamt Halle die "Nutznießer des Arbeitseinstellungsboykotts und der politischen Hausabpressung als Vorbedingung für eine Familienzusammenführung", die "Nutznießer dieses politischen Terrors gegen die Familie Hussock", eine Magdeburger Goldschmiede-Familie - Mitläufer des SED-Regimes allemal - als "redliche Erwerber" einstufte und dieser regimetreuen Familie den mit der deutschen Wiedervereinigung verbundenen Zugewinn am Haus - einige Hunderttausend DM - ungeschmälert beließ, obwohl allein dieser Zugewinn wenigstens eine Entschädigung für die Familie Hussock hätte bedingen müssen.

Man wird mir den Eindruck nicht verübeln, im wiedervereinigten Deutschland habe nicht nur die verbrechensbelastete SED, da sie bis heute umbenannt als PDS weiterexistiert, die "friedliche Revolution" überlebt, sondern auch die Ämter und Institutionen sind vorzugsweise mit Ex-DDR-Personal, das kommunistisch weiterdenkt und handelt, bestückt worden. Welcher Stellenwert ist dann jedoch der "friedlichen Revolution" von 1989 zuzumessen?

Und: Was wird der Demokratie, was der Rechtsstaatlichkeit, vor allem: was wird den politisch Verfolgten von 1949 bis 1989 im wiedervereinigten Deutschland zugemutet?

Auch scheint mir: Nicht die inzwischen weltbekannte Gruppe der zwischen 1945 bis 1949 durch Sowjets und SED-Machthaber Eigentumsgeschädigten, denen nach 1990 die Rückgabe ihrer Häuser und Grundstücke wegen einer vermeintlichen Vorbedingung der Sowjetunion zur Wiedervereinigung verweigert wird, ist die ganz große Verlierergruppe; da in der Regel diese kommunistisch bestohlene Gruppe Entschädigung erhält.

Während den meisten aus der Gruppe, zu der Familie Hussock gehört, die Gruppe der Ausreiseantragsteller mit abgepresstem Hausbesitz und die Gruppe der Arbeitsboykottopfer mit verfolgungsbedingtem Hausverlust, nicht einmal die bescheidene Entschädigung zuerkannt wird.

Im Übrigen brachte auch das mit großer Verspätung vom Deutschen Bundestag verabschiedete Berufliche Rehabilitierungsgesetz der Familie Hussock - und Tausenden ihresgleichen - keine einzige Mark an finanzieller Wiedergutmachung.
Dieses Gesetz, obwohl dafür primär eine Justizministerin die Verantwortung trägt, die selbst nach ihrem späteren Ausscheiden Übergangs- und Ruhegelder von fast einer halben Million DM kassierte - ich spreche von der Frau Leutheusser-Schnarrenberger - dieses Gesetz hat dort ein Vakuum, wo eine finanzielle Wiedergutmachung, wenigstens infolge massiven Arbeitseinstellungsboykotts, wie geschildert, unabdingbar greifen müsste, wenn es denn noch eine Moral auf dieser Welt gibt ...
Familien, wie die Familie Hussock und einige Tausende, denen es ähnlich beruflich und existenziell genauso oder ähnlich erbärmlich erging, weder in den Genuss einer bescheidenen Entschädigung oder jährlichen Stiftungshilfe kommen zu lassen, das heißt für mich im fernen Amerika, dass der Deutsche Bundestag es bewusst zulässt, dass der Würgegriff der mannigfachen verabscheuungswürdigen SED- und Stasi-Schreibtischtäter bis heute anhält ...
Und richtig zornig werde ich selbst als kühler Jurist, wenn ich bei meinen Recherchen damit konfrontiert werde, dass rehabilitierte Arbeitseinstellungsboykottopfer, wie Alexander Hussock, später einige hundert Euro weniger Rente für die rehabilitierte Zeit ihrer Verfolgung erhalten werden als ein SED-Parteisekretär oder Stasi-Mitarbeiter, der in einem gleichen Zeitrahmen dem SED-Regime diente und Menschen verfolgte und peinigte.
Dass viele Opfer kommunistischer Gewaltherrschaft in Deutschland mehr und mehr das Empfinden haben, sie stünden im Abseits und seien weniger als Almosenempfänger, ist mir verständlich und ich hoffe, dies wird im zweiten Jahrzehnt nach der deutschen Wiedervereinigung auch dem letzten deutschen Politiker einsichtig. Nach allen Gesetzen der Psychologie machen Unglücke, Leiden und Kümmernisse die Menschen kopflos, engstirnig und engherzig, freudige, glückliche Ereignisse hingegen bewirken das Gegenteil.

Doch diese freudigen Ereignisse müssen durch Politik und Gesellschaft geschaffen werden.
Es frustriert doch, wenn sogar Regierungskreise bestätigen, dass von der Viertelmillion politischer Häftlinge während der letzten 12 Jahre nur ein Bruchteil überhaupt den Mut hatte, bei den deutschen Vermögensämtern haft- und verfolgungsbedingte Gesundheitsschäden geltend zu machen, und von diesem Bruchteil nur wenige Prozent eine Anerkennung, die mit einer geringen Rente verbunden ist, gewährt wurde. Und dass ein Berufsschadensausgleich noch seltener anerkannt wird, obwohl es auf der Hand liegt, dass diese geschundenen Menschen später nie mehr gesundheitlich im Stande waren (oder sind), ein etwa abgebrochenes Studium nach Haft oder extremer Verfolgung fortzusetzen; bedarf doch jedes Studium der gesundheitlichen intakten, stabilen Psyche, die keiner mehr besitzt, der politische Inhaftierung oder/und Repression erleiden und bestehen musste.

Auf denn, Deutschland! Die Völker der Welt schauen auf dich! Nach wie vor. Angemessene Entschädigung - nicht kleinliche oder gar keine! - wurde im Einigungsvertrag festgeschrieben. Dies gilt es zu respektieren und zu realisieren!

Robert Ide (Tagesspiegel)

Leben in der Zwangsjacke

Als er es nicht mehr aushielt, rief er bei der Polizei an. "Hallo", schrie er ins Telefon, "ich fahre jetzt zur Gedächtniskirche und sprenge mich in die Luft." Dann rannte er raus aus seiner Wohnung, zum Arzt, statt zur Kirche. Als er wiederkam, war seine Tür aufgebrochen. Sie hatten ihn gesucht, hatten sich Sorgen um ihn gemacht. Der Platz rund um die Gedächtniskirche war inzwischen geräumt worden. Ja, sie hatten tatsächlich gedacht, dass er seine Drohung wahr macht. Gerhard Winschiers war der Berliner Polizei gut bekannt. Als Selbstmörder.

Wie oft er sich schon umbringen wollte, weiß er nicht mehr. "Alle zwei Jahre habe ich so meine Tiefpunkte", sagt er, ohne seinen Kopf zu bewegen. Der 66 Jahre alte leise sprechende Mann sitzt auf der Kante seines Wohnzimmersessels in Berlin-Mariendorf, seine Arme sind verschränkt, sein Körper duckt sich nach vorn. Die blauen Augen haften an irgendeinem Punkt in der Zimmerdecke. Stundenlang.

Er hat alles versucht. Hat Tabletten geschluckt, aber die haben nicht gewirkt. Hat sich auf die Straße gelegt, aber die Autos haben alle abgebremst. "Die sind einfach nicht drüber weggefahren." Und dann die Gedächtniskirche. Da stand er schon einmal oben, sieben Jahre muss das jetzt her sein, und wollte sich runterstürzen. Unten haben sich schon die Menschen versammelt, haben aufgeblickt zu ihm. Doch er hat sich nicht getraut. "Ich weiß nicht, worauf ich gewartet habe", sagt Gerhard Winschiers und bricht in Schweigen aus. Die Feuerwehr hat ihn runtergeholt. Danach lag er im Krankenhaus.

Was ist nur schief gelaufen in seinem Leben? Gerhard Winschiers weiß es ganz genau. "Meine Seele haben sie mir kaputt gemacht", sagt er. Sie - das waren die Leute von der Stasi, die Aufseher und Ärzte, die ihn zwei Jahre lang in ihrer Gewalt hatten. Die Richter der Deutschen Demokratischen Republik hatten den West-Berliner verurteilt wegen einer Lappalie, wegen eines Gags, wegen eines Dummejungenstreichs. Mehr als drei Jahrzehnte sind seitdem vergangen, die DDR existiert schon lange nicht mehr. Doch für Gerhard Winschiers wird alles immer aufs Neue lebendig, wenn er nachts im eigenen Schweiß aufwacht und zur Beruhigungsspritze greifen muss. Nichts hat er vergessen von dem, was man ihm angetan haben. Und nichts von dem, was er tat. "Ich war in keinem normalen Zustand", erzählt er. "Und ich habe die dollsten Dinger gemacht." Damals fing er an mit den Selbstmordversuchen.

Der Auslöser war eine Wette. Es war ein heißer Nachmittag, damals im Juli 1967, als Gerhard Winschiers im Studentenbad am Landwehrkanal hängenblieb. Der 30-Jährige war an jenem Tag krank geschrieben und musste deshalb nicht wie gewohnt auf der Baustelle Steine schleppen. Also kaufte er sich ein paar Bier, setzte sich ans Görlitzer Ufer und schaute den jungen Schwimmern hinterher. Irgendwie, er weiß nicht mehr genau wie, kam er mit ein paar Leuten ins Gespräch. Einer von denen prahlte, er könne den Landwehrkanal durchtauchen, in einem Zug. Winschiers ging diese Angeberei ziemlich auf die Nerven, also wettete er fünf Mark darauf, dass der Mann es nicht schafft. Der Mann schaffte es. Es kam zum Streit.

Gerhard Winschiers wollte nicht zahlen. Also zog er seine Sachen aus - eine Badehose hatte er nicht dabei - und sprang ins Wasser. Er durchtauchte den Kanal, um zu zeigen, wie einfach das ist. Als er wieder zurück ans Ufer schwamm, wollte ihn der Mann nicht an Land lassen, ehe die Wettschuld nicht beglichen ist. "Außerdem tobten da Kinder rum und nahmen mir meine Sachen weg. Da habe ich mich nicht mehr rausgetraut." Gerhard Winschiers geriet in Panik. Er schwamm zurück zur anderen Seite, die Seite Ost-Berlins, und setzte sich auf die Uferböschung. Inzwischen war es Abend geworden, und Gerhard Winschiers hoffte, irgendwann würden die Angeber und Kinder auf der West-Seite einfach nach Hause gehen. Er wartete. Plötzlich standen um ihn herum 20 Männer in Uniform. Ihre Gewehre waren geladen.

"Mitkommen", herrschte ihn ein Mann an. Gerhard Winschiers verstand nicht recht, doch er sah die Waffen, die auf ihn gerichtet waren. "Erschießt mich doch", schrie er und wollte wieder ins Wasser springen. Doch er traute sich nicht. Also ließ er sich abführen – ohne Sachen, ohne Schutz, in eine andere Welt. Sie verhörten ihn. Nackt, die ganze Nacht hindurch. Seine Haut war blutig vom Stacheldraht, irgendwie müssen sie ihn da durchgezerrt haben. Dann kam ein grauer Barkas-Wagen und holte ihn ab. Irgendwann ging es raus aus dem dunklen Auto, rein in das gleißende Scheinwerferlicht auf dem Gefängnishof. Endstation Hohenschönhausen, der Stasi-Knast. "Da war ich dann hängen geblieben", sagt Gerhard Winschiers Er weint.

Die erste Vernehmung dauerte drei Wochen. Tag für Tag wurde er befragt, sollte Komplizen nennen, Auskunft geben über die Hintermänner der "Provokation gegen die Arbeiter- und Bauern-Macht". Als das Protokoll fertig war, verweigerte Gerhard Winschiers die Unterschrift. Er kam in eine Einzelzelle, und die Befragung ging von vorne los, drei, vier, fünf Wochen lang. Irgendwann hat es Gerhard Winschiers nicht mehr ausgehalten. "Ich bin aufgesprungen und wollte dem Vernehmer einen Stuhl an den Kopf schmeißen." Auch dem Richter, ein halbes Jahr war da schon vergangen, wollte er an den Kragen. "Als der so einen Unfug geredet hat von der Partei und den Genossen und so, bin ich ausgerastet."

Der Prozess platzte, Gerhard Winschiers wurde ins Gefängnis zurückgebracht. Die Stasi attestierte ihm eine "offenkundig feindselige innere Einstellung" - von nun an hatte er keine Chance mehr.

Gerhard Winschiers war selten von Menschen umgeben, an denen er sich festhalten konnte. Seine Kindheit hatte er in einem Waisenheim in Oberschlesien verbracht. Im Alter von sieben Jahren musste er seine Spielsachen zusammensuchen und mit den anderen Kindern zum Bahnhof laufen. Es war der Tag vor Heiligabend; die Flucht vor dem Krieg dauerte fast ein Jahr. Über viele Umwege landete er in Teltow bei Berlin. Eine Oberin der dortigen Diakonie war seine einzige Bezugsperson. Der Vater des Jungen war gefallen, gleich in den ersten Tagen der Invasion in Polen. Und die Mutter war geflohen vor der Schande eines unehelichen Kindes. Ihren Sohn hatte sie im Dorf zurückgelassen. Nach dem Krieg stellte er einen Suchantrag beim Roten Kreuz. Doch weil die Mutter ihn nicht finden wollte, passierte lange nichts. Erst 1955 gab sie ein Lebenszeichen von sich - ihr damaliger Lebenspartner hatte sie dazu gezwungen. Gerhard Winschiers, gerade volljährig und Lehrling in einer Dresdner Gärtnerei, nahm kurzerhand Urlaub und fuhr rüber zu ihr nach Baden-Baden. "Das war leider nicht das Richtige gewesen", sagt er heute. Schon nach wenigen Tagen waren die beiden zerstritten. Gerhard Winschiers nahm seine Sachen und fuhr wieder zurück. "Ihr Kommunisten taugt doch sowieso nichts", hatte die Mutter zu ihrem Sohn gesagt. Und: "Nutzloses Russenvolk".

Was war eigentlich schlimmer? Die Haft, in der ihm alle Freiheit mit Gewalt entzogen wurde oder seine Eltern, die ihm alle Freiheit aufgezwungen hatten? Gerhard Winschiers fährt mit der Faust über seine Stirn. "Das waren meine zwei Schicksalsschläge", sagt er nur. Er kann sich nicht erklären, warum er damals durch den Landwehrkanal geschwommen ist. Und warum er seine Mutter nicht einfach hassen konnte.

Er fuhr zurück nach Dresden. Am Stadtrand, oben in den Bergen, ein Stück Fußweg hinter der letzten Straßenbahnhaltestelle, arbeitete er in einer Gärtnerei, die sich "Zur Freiheit" nannte. Es war der kleine Privatbetrieb eines alten Ehepaares, das seinen Fleiß und seine Detailverliebtheit schätzte. Zum Lohn für seine Arbeit durfte er bei den alten Leuten wohnen, mit ihnen abendessen und frühstücken. "Die Günthers waren mein Familienanschluss", sagt Gerhard Winschiers. Als die Günthers enteignet wurden, hielt ihn nichts mehr im Osten. Er zog nach Baden-Baden - "in die Nähe meiner Mutter" -, zum Arbeiten fuhr er nach West-Berlin. Alles schien endlich in Ordnung zu kommen. Doch dann verlor er die Wette. Und sein kleines bisschen Heimat.

Nach einem Jahr in der Zelle erhielt Gerhard Winschiers zum ersten Mal Schreiberlaubnis. Er verfasste zwei Briefe, beide an seine Mutter. Eine Antwort bekam er nicht. Nach dem Umbruch fanden sich die Briefe in den Stasi-Akten wieder. Sie waren nie abgeschickt worden.

Er wurde verrückt in den kahlen vier Wänden. "Ich wollte raus, raus, raus. Alles andere ging nicht mehr." Gerhard Winschiers rebellierte. Er warf seine Pritsche gegen die Eisentür, wieder und immer wieder, "Ziehharmonika spielen" nennt man das im Knast-Jargon. Er riss die Wasserleitungen aus der Verankerung und überflutete die Dunkelkammer. Ärzte wurden gerufen. Sie kamen mit der Zwangsjacke. "Blaukoller" nennen Psychologen das Verhalten von Inhaftierten, die mit tobsüchtigen Anfällen auf Freiheitsentzug und subtile Folter reagieren. Gerhard Winschiers jedoch war ein Extremfall. Er richtete seine Wut nicht nur gegen die Gefängnismauern, sondern auch gegen seinen eigenen Körper. Er schluckte Gabeln und Löffel herunter, um daran zu ersticken. Er verschlang Drähte, Betthaken. Zweimal wurde er am Magen operiert, einmal musste seine Speiseröhre geöffnet werden. "Mir war egal, was mit mir passiert. Hauptsache, ich komme da raus."

Die Stasi protokollierte jede Handlung und jedes Wort. 250 Seiten wurden angelegt über jenen Mann, der einfach nicht kleinzukriegen war. Gerhard Winschiers hat alles in einer Kiste gesammelt: Krankenberichte, Vernehmungsfotos, Spitzelprotokolle, Skizzen vom Grenzdurchbruch. "Ich habe nichts unterschrieben", sagt Gerhard Winschiers. Er beugt sich zum Boden und wühlt in der Kiste. "Ich kann beweisen, dass ich nichts unterschrieben habe." Ja, er kann alles beweisen. Ja, das alte Urteil wurde inzwischen revidiert. Ja, in den nächsten Wochen bekommt er eine Entschädigung. Doch Gerhard Winschiers findet wenige Leute, die ihm seine Geschichte glauben. Das Papier ist sein einziger Zeuge.

Aus der Zwangsjacke kam er wieder raus, ganz von allein. Er schwitzte so sehr, dass sie sich dehnte und sich die Schnalle auf dem Rücken öffnen ließ. Gerhard Winschiers schaffte Unglaubliches. Er zerstörte eine Gummizelle. Mit Nägeln, die er heimlich in das dunkle Verließ im Kellergeschoss geschmuggelt hatte, schnitt er die Polster auf, dann riss er Wand um Wand heraus. Als der Staatsanwalt das sah, sagte er: "Machen Sie mit dem Mann, was Sie wollen. Aber stellen Sie ihn ruhig." Das Wachpersonal reagierte umgehend. Es sperrte Gerhard Winschiers in eine andere Gummizelle, ohne Licht und ohne Wärme. In die Mitte des Raumes stellten sie eine Liege. Darauf banden sie ihn fest, in einer Zwangsjacke. Er kam trotzdem raus. Also brachten sie ihn nach Waldheim, zur Begutachtung. Der bestellte Psychiater gab zu Protokoll: "Dieser Mann ist bei vollem Bewusstsein. Er ist für alles verantwortlich, was er tut." Gerhard Winschiers bekam eine Beruhigungsspritze und wurde in einen Behandlungsraum geschoben. Dort steckten sie ihm ein Gerät in den Mund, dann war er weg. Es waren zwölf Elektroschocks.

Gerhard Winschiers stammelt, er zittert, ringt nach Luft. Sein Körper hat sich noch weiter nach vorn gebeugt, sein Blick hängt immer noch in der Ecke seines Zimmers. Zuckend bewegen sich die Pupillen hin und her, so als würden sie einen Film sehen, einen Film der Demütigung und der wütenden Ohnmacht. "Ich war doch nicht mehr bei Verstand.", flüstert er. Pause. "Ich war doch auf der Flucht." Pause. "Ich bin bis heute auf der Flucht."

Nach zwei Jahren wurde er freigekauft. Er kam ins Notaufnahmelager Marienfelde. Dort wurde ihm die Anerkennung als politischer Häftling verweigert - später stellte sich heraus, dass der zuständige Sachbearbeiter ebenfalls im Dienste der Stasi stand. Er lag in Krankenhäusern, Sanatorien, Psychiatrien. Nichts kam in Ordnung, egal was er tat.

Gerhard Winschiers lernte drei Frauen kennen: Jenny, Charlotte und Ingrid. Jenny hatte einen Autounfall, kurz vor der Hochzeit, jemand hatte ihr die Vorfahrt genommen. Charlotte starb nach drei Monaten Ehe, sie erlitt einen Herzinfarkt. Ingrid ist seit fünf Jahren tot, Lungenkrebs. Er hat sie alle in Berlin beerdigt. Auch seine Mutter. Er spricht nur noch mit wenigen Menschen. Seine Stiefenkel ruft Gerhard Winschiers nicht an – warum, weiß er nicht.

Zwei Muskatfinken aus Südamerika sind seine Begleiter. "Die Vögel geben nur selten einen Laut von sich", sagt Gerhard Winschiers und dreht sich zum Käfig. Die Gittertür steht offen. Manchmal fährt Gerhard Winschiers raus. Er setzt sich auf sein Rennrad und tourt durch Brandenburg, immer die Alleen entlang. In diesen Stunden, in denen die Natur an ihm vorbeifliegt, vergisst er sein außer Kontrolle geratenes Leben. In diesen Stunden fühlt er sich frei. Er braucht keine Tabletten und hat keine Angst. An manchen Tagen aber, wenn er allein in Ingrids Zweieinhalb-Zimmer-Wohnung in Mariendorf sitzt, kommen die Bilder plötzlich zurück. Dann hockt er wieder auf dem kalten Betonboden der Dunkelkammer, sitzt auf dem Holzhocker im Vernehmungsraum oder schlägt gegen die Polsterwände seiner Gummizelle. In diesen Stunden will er ausbrechen, explodieren, alles beenden. "Dann ziehe ich mir die Zwangsjacke an und komme nicht mehr raus."

Anne Losensky (B. Z.)

Tod nach der Hit-Parade

"Berlin, 2. März 1959: Die Zeit von Rock'n Roll und Elvis-Koteletten. Eine Gruppe "Halbstarker" zieht durch die Ost-Berliner Stalinallee. Einige Jungs haben ihre Kofferradios dabei, im RIAS laufen die "Schlager der Woche". Sie pfeifen den Ohrwurm "River-Kwai-Marsch" mit, als Schüsse fallen ..."

Erschossen, weil er laut West-Musik hörte: Alfred Reitz – er wurde nur 18 Jahre alt.

Genau 42 Jahre später beginnt im März 2001 vor dem Berliner Landgericht der Prozess gegen den Todesschützen. Rainer S., 64, war damals Oberwachtmeister der Volkspolizei. Als Nebenklägerin sitzt Alfreds Mutter im Saal: Frieda Z., 86, hat den Tod ihres einzigen Sohnes nie verwunden. Sie sagt: "Auch zu DDR-Zeiten durfte nur geschossen werden, wenn Lebensgefahr bestand." Alfred sei ein guter Junge gewesen. "Er lernte Schaltbildzeichner. Ich habe nur Gutes von den Ausbildern über ihn gehört. Er lebte für seinen Fußball. Trank nicht, rauchte nicht."

Ein Zeuge sagt aus. Günter P., 61, ist heute Rentner: "Der Freddy war mein bester Freund. Wir sind mit dem Kofferradio rumgeloofen. Die Allee runter, in Dreierreihen. War schönes Wetter. Einige hatten Jeans und Lederjacken an. Wir alberten rum. Hallo Süße! zu den Mädels, um die Hüfte gefasst und so. Die 'Brücke am Kwai' ham wa gepfiffen. Da kam ein Funkwagen. Ansage: Mehr wie drei is nich jestattet, auseinander! Geht nach Hause, keine West-Musik! Sind wir alle weg gerannt. Dabei verlor ich Freddy aus den Augen."

Der Angeklagte erzählt: "Die jungen Kerle grölten und belästigten junge Mädchen. Bei der Verfolgung schlug mir einer ins Gesicht, traf mich am rechten Auge. Das war Widerstand! Er lief 15 bis 20 Meter vor mir. Ich rief: Stehenbleiben oder ich schieße! Nach einem Warnschuss stolperte ich. Es war dunkel, ich sah ihn nur schemenhaft. Da löste sich ein zweiter Schuss."

Der Richter verliest den Vopo-"Rapport Nr. 62" vom 3. 3. 1959 (Stempel "Vertrauliche Dienstsache"): "40 Jugendliche belästigten Bürger und Passanten. Oberwachtmeister S. habe einen Schlag ins Gesicht bekommen. Der Jugendliche habe fliehen wollen trotz Warnschuss. Darauf habe der Oberwachtmeister einen gezielten Schuss nach den Beinen abgegeben."

Ergebnis: "Schusswaffengebrauch mit Personenschaden."

Im Schlussbericht des Präsidiums der Volkspolizei vom 10. 3. 1959 steht: "Die um körperlich sehr große Jugendliche gescharte Clique habe auf mehrfache Anrufe, stehen zu bleiben, keine Reaktion gezeigt. Oberwachtmeister S. habe einen Schlag ins Gesicht bekommen. Sein Auge sei angeschwollen. Trotz erneuter Aufforderung und eines Warnschusses in die Luft ließ sich R. nicht beeindrucken. Durch den - durch den Widerstand - verletzten VP-Angehörigen wurde ein gezielter Schuss abgegeben. Aus der Dienstwaffe einer 08 aus dem zweiten Weltkrieg."

Elf Jugendliche wurden damals in U-Haft genommen. Vorwurf: Öffentliche Zusammenrottung (mindestens drei Monate Haft), Widerstand gegen die Staatsgewalt (14 Tage bis zwei Jahre Haft), Rädelsführerschaft (bis 10 Jahre Zuchthaus).

Freddy's Freund Günther P.: "Am nächsten Tag klingelten sie bei mir und nahmen mich mit; sie müssten ein Protokoll aufnehmen, er dürfe gleich wieder ... Das dauerte dann neun Monate, ohne Bewährung – ich war 19, plötzlich ein Rädelsführer und im Knast! Als ich wieder draußen war, bin ich rüber – drei Monate vorm Mauerbau."

Alfred Reitz kam nach den Schüssen in der Stalinallee schwerst verletzt ins Krankenhaus: Rückenschuss durch Lunge und Leber, Rückgrat verletzt, spastische Lähmung. Am selben Tag wurde ein Ermittlungsverfahren wegen "Rädelsführerschaft" gegen ihn eingeleitet.

Seine Mutter: "Sie riefen mich 3 Uhr nachts an. Ich fuhr ins Krankenhaus. Da lag er, überall Apparate. Sie sagten, er hätte einen Polizisten geschlagen. Darauf ich: Das geht doch gar nicht, Alfred hat doch gar keine Kraft in der rechten Hand, seit er als 5-jähriger mit einer Granate rumgespielt hat, die detonierte! Am nächsten Tag war sein Zimmer leer. Der ist in U-Haft, hieß es. Ich beschwerte mich beim Generalstaatsanwalt. Zwei Tage später lag er wieder auf seinem Zimmer. Ich sagte: Freddy, ein Polizist soll angegriffen worden sein! Darauf er: Mutti, ich bin nur weggelaufen, ich weiß doch, dass ich von der Behörde keinem eine hauen darf. Stell' dir vor, Mutti, wir haben da nur laut gesungen und die haben geschossen!"

Die Mutter war selbst SED-Mitglied, mit einem ehemaligen Häftling aus dem KZ Sachsenhausen verheiratet. Sie verlangte eine Untersuchung: "Unsere Volkspolizisten können doch nicht auf Kinder schießen!" Sie schrieb sogar ans ZK – ohne Erfolg.
Die Mutter: "Am 24. Mai starb Alfred. Der Chefarzt stellte den Totenschein aus: Rückenschuss. Der Totenschein wurde uns wieder weggenommen, der Generalstaatsanwalt ließ ihn beschlagnahmen. Im zweiten Totenschein stand dann: natürliche Todesursache, blutendes Magengeschwür. Man forderte mich auf, auf der Straße nicht rumzuerzählen, mein Sohn sei erschossen worden. Ich durfte seine Sachen abholen. Sein Hemd, sein Unterhemd. Beide durchlöchert." Da trat sie aus der SED aus.

Erst im Frühjahr 1990, nach der Wende, wagte sie, erneut beim VP-Präsidium vorzusprechen – ohne Ergebnis. 1998 leitete die Berliner Staatsanwaltschaft von Amts wegen ein Verfahren ein – wegen der gefälschten Sterbeurkunde. Die alten Akten waren noch da. Der Schuss war nicht verjährt – weil er vertuscht worden war und in der DDR das Unrecht nie verfolgt worden war. Der angeklagte Todesschütze beteuert: "Es war ein Unfall! Der gezielte Schuss muss mir untergejubelt worden sein, weil das besser zu den Vorschriften passte." Erst jetzt könne er sich erklären, warum ein Vernehmer damals zu ihm sagte: "Bete bloß zu Gott, dass es nicht mal andersrum kommt ..."

Mildes Urteil gegen den Taxiunternehmer und vierfachen Vater. Ein halbes Jahr Haft, ausgesetzt zur Bewährung. Das Gericht hält aber für erwiesen, dass er gezielt schoss. Verurteilt ihn jedoch nur wegen Körperverletzung mit Todesfolge in einem minder schweren Fall.

HELP-Team (Berlin)

Dr. Christian W. und seine gefolterte Arzthelferin

Hannelore Hinkeldeyn ging gern ihrer Arbeit nach, mit ihrem Chef verstand sie sich gut und der unkomplizierte Umgang mit den Patienten war angenehm und machte oft richtigen Spaß. Diese mochten Schwester Hannelore wegen ihres Frohsinns sowie ihres freundlichen und verständnisvollen Wesens. Jedem musste es aufgefallen sein: seit einigen Monaten kannte ihre Hochstimmung kaum Grenzen; sie machte den Eindruck, als wollte sie jedermann umarmen. Ja, die 27-Jährige war verliebt, wusste sich geliebt von dem Mann, von dem sie ein Kind erwartete, das sie sich beide gewünscht hatten. Und dann kam noch die große Überraschung und Riesenfreude - sie hatten gehofft, sehnlich darauf gewartet und doch nicht so recht an eine schnelle Erfüllung des Wunsches glauben können - in Form einer Zusage für eine größere Wohnung, sogar eine mit Blick auf den Weißenseer See. Die Vorbereitungen auf die Heirat konnten sogleich beginnen. Tatsächlich: Kein Mensch auf der ganzen Welt war glücklicher als sie! Vielleicht richtete sie in Gedanken ihr künftiges Zuhause ein, als sie sich am 15. November 1953 zu ihrer Wirkungsstätte begab. Dort angekommen, wechselte sie wie üblich ein paar nette Worte mit Dr. Christian W., dessen Helferin sie war, bat den ersten Patienten ins Behandlungszimmer.

Plötzlich drangen fünf Männer, die keinesfalls wie Patienten aussahen und keine waren, in die Praxis ein. Drei stürmten ins Behandlungszimmer. Entsetzt musste sie sehen, wie diese drei über ihren Chef herfielen und ihm Handschellen anlegten, während die übrigen ihr die Arme auf den Rücken drehten und sie fesselten. Ihr Schreck, ihr Entsetzen müssen dem Entsetzen eines Menschen geglichen haben, der sich, völlig gelähmt, einer auf ihn rasend zustürzenden gewaltigen Lawine gegenüber sieht. Zuerst zerrten die Schergen Dr. W. aus der Praxis. Nachdem sie einige Schränke aufgerissen und deren Inhalt durchwühlt und viele Blätter auf den

Fußboden geworfen hatten, stießen sie Hannelore Hinkeldeyn aus der Praxis, die Treppen hinunter und in einen bereitstehenden Pkw. Stülpten ihr einen stinkenden Sack über den Oberkörper und drückten sie auf den hinteren Sitzen nieder. In rasendem Tempo fuhr man sie irgendwohin. Wohin? Hannelore Hinkeldeyn wusste es nicht. Wusste auch noch nicht, wo sie war, als man sie auf dem Gelände der Genslerstraße 66 in Berlin-Hohenschönhausen aus dem Pkw zerrte, Treppen hinunterstieß und in eine Zelle schubste, die niedrig, schmal, heiß, ohne Fenster, ohne Luftschlitz war und in welcher sich außer einer kurzen Holzpritsche und einem Kübel, aus dem es stank, nichts befand. Hannelore Hinkeldeyn war, wie ihr Chef Dr. Christian W., jeweils in einem der Zellenlöcher des Kellertraktes gelandet, in welchem die Sowjets zwischen 1945 bis 1949 Gefangene gefoltert und sogar zu Tode gefoltert hatten und den das MfS mit DDR-Gründung zur Weiterbenutzung übernommen hatte und bis 1960 als "U-Haft" nutzen sollte; sie befanden sich in der Hölle, die von den Gefangenen, die ihr entrannen, verharmlosend "U-Boot" genannt wurde. (Der politische Häftling Horst Zimmermann, der in den 50er-Jahren drei Monate mit nach hinten gefesselten Händen im "U-Boot" verbringen musste und Eva Fischer, die ein halbes Jahr Dunkelhaft im "U-Boot" erleiden musste, bezeichneten später das "U-Boot" als "das Zentrum in der Hölle".)
Für Hannelore Hinkeldeyn hielt das MfS noch eine sadistische Steigerung bereit. Sie zwängten die geschwächte und geängstigte Frau in eine 80 x 80 cm breite und mit Gummi ausgeschlagene Stehzelle und fluteten diese so hoch mit kaltem Wasser, dass Hannelore Hinkeldeyn bis zu den Knien im Wasser stand. Eine im fünften Monat Schwangere, so das Kalkül der MfS-Schergen, würde schon allein deshalb mit "der Wahrheit" herausrücken, um ihr ungeborenes Kind zu retten. Doch da Hannelore Hinkeldeyn nichts von irgendwelchen illegalen Aktivitäten ihres Chefs wusste, konnte sie auch keine Angaben machen. Erst als sie mehrmals in der Stehzelle das Bewusstsein verloren hatte, schienen Mielkes Schergen von ihrem Nichtwissen überzeugt zu sein. Da die Stasi

niemals Irrtümer einräumte, wies sie die SED-Justiz an, Hannelore Hinkeldeyn dennoch zu verurteilen. Zwei Jahre Zuchthaus und ein fünfjähriges Berufsverbot war dann die "Strafe" für die Arzthelferin. Ihr Kind kam im Haftkrankenhaus Klein-Meusdorf bei Leipzig zur Welt. Hannelore Hinkeldeyn wurde ins gefürchtete Frauengefängnis Hoheneck verbracht. Nach der Entlassung floh sie in den Westen. Doch der Verhaftungsschock, das "U-Boot", die Folter in der Wasserzelle, die willkürliche Verurteilung, die Trennung von ihrem Kind während der Haft, holten sie ein. Sie starb zeitig. Erst Jahre später hatte sie erfahren, welcher Art die Vorwürfe gegen ihren Chef gewesen waren.

Dr. Christian W. gehörte im letzten Kriegsjahr zu einer Gruppe junger Ärzte, die im Luftwaffen-Lazarett in Bayreuth nicht nur Kranke gesund pflegten, sondern auch dem NS-Regime kritisch gegenüberstanden. Mit viel Fortune und Unterstützung eines befreundeten Beamten hatte er einen jüdischen Vorfahren in seinem Stammbaum verschleiern können und war somit der irrwitzigen Verfolgung, möglicherweise Vernichtung entgangen. Millionen von Europäern, die nach der hirnverbrannten Definition der Nationalsozialisten Ganz-, Halb- oder Vierteljude waren, hatten dieses Glück nicht gehabt. Die Ärztegruppe traf sich öfter privat, um darüber zu reden, was nach dem Ende der Diktatur zu tun sei. Als das Ende dann da war, war das Aufatmen dieser widerständigen Ärztegruppe doppelter Art; zum einen, weil man es lebend erlebte und zum zweiten, weil es nicht die gefürchteten Sowjetkommunisten, sondern die US-Amerikaner waren, die Bayreuth eingenommen hatten. Dr. Christian W., da er am besten Englisch sprach, wurde von der Gruppe als Dolmetscher auserkoren. Eine der häufigsten anklagenden Fragen der Sieger war: Wie konnte ein Kulturvolk, wie das deutsche, 1932, bei der letzten freien Wahl, eine verbrecherische Partei, wie die NSDAP, wählen und darauf 13 Jahre lang Unfreiheit, Terrorherrschaft und Krieg mittragen und ertragen? Dr. Christian W. wusste, dass dies höchstens ein Teil der Wahrheit war. Doch hätte es Sinn gemacht, zu versuchen, ausgerechnet den Siegern, die gerade die befreiten Konzentrationslager von innen gesehen hatten, klarzumachen, dass die NSDAP noch niemals von der Mehrheit der Deutschen gewählt worden war, ja, dass sie im November 1932 bei den letzten freien Wahlen, sogar 34 Sitze, also etwa zwei Millionen Wähler im Reichstag verloren hatte, und somit ihr Stimmenanteil von 37,3 Prozent auf 33,1 Prozent gesunken war? Somit war die NSDAP lediglich noch stärkste Fraktion im Reichstag. Hätte es Sinn gemacht, darauf hinzuweisen, dass es die Angst vor den erstarkten Kommunisten war - deren Abgeordnete von 89 auf 100 gestiegen waren -, dass es diese Angst war, welche die Konservativen und die Anhänger der national-liberalen Rechten letztlich bewogen hatte, Hindenburg grünes Licht zu geben, Hitler zum Reichskanzler zu ernennen! Des irrigen Glaubens, dieser könne ihnen nicht gefährlich werden. Er wurde es, und er wurde zum Massenmörder! Aber konnte und kann dies jemals der Mehrheit der Deutschen, die ihn niemals gewählt hat, angelastet werden? Vor den Verbrechen von über 20 Millionen Toten und all den Zerstörungen war 1945 kein Diskutieren, kein Argumentieren möglich. Jedenfalls nicht beim Gros der Sieger. Und bei den Überlebenden und den Angehörigen der Opfer schon gar nicht. Wenige Gerechte, wenige Weise, wenige, die unbeirrt von Rachegelüsten handelten, gab es damals. Zu diesen Wenigen, die auf individueller Ebene humanitär halfen, zählten der Erzbischof von Chichester, Lord Bertrand Russel, der jüdische Verleger und Schriftsteller Victor Gollancz, Peter und Cornelius Dyck aus Kanada und in den USA das Mennonitische Zentralkomitee.

Dennoch entwickelte sich zu dem amerikanischen Ärzteteam so etwas wie ein freundschaftliches Verhältnis. Was sicher auch daran lag, dass gerade Ärzte, die sich dem Humanismus mehr als andere Berufsgruppen verpflichtet fühlen, am wenigsten durch Ideologie oder durch Rachegelüste beeinflussbar sind. So erhielt das Team um Dr. Christian W. von den amerikanischen Kollegen sogar ausreichend Penicillin, das es in Deutschland nicht gab. Das rettete manchem verwundeten Deutschen das Leben. Nach zwei Jahren wurde das Lazarett aufgelöst. Die Ärztegruppe trennte sich.

Ein jeder strebte seinem Zuhause, strebte einem anderen Ort Deutschlands zu.

Das Zuhause von Dr. Christian W. befand sich in Ostberlin, das zum sowjetischen Sektor, respektive mit Mitteldeutschland zur Sowjetischen Besatzungszone gehörte. Was er in Ostberlin sah, hörte und erlebte, entsetzte Christian W. Nachdem ihm in Bayreuth quasi eine zweijährige Lehrzeit in Sachen Demokratie und Nächstenhilfe zuteil geworden war, fühlte er sich wie ins kalte Wasser geworfen. Seit dem Fall von Berlin wüteten die Sowjetkommunisten, allen voran die unerbittlichen Häscher des NKWD, in ihrem Sektor nicht minder als in ihrem gesamten Herrschaftsbereich. Unterstützt wurden sie dabei von den SED-Genossen. Diese SED war 1946 aus dem Zusammenschluss von KPD und SPD hervorgegangen. Tausende SPD-Mitglieder hatten diesen größtenteils erzwungenen Zusammenschluss aus tiefstem Herzen und berechtigter Sorge um Deutschland abgelehnt. Die meisten waren im Gulag oder in den "Speziallagern" der Sowjetischen Besatzungszone, in Gefängnissen und Zuchthäusern verschwunden, zusammen mit Zehntausenden Nichtparteimitgliedern. Wenige hatten sich in den Westen absetzen können. Auf dem Gelände eines Fabrikanten im Ostberliner Stadtteil Hohenschönhausen, an der Genslerstraße, hatten die Sowjets das "Speziallager" Nr. 3 errichtet. Ein Kellertrakt war zum "Untersuchungsgefängnis" hergerichtet worden. Dort existierte eine Gummizelle, Wasserzellen, Zellen, in denen gefoltert und totgeschlagen wurde. Obwohl es - denn Ostberlin grenzte an drei demokratische Sektoren - nicht zu den Folter- und Totschlagsexzessen gekommen ist, wie in der Sowjetunion.

Dr. Christian W. gab sich keiner Illusionen hin. Mit Entsetzen registrierte er bis zu Gründung der DDR und mehr noch danach, dass nach der braunen Diktatur Millionen Deutschen in Mitteldeutschland die rote Diktatur übergestülpt worden war. So nahm er Kontakt mit dem "Ostbüro der CDU", dem "Ostbüro der SPD", der "Kampfgruppe gegen Unmenschlichkeit" und anderen Institutionen, die Widerstand organisierten, auf. Er erhielt den Auftrag, selbst eine Widerstandsgruppe in Ostberlin zu bilden, die aber DDR-weit tätig werden sollte. Ziele: Friedliche Beseitigung des Ein-Parteienstaates SED, Einführung von Demokratie, die Wiedervereinigung Deutschlands. Aktionen: Aufrufe an die Bevölkerung per Flugblattaktionen und Plakatierungen, Vertrieb eines quasi politischen Kettenbriefsystems, mit Verbindungen zum "Telegraf" und zum Deutschen Nachrichtendienst. Nur die wenigsten Mitglieder der von Dr. W. angeführten Widerstandsgruppe kannten sich von Angesicht zu Angesicht und mit wirklichem Namen. Man arbeitete überaus vorsichtig und professionell. Als am 17. Juni 1953 endlich der Volksaufstand ausbrach, den diese Widerstandsgruppe indirekt mitvorbereitet hatte, waren alle aktiv wie nie zuvor. Dennoch, oder vielleicht gerade deswegen, flog diese Gruppe Monate später auf. Durch Verrat! Dr. Christian W. wurde zu fünfzehn Jahren Zuchthaus verurteilt. Über sieben Jahre davon verbüßte er in Torgau, Waldheim und Bautzen I. Noch während er im "U-Boot" gefoltert wurde, plünderten die Stasi-Schergen unter Mielkes persönlicher Teilnahme seine Wohnung, seine Praxis und "konfiszierten" seinen Mercedes. Mielkes eigenhändige Unterschrift befindet sich auf den "Beschlagnahme-Protokollen".

Der Rechtsstaat tat sich nach der Wiedervereinigung schwer, ehemaligen politischen Häftlingen, die unter dem SED-Regime nicht nur ihrer Freiheit, sondern auch ihres Eigentums beraubt wurden, angemessene und rasche Rückgabe oder Entschädigung zu gewähren. Bis 1998 wurde, aufgrund unerfüllbarer politischer Vorgaben, die Entschädigung konfiszierten beweglichen Eigentums von allen Vermögensämtern abgelehnt. Die Opfer konnten sämtlich den von den Ämtern verlangten "Verwendungs- und Erlösnachweis" der von SED und Stasi geraubten Güter nicht erbringen. 1998 - auch nach HELP-Initiative - beendete ein Grundsatzurteil des Bundesverwaltungsgerichts diesen "Spuk". Rückgabe bei konfiszierten beweglichen Sachen war ohnehin in den seltensten Fällen möglich. Und dort, wo Rückgabe möglich gewesen wäre, dort, wo den Verfolgten und Inhaftierten - z. B. als "Preis" für eine Ausreisegenehmigung - Haus und/oder Grundstück abgepresst worden war, blieben die "Nutznießer dieser Ab- und Erpressung", die Täter, Mittäter und Mitläufer des SED-Staates, von Politik, Vermögensämtern und Justiz eingestuft als "Redliche Erwerber", im Besitz der wertgesteigerten Immobilien, ohne dass ihnen ein Gewinnausgleich abverlangt wurde. Die Opfer erhielten nur die geringe Entschädigung und oft aufgrund juristischer Spitzfindigkeiten nicht einmal diese. Was die Auszahlung dieser bescheidenen Entschädigung betrifft, so wurden eigentumsgeschädigte Haftopfer und Verfolgte von der Politik in den gleichen "Topf geworfen" mit den Restitutionsantragstellern ohne direkte politische Verfolgung, etwa einem in Hessen lebenden Enkel, der Entschädigung für das konfiszierte Gut seines Großvaters geltend gemacht hat. Beide Gruppen erhalten erst zwischen 2004 bis 2008 die Entschädigung ausgezahlt.

Dr. Christian W., der 70 war, als er seinen Restitutionsantrag beim Berliner Vermögensamt stellte, war 81, als ihm 2001 das Berliner Verwaltungsgericht für den Diebstahl von Wohnung, Arztpraxis und PKW-Mercedes (Baujahr 1937) 10.000 EUR zusprach, und er wird, ungünstigstenfalls, fast 90 sein, wenn ihm diese Entschädigungssumme ausgezahlt wird. Und ganz nebenbei sorgen viele bzw. fast alle Vermögensämter, was die politisch Verfolgten angeht, für zusätzliche Aufregung infolge ungerechtfertigter, aberwitziger Forderungen. So wurde Dr. Christian W., als er den Bescheid erhielt, den er später gerichtlich anfocht, eine an das Vermögensamt zu zahlende Verbindlichkeit aus dem Jahre 1953 in Höhe von 92,56 M/DDR präsentiert. Diese "zu zahlende Verbindlichkeit" setzte sich aus 30,36 M/DDR des Fernmeldeamtes der DDR, aus 25,60 M/DDR der GASAG und aus 36,60 M/DDR der BEWAG der DDR zusammen, und war von Stasi-Leuten verursacht worden, die, während Dr. W. bereits im "U-Boot" litt, Partys in seiner beschlagnahmten und geplünderten Wohnung gefeiert hatten, wobei, wie Zeugen später bestätigten, das Licht wochenlang Tag und Nacht gebrannt hatte.

Karsten Zummack (Potsdam-Babelsberg)

Der Hubschrauber auf dem Kinderspielplatz

Bloß nicht wieder in den Knast, nicht schon wieder alles von vorn. Plötzlich spuken Manfred Kropp* wieder die schweren Zuchthausjahre im Kopf herum, als er an einem Herbsttag im Jahre 1971 den Hubschrauber mitten in Guben stehen sieht. Ein Verkehrsmittel in die Freiheit – eine abenteuerliche Idee. Nein, mit ihm ist die Flucht aus der DDR nicht zu machen, schwört sich Manne. Auch wenn er in den vergangenen Jahrzehnten den Staat hassen gelernt hat. Zu viele Jahre schon hat der 30-Jährige hinter Gefängnismauern vergeuden müssen.

Der schmale Junge mit dem dunkelblonden Haar wächst in der Kleinstadt Peitz, nördlich von Cottbus, auf. Der Ort im Vorspreewald ist seit Jahrhunderten vor allem wegen seiner Karpfen bekannt. Rund um Peitz gibt es 1.000 Hektar Teich, was einmalig in Mittel-europa ist. Manne kennt die Gewässer, Wälder und Wiesen in- und auswendig. Oft war er schon mit dem Fahrrad, später mit dem Motorrad draußen in der wunderschönen Landschaft. Er war ein mittelmäßiger Schüler, was ihm immerhin eine Lehre als Autolackierer ermöglichte.

Die Mauer ist noch offen, als in seiner Heimatstadt überall Fahnen zu Ehren der sowjetischen Oktoberrevolution gehisst werden. Doch damit hat Manne nichts am Hut. Er sitzt mit einem Kumpel in der Kneipe. Bei Bier und Schnaps plaudern die beiden Lehrlinge über Gott und die Welt. Hier in der Kneipe gibt es keinen Parteisekretär, hier wird offen gelästert. Dass an den Nachbartischen auch Spitzel der Staatssicherheit sitzen könnten, daran verschwendet Manne keinen Gedanken. Das lässt der Alkoholpegel auch kaum noch zu. Raus aus der Kneipe, sehen die beiden 18-Jährigen eine 3 Meter große Staatsflagge auf dem Schulhof im Wind wehen. Spontan treffen sie einen folgenschweren Beschluss. Leicht schwankend vom Bier und Schnaps gehen sie hinüber, holen die Fahne vom Mast. Angekommen in einer alten Fabrikanlage, verbrennen sie "Hammer, Zirkel, Ährenkranz".

Manfred Kropp hat die Sache bereits vergessen. Ein halbes Jahr später. Morgens 6 Uhr. Er geht zur Arbeit. An einer Straßenecke kommen zwei Männer in Zivil zielgerichtet auf ihn zu. "Kropp, kommen Sie mit!", wird Manne angeherrscht. Es geht alles ganz schnell. Auf der anderen Seite muss er in ein Auto einsteigen. Während der Fahrt starrt er aus dem Fenster auf's morgendliche Peitz und grübelt, was überhaupt los sei.

Das ändert sich im Polizeirevier in der Mauerstraße. Sofort wird er mit dem Jugendstreich vor einem halben Jahr konfrontiert. Seine Gegenüber wissen alles, wundert sich Manfred Kropp. Auf meinen Kumpel ist doch Verlass, glaubt er – nicht ahnend, dass der schon eine Woche lang in Untersuchungshaft sitzt. Am Anfang streitet Manne noch alles ab. Doch in dem insgesamt zehnstündigen Verhör bröckelt der Widerstand. Der Leutnant, ein junger Mann mit kurzen, krausen Haaren brüllt mit seiner kreischigen Stimme: "Wenn Sie das nicht zugeben, machen wir ganz andere Sachen mit Ihnen". Irgendwann gibt Manne zermürbt und hungrig zu, die Fahne verbrannt zu haben. Aber die Kriminalpolizisten geben keine Ruhe. Den Friedhof in Peitz soll er geschändet haben, wird ihm vorgeworfen. Das Spiel beginnt von vorn. Mit dem Unterschied, dass Kropp damit wirklich nichts zu tun hatte.

Minuten können Ewigkeiten sein. Als am späten Nachmittag zwei Polizisten in grüner Uniform in den Raum kommen, ist das schon eine Erleichterung. Tür auf, rein in die Zelle, Tür wieder zu – jetzt ist Kropp ganz allein. So allein hat er sich noch nie gefühlt im Leben. Die hellgrau-bläulichen Wände vor Augen grübelt er: Was denken die Eltern? Die Lehrstelle futsch? Wie lange muss ich hier bleiben? Die Lampe in der Zelle erinnert ihn an einen Kuhstall am Rande von Peitz, in dem er als Kind einmal gewesen ist.

Am Fenster hängt hinter dem Gitter eine Blende. Die unteren Scheiben sind bepinselt mit weißer Ölfarbe, so dass er nicht hinaus schauen kann. Manne probiert sich hinzulegen auf die Holzpritsche mit harter Matratze und ebenso hartem Kopfkissen. Voller Ungewissheit springt er nach ein paar Minuten wieder auf. Ständig hört er, dass der Türspion von außen bewegt wird. Wenn es ganz leise auf dem Gang ist, versucht er, mit dem Fingernagel ein paar Millimeter Farbe vom Fenster abzukratzen, um einen winzigen Blick auf den Gefängnishof zu erhaschen. Jeder Insasse hat hier täglich eine halbe Stunde Ausgang. Ganz allein, innerhalb hoher Mauern, bewacht nur von Wärtern.

Eines Tages schreckt Manne in seiner Zelle zurück. Durch das kleine Guckloch sieht er draußen seinen Freund, der ihm das hier alles wohl eingebrockt hat. Drei Wochen lang läuft Manfred Kropp allein durch seine Zelle. Unterhalten kann er sich nur mit den Wärtern, die beklagen, dass die Kanten der Bettwäsche nicht genau aufeinander liegen. Eines Abends geht die Tür plötzlich auf. Ein kräftiger Kerl kommt rein, gerade mal 16 Jahre alt. Durch Fragen erfährt Manne, dass sein Mitbewohner ein elfjähriges Mädchen umgebracht hat. 'Auf einmal ist ein Mörder mit mir in der Zelle.' Das muss der schmächtige Lehrling erst einmal verdauen. Doch was bleibt ihm übrig? 'Hier musst du mit jedem irgendwie klarkommen', hat er sich geschworen.

Irgendwann wird Manne die Anklageschrift gebracht. Das "Symbol der Arbeiterklasse" habe er geschändet, lautet der Vorwurf. Es kommt, wie es kommen muss. Manfred Kropp wird zu elf Monaten Gefängnis ohne Bewährung verurteilt. Mit hängendem Kopf verfolgt Manne die Gerichtsverhandlung, fühlt sich "wie eine jämmerliche Figur".

Nach ein paar Tagen schon wird Kropp gemeinsam mit 15 Mithäftlingen in eine so genannte "Grüne Minna", einen Transporter der Volkspolizei, gepfercht. Während der Fahrt ins Ungewisse rätseln

die Männer, wo sie überhaupt sind. Nach einer halben Stunde hält das Fahrzeug. Einige glauben, das berüchtigte Zuchthaus Cottbus erkannt zu haben, was von der Fahrzeit her auch passen könnte. Manne und die anderen müssen aussteigen, sich an einer weißen Mauer aufstellen. Hier weht ein anderer Wind, begreift Manne, der ausgerechnet heute seinen 20. Geburtstag feiert.
"Stellen Sie sich gerade hin", brüllt der Leutnant ihn im Kommandoton an, so dass Manne trotz seiner U-Haft-Erfahrung noch Angst bekommt. Jeder einzelne Familienname wird gerufen. Manne muss mit seinem Vornamen und dem Geburtsdatum antworten. Und wieder kommt ein Wachtmeister: Marsch, marsch – in eine große Zelle rein, rums, Tür zu und wieder war Ruhe. Unter den 15 Mann beginnt der Wettlauf um die besten Betten. Sie sind unten, weil man dort tagsüber am Besten wieder rausspringen kann. Denn das Liegen ist verboten. Mit den zumeist muskulösen Kriminellen kann sich Manne nicht messen. Er wartet ab und bezieht oben ein Bett, das übrig geblieben ist.

Die Mühe wäre eh' vergeblich gewesen. Denn schon nach zwei Stunden geht die Tür wieder auf. "Alle Mann raustreten!", schallt es über den Gang. Auf dem Hof steht die "Grüne Minna" schon wieder bereit – bewacht von Polizisten mit Maschinengewehren. Keiner weiß, wohin die Reise geht. Es wird gerätselt, denn überall hier in der Lausitz gibt es Haftarbeitslager, zum Beispiel in Schacksdorf und Lübbenau.
Nach einer Stunde Fahrt erkennt ein Mithäftling das Haftarbeitslager "Schwarze Pumpe" wieder. Manne ist den Umständen entsprechend zufrieden. Im Vergleich zur geschlossenen Anstalt gibt es hier Frischlust. Er kann sich bewegen und hat Kontakt mit anderen. Der Polizeitransporter fährt in eine Schleuse aus zwei Holztoren. Hier gibt es kein Entrinnen mehr. Zum ersten Mal muss sich Manfred Kropp hier gestreifte Sträflingssachen überstreifen. "Ja", schallt es rüde aus dem Dienstzimmer zurück, nachdem Manne dort anklopft. Mit "Strafgefangener Kropp" meldet er sich, das ist ihm vorher eingebläut worden.

"Sie sind ein Staatsfeind. Aber einen Teil können Sie hier wieder gut machen", sagt der Wachhabende und lässt den jungen Mann, der eigentlich nur im Suff eine Fahne verbrannt hat, wieder abtreten.

Untergebracht ist er in einer von fünf Baracken. Mit ihm 200 Mann im Raum. Manne freut sich sogar über eine richtige Matratze – im Vergleich zur Holzpritsche in der U-Haft ein Segen. Doch nur wenig Zeit lassen sie ihm zum Ausruhen. Er wird der Gleisbaubrigade zugeordnet. Zentnerschwer empfindet er die ölgetränkten Schwellen, die er schleppen muss. Schon am Abend kann er sich kaum noch rühren. Nachdem er zweimal beim Arzt war, wird er zum Eisenbiegeplatz versetzt. 'Was war das doch für ein Job als Autolackierer', denkt sich Manfred Kropp, als er die Knochenarbeit hier verrichtet. Morgens um 6 kommt er kaum aus dem Bett, so kaputt ist er. Das geht so mehrmals fünf Monate lang. Am 10. April 1961 wird Manfred Kropp endlich aus der Haft entlassen. Wegen guter Führung wird der Rest der Strafe zur Bewährung ausgesetzt.

Manne hat Glück. Sein Chef nimmt ihn sofort wieder auf im Betrieb. Schon vor dem unfreiwilligen Knastbesuch war er mit dem privaten Handwerkermeister gut zurecht gekommen. Zu den 70 Mark Lehrlingsgeld hatte der schon mal einen Zwanziger draufgepackt. Nun beginnt alles von vorn. Manne muss sich wieder anmelden. In der Berufsschule wird er belehrt. "Spielen Sie sich nicht als Helden hier auf", warnt ihn der Direktor.

Kropp weiß, was die Stunde geschlagen hat. Unauffällig beendet er seine Lehre. Doch zweieinhalb Jahre nach der Entlassung aus dem Knast soll ihn die Vergangenheit wieder einholen. Beim Basteln an Autos hat er den vier Jahre jüngeren Hans-Jürgen kennen gelernt. Der tickt ähnlich wie Manne. Nach dem Bau der Mauer am 13. August 1961 können die beiden jungen Männer nicht mehr so wie früher zusammen ins Kino nach West-Berlin. "Hier ist doch nichts los für uns als Handwerker. Wir hauen ab", schlägt Hans-Jürgen vor. Tatsächlich machen sich die beiden auf, fahren mit der Bahn Richtung Thüringen. Der neue Freund behauptet, er kenne ein Schlupfloch im Sperrgebiet. Im Abteil malen sie sich bereits aus, wie es sein wird, wenn sie wieder über den West-Berliner Ku'damm bummeln können. Doch die SED-Diktatur hat eine tödliche Grenze geschaffen. In Saalfeld müssen die beiden umsteigen in einen anderen Zug nach Lobenstein. Von dort ist es nicht mehr weit zur Grenze nach Bayern. Gerade haben sie sich auf die Bänke gefläzt, stehen zwei Transportpolizisten vor ihnen. "Zeigen Sie mal Ihre Ausweise und Ihr Gepäck", wird gefordert. Die vollgestopften Rucksäcke verraten sofort, dass die beiden Lausitzer alles andere als einen Urlaub im Thüringer Wald verbringen wollten. In der Wache des Bahnhofs liegt bereits ein Fernschreiben aus der Heimatstadt Peitz. "Geben Sie zu, dass Sie abhauen wollten", redet der Kriminalpolizist auf die beiden ein. Anders als vor vier Jahren redet Manne nicht lange um den heißen Brei herum: "Ja, wir sind hier nicht mehr mit den Zuständen, mit den Lebensbedingungen einverstanden." Der Uniformierte fackelt nicht lange, schreibt gleich vor Ort einen Haftbefehl aus.

Für den 23-Jährigen geht es wieder in Untersuchungshaft, diesmal im fernen Saalfeld. Von dort wird er nach ein paar Tagen zu einem vergitterten Eisenbahnwaggon, den Grotewohl-Express, gebracht. Auf der Reise lernt er die Untersuchungshaftanstalten in Gera und Leipzig kennen. Dort verbringt Manne das Weihnachtsfest, bevor er wieder nach Cottbus zurückgebracht wird.

Und wieder wird Manne zu 12 Monaten Haftstrafe verurteilt – wegen versuchter Republikflucht. Diesmal verbringt er die Zeit im Haftarbeitslager Schacksdorf nahe Finsterwalde. In einer Ziegeleifirma muss er schwer schuften. Während dieser Zeit gibt sein ehemaliger Chef seine Autowerkstatt auf, zum Bedauern von Manne. Denn als er aus dem Knast kommt, steht er plötzlich ohne Job da. Obwohl es in der DDR offiziell keine Arbeitsslosigkeit gibt. Nach ein paar Wochen wird er vorgeladen ins "Amt für Arbeit". Dort

bekommt Manne eine Arbeit zugewiesen. In einer Elektrofirma muss er Schaltschränke lackieren. Seine neuen Kollegen drängeln ständig, er soll seinen Einstand geben. Dies tut er auch, am Rosenmontag des Jahres 1965. Doch ganz so rosig wird die kleine Feier nicht. Schon am frühen Morgen beginnen die Arbeiter zu trinken. Um 9 Uhr ist Manne voll. "Ihr seid die Ersten, die hier saufen", schimpft der Meister und fordert die arbeitsunwillige Gruppe auf, hier in der Werkstatt nicht mehr zu rauchen. Da brennen Manne die Sicherungen durch. Er packt den Meister am Kragen, beschimpft ihn als "Kommunistenschwein" und "Parteibonzen".
Am Tag danach kann sich Kropp daran kaum erinnern. Wohl aber der Parteisekretär des Betriebes, der ihn bei der Polizei angezeigt hat. Manne wird fristlos gekündigt. Nur ein paar Wochen später muss er noch einmal in den Betrieb. Der Speisesaal wird zum Gerichtssaal umfunktioniert.
Der Staatsanwalt kennt keine Gnade. "Wenn man ihn in den Westen ließe, würde er mit der Waffe wiederkommen und alle Kollegen erschießen", redet er der Belegschaft ein. Der ältere Mann mit leicht tschechischem Akzent brüllt sich so sehr in Rage, dass er schon einen knallroten Kopf bekommt. Und wieder wird Manne zu einem Jahr Gefängnis verurteilt.

Die Strafvollzugsanstalt Cottbus übersteigt alles, was er bisher kennen gelernt hat. Die Luft in den Zellen ist dick vom Zigarettenqualm, für einen Nichtraucher eine Qual. Draußen bellen ständig die Hunde und unaufhörlich wummert ein Kompressor. Hier lernt Manne auch einen berüchtigten Wärter kennen, den alle ehrfurchtsvoll nur "RT" nennen. RT – das steht für Roter Terror, weiß Kropp inzwischen. Bald soll er auch wissen, warum.

Ein Mithäftling hat aus der Stanzerei, in der er arbeiten muss, Messingwürfel mitgebracht. Mit Punkten versehen, vertreiben sich die Jungs die Zeit mit dem Spielen. Eines Sonntagnachmittags klickt der Spion. Plötzlich steht "RT" breitbeinig in der Tür: ein Kerl von mindestens 1,85 Metern mit breiten Schultern. "Kropp, geben Sie die Würfel her!", faucht er. Doch Manne hat die Messingklumpen in seiner Hosentasche vergraben und denkt überhaupt nicht daran, sie rauszurücken. Doch als "RT" nicht aufgibt, wirft Manne ihm die Würfel direkt vor die Füße. Seine Mitbewohner wissen: das wird ein Nachspiel haben. "Ich könnte Sie jetzt sogar zusammenschlagen. Das würde niemand merken", staucht "RT" im Dienstzimmer den 25-Jährigen zusammen. Manne zittert am ganzen Körper und sagt kein Wort mehr. Für die kommenden vier Wochen lang wird ihm verboten, an gelegentlichen Fernseh- und Kinoabenden teilzunehmen. In dieser Zeit müssen die Häftlinge hier in einer staubigen Werkstatt für den Dresdner Betrieb Pentacon Rohlinge von Fotoapparaten entgraten. Zu Arbeitsbeginn lässt "RT" gern die ganze Schicht, das sind 30 bis 40 Mann, in Reih und Glied antreten. Mit Vorliebe kontrolliert er bei dieser Gelegenheit, ob irgendjemand Bartstoppeln hat. Selbst winzige entgehen ihm nicht. In dieser Zeit erkrankt Manne an einem ruhrartigen Durchfall. Deshalb wird er ins Krankenrevier verlegt. Dies befindet sich im Keller der Haftanstalt. Trotz Kachelofen friert der Peitzer elendig, weil kaum jemand heizt.

Nach der Entlassung hat Manfred Kropp endgültig resigniert. Zudem ist er völlig abgemagert und geschwächt. Er arrangiert sich so weit wie möglich mit diesem verhassten Land. Zum Wegkommen gibt es keine Chance.

Sein alter Kumpel Hans-Jürgen aber hat in den vergangenen Jahren Ähnliches durchgemacht. 1968 wollte er aus der DDR flüchten, direkt von der Armee. Doch trotz Prager Frühlings empfingen ihn die tschechischen Grenzer auf dem Weg nach Bayern mit Pistolenschüssen. Nach knapp zwei Jahren kam er verhältnismäßig früh aus dem Knast, weil er dort für die Stasi handwerkliche Arbeiten verrichtete. In dieser Beziehung ist Hans-Jürgen ein Genie. An der Drehbank kann er Teile nach Maß anfertigen. Manne trifft ihn nach wir vor beim Schrauben und Lackieren an Autos und Motorrädern.

An einem Sommerabend des Jahres 1971 wirkt Hans-Jürgen völlig aufgelöst, als er in die kleine Garage kommt.

Beim Spazierengehen durch Guben, das damals noch den Beinamen Wilhelm-Pieck-Stadt trug, hat er auf einem Kinderspielplatz einen Hubschrauber entdeckt. Nachts, so weiht er seinen Freund ein, will er sich überzeugen, ob man damit nicht über die innerdeutsche Grenze nach West-Berlin fliegen könne. "Ein Irrsinn", entgegnet Manne, der nicht noch einmal in den Knast will. Denn neben dem Kindergarten befinden sich viele Betriebe, eine Sparkasse und der Rat des Kreises. Den Motor zu Testzwecken anzulassen, wäre also unmöglich. Auch bei einem anderen Bekannten, den er mal in der Stasi-Untersuchungshaft kennen gelernt hat, blitzt Hans-Jürgen mit seinem gewagten Plan ab. Der ausrangierte Hubschrauber der Nationalen Volksarmee war dem Kindergarten erst Wochen zuvor "als Beitrag zur sozialistischen Wehrerziehung im Vorschulalter" übergeben worden. Hans-Jürgen interessiert sich vor allem für die Trag- und Heckschraube. Bisher gab es schließlich noch kein Fahrzeug, das der 27-Jährige nicht reparieren konnte.

Bewaffnet mit einer Taschenlampe fährt Hans-Jürgen mehrmals nachts mit Fahrrad oder Bus nach Guben. Weil er selbst kein Auto hat, leiht er sich einmal den alten Wartburg von Manne. An Bord ist ein Kanister, um den Hubschrauber aufzutanken. Ein anderes Mal stiehlt er eine Autobatterie, weil es die nicht zu kaufen gibt, und baut sie in den Hubschrauber ein. Hans-Jürgen klettert dabei immer über einen kleinen Holzzaun und pirscht sich durch einen Park an den Hubschrauber heran. Dabei fühlt er sich unbeobachtet.

Am 5. November 1971 ist der Moment gekommen. "Manne, nimm dir mal heute Abend nichts vor", fordert Hans-Jürgen seinen Freund auf. "Da werde ich das Ding vollenden." Tatsächlich taucht der Autoschlosser mit einer kleinen Tasche und all seinen Papieren in der Garage auf. Nervös steigen die beiden Männer in den Wartburg, auch wenn Manne sich vorgenommen hat, nicht miteinzusteigen in den Hubschrauber. Im Kofferraum werden fünf 20-Liter-Benzinkanister, eine zusammensteckbare Leiter und eine Bügelsäge verstaut. Der Kindergarten ist an diesem Abend hell beleuchtet vom Vollmond. Manne parkt sein Auto aus Sicherheitsgründen dreihundert Meter entfernt und steht danach Schmiere, mit einer Taschenlampe im Park. Es ist frisch an diesem Novemberabend. Manne hat seine Hände tief in den Jackentaschen vergraben. Nur wenn Betrunkene vorbei kommen, gibt er Leuchtzeichen. Denn sein Kumpel muss erst einmal Baumäste absägen, um später mit dem Hubschrauber eine freie Flugbahn zu haben. Manne zittert aus Angst und vor Kälte gleichzeitig. Drei Stunden steht er jetzt bereits im Park. Dann ist es soweit. Mit Kantholz und Steinen bewegen die beiden den Hubschrauber Stück für Stück fort von den Bäumen, insgesamt 20 Meter weit. "Jetzt geht's los", verabschiedet sich Hans-Jürgen. Manne hingegen rennt schnell zu seinem Wartburg, setzt sich dort hinein. Von dort hört er das Anlassen des Hubschraubers. Es wummert, knallt und zischt aus 300 Metern Entfernung. Dann wird es wieder still. Als der Motor eine Minute später noch einmal rumort, ergreift Manne mit seinem Wartburg die Flucht.

Hans-Jürgen indes schafft es, den Hubschrauber vom Boden loszueisen. Doch aus einem Meter Höhe stürzt der wieder nach unten. Verzweifelt rüttelt der 27-Jährige an Hebeln und Knöpfen. Da sieht er zwei Wächter des Bürohauses gleich nebenan. Die sind durch das Drehen der Rotorblätter aufmerksam geworden. Jetzt gibt auch Hans-Jürgen auf. Er rennt mit dem Mut der Verzweiflung durch den Park. Aus der Ferne hört er noch die Polizeihunde bellen. Ein Lkw-Fahrer nimmt ihn per Anhalter mit in sein Heimatdorf, nach Tauer.

Manne ist gerade völlig erschöpft eingeschlafen, als morgens kurz vor 9 Uhr seine Zimmertür aufgeht. Zwei fremde Männer in Zivil stehen vor dem Bett. "Kropp, stehen Sie mal auf", wird er zum Mitkommen aufgefordert. Manne weiß sofort, worum es geht. Schließlich hatte er die Hubschrauberaktion von Beginn an als gefährlich eingestuft. Angekommen bei der Staatssicherheit, muss sich Manne auf einen harten Stuhl in eine Ecke setzen. Der Vernehmer läuft immer um ihn herum, wechselt seinen Ton ständig. Mal plaudert er, dann wieder geht er ins Brüllen über. "Passen Sie mal auf, dass Sie nicht gleich vom Stuhl fliegen", wird gedroht, als der 30-Jährige nur einen Teil zugibt. Manne ahnt nicht, dass die Stasi schon seit Wochen von den Fluchtplänen mehr wußte als er selbst. Und wieder führt sein Weg auf eine harte Zellenholzpritsche. Die Fenster sind mit doppelten Glasbausteinen zugemauert. Jetzt bin ich in der Hölle gelandet, denkt Manne. Sieben Monate lang dauern die Vernehmungen. Die Stasi will ihm nicht abnehmen, dass er nicht mitfliegen wollte in die Freiheit. Um ihn auszuquetschen, muss er einen Tag lang sogar stehen. Ein schwergewichtiger Uniformierter stellt sich dabei immer wieder auf seinen Fuß.

Das Gericht wertet die versuchte Flucht letzten Endes als Staatsverbrechen und sogar Terror. Hans-Jürgen wird zu fünf Jahren Zuchthaus verurteilt. Und Kropp werden wegen Beihilfe drei Jahre aufgebrummt. Er hat Glück, dass die DDR zu Beginn der 70er-Jahre versucht, international anerkannt zu werden. Am 6. Oktober 1972, am Vorabend des Republik-Geburtstages wird eine Amnestie verkündet. Im Januar 1973 kommt Manne aus dem Gefängnis frei. Sein Kumpel wird ein Jahr später vom Westen freigekauft.

Erst zwei Jahrzehnte später sollen sie erfahren, dass sie damals von einem Freund verraten wurden. Die Stasi hatte über vier Wochen lang von der geplanten spektakulären Flucht gewusst und den Hubschrauber so präpariert, dass er nicht fliegen konnte. Der Chef der DDR-Luftstreitkräfte wies nach dem Vorfall an, alle "ausgesonderte Flugtechnik auf wirksame Unbrauchbarmachung zu überprüfen". Manne leidet noch 30 Jahre später wegen der vielen Inhaftierungen unter Albträumen.

*** Nachname im Kapitel geändert**

Hubertus Knabe (Stiftung Gedenkstätte Hohenschönhausen)

Vom Nutzen der Erinnerung (Nachwort)

Wie schön wäre es, wenn wir einfach alles vergessen könnten: Die Toten, die an der Grenze verendet sind, die Gefängnisse, in denen die Menschen verzweifelt sind, die Angst, in der Schule oder anderswo das Falsche zu sagen. Die DDR gibt es nicht mehr – warum sollen wir weiter in ihren Eingeweiden wühlen? Weil niemand gerne seine schlechten Erinnerungen pflegt, hat ein Sog der Verdrängung das Land erfasst. Auf das Aufbegehren und die Empörung über das System der SED folgten Gewöhnung und Gleichgültigkeit und schließlich ein weit verbreiteter Unwille, sich überhaupt noch mit der Vergangenheit zu befassen. Die Spitzen des Staates passen sich der neuen Stimmung an und forcieren sie, indem sie offen für ein Ende der Aufarbeitung plädieren.

Die Sehnsucht zu vergessen, ist verständlich – und bleibt dennoch falsch. Es liegt im ureigenen Interesse unserer Gesellschaft, wenn politische Fehlentwicklungen nicht unter den Teppich gekehrt, sondern kritisch analysiert werden. Nur so kann man aus ihnen lernen. Und wenn man sie wirklich verstehen will, muss man konkret werden, das heißt über einzelne Menschen und ihr Verhalten urteilen.

Die Aufarbeitung der Vergangenheit war zunächst vor allem notwendig, um personelle und politische Kontinuitäten abzuschneiden. Wichtige öffentliche Ämter sollten nicht durch Personen besetzt sein, die der Demokratie ablehnend gegenüberstehen und persönlich für das Funktionieren der Diktatur verantwortlich waren. Hätten wir 1990 den von manchem verlangten Schlussstrich gezogen, hätten wir jetzt möglicherweise einen Inoffiziellen Mitarbeiter als Bundeskanzler und einen Stasi-General als Innenminister. Die Auseinandersetzung mit der Vergangenheit liefert uns zugleich moralische Maßstäbe für die Gegenwart: Wenn die Mittäterschaft in einer Diktatur durch Vergessen sanktioniert wird, haben wir schlechte Aussichten, zukünftige Gefährdungen besser zu überstehen. Wenn politisch-moralische Standfestigkeit nicht gewürdigt werden, bleibt am Ende nur die Schlussfolgerung, dass rückgratlose Anpassung in jeder Situation das Beste ist. Deshalb ist es unverzichtbar, dass nach dem Ende einer Diktatur die Täter geächtet und die Opfer geehrt werden.

So wie der Widerstand gegen den Nationalsozialismus ein politisch-moralisches Fundament der Nachkriegsdemokratie wurde, so brauchen wir für das vereinigte Deutschland das Andenken an diejenigen, die der SED-Diktatur getrotzt haben. Es ist das beste Mittel, antidemokratischen und nostalgischen Tendenzen vorzubeugen; wenn das Leiden der Verfolgten überhaupt irgendeinen Sinn haben kann, dann liegt er hier.

Während es gelungen ist, den Widerstand gegen die nationalsozialistische Diktatur nicht nur breit zu dokumentieren, sondern ihn auch moralisch zu würdigen und politisch zum Vorbild zu erheben, sind wir davon im Zusammenhang mit der SED-Diktatur noch weit entfernt. Die rund 250.000 Menschen, die aus politischen Gründen in Haft gerieten, und die noch viel höhere Zahl derer, die kein Abitur machen, nicht studieren durften oder sonst wie drangsaliert wurden, erscheinen, wenn sie denn überhaupt in den Blick geraten, eher als bedauernswerte Geschöpfe denn als Vorbild dafür, wie man sich als Mensch in einer Diktatur nach Möglichkeit verhalten sollte.

Dazu tragen nicht zuletzt die Äußerungen vieler ahnungsloser Westdeutscher bei, die meinen, sie seien besonders einfühlsam, wenn sie Verständnis für Anpassung und Opportunismus demonstrieren. Der millionenfach gedruckte Satz von Bundeskanzler Gerhard Schröder im Hinblick auf seine für das Ministerium für Staatssicherheit tätig gewesene Cousine, »Wer ohne Schuld ist, der werfe als Erster den Stein«, wirkt auf die Opfer wie eine nachträgliche Rüge, dass sie sich nicht zu einer Zusammenarbeit mit dem Staatssicherheitsdienst bereit fanden und dafür meist massive Nachteile hinnahmen. Gerade im Westen Deutschlands stößt man immer wieder auf die Einstellung, man könne bei der Diskussion über die SED-Herrschaft nicht mitreden, weil man das Glück ge-

habt habe, in einer Demokratie aufzuwachsen. Nach der »Gnade der späten Geburt« wird eine Art »Gnade der westdeutschen Geburt« postuliert, die zu Zurückhaltung und Verständnis für die Zwänge einer Diktatur verpflichte.
Diese oftmals demonstrierte Haltung von Unbeteiligten, die mit einer Mischung aus Horror, Verständnis und Gleichgültigkeit auf die zweite deutsche Diktatur blicken, ist jedoch weder hilfreich noch angemessen. Sie ignoriert, dass die DDR-Geschichte spätestens seit dem 3. Oktober 1990 eine gemeinsame deutsche Geschichte ist, für die nun alle Deutschen in Haft genommen werden und deren Konsequenzen sie mit zu tragen haben. So, wie sich die unter Sechzigjährigen mit den Folgen des Nationalsozialismus auseinander zu setzen haben, obwohl sie biographisch nicht das Geringste damit zu tun haben, so tragen auch die Westdeutschen und die Nachgeborenen an der Geschichte des Kommunismus mit.
Wenn man genauer hinschaut, wird zudem deutlich, dass die Westdeutschen nicht so unbeteiligt waren, wie sie meinen. Auch in der alten Bundesrepublik waren etwa 20.000 bis 30.000 Bundesbürger als Inoffizielle Mitarbeiter des Staatssicherheitsdienstes in Parteien, Wirtschaft, Wissenschaft, Militär und in den Medien tätig. Darüber hinaus gab es vielfältige Formen der politischen Stabilisierung der SED-Diktatur, bis hin zur offenen Liebedienerei gegenüber dem SED-Staat.

Nur ganz wenige haben die schwache DDR-Opposition unterstützt oder sich aktiv für den Schutz der Verfolgten eingesetzt. Wenn man heute in den einst streng geheimen Protokollen der vertraulichen deutsch-deutschen Zusammenkünfte liest, fragt man sich nicht nur einmal, ob die dort zur Schau getragene Kooperationsbereitschaft nicht moralisch ähnlich fragwürdig ist wie die Anpassung von Menschen in der Diktatur, der sie nicht entweichen können.
Schließlich gab es im Westen auch deutliche Zeichen einer ideologischen Affinität zum Kommunismus, die von den Studentenbewegungen der späten sechziger Jahre bis zum so genannten

Dialogpapier von SED und SPD in den späten achtziger Jahren reichte. Ist es weniger verwerflich, auf dem West-Berliner Kurfürstendamm im Angesicht der Mauer für die Anerkennung der SED-Herrschaft oder die menschenverachtende Kulturrevolution in China zu demonstrieren, als in der DDR durch Anpassung Karriere machen zu wollen? Eine kritische Aufarbeitung von Verantwortung, Schuld und Verfehlungen im Zusammenhang mit dem zweiten totalitären Gesellschaftsentwurf des 20. Jahrhunderts würde auch dem Westen Deutschlands und den dort sozialisierten politischen Eliten gut anstehen.

Eine der zentralen Voraussetzungen für eine kritische Reflexion der Geschichte - das zeigt nicht zuletzt die Diskussion über den Nationalsozialismus - ist der Zugang zu den historischen Quellen. Dass die Opfer rehabilitiert und die Täter sanktioniert wurden, war nur durch die Öffnung der geheimen DDR-Archive möglich. Schwarz auf weiß konnte man nun nachlesen, wie das Herrschaftssystem der SED tatsächlich funktionierte. Die Kader der SED verloren ihr Wissens- und Deutungsmonopol, ihre Verharmlosungsversuche konnten durch Fakten und Dokumente widerlegt werden. Aufgrund der konspirativen Arbeitsweise, der Vernichtung wichtiger Quellenbestände und dem eingeschränkten Zugang zu den restlichen Unterlagen ist diese Aufklärungsarbeit mit zahlreichen Schwierigkeiten behaftet. Oft ist sie überhaupt nicht in befriedigender Weise zu leisten. Viele Arbeitsbereiche des Staatssicherheitsdienstes und insbesondere sein skrupelloses Vorgehen gegen Andersdenkende sind auch heute noch nur in Umrissen zu erahnen, was sich nicht zuletzt in der großen Zahl eingestellter Ermittlungsverfahren gegen ehemalige MfS-Mitarbeiter ausgedrückt hat.

Demgegenüber stehen die zunehmenden Versuche früherer Verantwortungsträger, ihre Tätigkeit beim MfS zu beschönigen und - ähnlich wie rechtsradikale Kreise im Zusammenhang mit der NS-Diktatur - einem neuen Geschichtsrevisionismus zum Durchbruch zu verhelfen. Beispiel dafür ist das im April 2002 erschienene zweibändige Werk ehemaliger MfS-Generäle, in dem der Staatssicherheitsdienst als »Rechtspflegeorgan« bezeichnet wird, dem es darauf angekommen wäre, die »Würde von Betroffenen in Strafverfahren uneingeschränkt zu wahren« und »Gestrauchelten möglichst zu helfen, den Weg in die Gesellschaft zurückzufinden«. Dieser nicht nur für die Opfer schwer erträglichen Geschichtsklitterung muss durch intensive historische Forschung sowie Publikationen der Ergebnisse entgegengewirkt werden. Dafür sind die Unterlagen des MfS unverzichtbar. Dass der Zugang zu den Unterlagen des Ministeriums für Staatssicherheit vom Bundesverwaltungsgericht auf die Täterakten beschränkt wurde, hat jedoch das wichtigste Archiv zur DDR-Geschichte fast unbrauchbar gemacht. Anders als es das Gericht erklärt hat, ist eine seriöse wissenschaftliche Aufarbeitung ohne Unterlagen über Politiker, Amtsträger beziehungsweise Opfer der SED-Herrschaft nicht möglich. Als »Schild und Schwert« der SED hat das MfS nicht im luftleerem Raum agiert, sondern konkrete Menschen überwacht und verfolgt und dabei eng mit Partei- und Staatsfunktionären zusammengearbeitet – dies ist nach dem Richterspruch nun nicht mehr nachzuzeichnen. Zugänglich bleiben allein die Namen hauptamtlicher und inoffizieller Stasi-Mitarbeiter. Das ist, als würde man ein Buch über die DDR schreiben, in dem ausschließlich Polizisten Erwähnung finden dürfen. Dass die Rolle der hauptamtlichen Funktionäre und Mitarbeiter in den staatstragenden Institutionen zu wenig erörtert wurde, gehört zu den schwerwiegenden Versäumnissen nach dem Untergang des SED-Staates. Die kleinen Informanten haben die Presse oft monatelang beschäftigt, ihre Auftraggeber hingegen nicht. Die Tendenz hat das Bundesverwaltungsgericht jetzt höchstrichterlich festgeschrieben. Selbst das Agieren von SED-Funktionären wie der berüchtigten Justizministerin Hilde Benjamin oder der kaum weniger verhassten Volksbildungsministerin Margot Honecker kann nicht mehr anhand von Stasiakten rekonstruiert werden. Da sie nicht Mitarbeiter oder Begünstigte des Staatssicherheitsdienstes waren, genießen sie nach dem Richterspruch das im Grundgesetz verankerte Recht auf informationelle Selbstbestimmung. Der postulierte Opferschutz wirkt sich als Täterschutz aus.

In der Praxis führt das Urteil zu teilweise bizarren Verzerrungen: Über die Schriftstellerin Christa Wolf ist beispielsweise nur noch ihre schmale Akte als Inoffizielle Mitarbeiterin zugänglich, der umfangreiche Opfervorgang bleibt dagegen gesperrt. Dasselbe gilt für die zahllosen Bände über Herbert Wehner, die belegen, dass er nicht Täter, sondern Opfer der Staatssicherheit war – entgegen der vom einstigen Spionagechef Markus Wolf in die Welt gesetzten Legende. Verschlossen sind nach dem Urteil aber auch alle anderen Dokumente über westdeutsche Politiker, von Konrad Adenauer bis Willy Brandt, einschließlich der Belege von dem, was die Stasi über sie wusste und wie sie sie bekämpfte. Dass Heinrich Lübke oder Eugen Gerstenmaier jahrelang Opfer von konspirativ organisierten Rufmordkampagnen des Staatssicherheitsdienstes waren, wäre niemals ans Tageslicht gekommen, wenn ihre Unterlagen, wie nun von Altkanzler Helmut Kohl gerichtlich erzwungen, verschlossen geblieben wären. Tabus sind in Zukunft aber auch die Akten über alle anderen prominenten Zeitgenossen der Nachkriegsgeschichte, vom protestantischen Kirchenführer Otto Dibelius bis zum Schriftsteller Bert Brecht – selbst wenn die Betroffenen bereits seit fast einem halben Jahrhundert verstorben sind.

Für die Aufarbeitung der politischen Verfolgung in der ehemaligen DDR hat das Urteil besonders schwerwiegende Folgen. So liegen bei der Bundesbeauftragten für die Stasiunterlagen seit Monaten zahlreiche Forschungsanträge der Gedenkstätte Berlin-Hohenschönhausen im ehemaligen Untersuchungsgefängnis des DDR-Staatssicherheitsdienstes vor. Darin wird um Einsicht in die Akten prominenter Opfer wie des ehemaligen DDR-Außenministers Georg Dertinger (CDU) oder des einstigen Leiters des Aufbau-Verlags, Walter Janka, gebeten, die in dem berüchtigten unterirdischen Kellergefängnis in Berlin, dem so genannten »U-Boot« inhaftiert waren. Vor dem Urteil waren diese Unterlagen für Forscher zugänglich, weil Dertinger und Janka als Personen der Zeitgeschichte betrachtet wurden – jetzt sind sie gesperrt.

Geradezu grotesk sind die Konsequenzen, wenn es darum geht, das Zusammenspiel zwischen Staatssicherheitsdienst, Staatsanwaltschaft und Gerichten aufzuklären. Da die Namen der »Amtsträger« des SED-Staates nach dem Urteil geschwärzt werden müssen, ist es kaum mehr möglich nachzuweisen, wie die Justiz die Vorgaben des Staatssicherheitsdienstes umsetzte und ihnen den Schein des Rechtes gab. Auch Abstimmungsprozesse mit dem Zentralkomitee oder dem Politbüro der SED – etwa wenn Ulbricht handschriftlich die Todesstrafe anordnete – sind nicht mehr nachzuvollziehen, da es sich bei den Beteiligten in der Regel nicht um MfS-Mitarbeiter handelte.

Um die Vergangenheit aufarbeiten zu können, müssten die Zugänge zu den Stasiakten nicht zugemauert, sondern erweitert werden. So kann die Geschichte der politischen Verfolgung in der DDR naturgemäß nicht ohne die Unterlagen der Opfer geschrieben werden, auch wenn sie weniger bekannt sind und nicht zu den früher zugänglichen Personen der Zeitgeschichte gehörten.
Wie soll man das Schicksal der zahllosen unbekannten Häftlinge aufklären, wenn ihre Unterlagen unter Berufung auf den »Opferschutz« verschlossen bleiben? Während bei den Haftorten der NS-Diktatur die Zu- und Abgangslisten mit den Namen inhaftierter Häftlinge für Wissenschaftler zugänglich sind, werden sie bei den Haftorten der SED-Diktatur geschwärzt. Hier müssen Regelungen getroffen werden, die eine Gleichstellung mit den Forschungsmöglichkeiten über den Nationalsozialismus garantieren, damit auch die zweite deutsche Diktatur angemessen dargestellt und reflektiert werden kann.

[Obschon inzwischen bescheiden novelliert, hielten wir es für opportun, diesen ersten massiven Angriff auf das Stasiunterlagengesetz in dieser Form historisch zu dokumentieren; zumal erneute Angriffe prominenter Zeitgenossen geplant sind ..., HELP e. V.]

Die Autoren

Alexander W. Bauersfeld

Geboren 1948 in Ilfeld/Harz; nach der Schule Ausbildung als Krankenpfleger; aktive Jugendarbeit in der evangelisch-lutherischen Kirche; Theologiestudium in Berlin; tätig für "Schwerter zu Pflugscharen"; Verhaftung am 13. Januar 1983 wegen Reservistenverweigerung der NVA und West-Kontakten; Verurteilung zu drei Jahren politischer Haft; Freikauf nach eineinhalb Jahren, danach in der deutschland-politischen Erwachsenenarbeit (Vor- und Nachbereitung DDR-Fahrten) tätig; ehrenamtliches Mitglied im Vorstand der Union der Opferverbände kommunistischer Gewaltherrschaft e. V. (UOKG) und Sprecher der Arbeitsgruppe ehemaliger politischer DDR-Häftlinge in der evangelischen Kirche; seit 1984 in Hannover wohnhaft.

Karl-Heinz Baum

Geboren 1941 in Breslau, 1945 Flucht der Familie nach Schleswig-Holstein; 1961 Abitur in Bremen; Studium der Politikwissenschaften, Publizistik, Soziologie an der FU Berlin und der Johannes-Gutenberg-Universität Mainz, seit 1967 Journalist, Parlamentsberichterstatter, Korrespondent, unter anderem für "Zeit, "Frankfurter Rundschau"; 1977 bis 1990 DDR-Korrespondent der "Frankfurter Rundschau"; seit 1990 Redakteur im Berliner Büro der "Frankfurter Rundschau"; Mitglied der Bundespressekonferenz; Bücher: "Thüringen"/Nest Verlag, "Wir gaben den Menschen eine Stimme" in "Über die Arbeit von Korrespondenten in der DDR" von Grashoff/Muth (Herausgeber).

Klaus Behling

Geboren 1949 in Damgarten; nach dem Studium der Asienwissenschaften arbeitete er mehrere Jahre in Indochina und Rumänien; seit 1991 ist er als Redakteur bei der Bild-Zeitung tätig, wo er für die Ausgaben in den neuen Bundesländern arbeitet.

Achim Beyer

Geboren 1932 in Dresden; ab 1943 Besuch der Oberrealschule Werdau/ Sachsen; 1950 Gründung einer Widerstandsgruppe gegen die SED-Herrschaft, Herstellung und Verteilung von Flugblättern, Kontakte zur KgU; Verhaftung mitten im Abitur am 21. Mai 1951 nach abenteuerlicher Flucht; Verhandlung im Oktober 1951 vor dem Landgericht Zwickau und zu acht Jahren Zuchthaus verurteilt; Entlassung am 13. 10. 1956 nach Werdau mit drei Jahren Bewährung; nach der Berufsausbildung wurde ihm der Besuch einer weiterführenden Schule in Werdau verweigert; Flucht in die Bundesrepublik Deutschland (November 1956); 1957 Mitgründer des "Collegium Politicum" an der Universität Erlangen; seit 1960 Referent für Politische Bildung mit Schwerpunkt DDR (unter anderem Politisches System, Wirtschaft, Bildung und Erziehung, Geschichte, Politische Justiz); 25 Jahre Vorsitzender des "Kuratorium Unteilbares Deutschland" in Erlangen.

Antonia Bokun
Geboren 1955 in Berlin; Tätigkeiten als Lagerarbeiterin, Schirmmacherin, Werbetexterin, Dokumentarfilmregisseurin, Pressesprecherin, Redakteurin; lebt heute als Journalistin in Deutschland und Dalmatien.

Henry van Coevenhooven
Geboren 1935 in Los Angeles; nach dem Highschool-Abschluss Studium und militärische Kariere; seit 1985 Wohnsitz in New York; seit Pensionierung schriftstellerisch tätig; erste Veröffentlichung 1997 "Das Bordell" ... und andere DDR-Geheimnisse, Dokumentarroman.

Peter Eisenfeld
Geboren 1941 in Falkenstein/Vogtland; nach der Lehre im Steinkohlenbetrieb Zwickau und Abitur an der Arbeiter-und-Bauern-Fakultät der Bergakademie Freiberg 1961 bis 1967; Geologiestudium in Leningrad; 1967 bis 1972 Diplomingenieur-Geologe bei der SDAG Wismut; 1972 bis 1987 Übersetzer/Dolmetscher beim Fremdsprachenbetrieb "Intertext", Außenstelle Dresden; in der DDR wegen gesellschaftskritischen Engagements und politischer Gegnerschaft 1972 Verlust des Ausbildungsberufes; 1975 Dolmetschverbot; Ende 1985 notgedrungener Antrag auf Übersiedlung nach Westberlin aus politischen Gründen und 1987 zwangsweise Ausbürgerung nach Westberlin; nach Arbeitslosigkeit ab Mitte 1989 freischaffende Tätigkeit als Übersetzer und in der Bildungsarbeit; 1990 bis 1991 Mitarbeiter im Gesamtdeutschen Institut Berlin, danach im Bundesarchiv; Juli 1992 bis Februar 1995 Mitarbeiter in der Berliner Senatsverwaltung für Inneres; seit März 1995 beim Berliner Landesbeauftragten für die Unterlagen des Staatssicherheits-

dienstes der ehem. DDR; Mitglied der Arbeitsgruppe "Initiative Rechtshilfe" bei HELP.

Martin Ferber
Geboren 1961 in Augsburg; seit 1990 Berlin-Korrespondent der Augsburger Allgemeinen und anderer Zeitungen.

Jan von Flocken
Geboren 1954; Historiker und Journalist beim Nachrichtenmagazin "FOCUS"; Veröffentlichungen unter anderem "Stalins Lager in Deutschland" (1991), "Die Denkmale der Berliner Siegesallee" (2000).

Dr. h. c. Karl Wilhelm Fricke
Geboren 1929; Publizist, lebt in Köln; 1949 nach Abitur in Aschersleben Flucht aus der SBZ; 1949 bis 1953 Studien an der Hochschule für Arbeit, Politik und Wirtschaft in Wilhelmshaven und an der Deutschen Hochschule für Politik in Berlin; ab 1952 freiberuflicher Journalist in West-Berlin; 1955 von Stasi-Agenten aus West-Berlin entführt und 1956 vom 1. Strafsenat des Obersten Gerichts der DDR wegen "Kriegshetze" zu vier Jahren Zuchthaus verurteilt; bis 1959 in Brandenburg-Görden und Bautzen II in Strafhaft; ab 1959 freiberuflicher Journalist; 1970 - 1994 leitender Redakteur beim Deutschlandfunk in Köln; Sachverständigenmitglied der Enquete-Kommission "Aufarbeitung von Geschichte und Folgen der SED-Diktatur in Deutschland" und "Überwindung der Folgen der SED-Diktatur im Prozess der deutschen Einheit"; 1996 Ehrenpromotion (Dr. phil. h. c.) durch die Freie Universität Berlin - Fachbereich Politische Wissenschaft; Veröffentlichungen u. a.: "Politik und Justiz in der DDR" (1979), "Die DDR-Staatssicherheit" (1982), "Opposition und Widerstand in der DDR" (1984), "MfS intern" (1991), "Akten-Einsicht" (1995), "Konzentrierte Schläge" (mit Roger Engelmann 1998), "Der Wahrheit verpflichtet" (2000), "Bautzen II" (mit Silke Klewin 2001).

Peter Hellström
Geboren 1943 in Berlin-Hermsdorf; erzogen im bürgerlich-humanistischen Sinn; nach dem Mauerbau 1961 als FDJ-Sekretär der Oberschulklasse abgelöst, da keine Bereitschaft vorlag, Berufsoffizier zu werden; 1962 Abitur; 1963 bis 1970 Hochschulstudium

Verfahrenstechnik (TU Dresden); 1969 zu 1 Jahr und 8 Monaten Haft wegen "Staatsfeindlicher Hetze" verurteilt; 1971 Erhalt des Diploms nach "Bewährung in sozialistischer Produktion"; ab Oktober 1989 beim Demokratischen Aufbruch, Runder Tisch Erfurt und Neudietendorf; ab 1990 Gemeinderat; 1994 Freie Wählergemeinschaft; Mitgliedschaft Bündnis 90/Die Grünen; 1994 bis 1996 Kreisvorstand Bündnis 90/Die Grünen Gotha; seit 1999 politischer Geschäftsführer Kreisvorstand Gotha; Literatur, Christa Wolf, Angepaßt oder mündig? Briefe an Christa Wolf, Verlag Volk und Wissen, Herbst 1989.

HELP-Team
Siehe Anhang

Peter Alexander Hussock
Geboren in Lübben-Steinkirchen/Spreewald; Grundschule in Treppendorf/Steinkirchen; Abitur an der Goethe-Oberschule (heute Paul-Gerhard-Gymnasium Lübben), Deutsch-Schwedisch-Studium, relegiert wegen politischer Diskussionen; politische Haft in Pankow, Rummelsburg, Cottbus, Karl-Marx-Stadt; frühes Mitglied beim Neuen Forum; 1990/91 Mitbegründer der Hilfsorganisation HELP; 1997 Bundesverdienstkreuz; Verleger und Autor; Mitautor von "Politisch motivierte Verfolgung: Opfer von SED-Unrecht", Max-Planck-Institut für ausländisches und internationales Strafrecht, Kriminologische Forschungsberichte, Herausgeber: Ulrich Baumann und Helmut Kury und "Wiedergutmachungsverbot?" Die Enteignungen in der ehemaligen SBZ zwischen 1945 und 1949, Herausgeber: Bruno J. Sabotka, v. Hase & Koehler Verlag.

Robert Ide
Geboren 1975 im sächsischen Marienberg; in Berlin-Pankow aufgewachsen; nach dem Umbruch studierte er Politische Wissenschaften an der Freien Universität Berlin und arbeitete im Forschungsverbund SED-Staat; Redakteur beim Tagesspiegel; beschäftigt sich seit mehreren Jahren mit der Aufarbeitung der DDR-Geschichte; für seine Arbeiten erhielt er den Reportagenpreis der Akademie für Publizistik.

Dr. Hubertus Knabe

Historiker und Publizist; wissenschaftlicher Direktor der Gedenkstätte Berlin-Hohenschönhausen; lebt in Berlin; nach Studium der Geschichte und Germanistik in Bremen Promotion; Studienleiter der Evangelischen Akademie; 1992 bis 1999 wissenschaftlicher Mitarbeiter des BStU; Gutachter der Enquete-Kommission des Bundestags "Aufarbeitung von Geschichte und Folgen der SED-Diktatur in Deutschland"; Veröffentlichungen u. a.: "Die unterwanderte Republik, Stasi im Westen" (1999), "Der diskrete Charme der DDR, Stasi und Westmedien" (2001).

Wolfgang Kockrow

Geboren 1932 in Berlin, entstammt einem sozialdemokratisch orientiertem Elternhaus; engagiert sich nach dem II. Weltkrieg bei den "Falken", später in der Gewerkschaft Öffentliche Dienste, Transport und Verkehr und in der SPD; sein Engagement bei den "Falken" führt zu Kontakten mit der FDJ; anlässlich eines Treffens mit einem FDJ-Funktionär in Ost-Berlin wird er im Januar 1959 vom MfS festgenommen und im Mai 1959 vom Stadtgericht in Ost-Berlin zu dreieinhalb Jahren Zuchthaus verurteilt; kurz vor der Haftentlassung wird er erneut in Untersuchungshaft genommen und im August 1962 vom Bezirksgericht Leipzig wegen "Staatsgefährdender Hetze" zu weiteren zwei Jahren Gefängnis verurteilt; im Juli 1964 wird er nach West-Berlin entlassen; Beteiligung an einer spektakulären Fluchthilfeaktion ("Tunnel 57"); studiert anschließend an der Akademie für Arbeit und Sozialwissenschaften; bis zur Pensionierung ist er in leitenden Stellungen im Lufthansakonzern tätig, setzt sich seit Jahren als Vorstandsmitglied der Hilfsorganisation "HELP" für die Belange politisch Verfolgter ein; 2000 Bundesverdienstkreuz verliehen; Autor von "Nicht schuldig".
(Schriftenreihe Bd. 11 des Berliner Landesbeauftragten, M. Gutzeit)

Werner H. Krause

Geboren 1938 in Berlin; nach Abschluss der Oberschule Volontariat an einer Berliner Tageszeitung, später Redakteur im Jugendmagazin "Neues Leben"; im November 1960 zusammen mit weiteren Journalisten vom MfS inhaftiert; nach 11-monatiger Isolationshaft in der U-Haftanstalt Hohenschönhausen fand der Prozess statt, wegen "Staatsgefährdender Propaganda" sowie "Kontaktaufnahme zu polnischen Oppositionellen" zu einer dreijährigen Zuchthausstrafe verurteilt, die er in der Haftanstalt Magdeburg-Sudenburg verbüßte; nach der Freilassung war er mehrere Jahre ohne Arbeit, da die Staatsanwaltschaft in Potsdam zwischenzeitlich gegen ihn ein Berufsverbot erlassen hatte; ab 1966 freier Mitarbeiter in der Lokalredaktion des CDU-Zentralorgans "Neue Zeit" tätig; nach der politischen Wende gehörte er über mehrere Jahre der Ostredaktion der "Berliner Morgenpost" bis zu deren Auflösung an; seit sechs Jahren verantwortlicher Redakteur einer Monatszeitung der Landsmannschaft Berlin/Mark Brandenburg; arbeitet außerdem als Publizist über zeithistorische Fragen für verschiedene Buchverlage.

Benno Kroll
Geboren 1929 in Berlin; Schule in Werder, Potsdam, West-Berlin und Köln; Studium der Politischen Wissenschaften in West-Berlin; Leitender Angestellter in der Industrie; mit vierzig Jahren Journalist bei Twen, dann Stern und Geo; 1975 Journalistenpreis der Bundesarbeitsgemeinschaft der Freien Wohlfahrtsverbände; 1979 Egon-Erwin-Kisch-Preis; 1980 erste Buchveröffentlichung: "Nachtasyl, eine Reportage über Kriminalität und Politik"; sein China-Buch "Der Clan der Changs" erscheint im März 2003 beim Münchner Verlag Droemer Knaur.

Dr. h. c. Erich Loest
Geboren 1926 in Mittweida/Sachsen als Sohn eines Kaufmanns; 1944 zum Kriegsdienst einberufen; nach dem Ende des II. Weltkrieges arbeitet er unter anderem in der Landwirtschaft und in den Leuna-Werken; 1947 Mitglied der SED; er erhält eine Volontärsstelle und wird Redakteur bei der "Leipziger Volkszeitung"; ab 1950 lebt er als freischaffender Schriftsteller in Leipzig; 1955/56 Studium am Literaturinstitut "Johannes R. Becher" in Leipzig; während des politischen "Tauwetters" und nach der Niederschlagung des Ungarnaufstandes 1956 gerät er mehr und mehr in Opposition zur offiziellen Politik der SED; er tritt offen für die Entstalinisierung der DDR ein; 14. November 1957 Verhaftung und Ausschluss aus der SED; nach 13-monatiger Untersuchungshaft wird er gemeinsam mit vier Mitangeklagten am 23. Dezember 1958 vom Bezirksgericht Halle wegen "konterrevolutionärer Gruppenbildung" zu 7 ½ Jahren Zuchthaus verurteilt und nach Bautzen II überstellt; am 25. September 1964

vorzeitig "auf Bewährung" aus der Haft entlassen; von 1965 bis 1979 arbeitet er als Schriftsteller in der DDR; 1979 Austritt aus dem Schriftstellerverband aus Protest gegen Zensurmaßnahmen der DDR und siedelt schließlich 1981 in die Bundesrepublik Deutschland über; seine Haftzeit verarbeitet er unter anderem in seiner Autobiographie "Durch die Erde ein Riß", die 1981 in einem Hamburger Verlag erscheint; nach der friedlichen Revolution in der DDR 1989/90 wird Loest vom Obersten Gericht der DDR rehabilitiert; seit Mitte der neunziger Jahre lebt und arbeitet er wieder in Leipzig.

Anne Losensky
Geboren 1959; Studium in Leipzig; für viele Zeitungen gearbeitet; seit 1992 Journalistin bei der "B. Z."

Francis Milwoky
Geboren 1972 in New York, Abschluss auf der Highschool und Studium der Rechtswissenschaften; seit 1999 Rechtsanwalt; zusammen mit Ehefrau Olivia Milwoky schriftstellerisch tätig; erstes Buch "Das Flittchen" – Die Story der Nannan Christie.

Renate Schmidt
Geboren 1927 in Thüringen; 1952 Umzug nach Berlin; Arbeit beim Verlag Tribüne; Tätigkeit bei der Volksbildung; nach der Wiedervereinigung kleinere literarische Beiträge.

Konrad Schuller
Geboren 1961 in Siebenbürgen; verließ - noch zur Zeit der Diktatur - Rumänien; beim Studium der Geschichte und Volkswirtschaftslehre in München erneuerten die programmatischen Schriften des britischen Konservativismus sein Misstrauen gegen jede Art dogmatischer Politik; lernte seinen Beruf an der Münchener Journalistenschule; nach Wanderjahren, die ihn samt Frau und Kind im nachrevolutionären Rumänien (für die Süddeutsche Zeitung), in Rom (für die DPA) und in London (als Redakteur des BBC-Worldservice) sahen, trat er 1992 der F.A.Z.-Nachrichtenredaktion bei; er befasste sich mit den Wandlungen im nachkommunistischen Osten Europas und besuchte Bosnien, Rumänien, Russland, Polen, die Ukraine sowie Moldova; zwischen 1995 und 2001 beobachtete er als Korrespondent in Berlin den Weg der

Stadt aus der Teilung in ihre künftige europäische Rolle; seit September 2001 kümmert er sich im Berliner Parlamentsbüro der "Frankfurter Allgemeinen Sonntagszeitung" um die Grünen und um deutsche Außenpolitik.

Spiegel-Team (Hamburg)
Siehe www.spiegelgruppe.de

Katrin Teschner
Geboren 1970 in Hanau; schon während der Schulzeit zieht es sie mehrfach ins Ausland; sie lebt ein Jahr in Australien und besucht in Melbourne die Mc Robertson Girls Highschool; auch während ihres Studiums der Anglistik, Romanistik und Germanistik mit Schwerpunkt Literaturwissenschaft an der Universität Hannover kehrt sie mehrfach nach Australien zurück; in Melbourne arbeitet sie bei der Tageszeitung Herald Sun; später in Deutschland bei den Wolfsburger Nachrichten, bei Radio ffn und der Bild-Zeitung Hannover; im Jahr 2000 Beendigung des Volontariats bei der Braunschweiger Zeitung und seitdem als Redakteurin im Politik-Ressort tätig.

Simone Wendler
Geboren 1955 in Cottbus; Schule in Cottbus; 1973 Abitur; 1973 bis 1977 Chemiestudium an der TU Dresden, Abschluss mit Diplom; 1977 bis 1990 Arbeit als Chemikerin; seit 1990 als Journalistin tätig, zunächst beim Tagesspiegel in Berlin; 1997 bis 2000 freiberufliche Arbeit für verschiedene Tageszeitungen und für den Rundfunk; seit Oktober 2000 Chefreporterin bei der Lausitzer Rundschau in Cottbus; erhielt im Mai 2002 den Wächterpreis der Tagespresse und den Leipziger Medienpreis.

Karsten Zummack
Geboren 1968 in Berlin-Lichtenberg; tätig unter anderem für den ORB, SFB, Antenne Brandenburg, Info-Radio aber auch für den Deutschlandfunk, WDR, Bayerischen Rundfunk, Deutsche Welle; wohnhaft Potsdam-Babelsberg.

Abkürzungsverzeichnis

Abt.	Abteilung
AIM	Archivierter IM-Vorgang
Art.	Artikel
BDJ	Bund Deutscher Jugend
BG	Betriebsgruppe
BGL	Betriebsgewerkschaftsleitung
BHG	Bäuerliche Handelsgenossenschaft
BRD	Bundesrepublik Deutschland
BStU	Bundesbeauftragter für die Unterlagen des Staatssicherheitsdienstes der ehemaligen DDR
BU	Besserungsunwilligkeit
CIA	Central Intelligence Agency (Geheimdienst der USA ab 1947)
DBD	Demokratische Bauernpartei Deutschlands
DDR	Deutsche Demokratische Republik
DFD	Demokratischer Frauenbund Deutschlands
DKP	Deutsche Kommunistische Partei
DR	Deutsche Reichsbahn
DSF	Gesellschaft für Deutsch-Sowjetische Freundschaft
EKD	Evangelische Kirche in Deutschland
FDGB	Freier Deutscher Gewerkschaftsbund
FDJ	Freie Deutsche Jugend
Gen.	Genosse
Gestapo	Geheime Staatspolizei im Dritten Reich
GMS	Gesellschaftlicher Mitarbeiter für Sicherheit
GPU	frühere Bezeichnung für Russische Geheimpolizei, Staatssicherheitsdienst der UdSSR
Grepo	Grenzposten
GStA	Generalstaatsanwaltschaft
GVS	Geheime Verschlusssache
HA	Haftanstalt
HAL	Haftarbeitslager
HIM	Hauptamtlicher Inoffizieller Mitarbeiter
HJ	Hitlerjugend
HKH	Haftkrankenhaus
HO	Handelsorganisation (staatliche)

HVA	Hauptverwaltung Aufklärung
IM	Inoffizieller Mitarbeiter
IMB	Inoffizieller Mitarbeiter der Abwehr mit Feindbildung
IME	Inoffizieller Mitarbeiter im bzw. für einen besonderen Einsatz
JHS	Juristische Hochschule des MfS
KD	Kontrollratsdirektive
Kdos	Kommandos
KgU	Kampfgruppe gegen Unmenschlichkeit in West-Berlin
KPD	Kommunistische Partei Deutschlands
KPdSU	Kommunistische Partei der Sowjetunion
KVP	Kasernierte Volkspolizei
KWU	Kommunales Wirtschaftsunternehmen
KZ	Konzentrationslager
LandG	Landgericht
LDP	Liberal-Demokratische Partei Deutschlands
LPG	Landwirtschaftliche Produktionsgenossenschaft
M	Mark (Ost)
MAS	Maschinen-Ausleih-Stationen
MdB	Mitglied des Deutschen Bundestages
MfS	Ministerium für Staatssicherheit der DDR
MWD	Ministerium für Inneres (ab 1946), Staatssicherheitsdienst der UdSSR (Ministerstwo wnutrennych del)
NDP, NDPD	National-Demokratische Partei Deutschlands
NF	Nationale Front
NKFD	Nationalkomitee Freies Deutschland
NKWD	Volkskommissariat für innere Angelegenheiten (bis 1946) (Narodnyi komissariat wnutrennych del), siehe MWD
NPD	Nationale Partei Deutschlands (BRD)
NS	Nationalsozialismus, nationalsozialistisch
NSDAP	Nationalsozialistische Deutsche Arbeiterpartei
NSW	Nichtsozialistisches Wirtschaftsgebiet
ODF	Opfer des Faschismus
OHG	Offene Handelsgesellschaft
OibE	Offizier im besonderen Einsatz
OPK	Operative Personenkontrolle
OTS	Operativ-Technischer Sektor
OV	Operativer Vorgang

PdVP	Präsidium der Volkspolizei
RIAS	Rundfunk im amerikanischen Sektor von Berlin
SAG	Sowjetische Aktiengesellschaft
SBZ	Sowjetische Besatzungszone
SdM	Sekretariat des Ministers
SED	Sozialistische Einheitspartei Deutschlands
SEP	Sozialistische Einheitspartei Deutschlands (in den 50er-Jahren gebräuchlich)
SKK	Sowjetische Kontrollkommission (in Deutschland)
SMA	Sowjetische Militäradministration (Länder- und Provinzialebene)
SMAD	Sowjetische Militäradministration in Deutschland (Berlin)
SMT	Sowjetisches Militärtribunal
SPD	Sozialdemokratische Partei Deutschlands
SS	Schutzstaffel der NSDAP
SSD	Staatssicherheitsdienst
Stfg	Strafgefangener
StGB	Strafgesetzbuch
StVA	Strafvollzugsanstalt
SU	Sowjetunion
TH	Technische Hochschule
TU	Technische Universität
UdSSR	Union der Sozialistischen Sowjetrepubliken
UfJ	Untersuchungsausschuss freiheitlicher Juristen
U-Haft	Untersuchungshaft
USPD	Unabhängige Sozialdemokratische Partei Deutschlands
VdgB	Vereinigung der gegenseitigen Bauernhilfe
VEAB	Volkseigener Erfassungs- und Aufkaufbetrieb
VEB	Volkseigener Betrieb
VEM	Volkseigener Maschinen- und Anlagenbau
VK	Volkskammer
Vopo	Volkspolizist
VP	Volkspolizei
WD	Westdeutschland
ZK	Zentralkomitee der SED
ZKSK	Zentrale Kommission für Staatliche Kontrolle

Nachweise

Nachfolgend genannte Beiträge wurden veröffentlicht, teils als Vorabdruck:

- **"Der seltene Gast auf den hinteren Kirchenbänken"** in der **Frankfurter Rundschau**, 1992
- **Der Prozess gegen die "Werdauer Oberschüler"**, 1951 (im **Deutschland-Archiv**, 1998)
- **"Die Stimme"** und **"So jung und nun mußt du sterben" in "Das Bordell" ... und andere DDR-Geheimnisse**, A. Hussock Verlag, 1997
- **"Spitzels Opfer" und "Ein Frauenschicksal"** in der **Augsburger Allgemeinen**, 1992 – 1995
- **"Meine Wege nach Bautzen II"** im gleichnamigen Buch der Stiftung Sächsische Gedenkstätten, Dresden, 1998
- **"Gemordete Zeit"** in **"Durch die Erde ein Riß"**, Linden Verlag Leipzig, 1990
- **"Drehbuch für eine zersetzte Liebe"** in **"Sehr geehrter Herr Bundeskanzler"**, Forum Verlag Leipzig, 2002
- **"Der Stones-Fan"**, **"Mitten durchs Herz"** und **"Das lange Warten der SED-Opfer auf eine Ehrenpension"** in der **Frankfurter Allgemeinen Zeitung**, 1996 – 2000
- **"Chinesischer Kuli"** im **"Spiegel"**, 1992
- **"Leben in der Zwangsjacke"** im **Tagesspiegel**, 2002 (Vorabdruck)
- **"Vom Nutzen der Erinnerung"** in **"Sehr geehrter Herr Bundeskanzler"**, Forum Verlag Leipzig, 2002
- **"Verhaftet, vernichtet, vergessen I und II"** im **"Stern"**, 1997
- **"Die Staatssicherheit als Zuhälter"** in der **Lausitzer Rundschau**, 2002
- **"Tod nach der Hit-Parade"** in der **B. Z.**, 2002
- **"Ich war jung und verliebt ..."** in der **Braunschweiger Zeitung**, 2002 (Vorabdruck)
- Titel und Einleitung von **"Zwei Aufrechte unterm Rad"** von **Peter Eisenfeld** sind vom HELP-Team verfasst worden
- **"Drehbuch für eine zersetzte Liebe"** und **"Im Würgegriff von Schreibtischtätern"** sind vom **HELP-Team** aus dem Amerikanischen übersetzt worden.

Hinweise

- **Walter Ulbricht**, geb. 30. 6. 1893, war von 1950 bis 1971, **Erich Honecker**, geb. 25. 8. 1912, von 1971 bis 1989 Generalsekretär der SED.
- **Erich Mielke**, geb. 28. 12. 1907, war von 1957 bis zum 3. 11. 1989 Minister für Staatssicherheit.
- **Markus Wolf**, geb. 19. 1. 1923, war von 1953 – 1986 Stellvertretender Minister für Staatssicherheit und seit 1956 zusätzlich Leiter der HVA.
- Die in der **Erzählung** "Dr. Christian W. und seine gefolterte Arzthelferin" geschilderte Gummizelle der Maße 80 cm x 80 cm im "U-Boot" ist nicht identisch mit den zwei in der Erzählung "Warum will ein Mensch sich umbringen" geschilderten Gummizellen des 1960/61 errichteten U-Haft-Neubaus. Diese haben einen Durchmesser von etwa 3 Metern und sind heute in der Stiftung Gedenkstätte Hohenschönhausen zu besichtigen.
- Die grammatikalischen und orthographischen Fehler in den Original-MfS-Unterlagen, die in einigen Erzählungen abgedruckt sind, wurden der Authentizität halber nicht korrigiert.

Anhang

"Freigang"-Zellen auf dem Hof der MfS-UHA Karl-Marx-Stadt, Kaßberg

Innenhof der MfS-UHA Berlin-Pankow, Kissingenstr.

Gummizelle MfS-UHA Berlin, Genslerstr. 66

Unbeheizte, fensterlose Kellerzelle ("U-Boot") der MfS-UHA Berlin, Genslerstr. 66

Zelle der MfS-UHA Magdalenenstr./Berlin
"Bewegungsraum (1,5 qm x 1,5 qm) nur vorn erlaubt, siehe Markierung, dahinter "Schlaf"-Brett, das tags nicht betreten werden durfte.

Unbeheizte, fensterlose Keller-Arrest-Zelle der MfS-UHA
Berlin-Pankow, Kissingenstr.
Die "Luft"-Löcher mündeten in einen benzinverseuchten Kompressorraum.

Einzig erhaltene Haftzwangsarbeiter-Baracke bei Lübben/Spreewald

Arrest-Isolationszelle ("Tigerkäfig") in der
StVA Berlin-Rummelsburg (Tag)

"Tigerkäfig" (Nacht)

Vor-Zelle zum "Tigerkäfig"

HELP e.V.

HELP - Informationen

Zeichen setzen für:
Wiedergutmachung - Menschlichkeit - Nächstenliebe

Ziele

Besonders im 20. Jahrhundert sind überall in Europa Menschen aus politischen Gründen auf rechtsstaatswidrige Weise Willkür und Verfolgung ausgesetzt gewesen.
"HELP" ist die bislang einzige Organisation, die nach der Maueröffnung im November 1989 und dem Sturz der SED-MfS-Diktatur den Verfolgten und Geschädigten der kommunistischen Gewaltherrschaft von 1945 bis 1989/90 nicht nur Beratung und Betreuung zuteil werden lässt, sondern sich auch karitativen, mildtätigen Aufgaben für die Opfer politischer Gewalt verschrieben hat.
Der nationalsozialistischen Gewaltherrschaft und dem deutschen Angriffskrieg fielen zwischen 1933 bis 1945 20.946.000 Menschen zum Opfer; die gefallenen deutschen Soldaten nicht eingerechnet. Unter diesen 20.946.000 Getöteten befanden sich 5,3 bis 6 Millionen - zumeist ost- und westeuropäische - Juden.

Nur noch 3.152.012 beträgt die Zahl der im Mai 1945 noch lebenden Juden aus dem deutsch kontrollierten Festlandeuropa und dem Gebiet der Sowjetunion. 11 Millionen heimatlose Menschen (Displaced persons) zogen 1945 insgesamt durch Deutschland und Mitteleuropa. Der Zweite Weltkrieg forderte insgesamt 55 Millionen Opfer.
Dem sowjetkommunistischen Terror fielen zwischen 1917 bis 1987 ebenfalls etwa 61.911.000 Menschen zum Opfer! Allein 1937 wurden 353.000 Todesurteile in der Sowjetunion verhängt. Zwischen 1936 bis 1938 wurden etwa 5 Millionen Sowjetbürger aus politischen Gründen inhaftiert.

Zwischen 1917 bis 1997 fanden durch sämtliche Tötungstechniken - außer Krieg - 112.160.000 Menschen den Tod in marxistisch-leninistischen, sprich: sozialistisch-kommunistischen Regimen. (Quelle: "Lexikon der Völkermorde" von Prof. Dr. Dr. Gunnar Heinsohn, rororo-aktuell)
Unter dem NS- wie dem Sowjetsystem wurden die Menschen erschossen, erhängt, erschlagen, zu Tode gefoltert oder verhungerten in Lagern und Zuchthäusern oder starben dort an unzureichender bzw. fehlender medizinischer Versorgung. Massenvergasungen von Juden und Kriegsgefangenen gab es nur im NS-Regime!

Über **2 Millionen** Zivilisten verloren 1945/46 bei Massenvergewaltigung, Verschleppung und Vertreibung ihr Leben. Etwa **1.140.000** wurden in die sowjetischen Konzentrations-, Zwangsarbeits- und Vernichtungslager verschleppt. Davon verstarben etwa **370.000**. Etwa **85.000** Zivilisten fanden zwischen 1945 bis 1949 in den "Internierungslagern" diesseits und den Lagern jenseits der Oder den Tod. Etwa **250.000** wurden jahrelang ohne Urteil gefangengehalten.

Während der SED-MfS-Diktatur fanden an der Berliner Mauer, der deutsch-deutschen Grenze und an osteuropäischen Grenzen über **1.000** Kinder, Jugendliche und Erwachsene den Tod. Mehrere Tausend wurden bei Fluchtversuchen verletzt und verkrüppelt. Etwa **70** wurden am 17. Juni 1953 getötet, in U-Haft und Haftanstalten sind **2.500** "verstorben", zum Tode verurteilt wurden **170**, in den Selbstmord getrieben etwa **50.000** und die Zahl der zu Tode gebrachten Ausländer beläuft sich auf 500. Etwa 500 bis 600 Bürger - in der Regel Bundesbürger - wurden von der Stasi zusammengeschlagen, betäubt und in die Ostberliner Folterkeller verschleppt! Etwa **250.000** wurden aus politischen Gründen zu etwa **einer Million Haftjahren** verurteilt und gegen **Hunderttausende** wurde politische Repression wie Einstellungsboykott, Berufsverbot, Zwangsaussiedlung und Kriminalisierung praktiziert.

Insgesamt flohen von 1945 bis 1989 **4.573.442** Menschen aus Mitteldeutschland, respektive der DDR vor Haft, Repression, Enteignung und Zwangskollektivierung, in den Westen. Im Rahmen der rechtsstaatswidrigen kommunistischen "Bodenreform" und den willkürlichen Enteignungen wurden in der SBZ (Sowjetische Besatzungszone) zwischen 1945 bis 1949 Zehntausende um Immobilien- und Grundstücksbesitz sowie um bewegliches Eigentum im Wert von Hunderten Milliarden Mark bestohlen!

Im Zusammenhang mit Haft und Verfolgung unter dem SED-MfS-Regime zwischen 1949 bis 1989/90 wurden bewegliches Eigentum und Antiquitäten im Wert von vielen Millionen Mark konfisziert. Jeder Ausreiseantragsteller, der Haus- und Grundstücksbesitzer war, musste um seinen Ausreiseantrag zu bekommen, Haus und Grundstück zum Dumpingpreis verkaufen.

Zwischen 1944/45 bis 1955 - also größtenteils zu Friedenszeiten - sind durch Ethnozide, Demozide und Genozide vor allem der sozialistisch-kommunistisch geführten Nachbarn, wie Polen, ČSSR, Bulgarien, Jugoslawien etc. mindestens 4,4 Millionen Deutsche, überwiegend Zivilisten, ermordet worden und allein bis Mitte der 60er-Jahre etwa 14,2 Millionen durch kommunistische Regime verfolgt und entrechtet worden.

"Diese Megaverbrechen" schreibt Prof. Dr. Dr. Gunnar Heinsohn im Lexikon der Völkermorde, "sind keineswegs eine zwangsläufige Antwort auf die deutschen Megaverbrechen im 20. Jahrhundert. Die Welt weiß nach 1945 sehr genau, was völkerrechtlich verboten ist. Die Aktivitäten gegen die Deutschen sind mithin Menschheitsverbrechen ganz eigenen Zuschnitts."
Zwischen 1917 bis 1997 - also zu Friedens- und UNO-Bestandszeiten sind laut Lexikon der Völkermorde weltweit durch sozialistisch-kommunistische Regime und Bewegungen Tötungen in einer Größenordnung von 112.160.000 begangen worden.

"HELP" hat vier Arbeitsbereiche:

1. Soziale Kontakt- und Beratungsstelle

Die vier Mitarbeiterinnen halfen bis jetzt durch Beratung, Betreuung, In-Vollmacht-Tätigkeit und Ämterbegleitung etwa 50.000 Mal. Unsere Beratungsstelle steht allen rat- und hilfesuchenden Opfern staatlicher Willkür und Gewalt der ehemaligen DDR, des Dritten Reiches u.a. ehemaligen totalitären Staaten in Europa offen.

Wir bieten:

- Beratung in allen Fragen von politischer Haft, politisch motivierter Zwangspsychiatrie, von Verschleppung und Internierung
- Beratung von Opfern der beruflichen Behinderung, des Arbeitseinstellungsboykotts und des Verwaltungsunrechts
- Beratung von politischen Eigentumsgeschädigten
- Beratung von NS-Opfern
- Hilfe für unrehabilitierte NS-Opfer
- Betreuung von politisch-kriminalisierten Opfern
- psycho-soziale Betreuung sowie Hilfe zur Selbsthilfe
- Kontakte zu Leidensgefährten
- Vergabe von finanziellen Beihilfen an Bedürftige

Unsere Beratungsstelle befindet sich:

Ruschestr. 103, 10365 Berlin
Haus 1, 3. Etage links, Zimmer 307
Telefon/Fax: 030/5536767
(U-Bahnhof Magdalenenstraße)

Sprechzeiten:

Dienstag von 13.00 Uhr bis 17.00 Uhr
Mittwoch von 10.00 bis 18.00 Uhr (oder nach Vereinbarung)

Nur das Land Berlin fördert unsere "Soziale Kontakt- und Beratungsstelle" finanziell. Rat- und Hilfesuchende aus anderen Bundesländern mussten seit 10 Jahren ehrenamtlich beraten werden.

2. HELP-Forschungs- und Gedenkbibliothek - die größte Original-Häftlingsbibliothek der Welt

Durch HELP-Initiative und infolge des Entgegenkommens der seinerzeitigen Berliner Justizsenatorin Frau Prof. Jutta Limbach konnte der gesamte Originalbücherbestand nachfolgend genannter DDR-Gefängnisse und Stasi-U-Haftanstalten in der turbulenten Wendezeit bewahrt werden

- Bibliothek der Stasi-U-Haftanstalt, Berlin-Pankow
- Bibliothek der Stasi-U-Haftanstalt, Berlin-Hohenschönhausen
- Bibliothek des Haftlagers (Lager "X"), Berlin-Hohenschönhausen
- Bibliothek der Haftanstalt, Berlin-Rummelsburg
- Ausländerbibliothek, Berlin-Rummelsburg
- Bibliothek des Frauengefängnisses, Berlin-Köpenick

Im Rahmen dieser einmaligen Bibliothek fand am 01. 02. 1997 der **1. Literatur-Talk "Wichtige Autoren - Vergessene Bücher"**, moderiert vom Berliner ARD-Studioleiter Robin Lautenbach, statt.

Derzeit erhält die HELP-Bibliothek weder Landes- noch Bundesförderung und ist dringend auf Sponsorenförderung angewiesen.

3. Archiv / Dokumentation

Die Schicksale von Tausenden sind sowohl schriftlich sowie auf Tonträgern festgehalten. Ein Fundus für Historiker und Journalisten.

4. Bildung / Aufklärung

HELP hat sich zum Ziel gesetzt, die Öffentlichkeit, Schüler, Gymnasiasten und Studenten umfassend über die drei Diktaturen des 20. Jahrhunderts und deren Ursachen und Strukturen aufzuklären. Dies geschieht über Veranstaltungen und Pressekonferenzen vor Ort und durch Vorträge und Lesungen dort, wo es gewünscht ist.

Publikationen, die von HELP-Vorstandsmitgliedern verfasst oder unterstützt worden , sind:

"HELP-Report - Fakten über drei Diktaturen"
(3. Auflage, 291 Seiten, 2,50 EUR Schutzgebühr, zu beziehen gegen Barscheck über 2,50 EUR plus 0,77 EUR Rückporto bei HELP e.V.)

"Die letzten Stunden des Lebens" von Peter Alexander Hussock
(Über Häftlingsfolter, Fluchtversuch und Totschlag im "U-Boot" und Lager "X" des größten NKWD- und Stasi-Gefängnisses in Berlin-Hohenschönhausen, 85 Seiten, 7,40 EUR, ISBN: 3-9804064-07, bestellbar in jeder Buchhandlung)

"Das Bordell der Stasi" ... und andere DDR Geheimnisse von Henry van Coevenhooven (USA)
(Mit Kapiteln wie "Das U-Boot", Das Lager "X", "Das Speziallager Nr. und der Schauspieler Heinrich George", "Das Gefängnis Cottbus" und "Liebe, Erpressung, das Bordell", 2. Auflage, Hussock-Panther Verlag, ISBN: 3-9804064-1-5, 470 Seiten, 14,00 EUR, bestellbar in jeder Buchhandlung)

"Nicht schuldig" von Wolfgang Kockrow
(Der Versuch einer Aufarbeitung von 5½ Jahren Zuchthaus in der DDR (Bd. 11 des Berliner Landesbeauftragten), zu beziehen gegen 0,77 EUR Rückporto, bei HELP e.V.)

SPENDEN

Mit Ihrer Bargeld- oder Sachspende können Sie selbst festlegen, ob Geld/Erlös direkt einem Bedürftigen oder dem Erhalt der "Sozialen Kontakt- und Beratungsstelle" zugute kommen. Etwa 70 % aller von HELP Betreuten sind Sozialhilfe- und Arbeitslosenhilfeempfänger oder Bezieher von Niedrigrenten. Die Bundesregierenden haben bis jetzt nicht nur sehr dürftige Rehabilitierungs- und Entschädigungsgesetze verabschiedet, sondern es auch zugelassen, dass im Rentenbezug eine schändliche Kluft zwischen Unterdrückern und Unterdrückten, Verfolgten und Verfolgern herrscht.
Seit dem **verhängnisvollen Rentenurteil des Bundesverfassungsgerichts von 1999** erhalten zum Beispiel SED-Parteisekretäre oder ein Marxismus-Leninismus-Prof., usw., bedeutend höhere Renten als die Geschädigten des SED-Regimes.
Ersterer etwa **1.500 EUR** monatlich, letzterer etwa **2.000 - 2.500 EUR** monatlich! Hingegen erhält beispielsweise ein verfolgter Ex-DDR-Facharbeiter bei einer Verfolgungszeit von **30 Jahren** maximal **813 EUR.** Dies liegt sogar noch **46 EUR** unter der Rente eines **40 Jahre** lang "tätigen" hauptamtlichen MfS-Mitarbeiters, der mindestens **859 EUR** erhält!

Das Spendenaufkommen unserer Hilfsorganisation ist seit zehn Jahren leider sehr gering. So konnte nur jedem hundertsten Bedürftigen eine finanzielle Hilfe gewährt werden. Nur eine Zeitung, die "Sächsische Zeitung" rief bislang ihre Leser zu einer Spende auf. Die "Öffentlich-Rechtlichen" TV- und Radiomedien, obwohl von den über 20 Millionen kommunistisch Verfolgten und Geschädigten mitfinanziert, lehnten bis jetzt jegliche Benefiz-Veranstaltung zu Gunsten der Opfer politischer kommunistischer Gewaltherrschaft ab. Somit bleibt uns nur die Spendenbitte an Sie über diese Broschüre.

Konto-Nr.: 7 185 047 301
BLZ: 100 200 00 bei der Berliner Bank AG

VERERBEN - SCHENKUNG - VERMÄCHTNIS

- **Erben und Vererben - Wie? Wann? An wen?**

Infolge mangelnder Information oder aus falscher Pietät schieben viele Menschen dieses Thema vor sich her. Bis es manchmal für eine ordentliche und für alle Seiten Frieden und Harmonie bewahrende Lösung zu spät ist. Um dies zu verhindern, geben wir Ihnen einen Überblick über die wichtigsten Regelungen.

- **Der Erbfall**

Stirbt ein Mensch geht dessen gesamtes Vermögen, also Geld, Immobilien und bewegliches Eigentum, auf die Erben über. Und zwar nach der gesetzlichen Erbfolge. Im Einzelfall hängt jedoch, wer erbt, auch von der Entscheidung des Erblassers ab. Er kann bestimmte Menschen oder Verbände als Erben festlegen.

- **Die gesetzliche Erbfolge**

Die gesetzliche Erbfolge tritt immer dann ein, wenn versäumt wurde, ein Testament mit entsprechenden Verfügungen zu hinterlassen.

Erben 1. Ordnung nach der gesetzlichen Erbfolge:
Ehepartner - Kind - Enkel
Erben 2. Ordnung:
Eltern - Geschwister - Neffen - Nichten - Urenkel

Der Ehepartner erbt die Hälfte des Erbes, sofern Sie in Zugewinngemeinschaft leben. Die anderen Erben 1. Ordnung erben die andere Hälfte zu gleichen Teilen, wobei Adoptivkinder und uneheliche Kinder den ehelichen Kindern gleichgestellt sind.
Wenn Sie keine Kinder haben, erbt der Ehepartner ¾ des Erbes. Die Erben 2. Ordnung erben das restliche Viertel. Wenn weder Erben der 1. noch der 2. Ordnung vorhanden sind und sie keinen Verband oder eine Person testamentarisch als Erben bestimmt haben, **dann erbt automatisch Ihr gesamtes Vermögen der Staat!**

- **Das Testament**

Sie verhindern folglich mit Ihrem Testament, dass sich der nicht selten verschwenderische Staat bereichert und bestimmen, welche Ihnen nahestehenden Menschen oder gemeinnützigen Organisationen mit Ihrem Vermögen bedacht werden.

- **Der Pflichtteil**

Nur den Pflichtteil können Sie mit Ihrem Testament nicht außer Kraft setzen. Diesen sichert der Gesetzgeber - leider auch gegen Ihren Willen - nächsten Angehörigen, wie Ehepartnern, Eltern, Kinder und Enkeln zu. Sie erhalten einen Geldanspruch in Höhe des halben Wertes Ihres gesetzlichen Erbteils.

- **Das private Testament**

Das private Testament müssen Sie **handschriftlich** abfassen. Datum und Ort sind nicht zu vergessen. Hierbei entstehen keine Kosten. Sie können dieses private Testament aufbewahren, wo Sie möchten. Das Zuhause ist weniger zu empfehlen. Hinterlegen Sie Ihr privates Testament bei einem Notar oder bei einer Vertrauensperson.

Bitte nicht in einem Schließfach einer Bank!

Bitte beachten Sie bei der Abfassung Ihres Testaments folgendes:

- es muss mit Ihrem Vor- und Zunamen unterschrieben sein und von der ersten bis zur letzen Zeile von Ihnen selbst handschriftlich verfasst sein.
- Ort und Zeitpunkt der Niederschrift sind zu benennen.
- Bei einem mehrseitigen Testament sollten Sie die Seiten nummerieren und jede Seite unterschreiben und mit Ort und Datum versehen.
- Bei nachträglichen Hinzufügungen oder Streichungen müssen Sie ebenfalls Ort und Zeit angeben.

- **Muster eines handschriftlichen Testaments**

Testament
Zu meinem alleinigen Erben setze ich die Hilfsorganisation HELP e. V. Berlin ein.
Berlin, 25. 04. 2003 *Ingrid Scholz*

- **Das öffentliche Testament**

Sie können auch einen Notar aufsuchen, um Ihrem letzten Willen Ausdruck zu geben. Damit sind Vorteile verbunden:
So bestätigt der Notar Ihre Testierfähigkeit! Damit ist späteren Klagen von Verwandten wegen möglicher Geschäftsunfähigkeit vorgebeugt. Außerdem garantiert der Notar die zuverlässige Aufbewahrung Ihres Testaments bei einem Nachlassgericht. Dadurch sind Unauffinden, Veränderungen und Missbrauch ausgeschlossen. Dies ist wichtig, wenn Sie Ihr Eigentum Dritten oder einer gemeinnützigen Organisation vererben wollen.
Bei einem zu vererbenden Vermögenswert von 50.000 EUR erhebt der Notar eine Gebühr von etwa 150 EUR.

- **Das Vermächtnis**

Ein Vermächtnis können Sie aufsetzen, wenn Sie außer Ihren Angehörigen auch einer gemeinnützigen Organisation, wie der Hilfsorganisation HELP, etwas aus Ihrem Vermögen zukommen lassen wollen. So können Sie z. B. verfügen, dass aus Ihrem gesamten Nachlass HELP e. V. eine bestimmte Summe, einen bestimmten Gegenstand oder ein Teil eines Grundstücks erhält.
Und so müssten Sie formulieren:

Vermächtnis
Zu meinem Alleinerben setze ich meinen Sohn Thomas ein. Die Hilfsorganisation HELP erhält ein Vermächtnis in Höhe von 7.500 EUR.
Berlin, 25. 04. 2003 *Ingrid Scholz*

- **Erbschaftssteuer**

Eine Erbschaftssteuer würde vom Staat nur dann nicht erhoben werden, wenn Sie an eine gemeinnützige Organisation, wie z. B. HELP e. V., vererben. Somit würden Sie direkt und steuerfrei helfen. Ansonsten wird grundsätzlich eine Erbschaftssteuer erhoben.

- **Die Schenkung**

Eine Regelung der Vermögensweitergabe ist auch die Schenkung. Denn oft ist die Steuerlast zum Zeitpunkt der Schenkung geringer als zum Zeitpunkt des Erbfalls bei Häusern und Grundstücken. Somit entfielen viele Kosten der Grundstücksunterhaltung und es blieben Pflege und Erhalt eines Grundstücks oder einer Immobile gewährleistet.

- **Nachlass, Vermächtnis oder Schenkung für HELP**

Falls Sie je daran denken sollten - worüber wir uns sehr freuen würden -, HELP ein Erbe, ein Vermächtnis oder eine Schenkung zukommen zu lassen, wird sich für Sie mancher Bürokratismus ergeben, den Sie vielleicht scheuen. **Deshalb bitten wir Sie, Kontakt mit uns aufzunehmen.** Sie können uns anrufen oder schreiben. Wenn Sie es wünschen, suchen wir Sie zu Hause auf oder bieten Ihnen fachliche Beratung bei uns, unter Zusicherung absoluter Vertraulichkeit. Wir begleiten Sie auch bei diesbezüglichen Behördengängen. Auf Wunsch können Sie auch an von uns arrangierten Kontaktnachmittagen teilnehmen, bei denen viele Themen besprochen werden und bei denen Sie sich sehr wohl fühlen werden, da es keine "Familienkräche" gibt.

- **Und bei Rücktritt von einer guten Absicht**

Sind wir souverän genug, dies ohne Verärgerung zu akzeptieren. Weder bedrängen wir Sie, noch entstehen Ihnen irgendwelche Nachteile.

- **Was geschieht mit Ihrem Nachlass, Vermächtnis oder Ihrer Schenkung?**

Sie ganz allein können bestimmen, ob Ihr Nachlass oder Ihr Vermächtnis einzelnen von HELP betreuten Verfolgten und Geschädigten politischer Gewaltherrschaft zu Gute kommt, ob die Arbeit unserer "Sozialen Kontakt- und Beratungsstelle" erweitert und verbessert werden oder ob unsere "HELP-Gedenkbibliothek" - die einzige Bibliothek mit Originalbücherbeständen aus ehemaligen DDR-Haftanstalten - davon profitieren soll.

- **Ist Ihr Nachlass, Ihr Vermächtnis bei HELP in sicheren Händen?**

Ja. Wir lassen unsere gesamte Wirtschaftsführung durch unabhängige Prüfer überwachen. Im Verlaufe der letzten zehn Jahre hat es noch keine Beanstandung gegeben (s. a. Statements).

- **Wenn Sie Fragen haben?**

Dann stehen ihnen zur Verfügung:

- Dr. Christian Wagner, HELP-Vorsitzender
- Wolfgang Kockrow , Stellvertretender HELP-Vorsitzender
- Peter Alexander Hussock, HELP-Geschäftsführer

Tel./Fax: 030/553 67 67

Bitte vereinbaren Sie telefonisch einen Termin, wenn Sie uns persönlich sprechen möchten.

Herzlichen Dank für Ihr Interesse

STATEMENTS

"Tatsächlich leistet HELP einen wichtigen Beitrag zur Überwindung der Folgen der deutschen Teilung und der östlichen Gewaltherrschaft."

Bundesminister Jochen Borchert,
8. November 1995

"Der HELP e. V. tritt immer wieder für die Rechte der politisch Verfolgten und Benachteiligten der ehemaligen DDR ein. Ihr Wirken und Mühen zielt auch darauf, die Erinnerung an die Zeit der Diktatur zu erhalten."

Klaus Wessler
Im Auftrag des Ministerpräsidenten Rau,
Februar 1995

"Ich freue mich über Ihren engagierten Einsatz für die Menschen, die in vielfältiger Weise unter Diktaturen zu leiden hatten. Es trifft zu, dass viele Opfer dieser Diktaturen für das ihnen widerfahrene Unrecht und das ihnen zugefügte Leid noch keinerlei Wiedergutmachung erfahren haben."

Dr. Klaus Kinkel, Außenminister
Januar 1994

"Die ärgste Sünde an unseren Mitmenschen ist nicht, sie zu hassen, sondern gegen sie gleichgültig zu sein, das ist Quintessenz der Unmenschlichkeit."

George Bernhard Shaw

"Ich habe Ihre Information über die Zielsetzung und Aktivitäten Ihrer Hilfsorganisation für die Opfer politischer Gewalt in Europa mit Interesse gelesen. Die von Ihnen erwähnten persönlichen Schicksale machen deutlich, dass beim Zusammenwachsen von Ost und West leider viele Probleme noch nicht zufriedenstellend gelöst worden sind. In der heutigen Zeit des politischen und wirtschaftlichen Umbruchs kommt der humanitären Hilfe in Deutschland und Europa daher eine besondere Bedeutung zu. Deshalb sind Initiativen wie die Ihre, die eine Unterstützung hilfsbedürftiger Menschen durch direkte und unbürokratische Hilfe anstreben, begrüßenswert."

Friedrich Nowottny, Intendant des WDR,
September 1993

"Ich anerkenne Ihren Versuch, für die Opfer politischer Gewalt Spenden zu sammeln."

Klaus Bresser, Chefredakteur des ZDF,
1993

"Ich habe große Sympathie für das HELP-Anliegen, für die Opfer politischer Gewalt Spenden zu sammeln."

Peter Voß, Intendant Südwestfunk,
1993

"Wer nach dem Sturz einer Diktatur die Opfer nicht großzügig entschädigt und die Täter nicht konsequent bestraft, der begeht eine neue Form von Unrecht! Der sät Wind und wird Sturm ernten!"

Thomas Mann

Pressekonferenz mit Konrad Weiss und Dr. Rudolf Wassermann

Autorin Rosine De Dijn bei HELP

HELP demonstriert

Holländische Besuchergruppe bei HELP

Publizist und Verleger Kuo bei HELP

Info-Radio in der „Sozialen Kontakt- und Beratungsstelle“

Autor und Journalist Dr. h.c. Karl Wilhelm Fricke bei HELP

Schülergruppe und ältestes HELP-Mitglied Nikolaus Malinowski

Literatur-Talk mit Autoren und Journalisten

HELP e. V.
Hilfsorganisation für die Opfer
politischer Gewalt in Europa

Ruschestraße 103, Haus 1
10365 Berlin
Tel./Fax: 030/553 67 67

Berlin, 07. 09. 1999

Presse - Mitteilung

zur Landtagswahl in Brandenburg am 5. September 1999
SED-Opfer besorgt über SED/PDS- und DVU-Zugewinne

Als Hilfsorganisation, die sich für Opfer des SED/DDR-Unrechts und für die Aufarbeitung des SED-Unrechts einsetzt, stehen wir fassungslos, aber nicht unvorbereitet vor dem Resultat dieser Wahl.

Auf die Fehler der beiden deutschen Regierungen nach der Wiedervereinigung haben wir vielfach hingewiesen. Die Inkonsequenz, wie auf die wirtschaftlichen und politischen Belange der Bürger in den neuen Bundesländern eingegangen wurde und die Ignoranz, mit der auf die politischen Bedürfnisse eingegangen wurde, haben ihren Niederschlag in der Landtagswahl gefunden. Unsere Presse hat ihren Teil zu dieser Entwicklung beigetragen. Menschen, denen über 40 Jahre freie Wahlen vorenthalten wurden, gehen nun nur zögerlich zur Wahl, wenig mehr als die Hälfte, wenn es um ihre ureigensten Interessen geht. Für uns ist nicht nachzuvollziehen, daß nahezu jeder Vierte, von den Bürgern, die zur Wahl gegangen sind, die verbrechensbelastete SED/PDS gewählt hat.

Die Fortsetzungspartei der SED, die den wirtschaftlichen und politischen Untergang eines ganzen Staates, den Tod von 55.000 Menschen, Inhaftierung von 250.000 und Verfolgung von 1 Million Ex-DDR-Bürger, etc. zu verantworten hat. (Unter den toten 500 Ausländer.) Es ist als selbstverständlich zu akzeptieren, daß die DVU, die nun im Landtag vertreten ist, als extremistische Partei tituliert und gebrandmarkt wird. Es ist aber mehr als beklemmend zu hören, daß die PDS nicht auf die gleiche Stufe gestellt wird. Im Gegensatz zur DVU hat die SED/PDS, alle Merkmale einer extremistischen Partei erfüllt. Die PDS identifiziert sich mit einer Partei, die nicht nur terroristische Züge erahnen läßt, sondern den brutalen Terror als 2. deutsche Diktatur ausgelebt hat.

Die zugelassene Schönfärberei und die geförderte DDR-Nostalgie erlauben es, daß die PDS sogar als möglicher Koalitionspartner einer demokratischen Partei ins Spiel gebracht wird. Unter all diesen Voraussetzungen ist es geradezu ein Wunder, daß die Wahlbeteiligung in Brandenburg überhaupt noch 53 % betragen hat. Bleiben die etablierten Parteien auf diesem Weg der DDR/SED-Aufarbeitung und der Ahndung bzw. Nichtahndung der DDR/SED-Verbrechen, und überlassen sie die Felder, die die Menschen interessieren, weiterhin der PDS, garantieren wir, daß sich nach der nächsten Landtagswahl in Brandenburg die PDS einen Koalitionspartner aussuchen darf!

Eine extremistische Partei legal in ein Parlament gewählt, hatten wir das nicht schon einmal?

Wolfgang Kockrow

HELP e. V.
Hilfsorganisation für die Opfer politischer Gewalt in Europa

Ruschestr. 103, Haus 1
10365 Berlin
Tel./Fax: 030/553 67 67

Berlin, Juni 1999

Pressemitteilung

Erste Fakten und Zahlen aufgrund des täterfreundlichen anti "Renten-Kappungs"-Urteils

des Bundesverfassungsgerichts vom 28. 04. 1999 /1 BvR 2105/95

Millionen DDR-Bürger mit Stasi-Angehörigen gleichgestellt / Opfer schlechter gestellt / Millionen Alt-Bundesbürger gleich- bzw. schlechter gestellt

Die, für die es sich gelohnt hat, eine Diktatur zu praktizieren oder dabei mitzutun.

- SED-Nomenklaturkader – Funktionäre, Rente ab Juli 1999: **über 3.000 DM**.
  (Nachzahlung von bis zu **35.000 DM** für 1993 – 1996, wenn die Rentenbescheide noch nicht rechtswirksam geworden sind.)
- Hauptamtlicher Stasi-Mitarbeiter - 10 Jahre MfS) 30 Jahre Inspektor) und Stasi "IM") Rente ab Juli 1999: **2.740 DM**
- Hauptamtlicher Stasi-Mitarbeiter - 40 Jahre MfS Rente ab Juli 1999: **1.680 DM**
  (Nachzahlung von bis zu **43.000 DM**.)

Die, für die es sich <u>nicht</u> gelohnt hat, der SED-Stasi-Diktatur Widerstand entgegengesetzt oder sich verweigert zu haben.

- DDR-Durchschnittsverdiener mit 40jähriger Verfolgungszeit - Rente ab Juli 1999: **1.210 DM**
- DDR-Durchschnittsverdiener ohne Verfolgungszeit - Rente ab Juli 1999: **1.680 DM** (wie Stasi)

Die geringsten Renten erhalten demnächst die Verfolgten, Bürgerrechtler, Widerständler und Millionen "kleiner Leute" der Ex-DDR (Durchschnittsverdiener).
Was den besonderen Hohn der Täter, Mittäter und Diktaturdiener hervorrufen wird: dass in der Regel die Renten der politisch Verfolgten mit Zunahme der Verfolgungszeit abnehmen. Dies hängt mit künstlich errichteten Hürden zusammen, die Politiker und Beamte zu verantworten haben.

<u>Fazit:</u> Hohe Mitglieder der Ex-SED (heute PDS), welche vom Berliner Kammergericht mit Beschluß vom 10. 06. 1992 (Az.: 9 W 3119/92) als Verbrecher- und Mörderbande eingestuft wurden und Ex-Stasis, welche gemeinsam mit dem SED-Klüngel nicht nur Menschenrechtsverletzungen begangen, sondern auch die DDR-Wirtschaft – und damit ihre eigene spätere Renten-Basis – ruiniert haben, erhalten nunmehr aber auch höhere Renten als 5,6 Millionen Frauen der alten Bundesrepublik, die – wegen fehlender Basis aus Kriegs- und Nachkriegszeiten – nur eine monatliche Rente von 747 DM, abzgl. Krankenversicherung, bekommen.

Wissen Politiker und Juristen in Deutschland eigentlich noch, was sie tun?

HELP fordert Verfolgtenrente von monatlich 1.400 DM für alle Haft- und Repressionsopfer.

HELP e.V.
Hilfsorganisation für die Opfer politischer Gewalt in Europa

HELP e. V. · Ruschestraße 103, Haus 1 · 10365 Berlin Telefon / Fax: (030) 553 67 67

Berlin, 14. 12. 1999

Presse - Mitteilung

US-Autor entdeckt unbekanntes DDR-Haftarbeitslager/ Haftarbeitslager Lübben-"Spreewerk" (Spreewald) von Historikern übersehen/Lager wurde jetzt von HELP foto-dokumentiert

In dem nunmehr auf dem deutschen Buchmarkt erschienenen Dokumentarroman **„Das Bordell" ... und andere DDR-Geheimnisse des US-Autors Henry van Coevenhooven** (ISBN: 3-980-4064-1-5, 465 Seiten, 27,50 DM) schildert dieser als erster Schriftsteller das **Haftarbeitslager Lübben**, das - nach HELP-Recherchen - noch niemals in der deutschen publizistischen- und Historikerliteratur erwähnt wurde. Das Haftarbeitslager wurde betrieben auf dem Gelände der ehemaligen **Munitionsfabrik Lübben-"Spreewerk"**. Das Lager wurde etwa 1964 mutmaßlich aus dem Grund geschlossen, weil ein technisch fast genialer Strafgefangener nach Aussagen ehemaliger Mithäftlinge sich eine Maschinenpistole angefertigt hatte. Deshalb wurde der Gefangene - ein Leipziger - mit zusätzlichen 10 Jahren Haft abgestraft! Von dem ehemaligen Haftarbeitslager-Komplex steht heute noch eine Original-Baracke.
Die heutige Leitung des **„Industrieparks Spreewerk"** bestätigte mit Brief vom 7. 9. 1999 die Angaben des US-Autors. HELP hat die Haftarbeitslagerbaracke zwischenzeitlich fotografisch dokumentiert! Und in einem Schreiben an den Brandenburgischen Kultusminister Dr. Wolfgang Hackel angeregt und gebeten, diese einzig noch existierende Haftarbeitslagerbaracke der SED-Diktatur als Gedenkstätte umzugestalten. Ein weiteres Novum in dem Dokumentarroman ist die Schilderung einer zu DDR-Zeiten stattgehabten **Bibelschmuggel-Aktion** (russisch-sprachliche Bibeln wurden aus der Schweiz eingeschmuggelt), die gleichfalls weder den deutschen Historikern noch der „Enquete-Kommission" jemals zur Kenntnis gelangte. Die eingeschmuggelten Bibeln wurden zwischen Cottbus und Perleberg an russische Soldaten verschenkt und an sowjetische Offiziere verkauft.

In etwa 20 Jahren gab es keinen einzigen Denunziationsfall!

Spendenkonto-Nr.: 7 185 047 301 bei der Berliner Bank AG, BLZ 100 200 00
Reg.-Nr.: 11607 Nz, Amtsgericht Charlottenburg · Auf Wunsch werden Spendenquittungen ausgestellt.
Der Verein ist gemeinnützig durch das Finanzamt I für Körperschaften Berlin anerkannt.

HELP e.V.
Hilfsorganisation für die Opfer politischer Gewalt in Europa

HELP e. V. · Ruschestraße 103, Haus 1 · 10365 Berlin

Telefon / Fax: (030) 553 67 67

Pressemitteilung

Schauspielerin Walfriede Schmitt und Schauspieler Gerd Wameling spendeten Honorar an HELP

Die von Günter Jeschonnek organisierte und von Lea Rosh moderierte Gedenkveranstaltung in der **Gethsemanekirche in Berlin** war am heißen Sommerabend des 11. 05. 2000 nicht nur bestens besucht gewesen (etwa 1.200 Besucher), sondern sie hatte auch mit zwei künstlerischen Highlights aufgewartet, die vom Publikum mit starkem Beifall quittiert worden waren. Beeindruckend hatten beide tiefsinnige Texte von Rainer Kunze und Jürgen Fuchs vorgetragen.

Zur großen Freude des HELP-Vorstandes spendeten die Künstlerin und der Künstler ihr Honorar nunmehr an HELP e. V. Dies ist umso bemerkenswerter, da Spenden für Diktaturopfer seit der deutschen Wiedervereinigung eher die Ausnahme sind. Und noch keine einzige Spendenaktion, kein Benefiz das auch von den etwa 11 Millionen Verfolgten der kommunistischen Gewaltherrschaft mitfinanzierten **"Öffentlich-Rechtlichen TV- und Radioanstalten"** seit 1990 stattgefunden hat, etwa wie für die 200 hochwassergeschädigten Familien der Oder-Region (11 Millionen DM) oder für die Dorfkirchen der Ex-DDR (ARD, 1999).

Berlin, 11. 07. 2000

Für den HELP-Vorstand

P. A. Hussock

HELP e.V.
Hilfsorganisation für die Opfer politischer Gewalt in Europa

HELP e. V. • Ruschestr. 103, Haus 1 • 10365 Berlin Telefon / Fax: (030) 553 67 67

Pressemitteilung

Info-Highlights auf Bildungs-Forum

Auf einem **Forum des Bildungszentrums Schloß Wendgräben der Konrad-Adenauer-Stiftung** in Kooperation mit der **Gedenkstätte "Roter Ochse"** (Halle/Saale), des **Regierungspräsidiums Magdeburg**, der **Martin-Luther-Universität Halle-Wittenberg** und des **Vereins "Gegen Vergessen – Für Demokratie" e. V.** wurden bis zum Wochenende durch ausgewiesene Experten nicht wenige historisch-politische Highlights geboten. Ein Auszug aus der Fülle der Daten und Fakten:

- Entgegen der weitverbreiteten Behauptung, dass zwischen 1945 bis zur Auflösung 1949/50 in den **"Speziallagern"** der Sowjetischen Besatzungszone überwiegend Nazi-Verbrecher und weniger unschuldige Zivilisten gefangengehalten wurden und größtenteils dem Hungertod preisgegeben waren, belegte **Dr. Klaus-Dieter Müller von der Stiftung Sächsische Gedenkstätten**, dass der Anteil von NS-Verbrechern in diesen Todeslagern **höchstens 1 % betrug**.
- Der junge **Prof. Dr. Matthias Kaufmann** von der Uni Halle belegte juristisch schlüssig, dass die DDR in ihrer ersten Phase ein klassischer Unrechtsstaat, aber in ihrer letzten Phase kein Unrechtsstaat mehr, aber auch noch kein Rechtsstaat gewesen sei. (In der Anfangsphase nahe der "Barbarei", in der Endphase "nur" noch nahe der "Despotie".)
- Der 88-jährige Widerständler **Erwin Jöris**, der insgesamt 10 Jahre unter der braunen und roten Diktatur inhaftiert war und der noch **Manes Sperber**, **Carl von Ossietzky**, **Wehner, Pieck**, etc. persönlich begegnet ist, belegte, dass die Stalin- und Hitlerbehörden bzw. NKWD und Gestapo, schon 1937 zusammengearbeitet haben.
- Der **Oberst der Justiz, Leonid Kopalin aus Moskau**, legte einem erstaunten Publikum dar, dass die Rehabilitierungsbehörden Russlands nahe vor der Entscheidung stehen, die Verschleppung der zivilen Deutschen von jenseits der Oder zwischen 1945 – 1949 **als Verstoß gegen das Völkerrecht** zu werten, was dazu führen würde, dass diese bis heute unrehabilitierte und unentschädigte Gewaltopfergruppe in baldiger Zukunft rehabilitiert werden könnte.
- **Leonid Kopalin** und **Dr. Günther Wagenlehner** führten aus, dass in Russland **sechs Millionen Kriegsakten** und in der berüchtigten **Lubjanka 25 Millionen Strafakten** existierten, **vier Millionen** ehemalige Sowjetbürger Antrag auf Rehabilitierung gestellt hätten und bis dato **700.000** Rehabilitierungen erteilt worden seien; so sei auch der Sohn Stalins rehabilitiert worden!
- Fernerhin lägen den Russischen Rehabilitierungsbehörden aus Deutschland und 19 weiteren ausländischen Staaten Zehntausende von REHA-Anträgen vor.

- Es existierten im nach wie vor **"Geheimsten Tresor Russland"** die **377 Befehle** (Ukas Nr. 1 – Nr. 377) Stalins! Den Historikern verschlossen, gelang es Dr. Wagenlehner aus Bonn, in einige Ukase einzusehen.

- Rehabilitiert werden können bis dato nur die deutschen Antragsteller, die von einem Sowjetischen Militärtribunal verurteilt wurden. **12.000 Anträge** seien bislang bearbeitet worden. **8.000 Anträge** seien positiv beschieden worden. **3.000 abgelehnt worden!** Im Gegensatz zum deutschen Rehabilitierungsrecht **würde "im Zweifelsfalle für den deutschen Antragsteller" entschieden**, führte Leonid Kopalin aus, und die zuhörenden SBZ-SED-Opfer registrierten dies einerseits mit freudiger Genugtuung, andererseits, was die deutsche Rehabilitierungspraxis angeht, mit Verbitterung.

- **Prof. Alexander Schuller** führte in seinem interessanten Vortrag aus, dass nur das **"was im Kollektiv erlebt worden sei, stets im Vordergrund stehe".** Er belegte diese These anhand von Magazin- und Presseberichten zwischen 1945 – 1955. Berichte über Kriegsgefangenschaft und Vertreibung dominierten und Berichte über Vernichtungslager, Konzentrationslager, Massenmord, Holocaust waren selten. Prof. Schuller sprach auch zwei Tabus der Literaten und Historiker an. So gebe es keine (oder kaum) Romane über **Bombenkrieg** und **Tieffliegerangriffe** gegen die deutsche Zivilbevölkerung. Er meinte: **"Und wenn über etwas nicht berichtet wird, so sei es so gut wie nicht-existent!"** Dasselbe gälte für Zweige der Forschung, die von Geldgebern abhängig seien... Es gäbe immer einen Zeitgeist, der von den Medien verstärkt würde. Tabus würden auch von Berufshistorikern nicht untersucht. Aber vielfach, wo Medien, u. a. Absichten unterstellt würden, herrsche lediglich Unkenntnis, Nichtwissen vor. Das geringe Interesse für die Opfer und Verfolgten der SBZ und des SED-Regimes begründete Prof. Schuller damit, dass einerseits die Opfer nicht "spektakulär" seien, und andererseits, was die politische Gewalt im kleineren Teil Deutschland angehe, fehle ebenfalls das **"gemeinsame, das kollektive Erlebnis!"**

- Dr. Wagenlehner beklagte, dass Sachbücher, die sich in den USA auf dem Buchmarkt befänden, in Deutschland regelrecht verboten seien! So Bücher über die falsch gelaufenen **"Oradour-Prozesse"**, ein **"Interview mit Gestapo-Müller"** und der **"Geheimbericht an Stalin über die ungeheure Arbeitsleistung der deutschen Kriegsgefangenen"**, eine Leistung, die 50 Milliarden Rubel betrage.

- Von **376** deutschen Generälen in sowjetischer Gefangenschaft seien **252** "verurteilt" worden, erläuterte Oberst Kopalin auf Anfrage. Das Politbüro habe festgelegt, welcher General verurteilt werden musste und welcher nicht; die Schuld- oder Unschuldsfrage an Kriegsverbrechen, etc. **"habe dabei überhaupt keine Rolle gespielt".**

- Die Leiterin der Gedenkstätte am Moritzplatz Magdeburg, Annegret Stefan, kritisierte, **"dass in unserer Gesellschaft massiv die Schuldfrage tabuisiert würde."** Bei 19 getesteten Familien in den neuen Bundesländern, die durch ihre Kinder mit den Humanitätsverletzungen der SED-Diktatur konfrontiert worden seien, hatten 16 Familien den Kindern Ärger gemacht, denn: Entweder fehle den Eltern die Sachlichkeit und das Hintergrundwissen oder sie empfänden Fragen wie Angriffe! Aber: Immer mehr Jugendliche würden sich mit dem Schweigen der Eltern, insonderheit der Lehrer, nicht mehr abfinden!

- Der Präsident des Regierungspräsidiums Magdeburg, Herr Gerhard Miesterfeldt, hatte in einem Redebeitrag zu Beginn des Forums hinsichtlich der vielfach vorgebrachten Aussage **"Aber im 3. Reich war doch alles viel schlimmer."** erklärt, dass **"dergleichen schon vom Ansatz her falsch sei"** und hinzugefügt: **"Mir war die 'DDR' schon schlimm genug!"**

Berlin, 10. 04. 2000

Peter Alexander Hussock
HELP e. V., Teilnehmer des Forums

HELP e.V.

Hilfsorganisation für die Opfer politischer Gewalt in Europa

HELP e. V. · Ruschestraße 103, Haus 1 · 10365 Berlin

Telefon / Fax: (030) 553 67 67

Berlin, 17. 05. 2000

Pressemitteilung

Lions-Hilfe Bielefeld e. V. / Spenden für bedürftige Opfer politischer Gewalt / *Irritierender Brief von Bundestagspräsident Wolfgang Thierse an HELP e. V.*

Die Lions-Hilfe Bielefeld e. V. (Gemeinnütziger Verein) spendete an drei ehemalige Opfer politischer Gewalt, die von HELP betreut werden und sehr bedürftig sind, je 1.700 DM zum Lebensunterhalt, insgesamt 5.100 DM. Die Summe wurde an HELP überwiesen und ohne Verwaltungsabzüge von HELP ausgezahlt an:

1. Frau Christel W., Schicksal: Frau W. ist am 2. 2. 1945 als 15-jährige – zusammen mit Vater und Onkel – von den Sowjets ins Arbeitslager "Sewerna/Griewna" zur Zwangsarbeit verschleppt worden. Sie wurde Augenzeugin, wie der Vater und der Onkel mißhandelt und getötet wurden. Frau W. überlebte, erhält aber bis heute – wie alle von jenseits der Oder-Verschleppten – keine gesetzliche Entschädigung, obwohl dies eines der Wahlversprechen der SPD-Grünen-Regierung war.
2. Heinz-Gerhard K., Schicksal: Als Westdeutscher politische Haft in der DDR. Schwere Mißhandlungen in Rummelsburg. Während der Haft war sein Elektroladen in Berlin-West geplündert worden! Heute ist Herr K. schwerbeschädigt, 68 Jahre alt und lebt von 977,65 DM Altersrente. (Miete und Nebenkosten betragen 600 DM.)
3. Manfred T., Schicksal: Nach einer Verurteilung wegen "Staatsverleumdung" war Herr T. jahrelang beruflichen Repressionen unterworfen. Nach einem Ausreiseantrag wurde er fristlos entlassen. Da psychisch krank, konnte er in der BR Deutschland nicht Fuß fassen. Der 51-jährige lebt heute von 1.100 DM Arbeitslosenhilfe. Trotz der rehabilitierten Verfolgungszeit von 6 Jahren erhielt Herr T. – wie Zehntausende – keine Kapitalentschädigung. Eine solche sieht – im Gegensatz zum BEG – das Berufliche Rehabilitierungsgesetz nicht vor!

Die Spenden der Lions-Hilfe Bielefeld e. V. sind für HELP eine große Entlastung, da der Spendeneingang seit 1991 zu wünschen übrigläßt! So gab es in den vergangenen 10 Jahren kein einziges Benefiz der 12 "Öffentlich-Rechtlichen" TV- und Radioanstalten für die Opfer- und Verfolgten-Klientel von HELP. (Dazu gehören auch NS-Opfer.) Für die Wohlhabenden der Bundesrepublik mögen je 1.700 DM nach dem taktlosen Wort des Bankgurus Kopper "Peanuts" sein, für die drei Empfänger waren sie eine Riesenfreude und ein Riesenglück! HELP dankt der Lions-Hilfe hiermit öffentlich!
Wie die Lions-Hilfe Bielefeld e. V. versteht auch HELP e. V. die Unterstützung armer oder kranker Menschen als mildtätige Geste. Doch obwohl der § 23a des Parteiengesetzes besagt, dass von den Parteien abzuführende Gelder für mildtätige, religiöse, kirchliche und wissenschaftliche Zwecke abzuführen sind, verweigert Bundestagspräsident Wolfgang Thierse HELP beantragte Mittel aus den CDU-Spenden-"Strafgeldern" zur Weitergabe an politisch Verfolgte mit der merkwürdigen "Begründung", "dass HELP "nur" als gemeinnützig vom Finanzamt Berlin anerkannt sei!" und dies "im Sinne" des § 23a des Parteiengesetzes "nicht ausreichend" sei.

Für den HELP-Vorstand: Alexander Hussock

Spendenkonto-Nr.: 7 185 047 301 bei der Berliner Bank AG, BLZ 100 200 00
Reg.-Nr.: 11607 Nz, Amtsgericht Charlottenburg · Auf Wunsch werden Spendenquittungen ausgestellt.
Der Verein ist gemeinnützig durch das Finanzamt I für Körperschaften Berlin anerkannt.

HELP e.V.

Hilfsorganisation für die Opfer politischer Gewalt in Europa
sowie
Forum zur Aufklärung und Erneuerung e. V. (c/o Haus 1)

HELP e. V. · Ruschestraße 103, Haus 1 · 10365 Berlin

Telefon / Fax: (030) 553 67 67
http://www.help-e-v.de

Pressemitteilung

Vorsicht Falle! Oder eine "Königskrone" für Hans Eichel? Für Eigentumsdiebstahl des DDR-Zolls reicht Restitutionsantrag beim Vermögensamt nicht aus, wie Geschädigte aus Ost und West bislang glauben – auch die Verwaltungsrechtliche Rehabilitierung muss beantragt werden!

Lassen SPD-Bündnis 90/Die Grünen deshalb die Fristen fürs Verwaltungsrechtliche Rehabilitierungsgesetz – nach nur sieben Jahren Laufzeit – bereits am 31. 12. 2001 auslaufen und lehnen eine Verlängerung trotz Forderung von HELP u.a. Verbänden ab?

Am Beispiel des HELP Mitgliedes Frau Mirtschev. Frau Mirtschev wurde für politische Haft bereits 1991 rehabilitiert. Sie stellte aufgrund des Rehabilitierungsbeschlusses fristgemäß ebenfalls 1991 einen Restitutionsantrag (Staatsdiebstahl von Gold, Münzen etc.) beim Berliner LAROV (Vermögensamt). Und musste sowohl auf einen Rückgabe bzw. Entschädigungsbescheid warten und warten... Erst fast 10 Jahre später (18. 10. 2001) und kurz vor Fristablauf des Verwaltungsrechtlichen Rehabilitierungsgesetzes teilte ihr das Berliner LAROV "gnädigerweise" mit, dass bei vom **DDR-Zoll** Geschädigten im Gegensatz z. B. von Stasi-Geschädigten – **der normale Restitutionsantrag beim Vermögensamt keine Rechtsgrundlage für Rückgabe oder Entschädigung sei.** Sie müsse auch noch einen **Rehabilitierungsbescheid nach § 7 Verwaltungsrechtliches Rehabilitierungsgesetz (VwRehaG) vorweisen.** Dafür bleiben Frau Mirtschev nunmehr – nach 10 Jahren sinnloser Wartezeit – noch sechs Wochen.

Was aber wird nach dem 31. 12. 2001 - Fristende! - mit den Zehntausenden durch den DDR-Zoll Geschädigten in Ost und West, **die vom § 7 VwRehaG keine Kenntnis haben?**

Dann darf **Bundesfinanzminister Eichel** z. B. ab 01. 01. 2002 die **"Gold-Krone"** (wie Königskrone) aus dem **"56-Exponaten-Schatz"** (siehe www.ddr-diktatur.de) flugs zu Staatsknete machen.

Berlin, 22. 11. 2001

Für den HELP-Vorstand: Alexander Hussock,

Für den Vorstand 'Forum zur Aufklärung und Erneuerung e. V.': Reinhard Dobrinski

HELP e.V.
Hilfsorganisation für die Opfer politischer Gewalt in Europa

HELP e. V. · Ruschestraße 103, Haus 1 · 10365 Berlin

Telefon / Fax: (030) 553 67 67
http://www.help-e-v.de

Pressemitteilung

Nach Bolschewistischer Kurkapelle auf Gedenkveranstaltung für die Opfer des Bolschewismus/Kommunismus, demnächst National-sozialistische Kurkapelle auf Gedenkveranstaltung für die Opfer des Nationalsozialismus denkbar? HELP-Anfrage an Veranstalter und Hauptredner Rainer Eppelmann und Wolfgang Thierse

Am **17. Juni 2001** fand vor dem **Deutschen Bundestag** eine Veranstaltung zum 40. Jahrestag des Mauerbaus zum Gedenken an die Maueropfer statt. Die Veranstalter waren: Bundeszentrale für politische Bildung, Deutschlandfunk, Dokumentationszentrum Berliner Mauer, Stiftung zur Aufarbeitung der SED-Diktatur und Zentrum für Zeithistorische Forschung Potsdam. Hauptredner waren: Stiftungsvorstandsvorsitzender **R. Eppelmann** sowie Bundestagspräsident **W. Thierse**.

Verbände und Initiativen waren mit Ständen präsent. Darunter auch extrem PDS-nahe Verbände **wie "Helle Panke"** und die **PDS-Stiftung "Rosa Luxemburg"**. Das musikalische Rahmenprogramm dieser Ganztagsveranstaltung wurde von der bereits unterm SED-Regime gegründeten **Bolschewistischen Kurkapelle** gestaltet! Die **Hilfsorganisation HELP**, die sowohl Opfer der kommunistischen wie national-sozialistischen Gewaltherrschaft betreut und im Rahmen ihrer Spendeneingänge finanziell unterstützt, blieb wegen der **doppelten Instinktlosigkeit** der Veranstalter dieser Veranstaltung fern.

In Briefen an Veranstalter und Hauptredner fragt der HELP-Vorstand jetzt an, ob demnächst damit zu rechnen sei – etwa bei einer Veranstaltung zu Ehren des Aufstandes im Warschauer Ghetto -, dass **eine Nationalsozialistische Kurkapelle** das musikalische Rahmenprogramm bestreite, und ob Herr Eppelmann und Herr Thierse dann auch eine Einführungsrede halten würden? Vor dem Hintergrund von etwa **30 Millionen Todesopfern** des Bolschewismus und Millionen Gulag-Überlebenden, die den Gulag als Folter, nicht aber als "Kur" empfunden haben, empfindet der HELP-Vorstand die Teilnahme der Bolschewistischen Kurkapelle – deren Name nicht in Anführungszeichen gesetzt war – als zweite bodenlose Instinktlosigkeit nach der Ablehnung der Ehrenpension durch SPD/Grüne bei gleichzeitiger Rentenerhöhung für SED-Bonzen und Stasi-Obristen.

Berlin, 20. 06. 2001

Für den HELP-Vorstand: P. A. Hussock

Spendenkonto-Nr.: 7 185 047 301 bei der Berliner Bank AG, BLZ 100 200 00
Reg.-Nr.: 11607 Nz, Amtsgericht Charlottenburg · Auf Wunsch werden Spendenquittungen ausgestellt.
Der Verein ist gemeinnützig durch das Finanzamt I für Körperschaften Berlin anerkannt.

HELP e.V.

Hilfsorganisation für die Opfer politischer Gewalt in Europa

HELP e. V. · Ruschestraße 103, Haus 1 · 10365 Berlin

Telefon / Fax: (030) 553 67 67

Pressemitteilung

Dornröschenschlaf in Dippoldiswalde / Vermögensamt / Landratsamt Weißeritzkreis (Sachsen) kannte neues Gesetz nicht – Vermögensrechtsergänzungsgesetz (VermRErgG) / Geschädigter Journalist entsetzt und empört

Am **27. 03. 1991** hatte der 1953 vom SED-Staat zu **10 Jahren** politischer Haft verurteilte **Journalist Lothar Fischer** (s. a. 'Spiegel'-Bericht von Henry M. Broder zu Schadensersatzklage gegen Spitzel) beim **Vermögensamt Dippoldiswalde (Landratsamt Weißeritzkreis/Sachsen)** Rückgabe bzw. Entschädigung für seine von der Stasi "konfiszierten" **beweglichen Vermögenswerte** beantragt. Wie Zehntausende seinesgleichen! Nach fast 9-jähriger Wartezeit flatterte ihm am **12. 12. 2000** ein ablehnender Bescheid ins Haus! Nach der Peinlichkeit der langen "Bearbeitungszeit" besteht die erneute Peinlichkeit, Dummheit oder Willkür darin, dass die Entschädigungsablehnungsbegründung auf einer Regelung des § 10 des Vermögensgesetzes erfolgte, die am 22. 09. 2000 durch das VermRErgG außer Kraft gesetzt worden war! Das VermRErgG ist aufgrund eines Gutachtens des Heidelberger Juristen Prof. Dr. Karl Doehring über das Bundesverwaltungsgericht von HELP und anderen Verbänden deshalb erkämpft worden, weil der nach der alten Regelung des § 10 VermG von den Geschädigten geforderte **"Verwendungs- und Verkaufserlös"** für geraubte Sachen von fast niemandem hatte erbracht werden können. (Auf diese Weise sind aber zwischen 1990 – 1998 viele Entschädigungsmilliarden eingespart worden.)
Das am **22. 09. 2000** in Kraft getretene VermRErgG gibt allen, die zwischen 1990 – 1999 Negativbescheide erhalten haben, im Zeitraum von **6 Monaten** Gelegenheit für ein **Wiederaufgreifen des Verfahrens.**
Dass es nach 9 Jahren durch die Sachgebietsleiterin Böhme überhaupt zu einer Entscheidung kam, geschah, dem Vernehmen nach, auf einer angedrohten Geldbuße des Sächsischen Ministeriums wegen Untätigkeit. Eine Verwaltungsreform nach der Wiedervereinigung, um alle unfähigen alten SED-Kader aus dem Öffentlichen Dienst zu entfernen, wäre für alle neuen Bundesländer nützlicher gewesen.
Der HELP-Vorstand fragt außerdem besorgt: Wenn ein Vermögensamt 3 Monate nach Inkrafttreten eines neuen Gesetzes keine Kenntnis davon hatte, wodurch sollen die einzelnen Geschädigten, die in allen Städten und Dörfern aller Bundesländer leben, davon Kenntnis erlangen? **Zumal die Frist zum Wiederaufgreifen des Verfahrens für alle, die zwischen 1990 – 1998 Negativbescheide erhalten haben, am 22. 03. 2001 ausläuft!**

Berlin, 25. 01. 2001

Für den HELP-Vorstand

Alexander Hussock

Spendenkonto-Nr.: 7 185 047 301 bei der Berliner Bank AG, BLZ 100 200 00
Reg.-Nr.: 11607 Nz, Amtsgericht Charlottenburg · Auf Wunsch werden Spendenquittungen ausgestellt.
Der Verein ist gemeinnützig durch das Finanzamt I für Körperschaften Berlin anerkannt.

HELP e.V.

Hilfsorganisation für die Opfer politischer Gewalt in Europa

HELP e. V. • Ruschestr. 103, Haus 1 • 10365 Berlin Telefon / Fax: (030) 553 67 67

Pressemitteilung
zum
Volkstrauertag

Kommunistische Gewalt und Demozide – Die deutschen Opferzahlen von 1917/18 bis 1989/90

Jeder weiß – und lernt es bereits in der Schule -, wie hoch die Zahl der Opfer des durch die Nationalsozialisten zwischen 1933 – 1945 ausgeübten Genozid- und Demozid-Terrors ist. Und das ist richtig so! Aber wer kennt die wirkliche Zahl der deutschen Gewalt- und Demozid-Opfer des 20. Jahrhunderts? Kaum ein Schüler, kaum ein Student und nur sehr, sehr wenige Erwachsene. Nachfolgend ein Überblick:

130.000 Demozid-Tote	Deutsche Minderheit im Ersten Weltkrieg im zaristischen Russland (deutsche Shitomirs/Wolhynien/West Ukraine)
508.000 Lager- und Zwangsarbeitslager-Tote	Deutsche Kriegsgefangene im Ersten Weltkrieg im zaristischen Russland
1 Million Hungerblockade-Tote	Tod durch Unterernährung infolge der durch die Alliierten 1917/18 künstlich geschaffenen Hungersnot gegen Deutsche und Österreicher
450.000 tote Wolga-Deutsche	1941 – 1948 während Deportationen durch Sowjetkommunisten getötet
410.000 tote deutsche Zivilpersonen	Demozid-Opfer der Alliierten–Bombardierung 1942 – 1945
66.000 tote Balten-Deutsche	durch sowjetkommunistischen Terror 1945/46 in Estland, Lettland, Litauen und Memelgebiet getötet
135.000 tote Jugoslawien-Deutsche	1945 – 1956 durch jugoslawischen und sowjetkommunistischen Terror getötet
2.110.000 tote Deutsche	bei Vertreibungsverbrechen und Verschleppungen der Sowjets und Polen getötet

185.000 Polen-Deutsche Demozid-Opfer	durch Vertreibung nach 1945 getötet
101.000 tote Rumänien-Deutsche	zwischen 1945 – 1950 durch rumänische Kommunisten während der Vertreibung getötet
237.900 tote Sudeten- und Karpaten-Deutsche	zwischen 1945 – 1950 von Tschechen vor Ort oder während Vertreibung umgebracht
53.000 tote Ungarn-Deutsche	während Vertreibung 1945/46 von ungarischen Kommunisten umgebracht
3.417 tote deutsche "Werwolf"-Jugendliche	durch sowjetische Kommunisten vor selbst ausgehobenen Gräbern erschossen oder in Lagern zu Tode geschunden
80.000 tote deutsche Kriegsgefangene	im marxistisch-kommunistischen Jugoslawien
1.094.250 tote deutsche Kriegsgefangene	zwischen 1941 – 1955 im Gulag durch den Sowjetkommunismus mit Zwangsarbeit und Misshandlung zu Tode gebracht
20.000 tote deutsche und österreichische Kriegsgefangene	durch Sowjets auf Fußmärschen erschossen oder erschlagen, weitere 240.000 "vermisst"
4.537 tote deutsche Kriegsgefangene	durch USA in Rheinwiesenlagern, etc. umgebracht
24.178 tote deutsche Kriegsgefangene	durch von Englands geschaffene Extrembedingungen des Jahres 1945 umgebracht
96.000 tote deutsche KZ-Lager-Häftlinge	zwischen 1945 – 1950 auf dem Gebiet der Ex-DDR (SBZ) durch sowjetkommunistischen Terror ums Leben gebracht (direkte Tötung, Vernichtung durch Arbeit und Verweigerung medizinischer Hilfe)
899 tote deutsche Zivilisten zu Friedenszeiten (1949 – 1989)	durch SED-Kommunismus an innerdeutscher Grenze einschl. Mauer ums Leben gebracht
189 tote deutsche Zivilisten (1949 – 1989)	durch SED-Kommunismus bei Flucht über die Ostsee ums Leben gebracht

über 2.500 tote deutsche Zivilisten	durch Stasi- und SED-Willkür in U-Haftanstalten und Gefängnissen der DDR ums Leben gebracht
über 50.000 tote deutsche Zivilisten	mit SED- und Stasi-Zersetzungsmethoden in den Suizid getrieben

Insgesamt: 6.772.863 Tote

Über 110 Millionen Menschen (112.841.000) wurden zwischen 1917 – 1987 **weltweit** Opfer von Megatötungen (ohne Krieg) marxistisch-leninistischer (sprich: kommunistischer) Regime, wobei die Sowjetunion mit **61.911.000** den traurigen "Spitzenplatz" vor China einnimmt.

Mindestens **14,2** Millionen Deutsche aus Ostdeutschland und Osteuropa wurden bis Mitte der 60-er Jahre **Repressionsopfer** kommunistischer Vertreibung, kommunistischen Eigentumsdiebstahls, Zwangsaussiedlung, beruflicher und verwaltungsrechtlicher Repression. Hinzu kommen noch etwa **1 Million** Geflohene, Ausgereiste, Freigekaufte und Repressierte bis zum Ende des SED-Regimes, die vom Lexikon nicht erfaßt sind. Zuzüglich der **6.772.863** Ermordeten, macht dies eine Gesamtzahl von **über 21 Millionen** repressierten und getöteten Deutschen durch marxistisch-leninistisch-kommunistische Regime.

(Quelle: **"Lexikon der Völkermorde"**, rororo-aktuell, Autor: Prof. Dr. Dr. Gunnar Heinsohn, Ordentlicher Professor an der Universität Bremen, international anerkannter Antisemitismus-Genozid- und Demozid-Forscher)

Prof. Dr. Dr. Heinsohn: *"Die Welt weiß nach 1945 sehr genau, was völkerrechtlich verboten ist. Die Aktivitäten gegen die Deutschen sind mithin Menschheitsverbrechen ganz eigenen Zuschnitts. Gleichwohl gibt es keinen Grund, die Verbrechen an Deutschen zu verheimlichen. Gerade die Verdrängung jener Taten ist es, die immer wieder dumpfe Aufrechnerei befördert und eine schonungslose Durchdringung unterbindet. Auch gab es kein Recht, die Verbrechen an Deutschen ungeahndet zu lassen."*

Prof. Dr. Glotz: *"Das Denkmodell der 'gerechten Strafe' ist korrupt."*

Prof. Dr. Herzog: *"Kein Unrecht, und mag es noch so groß gewesen sein, rechtfertigt anderes Unrecht. Verbrechen sind auch dann Verbrechen, wenn ihm andere Verbrechen vorausgegangen sind."*

Berlin, 17. 11. 2001

Verbände der Verfolgten kommunistischer Gewaltherrschaft
c/o Haus 1 – Ruschestraße 103, 10365 Berlin

Pressemitteilung

Ex-Stasi-Generalmajor Heinz Schmidt, Halle, beschimpft im "Junge Welt"-Interview vom 20. 04. 2001 eine Viertelmillion politischer Gefangener und etwa eine halbe Million Repressionsopfer des Regimes als "Täter" – Beleidigungstatbestand nach § 194 StGB

Das MfS-Museum **"ASTAK"**, die Hilfsorganisation **HELP**, der **Bund Stalinistisch Verfolgter** in Deutschland, das **Forum zur Aufklärung und Erneuerung e. V.**, die **VOS** und viele Einzelpersönlichkeiten haben heute per Fax die Staatsanwaltschaft Berlin und Halle aufgefordert, im Sinne des § 194 StGB die Ermittlung aufzunehmen (§ 194: (1) Die Beleidigung wird nur auf Antrag verfolgt. Ist die Tat durch Verbreiten oder öffentliches Zugänglichmachen einer Schrift (§ 11 Abs. 3), in einer Versammlung oder durch eine Darbietung im Rundfunk begangen, so ist ein Antrag nicht erforderlich, wenn der Verletzte als Angehöriger einer Gruppe unter der nationalsozialistischen oder einer anderen Gewalt- und Willkürherrschaft verfolgt wurde, diese Gruppe Teil der Bevölkerung ist und die Beleidigung mit dieser Verfolgung zusammenhängt.) Stasi-Schmidt äußerte sich nicht nur pauschal beleidigend, sondern – "Schädlinge" s. "Volksschädlinge" bei den Nazis -, auch noch faschistoid. Zitat: *"Die von den IM geleistete Arbeit, ihre Resultate, sind die eigentlichen Gründe für die würdelosen Attacken und Kampagnen derer, denen das MfS während des Kalten Krieges so manche Schlappe beibrachte. Und gewiß spielt in dem neu entfachten Diskriminierungsfeldzug gegen sie auch das Vergeltungsbedürfnis von Leuten eine Rolle, deren Taten als Rechtsbrecher mit durch das Wirken unserer IM aufgedeckt wurden. Heute wollen die Täter von einst – darunter Mörder, Terroristen, Nazis, Spione, Schädlinge, Diversanten und skrupellose Menschenhändler – von solchen Verletzungen geltenden Rechts entweder nichts wissen, oder sie geben sie als eine Art Heldentum aus, begangen durch 'Regimegegner', denen dafür Rehabilitierung, Märtyrertum samt gebührender Ehrung und Belohnung zustehe. Und diese erhalten sie ja auch."* Die Unterzeichner erinnerten an die Bewertung des MfS durch den seinerzeitigen Leiter der NS-Opfer-Erfassungsstelle in Ludwigsburg, Oberstaatsanwalt Streim, der auf die Frage des "Spiegel" Nr. 7/95:

"Lassen sich Gestapo, Hitlers Geheimpolizei, und Stasi vergleichen?"

antwortete:

"Die Gestapo forschte Gegner aus und bekämpfte sie. Diese Aufgabe hatte auch die **Staatssicherheit. Beide lebten von Zuträgern. Die Gestapo nannte sie V-Leute, die Stasi Inoffizielle Mitarbeiter. Wenn ich nach den Prinzipien des Nürnberger Tribunals gehe, ist die Staatssicherheit für mich eine verbrecherische Organisation, genauso wie die Gestapo."**

Dass im 12. Jahr nach dem Sturz des SED-MfS-Regimes 23 Vertreter des MfS-Führungschorps es wagen, sich dreist aus dem Stasi-Sumpf zu erheben und eine "Ehrenerklärung" für ihre Spitzel (IM's) zu veröffentlichen, zeigt die Versäumnisse und Fehler von Politik und Justiz seit der Wiedervereinigung: Kein Verbot von SED-/PDS / Führungschorps des MfS nicht für verbrecherisch erklärt / Zusammenarbeit von demokratischen Parteien mit der linksextremistischen PDS/SED / zuwenig Geld für Verbände und deren Bildungsarbeit / laxe Behandlung von Tätern und Mittätern in einer sich immer mehr deformierenden Demokratie, die der Staatsrechtler Prof. von Arnim nur noch als "schönen Schein" bezeichnet. ("Vom schönen Schein der Demokratie", Droemer/Knaur, 2000)

Berlin, 26. 04. 2001

HELP e.V.
Hilfsorganisation für die Opfer politischer Gewalt in Europa

HELP e. V. · Ruschestraße 103, Haus 1 · 10365 Berlin

Telefon / Fax: (030) 553 67 67
http://www.help-e-v.de

Pressemitteilung

Etwa 100.000 ehemalige politische Häftlinge seit über drei Jahren ohne Nachzahlung (150 EUR pro Haftmonat) der Kapitalentschädigung / Kreis Unna verschleppt sie ... / Berlin vorbildlich

Am **01. 01. 2000** hatte die Bundesregierung - auch aufgrund von vielfacher HELP-Initiative - die Haftentschädigung von zuvor **(550 DM Häftling Ost, 300 DM Häftling West)** einheitlich auf **600 DM = 300 Euro pro Haftmonat** erhöht. Das würde zu Nachzahlungen für beide Häftlingsgruppen führen. Es ginge um Millionenbeträge insgesamt.

Am Beispiel eines Cottbus-Häftlings mit fünf Jahren Haft. Er hätte noch einen Anspruch auf Nachzahlung von **16.500 DM = 8.225 EUR.**

Dass derzeit etwa 100.000 politische Häftlinge ihre Nachzahlung nicht erhalten haben, liegt teils an der Unkenntnis der Gesetzesänderung vom 01. 01. 2000. Teils wird aber auch die Nachzahlung verschleppt. So bleibt das **Sozialamt des Kreises Unna**, **NRW**, dem **HELP-Mitglied Wolf-Dietrich K.** seit dem **06. 08. 2001** die Nachzahlung in Höhe von **1.280,00 EUR** schuldig, was skandalös ist.

Hingegen zahlt das Berliner **Landesamt für Gesundheit und Soziales**, **Entschädigungsstelle Marienfelde**, innerhalb von vier bis sechs Wochen nach Antragstellung aus. Über 10.000 Auszahlungen sind lediglich deshalb offen, da sich etwa 10.000 ehemalige Häftlinge aus Unkenntnis ihrer Rechte nicht gemeldet haben.

Berlin, 27. 02. 2003

Für den HELP-Vorstand: Alexander Hussock

Spendenkonto-Nr.: 7 185 047 301 bei der Berliner Bank AG, BLZ 100 200 00
Reg.-Nr.: 11607 Nz, Amtsgericht Charlottenburg · Auf Wunsch werden Spendenquittungen ausgestellt.
Der Verein ist gemeinnützig durch das Finanzamt I für Körperschaften Berlin anerkannt.

HELP e.V.

Hilfsorganisation für die Opfer politischer Gewalt in Europa

HELP e. V. • Ruschestr. 103, Haus 1 • 10365 Berlin Telefon / Fax: (030) 553 67 67

Pressemitteilung

Appell von Prominenten und Bürgern an Koalitionäre von SPD und Bündnis 90/Die Grünen / Novellierung von Opfer-Gesetzen angemahnt

Im Rahmen einer Aktion der **Initiative "Geschichte und Verantwortung"** zur besseren Behandlung aller Verfolgtengruppen der SED-Diktatur haben Prominente, wie die Schriftsteller **Erich Loest** und **Günter Wallraff**, der bekannte Rechtsanwalt **Rolf Bossi** sowie die Universitätsprofessoren **Prof. Dr. Dieter Voigt** und **Prof. Dr. Hans-Jörg Bücking** und über **tausend Bürger** sowie **Vorstandsmitglieder von Opferverbänden und Aufarbeitungsinitiativen** an die Koalitionäre von SPD und Bündnis 90/Die Grünen appelliert, nachfolgende – dringend novellierungsbedürftige – Gesetze zu novellieren:

- das Berufliche Rehabilitierungsgesetz,
- das Verwaltungsrechtliche Rehabilitierungsgesetz

und

- das Stiftungsgesetz (Stiftung für ehemalige politische Häftlinge, Bonn).

So fordern die Appellanten, dass die letztgenannte Stiftung auch für die Opfer von extremem Berufs- und Verwaltungsunrecht erweitert werden müsse. Denn Opfer von jahrelangem Arbeitseinstellungsboykott ohne Zahlung von Sozialhilfe oder Arbeitslosengeld, die in der DDR extrem verarmt sind, erhalten bisher keinerlei materielle Entschädigung nach dem Beruflichen Rehabilitierungsgesetz und haben seit 1990 nirgends Zugang zu einer Stiftungshilfe.

Berlin, 14. 10. 2002

Für den HELP-Vorstand: Alexander Hussock

HELP e.V.

Hilfsorganisation für die Opfer politischer Gewalt in Europa

HELP e. V. • Ruschestr. 103, Haus 1 • 10365 Berlin Telefon / Fax: (030) 553 67 67

Pressemitteilung

31. Mai – Weltopfertag
HELP-Vorschlag an UN-Generalsekretär Kofi Annan

In einem Schreiben vom 06. 03. 2002 hat der HELP-Vorstand UN-Generalsekretär Kofi Annan vorgeschlagen, den 31. Mai jeden Jahres zum Weltopfertag auszurufen und weltweit alle Nationen aufzufordern, diesen Tag angemessen zu begehen. Von den öffentlich-rechtlichen TV- und Radioanstalten der Nationen würde erwartet, dass sie jedes Jahr am 29./30. Mai mit Benefizveranstaltungen dazu beitragen, das Los der Überlebenden und der Hinterbliebenen der Toten zu lindern. An Opfern sind in den vergangenen 400 Jahren unter anderem zu beklagen:

17.267.000	-	Afrikaner infolge Sklavenhandels aus Afrika
285.000	-	Christen in Japan
1.000.000	-	Indianer durch Azteken
13.778.000	-	Indianer Amerikas durch Europäer
350.000	-	Gläubige durch Spanische Inquisition
100.000	-	Hexenverfolgungen
200.000	-	Polen und Juden durch Ukrainisches Massaker von Human
263.000	-	durch die Französische Revolution
20 – 34 Mio.	-	Taiping-Aufstand in China
1.000.000	-	Deutsche durch Hungerblockade Englands 1918
20.946.000	-	durch Hitler-Deutschland 1933 - 1945
112.160.000	-	durch marxistisch-leninistische Regime zwischen 1917 - 1997
5.000.000	-	nach 1945 durch Vertreibung, Verschleppung, KZ-Haft, Internierung, Zwangsarbeit
53.000	-	Deutsche und Ausländer unter dem Real-Sozialismus (Ex-DDR-Diktatur)
2.800	-	Amerikaner und Ausländer beim Terror-Anschlag auf das World Trade Center am 11. September 2001

(Das Gros der Zahlen ist dem **"Lexikon der Völkermorde"** von Prof. Dr. Dr. Gunnar Heinsohn, rororo-aktuell, entnommen und stellt nur einen Auszug der vielfachen **Genozide, Demozide, Ethnozide** und **Politizide** der letzten Jahrhunderte dar.)

HELP verbindet mit der Einführung eines solchen Tages auch die Hoffnung, dass die gegenwärtigen Menschenrechtsverletzungen in vielen UN-Mitgliedsstaaten durch das feierliche Begehen eines Weltopfertages abnehmen würden. (Die Bundesrepublik allein nimmt jährlich Hunderttausend Asylbewerber und Kriegsflüchtlinge aus UN-Mitgliedsstaaten auf.)

Berlin, 14. 03. 2002

Für den HELP-Vorstand

P. A. Hussock

HELP e.V.

Hilfsorganisation für die Opfer politischer Gewalt in Europa

HELP e. V. • Ruschestr. 103, Haus 1 • 10365 Berlin Telefon / Fax: (030) 553 67 67

Pressemitteilung

Zum 50. Todestag des Massenmörders Stalin

ZDF (Mythos Stalin) und ZDF-frontal präsentierten gestern falsche Opferzahlen. Über 20 Millionen Tote nannten beide Sendungen. Falsch!
Richtig ist: **Über 40 Millionen** (42.672.000)

ZDF-frontal hat sicherlich nur unkritisch die falsche Zahl aus dem 1. Teil des ZDF-Drei-Teilers "Mythos Stalin" übernommen. Für diesen Film zeichnet der Historiker Prof. Guido Knopp verantwortlich; der Autor einer Vielzahl von Hitler-Dokumentationen. Wenn schon Herr Knopp das **"Lexikon der Völkermorde"** nicht kennt oder ignoriert, müsste ihm doch aber zu denken geben, dass 2002 selbst die russischen Historiker **30 Millionen** Tote eingeräumt haben. Zieht man die **4 Millionen** ab, die **Lenin** zu verantworten hat, blieben immer **noch 26 Millionen**, die Stalin anzulasten wären.
(Quelle: "Lexikon der Völkermorde", rororo-aktuell, Autor: Prof. Dr. Dr. Gunnar Heinsohn)
Während der Jahre des "großen Terrors" (1935 bis 1940) sind **7 Millionen** in U-Haftanstalten und Gefängnissen umgebracht worden, zumeist durch Folter. (Quelle: Nekrassow)
Insgesamt sind - laut Lexikon – durch leninistisch-stalinistische Regime zwischen 1917 bis heute durch sämtliche Tötungstechniken (außer Krieg)

112.160.000

Menschen zu Tode gebracht worden (Magatötungen).

Berlin, 05. 03. 2003

Der HELP-Vorstand

Help e.V.

Pressemeldung

Zeitung: Sächsische Zeitung / Seite 2 **vom:** 09.10.1996

Anspruch auf „Mitgefühl und Verständnis" eingefordert

Help will mehr Hilfe für DDR-Justizopfer

Von Peter Helmann, Berlin

Die Hilfsorganisation Help hat mehr gesellschaftliche Anerkennung für in der DDR politisch Verfolgte angemahnt. Derzeit würden „die Täter geschützt, ihre Opfer dagegen vernachlässigt", sagte Help-Geschäftsführer Alexander Hussock gestern in Berlin. Zahlreiche Betroffene, die in der DDR Opfer politischer Gewalt geworden sind, beklagten anhand ihrer Fälle, daß sie trotz ihres Schicksals in der Justiz, den Sozial- und Vermögensämtern wenig Hilfe bekämen. Es gehe nicht nur um den Anspruch auf angemessene Entschädigung, sagte der Publizist Konrad Weiß, sondern auch „um den Anspruch auf Mitgefühl und Verständnis".

Help forderte, bei der anstehenden Novellierung der SED-Unrechtsbereinigungsgesetze die Entschädigung politischer Gefangener einheitlich auf 900 Mark pro Haftmonat zu erhöhen. Bislang erhalten frühere Häftlinge, die in den Westen gingen, 300 Mark, diejenigen, die in der DDR blieben, 550 Mark. Die derzeit knappe Finanzlage sei kein Argument, meinte Hussock. „Derzeit liegen 1,6 Milliarden Mark SED-Vermögen auf Halde. Außerdem hat der Bund zwei bis drei Milliarden Mark Stasi-Vermögen eingenommen." Help fordert eine zentrale Rechtsschutzstelle im Bundesjustizministerium. Die soll Anwälte finanzieren, die den Opfern zu ihren Rechten verhelfen. Die Länder sollten „Opfer-Beauftragte" einsetzen.

Help e.V.

Pressemeldung

Zeitung: Berliner Morgenpost **vom:** 10. 10. 1996

„Stasi-Leute machen Karriere, Opfer leben von Sozialhilfe"

■ *Help: Mehr Anerkennung für politisch Verfolgte*

Die Hilfsorganisation Help hat höhere Entschädigungen und mehr gesellschaftliche Anerkennung für die in der DDR politisch Verfolgten gefordert. Derzeit würden die Täter des Unrechtsregimes geschützt, ihre Opfer dagegen vernachlässigt, sagte Help-Geschäftsführer Alexander Hussock in Berlin.

Der Bundestagsabgeordnete Konrad Weiß (Bündnis 90/Die Grünen) kritisierte den aus seiner Sicht zu großzügigen Umgang mit DDR-Richtern, Staatsanwälten oder Stasi-Mitarbeitern. „Es ist unerträglich, daß diese Karriere machen oder sich in Talkshows tummeln, während Haftopfer von Sozialhilfe leben." In der DDR politisch Verfolgte hätten nicht nur Anspruch auf angemessene Entschädigung, sondern auch auf Verständnis und Mitgefühl.

Hintergrund der Forderungen ist die vom Bundestag geplante Novellierung der SED-Unrechtsbereinigungsgesetze, die unter anderem die Entschädigung für in der DDR erlittenes Unrecht regeln. Bislang erhalten frühere politische Häftlinge, die bis zum 18. September 1990 Ansprüche angemeldet haben, 300 beziehungsweise 550 Mark Entschädigung pro Haftmonat. Darüber hinaus stehen früheren Bürgerrechtlern, die etwa keine Arbeit ausüben durften, unter besonderen Umständen 150 Mark pro Monat zu.

Hoffnung auf höhere Haftentschädigung

Nach verschiedenen Gesetzentwürfen der Parteien sind im Zuge der Novellierung bis zu 900 Mark Haftentschädigung pro Monat im Gespräch. SPD und Grünen wollen, daß künftig auch Angehörige von inzwischen verstorbenen Justizopfern entschädigt werden.

Die Hilfsorganisation Help wurde im Februar 1991 in Berlin gegründet und sieht sich als Vertreterin der Opfer von politischer Gewalt und Willkürherrschaft. Neben politischen Gefangenen und anderen Verfolgten in der DDR setzt sie sich auch für deutsche Insassen sowjetischer Straflager ein.

„Help" versteht sich nicht nur als Hilfsorganisaton für die Opfer politischer Gewalt, sondern pflegt auch eine intensive Zusammenarbeit mit der Robert-Bosch-Stiftung in Stuttgart. *dpa/BM*

Help e.V.

Pressemeldung

Zeitung: Welt am Sonntag **vom:** 13.10.1996

13,2 Mrd Mark vom SED-Vermögen sichergestellt

H.V. **Bonn**

Die Bundesanstalt für vereinigungsbedingte Sonderaufgaben (BvS) in Berlin meldet Erfolge bei den Ermittlungen zur Rückführung von SED-Vermögen, das seit dem Ende der DDR zunächst als verschwunden galt.

In einem internen Bericht des zuständigen Bundesfinanzministeriums, der jetzt dem Bundestags-Untersuchungsausschuß „DDR-Vermögen" vorliegt, wird festgestellt, daß über 13,2 Milliarden Mark sichergestellt worden sind. Dem Bericht zufolge konnten davon inzwischen über 9,5 Milliarden DM an den Bund rückgeführt werden.

Um ein weiteres Vermögen von 3,7 Milliarden DM wird noch gestritten, wobei für Teilbeträge noch ein großes Prozeßrisiko besteht. Bei den Milliardenbeträgen handelt es sich um Vermögen der Parteien und Massenorganisationen in der ehemaligen DDR, um Geld der für die DDR-Devisenbeschaffung zuständigen KoKo und des Ministeriums für Staatssicherheit.

Help e.V.

Pressemeldung

Zeitung: Berliner Morgenpost vom: 12.11.1996

Rechtsbeistand für Stasi-Opfer gefordert

■ Berlin – Eine zentrale Rechtsschutzstelle für Opfer des DDR-Regimes hat die Hilfsorganisation für die Opfer politischer Gewalt in Europa (Help) gefordert. Die Einrichtung solle Haftopfern und ehemaligen Bürgerrechtlern Rechtsbeistand geben, sagte Help-Geschäftsführer Peter Alexander Hussock.

Help e.V.

Pressemeldung

Zeitung: Oranienburger Generalanzeiger **vom:** 10. 12. 96

Hilfe für ehemalige politische Häftlinge

Finanzielle Unterstützung durch Stiftung

Weihnachtszeit ist Spendenzeit! Allerdings ist die Spendenbereitschaft der Deutschen für Opfer politischer Gewalt gleich Null, wie die Hilfsorganisation Help e.V. in Berlin mitteilte. Deshalb verwies sie darauf, daß in Bonn eine Stiftung für ehemalige politische Häftlinge existiert, die unbürokratisch auf Antrag finanzielle Hilfe gewährt. Allerdings muß die „Soziale Kontakt- und Beratungsstelle" von Help nach eigenen Angaben immer wieder registrieren, daß nur jedem 15. ehemaligen politischen Häftling die Stiftungshilfe und die Stiftung bekannt ist.

Finanzielle Unterstützung von durchschnittlich 2 000 bis 3 000 DM erhält auf Antrag, wer als Einzelperson über ein Einkommen (oder Rente) von etwa 1 400 DM und als Ehepaar von rund 2 100 DM verfügt, so die Hilfsorganisation. Der Antrag könne jährlich wiederholt werden. Voraussetzung sei, das Vorliegen eines Rehabilitierungs-Beschlusses oder einer Häftlingshilfegesetz-Bescheinigung. Aber auch jeder gestellte Rehabilitierungsantrag, der Aussicht auf Erfolg hat, berechtige, einen Hilfeantrag zu stellen.

Formulare gibt es bei der Stiftung. Wer die Soziale Kontakt- und Beratungsstelle" von Help aufsucht, erhält die Formulare im Help-Büro, Ruschestr. 59, Haus 1, 10 365 Berlin.

Help e.V.

Pressemeldung

Zeitung: "Märkische Oderzeitung" **vom:** 28.11.1997

Weltliteratur für das Ausharren in der Stasi-Zelle

Ehemalige Gefangenenbibliothek in Berlin-Lichtenberg steht vor dem Aus / Zuschüsse vom Land werden gestrichen

Von unserem Korrespondenten
HEINZ KANNENBERG

Berlin. **Die Stasi-Gefangenenbibliothek steht vor dem Aus. „Wenn kein Wunder geschieht, müssen wir Ende des Jahres schließen", so Peter Hussock von der Hilfsorganisation für die Opfer politischer Gewalt in Europa (Help e. V.), Träger der Bibliothek. Bislang hatte die Bibliothek für die Stellen von zwei Beschäftigten sowie für die Betriebskosten jährlich 100 000 Mark erhalten. Sämtliche Zuschüsse sollen ab 1. Januar 1998 ausbleiben. Die Gedenkbibliothek war 1992 auf Initiative der damaligen Justizsenatorin und jetzigen Präsidentin des Bundesverfassungsgerichtes, Jutta Limbach, gegründet worden.**

Der Help-Vorstand protestiert gegen die Streichung der Zuschüsse. Das Land habe aus dem SED-Vermögen 42 Millionen Mark erhalten, die auch für kulturelle Zwecke bestimmt seien. Der Europa-Abgeordnete Wolfgang Ullmann (Bündnis90/Die Grünen) appellierte an Kultursenator Peter Radunski (CDU), die Einstellung der finanziellen Förderung zu verhindern. Radunskis Sprecher erklärte gegenüber der MOZ, daß die Kulturverwaltung für die Mittelzuweisung an die Gedenkbibliothek nicht mehr verantwortlich sei. Zuständig sei der Landesbeauftragte für die Stasi-Unterlagen, Martin Gutzeit. Dort würden die vom Senat zur Verfügung gestellten Mittel für die Opferverbände verwaltet. Die Kulturverwaltung des Senats schlage vor, so der Sprecher, alle Bibliotheks-Bestände in zwei Jahren in einem Gebäude in Hohenschönhausen unterzubringen. Gutzeit sollte prüfen, so die Empfehlung, ob bis dahin nicht eine Stelle in der Gedenkbibliothek weiter erhalten werden könne. Diese könnte dann in Hohenschönhausen weitergeführt werden.

Wolfgang Kusior vom Amt des Landesbeauftragten für Stasi-Unterlagen äußert sich skeptisch: „Da muß Radunski in seinen Etat gucken. Unser Topf ist leer". Die Betriebskosten würde sein Amt 1998 schon noch bereitstellen können. Mehr sei aber nicht drin. Man müsse Prioritäten setzen. Zuallererst wolle man den Vereinen das zur Verfügung stehende Geld für die Beratung und Betreuung von Opfern sowie für die politische Aufklärungsarbeit im Jugendbereich geben. Alles andere komme danach, dazu gehöre auch die Gedenkbibliothek.

Die Bibliothek verfügt über etwa 60 000 Bücher, davon sind 30 000 zugänglich. Die Bücher kommen aus den ehemaligen Stasi-Gefängnissen in Hohenschönhausen und Pankow sowie aus dem Frauengefängnis Köpenick. Nach Angaben von Help ist es die größte Original-Gefangenenbibliothek der Welt. Die Bücher kamen auf unterschiedliche Weise in die Anstalten. Anfangs durften die Besucher sie den Häftlingen mitbringen. Sie wurden dann einbehalten. Später kauften die Gefängnisleitungen selbst Bücher ein. Auch eine ausländische Bibliothek mit Büchern in englischer, persischer, arabischer und türkischer Sprache existiert. Die Bibliothek ist ein Spiegelbild dafür, was die DDR-Zensur den Gefangenen gestattet hat zu lesen. Dabei sei das Bücher-Angebot, so Hussock, durchaus überraschend gewesen. Es setzte sich zusammen aus etwa 70 Prozent Weltliteratur, 20 Prozent Fachliteratur, drei Prozent politische und drei Prozent christliche Literatur; darunter nur wenige DDR-Autoren.

Der Wert der Bibliothek besteht darin, daß hier authentisches Material gesammelt wurde, an dem sich Gefangene in schier aussichtslosen Lebenssituationen versuchten, ein bißchen festzuhalten. Anstreichungen von Textstellen mit dem Fingernagel geben Auskünfte über den Gemütszustand von politischen Gefangenen, so Hussock. Betroffen und nachdenklich verließen die Besucher die Bibliothek, berichtet er. Etwa 20 Leute kämen täglich – meist Studenten und Wissenschaftler. Die Bibliothek solle vor allem ein Ort des Gedenkens der etwa 2500 Haftopfer in ehemaligen Stasi-Gefängnissen sein, so Hussock. 250 000

● *Die Bibliothek befindet sich in Berlin, Ruschestraße 103/Haus 1; Telefon: (030) 5 53 67 67; Öffnungszeiten: Montag bis Donnerstag 9 bis 17 Uhr, Freitag 9 bis 14 Uhr.*

„SED-Opfer fordern Rente"

Erich Loest enttäuscht über Entschädigungsregelung

BM/dpa/ADN Berlin – Der Schriftsteller Erich Loest hat sich enttäuscht über die neue Entschädigungsregelung für SED-Opfer geäußert. Die Forderungen der Opferverbände seien nicht berücksichtigt worden, erklärte Loest, der bereits beim ersten SED-Unrechtsbereinigungsgesetz am Verhandlungstisch saß, gestern im Deutschlandradio Berlin.

Die Entschädigung für politische Gefangene der SED-Regierung soll nach einem Kabinettsentwurf von 300 oder 550 Mark auf einheitlich 600 Mark pro Haftmonat erhöht werden.

„Die Opferverbände hatten ganz andere Vorstellungen, natürlich viel höher", sagte Loest. „Es ist nun ein Ausgleich geschaffen worden, denn es war immer umstritten: Warum kriegen die einen mehr und die anderen weniger. Das ist nun gleichmäßig gemacht – eine Zufriedenstellung der Opfer ist es natürlich nicht."

Die Opferverbände hätten eine Rente und nicht nur eine einmalige Entschädigung gefordert. „Das ist alles vom Tisch. Jetzt kommt dieser kleine Ausgleich, und ich fürchte, dabei bleibt es auf alle Zeit."

Wenig Hoffnung hat Loest, daß die Bundesregierung für haftbedingte Gesundheitsschäden extra zahlen wird. Es werde zudem sicher viel Zeit vergehen, bis das jetzt beschlossene SED-Unrechtsbereinigungsgesetz umgesetzt werde und die Opfer ihre Entschädigung ausgezahlt bekommen, meinte Loest.

„Die Bundesregierung sagt, jetzt geht es über die parlamentarischen Hürden, und am 1. Januar des nächsten Jahres soll es in Kraft treten. Dann müssen wir wieder die Anträge stellen", sagte der Schriftsteller. „Ich denke, in anderthalb Jahren wird das Geld, von dem wir jetzt sprechen, fließen, eher nicht."

Help e.V.

Pressemeldung

Zeitung: "Leipziger Volkszeitung" **vom:** 02.06.1999

Bange Frage der Verfolgten: Einmal Opfer, immer Opfer?

Neuregelung der Renten für SED-Nomenklaturkader bringt Bürgerrechtler in Harnisch

Von THOMAS MAYER

Karikatur: Klaus Stuttmann

…lin. Viele Seiten umfaßt jene Gesamtberechnung der Rentenanteile für DDR-Zeiten von 1950 bis 1989, die Peter Eisenfeld (Mitarbeiter beim Berliner Landesbeauftragten für die Unterlagen der Stasi) als Mitglied der Initiative Rechtshilfe von Help e. V. erarbeitete. Eisenfeld, Ex-DDR-Oppositioneller, der 1987 samt Familie gen Westen abgeschoben wurde, gelangte zur Erkenntnis: „Je früher und je länger man gegen den Staat DDR aktiv war, um so geringer fällt nun die Rente aus. Doch je besser man angepaßt war und ein Unrechtssystem gestützt hat, um so höher ist sie heute."

Mit dem „Anti-Renten-Kappungs-Urteil" des Bundesverfassungsgerichts vom 28. April 1999 steht für Eisenfeld fest: „Millionen DDR-Bürger werden mit Stasi-Angehörigen gleichgestellt, und, was der richtige Skandal ist, … Opfer der Stasi werden sogar oft viel schlechter gestellt." Help macht mobil: „In der Bundesrepublik wird eine Opferpolitik betrieben, die zum Himmel stinkt", so Vereins-Vorstand Peter Alexander Hussock.

Wie es sich lohnte, bei der Praktizierung der Diktatur mitzumachen, verdeutlichen folgende Rechenbeispiele: „SED-Nomenklaturkader erhalten ab Juli 1999 eine Rente über 3000 Mark und Nachzahlungen bis zu 35 000 Mark. Ein hauptamtlicher Stasi-Mitarbeiter, der zehn Jahre dem MfS diente, 30 Jahre als Inspektor einer LPG oder Parteisekretär beschäftigt und zudem IM war, erhält ab Juli 2740 Mark Rente. Ein hauptamtlicher Stasi-Mitarbeiter, 40 Jahre im MfS, bekommt 1680 Mark samt Nachzahlungen bis zu 43 000 Mark."

Wie es sich demgegenüber nicht lohnte, der Diktatur Widerstand entgegengesetzt oder sich verweigert zu haben, wird von Eisenfeld auch belegt: „Der Durchschnittsverdiener mit 40jähriger Verfolgungszeit *(Die per Gesetz anerkannten Jahre politisch-beruflicher Verfolgung; Anm. d. A.)* erhält 1210 Mark Rente. Der DDR-Durchschnittsverdiener ohne Verfolgungszeit erhält 1680 Mark Rente, also genau so viel wie ein ehemaliger hauptamtlicher Stasi-Mann."

Eisenfelds Fazit lautet: „Die geringsten Renten erhalten also die Verfolgten, Bürgerrechtler, Widerständler und Millionen sogenannter kleiner Leute. Dabei wird es den besonderen Hohn der Täter, Mittäter und Diktaturdiener hervorrufen, daß in der Regel die Renten der politisch Verfolgten mit Zunahme der Verfolgungszeit abnehmen." Das hängt laut Eisenfeld damit zusammen, daß die bei der Berechnung zugrunde gelegten fiktiven jährlichen Durchschnittsentgelte für den Zeitraum der von der Rehabilitierungsbehörde anerkannten Verfolgungszeit niedriger ausfallen als die tatsächlichen Durchschnittsentgelte ohne Verfolgungszeit. Schon gibt es die „perverse Tendenz" (Hussock), daß Opfer freiwillig auf die Anrechnung von Verfolgungsjahren verzichten, um eine höhere Rente zu erhalten.

Für den Help-Chef, der selbst Opfer ist, weil er 1961 wegen mauerfeindlicher Diskussion an der Uni Greifswald „geext" wurde, über zwei Jahre in Stasihaft saß und danach nur minimal entlohnte, ungelernte Arbeit ausüben durfte, bedeutet das Urteil des Verfassungsgerichts schlicht „eine Legitimierung der Tätigkeiten für den Erhalt der DDR, die sie in Wirklichkeit zugrunde richteten. SED-Kader, die ja die Auftraggeber der Stasi waren, werden dafür zehn Jahre nach ihrem vermeintlichen Untergang prämiert. Es ist also kein Wunder, daß viele Opfer entweder politikverdrossen sind oder sich sogar radikalen Gruppierungen zuwenden".

Eisenfeld wie Hussock schieben den schwarzen Peter für eine „absurde Entwicklung" nicht der Justiz zu: „Die Politik hat mit den defizitären, sogenannten Unrechtsbereinigungsgesetzen erst der Neuregelung den Boden bereitet." Bislang seien die Opferverbände mit der Forderung nach finanzieller Wiedergutmachung wegen leerer Kassen zurückhaltend umgegangen. „Nun werden wir diese Position aufgeben. Die Opfer der SED-Diktatur können letztlich nur dadurch Gerechtigkeit erfahren, wenn für sie eine Verfolgtenrente analog der für die NS-Verfolgten eingeführt wird. Es ist höchste Zeit, daß die Opferpolitik aus dem Schatten der Nichtöffentlichkeit heraustritt", fordert Hussock.

Help e.V.

Pressemeldung

Zeitung: "B I L D" vom: 09.02.2001

Ehrenpensionen für SED-Opfer gefordert

Die Hilfsorganisation für die Opfer politischer Gewalt in Europa „HELP" konnte seit 1991 rund 40000-mal eingreifen. Durch Betreuung, Ämterbegleitung und Hilfe vor Gerichten.

Kritik der Organisation, die seit genau 10 Jahren besteht: Von Politik und Gesellschaft werden die Opfer des Sowjetterrors und der SED-Diktatur weiterhin nur als Opfergruppe zweiter Klasse gesehen. Die Organisation bemängelt besonders, dass es für ehemalige Zwangsarbeiter kommunistischer Regime keine Entschädigung gebe.

Zur Verbesserung der unbefriedigenden Lage der SED-Opfer fordert der Verein „Ehrenpensionen". In der Höhe sollen die sich an den Renten von SED-Funktionären orientieren. Entschädigung müsse auch für verfolgungsbedingte Vermögensschäden gezahlt werden.

Help e.V.

Pressemeldung

Zeitung: "Braunschweiger Zeitung" **vom:** Dezember 2001

Kämpfen für ein Gefühl der Genugtuung

Ehemalige DDR-Häftlinge fordern einen Entschädigungsfonds für ihre Zwangsarbeit in ostdeutschen Gefängnissen

Von Katrin Teschner

Wer hätte gedacht, dass ihm ausgerechnet die Liebe zur Musik zum Verhängnis werden sollte? Es war schließlich eine wilde Zeit, in der Elvis Presley die Massen mit seinem Hüftschwung in Verzückung versetzte und das Wort Rebellion eine neue Bedeutung bekam – nach all den dunklen Kriegsjahren. Und Helmut Chrobak konnte nicht stillhalten, wenn Bill Haley's „Rock around the Clock" aus dem Transistorradio dröhnte. „Ich war verrückt nach Rock'n'Roll, dachte nichts Böses", erzählt er. Bis zu jenem Novembermorgen im Jahr 1958. An diesem Tag veränderte sich für den Feinmechaniker aus Dessau das Leben.

17 Jahre war Chrobak damals jung als die Polizei in seiner Arbeitsstätte auftauchte und ihm einen Haftbefehl unter die Nase hielt. „Staatsgefährdende Hetze und Propaganda" wurde ihm vorgeworfen. Er werde beschuldigt, an einen Rock'n'Roll-Club in Westberlin geschrieben, „westliche Schundliteratur ausgetauscht" und die Volkspolizei mit einem Namen bezeichnet zu haben, „welcher sie auf die gleiche Stufe mit der Polizei des imperialistischen Englands stellt". Das reichte für zwei Jahre Zuchthaus. Für Chrobak brach eine Welt zusammen.

Mehrere Monate Einzelhaft im berüchtigten Stasi-Zuchthaus „Roter Ochse" in Halle, Verlegung ins Haftarbeitslager Völkstedt, dort ein Jahr Zwangsarbeit im Kupferschiefer-Bergbau – 1500 Meter unter der Erde, bis zu 14 Stunden am Tag mit „ein paar Mark" als Vergütung für Zigaretten und Margarine – stockend zählt der 60-Jährige die Sta-

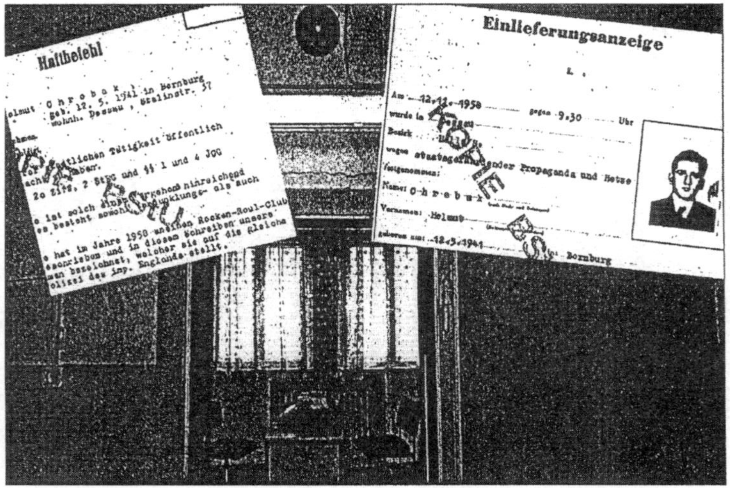

Im Vernehmungszimmer eines früheren Stasi-Gefängnisses endete für Helmut Chrobak die unbeschwerte Jugend. Kopien des Haftbefehls und der Einlieferungsanzeige hat er sich aufgehoben. Montage: Meyer

Doch der Frührentner, der 1960 einen „Satz in den Westen" machte und mittlerweile in Hamburg lebt, wird nicht müde, für „ein Gefühl der Genugtuung" zu kämpfen, dafür dass die Opfer von DDR-Unrecht „gleichgestellt werden und nicht ehemalige Stasi-Funktionäre eine höhere Rente erhalten". Zwar habe er für seine Haftzeit 12 000 Mark von der Regierung bekommen, räumt Chrobak ein. Aber eine Entschädigung für die Zwangsarbeit im Bergwerk, die fehle nach wie vor.

So wie Chrobak warten viele ehemalige DDR-Zwangsarbeiter auf Wiedergutmachung. Mehrfach hatte Peter Alexander Hussock, Chef der Hilfsorganisation Help e.V., deshalb zusammen mit 35 Opferverbänden an die Bundesregierung appelliert, eine Stiftung „Erinnerung, Verantwortung und Zukunft II" nach dem Muster des NS-Zwangsarbeiterfonds auch für die Zwangsarbeiter kommunistischer Regime einzurichten. „Wir gehen davon aus, dass etwa 80 Prozent der rund 250 000 politischen Gefangenen in der DDR zum Arbeitsdienst gezwungen wurden", sagt Hussock. Viele Kombinate hätten von den Billigkräften profitiert. Deswegen sollten auch die Rechtsnachfolger der DDR-Betriebe in die Pflicht genommen werden. „Wir stellen uns als Entschädigung etwa eine Zahlung von 10 000 Mark pro Person vor."

politisch Verfolgter und Widerständler der SED-Diktatur, Jürgen Schmidt-Pohl, geht noch weiter. Er fordert eine Pauschale von 15 000 Mark pro Haftmonat und bereitet eine Verbandsklage für einen Musterprozess vor, die beim Landgericht in Brandenburg eingereicht werden soll. Wenn nötig, werde man bis zum Bundesverfassungsgericht gehen, kündigte er an. Hussock rechnet damit, dass sich hunderte Opfer der Klage anschließen werden.

Bisher stießen die Verbände mit ihrer Forderung jedoch auf taube Ohren. Unter Rot-Grün sei bereits die Kapitalentschädigung für ehemalige politische Häftlinge der DDR von 300 beziehungsweise 550 auf einheitlich 600 Mark pro Haftmonat erhöht worden, sagt eine Sprecherin des Bundespresseamtes. „An einen Entschädigungsfonds für ehemalige DDR-Zwangsarbeiter wird derzeit nicht gedacht", betont sie.

Auch die Wirtschaft äußert sich zurückhaltend: „Wir setzen uns mit dem Problem auseinander", sagt Jörg Hettmann, Sprecher des Unternehmens Jenoptik AG (früher Carl Zeiss Jena), das auch Zwangsarbeiter beschäftigt haben soll. Allerdings sei die Angelegenheit kompliziert – allein, weil nicht bekannt sei, wie viele Häftlinge für das Unternehmen gearbeitet hätten und aus welchen Gründen sie verurteilt wurden.

Helmut Chrobak will jedenfalls nicht so schnell aufgeben. „Es geht nicht ums Geld, sondern um die humanitäre Geste", betont er. Gerade sei er wieder ins Mansfelder Land gereist, um sich im alten Tagebau eine Ausstellung über die Bergwerksgeschichte anzusehen. Über die Strafgefangenen von Völkstedt, sagt

Höhere Rente für Stasi-Mitarbeiter

Opferverbände protestieren

BERLIN, 20. Dezember. Stasi-Mitarbeiter und andere Repräsentanten des DDR-Systems sollen künftig mehr Rente bekommen. Das sieht ein Gesetzentwurf vor, den das Bundeskabinett am Mittwoch gebilligt hat. Damit wird ein Urteil des Bundesverfassungsgerichts von 1999 umgesetzt, das die Sonderregelungen für die Angehörigen des „staatsnahen Bereichs" als verfassungswidrig verworfen hatte. Die Begrenzungen der Rentenzahlungen müssen aufgehoben und die berücksichtigungsfähigen Entgelte von 70 auf 100 Prozent des Durchschnittseinkommens angehoben werden. Die Regelungen sollen rückwirkend zum 1. Mai 1999 in Kraft treten. Die Nachzahlungen führen zu einmaligen Mehrausgaben von rund 690 Millionen Mark und zu jährlich wiederkehrenden Belastungen von rund 325 Millionen Mark. Deutliche Verbesserungen sieht der Entwurf auch für Renten Beschäftigter der DDR-Reichsbahn und der Deutschen Post vor.

Der Opferverband Help e.V. hat die Erhöhung scharf verurteilt. „Die kommunistisch Verfolgten sind nicht nur empört, sondern verbittert, dass die Unterdrücker heute eine höhere Rente bekommen als sie selbst", sagte Help-Geschäftsführer Alexander Hussock am Mittwoch. Nach Angaben von Hussock erhält ein 40 Jahre lang verfolgter DDR-Bürger heute 1 210 Mark Rente. Ein Mann, der zehn Jahre offiziell für die Stasi arbeitete und danach 30 Jahre als Parteisekretär tätig war, erhalte hingegen 1 740 Mark. *(dpa)*

Help e.V.

Pressemeldung

Zeitung: Freies Wort **vom:** 08.11.1996

Stasi-Opfer verstehen die Welt nicht mehr

Hilfsorganisation „Help" fordert würdige Entschädigung

Von ADN-Korrespondentin Annette Kurth

Berlin. Opfer des DDR-Regimes verstehen die Welt nicht mehr.

Ihr mutiges Aufbegehren gegen SED und Stasi bezahlten sie mit Haft, Demütigungen und Repressalien. Sieben Jahre nach dem Fall der Mauer müssen viele von ihnen feststellen, daß sie sich erneut im Abseits befinden.

Noch immer warten einstmals Engagierte und Mutige auf eine „würdige" Entschädigung als „Geste der Anerkennung", kritisiert Peter Alexander Hussock von „Help", der Hilfsorganisation für Opfer politischer Gewalt in Europa. Gesundheitliche Schäden nach Haft würden meist nicht anerkannt und Strafverfahren gegen „Täter" mangels Beweisen eingestellt. Nach Darstellung von „Help" würde eine angemessene Wiedergutmachung „lediglich" zwei Milliarden Mark kosten. Bislang habe Bonn höchstens zehn Millionen Mark gezahlt.

„Wir sind über die Almosen der Bundesregierung zutiefst verbittert", klagt Hussock, der sein Büro in der einstigen Stasi-Zentrale in der Berliner Normannenstraße hat. Trotz Rehabilitierung stehen viele mit leeren Händen da. Die in den SED-Unrechtsbereinigungsgesetzen vorgesehene Wiedergutmachung stellt für Hussock einen „Skandal und eine Verhöhnung der Opfer" dar.

So erhalten die rund 250000 Männer und Frauen, die in der DDR aus politischen Gründen in Zuchthaus und Stasi-Gefängnissen inhaftiert waren, statt der geforderten 900 Mark nur „lächerliche" 550 Mark pro Haftmonat, heute im Westen Lebende sogar nur 300 Mark, erbost sich der ehemalige Bürgerrechtler. Andere Opfer gingen ganz leer aus oder würden auf die „Rente" vertröstet.

Die „Grüne Hölle" von Pankow

Keinen Ausgleich gibt es für Einkommensverluste während der Haft, beklagt Hussock. Der heute 55jährige weiß, wovon er redet. Wegen massiver Kritik an Fehlplanungen und Mißständen auf einer DDR-Großbaustelle fiel er schon frühzeitig auf. Zwei Jahre saß er wegen „versuchter Republikflucht" im Zuchthaus, davon elf Monate in Stasi-U-Haft in der sogenannten „Grünen Hölle" von Pankow. Danach folgten Jahre beruflicher Repressionen bis hin zum Berufsverbot.

Hussock will sich nicht damit abfinden, für fünf Jahre ohne Arbeit, Einkommen, Arbeitslosengeld und Sozialhilfe sowie völligen Vermögensverlust einschließlich Haus und Erspartem leer auszugehen. Notfalls ziehe er bis zum Europäischen Gerichtshof, um gegen das als „verfassungswidrig" kritisierte 2. SED-Unrechtsbereinigungsgesetz zu klagen.

Seit der Gründung 1991 gab „Help" über 10000 Betroffenen aus Berlin und den neuen Bundesländern Hilfe und Beistand. Wie es weitergeht, weiß Hussock aber nicht. Anfang 1997 läuft die Förderung von vier der insgesamt sechs Stellen aus: Finanzielle Unterstützung erhält „Help" nur vom Land Berlin. Hussock will es nicht in den Kopf, daß der Bund für diesen Verein keinen Pfennig zahlt, während die Vertriebenenverbände für „Kulturaktivitäten der Landsmannschaften" allein 1995 rund 8,7 Milliarden Mark kassierten.

Help e.V.

Pressemeldung

Zeitung: Die Welt **vom:** 09. 10. 1996

„Täter von einst gehen erhobenen Hauptes von dannen“

Von WERNER SIKORSKI

Denkbar unbefriedigend sei die Justiz des Rechtsstaats Bundesrepublik gegenüber der Willkür der DDR-Justiz: Großzügig zu den Tätern, kleinlich und abweisend zu den Opfern. Das erklärte Oberlandesgerichtspräsident a. D. und WELT-Autor Dr. Rudolf Wassermann gestern auf einer Pressekonferenz der Hilfsorganisation „Help“ für die Opfer politischer Gewalt. Der frühere Bürgerrechtler Konrad Weiss pflichtete ihm bei: Täterschutz gehe vor Gerechtigkeit – dagegen sei politischer Protest angesagt.

Unsere Rechtssprechung kranke daran, die Systemkriminalität von einst nicht zu verfolgen, sagte Dr. Wassermann weiter. Wer sich in der DDR als Jurist systemtreu verhielt, dem geschehe heute nichts. Verfolgung drohe gerade noch den Todesschützen an der Mauer.

Ansonsten gingen die Täter von einst „hocherhobenen Hauptes von dannen“. Viele der schrecklichen Juristen der DDR-Diktatur übten heute den ehrsamen und einträglichen Beruf eines Anwalts aus.

In der Pressekonferenz am früheren Sitz des Stasi-Ministers Erich Mielke stellte der Sozialdemokrat Wolfgang Kockrow sein Schicksal als Beispiel vor: Politisch denunziert wurde er in dreieinhalb Jahren Haft körperlich und seelisch gefoltert – kein Besuch von Angehörigen, keine Post, keine Lektüre und bei der verschärftern Haft in den „Tigerkäfigen“ nicht einmal eine kleine Sitzgelegenheit.

Nach Verbüßung der Haft wurde Kockrow der Stasi überstellt die umgehend bei der Justiz eine zweite Verurteilung durchsetzte. Während der nun folgenden zweijährigen Haft erhielt er acht „erhebliche Strafen“, sprich Torturen auferlegt. Das Fazit: Die Staatsanwaltschaft Dresden stellte das Verfahren gegen die Unrechtsjuristen und die Quäler Kockrows wegen angeblicher Verjährung ein – dabei hatte das Opfer die Namen der Schuldigen erst spät aus seiner Stasi-Akte erfahren können.

Dr. Wassermann abschließend: „Man steht heute fassungslos vor dieser unserer Rechtssprechung. Gründe für die Einstellung von Verfahren gegen Richter, die keine waren, werden oft genug an den Haaren herbeigezogen.“

Konrad Weiss forderte in der Frage der Bewältigung des Unrechts von einst eine „größere Sensibilität der Öffentlichkeit“.

Help e.V.

Pressemeldung

Zeitung: Welt am Sonntag **vom:** 13.10.1996

Sonntag, 13. Oktober 1996

HELP: Justiz verstößt gegen UN-Prinzipien

ke **Berlin**

Die Hilfsorganisation für die Opfer politischer Gewalt in Europa (HELP) fährt schweres Geschütz gegen den Rechtsstaat auf. In der Bundesrepublik Deutschland werde „teilweise gröblich gegen die auch von der Bundesregierung unterzeichnete UN-Erklärung 'Über Grundprinzipien der rechtmäßigen Behandlung von Verbrechensopfern und Opfern von Machtmißbrauch' verstoßen".

Als Beleg führt die Berliner Organisation, die sowohl Nazi- als auch Opfer des Kommunismus vertritt, mehrere Fälle von juristischer Aufarbeitung des DDR-Unrechts an. WELT am SONNTAG dokumentiert zwei dieser Fälle:

● Der Journalist Karl-Wilhelm Fricke wurde 1955 von der Staatssicherheit von West- nach Ost-Berlin verschleppt. Dort wurde ihm der Prozeß wegen angeblicher „Kriegshetze" gemacht. Urteil: vier Jahre Zuchthaus. Vor einem bundesdeutschen Gericht wurde der DDR-Richter in diesem Fall vom Vorwurf der Rechtsbeugung freigesprochen. Das Landgericht Berlin entschied, im damaligen Prozeß habe es keine schwerwiegenden Verfahrensfehler gegeben. Auch das „Verbringen" in ein anderes Hoheitsgebiet sei kein Verfolgungshindernis gewesen. Die damalige Anwendung des Artikels 6 der DDR-Verfassung („Spionageverhalten") sei keine Rechtsbeugung. Die gegen Fricke verhängte Strafe könne nicht als Willkür angesehen werden. Dieses von einem bundesdeutschen Gericht gefällte Urteil bezeichnete der Generalbundesanwalt als „Verletzung sachlichen Rechts" und legte Revision beim Bundesgerichtshof (BGH) ein. Doch die Richterin, die das Urteil beim Landgericht gesprochen hatte, war bei der Revisionsverhandlung inzwischen zum BGH gewechselt. Folglich gab es auch hier einen Freispruch.

● DDR-Opfer Peter Hussock zeigte seine Richter noch 1988 wegen Verleumdung an. Die Anzeige wurde von der Volkspolizei nie bearbeitet. Am 6. August 1990 erneuerte er die Anzeige, worauf ihm vier Jahre später von der Berliner Staatsanwaltschaft mitgeteilt wurde, daß die Verleumdung verjährt sei. Die Verjährung wäre nur aufgehoben, wenn die Volkspolizei die Anzeige aus politischen Gründen nicht bearbeitet habe. Das treffe aber nicht zu, da diese die Anzeige an die Stasi weitergereicht habe. Was dort geschehen sei, könne man aber nicht mehr nachvollziehen.

Help e.V.

Pressemeldung

Zeitung: Berliner Kurier **vom:** 09. 10. 1996

Weiß: „Umgang mit Stasi-Mitarbeitern ist unerträglich!“

LICHTENBERG - Wolfgang Kockrow (63) aus Reinickendorf war 26 Jahre alt, als er 1959 im Ostteil Berlins wegen Spionage verhaftet wurde. „Eigentlich hätte ich nach dreieinhalb Jahren entlassen werden müssen. Aber die DDR-Justiz verurteilte mich auf Anweisung der Stasi wegen Hetze zu zwei weiteren Jahren“, sagt er.

Nach der Wende verklagte der rehabilitierte Kockrow Richter und Staatsanwalt wegen Freiheitsberaubung. Doch das Verfahren wurde eingestellt.

11 000 Fälle wie dieser hat die „Hilfsorganisation für die Opfer politischer Gewalt in Europa“ (HELP) zusammengetragen, präsentierte gestern Beispiele aus dem Katalog. Der Verein (1991 gegründet) kämpft für höhere Haft-Entschädigungen und mehr Anerkennung von Opfern des SED-Regimes.

„Der großzügige Umgang mit DDR-Juristen und Stasi-Mitarbeitern ist unerträglich“, wettert Bundestagsabgeordneter Konrad Weiß (Grüne). „Daß solche Leute Karriere machen und sich wie Gregor Gysi und Michael Wolf auch noch in Talkshows tummeln, ist ein Skandal!“

„Bisher bekommen Opfer zwischen 350 und 550 Mark pro Haftmonat. Wir fordern 900 Mark“, sagt HELP-Geschäftsführer Alexander Hussock. Um eine Änderung des Gesetzes wird derzeit in Bonn verhandelt.

Help e.V.

Pressemeldung

Zeitung: Leipziger Volkszeitung **vom:** 09. 10. 1996

DDR-Justizopfer zutiefst verbittert

Der Fall Kockrow: Fünf Jahre in Stasi-Haft – und die einstigen Richter gehen straffrei aus

VON REINHARD ZWEIGLER

Berlin. „Arbeiterverräter" und „SPD-Schwein" waren noch die harmloseren Beschimpfungen, die Wolfgang Kockrow (63) in insgesamt fünfeinhalb Jahren Stasi-Haft, von Pankow bis Waldheim und Leipzig, zu hören bekam. Monatelang war der einstige Mitarbeiter des Ost-Büros der SPD im sogenannten Tigerkäfig eingepfercht, einem winzigen dunklen Loch, ohne Heizung, ohne Stuhl, nur mit einer Holzpritsche zum Schlafen, die tagsüber hochgeklappt wurde. Er bekam weder Besuche, noch erhielt er Post. Als Kockrow die erste Strafe von dreieinhalb Jahren wegen „Nachrichtenübermittlung" in Waldheim abgesessen hatte, erhielt das Leipziger Bezirksgericht aus der MfS-Zentrale die Weisung, ihn erneut zu verurteilen. Pflichteifrig kam das Gericht dem nach. Aufgrund der Aussagen von Spitzeln in der Haft wurde Kockrow für weitere zwei Jahre nach Waldheim gesteckt. Erst 1964 öffnete sich für ihn das Tor in die Freiheit.

Aber was den späteren Mitarbeiter der Lufthansa am meisten verbittert, ist die Ungerechtigkeit, die ihm heute widerfährt. Strafanträge gegen seine einstigen Richter und Denunzianten wurden samt und sonders von der Dresdner Staatsanwaltschaft eingestellt. Die beschuldigten Richter hätten das Recht, nach Paragraph 244 DDR-Strafgesetzbuch, nicht gebeugt. Kockrow ist verzweifelt. „Ich schäme mich für die Architekten des Einigungsvertrages, die zuließen, daß Justiz-Unrecht in der Regel nicht bestraft wird."

Fälle wie der von Kockrow sind für die Hilfsorganisation für die Opfer politischer Gewalt in Europa (Help) keine Ausnahmen. Wie mit den Opfern von SED-Justiz und -Verwaltung umgegangen wird, hält Help-Geschäftsführer Peter Alexander Hussock „schlicht für einen Skandal". Nur 830 Millionen Mark beträgt das Finanzvolumen, daß der Gesetzgeber nach dem 1. SED-Unrechtsbereinigungs-Gesetz zur Verfügung stellte. Und lediglich 540 Millionen davon seien bislang ausgezahlt worden. Damit sollen Haft und Folter von 40 Jahren Diktatur wettgemacht werden. Gar nur lächerliche 30 Millionen Mark sind nach dem 2. Unrechtsbereinigungs-Gesetz für die Opfer von beruflichem oder Verwaltungs-Unrecht vorgesehen. Zum Vergleich sind für das Entschädigungsgesetz, mit dem unter anderem der Verlust von Immobilien ausgeglichen wird, allein 20 Milliarden Mark vorgesehen.

Für die ins Haus stehende Novellierung der Gesetze fordert Help, endlich eine umfassende Wiedergutmachung auf den Weg zu bringen. Statt der bisherigen Entschädigung von 300 bzw. 550 Mark für jeden Monat in Haft, Internierung oder Verschleppung, sollten 900 Mark gezahlt werden. Diese Entschädigung sollte an die Hinterbliebenen der Opfer ohne zeitliche Einschränkung vererbt werden können. „Unerhört" findet Hussock die Tatsache, daß die etwa dreitausend Maueropfer und deren Angehörige bisher keine Entschädigung erhalten. Damit sich Betroffene Rat holen können, verlangt Help die Einrichtung von Opfer-Beauftragten. Aus Unkenntnis verzichteten etwa 70 Prozent der Anspruchsberechtigten auf Leistungen, die ihnen zustehen.

Help e.V.

Pressemeldung

Zeitung: Frankfurter Allgemeine **vom:** 09. 10. 1996

DDR-Richter und -Staatsanwälte bleiben meist unbehelligt

Politische Urteile auf Weisung der Partei gefällt / Grundgesetzänderung empfohlen

ul. BERLIN, 8. Oktober. Der frühere Oberlandesgerichtspräsident Wassermann hat bemängelt, daß die deutsche Justiz viel zu milde mit Richtern und Statsanwälten umgehe, die in der DDR politische Urteile gefällt haben. Er sagte auf einer Veranstaltung der Opferorganisation „Help" in Berlin, Deutschland zeige sich den Tätern der DDR-Zeit gegenüber ebenso zuvorkommend, wie es die Opfer „kleinlich und abweisend" behandle. Der Vorsitzende von „Help", Hussock, sowie der Bürgerrechtler und frühere Bundestagsabgeordnete Weiß pflichteten dieser Darstellung bei. Weiß sagte, das Justizunrecht der DDR werde heute ebenso nachlässig verfolgt wie seinerzeit das der Nationalsozialisten. Wenn er nun dagegen protestiere, gehe es ihm nicht darum, daß irgend jemand bestraft werde, sondern darum, daß der Rechtsstaat Unrecht als Unrecht anerkenne.

Wassermann führt die seiner Ansicht nach zu große Milde der deutschen Justiz darauf zurück, daß das Grundgesetz in Artikel 103 am Prinzip „keine Strafe ohne Gesetz" festhalte. Daraus ergäben sich, ablesbar an der Rechtsprechung des Bundesgerichtshofs, große Lücken bei der Bewältigung von Justizunrecht.

Jeder Richter, der den Gesetzen der DDR gehorcht habe, bleibe von Strafe verschont. „Wer sich systemgerecht verhalten hat, dem geschieht nichts." Die Sache werde dadurch noch bedenklicher, daß die Justiz der Bundesrepublik auch diejenigen Richter straflos lasse, die von politischen Stellen Anweisungen entgegengenommen hätten. Man habe es sich nämlich zum Grundsatz gemacht, nicht nur die Rechtsnormen der DDR, sondern auch deren Rechtswirklichkeit als Rechtfertigungsgrund anzuerkennen. Zu dieser Wirklichkeit habe die Abhängigkeit der weisungsgebundenen Richter gehört. „Wenn jemand sich an Weisungen des Politbüros hielt, dann war das in Ordnung." So jemand werde heute nicht bestraft, selbst wenn er nach heutigem Maßstab Unrechtsurteile gefällt habe. Ein Richter, der nicht „willkürlich" und aus eigenem Antrieb härtere Urteile gefällt habe, als von ihm verlangt worden sei, könne nicht belangt werden. Das führe unter anderem dazu, daß man auch Denunzianten nicht als Komplizen einer Rechtsverletzung bestrafen könne, weil die „Haupttat", das Unrechtsurteil, juristisch nicht existiere.

Wassermann unterstützte seine Kritik an der bundesdeutschen Justiz mit Lehrmeinungen, denen zufolge das Prinzip „keine Strafe ohne Gesetz" nicht zu den „essentiellen" Prinzipien des Rechtsstaates gehört. Die Europäische Menschenrechtskonvention beispielsweise erlaube ausdrücklich, diesen Grundsatz im Falle von Diktaturunrecht hintanzustellen und Verbrechen rückwirkend zu bestrafen. Im Deutschland der Nachkriegszeit sei mit nationalsozialistischen Funktionären so verfahren worden. Ein Gesetz des alliierten Kontrollrats vom Jahr 1946 habe das möglich gemacht.

Dem deutschen Gesetzgeber steht es nach Ansicht Wassermanns weiterhin offen, mit verfassungsändernder Mehrheit den Artikel 103 des Grundgesetzes zu ändern. Dann könnten Menschenrechtswidrige Entscheidungen der DDR-Justiz in Zukunft rückwirkend verfolgt werden.

Help e.V.

Pressemeldung

Morgenpost 19. 8. 1996

Die Opfer wollen nicht Rache, sondern Gerechtigkeit

Amnestie für die Täter und für die Akten der Scheiterhaufen, das soll es gewesen sein. Adé, DDR.

Der Schreibtischtäter Krenz wird zum unbeschriebenen Blatt. Der Raubgenosse Schalck kann seinen Judaslohn am Tegernsee verprassen. Die Stasiknechte sind für den Traditionsverein PDS wieder Schild und Schwert.

Herr Höppner in Magdeburg kann seinen stillen Teilhabern zu Gefallen sein, und aus den Herren Stolpe und Gysi werden unbescholtene Leute. Die Westbeamten sind den leidigen Schund, den sie ohnehin nicht durchschauen, endlich los. Die DDR? Ein Störfall, eine Mißgeburt der Geschichte, die keine Eltern hat und keine Kinder.

Und die Opfer? Die Gefolterten und Ermordeten, die Entrechteten und Verfemten – sie sollen schweigen. Niemand nimmt ihren Mut, ihre Tränen, ihren Zorn wahr. In den Talkshows tummeln sich verlogen die Täter; sie kennen keine Reue. Längst buhlen sie wieder um Macht.

Überall sind sie auf dem Vormarsch, in der Wirtschaft, in den Medien, in der Politik. Begleitet von naiven Claqueuren, die übermorgen nicht wissen werden, wie sie ins Gulag geraten sind.

Den Opfern sind wir wenigstens den Versuch schuldig, die Wahrheit zu finden und die Täter zu bestrafen. Es geht nicht um Rache, es geht um Gerechtigkeit. Es geht darum, aus der Geschichte zu lernen.

Zwei totalitäre Regime haben uns geknebelt und verformt. Wenn die Deutschen nicht nach Wahrheit und Gerechtigkeit suchen und ihren Zorn und ihre Trauer nicht leben, bleiben sie krank. Auch ein Volk kann nicht auf Dauer mit der Lüge leben.

Wenn ich von Opfern spreche, meine ich nicht die Mehrheit der DDR-Bürger, zu der ich mich durchaus zähle, die zwar eingesperrt und bespitzelt war, sich aber irgendwie arrangiert hatte. Ich meine die wirklichen Opfer des totalitären Sozialismus, um die es seltsam still geblieben ist.

Wiederholt sich in der neuen Bundesrepublik, was zu den Geburtsfehlern der alten gehörte? Auch die Nazis hatten es allemal leichter mit ihren Karrieren, ihrem Recht und ihren Renten als jene, die aus den Konzentrationslagern gekommen waren. Soll sich das wirklich wiederholen?

Immer wieder werde ich von Menschen um Hilfe gebeten, denen der Rechtsstaat Recht und Gerechtigkeit schuldig geblieben ist. Wer interessiert sich schon für die Gefangenen, die in den Stasigefängnissen geprügelt und gefoltert wurden, denen unheilbare Schäden an Seele und Körper zugefügt worden sind?

Der Gastautor : Konrad Weiß

Der frühere Dokumentarfilmer war im Wendejahr 1989 Sprecher der Bürgerrechtsbewegung in der DDR. Zwischen 1990 und 1994 saß er für das Bündnis 90 im Deutschen Bundestag. Er lebt heute als Publizist in Berlin.

Unlängst erzählte mir eine Freundin, daß sie noch immer, fast zwei Jahrzehnte nach ihrer Haft, unter Schlafstörungen leidet, die damals in der Magdalenenstraße begonnen haben, als in der Zelle nächtelang eine grelle Lampe brannte. Ihre Folterer haben alle Chancen, straflos auszugehen.

Wer erinnert an die zahllosen Toten der stalinschen Gulags und der deutschen Speziallager? Und wer würdigt jene, die zwar überlebt haben, aber noch immer unter ihren Erlebnissen leiden?

Viele fühlen sich auch nach Jahrzehnten noch isoliert. Sie haben die Erfahrung machen müssen, daß im Grunde niemand etwas von ihrem Leiden hören will – eine Erfahrung, die sie mit den Opfern des Faschismus teilen.

Und wer sorgt sich um die vielen, denen in der DDR das Recht auf ein Studium oder auf eine berufliche Karriere versagt wurde, weil sie „bürgerlicher Herkunft" waren oder sich nicht anpassen wollten? Die sich als Hilfsarbeiter, Friedhofsgärtner, Bademeister oder wie immer durchschlagen mußten.

Viele haben heute so wenig eine Chance wie damals; sie haben zwar Charakter und Mut bewiesen, aber das entscheidende Papier, das für eine erfolgreiche Bewerbung erforderlich ist, fehlt ihnen. Wo ist ihre lautstarke Lobby?

Jene Leute hingegen, die jahrzehntelang ihre Macht mißbraucht und die Würde anderer Menschen mit Füßen getreten haben, stellen sich nun als Opfer dar. Sie beschimpfen aufs schäbigste den Rechtsstaat, der doch so nachsichtig mit ihnen umgeht.

Sie nennen es „Siegerjustiz", wenn sie für ihre menschenverachtenden Schandtaten zur Rechenschaft gezogen werden sollen, oder „Rentenstrafrecht", wenn ihnen die unverdienten Privilegien beschnitten werden.

Sie ergaunern sich Vorteile, wo immer sie können. Und kümmern sich einen Dreck um diejenigen, die sie verfolgt, eingesperrt und mißhandelt haben.

In unserem Land hat jeder, haben Opfer wie Täter einen Anspruch auf Rechtsstaatlichkeit. Das ist gut so, und das unterscheidet das vereinigte Deutschland von der DDR.

Anspruch auf unser Mitgefühl, auf Beistand und Hilfe aber haben vor allem die Opfer. Wenn wir ihnen unsere Solidarität verweigern, rechtfertigen wir Unrecht über den Untergang der DDR hinaus.

Help e.V.

Pressemeldung

Zeitung: Die BRÜCKE **vom:** 15.10.1996

Nachrichten aus Deutschland und Europa

Hilfe für alle Verfolgten

Es wird viel über die Kaltherzigkeit unserer Zeit gesprochen. Die Menschen würden nur an sich denken, doch daß dies nicht so ist, beweisen die Organisationen, die sich der Nöte ihrer Mitmenschen annehmen. Sie tun dies zumeist ehrenamtlich oder nur gegen geringes Entgelt.

Zu ihnen gehört „Help e. V.". Help ist eine Hilfsorganisation für die Opfer politischer Gewalt in Europa mit Sitz in Berlin, Ruschstraße 59, Haus 1. Der Verein berät und leistet konkrete Hilfe in Bereichen, in denen staatliche oder anderweitige Maßnahmen nicht zum Zuge kommen. Er ist für alle Verfolgten da, gleich ob sie Opfer der braunen oder roten Diktatur waren. Der Verein unterhält eine Kontakt- und Beratungsstelle, unter der angegebenen Anschrift, an die sich Rat- und Hilfesuchende wenden können. Dies gilt nicht nur für ehemalige politische Häftlinge, sondern auch für aus politischen Gründen Eigentumsgeschädigte, Berufsverbotsgeschädigte, Rußlanddeutsche u. a. Help berät schriftlich und mündlich, auch über die Grenzen der Bundesrepublik hinaus. Help hilft auch bei der Abfassung von Anträgen.

Der Verein betätigt sich aber nicht nur sozial, sondern auch unmittelbar politisch. Dabei soll im übrigen nicht übersehen werden, daß soziale Tätigkeit auch stets politische Arbeit ist.

Help fördert die politische Bildung, archiviert und dokumentiert die politische Verfolgung beider Diktaturen. Der 1995 herausgegebene Help-Report kann auch anderen Hilfsorganisationen nützlich sein. Er enthält viele Hinweise.

Es ist gut, daß es Organisationen wie „Help" gibt.

H. L.

Help: Wenig Spenden für Diktatur-Opfer

Hilfsorganisation muß manchmal regelrecht betteln

Chemnitz (dpa). Die deutsche Bevölkerung ist nach Ansicht der Organisation Help „sehr zurückhaltend" beim Spenden für die Opfer von Diktaturen. Das sagte Help-Geschäftsführer Peter Alexander Hussock gestern bei einer Gedenkfeier für die Opfer von Mauer und Grenze in Chemnitz.

Help ist eine deutsche Hilfsorganisation ehemaliger Opfer politischer Gewalt. Hussock bezog sich mit seiner Aussage auf den Fall einer polnischen KZ-Insassin, die für eine Operation dringend 6 000 Mark benötigte. „Wir mußten uns das Geld regelrecht zusammenbetteln".

„Wir brauchten nur ein Prozent der Spendenbereitschaft, wie sie löblicherweise den Hochwasser-Opfern entgegengebracht wurde", sagte Hussock. Sei Gründung von Help im Februar 1991 sind etwa 30 000 Mark an Spenden und anderen Geldern auf das Konto der Hilfsorganisation eingezahlt worden. Diese Mittel kamen vor allem früheren Insassen deutscher Konzentrationslager in Osteuropa zugute. Aber auch Opfer der sowjetischen Straflager und der Stasi können nach Darstellung Hussocks auf die Unterstützung von Help bauen.

Aus Anlaß des Mauerbaus am 13. August 1961 hatten Help und die Chemnitzer Außenstelle der Gauck-Behörde gestern Einzelschicksale von Opfern des DDR-Grenzregimes vorgestellt. Dabei ging es unter anderem um die beiden Jugendlichen Karl-Heinz Engelmann und Siegfried Gammisch aus Schwarzenberg im Erzgebirge. Die jungen Männer waren vermutlich bei einem Fluchtversuch an der bulgarisch-griechischen Grenzen erschossen worden. Bis heute haben die Hinterbliebenen keine Kenntnis davon, wo sich die Gräber befinden.

US-Autor entdeckte DDR-Häftlingslager

Gefangene bauten Munitionsfabrik

Lübben/Berlin. Ein bislang unbekanntes DDR- Haftarbeitslager ist nach Angaben der Berliner Hilfsorganisation „Help“ auf dem Gelände einer früheren Munitionsfabrik in Lübben entdeckt worden. Der US-Autor Henry van Coevenhooven habe in seinem Buch „Das Bordell“ als erster über das Haftarbeitslager Lübben (Dahme-Spreewald-Kreis) berichtet, teilte gestern die Hilfsorganisation für die Opfer politischer Gewalt in Europa mit. Die Organisation habe in einem Schreiben an Brandenburgs Kulturminister Wolfgang Hackel (CDU) angeregt, in der einzig verbliebenen Baracke des Haftarbeitslagers der SED-Diktatur eine Gedenkstätte einzurichten.

Auf dem Gelände der früheren Munitionsfabrik, wo jetzt die Munitions-Entsorgungsfirma tätig ist, habe es von etwa 1959 bis 1964 ein Haftarbeitslager gegeben. Die Häftlinge, die wegen krimineller Delikte und aus politischen Gründen eingesperrt gewesen seien, hätten zusammen mit Arbeitern die damalige Munitionsfabrik aufgebaut. **dpa**

Help e.V.

Pressemeldung

Zeitung: "Die Welt" **vom:** 7.11.1996

Stasi-Opfer warten auf würdige Entschädigung

Bislang zahlte Bonn zehn Millionen Mark

Von ANNETTE KUTH

Berlin – Opfer des DDR-Regimes verstehen die Welt nicht mehr. Ihr mutiges Aufbegehren gegen SED und Stasi bezahlten sie mit Haft, Demütigungen und Repressalien. Sieben Jahre nach dem Fall der Mauer müssen viele von ihnen feststellen, daß sie sich erneut im Abseits befinden.

Noch immer warten einstmals Engagierte und Mutige auf eine „würdige" Entschädigung als „Geste der Anerkennung", kritisiert Peter Alexander Hussock von „Help", der Hilfsorganisation für die Opfer politischer Gewalt in Europa. Gesundheitliche Schäden nach Haft würden meist nicht anerkannt und Strafverfahren gegen „Täter" mangels Beweisen eingestellt. Nach Darstellung von „Help" würde eine angemessene Wiedergutmachung „lediglich" zwei Milliarden Mark kosten. Bislang habe Bonn höchstens zehn Millionen Mark gezahlt.

„Wir sind über die Almosen der Bundesregierung zutiefst verbittert", klagt Hussock, der sein Büro in der einstigen Stasi-Zentrale in der Berliner Normannenstraße hat. Trotz Rehabilitierung stehen viele mit leeren Händen da. Die in den SED-Unrechtsbereinigungsgesetzen vorgesehene Wiedergutmachung stellt für Hussock einen „Skandal und eine Verhöhnung der Opfer" dar.

So erhalten die rund 250 000 Männer und Frauen, die in der DDR aus politischen Gründen in Zuchthaus und Stasi-Gefängnissen inhaftiert waren, statt der geforderten 900 Mark nur „lächerliche" 550 Mark pro Haftmonat, heute im Westen Lebende sogar nur 300 Mark, erbost sich der ehemalige Bürgerrechtler. Andere Opfer gingen ganz leer aus oder würden auf die „Rente" vertröstet. Keinen Ausgleich gibt es für Einkommensverluste während der Haft, beklagt Hussock.

Der heute 55jährige weiß, wovon er redet. Wegen massiver Kritik an Fehlplanungen und Mißständen auf einer DDR-Großbaustelle fiel er schon frühzeitig auf. Zwei Jahre saß er wegen „versuchter Republikflucht" im Zuchthaus, davon elf Monate in Stasi-U-Haft in der sogenannten „Grünen Hölle" von Pankow. Danach folgten Jahre beruflicher Repressionen bis hin zum Berufsverbot.

Hussock will sich nicht damit abfinden, für fünf Jahre ohne Arbeit, Einkommen, Arbeitslosengeld und Sozialhilfe sowie völligen Vermögensverlust einschließlich Haus und Erspartem leer auszugehen. Notfalls ziehe er bis zum Europäischen Gerichtshof, um gegen das als „verfassungswidrig" kritisierte 2. SED-Unrechtsbereinigungsgesetz zu klagen.

Seit der Gründung 1991 gab „Help" über 10 000 Betroffenen aus Berlin und den neuen Bundesländern Hilfe und Beistand. Wie es weitergeht, weiß Hussock aber nicht. Anfang 1997 läuft die Förderung von vier der insgesamt sechs Stellen aus.

Finanzielle Unterstützung erhält „Help" nur vom Land Berlin. Hussock will es nicht in den Kopf, daß der Bund für diesen Verein keinen Pfennig zahlt, während die Vertriebenenverbände für „Kulturaktivitäten der Landsmannschaften" allein 1995 rund 8,7 Millionen Mark kassierten.

In der Demütigung der SED-Opfer – einst im Westen als Freunde gepriesen – sieht Hussock inzwischen mehr als Unkenntnis. „Wir sind den Politikern sowohl lästig als auch gleichgültig."

Help e.V.

Pressemeldung

Zeitung: B. Z. **vom:** 10. 05. 2001

SED-Opfer: Ein Leben – vom Staat verpfuscht

Von JULIA FISCHER

Berlin – **Nächste Woche will die Regierung ein Gesetz durch den Bundestag bringen: Ehemaligen SED-und Stasi-Bonzen soll die Rente nachgezahlt werden, die ihnen seit 1991 wegen ihrer früheren Tätigkeit gekürzt worden war. So verlangt es das Bundesverfassungsgericht. Ein Schlag ins Gesicht der rund 750 000 SED-Opfer.** Die ehemals politisch Verfolgten (darunter 250 000 Inhaftierte) leben oft am Existenzminimum. **Die Berlinerin Erna Türck, 62, ist so ein Fall.** Sie blickt auf ein verpfuschtes, chancenloses Leben.

1957, da ist sie 19 Jahre alt, geht sie in den Westen. Nach drei Wochen ein kurzer Geburtstagsb[illegible]h bei ihrer Mutter am Alex. D[illegible] junge Mädchen wird festgenommen. **Die Anklage: Republikflucht. Es folgen dreieinhalb Jahre Zuchthaus. Verpfiffen von der eigenen Mutter. Erna Türck: „Das habe ich aber erst 1991 bei der Einsicht meiner Stasi-Akte gelesen."**

1976 bekommt sie eine Ausbildungsstelle zur Industriekauffrau. In der Schule geht es nur um Politik. Erna Türck beschwert sich im Betrieb – **sie darf die Lehre nicht beenden. Schlimmer noch: Sie wird wieder verhaftet. Urteil: Zwei Jahre Gefängnis wegen Aufhetzung der Kollegen und Arbeitsscheue.** Nach der Haft findet sie keine Arbeit mehr. Ein Einstellungsboykott des Staates. „Ich war ohnmächtig, wollte nicht verhungern." Sie schleppt Pakete, wäscht Geschirr und pflückt Obst.

1989, der Fall der Mauer. Erna Türck bekommt 530 Mark Arbeitslosengeld im Monat. **1994 wird sie rehabilitiert. Die Behörden erkennen ihre Verfolgung an, zahlen ihr die Rente einer Industriekauffrau: 1270 Mark. Doch eine Entschädigung hat sie nie bekommen.** Erna Türck lebt in einer 2-Zimmer Wohnung in Friedrichshain, am Existenzminimum. Aber sie tut das mit enormer Tapferkeit und einem Schuss Galgenhumor. **Dass die „Täter" nun noch belohnt werden, die Opfer hingegen leer ausgehen, versteht sie nicht: „Warum setzt sich die Regierung nicht über das Bundesverfassungsgerichtsurteil hinweg?** Man kann doch am Europäischen Gerichtshof dagegen klagen." Seit 1994 helfen ihr Spenden des HELP e.V. (Hilfsorganisation für die Opfer politischer Gewalt in Europa). **Am 16. Mai, 20 Uhr, organisiert der Verein ein klassisches Benefizkonzert im Konzerthaus am Gendarmenmarkt (Tickets, 20-50 Mark: 0180-5237454). Damit er Menschen wie Erna Türck weiter unterstützen kann.**

Fotos: Heike Niemeier

Erna Türck erzählt aus ihrem Leben. Auszug aus ihrer Anklage (unten)

wird angeklagt,

am 9.1.1958 in Berlin die ordnungsgemässe Tätigkeit der Staatsorgane und durch eine weitere selbständige Handlung am 11.1.1958 die Grundlagen der demokratischen Staats- und Gesellschaftsordnung in der Deutschen Demokratischen Republik verletzt zu haben.

Pressemeldung

Zeitung: " F A Z " vom: 21.August 2001

Hilsberg für Entschädigung von DDR-Opfern

BERLIN, 20. August (dpa). Der Staatssekretär im Bundesverkehrsministerium, Hilsberg (SPD), hat ein „neues Nachdenken" über die Entschädigung von DDR-Opfern verlangt. Es sei nicht nachvollziehbar, daß ehemalige Stasi-Funktionäre eine höhere Rente erhielten als die Opfer von DDR-Unrecht. Der ostdeutsche SPD-Politiker reagierte damit auf die Forderung des Opferverbandes Help, die ehemaligen DDR-Zwangsarbeiter zu entschädigen. Von der Zwangsarbeit in DDR-Gefängnissen hätten hauptsächlich Volkseigene Betriebe profitiert. Der Opferverband verlangt, für die ehemaligen politischen Hälftlinge eine Stiftung einzurichten. Sie soll sich an dem Vorbild des Fonds „Erinnerung, Verantwortung und Zukunft" für die NS-Zwangsarbeiter orientieren. Hilsberg sagte dazu, das Entschädigungssystem müsse „generell neu bedacht werden". Verbesserungen an einzelnen Stellen und für einzelne Personengruppen seien keine Lösung, weil damit „eine Spirale neuer, kaum zu erfüllender Finanzforderungen ausgelöst" werde.

Help e.V. **Pressemeldung**

Zeitung: BZ vom: 14.6.2001

Schulden statt Spenden: Help e.V. braucht Hilfe

Mit dem Benefiz-Konzert „Erinnern und nicht vergessen“ am 16. Mai im Konzerthaus am Gendarmenmarkt wollte Help e.V (Hilfsorganisation für die Opfer politischer Gewalt in Europa) viel Gutes tun. Doch statt Spenden blieben nur Schulden. Nur 400 der 1500 Karten wurden verkauft. Nach Abzug aller Kosten bleiben Help e.V. 300 Mark Schulden. Nicht nur für eine Benefiz-Aktion ein verheerendes Ergebnis. Help-Geschäftsführer Peter Alexander Hussock bat nun den Intendanten des Schauspielhauses, Dr. Frank Schneider, um den Erlass der Miete. „Auf 10 000 Mark belaufen sich die Kosten. Schon ein Entgegenkommen von 2000 Mark hätte uns sehr geholfen“, so Hussock. Nach Aussage des Konzerthaus wäre ein Erlass vor dem Kultursenat nicht zu rechtfertigen. Daher sei man der Veranstaltung mit einer günstigen Anmietung entgegengekommen. Wer Help e.V. unterstützen möchten, kann dies mit einer Spende tun **(Kontonummer: 71 85 04 73 01, Berliner Bank AG 100 200 00).**

Weltstatistik: Opfer des Sozialismus/Kommunismus

A: Schätzungen über Megatötungen («DEMOZID») wichtiger marxistisch-leninistischer Regime zwischen 1917 und 1987 durch sämtliche Tötungstechniken außer Krieg (nach Rummel 1996, ergänzt durch den Autor)

Sowjetunion (1917 - 1987)	61 911 000
Rotchina sowie Maoisten vor 1949*	38 702 000
Rote Khmer in Kambodscha 1975 - 79	2 035 000
Äthiopien 1974 - 1991	2 000 000
Hanoi-Vietnam (1945 - 87)	1 678 000
Nordkorea seit 1945	1 663 000
Volkspolen (Deportationstötungen 1945 ff.)	1 400 000
Tito-Jugoslawien (1941 - 1987)	1 072 000
Tschechoslowakei (Sudeten-Deportationen 1945 ff.)	238 000
Jugoslawien/Serbien ab 1990	150 000
Summe:	**110 849 000**

* Nach einer aktuellen Untersuchung (Becker 1998) müssen für China von 1958 – 1961 mindestens 20 Millionen Opfer mehr als bei Rummel veranschlagt werden, wodurch an der Spitze Gleichstand herrscht.

C: Rangordnung der Megamörder (über 1 Million Opfer) im 20. Jahrhundert nach 1994, vom Autor ergänzt

Josef Stalin* (Sowjetunion)	42 672 000
Mao Zedong** (Volkschina plus frühere Guerilla-Zeit)	37 828 000
Adolf Hitler (Nationalsozialistisches Deutschland)	20 946 000
Chiang Kai-shek (Nationalchina)	10 214 000
Wladimir I. Lenin (Sowjetunion)	4 017 000
Tojo Hideki (Kaiserliches Japan 1941 - 45)	3 990 000
Pol Pot (Kambodscha plus frühere Guerilla-Zeit)	2 397 000
Mengistu Haile-Mariam (Äthiopien 1977 - 1991)	2 000 000
Yahya Khan (Pakistan 1971)	1 500 000
Josip Broz Tito (Jugoslawien + frühere Guerilla-Zeit)	1 172 000

* Für die Stalinzahlen gilt ebenfalls, dass sie zwischen 20 und 40 Millionen schwanken.

** Mit Maos zusätzlichen 20 Millionen Opfern 1958 - 1961 (Becker 1998) rückt er auf den ersten Rang.

Aus: "Lexikon der Völkermorde", rororo-aktuell
ISBN: 3-49922338-4, Preis 9,70 EUR
Autor: Prof. Dr. Gunnar Heinsohn, Direktor des Raphael-Lemkin-Instituts für Xenophobie- und Genozidforschung, Uni Bremen

Stefan Zweig

Die Tragik der Vergesslichkeit und die Pflicht, die Jugend zu bilden

Es ist verlockend schön und vielleicht sogar wahr, immer wieder von den edelsten Geistern das idealistische Bekenntnis zu lesen, den einzelnen Menschen wie der ganzen Menschheit sei ein tiefer Trieb zu Erkenntnis, zum Erfassen der Wahrheit eingeboren. Jedes Erlebnis wird dem einzelnen zur Lehre, jedes Leiden hilft ihm zu wissendem Fortschritt, und so erhebt sich sein Leben von den Verwirrungen der Jugend zu immer größerer Klarheit und Umfassung. Welthistorisch betrachtet liegt in diesem Gedanken ein ungemeiner Trost, denn diese Fähigkeit zu immer klarerer Erkenntnis verbürgte, durch Millionen Schicksale innerhalb der Jahrhunderte emporgesteigert, eine unaufhaltsame Erhebung der Menschheit, eine friedliche Einigung im Sinne einer höchsten Kultur.
Nun ist sicherlich dieser Trieb zur Wahrheit, diese Leidenschaft zum Erkennen den Menschen und der Menschheit eingeboren, aber ebenso auch ein ihr geheimnisvoll entgegenwirkender Gegeninstinkt, der mit einer Schwerkraft den Aufstieg in das Unendliche hemmt. Und das ist der unbewusste und oft auch bewusste Wille von einzelnen Menschen, Völkern und ganzen Generationen, die Wahrheit, zu der sie sich selbst mühsam durchgerungen haben, wieder gewaltsam zu vergessen, die Fortschritte der Erkenntnis freiwillig aufzugeben und sich zurück in den alten wilderen, aber gleichzeitig wärmeren Wahn zu flüchten. Wider unseren Willen wirkt dieser Instinkt in jedem von uns, der Wahrheit auszuweichen – denn die Wahrheit hat ein Medusenantlitz, gleichzeitig schön und grauenhaft – und in unserer Erinnerung aus jedem Erlebnis nur das Angenehme auszulesen, die sympathischen Züge aufzubewahren. Dieser Prozess einseitiger Auslese und Umfälschung lässt darum ewig den Menschen ihre Jugend schön und jedem Volk seine Vergangenheit großartig erscheinen, und vielleicht ist dieser gewaltsame Trieb zur Verschönerung, zur Idealisierung des Lebens den meisten Menschen überhaupt eine Vorbedingung, dass sie die Wirklichkeit und ihre Existenz zu ertragen vermögen. Hier mischt sich Trägheit des persönlichen Gefühls mit tieferem, unbewusstem, unpersönlichem Instinkt der Selbsterhaltung, hier walten Gesetze, die mit dem letzten der menschlichen Natur unweigerlich verbunden sind.
Diesen tiefen Trieb einer ganzen Zeit, einer ganzen Generation zum Vergessen und Vergessenwollen vermochte aber niemals eine Zeit eindringlicher erkennen zu lassen als die unsere, denn es scheint, dass eine geheimnisvolle Relation zwischen der Intensität der Wahrheit besteht und der

Beschleunigung, mit der sie das Bewusstsein flieht: je erfolgreicher der Wille zur Erkenntnis einsetzt, um so stärker auch der Zwang, von dem Druck, von der Qual dieser Erkenntnis wider loszukommen. (Auszug)

*

Erwachsene Menschen lernen nicht mehr viel, nicht einmal an den schlimmen Erfahrungen, und unsere ganze Bemühung muss deshalb dahin gehen, die jungen Menschen in jenem Alter zu erreichen, wo die Seele sich noch wie plastisches Wachs der Hand des Erziehers darbietet. Soll die neue Generation besser, menschlicher vor allem glücklicher sein als die unsere, so muss sie besser, humaner erzogen werden. Innerhalb dieser neuen Erziehung scheint mir das Wichtigste eine neue Form und eine andere Auffassung der Geschichte, als wir sie in der Schule gelernt haben. Eine Geschichte, die zeigt, wie die Menschheit geworden ist, Geschichte seines eigenen Volkes und aller anderen Völker, gibt dem jungen Menschen sein zukünftiges Weltbild. Nichts formt so entscheidend seine politische, seine individuelle, seine sittliche Einstellung zum Leben wie die Art, in der er Geschichte gelernt und begriffen hat. (Auszug)

*

Initiative "Geschichte und Verantwortung"

c/o HELP e. V. • Ruschestr. 103, Haus 1 • 10365 Berlin

Berlin, 2002

Appell
an
Bundeskanzler, Bundeskabinett, Fraktions- und Parteivorsitzende, Bundestagsabgeordnete, Ministerpräsidenten und Landtagsabgeordnete der Länder

Novellierung des Beruflichen und Verwaltungsrechtlichen Rehabilitierungsgesetzes / Erweiterung der "Stiftung für ehemalige politische Häftlinge" – Einbeziehung der Repressionsopfer

Sehr geehrter Herr Bundeskanzler,
sehr geehrte Kabinettsmitglieder,
sehr geehrte Damen und Herren Partei- und Fraktionsvorsitzende,
sehr geehrte Damen und Herren Bundestagsabgeordnete,
sehr geehrte Ministerpräsidentin, sehr geehrte Ministerpräsidenten,
sehr geehrte Damen und Herren Landtagsabgeordnete,

das **Berufliche Rehabilitierungsgesetz** ist vor allem nach Einschätzung der Opferverbände das schwächste Gesetz unter all den schwachen Reha- und Entschädigungsgesetzen, welche beide Regierungen seit der deutschen Wiedervereinigung auf den Weg gebracht haben. Von **Bündnis 90/Die Grünen** wurde das Berufliche Rehabilitierungsgesetz in ihrer Oppositionszeit zutreffend als **"Glasperlengesetz"** kritisiert.

Zwei oberflächliche Novellierungen mit "Kosmetikcharakter" haben daran bis heute nichts geändert. So erhalten diejenigen Widerständler – Schriftsteller, Künstler, Journalisten, Dolmetscher, Schauspieler, Wissenschaftler darunter -, die wegen ihrer couragierten und nicht selten freiheitsgefährdenden Oppositionstätigkeit mit Arbeitseinstellungsboykott ohne Zahlung von Arbeitslosengeld oder Sozialhilfe durch das DDR-Regime bestraft wurden, bis heute keine Mark an materieller Wiedergutmachung bzw. Entschädigung. Die materiell-finanzielle Entschädigung – Grundsubstanz jedweden Entschädigungsgesetzes weltweit – fehlt schlichtweg in diesem Gesetz. Dabei geht es gar nicht um jedes Detail beruflicher Verfolgung unter der SED-Diktatur. Wer nach einem Ausreiseantrag dergestalt beruflich verfolgt war, dass er etwa als Ingenieur bis zur genehmigten Ausreise drei Jahre als Heizer oder Pförtner arbeiten musste und danach in der Bundesrepublik einen einträglichen Job hatte, dem mag zuzumuten sein, dass er die drei Jahre beruflicher Verfolgung nicht finanziell, sondern nur rentenrechtlich 'entschädigt' bekommt.

Wer aber 3, 4, 5, 6, 7 Jahre und mehr unter Arbeitseinstellungsboykott gestellt wurde, nicht einmal mehr eine Pförtner- oder Heizerstelle erhielt und, um zu überleben, alles Eigentum bis hin zur Wohnungseinrichtung verkaufen und sich obendrein, wenn's nichts mehr zum Verkaufen gab, verschulden musste bzw., wenn niemand mehr etwas borgte, nur noch der ebenfalls lebensgefährliche Fluchtversuch mit Inhaftierung übrig blieb, um letztendlich nicht zu verhungern und freigekauft zu werden, der kann nicht nur mit dem schnöden Hinweis auf die – ohnehin auch kümmerliche – rentenrechtliche Bewertung seiner Arbeitseinstellungsboykottjahre abgespeist werden.

Dieser politisch Verfolgte und Rehabilitierte bedarf dringend einer angemessenen finanziellen Entschädigung für all die Jahre unverschuldeter Arbeitslosigkeit, unverschuldeten Verdienstverlustes und des Verlustes allen Eigentums, oft einhergehend mit Verschuldung, was beides von den so extrem von Berufsverbot Betroffenen teils bis heute noch nicht wettgemacht werden konnte.

Bitte novellieren Sie diesbezüglich raschestens das Berufliche Rehabilitierungsgesetz.

Novellierung des Verwaltungsrechtlichen Rehabilitierungsgesetzes (VwRehaG)

Die Novellierung des § 1 VwRehaG sehen wir als unerläßlich an. Sie ist ein Gebot der Rechtsstaatlichkeit, Verfassungskonformität und der Pflege der politischen Kultur. Nicht nur das Gleichbehandlungsgebot der Verfassung, sondern auch die Achtung vor den Rechten politisch Verfolgter erfordert es, dass, genauso wie diejenigen, die aufgrund politischer Willkür **gesundheitliche** oder **berufliche Naschteile** erlitten, ein Recht auf verwaltungsrechtliche Rehabilitierung haben, sondern auch die Menschen dieses Recht bekommen, die mit politischer Willkür in die Ausreiseantragstellung durch das SED-Regime getrieben wurden und dabei beachtliche Vermögensverluste – wie den erzwungenen Verkauf des Hauses – erlitten.

Dass diese Gruppe politisch Verfolgter ohne Verwaltungsrechtliche Rehabilitierung, also ohne Anerkennung ihrer dem Ausreiseantrag und Hausverlust vorangegangenen politischen Verfolgung und Willkür den Vermögensämtern überantwortet wurde, grenzt an Zynismus, da die Vermögensämter nach eigenen Aussagen "beim Restitutionsvorgang nicht zur Bewertung politischer Verfolgung verpflichtet gewesen wären", und tatsächlich auch in allen den Verbänden bekannten Fällen politische Verfolgung nicht berücksichtigten, sondern in ihren Negativ-Bescheiden ignorierten. Ebenso ignorierten diese Ämter sämtliche Gesetzesverstöße (gegen die DDR-Gesetzgebung) der "Erwerber- und Nutznießerseite".
Pressemitteilungen, über die wir nur den Kopf schütteln können, sollten Sie nicht nur nachdenklich machen, sondern wirklich auch tätig werden lassen. Diese Meldungen sagen, dass Recherchen des Bundespolitikers Günter Nooke ergeben haben, dass beide Regierungen bis Ende 1999 gerade einmal 3,4 Millionen DM nach dem Beruflichen- und Verwaltungsrechtlichen Rehabilitierungsgesetz ausgezahlt haben, dass aber – bis jetzt ... – 15 Millionen DM für Kunst an Regierungsgebäuden ausgegeben wurden, dass aus einem Sonderfonds der Bundesregierung in Höhe von jährlich 40 Millionen DM unter anderem ein "Fussballtrainer in Kenia" mit über einer halben Million DM gesponsert wird (Welt am Sonntag vom 09. 09. 2001 "Seid verschlungen Millionen") und dass mit den 13,2 Milliarden konfisziertem SED-Parteienvermögen, statt Entschädigung an SED-Opfer zu zahlen, fiktive "Altschulden der Ex-DDR" an bundesdeutsche Großbanken bezahlt werden, die der Ex-DDR niemals einen Kredit gewährt hatten. (Eine von den neuen Bundesländern vorbereitete Verfassungsklage wegen dieser gar nicht real existierenden Alt-"Schulden" ist infolge dieser "eleganten Lösung" auf dem Rücken der SED-Opfer seitdem auf Eis gelegt ...)

In "Stiftung für ehemalige politische Häftlinge" Repressionsopfer einbeziehen

Diese Stiftung existiert seit über 20 Jahren in Bonn und sie leistete und leistet anerkennenswerte finanzielle Hilfe für ehemalige Häftlinge nach Bedürftigkeitskriterien und für eine kleine Gruppe von Hinterbliebenen ohne diese Kriterien. Es werden – manchmal jährlich – Summen zwischen 3- bis 7-tausend DM ausbezahlt. Es verwundert, dass nicht gleich nach der Wiedervereinigung diese Stiftung erweitert und die Opfer von Arbeitseinstellungsboykott, beruflicher Verfolgung, Verwaltungsunrecht, etc. einbezogen wurden. Wir bitten, dieses Versäumnis alsbald nachzuholen. Für die so extrem betroffene Gruppe der Arbeitseinstellungsboykottopfer sollte die

Höchstsumme jährlich und ohne Bedürftigkeitskriterien (also Höhe der derzeitigen Rente, Verdienste, etc.) ausbezahlt werden. Solch ein blinder Zorn, wie der Leserbrief von Herrn Wolters aus Bremen (Anlage) beinhaltet, sollte nicht zum Zorn von Hunderttausenden kommunistisch Verfolgten werden. Dies gilt es zu verhüten.

In der Hoffnung, dass unser Appell durch Sie in praktische Politik umgesetzt wird verbleiben wir

mit freundlichen Grüßen

Bärbel Bohley, Malerin • Erich Loest, Schriftsteller • Freya Klier, Autorin • Günter Wallraff, Schriftsteller • Prof. Dr. Dieter Voigt, Uni-Professor • Prof. Dr. Hans-Jörg Bücking, Staatsrechtler • Uwe Bastian, Bürgerrechtler • Jörg Drieselmann, Publizist • Dr. Karl Wilhelm Fricke, Journalist und Autor • Manfred Kittlaus, Landespolizeidirektor und ZERV-Chef a. D. • Wolfgang Kockrow, Lufthansa-Chef a. D. • Dr. Hubertus Knabe, Schriftsteller •. Christoff Schaefgen, Generalstaatsanwalt a. D. • Hans Schwenke, Bürgerrechtler • Harald Strunz, Publizist • Alexander Bauersfeld • Hans-Eberhard Zahn, Dipl.-Psychologe • Peter Eisenfeld • Dr. Manfred Diehl, Dipl.-Ing. • Bernd Stichler, Politologe • Günter F. Toepfer, MdA a. D. • Josef Budek, Autor • Pfarrer Buntrock i. R. • Ursula Kriz-Bobert, Dipl.-Bibliothekarin • Dr. Christian Wagner, Medizinalrat a. D. • Rolf Bossi, Rechtsanwalt • Jürgen Haschke, Landesbeauftragter Thüringen • Margerite Stein, Politologin • Steffen Leide, Politologe • Reinhard Dobrinski, Finanzbeamter • Theo Mittrup, Projektleiter • Juliane Kleinschmidt • E. Tolzien, Kaufmann • Claudia Ganswind, Studentin • M. Timm, Rentnerin • L. Bruchmann, Vers.-Kaufmann • J. Buchheim, Kaufmann • Akiko Sanada, Studentin • D. Genoske, Kfz-Meister • Ch. Nürnberger, Dipl.-Chemiker • G. Mattschew, TA Mitarbeiterin • P. A. Hussock, Autor • Frau Grönitz, Kauffrau • Cheroke, Maler • Kurt Maurer, Lehrer • André Kerner • Lothar Mertens • Dagmar Unverhau, Archivarin • Jürgen Maruhn • Andreas Schulze, Politologe • Ivonne Häckel, Kauffrau • Regine Bayer, Lehrerin • Dr. Kurt Schlüter, Oberstudiendirektor a. D.

HELP e.V.
Hilfsorganisation für die Opfer politischer Gewalt in Europa

Der Vorstand

HELP e. V. · Ruschestraße 103, Haus 1 · 10365 Berlin

Telefon / Fax: (030) 553 67 67
http://www.help-e-v.de

An den Bundeskanzler
Herrn Gerhard Schröder
Willy-Brandt-Str. 1

10557 Berlin

Berlin, 23. 10. 2002

Drei uneingelöste Wahlversprechen von 1998

Sehr geehrter Herr Bundeskanzler,

Ihnen für Ihre Wiederwahl gratulierend, möchten wir Sie gleichzeitig an Ihre vier Wahlversprechen aus dem Jahre 1998 erinnern (Brief vom 21. 09. 1998 an die Verbände, Anlage), wovon bis heute ein einziges, die Erhöhung der Kapitalentschädigung, eingelöst worden ist. Diesbezüglich hätte allerdings ohnehin eine entsprechende Entscheidung des Bundesverfassungsgerichts angestanden. **Die Wahlversprechen 2, 3 und 4 blieben bis heute unrealisiert.** Was das Versprechen 3 angeht, so wurde daraus lediglich ein "Appell an die Versorgungsämter", Negativentscheidungen der vergangenen Jahre noch einmal zu überprüfen. **Dies war jedoch nicht Inhalt des Wahlversprechens!** Außerdem war auch das Ergebnis dieser Ersatzhandlung, der "Überprüfung", fast Null. Die Einlösung der nicht eingelösten drei Wahlversprechen, Originaltext des Briefes vom 21. 09. 1998

- Vererbbarkeit der Kapitalentschädigung an unmittelbar mitbetroffene nächste Angehörige;
- Verbesserte Anerkennung gesundheitlicher Haftschäden analog dem BEG;
- Volle Einbeziehung aller aus Gebieten östlich von Oder und Neiße Verschleppten in das HHG

sehen wir als eine Frage der Ehre und der Notwendigkeit an. Sollten der Einlösung dieser drei nicht eingelösten Wahlversprechen schwerwiegende, etwa juristische Hindernisse entgegenstehen, böte sich als **Alternative** immer

Reg.-Nr.: 11607 Nz, Amtsgericht Charlottenburg · Auf Wunsch werden Spendenquittungen ausgestellt.
Der Verein ist gemeinnützig durch das Finanzamt I für Körperschaften Berlin anerkannt.

- Auch von der etwa einer Viertelmillion politischen Gefangenen des SED-Regimes musste das Gros in Betrieben, die oftmals für westdeutsche Wirtschaftskonzerne produzierten, Zwangsarbeit im Schichtbetrieb bei unzureichender Ernährung leisten, ohne dass ein Arbeitslohn gezahlt wurde.
- So wie Ansprüche vieler vermögensgeschädigter jüdischer Verfolgter trotz Verfolgungshintergrund aus rein formaljuristischen Gründen nach dem Vermögensgesetz von den Vermögensämtern abgelehnt wurden, so erging es zwischen 1990 – 2000 Tausenden Verfolgten und Geschädigten der SED-Diktatur, die weder Rückgabe ihres von SED und Stasi gestohlenen bzw. abgepreßten Vermögens noch eine bescheidene Entschädigung erhalten haben.
- So wie der JCC und die sechs anderen Organisationen, denen 700 Millionen für kulturelle- und Bildungsaufgaben ("Zukunftsfonds") zur Verfügung stehen, benötigen auch die großen Verbände **UOKG, HELP, VOS, BSV**, etc., denen es in der Regel an 3.000 DM für den Druck einer Bildungsbroschüre fehlt, einige Millionen, um ihrem kulturellen- und Bildungsauftrag gerecht zu werden, zumal die Gefahr, dass wegen des Erstarkens der linksextremistischen PDS/SED auch die rechtsradikalen Kräfte sich polarisieren, in Deutschland stärker sein dürfte als in den USA. Und Finanzmittel für Erinnerungs-, Beratungs- und Betreuungsarbeit benötigen die Verbände der kommunistisch Verfolgten nicht minder als die JCC und deren Unterverbände.
- Auch die Opfer der kommunistischen Gewaltherrschaft hinterließen oder hinterlassen: Witwen und Witwer, Kinder und Enkelkinder, und es ist schwer einzusehen, warum diese nicht eine Entschädigung erhalten sollen, die für den Betroffenen zu spät kam.
- Auch die Verbände der kommunistischen Gewaltherrschaft benötigen im Rahmen ihrer Beratungstätigkeit wie ihrer Vereinsarbeit dringend finanzielle Mittel für juristische Zwecke, da sie in der Regel nicht im Stande sind, wöchentlich 1, 2 Rechtsanwaltsstunden für ihre Klientel zu bezahlen. Hier Abhilfe zu schaffen, bedürfte keiner 260 Millionen, sondern es genügten bereits 2, 3 Millionen.
- 350 Millionen, welche die "International Commission on Holocaust Era Insurance Claims" für "humanitäre Fälle" erhält, würden auch dringend von unseren Verbänden benötigt. Denn zu viele Opfer politischer kommunistischer Gewalt sind infolge extrem stringenter Gesetze gar nicht rehabilitiert worden, oder, obwohl rehabilitiert, entschädigungslos geblieben. Wie z. B. die **Arbeitseinstellungsboykottopfer des SED-Regimes**, die unter jahrelangem Arbeitseinstellungsboykott ohne Sozialhilfe oder Arbeitslosenhilfe, um zu überleben, alles Eigentum veräußern und sich verschulden mussten, ohne bis heute nach dem **"Beruflichen Rehabilitierungsgesetz" auch nur 1 DM an materieller Wiedergutmachung erhalten zu haben. Stiftungshilfe** existiert für diese Verarmten bis heute ebenfalls nicht! Und auch wenn wenige davon heute einer Arbeit mit Verdienst nachgehen können, kann davon Verschuldung bzw. der zurückliegende Eigentumsverlust - oft Verlust des Hauses, einer wichtigen Existenzgrundlage – nicht mehr wettgemacht werden.

Die Schaffung einer Stiftung "Erinnerung, Verantwortung und Zukunft" II entspräche nicht nur dem Gleichbehandlungsgebot des Grundgesetzes, sondern sie entspräche auch dem auf Initiative der SPD eingebrachten Beschluß des Deutschen Bundestages aus dem Jahre 1959, nach welchem die kommunistisch Verfolgten mit den NS-Verfolgten gleichzustellen seien und eine solche Stiftung entspräche dem Beschluß **(12/1608)** von CDU/CSU/FDP aus dem Jahre 1991 gleichen Inhalts. Da zudem das sogenannte 1. und 2. SED-Unrechtsbereinigungsgesetz, das Vermögensgesetz und das Vermögensrechtsergänzungsgesetz, etc. die groben Defizite und Ungerechtigkeiten gegenüber den Verfolgten kommunistischer Gewaltherrschaft nicht beseitigt haben und SPD/Bündnis 90/Die Grünen, die diese Defizite und den Kontrast zwischen den Renten der SED-Funktionäre/Stasi-Obristen und deren Opfern ausgleichende Ehrenpension am 18. Juli 2001 abgelehnt haben, ist die Etablierung einer "Erinnerung, Verantwortung und Zukunft" II unabdingbar; da es sich bei der NS-Opfer- und Verbandsstiftung "Erinnerung, Verantwortung und Zukunft" um keine pflichtgemäße Entschädigungsleistung, sondern, wie das Bundesfinanzministerium im Brief vom 12. 05. 2000 wissen ließ, um eine **"freiwillige, humanitäre Geste und Aktion"** handelt, würden weder die Opfer des Sozialismus-Kommunismus noch das Gros der Bevölkerung der Bundesrepublik Deutschland Verständnis dafür haben, wenn die Bundesregierung wie die deutsche Wirtschaft nicht ebenfalls aus **"humanitären Erwägungen"** freiwillig einige Milliarden DM zur Schaffung einer Stiftung "Erinnerung, Verantwortung und Zukunft" II zu Gunsten der Opfer kommunistischer Gewaltherrschaft bereitstellen würde; **es sei denn, man wolle bewusst an dem schlechten Image von Opfern 1., 2. und 3. Klasse festhalten.**

Berlin, im Juni 2001

Mit freundlichen Grüßen

Es folgen die Unterschriften von 35 Verbänden sowie von Hunderten von Einzelpersonen!

Die HELP-Bildungsoffensive, die Stiftung Deutsche Klassenlotterie Berlin und die Kultusministerien der Länder

Um dem durch die Pisa-Studie offenbarten negativen Bildungsnotstand abzuhelfen und die Demokratie und die demokratischen Parteien zu stärken - man denke nur an die in die Millionen gehende Nichtwählergruppe -, wäre es für die Klassenlotterie Berlin und die Kultusministerien der Länder opportun gewesen, unsere im Januar 2002 begonnene Bildungsoffensive zu unterstützen und Druck und kostenlosen Vertrieb des vorliegenden Sammelbandes in hoher Auflage finanziell zu fördern. Nötig wäre es auch gewesen, vor jeder Landtags- und Bundestagswahl immer mehr Bürger zu bewegen, der SED, die sich PDS nennt, keine Stimme mehr zu geben und auch denen nicht, die mit dieser SED/PDS sympathisieren. Und geradezu ein zwingendes Bedürfnis müsste es jedem Demokraten sein, generell aufzuklären über diese 40-jährige SED-Diktatur zu Friedenszeiten, mit dem Präventivziel, künftig Diktaturen jeder Couleur zu verhindern. Deshalb hat uns das ignorante Verhalten der Klassenlotterie Berlin und der nicht fördernden vierzehn Kultusministerien und Kultursenate schockiert.
Im Jahre 2001 hatte der HELP-Vorstand bei der Stiftung Deutsche Klassenlotterie Berlin 150.000 DM beantragt, um im Rahmen dieser bundesweiten Bildungsoffensive den vorliegenden Band in Großauflage kostenlos an Schulen, Gymnasien, Universitäten und Erwachsenenbildungseinrichtungen zu verteilen. Es war ein Vollfinanzierungsantrag, denn HELP verfügte und verfügt über keine einzige DM für ein solches Bildungsprojekt. Dennoch wurden uns 75.000 DM nur unter der Bedingung angeboten, dass wir weitere 75.000 DM aus "Eigenmitteln" zuschießen müssten, ansonsten wären auch die angebotenen 75.000 DM hinfällig. Dies kam einer trickreichen aber klaren Ablehnung unseres Bildungsprojektes gleich! Gleichzeitig bewilligte der Vorstand der Stiftung Berliner Klassenlotterie, der sich zu diesem Zeitpunkt aus Politikern von SPD, CDU und Bündnis 90/Die Grünen zusammensetzte dem PDS-nahen Verein "Helle Panke", der die Machwerke des Massenmörders Stalin (61 Millionen Tote) verherrlicht und verbreitet, 650.000 DM. Somit ist offensichtlich, dass dieser politische Bildungsband in Berlin unerwünscht ist. Und wie verhielten sich die Kultusministerien, mit Ausnahme Hessens und Baden-Württembergs? Einige gaben eine Zwischenantwort und meldeten sich nie wieder. Ein anderes Ministerium ließ im Juli 2002 nach Anfrage bei einer Bundesgeschäftsstelle mitteilen, unser Förderungsantrag vom Januar 2002 *"sei wegen eines Büroversehens"* unbeantwortet geblieben... Andere Ministerien schoben Geldmangel vor, andere argumentierten, in ihrem Bundesland stünde es um die politische

Bildung "bestens", eines antwortete nie und ein anderes signalisierte fast ein Jahr lang Förderungsbereitschaft, um am Jahresende, als es "ernst" wurde, lakonisch mitzuteilen, es verfüge über kein Geld. Die Berliner Landeszentrale für politische Bildung, die einen Druckkostenzuschuss bis höchstens 5.000 EUR bereitgestellt hätte, war nicht bereit, von der Ausnahmeregel Gebrauch zu machen und die Mittel vor Drucklegung anzuweisen. Außerdem wären die Mittel nur unter dem Vorbehalt bewilligt worden *"dass der Bescheid widerrufen bzw. vermindert werden kann, wenn Ausgaben aufgrund haushaltswirtschaftlicher Sperren nicht verfügbar sein sollten."* Und es wäre der Verwendungsnachweis erst anerkannt und der Zuschuss erst dann überwiesen worden, wenn die Buchauflage vorgelegen hätte. Unter diesen engen Bildungsvorhaben eher hemmenden statt fördernden Bestimmungen war der HELP-Vorstand privatim nicht bereit, die 5.000 EUR vorzustrecken. Und HELP verfügte über keine Mittel zum 'Auslegen', wie es wörtlich in den Förderkriterien dieser Landeszentrale heißt.

Enttäuschendes Fazit: Im wiedervereinigten Deutschland finanzielle Zuschüsse für eine solche HELP-Bildungsoffensive zu bekommen, ist ungefähr ein ebenso schwieriges Unterfangen, wie heute noch an der Nordseeküste hochwertigen Bernstein zu finden. Die Bundesministerien für Bildung und Forschung, Frau Bulmahn, hat auf zwei Anträge überhaupt nicht geantwortet. Was auch eine 'Antwort' war. Andererseits stellte die **CIVITAS**, eine Organisation der Bundesregierung, im Jahre 2002 über **45,5 Millionen EUR** zur Verfügung für diverse Projekte gegen "Rechts" und Rechtsextremismus, unter anderem für das über die **Amadeus-Antonio-Stiftung**, geförderte **"Zentrum Demokratischer Kultur"**. Letzteres wird von Bernd Wagner, einem Oberstleutnant der VP der Ex-DDR geleitet, jener VP, welche im Herbst 1989 die Montagsdemonstranten in Leipzig, Berlin und anderswo zusammenknüppelte. Aber davor schon 40 Jahre lang geprügelt hat.

In Anbetracht solcher Geschichtsblindheit auf dem linken Auge – jedoch nicht nur bei SPD und Bündnis 90/Die Grünen! – verwundert es dann auch kaum noch, dass die **"Soziale Beratungsstelle" von HELP** und die **"HELP-Forschungs- und Gedenkbibliothek"**, die größte Original-Häftlingsbibliothek der Welt, in den letzten 12 Jahren vom Bund noch niemals eine finanzielle Projekt- oder institutionelle Förderung erhalten hat, (während jüngst erst die "Love-Parade in Mexiko" von der Bundesregierung mit 25.000 EUR gefördert wurde), verwundert es nicht, dass die in den ARD- und ZDF-Beiräten vertretenen Politiker aller Parteien es noch nie für nötig hielten, von den Verantwortlichen der 11 ARD-Anstalten und des ZDF zu fordern, dass auch HELP seit 12 Jahren einmal in die jährlich in der Vorweihnachtszeit ausgestrahlten Benefiz-Sendungen (wie für Unicef, Brot für die Welt,

Misereor, etc.) einbezogen würde. Eigene Bitten bei den Sendern sind stets erfolglos geblieben! In diese Ignorierungspraxis der Opfer kommunistischer Gewaltherrschaft und in deren nicht seltene Verhöhnung durch Teile der "Öffentlich-Rechtlichen" passt es, dass der **Polit-Kriminelle**, Markus Wolf der jahrzehntelang als **Stellvertreter des Stasi-Ministers Mielke** vieltausendfaches Leid, vieltausendfache Folter, Verschleppung und Repression zu verantworten hat, dass dieser sich am 20. 08. 2002 im SFB1-Magazin "Alex" der Frau von Peine und am 23. 08. 2002 im "Riverboat" des MDR, bewundert von den Moderatoren Kim Fischer, Jörg Kachelmann, Jan Hofer und in anderen ARD-Anstalten, räkelnd und genüsslich seine lügenhaften Geschichtsfälschungen und Verharmlosungen herunterleiern durfte, während gleichzeitig noch kostenlose Werbung für sein neuestes Buch stattfand, was nicht unwesentlich dazu beitrug, dass dieses Buch zeitweise auf Platz 6 der bundesweiten Bestsellerliste rangierte. Von solcher kostenlosen Werbung können ehrbare Autoren nur träumen. Und am 03. 12. 2002 hofierte Johannes B. Kerner in seiner gleichnamigen ZDF-Show den Politverbrecher Wolf. Wer wird folgen? Zur materiell erbärmlichen Situation der Hunderttausende von politischen Häftlingen und Verfolgten – mehr als die Hälfte muss im wiedervereinigten Deutschland von Sozialhilfe leben, eine ganze Gruppe zudem ohne jedwede Stiftungshilfe, bei etwa 80 % der Rentenempfänger liegen die Renten unter denen von früheren SED-Funktionären und MfS-Angehörigen - zu all diesen skandalösen sozialen Mankos kommen somit noch vielfache Verhöhnung von Bundesgerichten (siehe Rentenurteil des Bundesverfassungsgerichts zugunsten der Systemträger des SED-Regimes und Urteile desselben hohen Gerichts zu Lasten der zwischen 1945 bis 1949 kommunistisch Enteigneten, nicht wenige Doppelsystemopfer, also auch NS-Verfolgte, darunter!) und die genannte Verhöhnung durch Teile der von uns allen finanzierten "Öffentlich-Rechtlichen" TV/Radio-Anstalten. Gäbe es dort nicht immer wieder Ausnahmen, wie die TV-Journalisten Robin Lautenbach, Helmut Frauendörfer (ARD), Bernd Reufels und Astrid Randerath (ZDF), den freischaffend für einige ARD-Sender arbeitenden Karsten Zummack und bis etwa 1998 Jost Bösenberg vom ORB - um einige zu nennen -, welche seit Jahren bemüht sind, die Würde der Verfolgten hochzuhalten, und gäbe es nicht die Presse, würde allenthalben pure Verzweiflung grassieren.

Ein Nachwort über alle gesellschaftlichen, politischen und juristischen Defizite, wovon die Opfer kommunistischer Gewaltherrschaft betroffen sind, hätte viele, viele Seiten gefüllt. Deshalb mussten einige Zeilen erlaubt sein.

LINDEN VERLAG

Kasseler Straße 25
04155 Leipzig
Tel.: 0341/ 5 90 20 24
Fax: 0341/ 5 90 44 36

Publikationen

Bücher von Erich Loest

Gute Genossen		18,00 EUR
Nikolaikirche		24,00 EUR
Jungen die übrigblieben (Bd. 1 der WA)		21,00 EUR
Der elfte Mann (Bd. 2 der WA)		19,00 EUR
Schattenboxen (Bd. 3 der WA)		19,00 EUR
Zwiebelmuster (Bd. 4 der WA)		19,00 EUR
Swallo, mein wackerer Mustang (Bd. 5 der WA)		22,00 EUR
Die Mäuse des Dr. Ley (Bd. 6 der WA)		21,00 EUR
Der Zorn des Schafes		21,00 EUR
Katerfrühstück		19,00 EUR
Fallhöhe	Sonderpreis	7,00 EUR
Durch die Erde ein Riß		14,00 EUR
Völkerschlachtdenkmal		14,00 EUR
Bauchschüsse	Sonderpreis	7,00 EUR
Es geht seinen Gang		14,00 EUR
Pistole mit sechzehn		16,00 EUR
Oakins macht Karriere		3,40 EUR
Vom Schwarzmarkt nach St. Nikolai		19,90 EUR

Erich Loest

2001

Linden-Verlag

FORUM VERLAG LEIPZIG
Buch-Gesellschaft mbH

POLITIK ZEITGESCHICHTE REGIONALIA
HUMOR SATIRE

Der FORUM VERLAG LEIPZIG ist aus der friedlichen Revolution 1989 hervorgegangen. Inmitten der Leipziger Montagsdemonstrationen wird ein Informationsblatt verteilt, das mit den Anliegen der Bürgerbewegung bekannt macht. Im Oktober kündigt die Redaktion die Gründung eines Buchverlags an – und arbeitet am ersten Titel: „Jetzt oder nie – Demokratie! Leipziger Herbst ′89“. Zeitgeschichtliche Vorgänge in Dokumentationen, Reportagen oder Biografien auszuleuchten, ist seither Maßstab für die Sachbücher, die sich auf politische, wirtschaftliche, soziale, kulturelle Aspekte der deutschen und europäischen Teilung und Einigung konzentrieren. Zeitgeschichte prägt auch die Programmsäulen Regionalia und Humor/Satire.

AUS DEM PROGRAMM 2002

Wie tief geht die Einheit? Was steht hinter dem Streit um die Stasi-Akten? 28 Autoren über Akten und Aktionen, Richter und Urteile, alte und neue Amigos, Verfolgte und Verfälscher:

Edda Ahrberg, Angelika Barbe, Michael Beleites u.a.

Sehr geehrter Herr Bundeskanzler!

28 Erwiderungen auf Ihr Deutschlandbild oder Warum Geschichte haftbar macht

160 S. / 12 EURO / ISBN 3-931801-05-5

Flugzeugflügel für den „Endsieg“ - ein Jugendprojekt legt verschwiegene NS-Geschichte im sächsischen Freiberg frei:

Michael Düsing (Hg. im CJD Chemnitz)

Wir waren zum Tode bestimmt

Lódz – Theresienstadt – Auschwitz – Freiberg – Oederan – Mauthausen
Jüdische Zwangsarbeiterinnen erinnern sich

192 S. / 37 Abb. / 17,70 EURO / ISBN 3-931801-27-6

Ein Kapitel, das in keinem Geschichtsbuch vorkommt - Kinder, die nach dem Zweiten Weltkrieg in sowjetischen Speziallagern geboren wurden:

Alexander Latotzky

Kindheit hinter Stacheldraht

Mütter mit Kindern in sowjetischen Speziallagern und DDR-Haft

168 S. / 37 Abb. / 13,70 EURO / ISBN 3-931801-26-8

A.Hussock Verlag
Postf. 580 249
10439 Berlin
Fax: 030/ 5536767
www.ahussock-verlag.de

Publikationen

'Die letzten Stunden des Lebens' von Peter Alexander Hussock
Über Häftlingsfolter, Fluchtversuch und Totschlag im "U-Boot" und Lager "X" des größten NKWD- und Stasi-Gefängnisses in Berlin-Hohenschönhausen,
ISBN: 3-9804064-07, 85 Seiten, 7,40 EUR, bestellbar in jeder Buchhandlung

'Das Bordell' ... und andere DDR-Geheimnisse von Henry van Coevenhooven (USA)
Mit Kapiteln wie "Das U-Boot", Das Lager "X", "Das Speziallager Nr. 3 und der Schauspieler Heinrich George", "Das Gefängnis Cottbus" und "Liebe, Erpressung, das Bordell" - 2. Auflage
ISBN: 3-9804064-1-5, 470 Seiten, 14,00 EUR, bestellbar in jeder Buchhandlung

'Das Flittchen' von Francis Milwoky (USA)
Die Story der Nannan Christie
Mordender Teenager und mordende Stasi-Lady
ISBN: 3-9804064-2-3, 200 Seiten, 12,40 EUR, bestellbar in jeder Buchhandlung

'Die Rabauken von Treppendorf' von Peter Alexander
Eine abenteuerliche Kindheit im Spreewald
Sowjetische Besatzungszeit und frühe DDR
ISBN: 3-9804064-3-1, 151 Seiten, 10,00 EUR, bestellbar in jeder Buchhandlung

Der schnellste Weg zum Buch: Direkt beim Verlag bestellen.

Initiative kritische Medienbenutzer

c/o 580249 - 10439 Berlin

Wehret den Anfängen!

Gegen Zensur und Boykott in deutschen Buchhandlungen.

Focus 18/02

Boykott gegen Heyne-Bücher

Krach um John Grishams "Die Farm": Mit einer exklusiven Offerte will der Bertelsmann-Club bis August 500 000 Stück des Titels aus dem Heyne Verlag vorab verkaufen. Aus Protest werden nun die größten deutschen Buchhändler - Thalia (Umsatz 291 Millionen Euro) und Hugendubel (208 Millionen) - die um vier Euro teurere Ladenausgabe nicht mehr anbieten. Thomas Nitz von Hugendubel beklagt das "unerträgliche Maß" der Benachteiligung. Man werde in keiner Filiale etwas für Heyne tun.

Focus 21/02

Boykottierter Kleinverlag

(18/02) Periskop: Boykott gegen Heyne Bücher

Der deutsche Buchhändler Thalia hat im Zensieren und Boykottieren Übung. So wurde die von mir verlegte Story "Das Flittschen" des US-Autors Francis Milwoky nach bereits ver-kauften Exemplaren durch die Thalia-Filliale im Ring-Center Berlin wegen Unmuts zweier Feministinnen nicht mehr verkauft. Auf meinen Zensur- und Boykottvorwurf schlossen sich bis heute alle Thalia-Filialen diesem Boykott an. Ein Großverlag wie Heyne übersteht dergleichen. Ein Kleinverlag geht daran bankrott. Und bei den Medien findet ein boykottierter Kleinverlag leider auch kaum Interesse.

Peter A. Hussock/Verleger

"Unerträgliches Maß" der Benachteiligung? Dieses unerträgliche Maß der Benachteiligung praktiziert das Gros der deutschen Buchhändler selbst seit Jahrzehnten gegen die Kleinverleger, da die Vorteile bei Großverlagen die größeren sind. Und Boykott und Zensur sind längst an der Tagesordnung.
Wird "Die Farm" von John Grisham boykottiert, weil Thalia und Hugendubel ihre Gewinne geschmählert sehen, so wird die Story ***"Das Flittchen"- mordender Teenager und mordende Stasi-Lady*** - von Francis Milwoky unter Versicht auf Gewinne wegen nicht genehmer Inhalte boykottiert, obwohl dieses Buch keinen einzigen pornographischen Ausdruck und einen nachvollziehbaren Handlungsablauf - das uralte Menschheitsthema: Haß zwischen Stiefmutter und Stieftochter und sexuelles Verlangen letzterer nach dem Stiefvater - enthält.

Demgegenüber haben Thalia, Hugendubel u.a. seit Jahren keine moralischen Skrupel, Bücher von Feministinnen, die jedem männlichen Autor als extrem frauenfeindlich und geistig flach und fad um die Ohren gehauen würden, da sie als einzige Lebensform Gruppensex und diverse pornographische Aktionen propagieren, ins Ladenangebot zu stellen.

Wie wir weiterhin einem Flugblatt der Verbände der Verfolgten kommunistischer Gewaltherrschaft entnehmen können, zensieren und boykottieren 99 % aller Buchhandlungen auch Bücher von Kleinverlagen, in denen die Verbrechen des Sozialismus/Kommunismus angeprangert werden und natürlich solche, die nicht als 'political correctness' gelten.

In Anbetracht all dieser Skandalons, können wir den Bürgerinnen und Bürgern nur noch empfehlen, solche Buchhandlungen zu umgehen und künftig Bücher direkt bei den Verlagen zu bestellen.

Besonders absurd wirkt die Tatsache, daß Bücher zensiert, boykottiert oder - trotz guter Verkaufbarkeit - nicht ins Landenangebot genommen werden vor dem Hintergrund solcher Alarmmeldungen:

> **Konsumverweigerung: Buchhandel kämpft gegen massive Umsatzeinbrüche.**
> Nach der Einschätzung eines Insiders befinden sich gegenwärtig bereits 150 mittlere und kleine Buchhandlungen in Deutschland in akuter Existenznot. Die Stimmung ist mies, denn das Sommerloch kommt erst, die Durststrecke bis zum Weihnachtsgeschäft ist noch lang.

Focus 21/02

Beratung in den neuen Ländern:
Die Landesbeauftragten für die Unterlagen des Staatssicherheitsdienstes der ehemaligen DDR

Der Landesbeauftragte für die Unterlagen des Staatssicherheitsdienstes
der ehemaligen DDR Berlin/Brandenburg
Herrn Martin Gutzeit
Scharrenstr. 17
10178 Berlin
Tel.: 030/240792-0

Der Landesbeauftragte für die Unterlagen des Staatssicherheitsdienstes
der ehemaligen DDR des Landes Mecklenburg-Vorpommern
Herrn Jörn Mothes
Jägerweg 2
19053 Schwerin
Tel:: 0385/734006

Der Landesbeauftragte für die Unterlagen des Staatssicherheitsdienstes
der ehemaligen DDR des Freistaates Sachsen
Herrn Michael Beleites
Postanschrift: 01095 Dresden
Hausanschrift: Unterer Kreuzweg 1, 01097 Dresden
Tel.: 0351/656810

Die Landesbeauftragte für die Unterlagen des Staatssicherheitsdienstes
der ehemaligen DDR des Landes Sachsen-Anhalt
Frau Edda Ahrberg
Klewitzstr. 4
39112 Magdeburg
Tel.: 0391/5675051

Der Landesbeauftragte für die Unterlagen des Staatssicherheitsdienstes
der ehemaligen DDR des Freistaates Thüringen
Herrn Jürgen Haschke
Johann-Sebastian-Bach-Str. 1
99096 Erfurt
Tel.: 0361/3771950

HELP - Buchempfehlung:

Jürgen Schmidt-Pohl (Hrsg.)

DDR-Haftzwangsarbeit

politischer Gefangener

VpV-Aufarbeitsungsinitiative "Deutsches Gedächtnis"

SCHWARZBUCH - ARCHIV

Schwerin

(Für Beiträge in diesem Buch zeichnen allein Herausgeber und Autoren verantwortlich.)

Zu beziehen: Dr. Jürgen Schmidt-Pohl
Tel./Fax: 0385 - 5572023
oder in jeder Buchhandlung unter ISBN: 3-9344 06-06-8

Gesucht: SPENDEN - SPONSOREN - SPENDER

- für von HELP betreute Menschen, die Opfer politischer Verfolgungsmaßnahmen geworden sind und heute von Sozialhilfe leben müssen und von Obdachlosigkeit bedroht sind.

  Stichwort: Menschen

- für den Erhalt der "Sozialen Kontakt- und Beratungsstelle" von HELP e.V.

  Stichwort: Beratungsstelle

- für die Weiterarbeit und Fertigstellung der "HELP-Forschungs- und Gedenkbibliothek", der größten Originalhäftlingsbibliothek der Welt mit ca. 60 000 Büchern

  Stichwort: Bibliothek

- für eine Neuauflage des Sammelbandes "DAS GESTOHLENE LEBEN"

  Stichwort: Sammelband

HELP-Spendenkonto bei der Berliner Bank AG:
BLZ: 100 200 00
Konto-Nr.: 7185047301

DER HESSISCHE
MINISTERPRÄSIDENT

HELP e. V.
Herrn Peter Alexander Hussock
- Geschäftsführer -
Ruschestr. 103, Haus 1

10365 Berlin

28. Februar 2003

Sehr geehrter Herr Hussock,

haben Sie herzlichen Dank für die Übersendung des von der HELP e.V. herausgegebenen Buches „Das gestohlene Leben", das seinen Leserinnen und Lesern in sehr anschaulicher Weise die Begegnung mit dem SED-Unrechtsstaat und seinen Nachwirkungen ermöglicht. Ich unterstütze ausdrücklich Ihr Bestreben, politische Haft und Verfolgung in der DDR nicht einem – bisweilen festzustellenden – verklärenden Rückblick auf einzelne Seiten des untergegangenen SED-Regimes unterzuordnen, sondern als eine Herausforderung an uns alle zu verstehen, totalitären Verlockungen jeder Form zu widerstehen. Dabei kommen den von Ihnen veröffentlichten Dokumentarerzählungen sicher besondere Bedeutung zu. Ich wünsche diesem Buch deshalb eine weite Verbreitung, ein aufmerksames Durchlesen und eine nachdenkliche Wirkung.

Mit freundlichen Grüßen

Roland Koch

Hessische Staatskanzlei
Bierstadter Straße 2
65189Wiesbaden

Postfach 31 47
65021 Wiesbaden

Telefon (0611) 320
Telefax (0611) 32 37 08

Internet E-Mail: poststelle@stk.hessen.de
X.400-Adresse: c=de; a=viat; p=hessen; o=stk; s=poststelle

DER MINISTERPRÄSIDENT DES FREISTAATS THÜRINGEN

HELP e. V.
Herrn Peter Alexander Hussock
Ruschestraße 103
Haus 1

10365 Berlin

3. März 2003

Sehr geehrter Herr Hussock,

vielen Dank für Ihr Schreiben vom 25. Februar 2003 und das Buch mit Dokumentarerzählungen über politische Haft und Verfolgung in der ehemaligen DDR.

Das von Ihrer Organisation herausgegebene Werk „Das gestohlene Leben“ dokumentiert eindrucksvoll Willkür und Unrecht in der DDR. Die einzelnen Schicksale machen betroffen. Möge Ihr Buch dazu beitragen, dass diese reale Wirklichkeit im SED-Staat nicht in Vergessenheit gerät. Es ist gleichzeitig auch eine nachträgliche Rehabilitation und Würdigung von aufrechten Persönlichkeiten, die unter diesem System zu leiden hatten.

Ich hoffe, dass Ihre Arbeit weiterhin großen Zuspruch findet und verbleibe

mit freundlichen Grüßen

Dr. Bernhard Vogel

REGIERUNGSSTRASSE 73 · 99084 ERFURT · TELEFON 03 61 / 3 79 28 01 · TELEFAX 03 61 / 3 79 21 07